Anja C. Wagner

UEBER*flow*

Gestaltungsspielräume für globale Bildung

Bibliographische Information der Deutschen Nationalbibliothek:
Die Deutsche Nationalbibliothek verzeichnet diese Publikation
in der Deutsche Nationalbibliographie; detaillierte bibliographische
Daten sind im Internet über http://dnb.d-nb.de abrufbar.

ISBN 978-1-4716-3695-0

© 2012 Anja C. Wagner
Some rights reserved.

Creative Commons Deutschland Lizenz
Namensnennung-Nicht-kommerziell-Weitergabe unter gleichen Bedingungen 3.0

Dokument online abrufbar beim Kasseler Dokumenten-Server:
urn:nbn:de:hebis:34-2012031540919

„Im 20. Jahrhundert haben Philosophen versucht,
die Welt zu verändern. Im 21. Jahrhundert ist
es Zeit, sie unterschiedlich zu interpretieren."
(Castells 2003, 3:411)

Vorwort

Lässt man zur Abrundung einer solchen Arbeit die vergangenen Jahre Revue passieren, um für sich selbst ein zusammenhängendes, identitätsstiftendes „Storytelling" aufzusetzen, beginnt das Nachdenken über den persönlichen Werdegang.

Nach dem sozialwissenschaftlichem Regelstudium eine Etappe des „Generation X"-Daseins, begleitet von halbherzigen wissenschaftlichen Exkursen. Dann ein radikaler, langer Schwenk in die multimediale Kreativ- und Bildungsindustrie mit unglaublich bereichernden Erfahrungen und Erlebnissen. Schließlich die zunächst unbeabsichtigte Wieder-Annäherung an den Hochschulbetrieb mitsamt einer beabsichtigten, interessanten, „eigenen" Projektreihe, begleitet von selbstorganisierten Diskurs- und Vernetzungsaktivitäten im neuen Web (2.0). Nun, zum Ende hin, als der Freiraum geschaffen war und sich „synergetisch" mit den beruflichen Aktivitäten verflechten liess: die Rückkehr zur wissenschaftlichen Arbeit. Nicht vollständig absorbierend, sondern gut vernetzt mit Beinen in den verschiedenen Identitätskontexten.[4]

Die vorliegende Ausarbeitung führt somit die Erfahrungen der sehr unterschiedlichen persönlichen Etappen zusammen. Sie ist durchtränkt von interdisziplinären Zugängen, die mich beginnend mit dem sozialwissenschaftlichem Studium über vielfältige Multimedia-Produktionen und Lehraufträge bis hin zu sehr unterschiedlichen beruflichen Kontexten begleiteten und sich wechselseitig befruchteten. Es bleibt demnach nicht aus, an dieser Stelle meiner Familie, meinen FreundInnen, meinen KollegInnen aller gegenwärtigen und vergangenen Zeiten und meinem vielschichtigen (*Online*-)Netzwerk mit allen „strong" wie „weak ties" grundlegend zu danken für all ihre Impulse. Gewidmet ist diese Arbeit Carolin Ehbrecht, die leider viel zu früh verstarb, mich aber nachhaltig lehrte, dass es eine Pflicht sei, die persönlichen Talente in die Gesellschaft hineinzutragen.

Für die konkrete Unterstützung bei der Entstehung dieser Arbeit seien explizit erwähnt: Debora Weber-Wulff, ohne die ich vermutlich nie wieder in das Umfeld der Hochschulen gelangt wäre[5] - und die schließlich die Konsequenzen in Form einer Zweitbetreuung meiner Dissertation mit großem Engagement trug. Hans L. Cycon (em.), der als erster wissenschaftlicher Projektleiter der eVideo-Projektreihe mich nachdrücklich und wiederkehrend dazu ermunterte, endlich eine Dissertation anzugehen. Bernd Overwien, der sich mutig bereit erklärte, diese Arbeit verantwortlich zu betreuen - und über dessen Forschungskolloquium ich nochmals das „Profumo" des universitären Wissenschaftsbetriebes riechen durfte. Dem gesamten inForsch-Kolloquium, deren Forschungsansätze und kritische Diskussionen mich stark

---

[4] Im Laufe der Zeit sind kleinere Ausschnitte meiner schriftlichen Ausarbeitung aus der Dissertation in veröffentlichte Beiträge auf meinem Weblog oder in „mein" Projektwiki geflossen. Eine genaue Auflistung der Seiten erfolgt im Anschluss an das Literaturverzeichnis.

[5] Dank auch an die webgrrls, die dies über ihre Mailinglisten damals möglich machten ;-)

inspirierten. Schließlich allen Aktiven, die mir mit ihrer anonymisierten Expertise in der Untersuchung zur Seite standen. Einen besonderen Dank möchte ich aussprechen an: Teresa Almeida d'Eça, Stephanie Bock, Dafne González, Katrin Köhler, Ruth Marzi, Mpine Makoe, Liz Sanders, Carol Smith, Petra Tesch, Karina Veal, Susanne Voigt, Jiping Zhang - und Nicole Bauch. Vielen Dank für alles!

Anja C. Wagner
Berlin, im August 2011

Inhaltsverzeichnis

1 Einleitung...15
   1.1 Ausgangslage...15
   1.2 Zielsetzung & Fragestellung..17
   1.3 Methodisches Vorgehen..17
2 Kompetentes Lernen in der Netzwerkgesellschaft.....................................21
   2.1 Castells: Die Netzwerkgesellschaft..22
      2.1.1 Castells' Netzwerkdefinition...22
      2.1.2 Raum und Zeit..25
      2.1.3 Identität, Kultur & Erfahrung..29
      2.1.4 Technologie und Entwicklung..33
      2.1.5 Macht und Gegenmacht...36
      2.1.6 Zwischenfazit: Castells Beitrag zur Bildungspolitik...................38
   2.2 Modernes Lernen in der Netzwerkgesellschaft..................................41
      2.2.1 Bildung - der Mensch als soziales Wesen...................................42
      2.2.2 Lernen zu lernen...44
         2.2.2.1 Differenzierung des individuellen Lernbegriffs..................45
         2.2.2.2 Lernraum und -zeit..47
         2.2.2.3 Informelles Lernen...48
      2.2.3 Erziehung zum sozialen Wesen..52
      2.2.4 Inter-nationale Bildungsökonomien..55
         2.2.4.1 Bedeutung der Bildung in der Netzwerkgesellschaft.........55
         2.2.4.2 Bildung in der globalen Wissensökonomie........................59
         2.2.4.3 Internationalisierung der Bildung.......................................60
         2.2.4.4 Grenzen formaler Bildungsökonomien...............................63
      2.2.5 Learning 2.0 als Netzwerkaktivität...64
         2.2.5.1 Community of Practice...67

2.2.5.2 Konnektivismus..73

2.2.5.3 Personal Learning Environment & ePortfolio......................77

2.2.5.3.1 Personal Learning Environment....................................77

2.2.5.3.2 ePortfolio..79

2.2.6 Zwischenfazit: Lernen in der Netzwerkgesellschaft..................82

2.3 Kompetenz(en) für die Netzwerkgesellschaft....................................88

2.3.1 Der Kompetenzbegriff - ein Klärungsversuch............................90

2.3.2 Individuelle Handlungskompetenz als Kompetenzziel..............93

2.3.3 Netz-Kompetenz als Handlungs- & Gestaltungskompetenz......97

2.3.3.1 IT-Kompetenz..98

2.3.3.2 Medienkompetenz...99

2.3.3.3 Informations- und Internetkompetenz............................101

2.3.3.4 Netzwerkkompetenz..102

2.3.4 Zwischenfazit: Kompetenz für vernetztes Lernen....................106

2.4 Erstes Resümee & offene Fragen..112

3 User Experience als Flow-Analyse..117

3.1 Flow-Begriff bei Castells und bei Csikszentmihaly - eine Gegenüberstellung...119

3.1.1 Flow autotelischer Persönlichkeiten...119

3.1.2 Bedeutung von Zeit & Raum im Flow.......................................123

3.1.3 Identität und Macht bei autotelischen Persönlichkeiten..........126

3.1.4 Einfluss von Technologie & Entwicklung auf Flow-Erleben....130

3.1.5 Zwischenfazit: Erforderliche Kompetenz für den Flow im Flow...133

3.2 UX-Forschungsansätze und ihr Beitrag zur Flow-Analyse..............136

3.2.1 User Experience als benutzerfokussiertes Modell....................138

3.2.1.1 Konzeptualisierung von positiver Erfahrung..................138

3.2.1.2 UX aus User-Perspektive..142

3.2.1.3 UX aus DesignerInnen-Perspektive.................................144

3.2.2 Beitrag des UX-Designs auf Flow-Empfinden des Users..........147

3.2.3 Zwischenfazit: UX-Forschung und Kompetenzentwicklung 150
3.3 Interkulturelle Dimensionen von Flow-Erlebnissen 154
    3.3.1 Die interkulturelle Software des Geistes 155
        3.3.1.1 Power Distance Index (PDI) 157
        3.3.1.2 Individualism Index (IDV) 158
        3.3.1.3 Maskulinity Index (MAS) 159
        3.3.1.4 Uncertainty Avoidance Index (UAI) 160
        3.3.1.5 Long-Term Orientation Index (LTO) 161
        3.3.1.6 Lernkulturen im Vergleich 162
    3.3.2 Web 2.0 als soziale Kultur 164
        3.3.2.1 Begriffsbestimmung Web 2.0 164
        3.3.2.2 Kultur der Netzwerkgesellschaft & Web 2.0 165
        3.3.2.3 Allgemeine Web 2.0-Kultur 166
        3.3.2.4 Nationale oder regionale Web 2.0-Kultur 167
        3.3.2.5 World Internet Project & Web 2.0-Nutzung 170
        3.3.2.6 Das Web 2.0-Potenzial am Beispiel Afrika 171
    3.3.3 Zwischenfazit: Sozio-kultureller Einfluss auf Flow-Empfinden 173
3.4 Zweites Resümee & offene Fragen 179
    3.4.1 Voraussetzungen für Flow im space of flows 181
        3.4.1.1 Individuelle Ebene 181
        3.4.1.2 Sozio-kulturelle Ebene 183
        3.4.1.3 Sozio-technologische Ebene 185
    3.4.2 Individuelle Fähigkeiten für Flow im space of flows 186
    3.4.3 Offene Fragen für die Bildungspolitik 189

4 ExpertInnen-Befragung 193
4.1 Methodendiskussion 193
    4.1.1 Zukunftsforschung 193
    4.1.2 Mögliche Methoden der Zukunftsforschung 197

- 4.1.2.1 Delphi-Methode 197
- 4.1.2.2 Prediction Markets 200
- 4.1.2.3 Real-Time-Delphi 202
- 4.1.2.4 Szenarientechnik 204
- 4.1.2.5 Leitbilder 206
- 4.1.3 Zwischenfazit: Konsequenzen aus der Methodendiskussion 207
  - 4.1.3.1 Exkurs: Kollektive Intelligenz 208
  - 4.1.3.2 Abschließendes Methoden-Design 210
- 4.2 Vorbereitung der Real-Time-Delphi-Untersuchung 211
  - 4.2.1 Zielsetzung der Studie 212
  - 4.2.2 Leitbild dieser Studie für 2020 213
  - 4.2.3 Eigener Thesenkatalog mit Fragebogen 213
    - 4.2.3.1 Themenblock Person 214
    - 4.2.3.2 Themenblock Workflow 216
    - 4.2.3.3 Themenblock Medienumgebung 218
    - 4.2.3.4 Themenblock Usability 219
    - 4.2.3.5 Themenblock Transparenz 221
    - 4.2.3.6 Themenblock *space of flows* 223
    - 4.2.3.7 Standardisierter Fragenblock 225
  - 4.2.4 Auswahl der Expert/innen 228
    - 4.2.4.1 Planung des Vorgehens 229
    - 4.2.4.2 Konkrete Auswahl der Expertinnen 230
  - 4.2.5 Spezifisches Untersuchungsdesign 234
    - 4.2.5.1 Planung der RTD-Studie 234
    - 4.2.5.2 Durchführung der RTD-Studie 236
    - 4.2.5.3 Zeitlicher Ablauf der RTD-Studie 238
- 4.3 Ergebnisse der Real-Time-Delphi-Untersuchung 240
  - 4.3.1 Beteiligung der Expertinnen 240

- 4.3.1.1 Beteiligung im Allgemeinen ... 240
- 4.3.1.2 Beteiligung im Besonderen ... 242
- 4.3.2 Methodisches Fazit zur RTD-Studie ... 245
- 4.3.3 Inhaltliches Fazit mit den zusammengeführten Ergebnissen ... 247
  - 4.3.3.1 Leitbild-Relevanz für Weltbevölkerung - Status Quo ... 248
  - 4.3.3.2 Mögliche Hemmfaktoren zur Realisierung des Leitbildes ... 248
  - 4.3.3.3 Bildungspolitische Maßnahmen zur Realisierung des Leitbildes .. 250
  - 4.3.3.4 Mögliche Akteure der Bildungspolitik ... 252
  - 4.3.3.5 Leitbild-Relevanz für Weltbevölkerung - Idealtypisch ... 253
- 4.4 Bildungspolitisches Resümee der RTD-Studie ... 254

5 Bildungspolitischer Rahmen für die RTD-Ergebnisse ... 257

- 5.1 Internationale Bildungspolitik ... 257
  - 5.1.1 Der Governance-Ansatz ... 259
  - 5.1.2 Einfluss internationaler Organisationen auf die Weltkultur ... 263
  - 5.1.3 Multilateral Education und ihre Keyplayer ... 267
  - 5.1.4 Einfluss der Zivilgesellschaft & NGOs ... 273
  - 5.1.5 Digital Divide & Internet Governance ... 278
    - 5.1.5.1 Die verschiedenen Ebenen des Digital Divide ... 279
    - 5.1.5.2 Zivilgesellschaftlicher Einfluss auf die Internet Governance ... 283
  - 5.1.6 Zwischenfazit: Bildungspolitik in der Netzwerkgesellschaft ... 288
- 5.2 Kritische Einordnung der empirischen Ergebnisse ... 294
  - 5.2.1 Hemmfaktoren ... 295
  - 5.2.2 Bildungspolitische Maßnahmen ... 305
  - 5.2.3 Internationale bildungspolitische Akteure ... 323
- 5.3 Einflusspotenzial internationaler Bildungspolitik auf Flow ... 334
  - 5.3.1 Transformation der herrschenden Bildungsdiskussion ... 335
  - 5.3.2 Unterstützung der Open-Bewegung ... 336
  - 5.3.3 Reorganisation der Institutionalisierungen ... 337

5.3.4 Neue Lernorte für personalisierte Lernpfade 338

6 Fazit mit Ausblick 341

   6.1 What has happened? 341

      6.1.1 Das raum-zeitliche Gefüge hat sich verändert 342

      6.1.2 Kulturelle Identitätsmarker individualisieren sich 343

      6.1.3 Lernen bedeutet Entwicklung & Netzkontakt bedeutet Lernen 344

      6.1.4 Neue Kampflinien entstehen entlang der Netznutzung 346

   6.2 What's happening? 347

   6.3 What should happen? 349

7 Nachweise 351

   7.1 Literaturverzeichnis 351

   7.2 Eigene Links 387

   7.3 Abbildungsverzeichnis 388

   7.4 Tabellenverzeichnis 395

   7.5 Abkürzungsverzeichnis 396

   7.6 Glossar 397

8 Appendix 409

Zugunsten des schnelleren Einstiegs in das Thema wurden weitere Verzeichnisse (Eigene Links, Abbildungen, Tabellen, Abkürzungen, Glossar) aufgrund ihres Umfangs nach hinten -hinter das Literaturverzeichnis- verschoben.

1 Einleitung

1.1 Ausgangslage

Die Menschen der Bundesrepublik Deutschland leben in einer „Informationsgesellschaft". Oder in einer „Wissens-", einer „Netzwerk-" oder einer „Lerngesellschaft"?! Auf jeden Fall in einer „Bildungsrepublik" - und spätestens hier beginnt das Problem. Sie leben in einer „Bildungsrepublik" einer „globalen Wissensökonomie". Oder existiert gar keine wahrhaft „globale Wissensökonomie"? Stellt sich diese vielleicht aus Sicht (post-)industrialisierter Staaten lediglich als Wissensökonomie dar, weil traditionelle Produktionsverfahren der billigen Arbeitskraft hinterher gereist sind und den zurückgebliebenen Staaten „nur" die Vermarktung des Wissens geblieben ist?

Für (post-)industrialisierte Staaten jedenfalls, scheint sich Wissen zur wichtigsten Produktivkraft entwickelt zu haben (Schelhowe 2007, 77ff.). Im Zuge der globalen Auflösung klassischer Arbeitsstrukturen wurde „Innovation" zum Motor gesellschaftlicher Wertschöpfung ernannt. Dies setzt eine kontinuierliche Weiterqualifizierung aller Beteiligten voraus und damit einher geht das Schlagwort „Lebenslanges Lernen" (LLL). „LLL" ist zunächst ein bildungspolitisches Konzept, das theoretisch breit gefasst ist als „alles Lernen während des gesamten Lebens, das der Verbesserung von Wissen, Fähigkeiten und Kompetenzen im Rahmen einer persönlichen, staatsbürgerlichen, sozialen und/oder beschäftigungsbezogenen Perspektive dient" (Statistisches Bundesamt 2008). In der Praxis allerdings, kommt „LLL" eher einer Forderung nach mehr Eigenverantwortung gleich, die häufig synonym zur Erwachsenenbildung resp. Weiterbildung verwendet wird (Gerlach 2000, 185). Wenn man sich aber konkrete Zahlen bzgl. der tatsächlichen Weiterbildung anschaut, so gelangen sowohl eine Untersuchung der Europäischen Union (EU) als auch eine der Weltbank zu ernüchternden Ergebnissen:

- 58% aller EU-Bürger gaben an, an gar keiner Form von Lernmaßnahmen teilzunehmen - mit zunehmendem Alter und sinkendem Bildungsniveau. Nur 4,4% der befragten Erwachsenen nahmen an formalen Bildungsangeboten teil, 16,5% an nicht-formalen Angeboten und fast ein Drittel nutzte informelle Angebote wie selbstständiges Lernen anhand von gedruckten Unterlagen, computergestütztes Lernen, Bildungssendungen oder Lernzentren (Kailis und Pilos 2005).
- Personen, die sich weiterbilden sind i.d.R. Angestellte in größeren Firmen, zumeist mit einer höheren Bildungsqualifikation (auch aufgrund eines Finanzierungsproblems bei der (non-)formalen Bildung). Die Weiterbildung unbeschäftigter Personen zeitigen dagegen extrem schwache Ergebnisse und

Trainingsmärkte im informalen Wirtschaftssektor scheitern zumeist aus Angebots-Nachfrage-Gründen (The World Bank 2003).

Gängige bildungspolitische Konzepte für LLL führen diese Entwicklung fort. So belegen aktuelle Studien die Gefahr, dass über das klassische bildungspolitische Instrumentarium zwar souveräne, selbstgesteuerte Lernsubjekte weiter gefördert werden, nicht aber das gesamte Lernenden-Spektrum (Schreiber-Barsch 2007). Mit anderen Worten: Die zumeist auf formalisierte Angebote fokussierten Förderprogramme unterstützen i.d.R. die, die ihrer am wenigsten bedürfen. Das Gros der Menschheit bildet sich nicht im Rahmen klassischer Bildungsangebote fort.

Demnach taugen diese Konzepte nur bedingt dazu, die „Mechanismen sozialer Exklusion zu entschärfen" (ebd., 16). Vielmehr ist zu fragen, ob nicht die bildungspolitische Förderung informeller Lernumgebungen einen signifikanten Beitrag leisten könnte, auch bislang marginalisierte Personen zu erreichen. Vor allem im Kontext des sog. *Web 2.0* entstehen derzeit neue, vernetzte, medienbasierte *Personal Learning Environments* (PLE), die von einer wachsenden Zahl moderner „Netz-ArbeiterInnen" genutzt werden.

Diese „Internationale der InformationsarbeiterInnen" (Lindner), die sich weltweit ausbreitet, praktiziert die grundlegende Forderung nach LLL, indem sie sich kontinuierlich mit der Welt informell auseinandersetzt und innerhalb derer sie sich beständig kommunikativ positionieren. Sie organisieren ihr Arbeiten und Lernen in dynamisch sich wandelnden, individuell gestalteten, digitalen Umgebungen. Nicht in Reaktion auf diverse Angebote, sondern durch die aktive Definition ihrer persönlichen Interessen werden sie zu NutznießerInnen ihrer selbst definierten, vernetzten Informations- und Kommunikationskanäle.

Gelingt es diesen „Netz-Menschen", ihre individuellen Fähigkeiten hinsichtlich der gewünschten Inhalte wie technologischen Schnittstellen zu synchronisieren, bildet sich bei ihnen eine individuelle Kompetenz heraus, die nicht seitens externer Kräfte definiert wurde, sondern sich selbstbestimmt im Netzverbund flexibel anpasst. Glückt diese Kompetenzentwicklung, können solche Personen mit zunehmender Vernetzung, bis zu einem bestimmten Grad, sogar produktiver werden (Aral, Brynjolfsson, und Alstyne 2007) - neben der persönlichen Bedeutung, die gesamtgesellschaftliche Stoßrichtung ihrer Kompetenz ggf. selbst zu definieren.[6]

Wie könnten marginalisierte Gruppen und exkludierte Personen an dieser Entwicklung hin zu benutzergenerierten, digitalen Lernumgebungen partizipieren? Wie könnten sie ihre Netz-Arbeit für sich sinnvoll und produktiv selbst gestalten? An welchen Punkten kann bildungspolitisch noch gestalterisch angesetzt werden, wenn formale Institutionen in ihrer Bedeutung zurückgehen?

---

6 Siehe dazu z.B. die aktuellen politischen Entwicklungen im Nahen Osten oder auch die Beratungen im Deutschen Bundestag im Rahmen der Enquete-Kommission „Internet und digitale Gesellschaft" mitsamt einem Internet-Forum als „18. Sachverständigen".

1.2 Zielsetzung & Fragestellung

Die vorliegende Arbeit folgt der Hypothese, eine positive *User Experience* (UX)[7] innerhalb der digitalisierten Umgebungen, die die moderne Weltgesellschaft nachhaltig prägen, sei eine wesentliche Voraussetzung, um sich in den aktuellen Veränderungsprozessen aktiv bewegen zu können. Es gilt zu untersuchen, welche subjektiven Fähigkeiten die Personen einerseits selbst beisteuern können, um in den Genuss einer positiven UX zu gelangen und welche Rahmenbedingungen auf der anderen Seite diesen UX-Prozess beeinflussen.

Aufgrund der weltweiten Vernetzungen und sozio-kulturellen Verflechtungen ist dabei die UX im globalen Kontext (inkl. Afrika, Asien, Südamerika etc.) zu analysieren, um daraus generelle Kompetenzen abzuleiten und dann zu erforschen, wo man bildungspolitisch (ggf. international) ansetzen könnte, um diese Kompetenzentwicklung zu fördern. Zentrales Ziel dieser Arbeit ist es insofern, Hebel zu finden, damit möglichst viele Menschen die Potenziale digitaler Vernetzungsformen und weltweiter Informations- und Kommunikationsflüsse (zumindest potenziell) selbstbestimmt geniessen und mitgestalten können.

Die sich daraus ableitende Hauptfrage, der es nachzuspüren gilt, lautet von daher:

Welche globalen bildungspolitischen Maßnahmen sind erforderlich, um sozial exkludierten Personen den Kompetenzerwerb zu ermöglichen, der benötigt wird, um über eine positive UX in benutzergenerierten, digitalen Lernumgebungen an der modernen Weltgesellschaft selbstbestimmt teilzuhaben?

1.3 Methodisches Vorgehen

Aufgrund der sehr breit angelegten Fragestellung wird in dieser Arbeit eine Methodik gewählt, die erste Orientierungsergebnisse für weitere Forschungen auf der Basis eines interdisziplinären Zuschnitts liefern soll. Dabei lehnt sich das leitende Untersuchungsdesign an folgende Vorgehensweise an, die Manuel Castells wie folgt beschreibt:

> „I do not write books about books. I use theories, any theory, in the same way that I hope my theory will be used by anyone: as a toolbox to understand social reality. So I use what I find useful and I do not consider what is not directly related to the purpose of my investigation, (...)." (Castells 2009a, 6)

Um die analytischen Schlüsse dennoch für möglichst viele LeserInnen nachvollziehbar zu gestalten, soll die Darlegung der theoretischen Eckpunkte einer breiteren Rezeption folgen, die für die jeweiligen Fach-ExpertInnen mitunter nicht erforderlich ist. Damit

---

[7] UX kennzeichnet das Nutzungserlebnis bei der Interaktion (siehe dazu auch das anhängende Glossar)

interdisziplinäre Bezüge zwischen verschiedenen Themen hergestellt werden können, wird eine mitunter feingliedrige „Hypertext"-Struktur aufgesetzt, die es ermöglicht, auf einzelne Kapitel punktuell zu verweisen. Zulaufen sollen diese vielfältigen theoretischen Bezüge auf einen methodischen Kunstgriff zur Zukunftsforschung, der es ermöglicht, trotz bislang wenig belastbarer empirischer Befunde als Kern der Annäherung an die oben formulierte, hypothetische Hauptfrage dienen zu können:

Es soll untersucht werden, welche Kompetenz im Jahre 2020 erforderlich wäre, um im „digitalen Klimawandel" (Lindner 2008a) zu überleben und wie die dann benötigten, subjektiven Voraussetzungen vorab bildungspolitisch begleitet werden könnten. Über diesen Blick in die Zukunft lassen sich vielleicht einige Aussagen treffen über die voraussichtliche mediale Durchdringung der „Weltgesellschaft" mit den sich heute bereits abzeichnenden digitalen Umwälzungen des so genannten *Web 2.0* und den sich daraus ableitenden, neuen, sozialen Lern- und Arbeitsprozessen. Die „Hype"-Entwicklungen haben sich voraussichtlich bis zum avisierten Datum verflacht und Normalität kehrt ein in die umgewälzte Informations- und Kommunikationskultur.

Das Zukunftsszenario für das Jahr 2020 wird dabei als Leitbild formuliert und dient als Ausgangspunkt einer *Real-Time-Delphi* (RTD)-Analyse, die mit einem ausgewählten internationalen Expert/innen-Kreis durchgeführt wird. Mit dieser Studie soll v.a. eine Basis gefunden werden, neue Anstösse für zukünftige Forschungen zu finden und weniger eine konsensual abgestimmte prognostische Voraussicht zu formulieren.

Damit die RTD-Analyse auf einem geeigneten Thesenkatalog aufsetzen kann, soll zunächst in Kapitel 2 der Forschungsstand zur Frage, welche Kompetenzen für selbstbestimmtes vernetztes Lernen erforderlich sind, zusammengetragen werden. Zu diesem Zweck wird untersucht, inwiefern Castells' „Netzwerkgesellschaft" eine geeignete theoretische Grundlage zur Einordnung sozialer *Online*-Netzwerke im *Web 2.0*-Zeitalter bildet. Anschließend wird analysiert, welche Bedeutung modernen *Learning 2.0*-Konzepten zukommt vor dem Hintergrund der Netzwerkgesellschaft und angesichts des dominanten, klassischen, pädagogischen Begriffsinventars. In der Verbindung mit Ergebnissen der Kompetenzforschung lassen sich daraus ggf. aktuelle Anforderungen für benötigte, subjektive Voraussetzungen ableiten, um in der Netzwerkgesellschaft überleben zu können. Im Resümee soll dann der Forschungsstand mit Blick auf erforderliche Kompetenzentwicklungen zusammengeführt und offene Punkte für den nächsten analytischen Schritt dargelegt werden.

Kapitel 3 widmet sich der Frage nach generellen Voraussetzungen für ein positives *Flow*-Erlebnis in den weltweiten, digitalen Informations- und Kommunikationskanälen. Über den bei Castells und bei Csikszentmihaly unterschiedlich entwickelten *Flow*-Begriff werden klassische UX-Forschungsansätze untersucht, um zu evaluieren, welche Kategorien für die Analyse eines *Flow*-Erlebnisses aus Sicht von sogenannten *Usern* geeignet erscheinen. Die sich aus der sozio-kulturellen Analyse ableitenden persönlichen *Flow*-Voraussetzungen sollen abschießend mit dem Stand der vernetzten Kompetenzforschung aus Kapitel 2 abgeglichen und offene Fragen für die Bildungspolitik aufgeführt werden.

Um diese konkreten Fragen zu analysieren, wird in Kapitel 4 das bereits angesprochene potentielle Leitbild für das Jahr 2020 entwickelt, in dem von allen Menschen erwartet wird, sich in benutzergenerierten, digitalen Umgebungen zu orientieren. Für die *Real-Time-Delphi*-Analyse mit Expert/innen sollen aus den theoretischen Bezügen verschiedene Thesen destilliert werden, um die benötigten Fähigkeiten international einschätzen zu lassen und bildungspolitische Ansätze auf die bislang noch ungeklärten Fragen zu finden. Die Ergebnisse der *Real-Time-Delphi*-Studie steuern idealerweise bildungspolitische Vorschläge bei, die von den Expert/innen als zukunftsfördernd angesehen wurden.

In Kapitel 5 sollen dann die erzielten empirischen Ergebnisse mit Blick auf die gegenwärtigen bildungspolitischen Rahmenbedingungen auf globaler Ebene diskutiert und mögliche Szenarien für eine moderne internationale Bildungspolitik formuliert werden.

In einem abschließenden Fazit lassen sich idealer Weise die bildungspolitischen Rahmenbedingungen vor dem Hintergrund zentraler Entwicklungslinien im Rückblick zusammenführen und mit einigen offenen Forschungsfragen die Arbeit beenden.

2 KOMPETENTES LERNEN IN DER NETZWERKGESELLSCHAFT

In welcher Welt leben wir eigentlich? Wie lernen Menschen? Und wie werden sie bald lernen?

Schauen wir aus dem Fenster auf die Straße, bewegen wir uns in (Hoch-)Schulgebäuden oder werfen wir einen Blick in die Kinderstuben, so stellen wir -je nach eigenem Zugang zu den neuen Medien- fest: Irgendetwas verändert sich gegenwärtig! Wir können es nur schwer deuten, sind irritiert, verharren. Was passiert mit den Menschen, wenn sie ihre Bildschirme einschalten, die mobilen Endgeräte aus den Hosentaschen ziehen und mit Stöpseln in den Ohren mit ihren Begleitern kommunizieren? Der virtuelle Raum legt sich bleiern auf den realen - es existiert kein abzugrenzender Raum mehr. Immer, dauernd, multipel verbinden sich immer mehr Menschen über je unterschiedliche Kanäle mit anderen. Sie vernetzen sich -schwarmgleich- mit mehr oder weniger Intelligenz - aber unübersehbar. Es wird Zeit, diese Realitäten anzuerkennen und mit Blick auf das Lernen zu untersuchen. Versuchen wir zu verstehen, was derzeit geschieht, welcher individuellen Fähigkeiten es bedarf, um die vernetzten Möglichkeiten maximal nutzen zu können, und Konturen zu erkennen, um innerhalb dieser Grenzen das Potenzial sinnvoll gestalten zu können.

Die zentrale These in diesem Kapitel lautet: In der Netzwerkgesellschaft ist die Definition des erforderlichen Kompetenzaufbaus nicht von einer bestimmten, vorzugsweise national begründeten Zielsetzung abzuleiten, sondern es gilt, die Kompetenz-Potenziale einer bereits vernetzten Menschheit zu heben. Damit diese selbstbestimmt als soziales Kollektiv auf globaler Ebene wirken kann, bedarf es eines breiteren Zugangs zur Netzwerkgesellschaft, einiger individueller Basis-Fähigkeiten und der sozialen Anerkennung kollektiv erarbeiteter Ergebnisse.[8]

Zu diesem Zweck sollen zunächst die Rahmenbedingungen der Netzwerkgesellschaft entlang der Castell'schen Analysen angeführt werden, in denen sich Menschen und Institutionen, auch Hochschulen, bewegen. In einem weiteren Schritt werden dann *Learning 2.0*-Phänomene vor dem Hintergrund des grundsätzlichen pädagogischen Begriffsinventars und aktueller bildungspolitischer Strömungen als Versuch analysiert, die globalen Netzwerke zur eigenen und sozio-kulturellen Weiterentwicklung zu nutzen. In diesem Kapitel gilt es abschließend zu erkunden, welcher Kompetenzen es bedarf, damit sich Menschen in diesem vernetzten Zeitalter konstruktiv bewegen können.

---

8   Dieser These ging ich zusammenfassend auch in einem vor kurzem veröffentlichten Buchbeitrag zu „Kompetenzentwicklung in vernetzten Kontexten" nach (Anja C. Wagner 2011, 50).

2.1 Castells: Die Netzwerkgesellschaft

Der von Manuel Castells entwickelte analytische Ansatz zur Netzwerkgesellschaft (Castells 2001a; Castells 2001b; Castells 2002; Castells 2003; Castells 2009b) gilt als theoretischer Wendepunkt der Sozialtheorie, vergleichbar zur Tragweite von Max Webers Arbeit (vgl. Stalder 2006, 206). Bis dato konzentrierte sich Netzwerkforschung auf „Konstruktionsprinzipien, Akteursmodelle und Mechanismen der Netzwerkbildung" (Kardoff 2006, 69). Von diesen Netzwerk-Theoretiker/innen unterscheidet sich Castells, indem er die Struktur des Netzwerkes und weniger den Inhalt- analysiert und darauf eine holistische Gesellschaftsanalyse aufbaut (Stalder 2006, 168). Hintergrund seiner Analyse ist die Beobachtung, in allen gesellschaftlichen Bereichen eine grundlegende Transformation der konstituierenden sozialen Prozesse erkennen zu können: von Hierarchien zu Vernetzungen.

Zentraler Antriebsmotor dieser Entwicklung waren -neben dem Aufkommen der Mikroelektronik- die global wirkenden Informations- und Kommunikationstechnologien (IKT), die einen „Flow" an Informationen, Menschen, Innovationen ermöglichten und letztlich in der Netzwerkgesellschaft mündeten (ebd., 2). Diese Netzwerkgesellschaft hat sich in den letzten drei Dekaden herausgebildet. Nicht in Folge einer geschichtlichen Kausalität oder eines inhärent wirkenden Sozialgesetzes, sondern aufgrund einer -mehr oder weniger zufälligen, sich in ihrem Aufeinanderprallen aber wechselseitig bestärkenden- Koinzidenz besagter elektronischer Revolution mit der Krise der Industrialisierung (seit den 1970er Jahren und derzeit kulminierend) und den langfristig wirkenden kulturellen Herausforderungen der 1960er Bewegungen (ebd., 3). Durch diese enge Verzahnung der Re-Organisation sozialer Prozesse mit „neuen" kulturellen Werten lässt sich eine Verschiebung hin zu zunehmend vernetzten Strukturen feststellen, die noch nicht abgeschlossen ist und in deren Kontext das vielfältige Entstehen dezentraler sozialer *Online*-Netzwerke analysiert werden kann.

2.1.1 Castells' Netzwerkdefinition

Netzwerke existierten schon immer - genauso wie Informationen oder Wissen. Allerdings ist eine Kennzeichnung wie „Informationsgesellschaft" oder „Wissensökonomie" wenig zielführend zur gesellschaftlichen Analyse, da sie den wesentlichen Charakterzug der aktuellen Zeit nach Castells' Ansicht außer Acht lässt: die an sich wert-neutralen, technologischen *Tools*, die prägend sind für diese Gesellschaft (vgl. Stalder 2006, 32). Auf die technologischen Entwicklungen aber sind die sozialen Veränderungen nach der Wirtschaftskrise in den 1970er Jahren zurückzuführen, die letztlich zum „Informationalismus" als „neuer Form sozio-technologischer Organisation" (Steinbicker 2001, 79) und zur Netzwerkgesellschaft

führten und in vier verschiedenen Dimensionen sichtbar wurden (Stalder 2006, 43):
1. Internationalisierung der Ökonomie
2. Aufkommen globaler Finanzmärkte
3. Entstehen von Netzwerkunternehmen
4. Individualisierung der Arbeit

Der „Informationalismus" als neues technologisches Paradigma ist nach Castells v.a. geprägt durch die Computer- und Gentechnologie (ebd., 28ff.).[9] Beide Technologien zeichnen sich durch eine Eigendynamik aus, die drei Charakteristika betont:

- Selbstexpansion: Computer helfen z.B. dabei, bessere Computer zu entwickeln (ebd., 29);
- Rekombination: Aufgrund der Informationsmodule lassen sich vielfältige, neue, sinnstiftende Einheiten gestalten (ebd., 29);
- Verteilungsflexibilität: Informationen können ihren Aggregatszustand kontinuierlich verändern, so dass ständige Reorganisationen der Informationsflüsse und der sozialen Organisationen möglich werden (ebd., 30).

Castells untersucht die Auswirkungen der Technologien auf die Form der sozialen Organisation und gelangt für die heutige Zeit zu dem Schluss, das Netzwerk sei die zentrale soziale Organisationsstruktur - nicht im Sinne eines ideologischen Fortschrittsglaubens, vielmehr werden die sozial bestimmenden, kulturellen Werte im Wettbewerb kontinuierlich ausgefochten (ebd., 30). Aufgrund der spezifischen historischen Entwicklungen hat sich dabei eine Netzwerkkultur herausgebildet, die die sozio-ökonomischen Bedingungen nunmehr dominiert. Ein Netzwerk definiert Castells als bestehend aus mehreren Knoten, wobei ein Knoten der Punkt sei, „an dem eine Kurve sich mit sich selbst schneidet" und in unterschiedlichen Netzwerken je verschiedene Gestalt annehmen kann (Castells 2001a, 1:528).

Um die je eigene Entwicklungsdynamik der verschiedenen Netzwerke zu skizzieren, wählt Castells methodisch einen iterativen Prozess, in dem theoretische Annahmen fortwährend verfeinert werden durch eine Vielzahl an empirischen Case Studies, die wiederum durch die theoretischen Überlegungen immer wieder in neue Richtungen gelenkt werden (Stalder 2006, 36). Als eine Konsequenz dieser Vorgehensweise erhebt Castells nicht den Anspruch, eine abschließende Sozialtheorie vorzulegen, sondern legt seine idealtypischen, theoretischen Überlegungen als Matrix aus, die Anstoß bieten sollen, empirisch zu forschen, um eine empirisch gesättigte Matrix entstehen zu lassen (ebd., 37f.). Vor diesem Hintergrund schimmern die theoretischen Rahmenbedingungen seiner Forschungen nur dezent durch.

---

9   Für den Fokus dieser Arbeit sind v.a. die Einflüsse der Computertechnologie relevant. Die konkreten Auswirkungen der bio-technologischen Revolution auf die Netzwerkgesellschaft bleibt weiteren Forschungen vorbehalten.

Der Medienwissenschaftler Felix Stalder hat sich derer angenommen und eine Kategorisierung der Castell'schen Forschungen vorgenommen. Demnach beruht die Netzwerktheorie auf vier zentralen Annahmen:

1. Informationalismus und Netzwerke stellen zwei Ebenen desselben empirischen *Flow*-Phänomens dar: zum einen die technologische und zum anderen die morphologische Ebene. Das Verhältnis der beiden Ebenen ist das von positiven Feedbackschleifen, weniger von kausaler Abhängigkeit und führt zu einem Zuwachs der menschlichen Leistungsfähigkeit durch diese Informationsprozesse (ebd., 186).

2. Räumlich verändert die Netzwerklogik die Verortung, indem ein *space of flows* -oder „Raum der Ströme"- fragmentierte und diskontinuierliche Oberflächen entstehen lässt mit einer nonlinearen Organisation (ebd., 187). Koordiniert werden diese Aktivitäten sowohl auf globaler wie lokaler Ebene durch den elektronischen Informationsfluss, der die gleichzeitig zentralisierten wie dezentralisierten Prozesse flexibel managt (ebd., 185).

3. Ein gemeinsames Projekt ist die Orientierung bietende, zentrale Achse, um die sich ein Netzwerk dreht und konstituiert. Durch wertvolle Informationen, die einzelne Knoten dem Netzwerk hinzufügen, erlangen sie Bedeutung innerhalb des Netzwerkes. Trägt ein einzelner Knoten nichts bei zum Netzwerk, rekonstituiert sich das Netzwerk ohne diesen Knoten (ebd., 188).

4. Eine geteilte Kultur der Protokolle und Werte erleichtert die Kommunikation. Sowohl die Verbundenheit als Möglichkeit der geräuschlosen Kommunikation als auch die Konsistenz der Zielvorstellungen von Netzwerk und Komponenten sind Grundeigenschaften, die die Performance des Netzwerkes steigern (ebd., 189).

Als Annäherung an eine aussagekräftigere Definition des Netzwerkes führt Stalder an:

> „A network is an enduring pattern of interaction among heterogeneous actors that define one another (identity). They coordinate themselves on the basis of common protocols, values, and goals (process). A network reacts nondeterministically to self-selected external influences, thus not simply representing the environment but actively creating it (interdependence). Key properties of a network are emergent from these processes unfolding over time, rather than determined by any of its elements (emergence)." (ebd., 180)

Netzwerke beruhen also nicht auf einer formalen Organisation, sondern sie kombinieren auf potentiell universaler Basis verschiedene Knoten, die ein gemeinsames, partikulares, funktionales Interesse miteinander verbindet. Erst im „Vollzug seiner Reziprozitätskommunikation" (Bommes und Tacke 2006, 58) legt das Netzwerk fest, wer dazugehört und wie seine sachlichen, sozialen und zeitlichen

Strukturen sich ggf. stabil und flexibel entfalten. Netzwerke entwickelten sich so zur effizientesten Organisationsform, da sie drei Hauptmerkmale mitbringen, die sie an der neuen technologischen Umgebung profitieren lassen (eigene Übersetzung aus Lupiáñez-Villanueva 2008):

1. Flexibilität: Sie können sich an wechselnde Umgebungen mühelos anpassen, ohne ihr Ziel aus den Augen zu verlieren. Komponenten des Netzwerkes werden ausgetauscht oder umgangen, um passendere Verbindungen zu finden.
2. Skalierbarkeit: Ohne Unterbrechung können sie wachsen oder sich minimieren, je nach Bedarf.
3. Überlebensfähigkeit: Da sie kein materielles Zentrum besitzen, können Netzwerke in vielen verschiedenen Konfigurationen operieren. Sie können Angriffe auf einzelne Knoten oder kulturelle Codes gut abfangen, da die Codes in vielen Knoten verhaftet sind, die den "Auftrag" über neue Wege erfüllen können. Nur die tatsächliche physische Zerstörung aller Verbindungspunkte kann das Netzwerk eliminieren.

Auf der Basis des Informationalismus und des *space of flows* entstehen eine Vielzahl an Netzwerken rund um flexible Projekte, die sich selbst jeweils mittels intensiver Kommunikation ihrer Mitglieder koordinieren. Diese Kommunikation folgt je spezifischen Codes, die den Raum- und Zeitbegriff von ihren historischen Wurzeln löst und ihren eigenen Bedürfnissen und Notwendigkeiten anpasst. Es entstehen vielfältige Kommunikationsbeziehungen, die dazu führen können, dass Menschen in separierten Netzwerken aufgrund mangelnder Berührungspunkte und unterschiedlicher Codes überhaupt nicht mehr miteinander kommunizieren können, da sie in verschiedenen Zeiten und Räumen leben (Stalder 2006, 202). Die Struktur der Netzwerkgesellschaft konfiguriert sich entlang dieser unterschiedlichen Netzwerke, deren gesellschaftliche Ebenen nur über einzelne Netzwerkknoten und Systemparameter verbunden sind.

2.1.2 Raum und Zeit

Die originellste Facette aus Castells Theoriewerk stellt in mehrfacher Hinsicht sein Diskurs zu *Flows* (Strömen) und Plätzen, Raum und Zeit dar. Grundlage seiner Forschungen ist die Feststellung, dass Menschen in Räumen leben und agieren. Räume existieren aber -nach Leibniz- nicht unabhängig von sozialen Beziehungen, sondern werden erst durch diese konstituiert und transformiert. Insofern reflektieren und formen Räume das soziale Leben in seiner Gesamtheit (Stalder 2006, 141). Mit dieser Annahme können Räume nur über eine Gesellschaftsanalyse verstanden werden; die Raumforschung muss also holistischer Natur sein (ebd., 144).

Da soziale Handlungen nur dann zwischen Menschen geteilt werden können, wenn sie sich im selben Raum befinden, gehören Raum und Zeit zusammen (ebd., 144). Zentraler Charakterzug der Modernität ist die Ausdehnung von Raum und Zeit für die Produktionsbedingungen, die schließlich in einer „Zeit-Raum-Kompression" (nach David Harvey) münden (ebd., 146).

> „Harveys Kernthese ist, daß dieser Drang nach kontinuierlicher zeitlicher Beschleunigung des Kapitalumlaufes oder nach einer „Zeit-Raum-Kompression" zugleich auch die Produktion von Raum und räumlichen Konfigurationen voraussetzt. Nur durch die Bereitstellung relativ unbeweglicher Transport-, Kommunikations- und regulativ-institutioneller Infrastrukturen, d.h. gleichsam einer „zweiten Natur" sozial hervorgebrachter Konfigurationen territorialer Organisation, kann diese beschleunigte Zirkulation von Gütern durch den Raum erreicht werden. Daher ist, wie Harvey (1985: 145) bemerkt, räumliche Organisation notwendigerweise die Grundvoraussetzung dafür, den Raum zu überwinden." (Brenner 1997, 9f.).

Nach Castells schlägt aber jeder Kompressionsprozess irgendwann ins Negative um (zu wenig Raum, zu wenig Zeit) und dann bedarf es eines qualitativ neuen Typus von Raum und Zeit. Mit dem Beginn der Krise des Industrialismus seit den 1980er Jahren restrukturierten sich die kapitalistischen Produktionsströme mittels der Transformation des Raumes durch die Informations- und Kommunikationstechnologien. Den sozialen Akteuren ermöglichen diese neuen *Flows*, Zeit miteinander zu teilen an verschiedenen Orten. In der kapitalistischen Logik versucht man aus diesem Umstand Vorteile zu schlagen, indem eine weitere „Zeit-Raum-Kompression" vorgenommen wird und zu 24/7[10]-Produktions- wie Distributionskanälen führt. Der geteilte Raum ist jetzt primär der *space of flows*, der als herrschende räumliche Logik auch den *space of places* verändert (ebd., 145).

> „Der Raum der Ströme ist die materielle Organisation von Formen gesellschaftlicher Praxis, die eine gemeinsame Zeit haben, soweit sie durch Ströme funktionieren. Unter Strömen verstehe ich zweckgerichtete, repetitive, programmierbare Sequenzen des Austausches und der Interaktion zwischen physisch unverbundenen Positionen, die soziale Akteure innerhalb der wirtschaftlichen, politischen und symbolischen Strukturen der Gesellschaft einnehmen." (Castells 2001a, 1:467)

Castells unterscheidet 3 Dimensionen, die den *space of flows* charakterisieren:
1. Eine Umgebung mit einer neuen, räumlichen Logik hat sich etabliert: Um am *space of flows* teilhaben zu können, muss man haptisch an der Infrastruktur

---

10 24 Stunden / 7 Tage

andocken können. Sofern man eine entsprechende Infrastruktur vorfindet, ist der physikalische Ort theoretisch gleichgültig. Wem diese Teilhabe an den technologischen Netzwerken verwehrt bleibt, ist marginalisiert: Menschen, Institutionen und Orte (Stalder 2006, 147f.).

2. *Clustering* in Knoten und Verteiler: Unterschiedliche Netzwerke haben unterschiedliche zentrale materielle Orte, die eine gewisse Grösse erfordern, um die Feinheiten dieser fortgeschrittenen Prozesse im *space of flows* wahrnehmen und aufgreifen zu können (ebd., 148). Um z.B. als Ort für ein Finanzzentrum wirken zu können, bedarf es eines komplexen Backends am Ort - inklusive einer sozialen Kohäsion der intellektuellen Eliten (ebd., 149).

3. Für die Elitenbildung wiederum ist eine bestimmte räumliche Verteilung und spezifische räumliche Formation erforderlich. Dies wird infrastrukturell z.B. über den Mietenspiegel oder geschlossene Wohnbezirke oder Sicherheitsdienste gelöst. Zum anderen verbinden *Lounges* an den Mobilitätsstätten (Flughafen, Bahnhöfe), Konferenzzentren, Hotelketten, Clubs und Limousinen die Knoten als Brücken miteinander. Und da zentrale Schulen die globale, intellektuelle Kultur ausbilden, sind die Codes zumindest im rein kapitalistischen Segment gleich gesetzt (ebd., 149f.; zu Elitenetzwerken und Machtfeldern i.S. von Bourdieu siehe auch: Gulas 2007, 77ff.).

Stalder führt diese Punkte in einer Definition des *space of flows* zusammen:

> „The *space of flows* is the infrastructure of high-speed, high-volume, high-precision communication and transportation, spanning the globe but clustered in specific places based on their ability to provide the resources relevant to advancing the networks' particular programs. Through this infrastructure, elites produce and process vast amounts of information based on which decisions are made." (ebd., 150)

Heute allerdings steht der *space of flows* nicht mehr nur den herrschenden Eliten zur Verfügung - auch soziale Bewegungen nutzen diesen für ihre Netzwerke. Der *space of flows* setzt auf dem *space of places* auf, wenn dieser Landungspunkte bereitstellt - und mit dem World Wide Web haben sich diese potenziert. Über diese Verbindungen können Menschen den *space of flows* betreten, ohne ihren *space of place* verlassen zu müssen. Beziehungsweise zeichnet sich bereits ab, wie über die mobilen Endgeräte neue räumliche Praktiken entwickelt werden, in dem der *space of flows* spontan und in selbst gesetzten Rhythmen zur Koordination der beteiligten Personen genutzt wird und eine weitere Raum-Zeit-Kompression eintritt. Innerhalb von zwei Dekaden hat der *space of flows* fast jeden Lebensteil theoretisch erreicht - weltweit (ebd., 151). Aber mit unterschiedlicher Gewichtung der zugänglichen Netzwerke, je nach der am *space of places* vorherrschenden elitären Infrastruktur, die sich zusehends über dezentrale metropolitan regions organisiert (Castells 2009b, 1:xxxii ff.).

Das Internet ist demnach nur ein kleiner Ausschnitt des *space of flows*. Weitere Netzwerke, teilweise privat oder geschlossen, bauen auf diesen globalen IKT-Kanälen auf - seien es die Finanzmärkte, die mobile Kommunikation oder Intranets mit internationaler Ausbreitung. Man könnte auch sagen, der *space of flows* konfiguriert auch den *space of power* oder der *counterpower* (ebd., 152). So haben sich interessanterweise v.a. die kapitalistischen Zentren des 20. Jahrhunderts als Schlüsselknoten der globalen Finanzmärkte herausgebildet (ebd., 147). Als strukturell dominante Städte haben sich v.a. London, New York, Frankfurt, Tokyo, Amsterdam und Zürich etabliert - neben Miami, Los Angeles, Hong Kong und Singapur als so genannte „Gateway"-Städte, die verschiedene ökonomische Zonen miteinander verbinden (David Smith und Timberlake 2002, 120). Das globale Datennetz verfestigt reale Macht- und Herrschaftsstrukturen (Maresch und Werber 2002, 23), während diese gleichzeitig über die globalen Kanäle unterlaufen werden können.

Allen Netzwerken gemeinsam ist die geographische Unabhängigkeit der einzelnen Knoten, die sich funktional kohärent integrieren. Aus der Sicht der Plätze wird eine Fragmentierung der Ordnung wahrgenommen in ein nonlineares Muster an Lokalitäten, die zunehmend weniger miteinander (geographisch) verbunden sind (ebd., 154). Aus der jeweiligen Binnensicht eines Netzwerkes aber existiert ein gemeinsamer Raum, in dem Verbindungen zwischen den Knoten unter funktionalen Gesichtspunkten wahrgenommen werden. Das ist die binäre räumliche Logik im informationalen Zeitalter (ebd., 153).

Gleichzeitig existiert für die moderne Gesellschaft keine gemeinsame zeitliche Ordnungsstruktur mehr, an der sich die Mitglieder orientieren können. Es regiert eine *timeless time*, die sich weder an biologische oder künstliche Zeittakte hält, sondern einzig den Bedingungen des Netzwerkes unterliegt. Jetzt oder Nicht-Jetzt sind die beiden binären Pole dieser Entwicklung, die zu Störungen im *flow of social time* führen muss, da die Interaktion verschiedener Zeitlichkeiten zu einer chaotischen Fluktuation in der Sequenz von Ereignissen führt (ebd., 156). Statt zeitlicher Sequenzen per Uhrzeiten regiert eine Hochgeschwindigkeits-Computerisierung, die Mikroeinheiten von Sekunden rechnet. Zeit wird unsichtbar. Sie basiert zwar immer noch auf der Uhrzeit, aber sehr komprimiert innerhalb der Netzwerkökologie. Die Zeit ist explodiert in eine Vielzahl an Teilchen - pro IKT-Nutzer/in entsteht ein spezifischer time frame, der nur selten, und wenn, dann zufällig, zeitgleich mit time frames anderer Nutzer/innen zusammenfällt.[11] Begrifflichkeiten wie Echtzeit und 24/7, die die Zeiten

---

11 Kurze Anekdote: Bei der Teilnahme an einem Flash-Mob-Event in Berlin, Alexanderplatz im Herbst 2008 wurden mehrere hundert Teilnehmer/innen per Audio-Datei, die man sich vorab downloaden und auf den MP3-Player spielen musste, theatralisch gesteuert. Aufgrund der unterschiedlichen Abspielgeräte folgte im Laufe der chronometrischen Zeit jede/r einer anderen Event-Zeit - die Aktivitäten verliefen zunehmend asynchron - jede/r lebte in einem eigenen time frame (übrigens nicht intendiert bzw. nicht bedacht seitens der Initiator/innen).

der Netzwerkgesellschaft umschreiben helfen, versuchen die Schnelligkeit und totalisierende Logik der Entwicklung einzufangen (Hassan und Purser 2007, 2ff.).

Markierte der Übergang von der oralen zur schriftlichen Kultur eine mediale Verräumlichung, so kennzeichnet den Übergang vom Schriftlichen zum „Telematischen" eine Verzeitlichung in medialer Hinsicht. Der fließende Strom organisiert die digitalen Informationen räumlich nicht mehr greifbar als Dokument, sondern als Cyberkörper sich bewegend. Im *Cyberspace* wird ein Körper nicht mehr aufgrund seiner veränderten Lage im Raum, sondern durch seine Veränderung in der Zeit als im Fluss empfunden. Der Umgang mit den fließenden Informationen entwickelt sich zur vierten Kulturtechnik (neben Schreiben, Lesen, Rechnen), um eine Interaktion mit zeitlich sich verändernden Symbolen zu gewährleisten (Krämer 2002).

Diese Kulturtechniken stehen nicht nur der von Castells identifizierten „Informationselite" der herrschenden Klasse zur Verfügung, sondern sie konnten subversiv von anderen interessierten, sozialen Gruppen sich angeeignet und durch den symbolischen Zugriff auch auf weniger ökonomische, z.B. zivilgesellschaftliche Interessen gerichtet werden. Diese modifizierten Informationseliten agieren im kosmopolitischen Raum, während die „einfachen Leute" im lokalen Raum leben (Castells 2001a, 1:471). Mit möglicherweise fatalen Folgen:

> „Wenn nicht bewusst und planvoll kulturelle, politische und physische Brücken zwischen diesen beiden Formen des Raumes gebaut werden, könnten wir uns auf dem Weg zu einem Leben in parallelen Universen befinden, deren Zeiten sich nicht treffen können, weil sie in unterschiedliche Dimensionen eines sozialen Hyperspace verstrickt sind." (ebd., 484)

Zusammengefasst lässt sich feststellen, dass die Netzwerkgesellschaft geprägt ist von verschiedenen Räumen, in denen flexible Netzwerke mit unterschiedlichen Zeitrhythmen agieren, die die Menschen letztlich auseinander treiben. Damit rücken identitätsstiftende Kulturen in den Blickpunkt, die den Menschen ggf. eine Sinn stiftende Orientierung mit auf den Weg geben können.

2.1.3 Identität, Kultur & Erfahrung

Im Hinblick auf ihre soziale Morphologie können soziale Entitäten in ihrem Grundmuster als Hierarchien, Märkte, Netzwerke oder Kollektive organisiert sein (Stalder 2006, 175f.). Netzwerke sind in ihrem Interaktionsmuster andauernder als Märkte und flexibler als Hierarchien (ebd., 178): Der Veränderungsprozess eines Netzwerkes hängt nicht von einem einzelnen Knoten ab, sondern konfiguriert sich als Geschichte der Gesamtheit aller Netzwerk-Komponenten. Zwar bedingen sich die einzelnen Knoten wechselseitig für ihre eigene Identität wie für das Netzwerk, aber aufgrund ihrer komplementären Asymmetrie sind sie nicht abhängig von einzelnen Knoten (ebd., 179). Vielmehr vermögen die technischen Potenziale der neuen Medien die traditionellen Vermachtungen im *space of places* zu unterlaufen, zu überbieten oder zu umgehen (Kardoff 2006, 66).

Bereits das Aufkommen der progressiven Bewegungen in den 1960/70er Jahren mit ihrem libertären Geist und ihrer kulturellen Offenheit resultierte in spielerischen Symbolmanipulationen und führte schließlich zu einer akzeptierten „Kultur realer Virtualität" (Castells 2001a, 1:425). Sie forderten die konservativen, etablierten, sozialen Institutionen heraus und transformierten diese (Stalder 2006, 81) - nicht durch den berüchtigten „Marsch durch die Institutionen" (Dutschke), sondern durch die symbolische Unterstützung des aufkommenden „networked individualism" (Wellman 2002). Dieser vernetzte Individualismus, der durch mobile, virtuelle Technologien forciert wird, verbindet heute die Personen direkt miteinander statt wie bisher statische Plätze oder Institutionen (ebd.).

Es handelt sich also nicht um eine Ansammlung isolierter Individuen, sondern um ein soziales Muster (Stalder 2006, 196). Mit den webbasierten Möglichkeiten der neuen Informations- und Kommunikationstechnologien (IKT) und der damit verbundenen, sich entfaltenden, multimedialen Kultur einer die McLuhan'schen Gutenberg-Galaxie ablösenden „Internet-Galaxie" werden in der Nutzerperspektive die Botschaften wieder zu Botschaften (Castells 2001a, 1:425). Die an sich eigentümlichen Codes vermengen sich in dem symbolischen Kommunikationsprozess und verwischen zu einem „gigantischen, nicht-historischen Hypertext" (ebd.), der als semantischer Kontext „mit seinen vielfältigen Facetten aus einer zufälligen Mischung aus Bedeutungen besteht" (ebd.) und als neue symbolische Umwelt nur noch die Kommunikation auf elektronischer Grundlage zulässt (ebd., 427). Die digitalisierten Netzwerke multimodaler Kommunikation sind zwischenzeitlich so verwoben mit sämtlichen kulturellen Ausdrucksformen und persönlichen Erfahrungen, das sie in ihrer Virtualität eine neue Dimension gelebter Realität definieren (Castells 2009b, 1:xxxi).

In Kombination mit den neuen IKT und den kapitalistischen Restrukturierungen erwuchsen daraus oppositionelle Bewegungen, die als Quelle neuer kollektiver Identität und als Schlüsselmotoren für soziale Innovationen betrachtet werden können. Sie sind die Subjekte des sozio-kulturellen Wandels, die von ihnen transportierten kulturellen Werte sind die Inhalte und die sozialen Strukturen, wie sie von spezifischen Institutionen und Organisationen repräsentiert werden, sind das Objekt des Wandels (Stalder 2006, 79). Akteure sind nicht die einzelnen Individuen, sondern das Kollektiv der Bewegung, das von Castells zunächst primär über einen gemeinsamen geographischen Ort definiert wird; später dann zeigt er auf, wie soziale Bewegungen stärker in Ideen wurzeln, die sich dann allerdings in den Institutionen materialisieren müssen, also wieder einen Ort aufsuchen müssen, um gesellschaftlich wirken zu können (ebd., 83).[12]

Um die Identität rankt sich also die persönliche Sinnstiftung. Identität meint dabei, dass bestimmte kulturelle Charakteristika konstitutiv sind für eine Person im Kontext dieser geteilten Kultur. Im Laufe der Zeit kristallisiert sich dann ein stabiler Kern heraus, der sich im Kontext des Wandels ständig (re-)konfiguriert und zur „Individuation" (nach Anthony Giddens) führt (ebd., 83). Durch die Einbindung neuer möglicher Quellen der Sinnstiftung in die sozialen Organisationen und Institutionen können die Quellen gesellschaftlich relevant werden (ebd., 84). Macht wird hier ausgeübt über die Produktion und Diffusion von Symbolen und kulturellen Codes - und damit wird der Vermittlungsraum durch die IKT-*Flows* immer wichtiger. Denn erst die symbolische Gewalt formt die Entwicklung von materialer Realität (ebd., 99) und lässt so eine „real virtuality" (ebd., 100) entstehen.

In der Netzwerkgesellschaft stellt „eine primäre Identität -also eine Identität, die den anderen den Rahmen vorgibt-, die über Zeit und Raum hinweg selbsterhaltend ist" (Castells 2002, 2:9) die zentrale, wenn nicht sogar die einzige Instanz von Sinn dar. Durch das individuell nutzbare Inter-Net(z) haben die Wahl- und Gestaltungsmöglichkeiten erheblich zugenommen - sowohl für die Kommunikationsbeziehungen, die Transaktionen als auch die individuellen Identitätsentwürfe. Zwar führt die „Kommerzialisierung der Aufmerksamkeitsmärkte" (Reichert 2008, 62) zur Einbindung erzählter Identitäten in ökonomische Verwertungszusammenhänge; die Gestaltung der sozialen Spielregeln in diesen digitalen Prozessen obliegt aber allen Beteiligten. So führt die Steigerung der Individualisierung der Individuen mittels sozialer Medien zu einer Hybridisierung archivierter Daten, die eine Verwaltung rechnergestützter Informationen unterläuft, wenn nicht sogar ad absurdum führt (ebd., 220). Während einerseits die Netzbewegungen das Nutzerverhalten als individuelles Profil sichtbar machen, sich somit die elektronische biografische Identität von ihrem narrativen Charakter löst, erwachsen *Blogs* (und sonstige persönliche Äußerungsformen) zu einer „subversiven Identitätsstrategie, diesen Vereinnahmungen entgegen zu wirken" (Kardoff 2006, 67). Oder wie es Steinbicker zum Ausdruck bringt:

> „Die Konstruktion autonomer Identitäten jenseits der institutionellen Ordnungen der Netzwerkgesellschaft wird zum wichtigsten Mittel der Gegenwehr gegen ihre Herrschaftsstrukturen."
> (Steinbicker 2001, 81)

Die neue zentrale Konfliktlinie verläuft nicht mehr zwischen Kapital- und Arbeiterklassen, sondern zwischen dem Netz und dem Selbst. Hier finden bereits die Kämpfe um mögliche gesellschaftliche Veränderungsprozesse statt (ebd.), nicht einseitig zugunsten kapitaler Interessen, sondern (auch) als Gegenwehr einer

---

12 Siehe dazu die derzeitige Koinzidenz der Diskussionen rund um *Open Data*, *E-Government* und Wikileaks.

Abgrenzung des Libertären vom Liberalen.

Aber Castells entwickelt seine Sozialtheorie nicht durch eine Analyse der aktuellen sozialen Kämpfe, sondern als Beschreibung der u.a. technologisch bedingten Veränderungsprozesse und ihrer Ausformungen in der Gesellschaft. Dabei analysiert er die kollektiven und prozessoralen Akteure innerhalb der reflexiven, sozialen Bewegungen als kulturelle Transformationsmotoren, nicht aber den konkreten Konflikt mit unsicheren und ungesicherten sozialen Gruppen, die ohne Informationen, Ressourcen oder Macht sich hinter tradierte Codes und Werte zurückziehen (ebd., 82). Die sozialen Bewegungen, die sich einbringen können in den *space of flows*, bewegen sich in der für Castells relevanten, neuen Konfliktzone der Kultur, die darum ringt, wie man in Würde und mit Sinn leben kann (Stalder 2006, 87). Und diese Bewegungen sind stark von der modernen Technologie geprägt:

> „Sociability is transformed in the new historical context, with networked individualism emerging as the synthesis between the affirmation of an individual-centred culture, and the need and desire for sharing and co-experiencing. Virtual communities and smart mobs, hybrid networks of space and photons are redefining space and time (..) as the appropriation of technology by people for their own uses and values." (Castells 2004, 223)

In der kulturellen Identitätsfrage liegt für Castells der Fokus seiner Arbeit. Kultur, verstanden als Prozess und nicht als Inhalt. Dabei verliert er nach Ansicht Stalders' einige Kämpfe aus den Augen, die zukünftig wichtig sind für die kulturelle Identität aller tangierten Menschen: Der Kampf um Zugang zu Informationen und Wissen zeichnet sich als einer der großen neuen Kämpfe der Netzwerkgesellschaft ab. Bereits heute ist der Kampf um Patentierungen, *Copyrights* und internationale Verträge entfacht, so dass Stalder den Kampf um das Urheberrecht als die geopolitische Herausforderung der neuen Ära bezeichnet, der den alten Widerspruch zwischen Kapital und Arbeit ablöst (Stalder 2006, 205).[13] Dies gibt Castells auch im neuen Vorwort zur zweiten Auflage des ersten Bandes zur Netzwerkgesellschaft zu bedenken: Während Funktionalität, Wohlstand und Macht durch den *space of flows* definiert seien, ist die kulturelle und soziale Sinnstiftung ein Charakteristikum des *space of places*. In diesem Widerspruch zwischen der dominanten Logik einer vernetzten, globalen Welt einerseits und dem tatsächlichen Leben der Menschen an realen Orten in den Megaregionen andererseits ziehen neue Konfliktlinien auf (Castells 2009b, 1:xxxix).

Zusammengefasst kommt Identitäten in der Netzwerkgesellschaft die Funktion zu,

---

13 Die westlichen Staaten nutzen ihre Macht in den internationalen Organisationen, um über Lizenzen und Patentgebühren den strukturellen Nachteil der Entwicklungs- und Schwellenländer juristisch zu manifestieren. So wurde geistiges Eigentum zu einem immer wichtigeren Produktionsfaktor - und in den USA etablierte sich eine regelrechte Patentindustrie, die über kostenintensive verfahren ihre internationalen Rechte einklagen (vgl. Hack 2006, 163).

eine kohärente Sinnstiftung über alle persönlichen Netzwerk-Beteiligungen herzustellen. Dabei dominieren in den verschiedenen Räumen unterschiedliche kulturelle Werte und Codes, um deren Deutungsmacht globale Kämpfe vollzogen werden. Der individuelle Sinnstiftungsprozess vollzieht sich für Netz-Menschen in diesem Konkurrenzkampf zwischen globaler Netzlogik einerseits und regionalen Zusammenhängen, die das physische Leben vordergründig definieren, auf der anderen Seite. Über die Institutionen am *space of places* tragen die individuell ausgehandelten Identitäten die von ihnen eingefangenen, global fliessenden Ideen in die Gesellschaft vor Ort hinein. Personen ohne Netz-Zugang haben keinen Einfluss auf diesen sozialen Kulturwandel, der sich über den *space of flows* materialisiert. Sie sind bereits strukturell sozial exkludiert.

Wie aber generiert die Netzwerkgesellschaft aus ihrer eigenen sozio-technologischen Entwicklungslogik heraus eine globale Ungleichheit, die in sozialer Exklusion mündet? Dieser Frage soll im folgenden Kapitel nachgegangen werden.

2.1.4 Technologie und Entwicklung

Im Gegensatz zu Daniel Bells Analyse der nachindustriellen Gesellschaft (Daniel Bell 1996) zeigt Castells auf, dass von einem Verschwinden der Fabrikjobs auf globaler Ebene keine Rede sein kann[14] und „Dienstleistungen" auch in den fortgeschrittenen Ländern eine diffuse Begrifflichkeit markieren, die der Differenzierung bedarf. Was sich verändert hat in der modernen Weltwirtschaft, ist die sich wandelnde räumliche Organisation der Produktion aufgrund von Informations- und Kommunikationstechnologien (IKT) mit der Folge, dass Raumüberwindung kein Hindernis mehr darstellt (Stalder 2006, 45).

In der informationellen Entwicklungsweise „wird die Technologie der Wissensproduktion, der Informationsverarbeitung und der symbolischen Kommunikation zur wichtigsten Quelle der Produktivität" (Steinbicker 2001, 83). Entscheidend ist dabei die Einwirkung von Wissen auf Wissen. Nicht mehr wirtschaftliches Wachstum treibt die Performance einer Gesellschaft an, sondern die technologische Entwicklung und deren gesellschaftliche Adaptivität. Es entsteht eine „zirkuläre Wechselwirkung zwischen der Wissensbasis von Technologie und der Anwendung von Technologie zur Steigerung von Wissensproduktion und Informationsverarbeitung" (ebd.). Aufgrund der Technisierung des gesamten Lebens ist die Technologie ein Teil der sozialen Dynamik (Stalder 2006, 20). Techno-Eliten aus Wissenschaft und Militär, Hackerkulturen mit individualistischen und sozialen Motiven, virtuelle Kommunarden und die globale Business-Kultur treiben die technologische Entwicklung voran. Die neuen Technologien finden -wenn sie einen

---

14 Alleine zwischen 1963 und 1983 ist die Anzahl der Fabrikjobs weltweit um 72% gestiegen (aktuellere Zahlen liegen uns derzeit nicht vor).

Mehrwert schaffen- Eingang in die Ökonomie und in die sozialen Bewegungen und können so ihre soziale Relevanz entfalten (ebd., 24).

Gleichwohl waren trotz all ihrer Bedeutung nicht Informations- und Kommunikationstechnologien die Auslöser der ökonomischen Restrukturierung, sondern -wie oben bereits angeführt- die Wirtschaftskrise der 1970er Jahre, die in einer neuen Zeit-Raum-Kompression kulminierte. Gemündet hat dies in einer Internationalisierung der gesamten Ökonomie, an deren Ende eine neue internationale Arbeitsteilung entstanden ist. Dadurch lassen sich jetzt Mehrwerte durch Innovation schaffen, eine optimale Kombination von Arbeitskräften und Maschinen finden und die Fähigkeit zur flexiblen strategischen Entscheidung sowie eine organisatorische Einbindung aller relevanten Elemente des Produktionsprozesses ausleben (Castells 2001a, 1:273ff.). Zusammengefasst kennzeichnet folgendes Stratifikationsmodell die neue Arbeitsteilung (Stalder 2006, 49):

1. *Producers of high value*: Die Entscheider(innen), die an der Quelle für Innovation und Wertbestimmung sitzen.
2. *Producers of high volume*: Die Personen, die Instruktionen ausführen (müssen) und wenig Gestaltungsspielraum haben.
3. *Producers of raw materials*: Die Regionen, die natürliche Ressourcen produzieren.
4. *Redundant producers*: Strukturell irrelevante Menschen, also Arbeiter/innen, die nicht produktiv sind und Konsumierende, die nicht am Markt teilnehmen (mit einer „perverse connection" zur globalen Kriminalökonomie).[15]

Diese Arbeitsteilung ist das „informationelle Paradigma der Arbeit" (Castells 2001a, 1:275). Hier hat sich eine neue Sozialstruktur entlang der neuen räumlichen *flows* (der Finanzmärkte, Mediennetzwerke, transnationalen Produktionsprozessen, globale soziale Bewegungen, vernetztes politisches Regieren) gruppiert (Lupiáñez-Villanueva 2008) - dabei stimmen die Abgrenzungen nicht notwendigerweise mit Ländern oder Staaten überein (Steinbicker 2001, 87). Den IKT-Technologien kommt die Rolle zu, die funktionale Anbindung der strukturell relevanten Gruppen in den globalen Wertschöpfungsprozess sicherzustellen - gleichgültig, in welcher Weltregion die jeweiligen Personen lokal verankert sind. Zwar sind die infrastrukturellen Voraussetzungen zur gleichmäßigen Durchdringung aller Bevölkerungsschichten recht unterschiedlich, aber wenn ein Zugang gegeben ist (in welcher konkreten Form auch immer), definiert sich im Umgang mit diesen Technologien, welcher der beiden relevanten Personengruppen die betreffende Person angehört: ob sie eher

---

15 Neben dem offiziellen Weltwirtschaftssystem hat sich in enger struktureller Verflechtung eine global vernetzte, kriminelle Schattenökonomie informell entwickelt, die von weltwirtschaftlich ausgeschlossenen Staaten teilweise als einzige Chance für das eigene Überleben gebilligt wird. Es ist eine „perverse Koppelung" zwischen Schattenökonomie und staatlicher Handlungsmacht entstanden (Castells 2003, 3:175ff.).

selbstbestimmt innovativ oder passiv instruiert arbeiten kann.

Dominiert wird diese neue Weltwirtschaftsordnung von den globalen Finanzmärkten, die sich nicht nach Marktgesetzen entwickeln, sondern per „Automaton"[16], der als nahezu unbeherrschbares Naturphänomen eine Art „chaotic complexity" entstehen lässt und extrem flexible Unternehmen als Organisationsform fordert (Stalder 2006, 54). Letztlich mündete diese Entwicklung auf den liberalisierten Finanzmärkten zunächst in einer wahnwitzigen Finanzblase und seit 2008 in einer Finanzkrise unermeßlichen Ausmaßes (Castells 2009b, 1:xix ff.). Dabei gebiert sich das System wie ein „Naturphänomen", das weder kontrolliert noch vorhergesagt, sondern lediglich akzeptiert und gemanagt werden kann (Stalder 2006, 118).

Und die produktiven Firmen agieren in diesem *Stakeholder*-Kontext. Es lässt sich seit geraumer Zeit ein Trend bei Firmen aller möglichen Größen feststellen, flexible Netzwerke zu entwickeln, die ihre konstituierenden Elemente in Echtzeit zu koordinieren vermögen, über Distanzen hinweg, je nach wechselnden Aufgaben und Gelegenheiten. Ein langsamer Wandel vollzieht sich von vertikalen Bürokratien hin zu horizontalen Korporationen, die auf Basis von Ad-hoc-Business-Netzwerken agieren (Stalder 2006, 57). So entstehen Netzwerkunternehmen, die -aus einzelnen Teilen eines Unternehmens und anderen Teilen verschiedener Firmen bestehend- projektbezogen arbeiten (ebd., 60) und eine Flexibilisierung und Individualisierung der Arbeit auf vier Ebenen fordern: Arbeitszeit, Job-Stabilität, Verortung der Arbeit und die sozialen Beziehungen zwischen ArbeitgeberInnen und ArbeitnehmerInnen verändern sich im Zuge dieser Entwicklungsdynamik (ebd., 62). Zudem offenbart sich eine interne Fragmentierung der Arbeitskräfte: Diejenigen, die die Fähigkeit mitbringen, Innovation in ihre Berufsfelder einzubringen und damit als informationelle Produzenten Mehrwert schaffen - und die anderen, die keine an die Person gebundenen Fähigkeiten mitbringen und ersetzbare generische Arbeit leisten (Castells 2003, 3:397). Diese soziale Differenzierung trägt produktionsbedingt zur Individualisierung der Arbeit, Überausbeutung von Arbeitskräften, sozialer Exklusion und perversen Koppelung der Schattenökonomie bei.

Soziale Exklusion definiert Castells dabei als den

> „(...) Prozess, durch den bestimmte Individuen und Gruppen systematisch der Zugang zu Positionen verstellt wird, die sie zu einem autonomen Auskommen innerhalb der gesellschaftlichen Standards befähigen würden, die in einem bestimmten Kontext durch Institutionen und Werte abgesteckt werden." (ebd., 76)

Demgegenüber beziehen sich Ungleichheit, Polarisierung, Armut oder Elend auf die differenzielle Aneignung von Reichtum, also den Bereich der Distributions- und

---

16 Mit „Automaton" beschreibt Castells die global integrierte, digitale Finanzmaschinerie, die außerhalb jedweder institutionellen Kontrolle ihrer Eigenlogik entlang algorithmischer Impulse folgt.

Konsumtionsverhältnisse (ebd., 74). In letzter Konsequenz trennt sich die „Marktlogik der globalen Kapitalströme" von der „menschlichen Erfahrung des Arbeitslebens" (ebd., 397) - Realwirtschaft und Finanzwirtschaft leben unvermittelt nebeneinander her.

Nach Castells wird die Frage, wer die (aktiven) Interagierenden und wer die (passiven) Interagierten innerhalb der neuen Kultur der realen Virtualität sind, die zentrale Kampflinie sein, an der entlang sich Herrschaftssystem(e) und Befreiungsbewegungen abarbeiten werden - und ihre Machtpositionen bestimmen (Steinbicker 2001, 98). Es entstehen neue Eliten quer zu den arbeitsteiligen Schichten, die an den Schnittstellen des *space of places* zum *space of flows* auf den Fluss von Kapital, Informationen und Wissen strategisch Einfluss nehmen können (ebd., 99ff.).

2.1.5 Macht und Gegenmacht

Macht im Sinne von Max Weber beschreibt das Verhältnis zwischen menschlichen Subjekten, wenn der Wille einiger Subjekte anderen aufgedrängt wird. Dieses Diktat begründet sich auf der Fähigkeit zur Gewaltanwendung. Und die Kontrolle über die Gewaltmittel ist die Wurzel von Macht (Stalder 2006, 104).

Im klassischen Sinne hat der souveräne Staat das exklusive Gewaltmonopol auf einem definierten Territorium inne - und ist hier der „legitimierte Dominator" (ebd., 106). Legitimation erhält er dadurch, dass der Staat als Souverän die Pfründe „seiner" Ökonomie verteilt. Innerhalb eines Staates setzt sich eine „kulturelle Hegemonie"[17] durch, die sich als Kompromiss oder Verhandlungsergebnis (begründet auf innergesellschaftlichen Machtstrukturen) aus der Auseinandersetzung verschiedener sozialer Gruppen ergibt. Mit der Globalisierung, die alle Staaten umfasst, aber nicht alle Regionen oder gar Personen, geht ein Verlust der nationalen Souveränität und der Legitimation der staatlichen Institutionen einher, die in einer Krise des modernen Nationalstaates münden (ebd., 109). Die Ursachen für diese Entwicklung siedelt Castells auf vier Ebenen an:

- Binnenländische ökonomische Politik: Der Staat steht vor der Schwierigkeit, nationale Steuern in einer globalisierten Welt einnehmen zu müssen. Die einzigen politischen Instrumente, die er nutzen kann, sind, eine Produktivitätssteigerung zu forcieren oder die Arbeitskosten zu minimieren und die Sozialstaatsausgaben zurückzufahren (ebd., 111).
- Internationale Politik: Klassische Politikfelder lassen sich zunehmend im nationalstaatlichen Rahmen nicht mehr lösen und bedürfen einer koordinierten internationalen Handlungspraxis. So arbeiten z.B. in den Feldern der globalen öffentlichen Güter auch internationale Nichtregierungsorganisationen als politische

---

17 Vgl. dazu (Gramsci 1991)

Akteure mit. Sie fordern damit das vorherige nationalstaatliche Monopol heraus und untergraben so die staatliche Legitimität als Wächter der Humanität (ebd., 112).

- Militär: Aufgrund der Globalisierung und der „perverse connections" hat sich ein interner wie externer Krieg als stetiger modus operandi herausgebildet, der die Legitimation des Staates untergräbt (ebd., 113).
- Medien: Spätestens mit dem Einfluss des Internets ist der staatliche Einfluss auf die Medieninhalte verloren gegangen (ebd., 114).

Macht ist demnach nicht länger in staatlichen Institutionen, kapitalistischen Organisationen oder symbolischen Kontrolleuren (z.B. Medienhäuser, Kirchen) verankert. Sie verläuft sich vielmehr in die globalen Netzwerke des Wohlstandes, der Macht, der Informationen und der Bilder, die im *space of flows* zirkulieren. Statt persönlicher autoritärer Gewalt regiert der informationale Kapitalismus, der große Teile der Bevölkerung für überflüssig bzw. redundant erklärt (Stalder 2006, 131).

Gleichwohl ist die Handlungsmacht des Staates innerhalb dieser Flüsse nicht zum Erliegen gekommen. Das neue Modell globaler Produktion und globalen Managements -nämlich die Arbeitsprozesse global zu integrieren und gleichzeitig die Desintegration der Arbeiterschaft zu forcieren- ist eine Entscheidung von Regierungen und Unternehmen und nicht auf zwangsläufige IKT-Prozesse zurückzuführen (Steinbicker 2001, 93). Die konkreten Transformationsprozesse und -formen resultieren aus der Interaktion zwischen technologischem Wandel, institutioneller Umgebung und der evolutionären Verbindung zwischen Kapital und Arbeit in ihrem spezifischen sozialen Kontext (Castells 2009b, 1:xxiv). Staaten können weiterhin innerstaatlich einen bedingten, kulturellen Unterschied setzen (siehe z.B. das international unterschiedliche Staatsverständnis hinsichtlich des Verhältnisses von marktliberalem Laissez-faire zu sozialstaatlicher Verantwortung). Gleichzeitig ist der Nationalstaat zu einem Netzwerkstaat mutiert, der sich auf internationaler Bühne durch thematisch wechselnde Koalitionen und ständig ausgehandelte Kompromisse bewegt. Die internationale Politik ist gekennzeichnet durch

> „(...) the daily practice of joint decision-making in a network state made of nation-states, supranational associations, international institutions, local and regional governments, and quasi-public non-governmental organisations." (Castells 2004, 223)

Macht kann demnach im Zeitalter der Netzwerkgesellschaft nur noch in kurzfristigen Projekten verwaltet werden und wechselt ständig. Zwei Mechanismen stehen dafür zur Verfügung: Zum einen die Fähigkeit, die Ziele des Netzwerkes (mit) zu definieren und zum anderen die Fähigkeit, verschiedene Netzwerke miteinander zu verbinden, um gemeinsame Interessen und wachsende Ressourcen zu sichern (Stalder 2006, 135f.).

Die Grammatik dieser Netzwerkprozesse konfiguriert sich entlang der herrschenden kulturellen Codes und Protokolle. Infolgedessen stellt Macht heute einen schier endlosen Kampf um die kulturellen Codes der Gesellschaft dar, „mittels derer Menschen und Institutionen das Leben abbilden und Entscheidungen, auch politische Entscheidungen fällen" (Castells 2003, 3:398). In den sozialen Bewegungen sieht Castells die primären Produzenten von kulturellen Codes und Bildern (Stalder 2006, 138). Die klassische Macht war physisch gewalttätig - die kulturelle Macht entspricht einer „symbolic violence" (ebd., 139).

> „Kultur als Quelle von Macht und Macht als Quelle von Kapital liegen der neuen gesellschaftlichen Hierarchie im Informationszeitalter zugrunde." (Castells 2003, 3:399)

Da jedes Netzwerk seine eigene, selbst-bezogene Welt konstituiert, die durch einen bestimmten zeitlichen, räumlichen und kulturellen Horizont charakterisiert ist, werden zwangsläufig weite Teile der Bevölkerung aus dem kapitalistischen Netzwerk ausgeschlossen. Diese Teile müssen versuchen, zurückzukehren und die Netzwerke über die Gestaltung der symbolischen Gewalt zu transformieren (Stalder 2006, 195). Alternative Netzwerke müssen die alten ersetzen, damit sich etwas verändert, denn Netzwerke bestimmen unser Leben - sie sind die Matrix (Castells 2004, 224).

2.1.6 Zwischenfazit: Castells Beitrag zur Bildungspolitik

Castells Bedeutung zur Analyse der vernetzten Weltgesellschaft kann nicht hoch genug eingeschätzt werden. Seine Meta-Analyse unterscheidet sich von der klassischen Netzwerkforschung, die sich auf die Untersuchung konkreter Netzwerke konzentriert und deren spezifischen Stil, Zweck, Struktur und Wertebildung herauszuarbeiten versucht (so z.B. Anklam 2007; Steven Johnson 2001; Stegbauer 2008). Dagegen zeigt Castells die grundlegenden Rahmenbedingungen auf, die den Strukturwandel von einer entitätendominierten Welt hin zu einer flexiblen, netzwerkdominierten Infrastruktur forcierten. Und er richtet den Blick auf die sozio-kulturellen Mechanismen und Strukturen, die über die individuelle Teilhabe oder Nicht-Teilhabe an diesen neuen, global fließenden Informationsprozessen entscheiden. Dabei besticht v.a. sein räumliches Konzept, dem Felix Stalder eine markante neue Sichtweise bescheinigt:

> „The analytical clarification of this key point, the emergence of a new spatial logic, expressed in the *space of flows* and the fragmentation of physical space in a variable geography of hyperconnection and structurally induced 'black holes', is one of the most substantial and original aspects of Castell's entire theory of the network society." (Stalder 2006, 166)

Der „Raum der Ströme", der diese „schwarzen Löcher" im physischen Raum entstehen lässt, exkludiert Individuen, Institutionen oder auch ganze Regionen - je nachdem, welchen Beitrag sie zum Funktionieren des gesamten Netzwerkes leisten können. In der Informationsgesellschaft verdichten sich die Aktivitäten bestimmter Netzwerkknoten aufgrund einer vorhandenen Infrastruktur. Und die Bedeutung dieser spezifischen Standorte wächst weiter (siehe auch Jan Schmidt 2005, 19:31). Wer sich innerhalb dieser Netzwerkbahnen bewegen kann, vermag sich in der virtuellen, zeit- und raumüberwindenden Kultur der Produktion, Macht und Erfahrung einzubringen. Wer außerhalb verbleibt, hat keinen Einfluss auf entsprechende sozio-kulturelle Rahmenbedingungen.

So fördern einerseits die sozio-ökonomischen Erfordernisse (Finanzmarkt, Bildung, Tourismus, Militär, NGOs o.ä.) eine Wissensbasis und -elite, die in ihrem Kenntnisstand weltweit vergleichbar ist. Andererseits vernetzen sich einige Early Adopters auch individuell über die bestehenden globalen Datenkanäle. Es entsteht eine globale Informationselite (Nielinger 2006) - die *hyperconnected Onliner* (Aducci und Al 2008). Der Publizist Thomas L. Friedman bezeichnet diesen seit dem Jahre 2000 einsetzenden Prozess als „Globalisierung 3.0", da er den globalen Austausch von Individuen kennzeichne, in Fortführung der staatlichen Globalisierung 1.0 und der multinationalen Globalisierung 2.0 der Unternehmen (Friedman 2007). Dieser Prozess des globalen individuellen Austauschs müsse in seiner revolutionären Kraft mit der Erfindung des Buchdrucks verglichen werden und hätte zu einer „flachen" Welt geführt (ebd., 49) - zumindest für die Informationselite, möge man anfügen. Denn die Verwerfungen des *Digital Divide* existieren trotz guter Fortschritte weiterhin - weniger als internationale Spaltung denn als inner-gesellschaftliche Brüche: Zwischen den vernetzten, „relevanten" ProduzentInnen einerseits und den „strukturell Irrelevanten" andererseits.

Um den Bezug zur leitenden Fragestellung dieser Arbeit herzustellen, bleibt festzuhalten: Wer (potentiell) Exkludierten helfen will, sollte zunächst am *space of places* einen strukturellen Anschluss ermöglichen. Zunächst auf technologischer Ebene, dann bei der Herausbildung relevanter Netzwerkknoten und schließlich auf individueller Ebene bei der Ausbildung entsprechender Netz-Kompetenzen. Erst dann sind die persönlichen Grundlagen geschaffen, sich in die internationale Arbeitsteilung so einzubringen, dass ein autonomes Auskommen innerhalb der gesellschaftlichen Standards zumindest theoretisch möglich ist. Als politisches Ziel kann aus dem Vorgenannten abgeleitet werden, dass Chancengleichheit am *space of places* ganz pragmatisch hergestellt und die persönliche Gestaltungskraft gefördert werden muss, um die individuellen Grundvoraussetzungen zu schaffen, im „Raum der Ströme" aktiv mitwirken zu können.

Sowohl die Menschen als auch die Institutionen befinden sich in einem tiefgreifenden Wandel: von kleinen Gruppen hin zur vielfältigen Teilhabe in diffusen, virtuell und physikalisch vermischten, sozialen Netzwerken. Klassische Kleingruppen verlieren dabei an längerfristiger Bedeutung, da sich heute Kontakte von Ort-zu-Ort und von Person-zu-Person wandeln. Es verändert sich der persönliche Bezug zu den Netzwerken, weil sich die Vertrauensbasis zu den vernetzten Personen bzw. Systemen wandelt - und damit die vielfältigen Netzwerkeffekte erst umfassend wirken können. Die Grenzenlosigkeit ist systemisch bereits angelegt: Einzelne Personen entscheiden für sich, welchen Netzwerken sie temporär angehören möchten - ob dies EntscheidungsträgerInnen gefällt oder auch nicht. Entsprechend sind hier politische Konzeptionen gefragt, die über enge nationalstaatliche Grenzen hinausweisen.

Was können Bildungssysteme von Castells Netzwerktheorie lernen?

1. Vernetzung ist ein grundlegendes Strukturelement der Weltgesellschaft.
2. Vernetzungskompetenz ist eine regionale, institutionelle und individuelle Voraussetzung.
3. Der *space of flows* hat im Bildungsbereich bereits Raum gegriffen: Zum einen verdichtet sich der formale Vernetzungsgrad der Inhalte, Personen und Institutionen auf sozialer wie technologischer Ebene (vgl. z.B. Altbach und Knight 2007; Sackmann 2004). Zum anderen entstehen auf informeller Ebene dezentrale soziale *Online*-Netzwerke, die die Vorteile der globalen Austauschmöglichkeiten der Netzwerkgesellschaft für alle interessierten Menschen öffnen (vgl. auch Dutton 2007).
4. Der *space of places* verliert nicht an grundsätzlicher Bedeutung, liesse sich aber im *space of flows* flexibel organisieren (Jan Schmidt 2005).

Castells selbst sieht die Schulen und Hochschulen am wenigsten betroffen von der virtuellen Logik, da die persönliche Interaktion entscheidend sei für die Grundbildung. Gleichzeitig prognostiziert er (im Jahre 2000) dem künftigen höheren Bildungssystem, dass dieses sich in „Netzwerken zwischen Informationsknoten, Hörsälen und Seminarräumen und den individuellen Wohnungen der Studierenden" abspielen wird (Castells 2001a, 1:452f.). Diese Fokussierung auf den formalen Bildungssektor begründet sich (vielleicht) in den erst durch das Aufkommen von *Web 2.0*-Angeboten möglichen, dynamischen *Online*-Vernetzungsmöglichkeiten, die noch keinen Eingang in die Theorie Manuel Castells fanden. Zwar fügt er im Vorwort zur zweiten Auflage an, dass die Minderung der Reallöhne trotz großer Produktivitätsgewinne der Unternehmen und des Finanzkapitals einer Abwertung von Bildungsabschlüssen gleichkommt (Castells 2009b, 1:xxi f.).[18] Gleichwohl resultiere die neue Arbeitsstruktur der Netzwerkgesellschaft in einem parallelen Ansteigen von Jobs für extrem gut ausgebildete Personen einerseits und „low-skill jobs" andererseits (ebd., xxiii). Die

---

18 In den USA sank der wöchentliche Durchschnittsverdienst von Arbeitnehmer/innen mit College-Abschluss zwischen 2003 und 2008 um 6%. Und nur die zunehmende Integration von Frauen in den Arbeitsmarkt vermochte einen Rückgang des Lebensstandards für die Mehrheit der Haushalte bremsen.

strukturellen Bedingungen der so genannten „Wissensökonomie" entfalten sich also im Kontext einer großen Ökonomie von Dienstleitungen, die primär einer geringen Qualifikation bedürfen - und genau in diesem sozio-technologisch begünstigten Ungleichgewicht liegen die größten Ungerechtigkeiten in fast allen Gesellschaften begründet (ebd., Xxiii f.). Inwiefern hier das formale Bildungssystem an seine Grenzen gestossen ist, über einen „Aufstieg durch Bildung" zu mehr Chancengerechtigkeit beitragen zu können, ist nicht Castells' Thema. Eine grundsätzlichere Diskussion der Bildungslandschaft resultiert für ihn aus seinen empirischen Erkenntnissen nicht.

Angesichts der gegenwärtig empirisch zu beobachtenden Entwicklungen hin zu dezentralen sozialen *Online*-Netzwerken (z.B. Facebook, Twitter) mit neuen Potenzialen für selbstbestimmtes Lernen kommt die Frage auf, welchen Beitrag diese Vernetzungsformate leisten können, um exkludierten Personen ein Sprungbrett in den *space of flows* zu ermöglichen. Nicht (nur) im Sinne des Sprungs über den Graben hin zu den Gewinnern der „Wissensökonomie", sondern damit die sozio-kulturellen Werte der herrschenden Eliten auf einer breiteren gesellschaftlichen Basis grundsätzlich diskutiert werden, um auf eine gerechtere Weltordnung hinzuwirken.

In diesem Zusammenhang muss -wie oben bereits angeführt- auch die „Bedeutung des internationalen Urheberrechtskartells mit oligopolistischen Strukturen" (Stalder 2006, 73) nachhaltig gestellt werden. Fragen des Urheberrechts und des Zugangs zu wissensbasierter Information sind in allen Bereichen der Informationsökonomie von zentraler Bedeutung. Inwiefern die bisherige Praxis, „fließendes, kollektiv generiertes Wissen […] in fixiertes Eigentumsrecht" umzuwandeln, damit es als Produkt auf dem Markt getauscht werden kann, weiterhin Bestand haben kann, muss bezweifelt werden (ebd., 72f.).

Im Folgenden soll demnach erkundet werden, inwiefern kollektive, netzbasierte Bildung geeignet erscheint, persönlich an die globale Netzwerkgesellschaft anzudocken. Zu diesem Zweck werden zunächst die Leitbegriffe rund um Bildung, Lernen und Erziehung zueinander in Bezug gesetzt. Daraufhin lässt sich dann die herrschende bildungsökonomische Bedeutung in der Netzwerkgesellschaft kritisch untersuchen, um schließlich netzbasierte Organisationsformen hinsichtlich ihres Potenzials zur Förderung selbstbestimmten Lernens analysieren zu können.

2.2 Modernes Lernen in der Netzwerkgesellschaft

Bildung -als Fundament der „Lerngesellschaft" (Gerlach 2000)- ist entscheidend für die individuelle und kollektive menschliche Entwicklung. Da diese Entwicklung zwischenzeitlich an eine „alle Lebensbereiche umfassende Norm zur Flexibilität" (Dewe und Weber 2007, 9) gebunden sei, kann diese nur über „lebenslanges Lernen" (LLL) sichergestellt werden - so die herrschende Meinung (Kraus 2001). Das bildungspolitische Konzept des LLL generiert dabei einen funktionalen

Handlungsdruck, dem die wissenschaftlichen Fachdiskussionen kaum kohärent nachzukommen vermögen. Der verhandelte Gegenstand entzieht sich vielfach dem fachdisziplinären Zugriff. Beinhaltet „Bildung" und „Erziehung" jeweils eine soziale Dimension, so verschiebt LLL die breit akzeptierte Konnotation auf den einzelnen Menschen. Zwar startete LLL zunächst als visionäres Konzept, um neue gestaltende Ideen für neue Herausforderungen entwickeln zu helfen. Im Laufe der Zeit wich dieser Gestaltungsaspekt allerdings einer normativen Vorgabe, eine individuelle „Bringschuld" den aktuellen Entwicklungen als Anpassungsfähigkeit entgegenzusetzen (ebd., 117f.).

Um modernes „Lernen" in der Netzwerkgesellschaft einordnen zu können, wird im Folgenden das herrschende Bildungs- und Lernverständnis im historischen Rückblick begrifflich eingeordnet. Anschließend erfolgt eine Analyse, wie sich dieses Verständnis in konkreten sozio-ökonomischen wie -politischen Praktiken der Erziehung manifestiert hat. Vor diesem Hintergrund können dann neue Bildungskonzepte des *Learning 2.0* zu aktuellen bildungspolitischen Konzepten z.B. im Hochschulbereich in Bezug gesetzt werden.

2.2.1 Bildung - der Mensch als soziales Wesen

Im Bildungsbegriff schwingt vieles mit: Bildung wird zugleich gesehen als normativ-idealistischer Begriff und als Ressource der modernen Gesellschaft, Ideal und Kapital, emanzipatives Moment der Unterdrückten und kapitalistische Ware (Bildungsinhalte und -zertifikate) (Löw 2006, 19). Und Bildung verweist auf eine lange Tradition.

Die Bildungsgeschichte lässt sich im westlichen Denken bis zur Vormoderne im 5. Jahrhundert vor Christus zurück verfolgen. Um sich nicht „als Gefangener gängiger Vorstellungen, Ansichten, Routinen und Ambitionen" (Lütgert 2002a) zu verhalten, sondern einsichtig zu handeln, zeigt Platon im berühmten Höhlengleichnis auf, wie der Mensch zum Denken des Maßgeblichen schmerzhaft aufsteigen kann. Platon gelangt zu der „Überzeugung, dass die Arbeit an einer Bildung, die zu einer gerechteren Ordnung führt, der eigentliche, keinem anderen Zweck aufzuopfernde Selbstzweck des menschlichen Daseins ist." (Benner und Brüggen 2008, 210) Aristoteles greift diese Tradition auf: die Bildung des Bürgers zielt darauf, ihn zum guten Handeln zu befähigen (ebd.). In diesen älteren Definitionen werden die verschiedenen Facetten der Menschlichkeit kultiviert, damit die Menschen an den gesellschaftlich üblichen Lebensformen teilhaben können (Raithel, Dollinger, und Hörmann 2007, 36).

Im deutschen Idealismus und Neuhumanismus formten sich später die inneren Werte aus, die zur „Vervollkommnung der subjektiven Erlebnistiefe in Einsamkeit und Freiheit" beitragen sollen (ebd., 36). Und Wilhelm von Humboldt füllt den exklusiv deutschsprachigen Bildungsbegriff mit der Formel:

> „Nur indem der Mensch als Individuum zu sich selbst findet."
> (Lütgert 2002b)

Wilhelm von Humboldts autonomes Bildungskonzept zielt auf die individuelle Vervollkommnung der Individualität als „einzigartige Ausgestaltung persönlicher Fähigkeiten und Haltungen", der Totalität als Bildung aller persönlichen, geistigen wie körperlichen Kräfte und der Universalität als „Teilhabe an allen Lebens- und Kulturbereichen" (Raithel, Dollinger, und Hörmann 2007, 38). Die außerhalb des Menschen angesiedelte Welt gilt es nach Humboldt zu ergreifen und mit dem Selbst zu verbinden. Zu diesem Zwecke bedarf es der Bildung mittels Wissenschaft und Kunst, Freundschaften, Geselligkeit und der Teilhabe am öffentlichem Leben (Benner und Brüggen 2008, 220).

> „Dies führte v. Humboldt zur Konzeption des (neu)humanistischen Gymnasiums, in dem das Ziel eines methodischen wie inhaltlichen Zugangs zur Erkenntnis des Menschen überhaupt und eine Einsicht in die Möglichkeit seiner Entfaltung zu einer vollständigen Humanität ermöglicht werden sollte." (Michael Schmidt 2005)

Allerdings sei es Aufgabe des Staates,

> „(...) in Schulen wie Universitäten der allgemeinen Menschenbildung einen zeitlichen Vorrang vor jeder beruflichen Spezialisierung einzuräumen." (Benner und Brüggen 2008, 216)

Dem Staat kommt in dieser Sichtweise auf die Bildung eine ordnungspolitische Funktion zu: Indem Bildung zur Wissenschaft gekürt wird, erfahren sich bildende Menschen einen Freiraum, der infrastrukturell abgesichert und bildungspolitisch gewollt ist - als soziales Konstrukt dieser in sich ruhenden, gebildeten Menschen. Der Mensch als natürlich-freie Person im Rousseau'schen und als Endzweck im Kant'schen Verständnis (Lütgert 2002b) führt in letzter Konsequenz zur Bildung als Menschenrecht (Prengel und Overwien 2007).

Diese Perspektive auf den Menschen ist eine auf den Educand „mit dem Ziel der reflexiven Ausformung eines kultivierten Lebensstils" (Raithel, Dollinger, und Hörmann 2007, 36) und nur vermittelt eine Sichtweise auf die Erziehung des Menschen. Das Recht auf Bildung ist ein Gewährleistungsrecht im Sinne einer Bereitstellung von Bedingungen, „die es ermöglichen, das Bildungsziel zu erreichen." (Krappmann 2007, 13) Es liegt in der Verantwortung des Kindes oder der Eltern, darauf zuzugreifen und die angebotenen Bildungsmöglichkeiten zu nutzen (ebd.).

Im originär deutschen Bildungsverständnis gewährleistet der Staat also eine Infrastruktur, die eine Vervollkommnung der jeweiligen Individualität, Totalität und Universalität ermöglicht. Wie er diese Bedingungen innerhalb der (hoch-)schulischen Struktur ausgestalten kann, soll im Teilkapitel Erziehung ausgeführt werden. Eine teleologische Ausrichtung des Bildungsbegriffes auf die gesellschaftliche Brauchbarkeit und die berufliche Aus-, Fort- oder Weiter-Bildung im Sinne einer Vielzahl aufklärerischer Philanthropen (Lütgert 2002c) ist in diesem Humboldt'schen Sinne wenig zielführend. Der Zweck ist eben nicht auf eine äußere Ordnung ausgerichtet, sondern von der inneren Ordnung gebildeter Menschen abhängig (Lütgert 2002b). Im Kapitel Stand der Kompetenzforschung werden diese Denktraditionen wieder aufgegriffen.

2.2.2 Lernen zu lernen

Viele wissenschaftliche Disziplinen beschäftigen sich mit dem Lernen: Von der Pädagogik angefangen, die sich primär mit erziehungswissenschaftlichen Fragestellungen beschäftigt, über die Lernpsychologie mit ihrem Interesse, den Lernprozess als solchen begreifbar zu machen und den Neurowissenschaften, die sich der physiologischen Prozesse beim Lernen annimmt, bis hin zur Philosophie (Göhlich und Zirfas 2007, 11ff.).

Nach Platon sind in der menschlichen Seele bereits sämtliche Ideen angelegt, die „anläßlich konkreter Sinneseindrücke reaktiviert werden" (Raithel, Dollinger, und Hörmann 2007, 67) können. Dieser Lernbegriff unterscheidet sich wesentlich von der Auffassung Aristoteles', die Seele sei eine „Tabula Rasa, auf die Sinneseindrücke eingetragen werden" (ebd.) - Lernen bedeutet in diesem Verständnis die „Aufnahme und Speicherung von Sinnesdaten" (ebd.). Beide Auffassungen verstehen Lernen als „relativ dauerhafte[n] Erwerb einer neuen oder die Veränderung einer schon vorhandenen Fähigkeit, Fertigkeit oder Einstellung" (ebd.). Die Konkurrenz, wie es sich mit dem Verhältnis von Sinneseindrücken zur Seele verhält, löste sich im Laufe der Bildungsgeschichte auf, indem sich mehrheitlich ein Verständnis herauskristallisierte, das Lernen „nicht als Folge eines natürlichen Reife- oder Wachstumsprozesses [Anm. acw: wie Platon meinte], sondern als Ergebnis produktiver Interaktionen des Lernenden mit Gegenständen seiner Umwelt [Anm. acw: i.S. des Aristoteles'schen Verständnisses]" sieht (ebd.).

In der Auseinandersetzung mit dem Lerngegenstand erfolgt demnach das Lernen - und genau hier konfigurierte sich im Laufe der Zeit eine „Kampfarena" für die Vielzahl an bildungspolitischen Positionen (Bildung als System, Bildung als Erziehung und Ausbildung Dritter, Bildung als Wissen oder Bildung als Subjektentwicklung).[19] Doch haben die Diskussionen weniger mit dem Lernbegriff im altgriechischen Sinne gemein, denn eher mit der konkreten Ausgestaltung der Auseinandersetzung. In letzter Konsequenz resultierte diese Diskussion rund um die systemische Einbindung des Lernprozesses zu einer „Umstellung der Pädagogik vom Lernen spezifischer Qualifikationen (...) auf die formale Kompetenz vom Lernen des Lernens" (Göhlich

---

19 Diese bildungsbegriffliche Unterscheidung trifft Bernd Overwien in einem bislang unveröffentlichten Arbeitspapier zum Thema Bildung – besten Dank für die Bereitstellung des Entwurfs.

und Zirfas 2007, 41) - und damit zum handlungsleitenden Motiv des LLL.

Allerdings erfolgte dieser Perspektiv-Wechsel nicht widerspruchslos. Bereits 1978 kritisierte Theodor Ballauff,

> „(...), dass der Begriff der Bildung durch den des Lernens ersetzt werde und man meine, dadurch einen nüchternen pädagogischen Begriff gegenüber dem traditionsüberladenen Bildungsgedanken zu gewinnen." (Michael Schmidt 2005, 9)

Diese Stimme ist zwischenzeitlich zu einem Chor angeschwollen, der „Klagelieder" singt angesichts einer zunehmenden Instrumentalisierung des Lernbegriffes zugunsten einer beruflichen Ausrichtung. Lernen in diesem funktionalen Verständnis orientiere sich entlang der gesellschaftlichen Brauchbarkeit und löse den Bildungsbegriff von der Persönlichkeitsbildung -inklusive der individuellen Selbstbestimmung- ab. Erziehung reduziere sich in dieser Logik zur gestaltenden Kraft: der notwendigen Anpassung des Individuums an die sozio-ökonomischen Bedürfnisse als das dominierende Momentum.

2.2.2.1 Differenzierung des individuellen Lernbegriffs

Um die Fokussierung des Lernbegriffs auf einen außerhalb des Lernenden gelagerten Lerngegenstand aufzulösen, entwickelte sich in den letzten Jahrzehnten eine ganzheitliche Perspektive, die allerdings weiter am „Mensch als Subjekt des Lernens" (Künkler 2011, 20) festhält. Beispielhaft sei hier eine komplexitätsreduzierende, pädagogische Sicht angeführt, demnach Lernen inhaltlich auf vier miteinander verbundenen Ebenen verläuft:

1. Wissen-Lernen: Versuch, über einen gesellschaftlich anerkannten Wissenskanon objektives, den Menschen äußerliches oder entäußertes Wissen weiterzureichen. Der schulische Lehrplan dient als „systematisierte und didaktisierte Version des kulturellen Gedächtnisses einer Gesellschaft" (Göhlich und Zirfas 2007, 183).
2. Können-Lernen: Hier geht es um „praktisches Wissen" als „verkörperlichte und so ggf. auch reflexionslos reaktivierbare Handlungsfähigkeit" (ebd., 184), die sich nicht objektiviert, sondern an den Körper des Einzelnen gebunden ist. Dieses Können kann gelernt werden durch Mimesis, Nachahmung und Übung (ebd., 186).
3. Leben-Lernen: Jeder Mensch muss zunächst lernen, sein persönliches Leben zu meistern. Um pädagogisch angemessen darauf reagieren zu können, können sechs verschiedene Facetten unterschieden werden: Neben dem Überleben-Lernen sind dies das Lebensbewältigung-, Lebensbefähigung-, Biographisches-, Lebenskunst- und Sterben-Lernen. Je nach konkretem Bedarf müssten Pädagog/innen unterschiedliches Wissen und Können vermitteln (ebd., 187ff.). In diesem Kontext ist das Verhältnis von Leben zu Lernen als pädagogisches Dauerthema

anzusiedeln. Historisch durchgesetzt hat sich eine Lehrorientierung, die die Welt (idealerweise) aus dem pädagogischen Raum ausschließt (ebd., 100).

4. Lernen-Lernen: Dieser Aspekt läuft in jedem anderen Lernen mit und zielt auf die persönlichen „Fähigkeiten und Fertigkeiten des Umgangs mit Lernsituationen und Lernprozessen sowie der Transformation von Situationen in Lernprozessen" (ebd., 190). Pädagogisch geht es darum, Lernkompetenzen für die gesamte Lernzeit, also das lebenslange Lernen, aufzubauen.

Diese vier Ebenen sind alle gemeinsam, mit unterschiedlichen Schwerpunkten, an den meisten Lernprozessen beteiligt (ebd., 181) und bespielen zusammen genommen vier Modi des persönlichen Lernens (ebd., 180):

- Erfahrungsbezogen stößt Lernen immer eine Modifikation vorhandener Erfahrungen an;
- Dialogisch bedarf Lernen einer gelingenden Auseinandersetzung mit Anderem/ Anderen;
- Sinnvoll muss sich Lernen in einem Geschehenssinn auf körperlicher, biographischer, sozialer oder kultureller Ebene äußern;
- Ganzheitlich berührt Lernen immer den gesamten Lernenden und transformiert den Lernenden auf verschiedenen Ebenen - auch jenseits des im Lernen Fokussierten.

Inwiefern diese Modi zwangsläufig einer pädagogischen Einbindung bedürfen bzw. die für das individuelle Lernen erforderlichen Beziehungspersonen zwangsläufig in formalen Bildungsinstitutionen verankert sein müssen, ist fraglich (vgl. zur Ausdifferenzierung einer relationalen Lernkonzeption Künkler 2011, 542ff.).[20]

Um modernes „Lernen" in der Netzwerkgesellschaft weiter analysieren zu können, soll zunächst die Bedeutung einer raumzeitlichen Lernkonzeption historisch eingeordnet werden. Vor diesem Hintergrund lässt sich dann das für kollektive, netzbasierte Bildung bedeutsame informelle Lernen strukturell diskutieren, um anschließend mögliche erzieherische Einflusspotenziale für die aus Castells' Analysen abgeleitete, notwendige, gesamtgesellschaftliche Vernetzungskompetenz identifizieren zu können. Es geht weiterhin um ein grundsätzliches Verständnis, in welchem Verhältnis Bildung, Lernen und Erziehung zueinander stehen (können) - und welche potentiellen bildungspolitischen Ansatzpunkte sich durch die Entwicklungen in der Netzwerkgesellschaft hier anschlussfähig entfalten lassen.

---

20 Eine ausgiebige Rezeption von Künklers neuem Buch konnte leider keinen Eingang mehr in diese Arbeit finden. Künkler unterscheidet zwischen Praktiken des expliziten Lernens, implizit-formativem Lernen und transformativem Lernen. Bildungsinstitutionen vermögen -wenn überhaupt- beim expliziten Lernen ihren Einfluss geltend machen. Außer-institutionelle Kontexte sind allerdings grundsätzlich bedeutsamer für die individuellen Lernformen, die sich immer über das soziale „Zwischen" konfigurieren.

2.2.2.2 Lernraum und -zeit

Lernen geschieht auf einem Zeit-/Raum-Kontinuum, das aus unterschiedlichen Perspektiven in verschiedene Sequenzen schock gefroren wird:

Aus pädagogischer Sicht wird ein Lernraum argumentativ konfiguriert, um der Gesellschaft einen Raum zum Lernen abzutrotzen. Neben der Arbeit und dem privaten Heim ermöglichen Lernräume den Lernenden eine Teilhabe an den gesellschaftlichen Prozessen entsprechend des herrschenden (sozialen) Bildungs- und Erziehungsverständnisses.

> „Ein Raum wird zum Lernraum im besten Sinne des Wortes, wenn er nicht nur (...) das Interesse des Lernenden weckt, an dessen Vorwissen anschließt, das Tätigwerden und die Eigenkontrolle des Lernenden ermöglicht, sondern darüber hinaus dem Selbst - genauer: der kontingenten, über den Status Quo hinausweisenden Identität des Lernenden - Raum zur Findung eigener Erneuerung bietet." (Göhlich und Zirfas 2007, 105)

Bereits frühzeitig in der Menschheitsgeschichte hat sich die Schule als Lehrraum mitsamt einem zeitlich klar strukturierten Lehrplan herausgebildet. Das menschliche Leben wurde chronologisch in verschiedene Zyklen unterteilt, die sich über klar abgegrenzte zeitliche Einheiten vom Kindergarten über die Schule und die Ausbildung bis hin zum Beruf erstreckten. Über diese geschützte Einflussnahme des Staates auf die Entwicklung junger Menschen konnte das Wissen-Lernen und ggf. das Können-Lernen eingeübt werden, vielleicht auch das angepasste Leben-Lernen - aber kaum das Lernen-Lernen, da über den Lehrplan ein idealtypischer Bildungsweg vorgezeichnet wurde.

Die Teilnahme an schulischen Angeboten resultiert demnach aus einer alten Tradition, die aufklärerisch gewendet und unter staatlicher Kontrolle einen ggf. säkularisierenden Einfluss auf heranwachsende Menschen gewährleistet. Schulen, oftmals gleichgesetzt mit Lernen, sind bis heute internationale Exportschlager, die Modernität demonstrieren und einen Fortschrittsglauben in sich tragen.

Damit aber aus einem Lehrraum ein Lernraum entsteht, muss sich dieser und seine Gegenstände im Vollzug des Lernens aktivieren (ebd., 100). Dies setzt eine Erkenntnis voraus, Räume nicht zwangsläufig als institutionalisierte zu sehen; vielmehr können sich Räume recht kurzfristig in einer Handlungssituation strukturieren. Als „Hybrid aus materiellen Bedingungen und sozialer Nutzung" (Löw 2006, 119) entfalten sich auch Räume - so z.B. in Kontexten des informellen Lernens.

2.2.2.3 Informelles Lernen

> „Zum Thema gibt es bisher neben erziehungswissenschaftlichen Arbeiten im engeren Sinne, hauptsächlich Ansätze aus der Ethnologie, Anthropologie und Psychologie (hier besonders zum inzidentellen Lernen, Lernen am Modell, sozialen Lernen, self-regulation und Motivation). Zusätzlich herangezogen werden können Forschungsergebnisse aus der Kultur-, Kognitions- und der Sozialisationsforschung. Im Rahmen der Anthropologie und der Ethnologie gibt es (vor allem aus den USA) eine Reihe von Arbeiten, die sich mit der kulturellen Bedingtheit von Lernen befassen."
> (Overwien 2001, 373)

Informelles Lernen -im englischsprachigen Raum teils als informal education, teils als informal learning bezeichnet- stammt aus dem Begriffsinventar John Deweys (in Abgrenzung zum formalen Lernen, das sich aus dem informellen Lernen herausschälte - vgl. Dzierzbicka 2008, 175). In den 1950er Jahren erfuhr der Begriff einen großen Schwung in der US-amerikanischen Erwachsenenbildung, seit den 1970er Jahren zunehmend auch in der internationalen Diskussion. Unter der begrifflichen Kategorie informelles Lernen findet „(...) das Lernen am Arbeitsplatz, in sozialen Bewegungen, im Bereich neuer Medien, im Freizeitbereich (...) zunehmend Beachtung." (Overwien 2004, 51) Nicht als theoretisches, pädagogisches Konzept, das seitens der Gesellschaft an die Lernenden herangetragen wird, sondern als selbstverständliche Handlungspraxis. Informelles Lernen geschieht den Lernenden tagtäglich - ohne Intention und ohne intrinsische oder extrinsische Zweckorientierung. Hier wird ein Lernen verhandelt, das „in und über Erfahrung" (nach Dehnbostel) ein „grundlegendes, >natürliches< Selbstlernen" (nach Dohmen) erfährt (Dzierzbicka 2008, 177). Und v.a. solche Aktivitäten kennzeichnet, die Wissen, Verständnis oder Fähigkeiten generieren, ohne dazu extern, seitens eines curricularen Kriteriums, angestoßen worden zu sein (D. W. Livingstone 2006, 204).

Als Rahmenbedingungen formuliert die Forschungslandschaft weitestgehend übereinstimmend, informelles Lernen sei weder institutionell geprägt, noch erfolge es planmäßig oder folge einer Struktur (Rohs 2008, 22). Abschlüsse oder Zertifikate werden nicht erzielt und der Lernprozess erfolgt zumeist selbstorganisiert, problemorientiert und selbstgesteuert (ebd., 23). Eine klare Unterscheidung zum formellen Lernen lässt sich kaum treffen - vielmehr existiert ein Kontinuum mit einem informellen bzw. einem formellen Endpunkt und dazwischen vielen Spielarten an kombinierten formell-informellen Lernszenarien (ebd., 25f.). Die Diskurse rund um informelles Lernen sind zumeist in erziehungs-, sozial- und wirtschaftswissenschaftlichen Debatten eingebettet - und das international (Overwien 2001, 368f.). Je nach Blickwinkel fokussieren sie auf unterschiedliche Schwerpunkte und Zielsetzungen. Ein zentraler Fokus der Forschungen konzentriert sich dabei auf die betriebliche Weiterbildung (Rohs 2008, 30).

Aus gesellschaftlicher Perspektive übernimmt der informelle Bereich in den Industrieländern

> „(...) die Funktion des lebenslangen Lernens zur Sicherstellung beruflicher Mobilität und Wiedereingliederung freigesetzter Arbeitskräfte in den Wirtschaftsprozess, zur Anpassung an den aktuellen Wissensstand und zur Steigerung des Lebensstandards durch kulturelle Bereicherung in der Freizeit." (Gerlach 2000, 23)

In weltwirtschaftlich benachteiligten Staaten ist der informale Sektor dagegen mit einem weit verbreiteten Analphabetismus konfrontiert (ebd., 24). Der informale Sektor meint dabei sowohl Beschäftigungsverhältnisse in Wirtschaftsbereichen, die außerhalb der staatlichen Aufsicht und ohne soziale Sicherung wirken, als auch informelle Lernprozesse, die sowohl im formalen wie im informalen Sektor mit schwierigen Bedingungen zu kämpfen haben. Da das formale Bildungssystem ein Subsistenzeinkommen voraussetzt, müssen wesentliche Fähigkeiten und Kompetenzen in traditionellen Trainingsbeziehungen, non-formalen Bildungsmaßnahmen oder in informellen Lernprozessen sich angeeignet werden (Overwien 2007, 8f.).

Generell weisen viele Studien für die individuellen Perspektiven aus, welch hohe prozentuale Bedeutung dem informellen Lernen in der Weiterbildung zukommt (Dzierzbicka 2008, 174). Allerdings messen diese Studien nur klassische formalisierte Angebote wie computergestützte Lernprogramme, Bildungssendungen oder Lernzentren (siehe z.B. die EU-Studie Kailis und Pilos 2005). Inwiefern *Learning-on-the-job*, *just-in-time*-Recherchen oder andere, nicht-formalisierbare, individuelle Aktivitäten mit kollateralen Lernerfolgen -sei es Wissen-, Können-, Leben- oder Lernen-Lernen- quantifizierbar sind, sei an dieser Stelle dahingestellt. Die statistischen Größen werden damit womöglich übertroffen - laut dem Faure-Report der UNESCO von 1972 lernen die Menschen zu ca. 70% informell (Overwien 2001, 359).

Um die Vielfalt an möglichen informellen Lernformen besser fassen zu können, schlug David Livingstone vor, zwischen „informal education or informal training" und „self-directed or collective informal learning" zu unterscheiden. Die Trennung erfolgt dabei entlang der Einflussnahme auf den Lernvollzug, der Rolle der Lernenden und der zu vermittelnden Inhalte (Dzierzbicka 2008, 179). Aber auch dieser Klassifizierungsversuch scheitert daran, je nach zu untersuchendem Einzelfall eine Fallbeschreibung zu verlangen - das „Lernen in informellen Kontexten" (Düx/Dass 2005 - zit. nach ebd.) lässt sich nur schwer eindeutig definieren. Auch vernachlässigt diese Sichtweise das implizite Lernen (Overwien 2001, 363). Zudem sehen nicht alle Pädagog/innen diese diskursive Entwicklung positiv: So kann in Konzepten wie dem informellen Lernen, die alltäglichen Lebenspraxen als Lernräume zu nutzen, ein Risiko erkannt werden,

> „(...) das Lernen den räumlichen, materiellen und zeitlichen Zwängen alltäglichen (ggf. betrieblichen) Handelns zu unterwerfen und damit zu behindern." (Göhlich und Zirfas 2007, 105)

Der geschützte Raum geht verloren - zumindest im ersten Schritt des analytischen Nachgangs eines existierenden Phänomens. Und um die Gestaltung informeller Lernräume ringt der bildungspolitische wie pädagogische Diskurs. Denn grundsätzlich kreist die offizielle Bildungsdiskussion in Deutschland (fast) ausschließlich um formale Institutionen[21] - selbst für informelle Lernerfolge entwickelte die EU seit 1996 formale Zertifizierungsmodi (Overwien 2004, 32). Dabei geht es den politischen Instanzen nicht darum, informelle Lerntätigkeiten anzuerkennen - vielmehr ist eine Kontrolle des (günstigen) informellen Lernens mittels eines Akkreditierungssystems gewünscht. Ein Tauschwert soll geschaffen werden für Lerntätigkeiten, die lediglich einen Gebrauchswert aufweisen - sowohl im Interesse potenzieller Arbeitgeber als auch für die abhängig Beschäftigten (Attwell 2006a).

Die im Hintergrund stehende Frage, um die solche Klassifizierungsbemühungen kreisen, lautet: Wenn der Anteil an informellem Lernen sowohl absolut (im globalen Vergleich zu potentiellen Lernaktivitäten) als auch relativ (dem Verhältnis innerhalb persönlicher Lernbiographien) stetig wächst, wie kann gesellschaftlich dort noch eingegriffen werden? Diese Fragestellung betrifft sowohl pädagogische, bildungssoziologische und bildungspolitische Rahmenbedingungen. Denn das „Problem des informellen Lernens" ist, dass es ein „unbedingtes Interesse" der lernenden Personen voraussetzt und sich „nicht für aktuell brennende gesellschafts- oder bildungspolitische Problemstellungen einspannen lässt" (Dzierzbicka 2008, 182). Insofern sei auch „ein pädagogisches Engagement (...) im Bereich des informellen Lernens unerwünscht und völlig fehl am Platz!" (ebd., 181f.).

Andererseits zeigen einschlägige Untersuchungen in betrieblichen Kontexten auf, wie sich Rahmenbedingungen und individuelle Dispositionen wechselseitig bedingen in ihrem Einfluss auf das informelle Lernen generell und das Zusammenspiel von informellem und formellem Lernen im Besonderen (Rohs 2008, 178ff.). Neben lernunterstützenden Maßnahmen sind hier v.a. die individuellen Kompetenzen gefragt:

> „Die Lernmotivation, Kompetenzen in der Selbststeuerung von Lernprozessen wie auch die Reflexionsfähigkeit und Wahrnehmung von Lerngelegenheiten haben starke Auswirkungen darauf, in welchem Umfang formelle und informelle Lernprozesse zusammenwirken können."

---

21 siehe die Bildungsschwerpunkte des BMBF unter http://www.bmbf.de/ (05.03.2011) oder die statistischen Erhebungen des Statistischen Bundesamtes Deutschland unter http://www.bildungsbericht.de/ (05.03.2011)

(ebd., 181)

Das zugrunde gelegte Lernverständnis bewegt sich dabei auf einem Kontinuum zwischen formellem und informellem Lernen. Es definiert sich je nach Grad der „Intention, Lernunterstützung, Steuerung, Bewusstheit und Lernergebnis" (ebd., 175) und beinhaltet bereits in der Definition typische Charakteristika formeller Lernprozesse, die es ermöglichen, den zunächst subjektiven Prozess sozial einzubinden.

Allerdings ist fraglich, ob eine grundsätzliche Unterscheidung zwischen formalem, non-formalem und informellen Lernen analytisch hilfreich ist oder ob nicht -zumindest bei Erwachsenen- zwischen intentionalem und nicht-intentionalem Lernen differenziert werden sollte. Intentionales Lernen liegt vor, wenn Wissen-Lernen oder Können-Lernen beabsichtigt wurde - sei es in Selbst- oder Fremdorganisation. Nicht-intentionales Lernen dagegen umfasst intentionales Lernen ohne Lernabsicht (z.B. Reisen), „mit nicht intentionalen Geschehnissen verbundene Lerneffekte (z.B. Unfall, Beziehungskrise)" und lebensnaher Kompetenzerwerb, der keiner Absicht oder keinem Ereignis zugeordnet werden kann (vgl. dazu Overwien 2001, 364).

Informelles Lernen, so viel kann abschließend festgestellt werden, geschieht alltäglich und andauernd. Ob gewünscht oder nicht, lässt sich diese Lernform weder einem spezifischen Raum noch einer konkreten Zeitperiode zuordnen. Formales Lernen kann dabei unter Umständen die Qualität des informellen Lernens mit konfigurieren. Es bleibt jedoch fraglich, ob grundsätzlich beide Formen erforderlich sind, um sich persönlich weiterzubilden.[22]

Hier könnte Overwiens Vorschlag einer Unterscheidung zwischen zwei Perspektiven hilfreich sein: Zum einen der aus Sicht des lernenden Subjekts und zum anderen aus Sicht der Lernumgebung, die von wesentlicher Bedeutung für die Entstehung von Fragen sei, denen die Subjekte nachgehen. Informelles Lernen kennzeichne dann definierte oder nachträglich definierbare Lernepisoden. Der Begriff umschreibt hier ein „Kontinuum zwischen bewusst selbstgesteuertem und außeninduziertem Lernen außerhalb schulischer oder nonformaler Bildungsangebote." (Overwien 2001, 365) Insofern Lernumgebungen potentiell lernende Subjekte gestaltend unterstützen können, liessen sich mit Smith vier bildungspolitische Handlungsfelder abstecken, die weiterhin aktuell erscheinen (Mark K. Smith 1999):

1. Intensivere Erforschung stiller Lernprozesse.

---

22 Einige Reflektionen, die im weiteren analytischen Verlauf mitgedacht werden, lauten: Welcher äußeren Strukturierung bedarf es, um sich innerlich zu systematisieren - sowohl individuell wie gesellschaftlich? Formales Lernen setzt einen Rahmen für die informelle Weiterbildung und ordnet sie für die soziale Tauglichkeit - gleichzeitig behindert es womöglich kreative Entwicklungen, die sich im sozialen Miteinander ausbilden könnten. Welcher Rahmenbedingungen bedarf es, um die Qualität des informellen Lernens fernab von formalen Angeboten zu steigern? Zumindest im Kontext des intentionalen Lernens lassen sich ggf. extrinsische Rahmenbedingungen als geschützte Lernräume schaffen, die informelles Lernen unterstützen - vielleicht nicht teleologisch auf einen bestimmten Bildungskanon ausgerichtet, wohl aber im Sinne einer selbstverantworteten Bildungsinitiative.

2. Unterstützung der Selbstbildung über eine Vielzahl an zugänglichen und gebrauchstauglichen Angeboten, die im differenzierten Zusammenspiel Lernen nicht als individuellen, sondern als sozialen Akt begreifen.
3. Stärken sozialer, demokratischer Verbindungen durch Unterstützung der Vielzahl an organisierten Gruppen, die sich von unten entwickeln.
4. Entwicklung informeller Bildung, die neben der formalen Ausbildung ihren Platz in den bildungspolitischen Entscheidungen gewinnen muss.

Erziehung zum informellen Lernen wäre schließlich eine Forderung, die es bildungspolitisch zu begleiten gelte. Eine Frage, der im Rahmen dieser Arbeit nachgegangen werden soll, müsste demnach lauten, ob (informelle) digitale Lernumgebungen dahingehend erzieherisch wirken können - ggf. auch ohne Anbindung an formale Bildungsinstitutionen.

2.2.3 Erziehung zum sozialen Wesen

Etymologisch lässt sich der Begriff Erziehung zurückführen auf „ziehen". Gemeint ist mit der Erziehungstätigkeit sowohl der Vorgang und auch das Resultat, „nämlich die Erzogenheit bzw. die Erziehung, Zucht und Aufzucht" (Raithel, Dollinger, und Hörmann 2007, 21). Während der Bildungsdiskurs also die Educand-Perspektive einnimmt, nimmt die Erziehungsdebatte eine Erzieher-Perspektive ein. Erwachsene wirken erziehend auf die Kinder ein mit dem Ziel, soziale Wesen auszubilden (Löw 2006, 22). Hier kann der gesellschaftliche Hebel ansetzen, der eine Lernumgebung schafft, in der die einzelnen Personen Anregungen finden, zu lernen und sich zu bilden.

Als wissenschaftliche Disziplin dieser Perspektive hat sich die Pädagogik herausgebildet, die sich in viele Teildisziplinen und theoretische Ansätze ausdifferenzierte. Im deutschsprachigen Diskurs gilt Wilhelm von Humboldt nicht nur als geistiger Vater des modernen Bildungssystems - er reformierte gleich das gesamte deutsche Bildungssystem und ersetzte dieses durch ein dreigliedriges (Elementarschule - Gymnasium - Universität) (ebd., 20). Humboldt meinte, der einzelne Mensch sei für sich genommen zu schwach, eine umfassende Persönlichkeit auszubilden - er bedürfe gesellschaftlicher, kultureller und institutioneller Unterstützung zur Erziehung seiner selbst. Das (neu)humanistische Gymnasium stellte aus Humboldts Sicht eine Möglichkeit dar, den Menschen einen methodischen wie inhaltlichen Zugang zur Entwicklung einer vollständigen Humanität zu gewähren (Michael Schmidt 2005).

Inhaltlich orientiert sich Humboldt am Bildungs- und Fächerkanon der bereits im 17. Jahrhundert vom Pädagogen Johann Amos Comenius entwickelten Allgemeinbildung - dieser gesellschaftlich anerkannte Grundstock konfiguriert das Curriculum, das eine umfassende wie normative Bandbreite aufweisen soll (Löw 2006, 20). In der anschließenden Universitätsausbildung aber sah Humboldt auf methodischer Ebene die Studierenden nicht länger als Lernende, sondern als Forschende, die von Professoren geleitet und unterstützt wurden. Über Forschung gelangen in dieser Sichtweise die „Lernenden" zur Selbstbildung durch Wissenschaft (Hörster 2007, 49).

Die Konzentration der Erziehungsdebatte auf die Bildung der Lernenden ist in der deutschen Ideengeschichte nicht unumstritten. Bereits die aufklärerischen Philanthropen bemühten sich, Bildung und Ausbildung miteinander zu vereinen:

> „Die Menschlichkeit des Menschen soll durch eine produktionsorientierte Berufs- und Standesbildung hervorgebracht werden." (Lütgert 2002c)

Indem sie den Bildungsbegriff auf seine gesellschaftliche Brauchbarkeit reduzieren, finden aktuelle Vertreter/innen einer instrumentellen Sicht auf die Bildung eine Vielzahl an Anknüpfungspunkten. Dieser Diskurs, wem die (Aus-)Bildung denn primär nützen solle -dem Individuum oder der Gesellschaft- wendet sich zunächst gegen Ende des 19. Jahrhunderts im Zuge der industrialisierten Gesellschaft zugunsten der „ökonomischen, technischen und industriellen Brauchbarkeit des Erlernten" (Löw 2006, 21). Gegen Ende des 20. Jahrhunderts münden diese Diskussionen im EU-Kontext im so genannten Bologna-Prozess und der Dominanz formaler, wirtschaftsorientierter Bildungsangebote in der bildungspolitischen Ausrichtung. Inhaltlich verschiebt sich die Diskussion des curricularen Grundstocks der Ausbildung auf das Wissen- und Können-Lernen. Doch es gilt zu bedenken:

> „Wissen ist höchstens eine Komponente von Bildung. Wissen ohne Reflexionskompetenz und Verantwortungsbewusstsein, das reine Abrufen von Daten und Fakten, führt nicht zur Mündigkeit im Sinne einer auf Bildung beruhenden individuellen Handlungskompetenz, sondern, wie Adorno (1903-1969) formulierte, allenfalls zu einer Halbbildung." (Michael Schmidt 2005, 9)

Um dieser einseitigen Fokussierung entgegen zu wirken, entstanden bereits Anfang des 20. Jahrhunderts erste reformpädagogische Ansätze, die Pädagogik sowohl in der Theorie als auch in der Praxis aus Sicht des Menschen (ursprünglich aus Sicht des Kindes) dachten. Eine kulturkritische Haltung an der Institutionalisierung und Formalisierung schulischen Lernens zeichnete diese Ansätze aus, die sich darin einig waren, die Individualität des Kindes resp. des Menschen verkümmere im bestehenden Bildungssystem (vgl. dazu Baumgart 2007, 121ff.). Illich schloss sich ein halbes Jahrhundert später dieser Kritik an und zeigte auf, welche hierarchischen, bürokratischen, ungerechten, kapitalistischen und systembewahrenden Potentiale dem klassischen Schulsystem inhärent sind und nichts mit dem aufklärerischen Bildungsideal gemein hätten. Eine radikale Trennung von Staat und Erziehung forderte Illich daraufhin, eine „Entschulung der Gesellschaft" (Illich 1973; Illich 2003). Die öffentliche Infrastruktur solle lediglich ein Angebot schaffen, das freiwillig und nicht verpflichtend zum Ziele der Herausbildung mündiger Bürger/innen genutzt werden könne. Bildungsgeflechte statt Bildungstrichter sah er als Lösungsansatz, der Homeschooling ebenso beinhalte wie aufgewertete Bibliotheken, Museen oder ähnliche Lernstätten. Als Alternative schlug Illich ein Bildungswesen vor, das sich durch drei Zwecke auszeichnet, die eine auffallende Ähnlichkeit zu aktuellen *Open Education*-Forderungen aufweisen, wie später aufzuzeigen sein wird:

1. Jede/r sollte jederzeit Zugang zu vorhandenen Lernmöglichkeiten haben.
2. Alle, die als Lehrende wirken möchten, sollen die Vollmacht haben, Lernende zu finden.
3. Alle, die der Öffentlichkeit ein Problem darlegen möchten, sollen die Gelegenheit haben, dies zu tun.

In dieser Sichtweise brach sich ein Gedanke Bahn, der einen Ausweg aufzuzeigen vermag aus dem klassischen Bildungsdiskurs, der bis heute vorherrscht und an dieser Stelle kurz zusammengefasst werden soll:

- Bildung und Lernen werden zumeist auf formale Aspekte reduziert – selbst bei der Analyse informeller Aspekte wird vorzugsweise die Einbindung in formale Kontexte untersucht.
- Erziehung meint eine gelenkte Ausrichtung zugunsten einer bildungspolitisch ausgehandelten Norm an sozial geforderten Fähigkeiten – je nach Argumentationsstand zugunsten der (Aus-)Bildung selbstbestimmter Individuen oder sozio-kulturell erforderlicher Qualifikationen.
- Die klassische Erziehung setzt Lehrende als Vermittler/innen voraus. Eine gestaltete Lernumgebung kann in dieser Logik nur in Fortführung oder als Ersatz von Lehrenden diskutiert werden – eine informelle Gestaltung von Lernumgebungen ist in dieser Perspektive nicht denkbar. Vielmehr verlagert sich die Erziehungsdebatte zugunsten informeller *Skills* in die Diskussion rund um aktuell erforderliche Kompetenzen und konzentriert sich dort v.a. auf die Kompetenzmessung, um sie wieder einzufangen in die formalen Prozesse (dazu später mehr).
- Der Diskurs selbst heftet sich an klar umrissene Raum- oder Zeitkonfigurationen – selbst raum- oder zeitübergreifende Konzepte werden über die konkreten Verortungen im Bildungs- resp. Lernprozess diskutiert. Nicht verortbare und/oder zeitlich unbegrenzte Lernepisoden sind schwer zu identifizieren, weil im pädagogischen Diskurs mit dem Abgleich von intentionalem Lernziel und Lernergebnis ein zentrales Momentum einer an das Wissen- oder Können-Lernens geknüpften (Aus- oder Weiter-)Bildung existiert.

- Bildung als politisches Konzept erscheint im politischen Diskurs vielen als nationales Heiligtum. Über bildungspolitische Parameter setzen souveräne Staaten die Prioritäten, die für ihr nationalökonomisches Fortschreiten erforderlich sind. Gezielte Anreizsysteme und Subventionen dienen den (supra-)nationalen Institutionen zur bildungspolitischen Steuerung der Geschicke „seiner" BürgerInnen. Eine gewährleistete Schulpflicht und Unterstützung der Ausbildung ist inhärenter Bestandteil einer fortschrittlichen, nationalen „Wissensökonomie" (auch dazu später mehr).

- Diese Sichtweise entspricht keiner exklusiv deutschen oder westlichen Ausrichtung, sondern differiert international lediglich im Hinblick auf die konkreten pädagogischen Maßnahmen. Bildung als formales Ziel der Erziehung stellt ein global anerkanntes, bildungspolitisches Ziel dar - nicht zuletzt angetrieben durch gravierende sozio-ökonomische Interessen, die die Bildungsindustrie raum- und zeitübergreifend zu bedienen vermag (dazu jetzt das folgende Kapitel).

2.2.4 INTER-NATIONALE BILDUNGSÖKONOMIEN[23]

Um den Bildungsdiskurs von seinem (supra-)national verengten und normativ überhöhten Siegeszug auf den materiellen Boden zurückzuholen, drängt sich ein nüchterner Blick auf den globalen Bildungswettbewerb auf. Welche Funktionen übernimmt „die Bildung" neben der idealtypischen Ermächtigung des Individuums, „zu sich selbst zu finden" im Sinne Humboldts?

2.2.4.1 BEDEUTUNG DER BILDUNG IN DER NETZWERKGESELLSCHAFT

In der von Castells beschriebenen internationalen Arbeitsorganisation [*Producers of high value*, *Producers of high volume*, *Redundant producers*] entlang der neuen räumlichen *Flows* entscheidet der Zugang zu den global verbindenden Technologien, ob die Person zu den „strukturell relevanten" oder „irrelevanten" Personen zählt. In diesem „informationellen Paradigma der Arbeit" (Castells 2001a, 1:275) kann sich gewünschten Netzwerken nur anschließen und diese mit gestalten, wer Zugang findet in den *space of flows*. Weltweit verteilt sitzen die beteiligten Personen, die in den vernetzten Datenfluss eingreifen, neue Allianzen bilden und die Realwirtschaft am Laufen halten (Farrell und Fenwick 2007a). Selbst in den von der Weltwirtschaft vernachlässigten Weltregionen arbeitet eine kleine Elite, die Zugang zum Netz und damit zur Weltgesellschaft hat. Viele von ihnen sind Absolvierende der Kaderschmieden der Weltökonomie (Harvard, M.I.T., London School of Economics o.ä.) (Dirlik 2006, 5). Andere nutzen die vorhandenen Datenbahnen in den Internet-

---

23 Das folgende Kapitel entspricht (bis auf das Unterkapitel „Internationalisierung der Bildung") größtenteils einem Auszug meines Buchbeitrages „Kompetenzentwicklung in vernetzten Kontexten. Herausforderungen für die Bildungspolitik" (Anja C. Wagner 2011).

Cafés, Hochschulen oder auch Business Centern, um sich z.B. als Start-up[24] oder zivilgesellschaftliche Kraft[25] mit globaler Ausstrahlung aufzubauen - zumeist unter kreativer Ausnutzung der zur sozialen Vernetzung geeigneten mobilen Endgeräte.

Subindex	Factor-driven stage (%)	Efficiency-driven stage (%)	Innovation-driven stage (%)	Zuordnung zu Castells' Sozialstruktur
Basic requirements • Institutions • Infrastructure • Macroeconomic stability • Health and primary education	60	40	20	Redundant producers
Efficiency enhancers • Higher education and training • Goods market efficiency • Labor market efficiency • Financial market sophistication • Technological readiness • Market size	35	50	50	Producers of high volume
Innovation and sophistication factors • Business sophistication • Innovation	5	10	30	Producers of high value

Tabelle 1: Gewichtung der Subindizes auf die Entwicklungsstufen (vgl. ebd.:8, Table 1 kombiniert mit Figure 1 und Zuordnung durch die Autorin zu Castells' internationaler Arbeitsteilung)

Trotz dieser vielfältigen, nationale Grenzen überschreitenden Aktivitäten einzelner Personen oder Initiativen ist die staatliche Organisation der Weltgesellschaft auf dem politischen Parkett ein kaum hinterfragtes Paradigma - und dient damit als Grundlage der gängigen bildungspolitischen Diskussionen.[26] So sind z.B. die Analysen des World

---

24 z.B. http://ushahidi.com/ (05.03.2011)
25 z.B. http://kabissa.org (05.03.2011)
26 Zwar gerät in den politikwissenschaftlichen Internationalen Beziehungen die klassische (Neo-)Realismus-Theorie, die primär machtpolitische Staaten als Akteure der Weltpolitik ansieht, zusehends unter Druck

Economic Forums (WEF) ein guter Gradmesser für die kulturelle Hegemonie im herrschenden Weltwirtschaftssystem (Graz 2003). Das WEF, bekannt für seine alljährlichen Treffen der Wirtschafts-, Kultur- und Politikelite zur Diskussion der Weltprobleme in Davos, ist selbst als Non-Profit-NGO aufgestellt. In seinen Analysen aber konzentriert man sich auf staatliche Akteure, die einem entwicklungslogischen Weg von einer „factor driven" über eine „efficiency driven" hin zu einer „innovation driven" Ökonomie folgen, um miteinander auf dem Weltmarkt zu konkurrieren (Schwab, Sala-i-Martin, und Greenhill 2009, 21). Dabei entscheidet das Zusammenspiel zwischen zwölf Säulen der staatlichen Entwicklung -verteilt über drei Subindizes- über die Wettbewerbsfähigkeit einzelner Nationen (siehe die linke Spalte in Tabelle 1).

Je nach Entwicklungsstufe des Staates (2. bis 4. Spalte) ist die vertikale Gewichtung zwischen den Grundvoraussetzungen (Basic requirements), Effizienzverstärkern (Efficiency enhancers) und Innovationsfaktoren (Innovation and sophistication factors) unterschiedlich. Nach Ansicht des WEF bauen die drei Subindizes aufeinander auf und definieren mittels ihres Mischungsverhältnisses den Grad der staatlichen Weiterentwicklung. So kommt in der factor-driven Entwicklungsstufe zunächst dem nationalstaatlichen Auf- und Ausbau der Grundvoraussetzungen eine sehr große Bedeutung zu, auf der erste Effizienzverstärker aufsetzen können/müssen und nur wenige Aktivitäten auf der Innovationsebene gefordert sind. Im Zuge der vom WEF idealtypisch verkürzten Entwicklung eines Staates kommt dem Auf- und Ausbau der Effizienzverstärker und Innovationsfaktoren eine immer größere Bedeutung zu. Entsprechend sind die Bildungsaktivitäten auch auf die neuen Herausforderungen auszurichten, weil Bildung in allen horizontalen Entwicklungsstufen eine wesentliche, funktionale Rolle spielt. Denn das Ausmaß der Grundbildung, der höheren Bildung und der kreativen Innovationsdynamiken entscheidet mit darüber, auf welchem Rang ein Nationalstaat im globalen Wettbewerb vertikal einzustufen ist (vgl. ebd., 17ff.). So rangiert im aktuellen *Global Competitiveness Index 2009–2010* des WEF das innovationsgetriebene Deutschland auf Rang 7, das effizienzgetriebene China auf 29 und das faktorengetriebene Burundi landet im Gesamtbild -trotz einiger Innovationsfaktoren- auf dem letzten Platz (133) (vgl. ebd., 13).

Diese funktionale, am neo-liberalen Weltbild orientierte Stufung der Nationalstaaten ist hinsichtlich der Realisierung globaler Gerechtigkeit und Chancengleichheit äußerst fragwürdig und hinsichtlich der ökonomischen Berechnungsgrößen auch befremdlich (vgl. dazu Plehwe und Walpen 2004). Dennoch vermag uns die Tabelle einen analytischen Rahmen bieten, um die von Castells diagnostizierte moderne Sozialstruktur im herrschenden Wirtschaftssystem annähernd zu quantifizieren.

---

seitens verschiedener Theorien, die vielschichtigere Akteurskonstellationen am Werk sehen (vgl. Meyers 2008; Filzmaier u. a. 2006). Im politischen Alltagsdiskurs aber wird die kulturelle Hegemonie weiterhin von einer engen nationalstaatlichen Fokussierung dominiert.

Hierzu überführen wir die vom WEF vorgenommene, vertikale Strukturierung einzelner Nationalstaaten auf Castells' globale Netzwerkgesellschaft, wodurch sich die drei Schichten arbeitsteiliger Kategorien den drei Subindizes grob zuordnen lassen (vgl. die letzte Spalte in Tab. 1):

1. Die *Producers of high value* sind im *space of flows* verantwortlich für die Innovationsfaktoren und repräsentieren nur einen Bruchteil der Menschheit. Sie treffen auf systemischer, vernetzter Ebene normative Entscheidungen mit globaler und nationaler Wirkung. Diese Elite sitzt insbesondere in den Nationalstaaten der innovationsgetriebenen Stufe - also v.a. in den westlichen Staaten. Aber auch in den Schwellen- und Entwicklungsländern ist eine innovative Schicht aktiv, die sich über den *space of flows* mit ihresgleichen weltweit zu verbinden vermag. Aufgrund ihrer Vernetzung und sozio-politischen Bedeutung sind sie innerhalb der neoliberalen Logik unersetzlich und systemrelevant - und insofern willkommene Gäste in Davos.

2. Die *Producers of high volume* arbeiten an der Schnittstelle von *space of places* zum *space of flows* zugunsten der Effizienz und bilden das Gros der aktiven Bevölkerung in den weltwirtschaftlich fortgeschrittenen Ländern. In Schwellenländern ist dieser Anteil der Bevölkerung vergleichbar hoch und selbst Entwicklungsländer können bereits mit ersten Effizienz-Erfolgen im Sinne des WEF aufwarten. Diese Personen führen Instruktionen aus und zählen zu den strukturell Relevanten, sofern sie aufgrund ihrer individuellen Fähigkeiten nicht ausgetauscht werden (können).

3. Die *Redundant producers* sorgen bestenfalls am *space of places* für die Grundvoraussetzungen bzw. sind sie weitestgehend abgedrängt in die weltwirtschaftlich benachteiligten Länder. An Personen reichen diese von einfachen Hilfsarbeiterinnen oder dem Haushaltspflege-Personal in den fortgeschrittenen Ländern bis hin zur konsequenten Ausbeutung von Fabrikarbeiterinnen in den Zulieferbetrieben der Entwicklungs- und Schwellenländer zugunsten innovativer Lifestyle-Produkte des Westens. Diese Personen sind systemisch austauschbar, da ihre Tätigkeiten zumeist keine wesentlich an die Person gebundenen Fähigkeiten erfordern.

Vor diesem Hintergrund stellt sich die Frage, welche Konsequenzen daraus folgen, die Bildungssysteme auf die „Filterung" kompetenter, innovativer oder effizienter Personen auszurichten, wie es in der Theorie der globalen Wissensökonomie strukturell angelegt ist.

2.2.4.2 Bildung in der globalen Wissensökonomie

In der derzeit neo-liberal[27] geprägten Netzwerkgesellschaft ermöglichen weltumspannende, arbeitsorganisatorische Kanäle die kosteneffiziente Auswahl von geeignetem „Humankapital". Ehemals moderne Industriegesellschaften mutieren im Zuge dieses Migrationsprozesses der Arbeit zu so genannten Wissensgesellschaften, die ihre gesamtgesellschaftlichen Fertigkeiten zur wechselseitigen, ökonomischen Verwertbarkeit ausbauen (Farrell und Fenwick 2007b, 22).

Für Castells stellt sich nun die Frage, ob Informationen und Wissen nicht schon immer wesentliche Voraussetzungen für funktionierende Ökonomien waren (vgl. hierzu Stalder 2006, 30). Heute käme dagegen den technologischen Entwicklungen ein weit größeres Gewicht zu. In welche Richtung sich die Technologien ausdifferenzierten, würde in der am Wachstums- und Fortschrittsglauben orientierten, sozialen Netzwerkstruktur komparativ ausgehandelt (ebd.) - und entsprechend politisch umgesetzt. So definierte sich z.B. die EU im Jahre 2000 als wissensbasierte Gesellschaft und setzte sich zum neuen strategischen Ziel, bis zum Jahre 2010 „die Union zum wettbewerbsfähigsten und dynamischsten wissensbasierten Wirtschaftsraum in der Welt zu machen." (Europäischer Rat 2000, 5)

Um dieses Ziel zu erreichen, bedürfe es einer globalen Strategie und Politik, die u.a. den Übergang hin zu einer wissensbasierten Wirtschaft und Gesellschaft fördere (ebd.). Bildung erlangt in diesem Kontext den Status der zentralen Triebfeder für ökonomische Transformation und erwächst teilweise zu dem wesentlichen Kriterium nationaler und internationaler Wirtschafts- und Sozialpolitik (Farrell und Fenwick 2007b, 14).

In dieser Atmosphäre konnte der endgültige Aufstieg der OECD zur bildungspolitischen Leitinstanz mit internationaler Ausstrahlung hinsichtlich empirisch nachzuweisender, „objektiver" Indikatoren gelingen.

> „The increasing interest in international comparisons is linked to the theory of human capital and the 'classical' neo-liberal OECD thinking on the economic returns of educational investment. In an era of global competitiveness and financial constraints, it is plausible that the expectations of the outcomes of education are getting higher and higher." (Ioannidou 2007, 343)

Die OECD überführt demnach die neo-liberale Logik des Weltwirtschaftssystems auf das Bildungssystem und definiert mit ihren Vergleichsstudien eine kulturelle Hegemonie mit, der Staaten und internationale Organisationen harmonisiert folgen (vgl. z.B. Popp 2009; Rinne, Kallo, und Hokka 2004; Alexander-Kenneth Nagel,

---

27 Neo-Liberal im Sinne der herrschenden kulturellen Hegemonie, die als politische Handlungsstrategie in ihren Grundsätzen auf den Überlegungen neo-klassischer Wirtschaftstheorien aufsetzt, diese aber je nach sozialem Standpunkt variiert.

Martens, und Windzio 2010).[28] Auch die Weltbank erklärt die Wissensproduktion zum zentralen Entwicklungsmoment, dem die Entwicklungsländer nachzueifern hätten, wollten sie am globalen Wachstum teilhaben (The World Bank 2007). Aufgabe der Gesellschaft sei es, die Zirkulation des Wissens zu ermöglichen: Explizite oder implizite Bildung werde benötigt, um Netzwerke aufzubauen, die eine globale ökonomische Aktivität generieren und aufrechterhalten könne (Farrell und Fenwick 2007a, 5). Entwicklungspolitisch unterstützt wird diese Forderung von der Weltbank, indem z.B. Kredite an die Bedingung geknüpft werden, Sekundarschulen und Universitäten zu privatisieren (so geschehen in Afghanistan und Irak) oder Freihandelsabkommen wie GATT und GATS dezent nachhelfen, indem sie in ihren Abkommen u.a. die Privatisierung von Bildungsdienstleistungen rechtlich fixieren (Omar Khaled Sahrai und Diana Sahrai 2006, 378).

2.2.4.3 Internationalisierung der Bildung

Die Internationalisierung der Bildung ist nirgendwo augenscheinlicher als im Bereich der höheren Bildung: Inhaltlich mittels international ausgerichteter Curricula, methodisch u.a. durch vielfältige *E-Learning*-Verbindungen und organisatorisch in der internationalen Anschlussfähigkeit potentieller Studienmodule à la Bachelor/Master wird (v.a. in OECD-Staaten) der Globalisierung Rechnung getragen und die Erziehung auf eine interkulturelle Weltwirtschaft ausgerichtet. Zudem ist ein deutlicher Trend zu grenzüberschreitenden Bildungsprozessen zu erkennen, der traditionelle internationale Austauschprogramme zwischen ForscherInnen und Hochschulen weit überschreitet (vgl. Altbach und Knight 2007).

Neue wie alte Bildungsinstitutionen bieten zunehmend flexibilisierte Bildungsangebote mit einem Fokus auf Lehre in Form kommerzieller, auswärtiger higher education-Kurse an oder bauen Auslandsresidenzen als Campus auf (Knight 2007). Selbst moderne *Open Educational Resources*-Ansätze (oder *Open Courseware* à la M.I.T oder *Open University*) dienen dem Zweck, sich international auf Studierenden-Suche zu begeben. Sowohl im nationalen als auch im internationalen Zusammenhang ist die Bildungsindustrie zu einem Wirtschaftsfaktor herangewachsen (Attwell 2006a; vgl. dazu auch Altenburg und Rennkamp 2010). So nutzen Schulen der Entwicklungsländer die Materialien aus den Industrieländern, die kaum für ihre Realitäten geeignet sind (Suarez-Orozco und Sattin 2007, 6). Oder westliche Business- und Technologie-Schulen (Harvard, M.I.T. und London School of Economics) feilen als moderne Missionarsstuben an der globalen Elite (Dirlik 2006, 5).

Der Kampf um die Studierenden, der war of talents, ist längst Realität. Die Anzahl der ausländischen Studierenden wächst stetig (laut OECD um das Vierfache in den letzten 30 Jahren) - außerhalb der EU schneller als innerhalb der OECD und in Non-OECD-

---

28 Dazu später mehr in Kapitel 5.1

Ländern schneller als in OECD-Staaten (siehe Tabelle 2).

Herkunftsstaat ausländischer Studis	Studium in OECD-Ländern	Studium in Non-OECD-Ländern	Gesamt-Auslandsstudium
Afrika	250.720 (77%)	75.799 (23%)	326.519 (100%)
Asien	1.031.483 (81%)	246.208 (19%)	1.277.690 (100%)
Europa	607.394 (89%)	72.402 (11%)	679.797 (100%)
Nord-Amerika	77.452 (95%)	4.345 (5%)	81.797 (100%)
Ozeanien	16.930 (97%)	441 (3%)	17.371 (100%)
Süd-Amerika	136.133 (82%)	30.785 (18%)	166.919 (100%)
Gesamt (2005)	2.296.016 (84,2%)	429.980 (15,8%)	2.725.996 (100%)
Gesamt (2000)	1.545.534 (85,0%)	273.225 (15,0%)	1.818.759 (100%)

Tabelle 2: Extrakt aus Data Tables: Who studies abroad and where? (OECD 2007)

Gleichzeitig offenbart die globale Statistik der Auslands-Studienaufenthalte zwei Ungleichgewichte: Zum einen wird der Zustrom in die OECD-Länder deutlich sichtbar. Dabei wählten 2005 23% aller internationalen, mobilen Studierenden die USA für ihren Auslands-Studienaufenthalt, Großbritannien folgt mit 12%, Deutschland mit 10%, Frankreich 9%, Australien 6% und Japan mit 5% (OECD 2007). Zum anderen aber zeigt sich ein Nord-Süd-Gefälle der persönlichen Präferenzen. Während fast ein Fünftel aller ausländischen Studierenden aus Afrika, Asien und Süd-Amerika ein Studium in einem Non-OECD-Land ausüben, sinkt dieser Anteil auf nahezu ein Zehntel bei den Europäer/innen bzw. ein Zwanzigstel bei den Nord-AmerikanerInnen und vernachlässigbare 3% bei den Studierenden aus Ozeanien (Open Doors 2008).

Dabei sind die Gebühren internationaler Studierender zu einer Haupteinnahmequelle einiger Hochschulen geworden, die sie verwundbar machen, sollte die internationale Mobilität der Studierenden eines Tages nachlassen. So sind z.B. die Einnahmen britischer Universitäten zu 10%, in Australien zu 17% (OECD 2007) von den internationalen Studierenden abhängig. Da derzeit v.a. China und Malaysia ihr Universitätssystem massiv ausbauen, wird schon bald die Frage anstehen, wie sich diese Entwicklung auf den Markt der international Studierenden in den westlichen Staaten auswirkt (Malley 2007).

Welche Bedeutung diese Kontakte zudem für die internationale Netzwerkbildung haben, kann am Beispiel des US-Bildungssystems angedeutet werden: Der US-amerikanische Hochschulmarkt ist international gesehen der attraktivste Ausbildungsplatz für ausländische Studierende. Zwar sank in der Zeit von 2000 zu 2005 deren Anteil im internationalen Vergleich um 4% (OECD 2007), doch bereits 2007/08 konnte -nach einer Untersuchung des US-amerikanischen Institute for International Education- ein Zuwachs von 7% gegenüber dem Vorjahr erzielt werden (Open Doors 2008). Die Spitzenreiter der nationalen Kontingente an Auslandsstudierenden in den USA stellen asiatische Staaten.[29] Die attraktivsten Studienfächer für Auslandsstudierende in den USA sind die Fächer Business & Management (20%) und das Ingenieurwesen (17%). Die größten Zuwachsraten verzeichnen die Landwirtschaften und Intensive English (ebd.).

Demgegenüber arbeiten die ausländischen Gastwissenschaftler/innen v.a. in den biologischen und biomedizinschen Wissenschaften (21,8%), den Gesundheitswissenschaften (17,7%), dem Ingenieurwesen (12,8%) und der Physik (12,1%). Mit Bildung und Erziehung befassen sich dagegen nur 1,9% der Gastwissenschaftler/innen. Insgesamt forschen (71%) oder lehrten (12,4%) 126.123 internationale Wissenschaftler/innen im akademischen Jahr 2007/2008 an den US-Hochschulen - weitere 9,7% forschten und lehrten gleichermaßen, während 6,9% zu anderen Zwecken in den USA weilten (ebd.). Auch bei den in den USA arbeitenden Wissenschaftler/innen führen die asiatischen Herkunftsstaaten deutlich vor den OECD-Staaten (ebd.).

Die Hochschulen sind damit zu einem der größten Exportschlager des Dienstleistungssektors und zu einer entscheidenden, ökonomischen Kraft für die US-amerikanische Ökonomie herangewachsen: Mehr als 15,5 Mrd. US-Dollar trugen internationale Studierende durch Gebühren und Lebensausgaben zum Staats- resp. Landeshaushalt der USA bei. 62% der Studierenden bestreiten ihren Studienaufenthalt mit Geldern aus persönlichen Quellen - von den auf fremde Unterstützung angewiesenen Studierenden erhält nur ein Drittel das Gros der Gelder aus den USA (Open Doors 2008). Hinzu kommen die Ausgaben der ausländischen WissenschaftlerInnen und die vielfältigen Netzwerkkontakte für zukünftige Forschungen und gemeinsame Entwicklungen.

Die einzelnen Universitäten kämpfen also auf dem globalisierten Markt um Studierende und Wissenschaftler/innen. Nicht nur mit Blick auf ausländische Interessent/innen, sondern auch mit Blick auf die inländischen. Die New York Times zeigte in einer Infografik den rasanten Anstieg der US-amerikanischen Bildungskosten im Verhältnis zum durchschnittlichen Familieneinkommen auf.[30] Demnach stiegen die Studiengebühren zwischen 1982/84 bis 2007 um das Fünffache (500%) an, während das durchschnittliche Einkommen nur um die Hälfte (150%) zulegte. In der

---

29 Indien 94.563 Studierende, China 81.127 und Süd-Korea 69.124.
30 http://www.jamtoday.org/post/70265208/when-the-education-bubble-finally-pops (05.03.2011)

Konsequenz fokussieren Hochschulen gerne auf so genannte (Geld-)Eliten, die als Netzwerk eine gute Anbindung und Verstetigung herrschender Interessen dienen (zur Kontinuität und Herausbildung einer sozio-ökonomischen wie sozio-politischen Elite siehe Hartmann 2006). Der war of talents beginnt an den Hochschulen und es verwundert nicht, wenn Vertreter/innen dieser Institutionen den Fokus des Bildungsdiskurses auf eine stark hierarchisierte und formale Erziehung setzen.[31]

2.2.4.4 GRENZEN FORMALER BILDUNGSÖKONOMIEN

Nach diesen Ausführungen wird deutlich, wem die Theorie einer globalen Wissensökonomie nützt: Unmittelbar profitieren *Producers of high value*, die aufgrund der erfolgten Investitionen in Forschung und Entwicklung neue Innovationen hervorbringen, die idealerweise am Markt erfolgreich sind und über die Angleichung der kulturellen Werte einen globalen Absatzmarkt finden. Mittelbar profitieren davon alle strukturell relevanten *Producers of high volume*, die sich über eine Positionierung innerhalb der globalen Wissensökonomie eine an die eigene Person geknüpfte Unique Selling Proposition aufbauen. Gleichzeitig müssen sie realisieren, wie das inflationäre Sinken ihrer Netto-Löhne zu einer Abwertung ihrer Hochschul-Abschlüsse führt (siehe zu den Lohnentwicklungen in den USA: Castells 2009b, 1:xxi). Für die strukturell *Redundant producers* spielt die globale Wissensökonomie kaum eine Rolle - sie sind als Arbeitskraft und Konsumierende nur bedingt gefragt und als Person jederzeit durch das Heer der weltweiten Arbeitslosen oder neue Maschinen ersetzbar.

Fassen wir mit Castells zusammen, so lassen sich im Informationszeitalter folgende grundlegenden sozialen Bruchlinien verzeichnen (Castells 2003, 3:397):

1. Eine interne Fragmentierung der Arbeitskräfte in „relevante" Produzierende und „irrelevante" Personen, die „ersetzbare generische Arbeit" leisten.

2. Ein wesentliches Segment der Gesellschaft ist sozial exkludiert: Es setzt sich aus „ausrangierten Individuen" zusammen, die ihren Wert als Arbeitskräfte oder Konsumierende aufgebraucht haben.

3. Zwischen der Marktlogik der globalen Netzwerke der Kapitalströme und der menschlichen Erfahrung des Arbeitslebens wird radikal getrennt.

Hiernach scheint es erforderlich, die Sichtweise einer globalen Wissensökonomie als normativem Ziel und damit einhergehend die tendenziell kulturimperialistische Infiltration der Bildungsmärkte in den Entwicklungsländern (vgl. dazu Omar Khaled

---

31 Entsprechend ist auch folgendes Zitat der Zeppelin Universität aus Friedrichshafen zu deuten (via @cervus): „Als kleine Universität, die an die Qualitäten einer Kultur der Anwesenheit glaubt, begegnen wir den auch im Bildungsbereich immer deutlicher werdenden Tendenzen zur Digitalisierung und Distanzierung mit einer sehr kritischen Haltung", so wird der Referent des Universitätspräsidenten zum Start deren „iTunes U"-Channels zitiert - vgl. http://www.zeppelin-university.de/deutsch/aktuelles_presse/aktuelles/2010_12_23_15417229_meldung.php (05.03.2011)

Sahrai und Diana Sahrai 2006) analytisch zu hinterfragen. Der Bildungsbegriff in der bildungspolitischen Diskussion sollte nicht mit der veräußerlichten Wissensproduktion gleichgesetzt werden, der vor allem einen größeren Markt für westliche Bildungsprodukte und -dienstleistungen zur Zweitverwertung aufbaut (Attwell 2006a). Vielmehr ist es an der Zeit, persönliche Möglichkeiten zu eruieren, die Potenziale der globalen Informations- und Kommunikationstechnologien im Kontext der Netzwerkgesellschaft zu heben, will man einen Weg hin zu einer offeneren, gerechteren Weltordnung finden.

Um die enge Bindung von globaler Wissensökonomie und nationalen (non-)formalen Bildungssystemen zu unterlaufen, soll nunmehr untersucht werden, welchen Einfluss digitale Lernumgebungen auf formale und informelle Lernsysteme ausüben und welchen Beitrag sie für modernes Lernen in der globalen Netzwerkgesellschaft leisten können.

2.2.5 LEARNING 2.0 ALS NETZWERKAKTIVITÄT

Die Firma Fronter[32] wartete auf der Online Educa Berlin 2006 mit folgender digitalen Lernplattform-Geschichtsschreibung auf: die Zeit der *Learning Management Systeme* (LMS) und der *Personal Learning Environments* (PLE) sei bereits überschritten, statt dessen käme jetzt die Zeit der *Collaborative Working Environments* (CWE) - und natürlich: Fronter verstehe sich als CWE[33]. Diese Marktstrategie spiegelt nicht nur den Kampf der Begriffe wieder, sondern auch den Versuch seitens der Bildungsindustrie, Systeme bereitzustellen, die als zentrale Anlauf- und Organisationsplattform einen geschützten Raum zur Verfügung stellen. Allerdings setzen solche Systeme eine formale Institution voraus, in deren Rahmen die Lernenden agieren. Doch wie verhält es sich bspw. mit der Vielzahl an *Communities of Practice* (CoP) oder anderen informellen Netzwerken, in denen sich Menschen ohne Lehrperson oder *Learning Objects* selbst organisieren? Wie sind diese Systeme verbunden mit informellen Informations- und Kommunikationskanälen?

Seit dem Aufkommen digitaler Welten hat sich für alle Netzaktiven das Verhältnis von formaler zu informeller Bildung zugunsten letzterer entwickelt.

> „Learners increasingly acquire not only 'street' knowledge but also 'academic' knowledge from outside of the classroom. In particular their technological world is likely to be richer outside the school than it is inside the school." (Banyard und Underwood 2008, 2)

Aus dieser Entwicklung ziehen die Autoren die Folgerung, dass nicht mehr die

---

32 Fronter (siehe http://fronter.info/ - 05.03.2011) versteht sich als offenes Betriebssystem für Bildungseinrichtungen mit extrem hoher Marktdurchdringung in Skandinavien und teilweise in UK
33 Siehe dazu die Fronter-Broschüre: http://fronter.info/downloads/Fronter_Brochure_UK_lowres.pdf, S.3 (05.03.2011)

Lernenden im Fokus der Lehrenden stehen sollten, sondern der personal learning space den kognitiven Raum konfiguriert, den (u.a.) der teaching space als Lernumgebung bespielen sollte.

> „The physical characteristics of the personal learning space can still be influenced by teachers and institutions, but the design of that space and the uses of the technology are under the control of the learners. At our university our library information services provide academic search facilities and e-learning support but the students choose to Google." (Banyard und Underwood 2008, 10)

Die Einbettung neuer sozialer Prozesse mittels neuer sozialer *Online*-Netzwerke in das alltägliche Leben ermöglicht einen natürlichen Zugang zu spontanen Kontaktaufnahmen, Interaktionen und Gesprächen, die informelles Lernen unterstützen und zum Wissensaufbau beitragen (Pettenati, Cigognini, und Sorrentino 2007, 1). Auch ermöglichen *Social Media*-Technologien den globalen Austausch moderner Netz-ArbeiterInnen. Diese Personen sind vielschichtig miteinander vernetzt und bilden sich gegenseitig kontinuierlich weiter (Kalz u. a. 2006). Mit dieser Entwicklung einhergehend sind im Bildungsdiskurs zwei Trends zu konstatieren (Paul Anderson 2007, 32ff.):

- Einerseits erfolgt innerhalb formaler Institutionen eine Betonung auf lebenslanges Lernen (LLL) und Lernenden-Unterstützung, um Kreativität und Innovation zu ermöglichen. Angelehnt an die Erfolge der *Open-Source*-Bewegung sind alternative *Open-Education*-Ansätze entstanden, die einer dezidierten Analyse bedürfen. So fügen sich *Open University*-Initiativen schon seit geraumer Zeit recht erfolgreich in die formale Ausbildungsstruktur nationalstaatlicher Bildungssysteme ein. Auch *Open Access* oder *Open Educational Resources* können als Marketing-Annäherung formaler Bildungseinrichtungen an die *Open*-Initiativen betrachtet werden - im Sinne des oben angeführten globalen Bildungswettbewerbs.

- Parallel dazu werden im nicht-institutionellen Kontext zunehmend offene, personalisierte Ansätze gefordert, die die formale Bildung in Frage stellen. Unter den Stichwörtern *Community of Practice* (Lave und Wenger 1991), *Personal Learning Environment* (Attwell 2006b), *Learning 2.0* (Downes 2005) und *Connectivism* (Siemens 2004) werden einige Ansätze diskutiert, wie -mittels einer dynamischen Verknüpfung über diverse Informations- und Kommunikationskanäle- sich modernes Arbeiten und Lernen kollaborativ vernetzen lässt.

Beide Facetten der modernen Lernentwicklung stellen wichtige Aspekte für exkludierte Personen dar, da sich ihnen in der virtuellen *Community* „Diaspora-Räume" eröffnen, die zumindest potenziell einen selbstbestimmten Zugang zu globalen Ressourcen und Netzwerken begründen (Farrell und Fenwick 2007b, 16). Durch die Informations- und

Kommunikationstechnologien können zudem vier Veränderungspotentiale des Lernens identifiziert werden (Dewe und Weber 2007, 127f.):
- Der multiperspektivische Umgang mit Information und Kommunikation löst die einzelperspektivische Aufbereitung von Lerninhalten ab.
- Aufgrund der Globalisierung und damit einhergehenden Mobilität ist eine Zunahme informeller und impliziter Lernprozesse zu beobachten.
- Die Verantwortung für den Lernprozess überträgt sich auf den einzelnen Menschen.
- Insofern ist ein Wechsel von der Erzeugungs- zur Ermöglichungsdidaktik für diese selbstgesteuerten Lernprozesse erforderlich.

Der Begriff *E-Learning 2.0* wurde im Oktober 2005 von Stephen Downes (Downes 2005) geprägt, der angesichts der technologischen, demographischen und soziokulturellen Veränderungen den klassischen *E-Learning*-Begriff um zentrale Charakteristika erweitert sah. Demnach zeichnen sich moderne Lehr-/Lernprozesse durch eine Rollenverschiebung hin zur Lernenden-Zentrierung aus, die sich auf ein gemeinsames Wissen stützen und fortan als Gemeinschaft sozial lernen, indem sie sich ihr Wissen *just-in-time/case* per *Pull*-Verfahren heranziehen und weiterentwickeln. Als Konsequenz erodiert die Verbreitung proprietärer Lehrangebote zugunsten flexibler, offener Lernangebote (Anja C. Wagner 2006). Und die Forschungsschwerpunkte der *E-Learning*-Theoretiker/innen verlagern sich von der Produktion geeigneter Lehrmaterialien zugunsten der Frage, wie sich professionelle und nutzergenerierte Inhalte von Lernenden sinnvoll nutzen lassen (Downes 2005).

Solche Überlegungen stoßen auf medienpädagogischer Seite nicht auf große Beliebtheit, konzentriert man sich dort v.a. auf die Gestaltung von Lehrprozessen (Reinmann 2010). Als Konzession an solcherlei Bedenken hat sich zwischenzeitlich der Begriff *Learning 2.0* oder Lernen 2.0 durchgesetzt, da er einen *Blended-Learning*-Ansatz suggeriert, der mit klassischer Präsenzlehre kompatibel sei. Zwar kann mittels der *Web 2.0*-Technologien subjektiv aggregiertes Wissen i.S. des Lebenslangen Lernens (LLL) konstruktivistisch genutzt und informelle Lernerfolge in formale Bildungsangebote integriert werden. Aber die „kollektive Intelligenz" (Levy 1998) der Weisheit der Vielen (Surowiecki 2007) und die inter-personalen Autorenschaften neuer Medien fordern und fördern leicht zugängliche, offene Materialien, die individuell und unabhängig vom formalen Bildungsapparat flexibel nutzbar sind (Anja C. Wagner 2006).

Ist bildungspolitisch die Förderung des LLL für die Netzwerkgesellschaft gewünscht, könnte es sich empfehlen, die Überlegungen der Netzprotagonisten aufzugreifen und zu analysieren, welche Möglichkeiten der individuellen Stärkung persönlicher Fähigkeiten notwendig sind, um sich in den Prozess der vielfältigen, inter-subjektiven, digital vernetzten Lernkultur auch auf informeller Ebene einzubringen.

Im Folgenden sollen drei Konzepte vorgestellt werden, die gegenwärtig den *Learning*

2.0-Diskurs prägen: *Community of Practice* (CoP), Konnektivismus und *Personal Learning Environment* (PLE) inklusive *ePortfolio*. In der anschließenden Zusammenführung werden diese Konzepte in Bezug gesetzt zum gängigen Begriffsinventar und den daraus resultierenden Bildungspraktiken.

2.2.5.1 COMMUNITY OF PRACTICE

Der von Stephen Downes entwickelte *E-Learning 2.0*-Ansatz baut auf dem soziologischen Lernmodell Etienne Wengers auf, den *Communities of Practice* (CoP) (Wenger 1999). Mit CoPs sind Gruppen von Menschen gemeint, die ein gemeinsames Interesse an einem Thema haben, freiwillig miteinander interagieren und aufgrund ihrer Interaktion lernen, ihren Zugang zum Thema zu verfeinern. Eine Intention, mit- oder voneinander zu lernen, muss nicht gegeben sein. Vielmehr können CoPs rein zufällig als solche entstehen - ohne Kenntnis der Beteiligten. Gekennzeichnet ist eine CoP durch gemeinsame Erfahrungen, Geschichten, *Tools* oder ähnliche Problemlösungsstrategien, weniger durch eine formale Organisation (Wenger 2006a). Gleichzeitig sind CoPs die kleinstmögliche analytisch sinnvolle Einheit, die alle Aspekte des Lebens umfasst, und somit als grundlegende Sozialstruktur dienen kann, da sie alle Charakteristika einer aufgrund historischer Lernprozesse herausgebildeten Wechselwirkung zwischen Handlungsstruktur und -trägern aufweist (Wenger 2006b, 15).

Das CoP-Konzept kann in verschiedenen Kontexten angetroffen werden: In der Geschäftswelt ebenso wie in Organisationen, der Regierung, in Berufsverbänden, Entwicklungsprojekten und auch im Bildungswesen. Grundsätzlich unterscheiden kann man CoPs in interne CoPs, CoPs in Netzwerkorganisationen, formale, organisationsübergeifende Praxisnetzwerke und selbstorganisierte Praxisnetzwerke ohne formale Verbindungen (Archer 2006, 22ff.). Während CoPs bestehenden Institutionen eine Komplexitätsebene aufgrund ihrer *Peer-to-Peer*-Struktur hinzufügen, gilt es nach Wenger im formalisierten Bildungswesen zu fragen (Wenger 2006b, 15):

- Wie könnten formale (Hoch-)Schulpraktiken in den Bildungsinstitutionen mit fächerübergreifenden CoPs verbunden werden?
- Wie könnten Studierende ihre Lernerfahrungen gleichzeitig in größere CoPs außerhalb der Klassenräume einbringen?
- Wie könnten die lebenslangen Lernanforderungen mittels thematisch interessanter CoPs über den (Hoch-)Schulalltag hinaus an die Interessen der Studierenden gebunden werden?

Dabei gilt es zu beachten, dass die Struktur einer CoP nicht durch Hierarchie oder formale Zuweisung einer Rolle (z.B. einer Lernenden-Rolle) entsteht, sondern durch die Tätigkeiten der aktiven Personen. Erst indem Personen miteinander interagieren, aufeinander Bezug nehmen (oder auch nicht), entsteht und verändert sich die CoP-Struktur. Die modernen Internet-Technologien fördern solche CoP-Initiativen, da sie eine multiple Erweiterung der Reichweiten ermöglichen (Wenger 2006a). So entsteht derzeit eine Vielzahl offener CoPs auf der Basis technologisch fundierter *Social Networks*, die -professionell genutzt- eine informelle Weiterentwicklung jedes einzelnen Beteiligten und der gesamten *Community* ermöglichen.

In seinem Forschungsprojekt „Learning for a small planet" (Wenger 2006b) entwickelt Wenger eine soziale Lerntheorie, die stärker auf die Ebene der Sinnstiftung fokussiert und nicht auf die der Lernmechanismen, deren Erforschung allerdings auch nach Wengers Ansicht weiterhin von wesentlichem Interesse ist. Sinnstiftung rückt die Lernerfahrung als zentrale humane Kategorie in den Mittelpunkt des Interesses - Lernen für das Leben und nicht als theoretisches Konstrukt. Dabei gelte es, die soziale Lerntheorie von einer Theorie des sozialen Lernens zu unterscheiden: Während erstere neue Bedeutungen durch ihr aktives gemeinschaftliches Handeln im sozio-kulturellen Rahmen aushandelt, leitet sich letztere von der These ab, das Lernen erfolge besser in Gruppen oder anderen interagierenden Kontexten. Für Wenger verändert Lernen sowohl die Welt als auch den individuellen Bezug zur Welt: Identität entwickelt sich durch die Teilhabe oder Nicht-Teilhabe in CoPs (ebd., 13). Kompetenzen und Wissen stellen dabei einen Teil der komplexen Identitätsbildung dar. Nur die heraus gebildete Identität vermag abstrakte Fähigkeiten und Fertigkeiten sinnvoll einzuordnen und als Teil einer handelnden Subjektivität zu begreifen (ebd., 21).

Aufgrund der neuen IKT-bedingten Partizipationsmöglichkeiten sind die Kontexte, in denen Bedeutungen und Identitäten verhandelt werden, für den Einzelnen komplexer und weitreichender geworden. Konkrete Orte als Treffpunkt und vertrauensvolle Plätze des Austausches mit anderen vervielfältigen und verflüchtigen sich (Pöysä und Lowyck 2006). Eine Vielzahl an potentiellen CoPs, die individuell genutzt werden, führt Sinnstiftung zur einzelnen Person zurück - Identität muss hier individuell ausgehandelt werden (Wenger 2006b, 15). Gleichzeitig kommt der Teilnahme in spezifischen CoPs eine Vermittlungsrolle zu, um die Bedeutung großer Strukturen mit der Identitätserfahrung in diesen Strukturen in Einklang zu bringen (ebd., 15). Eine Theorie der Identitätsbildung geht in dieser Perspektive nicht vom Individuum aus, sondern sieht das Individuum als Produkt einer wachsenden Komplexität der gesellschaftlichen *Community*-Struktur (ebd., 13).

Die *Community*-Struktur von sozialen Lernsystemen kann insofern -mit Blick auf die von Castells fokussierten Kategorien einerseits und auf die gesellschaftliche Ebene bzw. Identitätsbildung in der Netzwerkgesellschaft andererseits- entlang folgender Dimensionen analysiert werden:

Kompetentes Lernen in der Netzwerkgesellschaft

Community-Struktur von sozialen Lernsystemen	... auf gesellschaftlicher Ebene	... zur Identitätsbildung
Skala	*Community* als fragmentierte Identitätsprojektion: *Communities* existieren auf verschiedenen Ebenen der Skala - von kleinen, lokalen Gruppen bis hin zu großen Schirmorganisationen. Aufgrund dieser Fragmentierung der Lernsysteme kommt es zu verschachtelten Ebenen der Verdichtung, die es in ihrer Wechselwirkung zu analysieren gilt. Die Entstehung neuer Verdichtungsformen weist ähnliche Strukturen wie niedrigere Stufen auf, zuzüglich neuer emergenter Eigenschaften. Allen gemeinsam ist Identität als intrinsische Eigenschaft (ebd., 16).	Identitäten als skalierbare Einheit: Identitäten können die fraktale Struktur der Lernsysteme transformativ auffangen, da sie gleichzeitig auf lokaler und globaler Ebene zu agieren vermögen. Zudem kann die Zugehörigkeit zu einer CoP unterschiedliche Formen annehmen, die nicht kongruent zur Identitätsbildung verlaufen (ebd., 20).
Raum	Sozialer Raum als Vielfalt mit Grenzen: Auf jeder Ebene der oben angeführten Skala ist orthogonal der soziale Raum des Lernsystems mit einer Vielzahl an Praktiken und *Communities* angelegt, die miteinander interagieren, um solch ein System zu schaffen.	Identitäten als individueller Abstimmungsprozess: Multiple Mitgliedschaften, die es abzustimmen gilt, sind ein fundamentales Identitätsmerkmal (ebd., 20).

Community-Struktur von sozialen Lernsystemen	... auf gesellschaftlicher Ebene	... zur Identitätsbildung
	Vor allem die Lernprozesse an den Grenzen der CoPs sind interessante analytische Momente, da sie sowohl Ignoranz als auch kreative Innovation potentiell beinhalten (ebd., 17).	
Zeit	Dynamik der Lerngeschichten: CoPs zeichnen sich durch eigene Lebenszyklen und Generationswellen aus. Gleichzeitig formen sie weniger kontinuierlich als dynamisch das größere System durch ihren spezifischen Rhythmus der transformativen oder erneuernden Veränderungen (ebd., 17).	Teilnahme in CoPs als Flugbahnen: Die Erfahrung wird von der Person als über die Zeit zusammenhängend wahrgenommen. Es entsteht eine persönliche Geschichte (ebd., 20).
Kultur	Kultur als Partizipation, Verdinglichung und Verhandlung: Sowohl die konkrete Partizipationsstruktur als auch die konkreten Ausgestaltungen einer CoP bilden zusammen den Kontext für die beteiligten Individuen, ihrer Erfahrung eine Bedeutung geben zu können (ebd., 18).	CoP-Identitäten als Material für persönliche Identität: Vielfältige Diskurse der CoP-Identitäten, wie sie sich in den Partizipations- und Verdinglichungsformen darstellen, versorgen das individuelle Verständnis der eigenen Identitätserfahrung mit Material (ebd., 20).
Macht	Macht als	Macht als individuelle Kategorie:

Community-Struktur von sozialen Lernsystemen	... auf gesellschaftlicher Ebene	... zur Identitätsbildung
	Bedeutungsökonomie: Eine soziale Lerntheorie muss eine Machtdimension beinhalten, um die Legitimität und soziale Wirksamkeit der Lernerfahrung einordnen zu können (ebd., 18). Dabei trägt im Kontext spezifischer CoPs Erfahrung zur Kompetenzwahrnehmung bei. Inwiefern diese Kompetenz auch in einem breiteren Kontext als Wissen akzeptiert wird, hängt von anderen Faktoren ab. Beide Aspekte zusammen genommen formen aber den konkreten Lernprozess.	Identität als gelernte Erfahrung der Teilhabe setzt die Fähigkeit voraus, überhaupt als Akteur handeln zu können. Die Anerkennung individueller Kompetenzen setzt die Identifizierung mit einer CoP voraus. Ohne die Akzeptanz derer Werturteile kann eine CoP keine Macht über ein Individuum ausüben (ebd., 21).

Die Dimensionen der Herausbildung einer identitätsstiftenden Sozialstruktur wandern in dieser Sichtweise von klassischen Identitätsmustern (Nation, Klasse o.ä.) hin zu komplexen, individuellen Konfigurationsmustern im Rahmen kollektiver CoPs. Das Raumgefühl als nicht abstrakte Verortung des Geschehens kann nur von innen heraus verstanden werden. Von außen muss die Abgrenzung nicht deutlich sichtbar sein (Pöysä und Lowyck 2006). Indem Personen zu Mitgliedern einer CoP heranreifen, entwickeln sie eine soziale Identität, die einen normativen Rahmen für das individuelle Lernen entwirft (Brown und Duguid 2002, 138). Im Kontext des CoP-strukturierten Sozialsystems bedingen sich das Lernen der Individuen und das Lernen der Gesellschaft (und ihrer Institutionen) wechselseitig. Dieser soziologische Blick zeigt die Dynamik der gesamtgesellschaftlichen Lernentwicklung auf und rückt die Bedeutung einer identitätsstiftenden Einordnung der Erfahrungen und die Anerkennung erlernter Kompetenzen und Wissen in den Fokus. Lernen als nachfrageorientierter, identitätsformender, sozialer Akt verbindet Menschen miteinander (ebd., 140).

Im Zeitalter der Netzwerkgesellschaft mitsamt der Dominanz ihrer „weak ties" (Granovetter 1973) treten neben die engen Verbindungen im Rahmen von CoPs so genannte *Networks of Practice* (NoP), die nicht als Kollektiv agieren, wenig Wissen produzieren und dennoch einen effizienten Informationsaustausch zwischen ihren locker verbundenen Mitgliedern ermöglichen (Brown und Duguid 2002, 141f.). Die sich aus den vielfältigen CoPs und NoPs konfigurierende Topographie der Gesellschaft lässt Informationen nicht gleichmäßig global über die Netzwerkgesellschaft schwappen, sondern verteilt sich entsprechend der heterogenen, lokalen Struktur. Die individuelle Praxis unterscheidet sich dabei je nach Zugang und Intensität der Beteiligung zu CoPs und NoPs - eine homogene, standardisierte Kultur, sei es innerhalb von Organisationen oder sei es in der Aus- und Weiterbildung, ignoriert die individuellen Verbundenheiten in der Netzwerkgesellschaft. So kann die Perspektive auf eine vernetzte Wissensökologie die Limitationen einer isolierten Einheit überwinden helfen und Synergien schaffen - es bedarf lediglich kreativer reziproker Strategien der Verbindung. Indem sich formale und informale Strukturen ergänzen und praxisorientierte Spontanität mit organisierter Struktur ausgleichen, können z.B. auch Firmen innovativ wirken, so die These von Brown & Duguid (ebd., 143ff.).

Entsprechend entwickelte John Seely Brown zusammen mit Richard P. Adler eine Theorie des sozialen Lernens, die Lernen weniger als individuellen denn als sozialen Prozess analysiert (Brown und Adler 2008).[34] Sie zeigen auf, wie von der *Open Educational Resources* (OER)- Bewegung über die *Prosumer*-Qualitäten des *Web 2.0* der Weg bereitet wurde zum *Social Learning*. Zunächst verschiebt sich der Lernfokus vom WAS (Descartes: „Ich denke, also bin ich") zum WIE („Wir beteiligen uns, also sind wir"). Damit einher geht ein Perspektivwechsel:

> „This perspective shifts the focus of our attention from the content of a subject to the learning activities and human interactions around which that content is situated." (ebd.)

Ein weiterer Aspekt des sozialen Lernens: Der Gegenstand wird nicht erst abstrakt gelernt, um sich dann den sozialen Praktiken der Weiterentwicklung des Gegenstandes zu widmen - die aktive Aneignung eines Wissensgegenstandes beinhaltet bereits die soziale Teilhabe. Chris Anderson hat es im *eCommerce*-Bereich bereits demonstriert: Nischenprodukte rechnen sich über den sog. langen Schwanz (The Long Tail) der Einkommensgenerierung (Chris Anderson 2007). Brown und Adler übertragen diese Analysen auf den Lernsektor. Während (Hoch-)Schulen nur einen begrenzten Themenkatalog vermitteln können, stehen im Internet nahezu unbegrenzte Materialien zum ständigen Abruf bereit. Eine Kompetenz besteht nun darin, diese Wissensnischen zu finden, um sich dort zu informieren und einzubringen:

> „Finding and joining a community that ignites a student's passion

---

34 Bereits früher in meinem Blogpost zusammengefasst und hier übernommen (Anja C. Wagner 2008).

> can set the stage for the student to acquire both deep knowledge about a subject („learning about") and the ability to participate in the practice of a field through productive inquiry and peer-based learning („learning to be"). These communities are harbingers of the emergence of a new form of technology-enhanced learning -Learning 2.0- which goes beyond providing free access to traditional course materials and educational tools and creates a participatory architecture for supporting communities of learners." (Brown und Adler 2008)

Genau diese Kompetenz gelte es zu begleiten bzw. zu vermitteln. Als Vorschlag führen die beiden Autoren sog. reflektierende Praktika an. Der neue nachfrageorientierte Lernansatz bemüht sich, Leidenschaften bei Lernenden zu provozieren, die sie in die Lage versetzen, Begehrlichkeiten zu entwickeln, Teil einer bestehenden *Community of Practice* zu werden. Genau dabei sollten Bildungseinrichtungen mitwirken - diese Kompetenzen zu entwickeln. Als weiteres Beispiel einer innovativen CoP kann nach John Hagel und John Seely Brown das Multiplayer-Spiel World of Warcraft (WoW) begriffen werden. Kein Trainingsprogramm oder Workshop vermöge ein vergleichbares individuelles Engagement provozieren - zudem können Transfersessions nur vorhandenes Wissen vermitteln und kein innovatives generieren. In WoW sammeln die Spieler/innen dagegen Erfahrungspunkte, die sie für höhere Spielstufen qualifizieren. Komplexität und Hersausforderung wachsen mit jedem Spiellevel - ohne dass ein Trainingsprogramm die Spieler/innen qualifizieren müsste (Hagel und Brown 2009). Da WoW sich als Wissensökonomie mit einer expansiven *Collaboration Curve* als erfolgreiches Beispiel eines *Creation Spaces* anbiete, können auch Manager/innen von diesen Prinzipien lernen (Hagel, Davison, und Brown 2010, 133 ff.). Dieses Potenzial hat z.B. IBM erkannt, dessen weltweiter Chef der Spiele- und Interaktives-*Entertainment*-Abteilung in einem BBC-Interview die Lernerfolge aufgrund von WoW-Aktivitäten betont (Shiels 2008).

Zusammengefasst handelt es sich bei CoPs und NoPs um tatsächliche Vernetzungsformen, die in vielen gesellschaftlichen Bereichen bereits praktiziert werden. Innerhalb dieser Strukturen vollzieht sich ein soziales Lernsystem, das identitätsbildend wirkt und sich damit auch auf sämtliche konstituierenden Elemente der Netzwerkgesellschaft auswirkt. Das Lernen in vernetzten Systemen entwickelt sich zum wichtigen Impuls, um im „digitalen Klimawandel" überleben zu können.[35]

2.2.5.2 KONNEKTIVISMUS

Klassische „Lernparadigmen" (Künkler 2011, 39) wie Behaviorismus, Kognitivismus, Konstruktivismus oder Neurowissenschaften fokussieren auf den „Mensch als Subjekt

---

35 Vgl. hierzu auch die aktuellen Forschungen von Künkler zum „Lernen in Beziehung" (Künkler 2011)

des Lernens" (ebd., 20). Diese explizite oder implizite individualtheoretische Fokussierung vermag das grundsätzlich relationale Verhältnis des „Lernens" als „radikales Beziehungsgeschehen" (ebd., 25) im „Zwischen (...) zwischen sich, Anderen und anderem" (ebd., 568) schlecht zu greifen.[36] Einen etwas anderen, der Netzwerkgesellschaft ggf. etwas angemesseren, analytischen Zugang ermöglicht die von George Siemens entwickelte Connectivism-Lerntheorie (Siemens 2004), die von manchem Kritiker nicht als Theorie denn eher als didaktische Methode bezeichnet wird (so z.B. Kerr 2007; Verhagen 2006).

Inhaltlich baut Konnektivismus auf dem radikalen Konstruktivismus auf, geht aber davon aus, dass Wissen sozial generiert wird, also sich in einem Netzwerk von Menschen, Institutionen, *Communities* und medialen Inhalten -technologisch unterstützt- organisiert. Die Kunst des individuellen Lernens besteht darin, dieses verteilte Wissen für die persönlichen Belange urbar zu machen und konstruktiv einzubinden. Lernen entsteht in diesem Verständnis durch den Aufbau von neuralen, konzeptuellen und sozialen Verbindungen - zu anderen Personen, zu Inhalten, zu anderen Hirnregionen und Zusammenhängen. Und durch die Aktivität eines solch vernetzten Lernens entwickelt sich die Menschheit - sowohl individuell als auch sozial.

> „The starting point of connectivism is the individual. Personal knowledge is comprised of a network, which feeds into organisations and institutions, which in turn feed back into the network, and then continue to provide learning to individuals. This cycle of knowledge development (personal to network to organisation) allows learners to remain current in their field through the connections they have formed." (Siemens 2004)

In diesem fließenden Umfeld bewegen sich die lernenden, wissenden oder informierenden Menschen, bilden sich weiter und entwickeln neue Zusammenhänge. Der Lernfokus befindet sich hier im Orkus des WIE („Wir partizipieren, also sind wir"). Lernen entwickelt sich in dieser Perspektive weg von einer individualistischen Aktivität und hin zu einer sich stetig wandelnden, an die aktuellen Anforderungen angepassten systemischen Notwendigkeit. Die Individuen werden in Bezug zur Welt gesetzt, wobei -gemäß dem Gesetz des Netzwerkes- nicht die einzelnen Netzwerkknoten entscheidend sind, sondern die Beziehungen zwischen diesen, prinzipiell austauschbaren Knoten.

Hinzu kommen die technologiebedingten, kollektiven Charakteristika der *Web 2.0-*Kollaboration: Kollektive Systeme wie *Tagclouds*, *PageRank*, Empfehlungen o.ä. erfordern kein kollektives *Commitment* seitens der Individuen, die mittels ihrer

---

[36] Wie bereits in mehreren Fußnoten angemerkt: Das Buch von Künkler erschien erst kurz vor Fertigstellung dieser Arbeit und seine Analyse konnte nicht mehr breit aufgegriffen werden. Gleichwohl bietet sie einen Ansatz, der sich gut in die Sichtweise der hier verfolgten Fragestellung einreihen lässt. Von daher wurde an der ein oder anderen Stelle eine kurze Referenz zu seiner Untersuchung hinzugefügt.

Aktionen im *Web 2.0*-basierten, sozio-kulturellen, virtuellen Raum Aggregationen an Daten ermöglichen. Sowohl aktive wie passive Nutzer/innen tragen mit ihren Datenspuren zur Intelligenz der Daten bei - die Individuen kollaborieren ohne bewusste Teilnahme. Gleichzeitig sind Kollektive ein sichtbarer Einstiegspunkt zu normalerweise weniger sichtbaren Netzwerken und Gruppen, in denen klassisches soziales Lernen stattfindet (Dron und Terry Anderson 2008).

Wissen kann in dieser Perspektive nicht mehr als Lernobjekt mit klaren Konturen, weder in Form einer medialen Abbildung oder in Gestalt einer Person, verstanden werden. Vielmehr wird es als sich ständig erweiterndes, entwickelndes, durch die beteiligten Netzwerkknoten und deren kollektive Beziehungsstruktur sich kontinuierlich veränderndes soziales Wissen erfahrbar. Die individuelle Lernerfahrung entspricht hier nicht einer Lernentwicklung in vorgegebenen, sequentiellen Schritten, sondern diese wächst dem Netzwerk entsprechend mit. Lernen wird zur emergenten Erfahrung durch die Interaktion mit anderen und die persönliche Verknüpfung unterschiedlicher Konzepte. Lernen kommt also dem Aufbau und Gebrauch von Verbindungen gleich. Der von Stephen Downes ausgerufene Vierschritt „Filter - Re-Purpose - Re-Mix - Feed Forward" (Downes 2004) symbolisiert den kontinuierlichen Wandel des individuellen wie kollektiven Wissens. Vernetztes Wissen meint in diesem Kontext beides: Sowohl das Wissen um relevante Netzwerke in der Welt, als auch das Wissen, das durch diese Netzwerke erlangt wird (Downes 2008)

Indem jede/r Lernende aus einem Wissensmeer -bedingt durch vielfältige persönliche Verbindungen- die für seine Fragen wichtigen Inhalte selektiert, diese aus dem Zusammenhang reißt, als subjektives Mosaik verschiedener Inhaltsfragmente wieder in möglicherweise neue Zusammenhänge einfügt und dieses Ergebnis qua Veröffentlichung dem sozialen Wissen wieder zuführt, entsteht ein produktiver Kreislauf. Wird dieser Kreislauf zum Prinzip erkoren, generiert sich eine kollektive Fülle an neuem *Content*, der begleitet wird durch eine vielfältig diskursive Kommunikationskultur und somit einer Explosion an Lernerfahrungen gleichkommt.

> „We need to let go of the notion that we can know a field in its entirety. All knowledge is in the connections - how we've connected concepts and how we are connected to other people and sources of information. To know is to be connected." (Siemens 2008a)

Im Gegensatz zu anderen Lerntheorien, die Wissen als mögliche, teilweise transferierbare Aussage verstehen, entsteht Wissen im Konnektivismus als Ensemble von expliziten, informellen und impliziten Verbindungen, das durch Aktivitäten und Erfahrungen geformt wird. In diesem Verständnis kann Wissen nicht vermittelt werden, sondern wird erst durch die Aktivität generiert. Personalisiertes Lernen geschieht im Konnektivismus-Ansatz nicht durch Modularisierung, sondern durch ein reduziertes Regelwerk, das die Autonomie der Lernenden innerhalb der vernetzten

Umgebung stärkt (Downes 2007). Vorgegebene Lernräume würden hier dem tatsächlichen Netzwerklernen in komplexen, chaotischen und sich verändernden Räumen einen Riegel vorschieben. Vielmehr stellen nicht-lineare Lernumgebungen mit authentischen und problem-basierten Lernprozessen eine logische Folge dieser komplexen Welt dar, die nicht auf Kausalitäten beruht (Phelps 2003). Inwiefern didaktisches Design überhaupt selbstorganisiertes Lernen in vernetzten Gruppen und Gemeinschaften befördern kann, bleibt fraglich. Eine Möglichkeit wäre es, Lehrende als Enabler zu verstehen (Reinmann 2010, 105). Eine andere Variante wäre die der Lehrenden als Vermittler, die aufzeigen, wie gängige *Tools* sinnvoll genutzt und in reflexiven Kontexten eingeordnet werden können (Siemens 2008c). Siemens sieht auch die Möglichkeit für Instructional Designer gegeben, weiterhin einzelne Inhaltebausteine, Interaktionen und die gesamte Lernökologie (Siemens 2007) gestalten zu können - allerdings auf Basis einer komplexen Analyse (Siemens 2008b):

1. In der Kontext-Analyse müsste der herrschende Stil der kollektiven Lernentwicklung identifiziert werden, um Menschen und Inhalte in Beziehung setzen zu können.
2. Ergebnis der *Content*-Analyse (welche OER existieren oder entstehen bereits) wäre das konkrete Design einer geeigneten Lernökologie und möglicher Netzwerkverbindungen.
3. Bei der Zielgruppen-Analyse gilt es zu bedenken, dass persönlich verwendbares Lernen gewisse Fähigkeiten und Prozesse erfordert, um die Lerninhalte individuell anpassen zu können.
4. Ein iterativer Gestaltungsprozess auf der Basis evaluierender *Usability*-Analysen sei erforderlich, um die tatsächlichen Verbindungen und Zugriffe abzubilden.

Eine Zusammenfassung der dem Konnektivismus inhärenten Implikationen könnte lauten:

- Aufgrund der aktuellen, komplexen und chaotischen Netzwerkgesellschaft verschieben sich die Machtverhältnisse. Jedem Menschen steht es grundsätzlich offen, sich einzubringen in die Definition der Netzwerkziele und -methoden. Lediglich die Voraussetzungen des Einzelnen zur Teilhabe am Netzwerk müssen gewährleistet sein.
- Wissen ist ein dynamischer Prozess. Insofern muss Wissen fliessen - frei, offen, unabhängig, katalysiert durch die Menschen.
- Menschen müssen lernen, Verbindungen (zu Menschen, Inhalten, Themen, Netzwerken etc.) zu schaffen, um *just-in-time/case* darauf zugreifen zu können. Auf die Informations- und Kommunikationstechnologien kann unterstützend zugegriffen werden, da diese sui generis eine Vernetzungskomponente aufweisen.
- Das Bildungssystem muss und kann an die modernen Anforderungen angepaßt

werden - mit radikalen Veränderungen für die Lernökologie, die sich vom Klassenraum lösen wird. Entsprechend verändert sich die Rolle der Lehrenden.

2.2.5.3 Personal Learning Environment & ePortfolio

Personalisierungen von Lernumgebungen sind seit dem Aufkommen digitaler Technologien ein ersehntes Ziel bildungspolitischer wie didaktischer Maßnahmen. Mit den webbasierten Potentialen des individuellen Zuschnitts überschlug sich die Schrittfolge der pädagogischen Befreiung zur persönlichen Autonomie: Von den eher behaviouristischen Ansätzen des *Web based Trainings* (WBT) über die kognitivistischen *Content-Delivery*-Ansätze der *Learning Management Systeme* (LMS) als *E-Learning 1.0* und konstruktivistischen Kommunikations- und Kollaborationsplattformen der *Online*-Lehre in *Virtual Classrooms* oder *Blended-Learning*-Ansätze mittels Projektarbeit bis zu den *Learning 2.0*-Aktivitäten des Zeitalters der *Social Software* (Gonella und Pantò 2008).

Im Kontext des *Learning 2.0* rankt sich die Diskussion um die Frage, wie konkrete Lernformen ausschauen können, von zwei verschiedenen Wurzeln aus. Zum einen existiert eine institutionalisierte Sichtweise auf das Sujet, um seitens des Lehrdesigns einen zeitgemäßen, systemischen Zugang zu Lernmaterialien und -interpretationen zu ermöglichen - dies ist der Bereich der *Virtual Learning Environments* (VLE), die sich gerne als *Online*-Umgebung für *Personal Learning Environments* (PLE) verkaufen. Auf der anderen Seite hat sich eine Sichtweise etabliert, die eine eher individualistische Perspektive aufwirft und das Lerndesign an die Lernenden heftet - also wahrhaft persönliche PLEs.

2.2.5.3.1 Personal Learning Environment

Übergreifend kann ein PLE definiert werden als *(e-)Learning*-System einer einzelnen Nutzerin, das Zugriff auf eine Vielzahl an Lernressourcen ermöglicht und ggf. auch einen Zugang zu anderen Lernenden und Lehrenden, die andere PLEs oder VLEs nutzen (Harmelen 2006). Ein PLE ist demnach eher ein technologisches Konzept, das Funktionalitäten beschreibt, die in ihrer Kombination geeignet sind, als Lernanwendung die jeweilige Person in ihrer Wissens- und Kompetenzerweiterung aktiv zu unterstützen (Schaffert und Kalz 2009, 6f.). Es geht v.a. um die medialen Werkzeuge, die den Lernprozess und das Wissensmanagement des Einzelnen unterstützen helfen. Neben der Konzentration auf die konkrete Technologie steht die Person im Mittelpunkt des Lernprozesses - und das temporäre (Lern-)Ergebnis integriert sich in einen kollaborativen Prozess der Wissenskonstruktion (Attwell 2009). Der Begriff des Persönlichen beschreibt dabei die individuelle Gestaltung, den privaten Zugang zum PLE als Privateigentum und die Kontrolle über die persönlichen

Daten (Schaffert und Kalz 2009, 7). In dieser Sichtweise existieren verschiedene prototypische, technologische Realisierungen, die von einer Service-Integration in vorhandenen Lernumgebungen über integrierte Oberflächen in Form persönlicher Portale bis hin zum PLE als *Framework* reichen (ebd., 8ff.). Diese institutionalisierten Realisierungen repräsentieren nicht nur unterschiedliche technologische Ansätze, sondern resultieren aus divergierenden Ansichten auf verschiedenen Ebenen. Für deren Analyse hat Harmelen eine komplexe Taxomonie entworfen (Harmelen 2006):

1. Auf der Ebene der Personen unterscheiden sich die Ansätze hinsichtlich ihrer pädagogischen Ausrichtung, der Kollaborationsfähigkeit, des Systemansatzes (geschlossen vs. offen), der Gestaltbarkeit (Personalisierung vs. Templates) und der Lernkontrolle.
2. Auf der Ebene der Verbindungen divergieren die Ansichten zwischen ein- und mehrdimensionalen Austauschformaten zwischen PLE und Institution(en), zwischen Server-, Hybrid- oder *Peer-to-Peer*-Zugriff, zwischen *Online*- und/oder *Offline*-Nutzung, der Frage des *Plugin*-Einsatzes und den Fragen rund um die Content- und Anwendungskompatibilität.
3. Auf der Ebene der Plattform ist die Frage, welcher Grad an Mobilität erreicht bzw. unterstützt werden soll.

Werden PLEs als Resultat eines didaktischen Designs seitens der Lehrenden an Lernende herangetragen und mittels einer technologischen Realisierung vorkonfiguriert, schwingen darüber hinaus bestimmte pädagogische Prämissen mit. Implizite Grundlage einer systemisch bereit gestellten, persönlich adaptierbaren VLE-Lernumgebung können höchst unterschiedliche Annahmen sein (Wild, Mödritscher, und Sigurdarson 2008, 2):

- Nicht nur professionelle Lerninhalte sollten gelernt werden, sondern auch Lernmethodiken.
- Die vernetzte Lernumgebung sollte nicht eine gestaltete Vorgabe des Instructional Designers sein, sondern als Ergebnis eines kollektiven Lernprozesses entstehen.
- Ein Netzwerk bildet Verhaltensstrukturen aus, die unvorhersehbar sind – ein offenes Design sollte solche Entstehungsprozesse ermöglichen.

Aus Sicht des Individuums stellt sich dieser VLE-Kontext dann als primär technologische PLE dar, die sich in sieben Punkten von Lernmanagement-Systemen (LMS) unterscheidet und als pädagogische Herausforderungen des Wandels begriffen werden muss (Schaffert und Hilzensauer 2008, 3f.):

1. Selbstorganisation der persönlichen „Lern-"Umgebung ist Voraussetzung zur persönlichen Entwicklung zum *Prosumer*;
2. Medienkompetenz ist Grundvoraussetzung, um eine individuelle Sicht zu entwickeln;

3. E-Kompetenz ist notwendig, um sich in den virtuellen Umgebungen aktiv bewegen zu können;
4. *Community*-Bildung und Kollaboration sind Voraussetzungen, um an den sozialen Errungenschaften teilhaben zu können;
5. Urheberschaften wandeln sich - Datensicherheit und geistiges Eigentum sind neu zu definieren;
6. Wandel der Lernkultur erfordert neue Selbstbestimmungs- und Selbstorganisations-Konzepte;
7. LMS und *Social Software* sollten miteinander verknüpfbar sein.

Inwiefern dabei ein PLE seitens der „Lernenden" als explizite LERNumgebung bewusst wahrgenommen werden muss, die inhaltlich bestimmten Lernanforderungen genügt und spezifischer, örtlich zugänglicher Personen zur bewusstseinsfördernden Orientierung bedarf (Schulmeister 2009), sei an dieser Stelle in Frage gestellt. Vielmehr ist -wie im Kapitel Informelles Lernen beschrieben- auch nicht-intentionales Lernen als informeller Lernprozess in selbst gestalteten PLEs denkbar, wenn z.B. Lernepisoden nachträglich definierbar sind oder gar beiläufig geschehen. Über vernetzte Strukturen liessen sich dabei sehr wohl flexible, auch rein virtuelle, zwischenmenschliche, mediale Diskursstrukturen aufbauen.

Grundsätzlich gilt es abzuwägen, ob institutionalisierte VLE-Umgebungen zur Förderung von PLEs ein geeigneter Weg sind, um die individuellen Nutzungspräferenzen und persönlichen Umgebungen aus dem Freizeit- und Arbeitskontext lerntechnologisch konstruktiv einzubinden. Im webbasierten Netzwerk bildet sich bereits ein individuelles PLE ausserhalb der Institutionen emergent aus, das zunächst keiner didaktischen Führung bedarf. Lediglich bei der reflexiven Organisation des Lernens -auf der Basis von Informationen, Wissen, Kompetenzen oder Expertise- können pädagogische Erfahrungswerte zur Gestaltung und Nutzung persönlich gestalteter Umgebungen unterstützend wirken. Ob dafür aber ein vorkonfiguriertes PLE erforderlich ist, bleibt mehr als fraglich.

2.2.5.3.2 ePortfolio

Ein Segment des PLEs wird seit 2003 unter dem Stichwort *ePortfolio* diskutiert.

> „An e-portfolio is the product, created by the learner, a collection of digital artefacts articulating experiences, achievements and learning." (Gray 2008, 6)

Aufgrund der vielfältigen medialen Möglichkeiten, digitalen Konvergenzen und geringeren technologischen Hürden können heute von vielen Menschen persönliche, digitale Artefakte erstellt werden, die -für diverse Disziplinen relevant- ein facettenreiches Bild einer Person entwerfen helfen. *ePortfolios* sind insofern eine

Möglichkeit, eine Kontinuität der Lern- und Arbeitsprozesse über Zeit, Raum und Curriculum hinweg zu dokumentieren. Sie können institutionell angestoßen oder eigenmotivational initiiert werden, um die entwickelten Kompetenzen selbstreferentiell zu diskutieren oder sich einer öffentlich gelebten, externen Evaluation zu unterziehen (Carmean und Christie 2006, 34f.). Damit kann ein *ePortfolio* auch als Feedback-Katalysator mit institutionellen Begleitern oder Gleichgesinnten fungieren, um sich selbst zu hinterfragen und ggf. weiterzuentwickeln (Greenberg 2004, 28). Von daher weist das *ePortfolio*-Konzept drei Ebenen auf: Zunächst die Fokussierung auf studierenden-zentrierte Lern- und Reflexionsprozesse, dann das institutionelle Monitoring des Lernfortschritts und Endprodukts; schließlich die Karriereplanung und der Aufbau eines repräsentativen Lebenslaufes (Tosh und Werdmuller 2004, 1).

Eine Möglichkeit, diesen Prozess technologisch abzubilden, stellen Weblogs als Aggregator dar, da sie sich als dynamisches Reflexionsinstrument mit Kommentarfunktion für den Einzelnen und aufgrund ihrer *RSS*-Fähigkeit für die Allgemeinheit gut eignen und gleichzeitig außer-institutionelle Aktivitäten abzubilden vermögen (Tosh und Werdmuller 2004). Doch neben den technologischen Rahmenbedingungen bedarf es einer gewissen Motivation, sich der Abbildung des eigenen Entwicklungsprozesses auszusetzen. In der Forschung herrschen unterschiedliche Ansichten vor, ob ein *ePortfolio* eine kohärente Präsentation aussagekräftiger Materialien gegenüber einem Publikum sei oder eher ein System oder *Repository*, aus dem sich das Publikum seine Inhalte frei wählen könne (Grant 2005, 1). Und unter Bildungsgesichtspunkten stellt sich die Forschungsfrage entweder aus Sicht einer *Instructional Design*-Strategie oder als Reflexionsinstrument für die Lernenden (Barrett 2005, 2): Je nach Angelpunkt der Perspektive -sei es aus Sicht der Lehrenden oder der Lernenden- gestaltet sich der Freiraum, der in Bezug auf die Gestaltung der individuellen Lernumgebung gewährt wird.

Welcher Bedingungen bedarf es, um erfolgreiche Reflexionsprozesse anzustossen?

Grundsätzlich lassen sich die Lerngelegenheiten, die Zeit, die Motivation der Lernenden und die Unterstützung bei den Reflexionsprozessen als wesentliche Kriterien identifizieren (Rohs 2008, 178). Entlang des von Kolb entworfenen erfahrungsgesättigten Lernzyklus (siehe Abbildung 1) kann aufgezeigt werden, wie ein selbstbestimmter *ePortfolio*-Prozess mittels Dialog und Kollaboration vonstatten gehen kann (Gray 2008, 9). Eine konkrete Erfahrung bildet den Ausgangspunkt für Lernende, die Erfahrung zu beobachten und aktiv zu reflektieren, sie mit abstrakten Begriffen in den Wissensprozess einzubinden und schließlich das reflektierte Wissen experimentell im öffentlichen Rahmen zu erproben. Die Interaktion zwischen digitalen Artefakten, Institutionen, Lehrenden, Mit-Lernenden, ArbeitgeberInnen und KollegInnen lässt hier eine Lerngemeinschaft entstehen.

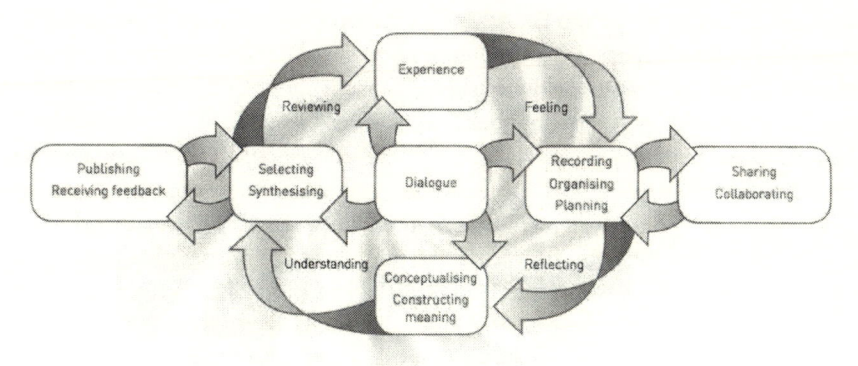

Figure 2 A model of e-portfolio-based learning, adapted from Kolb (1984)

Abbildung 1: Quelle: Gray 2008, S.11

Beim (e)Portfolio-Ansatz greifen demnach zwei zentrale Sozialtechniken:

„(...) die Selbstdarstellung zur Fremdbeurteilung und die Erhöhung der Selbstreflexivität zur Selbststeuerung" (Reichert 2008, 117).

Kann ein auf das Subjekt zurückgeworfenes Portfolio-Assessment eine gewünschte Alternative zu traditionellen Lehr-/Lernmodellen aufzeigen? Diese Frage wird oftmals als eine der Einbindung in formale „Humankapital"-Prozesse und damit eine der Standardisierung von Bewertungskriterien diskutiert (ebd.). Bildungspolitisch gewünscht ist das *ePortfolio* als Kompetenzentwicklungsmethode, um die avisierten Lissabon-Ziele und des Bologna-Prozesses zu erreichen bzw. das LLL zu unterstützen.

> „Pädagogisches Ziel des ePortfoliokonzeptes ist die Förderung individueller Fachkompetenzen, persönlicher Lernstrategieentwicklungskompetenz und Selbstorganisationskompetenz durch Einbezug von Lernergebnissen, aber auch der Lernprozessdokumentation, Reflexion und metakognitiver Auseinandersetzungen mit der eigenen Lernleistung. Vom Einsatz dieses Lehr-/Lernkonzepts wird erwartet, dass Lernende in der ganzheitlichen Entwicklung ihrer Kompetenzen, in der Erweiterung ihrer praktischen Handlungsfähigkeit sowie in der Dokumentation ihrer Lernergebnisse besonders gut unterstützt werden." (Hornung-Prähauser u. a. 2007, 127)

Inwiefern dieses bildungspolitische Ziel aber mittels der Vorgabe standardisierter, didaktischer *ePortfolio*-Werkzeuge erreicht werden kann, ist fraglich, da damit nicht gleichzeitig die Selektion durch Prüfungen im Bologna-Prozess hinterfragt wird (Reinmann und Sippel 2009). Denn wie kann man *ePortfolios* bewerten?! Auch gilt es, eine analytische Unterscheidung des Bewertungszieles vorzunehmen: Wird lediglich der bisherige Lernstand formal katalogisiert oder der daraus folgende, perspektivische Lernprozess aufgezeigt? In letzterem Fall werden die Lernenden selbst mit einbezogen und es stellt sich die Frage, wie die intrinsische Motivation zur lebenslangen Führung eines *ePortfolios* in den institutionellen Instanzen unterstützt werden kann. Die *ePortfolio*-Forscherin Helen Barrett entwickelte die These, dass mit zunehmender Lernenden-Kontrolle über den Lernprozess und die Lernziele die intrinsische Motivation steigt (Barrett 2005, 15ff.). Aber auch eine Weiterentwicklung des institutionalisierten *ePortfolio*-Ansatzes könnte diesen Prozess unterstützen: Die Diskussion eines (über-)lebenslangen persönlichen Internet-Speicherplatzes i.S. eines „Memex" (Bush 1945), der als Netzwerkknoten es von Geburt an erlaubt, persönliche, soziale, berufliche und bildungsrelevante Systeme miteinander zu verbinden. Helen Barrett fordert eine Re-Konzeptualisierung des *ePortfolio*-Eigentums zugunsten eines persönlichen, lebenslangen *Digital Archive*-Ansatzes, der alle formalen wie informellen Artefakte beinhaltet (Barrett und Nathan Garrett 2008). Ob allerdings die Menschheit für diese Entwicklung bereits geeignete sozio-kulturelle Rahmenbedingungen geschaffen hat, um das nötige Vertrauen aufbauen zu können, muss zum gegenwärtigen Zeitpunkt wohl bestritten werden (vgl. dazu später die Ausführungen zur interkulturellen Software des Geistes).

2.2.6 ZWISCHENFAZIT: LERNEN IN DER NETZWERKGESELLSCHAFT

Der Bildungsdiskurs bewegt sich bis heute in einem (idealistischen) Interessenkonflikt: die Erziehung des Menschen zum sozialen Wesen zugunsten eines normativen, gesellschaftlichen Zustands oder die Bildung jeder einzelnen Person zum Mensch als soziales Wesen. An dieser Bruchstelle kann analytisch die deutschsprachige Unterscheidung zwischen Bildung und Erziehung angesiedelt und ein differierender Lernbegriff identifiziert werden. Weltweit konzentrieren sich die aktuellen Diskussionen auf eine formal fundierte Verbindung von Erziehung und Bildung.[37] Leben-Lernen und Lernen-Lernen tragen in diesem Kontext lediglich eine Bildungsforderung an das Individuum heran, sich diesem möglichst formal zu sanktionierenden Lernerfolg zu unterwerfen. Informelle Lernprozesse werden als solche zwar anerkannt, aufgrund ihrer schwierigen Messbarkeit aber gerne in formale Kontexte eingebettet.

Zugleich hat sich ein Bildungsexport bzw. ein Studierenden-Import materialisiert, der massive sozio-ökonomische Interessen stützt. Zum einen stellen nationale Studierende eine zentrale Ressource für den gesamtgesellschaftlichen Fortschritt dar; zum anderen

---

37 In der englischen Sprache trifft gar der „education"-Begriff keine Unterscheidung zwischen Bildung und Erziehung.

dienen internationale Studierende als zusätzliche Einnahmequelle und zukünftiger Anker in ihren Heimatländern. Die akademische Vernetzung ist eine treibende Kraft nationaler Bildungspolitiken, die sich in weltweit gültigen Bildungsnormen niederschlagen und auf Handelsreise gehen.

In diesem Kontext sollten auch die *E-Learning*-Aktivitäten der Bildungsinstitutionen eingeordnet werden. Angesichts der globalen Wettbewerbsbedingungen wetteifern v.a. die Hochschulen um die internationalen Studierenden. Die Lernräume werden global ausgedehnt, ohne aber den eigentlichen, physischen Bildungsort in Frage zu stellen. Ein Kampf um die Deutungshoheit des klassischen Erziehungsgedankens bei gleichzeitiger Erweiterung der Distributionswege in den globalen Raum eröffnet neue Potenziale. Indem einerseits die Forderung nach lebenslangem Lernen erhoben wird und gleichzeitig internationale Zeitzonen angesprochen werden, resultiert diese Logik in der Auflösung zeitlich sequentieller Einheiten. Die ursprünglich an den Lernraum gekoppelte Lernzeit wird flexibilisiert und der Bildungsort über die Lernumgebung in den virtuellen Lernraum verlängert.

Diese bildungspolitische Praxis korrespondiert mit einer informellen Lernrealität, die vom bildungstheoretischen Diskurs auch anerkannt wird: Das theoretische Bildungsverständnis transformiert sich vom Lernen im geschützten Raum und auf Vorrat für zeitlich folgende Räume zum alltäglichen, raum- wie zeitübergreifenden, informellen Lernen. Als Schlussfolgerung könnte man theoretisch ableiten, die bildungspolitische Praxis an diesen neuen Realitäten auszurichten und neue Lernkontexte zu fördern. Stattdessen werden in der Praxis öffentliche Hochschulen zu Bildungsindustrien modelliert, damit diese auf dem globalen Markt um die Talente konkurrieren. Und deren Geschäftsmodelle bauen auf formalen Strukturen auf, so dass seitens des (supra-)national begründeten Diskurses eine Notwendigkeit heraufbeschworen wird, auch informelle Ansätze formal einzubinden. Dabei wandeln sich die diskutierten Lerninhalte vom Wissen mit wenig Halbwertzeit zur Methodik zwecks Aufbau langfristig wirkender Kompetenzen zum Zwecke des nationalökonomischen „Aufschwungs". Inwiefern aber diese „Standort"-begründeten Argumentationen zeitgemäß sind angesichts einer globalen Netzwerkgesellschaft, bleibt mehr als fraglich.

„Neue", informellere Lernkontexte rücken zusehends in den Blickpunkt aktueller, unabhängiger Forschungen. Welchen Beitrag diese für „modernes" Lernen in der Netzwerkgesellschaft leisten können, soll hier kurz diskutiert werden:

Klassische Netzwerkanalysen definieren ihr Studienobjekt als eher geschlossenes System mit einer klaren Zielsetzung, das zwar regelmäßig neue Mitglieder aufnehmen kann, aber um stärkere Bindungen zwischen seinen Mitgliedern entstehen zu lassen, ein gemeinsames Ziel benötigt - sie gehen damit einher mit dem typischen *Community of Practice* (CoP)-Ansatz. Netzwerke mit schwachen Verbindungen rücken dagegen langsam in den Fokus der Forschungen - der *Networks of Practice* (NoP)-Ansatz erlangte erst im Zeitalter der neuen informellen Medien breitere Aufmerksamkeit (vgl. z.B. Terry Anderson 2009).

Mit der zunehmenden Komplexität von Produkten, Dienstleistungen und Prozessen in der Netzwerkgesellschaft und der daraus resultierenden Spezialisierung bei gleichzeitiger Notwendigkeit, kollaborativ zu arbeiten und Wissen zu teilen, hat sich das CoP-Konzept v.a. in Business-Kreisen zu einem viel diskutierten Ansatz des modernen Wissensmanagements entwickelt (Archer 2006, 21f.). Der CoP-Ansatz wird gerne genutzt, um (möglichst erfolgreiche) *Communities* aufzubauen und eine lebendige Kultur von außen zu entwickeln. Nicht als emergente Entwicklung, sondern als gestaltete Gemeinschaft. Auch Etienne Wenger verfolgt diesen Weg, indem er Wege zum Aufbau einer CoP und Strategien zur Navigation durch CoPs aufzeigt - aus Sicht sogenannter Stewards (Wenger 2008).

In der Netzwerkgesellschaft fungieren CoPs in ihrer Gesamtkonfiguration als Netzwerkknoten für das große, weltumspannende Sozialsystem. Die internen Prozesse einer CoP verbinden Individuen in dem konkreten Netzwerk, nicht aber zwangsläufig die Individuen mit der Welt. Der auf Wenger zurückzuführende CoP-Ansatz kann im Sinne der klassischen Netzwerkforschung zur Analyse des sozialen Zusammenhalts und der Rahmenbedingungen für soziales Lernens genutzt werden. Das Analyseziel fokussiert dabei v.a. auf die Lernprozesse der *Community*. Individuen dienen mit ihrem Wissensbestand als funktionale Zuträger von sozio-ökonomisch oder sozio-kulturell erforderlichem Knowhow. Die individuellen Lernprozesse zielen insofern auf die Optimierung des Wissensstandes für die *Community*.

Demgegenüber ist Siemens' Connectivism-Ansatz eher mit Castells' Meta-Analyse der Netzwerkgesellschaft vergleichbar, indem Individuen, CoPs und auch mediale Artefakte als Netzwerkknoten betrachtet werden. Aber nicht nur die Netzwerkforschung ist hier im Blick, sondern der Ansatz beinhaltet auch Elemente der Chaos-Theorie, der Vielschichtigkeit und der Selbstorganisation (Siemens 2008a). Dies ermöglicht eine Einordnung des individuellen Lernens in einen ungeordneten, nicht planbaren, holistischen Prozess des sozialen Lernens. In dieser Perspektive rücken die Lernprozesse des Individuums stärker in den Vordergrund - über individuelle NoPs können zudem Informationen zwischen CoPs ausgetauscht werden. Hier kommt die von Friedman oben angeführte „Globalisierung 3.0" voll zum Zuge, während der CoP-Ansatz eher der „Globalisierung 2.0" als Versuch einer unternehmerischen Vernetzung gleichkommt. Während CoPs also kollektives Lernen in *Communities* forcieren helfen, analysiert der Konnektivismus das kollaborative Lernen in Netzwerken.

Lernen als Netzwerkaktivität zu betrachten, ist kein neuer Ansatz. Wie in Kap. 2.2.3 angeführt, vertrat Ivan Illich bereits 1972 die These:

> „Unsere derzeitigen Bildungseinrichtungen dienen den Zielen des Lehrers. Wir brauchen aber Beziehungsstrukturen, die es jedermann ermöglichen, sich selbst dadurch zu entwickeln, daß er lernt und zum Lernen anderer beiträgt." (Illich 2003, 104)

Und die Geschichte des Internets ist eine des vernetzten Lernens, da wichtigste Triebkraft der Entstehung und Entwicklung des Internets die Hyper-Struktur ist (Scholz 2007). Insofern sind die Diskussionen rund um frei zugängliche, offen verfügbare und urheberrechtlich adaptierbare Inhalte und Systeme eine logische Folgerung des sozio-technologischen Wandels seit der Einführung des Internets. Gegen die sozio-technologisch bedingten Eigendynamiken kann man sich nicht individuell wehren oder sie ignorieren. Vielmehr kann der Kommunikationscode dieser Prozesse nur von innen heraus verstanden und mitgestaltet werden (Castells 2001a).

> „Perhaps the necessary analytical step to understanding the new forms of social interaction in the age of the Internet is to build on a redefinition of community, de-emphasizing its cultural component, emphazing its supportive role to individuals and families, and de-linking its social existence from a single kind of material support." (ebd., 127)

> Insofern machen proprietäre oder gestaltete Umgebungen auch wenig Sinn. Die Menschen gestalten sich bereits ihre eigenen Personal Learning Environments (PLE), die ihnen zunächst als technologische Schnittstelle zum Netzwerk, zu NoPs und zu CoPs entgegen treten.

Während der CoP-Ansatz ein modifiziertes Instructional-Design ermöglichen will und die optimale Gestaltung der Lernumgebung im Blick hat, erfordert das PLE im Kontext eines konnektivistischen Ansatzes persönliche Kompetenzen, um die subjektiven Voraussetzungen mitbringen zu können. Der virtuelle Ort, der bei gestalteten CoPs vorgegeben ist, ist flüchtiger bei individuell gestalteten Zugängen. Im „Raum der Ströme" sind aber Orte eine Zugangsvoraussetzung, um in den Informations- und Kommunikationsfluss springen zu können. Insofern können CoPs aufgrund ihrer räumlichen Nähe zur realen Welt ein gutes Sprungbrett für Individuen darstellen, einen ersten, und sei es auch indirekten, Netzwerkknoten aufzubauen und anzudocken in der Netzwerkgesellschaft. Als Konsequenz verschiedene CoPs zu konzipieren, um die Lernprozesse zu steuern, ist allerdings zu kurz gegriffen.

Interpretiert man CoPs nämlich aus Sicht Castells, so besteht wenig Hoffnung für von außen gestaltete *Communities*, die vernetzten Menschen zu erreichen. Um diesen Standpunkt zu verstehen, ist ein Perspektiv-Wechsel notwendig: Nicht aus Blick des Designers auf das Tableau zu schauen, sondern aus Sicht der vernetzten Individuen. Dann sind CoPs lediglich äußere Formen der Kultur realer Virtualität, die entstehen und vergehen - die Kontrolle über die Beziehung zwischen Person und CoP setzt aber die Person. Es sei denn, man entwickelt Zwangssysteme, die Personen in eine CoP drängen. Lässt die Person aber keine Bindung zu, entwickelt sich die Identität außerhalb der Zwangs-CoP, denn im Zeitalter des *space of flows* entstehen weltweit eine Vielzahl freiwilliger *Communities* und Netzwerke, an die Personen andocken können, wenn ihnen der Zugang zum Internet möglich ist. In diesen fragmentierten Lernsystemen bewegen sich die Personen, weil die Botschaft dort wieder zur Botschaft geworden ist (Castells 2009a, 418). Das Medium tritt in den Hintergrund und Personen mit Internetzugang sind nunmehr die aktiv Interagierenden.

Für das Individuum stellt sich dabei seine Erfahrung als zusammenhängend dar. Gleichgültig, in wie vielen CoPs und NoPs sich die Person bewegt, die persönliche Geschichte ist eine kohärente, unabhängig von den Lebenszyklen der einzelnen Praxisbezüge. Eine integrale Identität entsteht, die selbst ihren Zugang zu den verschiedenen Bezügen bestimmt und somit keine *Community* mehr als identitätsstiftendes Moment der Geschichte auftreten lässt. Sinn ergibt sich in einer durch IKT vernetzten Gesellschaft nur durch Abgrenzung des Selbst vom Netz, vom Unterlaufen der von außen gesetzten Zwänge und dem Versuch einer narrativ kontrollierten, digitalen Identität. Sinn stiftend für die persönliche Identität sind demnach die kulturellen Praxen der verschiedenen Bezüge im Zusammenspiel - eine *Community* alleine vermag im vernetzten Zeitalter keine Deutungshoheit über ihre Mitglieder übernehmen.

Wie entsteht die kulturelle Praxis mehrerer Bezüge in CoPs und NoPs? Indem alle Beteiligten die Codes der kulturellen Hegemonie selbst mitbestimmen durch ihre Mitarbeit - im IKT-*Flow*. Macht innerhalb eines Bezuges kann insofern nur aus dem Inneren heraus von den aktiven Individuen ausgeübt werden. Und hier könnten ggf. (Instructional) Designer ansetzen: Sie können sich als Lernbegleiter/innen in entstehende oder bestehende Praxisbezüge aktiv einbringen, sich als Netzwerkknoten mit anderen verbinden. Nicht i.S. eines Raumgestalters, als vielmehr als Mitfließende im *space of flows*, die v.a. an den Grenzen dieser Bezugssysteme verschiedene *Communities* thematisch miteinander verbinden helfen könnten, um den Fokus der beteiligten Menschen zu erweitern und die zeitlichen Störungen der *timeless time* partiell aufzufangen.

Was also derzeit geschieht, ist ein Phänomen, dass zunehmend ehemals lokale Kommunikationsformen (wie Konversation, Teilen, *Community*) die globalen Kommunikationsformen des massenmedialen Zeitalters (Broadcasting, Zentralisierung, proprietäre Angebote, Kommerz) aufgrund ihrer Kompatibilität mit vernetzten Medienformen ersetzen (Downes 2007). Und im Bildungsprozess lassen sich zwei Ebenen an Veränderungen erkennen: Zum einen mutieren Lernräume von Klassenräumen zu komplexen Lernökologien und zum anderen wandeln sich die Lernstrukturen von hierarchischem Content zu vernetztem Lernen. Während in der

Logik kapitalistisch agierender Bildungsinstitutionen die klassischen Lernräume und -zeiten sich zunächst in das Netz ausdehnen, resultiert die daraufhin einsetzende „Zeit-Raum-Kompression" in einer Beschleunigung der Halbwertzeit des Wissens und führt in ihrer vernetzten Ausdehnung zu neuen, individualisierten Verarbeitungsformen dieser pulsierenden, sich kontinuierlich aktualisierenden Wissensbestände. Insofern stellen PLEs als individuell gestaltbare, digitale Arbeits- und Lernumgebungen eine logische Transformation eines generisch sich entwickelnden Prozesses der Anpassung der Bildungseinrichtungen an global sich vernetzende Wissensstrukturen dar.

PLEs konfigurieren den neu entstandenen Raum mit einer asynchron wirkenden, synchron empfundenen Zeitstruktur - und formalisieren auf eine spezifische, chaotische, flexible Art die informellen Arbeits- und Lernprozesse. In dessen Konsequenz entwickelt sich die Externalisierung des internen Wissens zu einem menschlichen Bedürfnis, da es Teil des individuellen, vernetzten Lernprozesses ist und in das Netzwerk eingeschleust werden muss.

> „The pipe is more important than the content within the pipe."
> (Siemens 2004)

So lautet die Botschaft der Botschaft. Und diese „pipe" wird heute primär medial abgebildet. Nicht als kohärentes System, das von einer Organisation bereitgestellt wird, sondern als sich stetig veränderndes *Online*-Netz mit vielfältigen Informations- und Kommunikationskanälen. Die „hyperconnected" (Aducci und Al 2008) Welt der globalen Information Worker bewegt und bildet sich in genau solch einem medialen Gefüge. Doch nicht voraussetzungslos. Stephen Downes listet auf, welcher individuellen Voraussetzungen es bedarf, um den Anforderungen zur aktiven Teilhabe im Sinne des Konnektivismus gerecht werden zu können (Downes 2006):

- Fähigkeit, Entscheidungen zu treffen, welche Inhalte zum aktuellen Zeitpunkt die richtigen sind, denn aktuelles Wissen ist das Ziel der konnektivistischen Lernaktivitäten;
- Aufbau und Pflege von vielfältigen, individuell relevanten Verbindungen, um darauf *just-in-time/case* zugreifen zu können;
- Lernwille ist wichtiger als vorhandenes Wissen, um sich stetig weiterzubilden;
- Akzeptanz verschiedener Meinungen als Fundus des eigenen Lernens;
- Konnektivistischer Pragmatismus: Netzwerken beizutreten und mitzuwirken.

Wie könnten nun die „passiven Onliner" und die „Barebones" (Aducci und Al 2008, 3) herangeführt werden? Welche konkreten individuellen Kompetenzen sind erforderlich und sollten bildungspolitisch gestützt werden, um diese Voraussetzungen schaffen zu können? Bedürfen Menschen eines geschützten Raumes, um sich nicht gleich im Lichte der Öffentlichkeit zu erproben? Sind CoPs als geeignete Lernräume und Übergangslösung bzw. erste Andockstation für konnektivistische Aktivitäten geeignet?

2.3 Kompetenz(en) für die Netzwerkgesellschaft

Die Kompetenzdebatten werden vorzugsweise in der Betriebswirtschaft und der Pädagogik, aber auch in der Soziologie und Psychologie geführt.

In den beiden erst genannten, dominanten Disziplinen werden Kompetenzen vor allem an die praktischen Erfahrungen in der Arbeit gebunden: Einmal als betriebliche Forderung für den Verwertungsprozess – und einmal als subjektorientierte Dialektik, deren Handlungskompetenz sich kontinuierlich weiterentwickelt (Molzberger 2007, 59f.). Dabei hat sich in der breiten deutschsprachigen Diskussion -trotz aller Unterschiedlichkeit- die von dem Psychologen Franz Emanuel Weinert vorgelegte Konzeptualisierung des Kompetenzbegriffs im Rahmen der Expertise-Forschung durchgesetzt (Lang-Wojtasik und Scheunpflug 2005, 2). Demnach sind Kompetenzen

„(...) die bei Individuen verfügbaren oder durch sie erlernbaren kognitiven Fähigkeiten und Fertigkeiten, um bestimmte Probleme zu lösen, sowie die damit verbundenen motivationalen, volitionalen und sozialen Bereitschaften und Fähigkeiten, um die Problemlösungen in variablen Situationen erfolgreich und verantwortungsvoll nutzen zu können." (Weinert 2001, 27f.)

Diese im Rahmen der „Klieme Expertise" des BMBF vorgelegte Definition ist heute richtungsweisend bei der Einführung von nationalen Bildungsstandards (Klieme u. a. 2007, 22). In einer Fußnote wird der Kompetenzbegriff der Studie von dem der beruflichen Bildung -der ja parallel weiter existiert- abgegrenzt, ohne dass hier eine ausdrückliche Begründung gegeben wird - es sei denn, man betrachtet den Hinweis auf „Domänen" als ausreichende Begründung (ebd., 23). Berufliche Handlungskompetenz dagegen wird -im Unterschied dazu- vielfach nach wie vor auch als ein an emanzipatorische Vorstellungen von Kompetenz anschließender Begriff gesehen (Roth 1971), was aber in der Praxis nicht mehr sehr relevant ist.[38] Der neue Kompetenzbegriff (hauptsächlich) schulischer Bildung stützt sich weitgehend auf das Verständnis von Weinert.[39]

Zurückgeführt wird der dahinter stehende dominante Diskurs auf die neokonservative, neoliberale Wende, die durch eine ökonomistische Sichtweise geprägt ist. Diese wirkte sich in der Deregulierung auch von Arbeitsprozessen aus, definierte Arbeitskräfte zu Arbeitskraftunternehmern um und führte insgesamt zu einer Neotaylorisierung der Arbeitsorganisation (Molzberger 2007, 62). Kompetenzen rückten nunmehr die Verantwortung für die Passgenauigkeit der persönlichen Entwicklung an die sozio-ökonomischen Erfordernisse an die Person. Wer nicht

---

38 Vgl. zum emanzipatorischen Kompetenzbegriff, der bis zu Heinrich Roth im Jahre 1971 zurückgeführt werden kann: (Overwien 2011)
39 Allerdings fliesst Weinerts Kompetenzverständnis etwas verkürzt in die Definition ein (Sander 2011).

kompetent ist, hat keine Chance auf dem Arbeitsmarkt. Dabei variiert die Beschreibung von Kompetenz von elementbeschreibenden Ansätzen (Fähigkeiten, Motivation/Selbstbild, Wissen/ Fertigkeiten) über die Beschreibung von Kompetenz-Ausprägungen (Fach-, Methoden-, Sozialkompetenz u.a.) bis hin zu Kompetenz-Zuschreibungen im organisatorischen Kontext (Zuständigkeit, Aufgabenkompetenz, Befugnisse) (Staudt u. a. 2002, 158ff.).

In dieser funktionalen Perspektive der beruflichen Handlungskompetenz folgen dennoch fast alle Aspekte der Kompetenzdiskussion nahezu deterministisch den sozio-ökonomischen Globalisierungsprozessen und deklinieren sich entlang folgender, aufeinander bezogener Ebenen (vgl. Veith 2003, 20ff.):

1. Moderne Gesellschaften sehen sich aufgrund der Globalisierung mit systemischen Reproduktionsproblemen konfrontiert. Hier greifen die oben angeführten Chancen und Risiken der Netzwerkgesellschaft im Zeitalter einer Globalisierung 3.0, die nicht mehr von Staaten oder Unternehmen kontrolliert werden können. Die Menschen verbinden sich und ihre thematischen Interessen in temporären, fließenden Netzwerken. Flexible Kompetenzfelder werden weiterhin als soziales Muster national wirkender Innovationsmotoren gesehen.

2. Auf der organisatorischen Ebene der Unternehmen und Betriebe geraten die traditionellen Produktionsmodelle unter Druck. Berufstypische Einsatzkonzepte und Aufgabenprofile werden prozess- und dienstleistungsbezogen aufgelockert, Hierarchien abgebaut, Entscheidungen in die Verantwortung von Arbeitsgruppen verlagert, generell kollektive Prozesse stärker unterstützt und die Eigeninitiative der Mitarbeiter/innen gefordert, um eine intrinsische Arbeitsmotivation zu fördern (ebd., 24). Kompetenz wird hier als Leistung analysiert (Kauffeld 2006, 18).

3. Auf der Ebene der sozialen Handlungspraktiken individualisieren sich die Beschäftigungsverhältnisse und „frei flottierende individuelle Problemlöse-, Kooperations- und Kommunikationsfähigkeiten" (Veith 2003, 26) werden immer wichtiger. Personengebundene, fachlich-methodische und soziale Kompetenzen stellen grundlegende soziale Dispositionen dar, die in flexiblen Arbeitsorganisationen mit variablen Zuständigkeiten bedeutsam sind (ebd.). Kompetenz wird hier als Persönlichkeitsmerkmal gefordert (Kauffeld 2006, 17).

4. Schließlich entfalten auf der individuellen Ebene autonom handelnde Personen ihre selbstorganisatorischen Kompetenzen eventuell besser, um „mit kontinuierlich wachsender situativer „Ungewissheit und Unbestimmtheit flexibel und kreativ umzugehen" (Veith 2003, 20). Kompetenz wird hier als Selbstorganisationsdisposition definiert (Kauffeld 2006, 18f.).

Folgt man dieser hegemonialen, ökonomistischen Sichtweise, mündet die Diskussion in einer Nachfrage nach multifunktional einsetzbaren Mitarbeiter/innen mit

Eigeninitiative, variablen Fähigkeiten und meta-fachlichen Schlüsselqualifikationen für die Erwerbsarbeit. In der Konsequenz kommt den individuellen Kompetenzen als innovative Ressource eine grosse Bedeutung für die gesellschaftliche wie organisatorische Ebene zu. Der Logik folgend stellen heute Kompetenzentwicklung und Selbstorganisation als erwachsenenpädagogische Leitkonzepte und organisationssoziologische Zielbestimmungen ein normatives Bildungsziel dar (Veith 2003, 434).

Diesem neoliberalen Verständnis stellt die emanzipatorische Pädagogik einen erweiterten Kompetenzbegriff gegenüber, in der Hoffnung, damit anschlussfähig das Grunddilemma zwischen Bildung und Qualifikation auflösen zu können (Müller-Ruckwitt 2008). „Kompetenz" ermöglicht es in dieser Interpretation, der funktional ausgerichteten Sicht auf die Qualifikationen eine Subjektorientierung entgegenzustellen. So könne der Kompetenzbegriff das sachlich Richtige mit dem sittlich Gültigen vereinen. In diesem bildungstheoretischen Verständnis wäre „Kompetenz" dann nur im Singular denkbar, da sie an die einzelne Person gebunden ist. Und die Kompetenz des Einzelnen leitet sich von der anwendungs- und bereichsspezfischen Tauglichkeit ab (ebd., 257ff.).

2.3.1 Der Kompetenzbegriff - ein Klärungsversuch

Der gesamte Kompetenzdiskurs äußert sich im Rahmen bildungspolitischer Diskussionen als vielschichtiger Kampf um die richtigen Perspektiven und damit Begriffe bzw. Definitionen. Im bundesdeutschen Kontext provozierten spätestens die PISA-Studien mit ihrem Kompetenzverständnis eine Reflektion des tradierten Bildungsverständnisses (Müller-Ruckwitt 2008). Während einerseits klassische bereichsspezifische Kompetenzen abgeprüft wurden (Lesekompetenz, mathematische und naturwissenschaftliche Grundbildung), legte PISA auch großen Wert auf bereichsübergreifende Kompetenzen wie „selbstreguliertes Lernen" (als zielgerichtete aktive und konstruktive Eigenleistung), „soziale Kompetenzen" (Kommunikation und Kooperation) oder das „Problemlösen" (ebd., 50f.).

> „Cheetham & Chivers (2005) diskutieren diverse Perspektiven auf Kompetenz, welche sich sowohl aus verschiedenen Anwendungsgebieten wie auch unterschiedlichen Forschungsperspektiven entwickelt haben. Hierbei unterscheiden sie:
>
> - Kognitive-Wissensorientierte Ansätze, die Kompetenzen im Wesentlichen als notwen7diges und vorhandenes Wissen betrachten und die Fähigkeit betonen, dieses Wissen in einem Anwendungskontext umzusetzen.
> - Funktionale Kompetenzdefinitionen, die oft von einer Aufgaben-

und Ergebnisorientierung ausgehen. Eine Kompetenz wird also als Fähigkeit gesehen, ein notwendiges Ergebnis einer Aufgabe auf einem dedizierten Qualitätsniveau zu generieren.

- Persönliche Kompetenzen, die Fähigkeiten betonen, Verhalten an situative Gegebenheiten und Anforderungen anzupassen." (Kalz u. a. 2006, 3)

Der Kompetenzbegriff „bündelt auf der Ebene des Subjektes die Verhaltensmöglichkeiten und das notwendige im Hintergrund stehende Wissen" (Hungerland und Overwien 2004, 10). Dabei zeichnen sich Kompetenzen durch zwei Komponenten aus: Zum einen die Befähigung zur Bewältigung von Situationen und zum anderen die Erzeugung von Situationen. Vor allem letztere, die kritische Kompetenz, setzt eine -auch betriebswirtschaftlich geforderte- Eigeninitiative voraus, die allerdings von den Erziehungswissenschaften wenig gefördert wird (Vonken 2005, 32). Denn dort werden Kompetenzen

„(...) als potenzielle Fähigkeiten eines Individuums begriffen, in Handlungssituationen auftretende Probleme durch die Generierung zweckgerichteter und erfolgversprechender Aktivitäten zu bearbeiten und im günstigen Fall auch zu lösen." (Veith 2003, 31)

Die Pädagogik konzentriert sich also auf die Befähigung zur Problemlösung und fragt nach den individuellen wie sozialen Voraussetzungen, die gegeben sein müssen, um passende Kompetenz(en) mitzubringen. Neben der Handlungsfähigkeit und -bereitschaft als individuelle Handlungskompetenz sind demnach formale Kompetenzbezüge und sozio-kulturelle Gestaltungsfähigkeiten (wie Lesen, Schreiben und andere Grundtechniken) zentrale individuelle Eigenschaften, die pädagogisch begleitet werden können, aber nur in einer systemisch integrierten Handlungsumgebung mit identitätsstiftenden Bezügen zur vollen Geltung kommen. (ebd., 32ff.).

Die Frage ist aber, ob sich aus einer spezifischen Handlung einer Person auf entsprechende Kompetenzen schliessen lässt oder ob primär andere Faktoren wirken, die zu kompetenten Handlungen im Arbeits- und Lernprozess führen. Vor allem die formalen Kompetenzbezüge, die eine pädagogisch gängige Unterscheidung zwischen Sach-, Sozial- und Selbstkompetenz vornehmen, unterstellen, diese könnten „in beteiligungsorientierten Lehr-Lern-Prozessen entwickelt werden" (Vonken 2005, 66). Dabei scheint ein Umdenken in der betrieblichen Bildungsarbeit erforderlich: Statt berufliche Fähigkeiten und Fertigkeiten zu erzeugen, gelte es, die Entwicklung von Kompetenz zu ermöglichen (ebd., 71). Denn kompetentes Handeln

„(...) äußert sich darin, selbständig, selbstverantwortlich, kreativ, selbstorganisierend und flexibel Entscheidungen zur Reduktion von Komplexität zu treffen." (ebd., 127)

Kompetenz bedeutet in dieser Argumentation, unterschiedliche Kenntnisse, Fähigkeiten und Fertigkeiten mit kompetentem Handeln verbinden zu können (ebd., 132). Folglich ist jeder Mensch in der Lage, kompetent zu handeln - nur in unterschiedlichem Ausmaß, abhängig von seiner Kompetenz. Die Schulung von kompetentem Handeln ist insofern nur eingeschränkt möglich, da die individuelle Kompetenz diesem enge Grenzen setzt (ebd., 188).

> „Kompetenz meint das Ergebnis von Bildungs- und Sozialisationsprozessen, die Summe biografisch und gesellschaftlich geprägter präintentionaler Aspekte, die den einzelnen in unterschiedlichem Maße in die Lage versetzen, Situationen zu "erzeugen", also wahrzunehmen und zu thematisieren." (ebd., 191)

Erfahrungsoffenheit mit Reflexionstechniken zu verbinden ist zentral für die persönliche Kompetenzentwicklung. Genau mit diesem kontinuierlichem Prozeß erweitert der Kompetenzbegriff konzeptuell das Konzept der (Schlüssel-)Qualifikationen. Während Qualifikationen sich aus der Nachfrage definieren im Hinblick ihrer Verwertbarkeit, akzeptiert der Kompetenzbegriff die enge Bindung an konkrete Kontexte und die Notwendigkeit einer kontinuierlichen individuellen Weiterbildung (Molzberger 2007, 61).

Diesem singulären, an die Person gebundenen Kompetenzbegriff steht auf der anderen Seite ein v.a. im deutschsprachigen Raum gängiger, pluraler Kompetenzbegriff gegenüber, der sich aus einer vielschichtigen, flexiblen Melange aus Fach-, Methoden-, Sozial- und Selbstkompetenzen (seit 1971) zusammen setzt. Dieses Verständnis ist international an die von der UNESCO definierten Bildungsherausforderungen anschlussfähig. Bereits im UNESCO-Report „Learning The Treasure within" beruht Lernen auf den vier Säulen: „learning to know, learning to do, learning to live together, learning to be."[40]

Ein so verstandener Kompetenzbegriff spiegelt also „Erziehungsziel und Wesenszuschreibung des Menschen gleichermaßen" (Müller-Ruckwitt 2008, 246).

Werden beide Sichtweisen zusammengefasst, so umfasst der Kompetenzbegriff allgemeine persönliche Fähigkeiten, die sowohl zur beruflichen Qualifizierung als auch zur individuellen Handlungskompetenz beitragen. Diese Handlungskompetenz lässt sich dabei nicht einseitig aus der sozio-ökonomischen Sicht von Institutionen oder Gesellschaften funktional begründen, sondern bedarf z.B. gewisser sozio-politischer Kontexte. In dem hier beleuchteten Zusammenhang wäre insofern zu fragen, in welchen bildungspolitischen Rahmungen Individuen diese spezifische Handlungskompetenz ausbilden können. Und welche Gestaltungsspielräume neben den klassischen Bildungsangeboten vorhanden sind und wo ggf. politisch nachgeholfen werden kann.

---

40 http://www.unesco.org/delors/ (14.07.2011)

2.3.2 INDIVIDUELLE HANDLUNGSKOMPETENZ ALS KOMPETENZZIEL

Hinsichtlich der Fragestellung, welcher Kompetenzen es bedarf, um sich selbstbestimmt in der Netzwerkgesellschaft bewegen und entsprechend weiterbilden zu können, soll nun auf die einzelne Person fokussiert werden und die benötigten Voraussetzungen, um individuell handlungskompetent agieren zu können.

Nach dem Innovationsforscher Erich Staudt (1997) setzt sich eine abstrakte Kompetenz zur Handlung aus der individuellen Handlungskompetenz und der Zuständigkeit im institutionellen Geflecht zusammen. Die individuelle Handlungskompetenz wiederum konfiguriert sich aus einem Zusammenspiel von wissensgetränkter Handlungsfähigkeit, die sich aus Wissen und Können resp. Fertigkeiten ableitet, mit der motivationalen Handlungsbereitschaft. Für beide Facetten relevant sind die je spezifischen Persönlichkeitseigenschaften (Veith 2003, 32f.). In dieser handlungspraktischen Perspektive werden die individuellen Kompetenzen unter einem funktionalen Aspekt einer konkreten Handlung im Rahmen einer äußeren Ordnung analysiert und in Bezug gesetzt zur organisatorischen Kompetenz zur Handlung (vgl. dazu Staudt u. a. 2002, 220f.). Wie aber könnte ein Wechsel des Blickwinkels aussehen, um aus Sicht der Individuen auf die Welt zu blicken und damit einen direkt an die Person gehefteten Kompetenzen-Bund zu erlangen?

Ein möglicher Ansatz stellt das Konzept der Schlüsselkompetenzen dar, das 2001 in dem von der OECD angestoßenen Projekt „Defining and Selection of Competencies. Theoretical and Conceptual Foundations (DeSeCo)" entwickelt wurde. Demnach lassen sich drei Kategorien an Schlüsselkompetenzen definieren, die für die persönliche und soziale Entwicklung von Menschen in komplexen, modernen Gesellschaften wesentlich sind (vgl. OECD 2005; und darauf aufbauend The World Bank 2003, 22):

- Autonomes Handeln zugunsten persönlicher Projekte in einer sozialen Umgebung
- Interaktive Nutzung von *Tools* zur Zielerreichung
- Funktionieren in sozial heterogenen Gruppen

Unterschiedliche Konstellationen in der konkreten Zusammenstellung dieser drei Kategorien lassen einen Dimensionsraum entstehen, der je nach persönlicher oder politischer Zielsetzung bespielt werden kann (Michelsen und Overwien 2008, 304f.). Mit dieser qualitativen Erweiterung des Kompetenzbegriffes durch die Einführung differenzierter persönlicher Schlüsselkompetenzen lassen sich nunmehr die verschiedenen Kategorien mit Fähigkeiten kreuzen, in deren Koordinatensystem je spezifische Fähigkeiten ausgebildet werden können (The World Bank 2003, 22):

- technische Fähigkeiten (von Literatur über Sprachen, Naturwissenschaften bis hin

zu Problemlösung und Mediennutzung)
- interpersonale Fähigkeiten (Teamwork, Führung, Kommuniktion, Kooperation)
- methodologische Fähigkeiten (Selbstlernkompetenz, mit Wandel und Risiken umzugehen, Selbstorganisation)

Will man nun den primären Fokus von einer an Verwertbarkeit orientierten Handlungskompetenz in Richtung einer zukunftsfähigen sozialen Kompetenz in vernetzten Kontexten verlagern, so bietet sich das von dem Zukunftsforscher Gerhard de Haan entwickelte Konzept der „Gestaltungskompetenz für nachhaltige Entwicklung" an. Aus subjektiver Sicht beschreibt diese individuelle „Gestaltungskompetenz" das Vermögen,

> „(...) die Zukunft von Sozietäten, in denen man lebt, in aktiver Teilhabe im Sinne nachhaltiger Entwicklung modifizieren und modellieren zu können." (de Haan und Harenberg 1999, 62)

Das Konzept der Gestaltungskompetenz birgt somit die Chance, als zentrales Bildungs- und Lernziel die Kompetenzen eben nicht aus Sicht externer Anforderungen oder schulbarer Fertigkeiten zu definieren, sondern den Kompetenzbegriff selbst an die Person zu heften. An zukunftsweisenden wie eigenverantwortlichen Teilkompetenzen lassen sich nach de Haan definieren (vgl. ebd & Michelsen und Overwien 2008, 305):

- Kompetenz zu vorausschauendem Denken und Handeln
- Kompetenz zu interdisziplinärer Arbeit
- Kompetenz zu weltoffener Wahrnehmung
- Kompetenz zur Partizipationsfähigkeit
- Kompetenz weitreichender Planung und Umsetzung
- Kompetenz zur Empathie-Fähigkeit
- Kompetenz zur Eigen- und Fremd-Motivation
- Kompetenz zur kulturellen Reflexion

Im Idealfall bieten Kompetenzen den Subjekten also Handlungsmöglichkeiten, die sie selbstverantwortlich nutzen können. Vor allem die Entscheidungskompetenz über Einsatz und Nutzungsszenario der reflektierten Kompetenz geben dem Subjekt einen Gestaltungsrahmen, der an die aktuellen Bedürfnisse anpassbar ist (Molzberger 2007, 61) - nicht primär die beruflichen als vielmehr die subjektiv als wichtig erachteten.[41] So

---

41 „Der hier formulierte Ansatz der „Gestaltungskompetenz" ist nicht neu. Im Zuge der Schlüsselqualifikationsdebatte und der aufkommenden Informations- und Kommunikationstechniken forderten z.B. Felix Rauner & Gerald Heidegger Ende der 1980er Jahre „soziale Technikgestaltung als Bildungsaufgabe" (Rauner/ Heidegger 1989): „Statt abzuwarten oder bloß zu prognostizieren zu versuchen, was da auf uns zukommt, gilt es, auf die Zukunft gestaltend einzuwirken" (ebd., S. 211). Auch wenn sich die Gestaltungskompetenz vorrangig auf technische Prozesse bezieht, werden ihre jeweiligen Anwendungsbereiche „Lebenswelt", „Natur", „Arbeit" und „Kultur" in den Ansatz mit einbezogen (Rauner

schlugen die Berufspädagogen Gerald Heidegger und Felix Rauner bereits 1997 vor, „wandernde", dynamische Berufsprofile zu etablieren, die z.B. in Deutschland die Anzahl der Berufsbilder von fast 400 auf 100 „Kernberufe" reduzieren. Die Gestaltungskompetenz ermöglicht dann -nach Attwell und Heidegger (2001)- den Absolvent/innen dieser Ausbildungsgänge, sich entsprechend ihrer biographischen Kompetenz weiterzuentwickeln und über diesen Weg sich an die Bedürfnisse des Arbeitsmarktes individuell anzupassen (Attwell 2006a).

Im Unterschied zu anderen Lernresultaten und Konstrukten wie Können, Fertigkeiten, Fähigkeiten bringt Kompetenz in diesem Verständnis „die als Disposition vorhandenen Selbstorganisationspotenziale eines Individuums zum Ausdruck" (Kirchhöfer 2004, 64). Selbstorganisation hier verstanden

> „(...) im umfassenden Sinne als Disposition zur Selbstbestimmung der Lernziele und anzustrebenden Niveaustufen, als Selbststeuerung des Lernens in und außerhalb des Arbeitsprozesses, als Selbstarrangement der Lernumgebung und Lernmittel, als Eigenverantwortung und Selbstkontrolle der Arbeitsergebnisse und auch als Selbststeuerung der Lernbiographie." (Kirchhöfer 2006, 31)

Personen definieren hier selbstständig -im Rahmen ihres je persönlichen Kontextes- ihre Handlungspotentiale, auf denen dann wiederum die sozio-politische wie -kulturelle und -ökonomische Ausrichtung aufsetzt.

Allerdings existieren weitere, interdisziplinär verschiedene Definitionen der Selbstorganisation, die sich auf den gemeinsamen Nenner der „Entstehung bzw. Herstellung von Ordnung" (Reinmann 2009, 6) zurückführen lassen. Wie dies konkret geschieht, ist abhängig von der Ordnungsebene: Auf der Ebene des Organischen entsteht Ordnung durch Selbsterschaffung bzw. -erhaltung; auf der personalen Ebene durch Selbstbestimmung und auf der sozialen Ebene durch Selbsterschaffung und ggf. durch Selbstbestimmung (ebd., 3). Das selbstorganisierte Lernen strukturiert sich demnach auf der Ebene der Person und kann differenziert werden in selbstreguliertes, selbstgesteuertes und selbstbestimmtes Lernen, die sich in ihrer jeweiligen Strukturierungsform unterscheiden. Selbstbestimmung bedeutet dann in diesem Kontext,

> „(...) dass es der Person gelingt, äußere Anforderungen und Gegebenheiten (äußere Strukturierung) mit inneren Zielen und Normen (innere Strukturierung) in Einklang bzw. in eine Passung zu bringen." (ebd., 4)

Für diese Selbstorganisationsfähigkeit bedarf es personaler und situationaler

---

1995, S. 60). In diesem Konzept wird ebenso auf zentrale Schlüsselkompetenzen, wie Kommunikations- und Partizipationsfähigkeit, Autonomie, Solidarität, Kreativität, Systemdenken, Abstraktions- und Erfahrungsfähigkeit verwiesen, wobei von den zentralen „Leitideen Gestaltungs- und Kritikfähigkeit" ausgegangen wird (Heidegger 1996, S. 104)." (siehe Fußnote 8: Schüßler 2006, 11)

Bedingungen, die sich in dieser Argumentation „nicht allein durch Sozialisation in einer digitalen Medienwelt entwickeln" (ebd., 6). An personalen Voraussetzungen bedarf es hier der Kompetenz, seine Ziele wahrnehmen und artikulieren, daraus Lernziele ableiten oder Lehrziele verstehen und diese Ziele als sinnvoll bewerten zu können. Zudem bedarf es modifizierter situationaler Voraussetzungen, um z.B. Macht und Kontrolle über den Lernprozess seitens der Bildungsinstitutionen oder Unternehmen abzugeben. Unter den gegenwärtigen Bedingungen kämen Forderungen nach selbstorganisiertem Lernen im und durch das *Web 2.0* einem Elitekonzept gleich, die außer Acht lassen, dass nicht jede/r die dafür erforderlichen personalen Voraussetzungen mitbringt (ebd., 8).

Die Frage ist also, wie die personalen und situationalen Voraussetzungen entwickelt werden können, um eine individuelle Gestaltungskompetenz auszubilden und fortan maximal selbstorganisiert die persönliche (Um-)Welt nach eigenen Vorstellungen mitgestalten zu können. Eine Möglichkeit wird derzeit unter dem *ePortfolio*-Ansatz mit Blick auf selbst-regulatorische Lernansätze diskutiert.[42] Demnach kann Selbstregulation entlang eines Vierstufen-Planes entwickelt werden (Blackburn und Hakel 2006, 84ff.):

1. Zielsetzungskompetenz steigern
2. Selbst-Monitoring mit gezielten Feedbacks forcieren
3. Ziele mit strategischer Handlungsorientierung regulieren
4. Ziele in Form eines Selbst-Assessments mit dem Feedback reflektieren .

Dieses, begleitend zum Bildungsprozess entwickelte, *ePortfolio* kann dann ggf. in ein *ePortfolio* für die professionelle Kompetenzdarstellung münden, in der ein komplexes Kompetenzprofil abgebildet werden kann.

In dieser Argumentationslogik basiert individuelle Handlungskompetenz auf der subjektiven Mischung an Teilkompetenzen und der darauf aufbauenden Bereitschaft zur Gestaltung, also der persönlichen Motivation zum Handeln - kombiniert mit den auf den durch die Teilkompetenzen initiierten Wissensbausteinen und angeeigneten Fertigkeiten, die selbstorganisiert stetig weiter entwickelt und an die Bedürfnisse angepasst werden. Die Problematik, die hier durchschimmert, ist ein an ein konkretes Lernergebnis als Ergebnis eines Lernprozesses geknüpftes Kompetenzverständnis - Kompetenz im pluralen Sinne. Erst wenn eine spezifische Kompetenz reflektierbar, also greifbar wird, kann sie als solche konstatiert werden.

Allerdings sind die in der Persönlichkeitsstruktur verankerten Kompetenzen weniger leicht zu greifen und entsprechend schlecht mit edukativen Maßnahmen zu beeinflussen. Lediglich flankierend können diese subjektiven Kompetenzen unterstützt werden (Overwien 2007). Overwien unterscheidet sieben persönlichkeitsbezogene

---

42 Vgl. Kap. 2.2.5.3.2

Kompetenzen, die v.a. im informellen Sektor von Belang sind (ebd., 12f.):
1. Neugierde und Kreativität
2. Initiative und Autonomie
3. Lernfähigkeit
4. Verantwortungsbewusstsein
5. Frustrationstoleranz
6. Improvisationsgeschick
7. Risikobereitschaft

Um diese Kompetenzen selbstorganisiert in kleinen Unternehmungen erfolgreich einzubringen, bedarf es zusätzlicher sozialer und organisatorischer Kompetenzen (ebd., 13):
1. Kommunikations- und Empathie-Fähigkeit
2. Kooperationsbereitschaft
3. Analysefähigkeit
4. Planungsbereitschaft
5. Organisatorische Fähigkeiten

Sind diese persönlichen Anforderungen nur schwierig über klassische Bildungsinstitutionen zu begleiten, so kennzeichnen aktuelle Entwicklungen eine weitere Komplexitätssteigerung: In der Netzwerkgesellschaft entfaltet sich die individuelle Handlungskompetenz erst vor dem Hintergrund eines soziotechnologischen Konzepts, das maßgeblich in die identifizierten persönlichkeitsbezogenen, sozialen und organisatorischen Kompetenzen eingreift. Das Netz fordert demnach eine Befähigung, die dem Umgang mit spezifischen technischen Fertigkeiten und neuen methodologischen Prozessen nicht nur nicht ausweicht, sondern diese konstruktiv mitgestaltet. Dieser Anforderung wird ein Kompetenzaufbau nicht gerecht, der sich a priori für potenzielle Szenarien vollzieht, sich aber dynamisch im sozialen Verbund mitentwickeln müsste.

2.3.3 Netz-Kompetenz als Handlungs- & Gestaltungskompetenz

In der Netzwerkgesellschaft hat sich das Internet nicht nur zum entscheidenden Medium weltgesellschaftlicher Kommunikation entwickelt, sondern es dient vielerorts auch als grundlegendes Werkzeug für kulturelle, ökonomische und politische Prozesse. Zudem hat sich das Web zu einem Kulturraum entfaltet, dessen wesentliche Charakteristika sich in alle gesellschaftlichen Bereiche einweben (vgl. Marotzki 2003; Rückriem 2010).

```
┌─────────────────────────────────────────────────────────────┐
│                        Kompetenz                            │
└─────────────────────────────────────────────────────────────┘
┌──────────┐ ┌──────────┐ ┌──────────┐ ┌──────────┐
│  Fach-   │ │ Methoden-│ │  Sozial- │ │  Selbst- │
│Kompetenz │ │Kompetenz │ │Kompetenz │ │Kompetenz │
└──────────┘ └──────────┘ └──────────┘ └──────────┘
┌─────────────────────────────────────────────────────────────┐
│           Handlungs-/Gestaltungskompetenz                   │
└─────────────────────────────────────────────────────────────┘
┌─────────────────────────────────────────────────────────────┐
│                     Netz-Kompetenz                          │
└─────────────────────────────────────────────────────────────┘
┌──────────┐ ┌──────────┐ ┌──────────┐ ┌──────────┐
│   IT-    │ │  Medien- │ │ Internet-│ │ Netzwerk-│
│Kompetenz │ │Kompetenz │ │Kompetenz │ │Kompetenz │
└──────────┘ └──────────┘ └──────────┘ └──────────┘
```

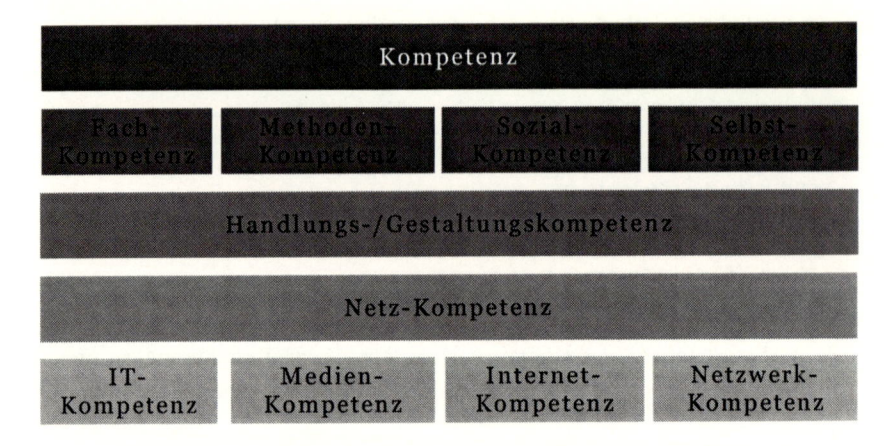

Abbildung 2: Analyseleitende Kompetenzstruktur für diese Arbeit

Die Konsequenzen, die sich durch diesen in seinem Ausmaß erst langsam begreifbaren Bedeutungsaufschwung des Internets für den Kompetenzbegriff ergeben haben, werden unter verschiedenen Kompetenzfeldern diskutiert. Gemeinhin konzentrieren sich diese Reflektionen auf die Werkzeug- und Medien-Komponente des Webs. Um das Netz aber auch als Kulturraum begreifen und gestalten zu können, soll im Folgenden mit „Netz-Kompetenz" ein Begriff geprägt werden, der die begrifflich bereits eingeführten IT-, Medien-, Informations-/Internet- und Netzwerkkompetenz unter einem Dach subsumiert und damit die individuelle Handlungs- und Gestaltungskompetenz an netzspezifische Anforderungen heranführen kann (vgl. Abbildung 2).

2.3.3.1 IT-Kompetenz

In der Expertise „Zur Entwicklung nationaler Bildungsstandards" werden in der „Grundstruktur zur Allgemeinbildung" in einer Matrix den „Modi der Weltbegegnung" (als kanonisches Orientierungswissen) „basale Sprach- und Selbstregulationskompetenzen" (Kulturwerkzeuge) gegenübergestellt. Als Modi der Weltbegegnung werden hiernach angeführt (Klieme u. a. 2007, 68):

- Kognitiv-instrumentelle Modellierung der Welt (Mathematik, Naturwissenschaften)
- Ästhetisch-expressive Begegnung und Gestaltung (Sprache/Literatur, Musik/Malerei/Bildende Kunst)
- Normativ-evaluative Auseinandersetzung mit Wirtschaft und Gesellschaft (Geschichte, Ökonomie, Politik/Gesellschaft, Recht)

- Probleme konstitutiver Rationalität (Philosophie, Religion)

IT-Kompetenz gilt nach der Expertise als ein Kulturwerkzeug unter anderen (Beherrschung der Verkehrssprache, Mathematisierungskompetenz, fremdsprachliche Kompetenz, Selbtregulation des Wissenserwerbs), um der Welt auf verschiedenen kanonischen Ebenen begegnen zu können. Mit IT-Kompetenz ist dabei sowohl der „Gebrauch der Computer" als auch der „Umgang mit Medien" gemeint, die Voraussetzungen für die „Teilhabe an gesellschaftlicher Kommunikation" sind (ebd., 67).

Sofern Medien weniger als technische Apparaturen, sondern eher als „Programme zur Aneignung von Welt" (Wolf-Rüdiger Wagner 2004, 9) betrachtet werden, zeigt sich in der historischen Betrachtung, dass Medien einerseits materialisierter Ausdruck einer bestimmten konzeptionellen Aneignung von Wirklichkeit sind - andererseits aber auch spezifische Weltsichten verstärken. Insofern kann eine Medienanalyse immer nur relativen Charakter aufweisen.

2.3.3.2 Medienkompetenz

Medienkompetenz stellt eine besondere Form der kommunikativen Kompetenz und Handlungskompetenz dar (Treumann u. a. 2002, 39:20). Sie umfasst nicht nur den spezifischen Nutzungsumgang mit der Medientechnologie, sondern vermag den Zusammenhang von sozio-kultureller und sozio-medialer Entwicklung in den Blick nehmen. Mit der Konsequenz für das Individuum, sich als Teil der entstehenden neuen Kommunikationskultur zu begreifen und darin agieren zu können. In dieser Perspektive erlangen Medien- und IT-Kompetenz den Status einer Basiskompetenz, die als Werkzeuge der Weltaneignung begriffen werden sollten (Wolf-Rüdiger Wagner 2004, 9f.).

Der Medienbegriff beinhaltet traditionell drei verschiedene Bezugsebenen: Der technisch-apparative Aspekt ist vom inhaltlichen zu trennen und hinzu kommt die dem Medium zugeschriebene Funktion im gesellschaftlichen oder kommunikativen Kontext. Statt aber eine strikte analytische Trennung der drei Ebenen vorzunehmen, geht man heute beim Medienbegriff von einem engen Zusammenhang zwischen Technik, Inhalt und Kommunikation aus (Wolf-Rüdiger Wagner 2004, 53f.).

Medienkompetenz als Kulturtechnik zielt also auf die Verbindung von technischer Nutzungskompetenz und methodischer Anwendungskompetenz - dabei ist Ziel der Medienkompetenzentwicklung eine Erweiterung der Ausdrucks- und Erlebnisfähigkeit zu erlangen (ebd., 55). Medienkompetenz ist -vergleichbar zur Habermas'schen kommunikativen Kompetenz- ein zentrales Sozialisationsziel. Sowohl die Teilhabe am Arbeitsmarkt als auch die Forderungen nach Lebenslangem Lernen entsprechen einer Zielsetzung (ebd., 179), die an das Individuum herangetragen wird, nicht primär aus ihm selbst heraus generiert wird.

Dabei kann man mit der **Medienpädagogin Ida Pöttinger (1997)** die Medienkompetenz analytisch unterteilen in Wahrnehmungs-, Nutzungs- und Handlungskompetenz. Oder mit dem Erziehungswissenschaftler Dieter Baacke die Ebene der Wahrnehmungskompetenz weiter aufschlüsseln in Medienkritik und Medienkunde, neben der mit Pöttinger vergleichbaren Mediennutzung und Mediengestaltung (Treumann u. a. 2002, 39:22). An diesem Punkt setzen klassische medienpädagogische Konzepte an. Sie helfen Individuen aller Altersklassen mittels einer Medienkompetenz-Erziehung, Untersuchungsgewohnheiten und Ausdrucksformen zu entwickeln, die sie als kritische Geister, effektive Kommunikatoren und aktive Weltbürger benötigen (Hobbs 2008, 18). Dies schließt technische Kompetenz ein - reduziert sich aber nicht darauf. Vielmehr ist das Medium mit all seinen Ebenen Gegenstand der pädagogischen Überlegungen.

Im Englischsprachigen entspricht die „media literacy" -also die Medien-Lese- und Schreibkompetenz- der deutschsprachigen „Medienkompetenz" (zur Historie des Literacy-Begriffs vgl. Sonia Livingstone 2007). Die Erweiterung der grundlegenden Alphabetisierungstechniken auf den Medienbereich öffnet bereits sprachlich den Horizont. Hier wird -in Fortführung der klassischen Lesekompetenz- ein erweiterter Textbegriff angelegt, der jede zeichenhafte und bedeutungstragende Äußerung umfasst, gleichgültig, ob es sich um einen sprachlichen oder nichtsprachlichen Ausdruck handelt. Um diese Medien aber lesen zu können, bedarf es einer entsprechenden Medienschreibkompetenz (Wolf-Rüdiger Wagner 2004, 180ff.). So versteht das **Arbeitspapier der Europäischen Kommission** unter **digitaler Lesekompetenz**:

> „Digital literacy is the skills required to achieve digital competence, the confident and critical use of ICT for work, leisure, learning and communication. (…) It is underpinned by basic skills in ICT and the use of computers to retrieve, assess, store, produce, present and exchange information, and to communicate and participate in collaborative networks via the Internet." (Bonfiglioli 2008, 4)

Die Definition der Medienkompetenz als Fähigkeit, über eine große Bandbreite an Kontexten hinweg den Zugang zu und die Analyse, Evaluation bzw. Initiierung von Medienprozessen zu ermöglichen, erscheint unter diesen Gesichtspunkten als zielführend (Sonia M. Livingstone 2004, 1f.):

- **Zugang** kennzeichnet dabei einen dynamischen und sozialen Prozess, der die kontinuierliche Anpassung der Zugangsvoraussetzungen an bestehende Entwicklungen beinhaltet und insofern nicht nur an der Person, sondern an den sozio-ökonomischen Ungleichheiten ansetzt (ebd., 1). Unterschieden werden kann dabei der grundlegende Zugang und Besitz, die Navigationskompetenzen, die Kontroll-Kompetenzen und die Regulierungskompetenzen (Sonia Livingstone,

Couvering, und Thumim 2005, 13).

- **Analyse** setzt ein medienspezifisches Verständnis voraus, um die Potenziale des Mediums ausschöpfen zu können (Sonia M. Livingstone 2004, 1).
- **Evaluation** beinhaltet einige schwierige Fragen hinsichtlich der Grundlagen einer kritischen „Lese-/Medienkompetenz": Ästhetisch, politisch, ideologisch und/oder ökonomisch gilt es zu entscheiden, wo das Ziel der Bemühungen liegen könnte (ebd., 2). Vor allem offene Umgebungen des sog. *Web 2.0* (wie z.B. Wikipedia) erfordern und ermöglichen eine neue Kompetenzform der kritischen Evaluation: Da in kollaborativen Kontexten z.B. der Content während des Entstehungsprozesses sichtbar ist, kann sich jede/r an den Überlegungen beteiligen, welche Inhalte wertvoll und welche zuverlässig sind (Brown und Adler 2008).
- **Contententwicklung** ist eine Möglichkeit, ein tieferes Verständnis für professionell produzierte Inhalte zu erlangen (Sonia M. Livingstone 2004, 2). Darüber hinaus ist Interaktion sowohl mit dem Medium als auch mit dem Content anderer eine Voraussetzung, Kommunikationsprozesse zu initiieren (Sonia Livingstone, Couvering, und Thumim 2005, 46ff.).

2.3.3.3 INFORMATIONS- UND INTERNETKOMPETENZ

Parallel zu der primär auf die Broadcasting- und audiovisuellen Medien konzentrierten Medienkompetenz-Forschung entwickelte sich die Informationswissenschaft mit ihrer Forderung, Informationskompetenz als zentrale Fähigkeit aufzubauen. Grundsätzlich sind dabei die einzelnen Kompetenzbausteine mit denen der Medienkompetenz vergleichbar. Im Unterschied zur linear geprägten Medienkompetenz konzentriert sich die Informationskompetenz aber auf die dispersen, komplexen, digitalen Systeme, die eine aktive Komponente beinhalten und Nutzer/innen selbst stärker fordern (Sonia Livingstone, Couvering, und Thumim 2005, 11).

Diese differenzierte Entwicklung gilt es nach Livingstone in Form einer Konvergenz der Medien- und Informationskompetenz-Forschung zusammenzuführen, um einen konstruktiven Weg aufzuzeigen, was v.a. junge Menschen von heute beherrschen sollten bzw. wie eine kongruente Internetkompetenz ausschauen könnte. Diese könnte dann als Fähigkeit definiert werden, Zugang zu *Online*-Informations- und Kommunikationsinhalte zu finden, diese zu verstehen und kritisch zu hinterfragen bzw. selbst neuen Content zu entwickeln (Sonia Livingstone 2007, 110). Als Handlungsebenen zur Herausbildung zeitgemäßer Internetkompetenz könnten dann folgende an die Medienbildung gerichteten Zielvorgaben geeignet sein (Wolf-Rüdiger Wagner 2004, 192):

1. Analyse- und Reflexionskompetenz, die die Beteiligung der Medien an der Sinnproduktion und die Bedeutung der Medien für Individuum und Gesellschaft

zu analysieren vermag;
2. Methodenkompetenz, die die neuen Möglichkeiten der Informationsbeschaffung, Kooperation und Kommunikation aktiv zu nutzen vermag;
3. Lernkompetenz, die die „Nutzung der Medien zur Stärkung problemorientierter, selbstorganisierter und kooperativer Lern- und Arbeitsformen im Hinblick auf die Anforderung der Wissensgesellschaft" (ebd.) i.S. einer neuen Lernkultur kontinuierlich weiterzuentwickeln vermag;
4. Handhabungskompetenz, die als Grundlage die technischen Potenziale der neuen Medien flexibel und dynamisch zum Zwecke der Information, Kommunikation und Kooperation einzusetzen vermag.

Mit dieser Kompetenzpalette dürfte das Internet als Medium und als Werkzeug gut nutzbar sein für Einzelne. In Zeiten des *Web 2.0* müsste die Kompetenz-Debatte aber auch den Kulturraum in den Blick nehmen, da sich hier bereits neue digitale Verwerfungen auftun.

> „Aside from tracking the differences in domestic and international Internet growth rates, communication behaviors associated with post adoption patterns, nature of online activity and informational literacy have surfaced as newer variants of digital inequality."
> (Cheong 2005, 3)

Es könnte die These formuliert werden, dass erst die aktive Beteiligung an aktuellen Medienentwicklungen einen Zugang zu weiterführenden Kompetenzmustern (wie z.B. die Netzwerkkompetenz) ermöglicht. Erst aktives Handeln in einem bis dato unbekannten Erfahrungsraum provoziert und produziert neue Lernformen (wie z.B. der Informationsnavigationskompetenz) - weniger abstraktes Wissen (Brown 1999).

2.3.3.4 Netzwerkkompetenz

Netzwerkkompetenz ist eine Fähigkeit, die von allen Jung-Unternehmer/innen zur persönlichen Eignungsprüfung gefordert wird:

> „Netzwerkkompetenz ist die grundlegende Fertigkeit, funktionale Kontakte zu anderen Personen aufbauen und sie über die Zeit pflegen zu können. Eine hohe Ausprägung in der Netzwerkkompetenz eröffnet die Möglichkeit, bei Bedarf hilfreiche Beziehungen zu aktivieren, um so erfolgreich Unterstützung zu erhalten. Niedrige Netzwerkkompetenz zeigt sich in dem geringen Bemühen, für den beruflichen Erfolg möglicherweise förderliche Beziehungen einzugehen." (Sonnenberg 2005)

In dieser funktionalen Sicht profitieren nicht nur Individuen, sondern auch Unternehmen von dem zunehmend globalen Netzwerkmanagement, da Prozess-

Standardisierungen zu größerer Konkurrenz und damit potentiellen Wettbewerbsvorteilen für einflussreiche Akteure führen (Wente und Walther 2007). Entsprechend dieser betriebswirtschaftlichen Kalkulation kommt es dabei v.a. auf die Kontrolle des Netzwerkes nicht im Sinne von Macht, wohl aber im Sinne einer Mehrwertsteigerung an. Die Erfahrungen und Problemlösungsfähigkeiten der beteiligten Mitarbeiter/innen und die interpersonalen Fähigkeiten sind stabilisierende, wie erfolgsbedingte Faktoren für das Gesamtnetzwerk. Soziale Kompetenzen werden ergo gefordert, um die fachlichen Kompetenzen innerhalb des Netzwerkes qualitativ erweitern zu können (ebd.).

Dabei entwickelt sich die Mitarbeit in einem Netzwerk umso besser, je mehr die Beteiligten einen wechselseitigen Zugewinn wahrnehmen. Ein gemeinsames Produkt, ein kollaboratives Projekt oder eine kooperative Initiative können Ziel und Instrument der gemeinsamen Netzwerkarbeit darstellen (siehe Abbildung 1 in: Elsholz u. a. 2006, 11) - und weisen auf die Nähe dieses Netzwerkbegriffs zur *Community of Practice* hin (ebd., 19). Die Kompetenzentwicklung selbst erfolgt in Netzwerken auf der Basis von Erfahrungsaustausch und ist

> „(...) eine Lernform, in der Netzwerkakteure Wissen und Know-how einbringen, generalisieren, anwenden und reflektieren. So unterstützen Netzwerke das individuelle und das organisationale Lernen." (ebd., 14)

Neben die klassischen Fach-, Methoden-, Sozial- und Personalkompetenzen der beruflichen Handlungskompetenz gesellt sich hier eine Querschnittskompetenz, die sowohl individuelle, soziale, methodische wie fachliche Anknüpfungspunkte aufweist: Die Netzwerkkompetenz kann weder bildungstheoretisch am Subjekt noch am betriebswirtschaftlich geforderten Qualifikationsprofil des Status Quo angebunden werden. Vielmehr gilt es, die veränderten IKT-Bedingungen zu konstatieren und Möglichkeiten zu finden, wie auf globaler Basis die drängenden Problemfelder kreativ gelöst werden können.

Eine der zentralen Komponenten, die innovativen Potenziale des neuen interaktiven Internets herauszuarbeiten, ist die Selbstorganisationsfähigkeit der beteiligten Personen und entstehenden „Smart Mobs" (Rheingold 2003). Die individuelle Fähigkeit, als Teil einer „kollektiven Intelligenz" (Surowiecki 2007) zu agieren, entwickelt sich in diesem Kontext zu einer Schlüsselkompetenz. Selbstorganisation meint in diesem Kontext nicht nur die individuelle Fähigkeit, das persönliche Wissensmanagement zu verfeinern und zu optimieren (Reinmann und Eppler 2008), sondern diese individuellen Handlungskompetenzen mit kollektiven Prozessen zu verknüpfen - nicht standardisiert, sondern problembezogen je nach Bedarf. Nicht mehr die langfristige Ausbildung von anschlussfähigen, persönlichen Kompetenzen ist in dieser Sichtweise das Ziel der Sozialisation, sondern die flexibel vernetzbare, kommunikative Kompetenz, die sich dynamisch an kontinuierlich sich verändernde Situationen anpassen kann.

> „Participatory culture shifts the focus of literacy from one of individual expression to community involvement. The new literacies almost all involve social skills developed through collaboration and networking. These skills build on the foundation of traditional literacy, research skills, technical skills, and critical analysis skills taught in the classroom." (Jenkins 2006, 4)

Nach Jenkins beinhaltet diese partizipative Kultur verschiedene allgemeine Kompetenzformen (ebd., 8):

- Mitgliedschaften in verschiedenen *Online-Communities*, die sich rund um Medientechnologien organisieren;
- Kreative, mediale Ausdrucksfähigkeit;
- Kollaborative Problemlösungsfähigkeit in diversen kollektiven Zusammenhängen;
- Fähigkeit, sich in den medialen Zirkulationsfluss einzubringen.

In dieser medientheoretischen Sichtweise leiten sich die Kompetenzen nicht normativ aus einer ökonomisch verwertbaren oder individuell ethischen Zielsetzung ab, sondern generieren sich aus der Macht des medial Faktischen. Eine Vielzahl an Personen bewegt sich in den neuen, sozialen, zunehmend mobilen Medien und bildet neue Kompetenzen aus, die wiederum zu neuen sozio-technologischen Entwicklungen führen und derzeit in einer globalen Welle zu revolutionären sozio-ökonomischen wie sozio-kulturellen Transformationen führen (wie von Castells hinreichend beschrieben).

Die Medien (und erst recht die neuen sozialen Medien) wirken dabei als „evokative Objekte" (Sherry Turkle) und „mimetische Vehikel" (Walter Benjamin) mit ihrer je eigenen Logik. Sie sind keine neutralen Agenten, die in alte Umgebungen ohne Rückwirkung auf die Umgebung implementiert werden können. Insofern aber die alten Regulationsmechanismen nicht mehr wirken, entwickeln die medial aktiven Personen Kompetenzen, die keiner bildungspolitischen Steuerung obliegen. Resultierend haben sich so genannte „Cyborgs", „post-humane" Personen selbst ausgebildet, die aufgrund ihrer Sozialisation in enger Verflechtung mit den interaktiven, sozialen Medien ein eigenes Kompetenzprofil aufgebaut haben (Adams 2009). Diese Profile der digitalen „Residents" unterscheiden sich von denen der digitalen „Aliens", „Visitors" und „Tourists" unabhängig vom Alter oder Geschlecht (JISC 2008, E8): Die *Residents* leben im Netz und ihre Erfahrungen wirken sich bereits auf die Bildungsprozesse (z.B. *Personal Learning Environments*), die Rechtssysteme (z.B. *Creative Commons*), die politischen Systeme (siehe die revolutionären Bewegungen im Nahen Osten) und die sozio-ökonomische Struktur (z.B. Restrukturierung der Medienindustrie) aus - unabhängig von einem repräsentativ gebildeten, politischen Willen. Hier bedarf es seitens der Gesellschaft einer neuen, normativen Einbindung.

Und dieser Prozess beschleunigt sich: Neue mediale Entwicklungen werden schnell von Early Adopters zur Kulturtechnik ausgebaut - v.a. von jungen Menschen, weil sie über diesen Weg das Regulationsregime der Erwachsenen umschiffen und gleichzeitig eine spezifische Identität ausbilden können (Rheingold 2003, 25). Damit ist noch nicht gesagt, die herausgebildeten Fähigkeiten passten mit dem sozial geforderten Anforderungsprofil. Aber individuell bringt die Gaming Generation ein großes Potenzial für medienpartizipative Kompetenzprofile mit, die sich laut Henry Jenkins durch 11 Fähigkeiten auszeichnen (Michael Wagner 2008):

1. Experimentelles Spiel: Die Fähigkeit, spielerisch mit Problemlösungsstrategien experimentieren zu können.
2. Spiel mit Identitäten: Die Fähigkeit, alternative Identitäten annehmen und erforschen zu können.
3. Modellbildung und Simulation: Die Fähigkeit, dynamische Modelle realer Prozesse konstruieren, anwenden und analysieren zu können.
4. Wiederverwendung von Inhalten: Die Fähigkeit, Medieninhalte auf kreative Weise wieder verwenden zu können.
5. Adaptives *Multitasking*: Die Fähigkeit, die Umgebung global erfassen und bei Bedarf jederzeit auf einzelne Details fokussieren zu können.
6. Verteilte Wahrnehmung: Die Fähigkeit, kreativ mit Systemen interagieren zu können, die die Erweiterung kognitiver Kompetenzen ermöglichen.
7. Kollektive Intelligenz: Die Fähigkeit, kollektiv Wissen zur Verfolgung eines gemeinsamen Ziels produzieren zu können.
8. Bewertung von Medieninhalten: Die Fähigkeit, Glaubwürdigkeit und ethische Vertretbarkeit von Medieninhalten beurteilen zu können.
9. Transmediale Navigation: Die Fähigkeit, Erzählwelten über mediale Systemgrenzen hinweg multimedial verfolgen zu können.
10. Informationsvernetzung: Die Fähigkeit, über Netzwerke Informationen und Wisssen suchen, analysieren und publizieren zu können.
11. Umgang mit alternativen Normen: Die Fähigkeit, unterschiedliche gesellschaftliche Wertesysteme verstehen und sich alternativen Normen anpassen zu können.

Insofern hier ein Katalog an Befähigungen vorliegt, der sich aus der individuellen Mediennutzung in sozialen Medien induktiv ableitet, wäre seitens der Gesellschaft zu überlegen, wie sie dieses Potenzial sozio-kulturell wie sozio-ökonomisch nutzt - statt deduktiv abstrakte, politische Erfordernisse zu formulieren, die über medienpädagogisch abgesicherte Bildungsmaßnahmen an die Heranwachsenden ausgeliefert werden. Es könnte darauf zulaufen, nicht nur die medial passiven Personen auf den vernetzten Weg mitzunehmen, sondern gleichzeitig die Fähigkeiten der medial aktiven Menschen gesellschaftlich sinnvoll zu kanalisieren. Auf politischer und pädagogischer Ebene gilt es nach Jenkins gegen drei gesellschaftliche Spaltungen zu intervenieren (Jenkins 2006, 12ff.):

- Die Partizipationslücke betrifft den Zugang, die sozialen wie medialen Kompetenzen und das Wissen, um an der Welt von morgen voll partizipieren zu können.
- Das Transparenz-Problem, das das Bildungssystem von heute nicht den medialen Realitäten Rechnung trägt und junge Menschen keine klare Orientierung erhalten, wohin die Reise geht.
- Die ethische Herausforderung, die daraus entsteht, dass die traditionellen Sozialisationsprozesse die Heranwachsenden nicht auf ihre wachsenden, öffentlichen Rollen als Medienmacher/innen vorbereiten.

In diesem Sinne weitet die Diskussion rund um die Netzwerkkompetenz den verengten Blick von den einzelnen Internet-Nutzer/innen auf alle gesellschaftlichen Netzwerkknoten. Die Autonomie des Einzelnen lässt sich in einer vernetzten Welt nur über den sozialen Bezug wechselseitig garantieren. Es zeichnet sich ab, dass sich die Bildungspolitik in der Netzwerkgesellschaft von ihrer funktionalen Fokussierung auf die Passgenauigkeit des Individuums in das sozio-ökonomische Räderwerk lösen und emergente sozio-kulturelle Prozesse als vernetzte Gesellschaft unterstützen sollte.

2.3.4 Zwischenfazit: Kompetenz für vernetztes Lernen[43]

Netz-Kompetenz ist kein umfassend eingeführter, wissenschaftlicher Begriff. Vielmehr konzentriert sich das Gros der Fachliteratur zum Kompetenz-Thema auf medienpädagogische Konzepte, um die webbasierte Informations- und Medienkompetenz bestimmter Zielgruppen intervenierend zu begleiten. Im *Internet Literacy Handbook* der UNESCO[44] konzentriert man sich z.B. auf die Beschreibung des Zugangs und der technischen Nutzung der einzelnen Internet-Funktionalitäten als Medien.

Allerdings liegt einem solchen Medienbegriff ein lineares Mittelverständnis zugrunde, das die Entstehung des neuen semantischen Raumes, den das Internet eröffnet, vernachlässigt (vgl. hierzu Rückriem 2010). So führt beispielsweise die Allgegenwart der *Online*-Technologien zu einer beispiellosen Konvergenz von bis dato getrennten

---

[43] Das folgende Kapitel enthält Auszüge aus meinem Buchbeitrag „Kompetenzentwicklung in vernetzten Kontexten. Herausforderungen für die Bildungspolitik" (Anja C. Wagner 2011).
[44] http://www.coe.int/t/dghl/standardsetting/internetliteracy/hbk_en.asp

Bereichen (Öffentlichkeit vs. Privatleben, Arbeit und Freizeit, Bildung und Selbstlernen, Information und Unterhaltung etc.) und damit zu einer Synthese bislang als getrennt wahrgenommener Fähigkeiten. Die Gesellschaft spaltet sich - entlang der Bildung, entlang des Portemonnaies (ergo der technischen Ausstattung) und entlang der sozio-technologischen Generationen.

Gleichzeitig jagen sich die medialen Entwicklungen in einem atemraubenden Tempo. Die so genannte „net generation" (Tapscott) ist nicht das Problem, sie nimmt die neuen, technischen Hürden theoretisch recht schnell. In der praktischen sozialen Vernetzung können zwar je nach sozio-kulturellem und sozio-ökonomischen Background (boyd 2008) und je nach Bildungsgrad bzw. individuellem Interesse (Schulmeister 2008) unterschiedliche Schwerpunkte festgestellt werden - aber das subjektive Potenzial für die Möglichkeiten der neuen Medien ist gegeben. Den gesellschaftlichen Kräften gelingt es jedoch kaum, diese Entwicklungen differenziert und konstruktiv zu begleiten.

Kompetenzen lediglich als individuelle Modi der Weltbegegnung oder basale Kulturwerkzeuge zu analysieren, vermag nicht die sozio-kulturelle Praxis netzwerk-kompetenter Handlungen zu greifen. Und so wie Kompetenzen auf unterschiedlichen Ebenen -von den technischen Grundlagen (Mausbedienung o.ä.) über die intermediären Fertigkeiten (Internetsuche, Forumsaktivität o.ä.) bis hin zu fortgeschrittenen Fähigkeiten (Kreativität, Selbstlernen, Partizipation, Kritik)- konzeptualisiert werden können, so liessen sich diese Ebenen durch soziale Strukturen fördern: Auf der grundlegenden Stufe gilt es, die Potenziale der Sozio-Technologien zugänglicher zu gestalten; auf der intermediären Ebene müssen die Fertigkeiten durch institutionellen Support gefördert und schließlich auf der anspruchsvollsten Ebene bedarf die Netz-Kompetenz gesellschaftlicher Aktivitäten und Diskurse auf politischer, kultureller wie ökonomischer Ebene (Sonia Livingstone 2007, 114).

Und es bedarf radikaler Diskurse, denn kooperative Netzwerke bewegen sich an der „Grauzone von Selbstpraktiken, Herrschaft und Macht" (Reichert 2008, 13). Es entstehen neue Zwänge der Visualisierung und Vernetzung, die Personen letztlich keine autonome Entscheidung mehr für oder gegen die *Online*-Teilhabe garantiert. Vielmehr erschaffen Medien die Subjekte und Subjekte die Medien wechsel- und gegenseitig. Wissen basiert in der Konsequenz auf gegebenen Herrschafts- und Machtbeziehungen (ebd., 23).

Für die Produktion von Wissen wird die Recherche, Analyse, Strukturierung, Vermittlung und Verarbeitung von Informationen immer wichtiger. Doch Informationen sind zwar in nie gekanntem Umfang vorhanden, jedoch nicht uneingeschränkt zugänglich (Dewe und Weber 2007, 10). Hinzu kommt die Vielfalt an medialen Zugriffsmöglichkeiten und Verarbeitungsroutinen im Zeitalter des *Web 2.0*, die für den Informationskreislauf genutzt werden können. Und die letztlich dahin führen, dass eine Unterscheidung zwischen Daten, Informationen und Wissen angesichts der Dynamik heute nicht mehr relevant erscheint:

> „Vom Computer produzierte Daten werden vom Subjekt unablässig interpretiert, in sein Handeln integriert, so dass die selbst keinerlei Bedeutung tragenden Signale in diesem Prozess zu Wissen werden können." (Schelhowe 2007, 82)

Hier sind zukunftsfähige Kompetenzen gefragt, denn die Wissensproduktion hat sich verändert: von technischem Wissen hin zu Wissen als soziale Produktion. Seit den 1970er Jahren hat sich in der Folge der Lernbegriff modifiziert vom Instruktionslernen zum Konstruktionslernen und vom Paradigma des (Fakten-)Wissens zum Paradigma des Umgangs mit den (Wissens-)Fakten (Göhlich und Zirfas 2007, 191). Lernkompetenzen werden fortan für die gesamte Lebenszeit sich angeeignet bzw. kontinuierlich an die individuellen Bedürfnisse angepasst (ebd.). Lernen kann in diesem Sinne als Spannung zwischen sozial definierten Kompetenzen und persönlicher Erfahrung definiert werden (Wenger 1999). In diesem „Zeitalter des permanent unfertigen Menschen" (Baltes, 2001) wird zudem die „adaptive Ich-Plastizität als Schlüsselkompetenz" erwartet als „vorläufiger Endpunkt einer Entwicklung vom Lernen fürs Leben zum lebenslangen Lernen", andernfalls drohe der Ausschluss aus der gesellschaftlichen Zukunft (Dewe und Weber 2007, 9).

Die Kompetenzdebatte fokussiert demnach auf die Person als zentrale Instanz der Kompetenzentwicklung. Seitens gesellschaftspolitischer Instanzen wird über den individualisierten Kompetenzbegriff großer Druck auf die Menschen ausgeübt, damit diese problemorientiert auf flexible äußere Anforderungen reagieren können und die nationalen Gesellschaften innovativ weiterentwickeln. Will man dagegen weniger die funktionale Anbindung an von außen gesetzte Normen oder Ziele (wie staatliche Entwicklung, Innovationen, persönliche Bildung o.ä.) in den Vordergrund rücken und eher die Sicht des Einzelnen einnehmen, so kommt der individuellen Handlungs- und Gestaltungsfähigkeit eine größere Bedeutung zu. Die persönliche Kompetenz zur Gestaltung von Situationen ist eine andere als fach- oder methodenspezifische Kompetenzen, um in bestimmten Situationen im Interesse der Wissensökonomie zu agieren. Die Grundproblematik der gesamten Kompetenzdebatte liegt darin begründet, dass die sich in einem bestimmten Moment konzentrierende Kompetenz einer Person analytisch aufgeschlüsselt wird über verschiedene Eigenschaften (Fähigkeiten, Fertigkeiten, Wissen, Haltungen, Werte), die wiederum als eigene Kompetenzen beschrieben werden (vgl. dazu Müller-Ruckwitt 2008). Diese begriffliche Vielfalt gilt es zu vergegenwärtigen, um individuelle Voraussetzungen erkennen zu können, die die persönliche Handlungsfähigkeit zur aktiven Gestaltung selbstbestimmter Netzwerkaktivität fördern helfen.

Als zentraler Angelpunkt der Kompetenzdebatte kann die OECD angeführt werden. Im

DeSeCo Project entwickelte sie einen Referenzrahmen für erforderliche Schlüsselkompetenzen, der sich an vielfältigen Anforderungen und individuellen wie gesellschaftlichen Zielen orientiert (OECD 2005). Es geht in diesem Verständnis um individuelle Erfolgsfaktoren für ein besseres Leben. Dies bedeutet im OECD-Kontext, dass die Prämissen von Wirtschaftswachstum und Wohlstand in Einklang zu bringen sind mit nachhaltiger Entwicklung und sozialem Ausgleich (vgl. Rychen 2008, 16). Alle von ihr entwickelten drei Schlüsselkategorien (Autonomes Handeln, Interaktive Nutzung von (Medien-)Werkzeugen, Interagieren in sozial heterogenen Gruppen) lassen sich in ihrer Abstraktheit auch für alternative Lernszenarien diskutieren. Will man also den Top-Down-Diskurs von primär am globalen Wirtschaftswachstum orientierten Kompetenzbildern in einen netzbasierten Bottom-Up-Modus überführen, so könnte es hilfreich sein, die Diskussionen einzelner Schlüsselkompetenzen auf bestimmte Persönlichkeitsfaktoren für das Netz zu transferieren.

Welche Voraussetzungen müssen Menschen mitbringen, um eine individuelle Netz-Kompetenz aufzubauen, die es ermöglicht, neben den herrschenden Netzwerkstrukturen alternative Netzwerke mit gestalten zu können?

1. Autonomes Handeln setzt ein Selbst, ein ICH, voraus. Selbstbestimmung, Selbstregulation, Selbstorganisation und Selbstlernfähigkeiten sind methodologische Befähigungen (vgl. kritisch dazu Kirchhöfer 2006, 31ff.), die für eine individuelle, selbstbewusste Gestaltungskompetenz (de Haan und Harenberg 1999, 62f.) erforderlich sind. Für diese auf die Zukunft ausgerichtete Kompetenz scheinen bestimmte Persönlichkeitsfaktoren förderlich zu sein: Neugierde und Kreativität, Initiative und Autonomie, Lernfähigkeit, Verantwortungsbewusstsein, Frustrationstoleranz, Improvisationsgeschick und Risikobereitschaft sind individuelle Voraussetzungen für informelles Lernen (Overwien 2007, 12f.) und eventuell übertragbar auf autonom handelnde Personen.

2. Zur interaktiven Nutzung von (Medien-)Werkzeugen bedarf es zunächst einer gewissen Medienkompetenz (vgl. u.a. Wagner 2004), die sich zusammensetzt aus einer grundlegenden Medienalphabetisierung, d.h. der konkreten Handhabung, und einer medienspezifischen digital literacy. Die digital literacy wiederum baut auf dem konkreten Zugang zum Computerzeitalter mitsamt der medienspezifischen Analyse-, Evaluations- und Contententwicklungs-*Skills* auf (vgl. v.a. Livingstone, Couvering, und Thumim 2005). Im Zeitalter der sozialen Medien erfährt die Informationskompetenz (ebd.) als intermediäre Fähigkeit eine Komplexitätssteigerung, da jede einzelne Information im *space of flows* mitsamt ihrer Umgebungsvariablen identifiziert und im kritischen Selbstdiskurs in das eigene Wissensnetzwerk integriert werden muss. Damit ist bereits eine spezifische Internetkompetenz (ebd.) angesprochen, die sich zunehmend mit dem dritten geforderten Persönlichkeitsfaktor verstrebt.

3. Das Interagieren in sozial heterogenen Gruppen fordert von den Individuen, sich vorausschauend, interdisziplinär, weltoffen, partizipativ, empathisch und kulturell reflexiv einzubringen (siehe die Teilkompetenzen zur Ausbildung von Gestaltungskompetenz nach de Haan 2004). Dies entspricht im Zeitalter der Netzwerkgesellschaft einer Netzwerkkompetenz per medialer Verbindungen, die es ermöglicht, sich problembezogen in temporären, flexiblen Umgebungen zu bewegen und die individuellen autonomen Fertigkeiten im kollektiven Prozess anzuwenden.

Allen drei Schlüsselkategorien der OECD liegen demnach -neben den neo-liberal verkürzten nachhaltigen Prämissen- bestimmte Persönlichkeitsmerkmale zugrunde, die sich im vernetzten Zusammenspiel auch als positive Grundlage für ein spezifisches Netz-Kompetenzprofil einer Person eignen. Denn letztlich entscheiden diese an das Netz geknüpften, persönlichen Voraussetzungen mit darüber, ob ein Mensch in den Netzwerken potenziell austauschbar ist oder spezifische, an die eigene Person gebundene Eigenschaften entwickelt - und damit Netzwerke mit neuen Zielen gestalten kann. Pädagogischer Unterstützung bedarf es mitunter -je nach individuellem Talent und Persönlichkeitsstruktur- bei der Entwicklung der fundamentalen Voraussetzungen, also der Förderung von z.B. individueller Neugierde und Kreativität, der Ermöglichung von Medienalphabetisierung und der kritischen Bewertung von medialen Informationen sowie dem Einüben globaler, kollaborativer Praktiken bzw. der Entwicklung medialer Artefakte.

Ob dafür der betriebswirtschaftlich dominierte „Berater-Kapitalismus", der u.a. die internationalen Organisationen beherrscht und ihr eigenes Management- und Beratungswissen zur gesellschaftlichen Qualität ernennt (Bittlingmayer 2006, 343), mit formalisierbaren und zertifizierbaren Kompetenzen (mitsamt seiner ökonomisch durchsetzten Bildungslogik) aufrechterhalten bleiben muss, bleibt fraglich. Vielfältig vernetzte *Communities of Practice* (Wenger 1999) und *Networks of Practice* (Brown und Duguid 2001), die emergent und freiwillig entstehen, öffnen in der Netzwerkgesellschaft neue Lernräume und Lernzeiten, die sich über verschiedene Lebensphasen und -bereiche hinweg informell skalieren.

Folgt man diesen Gedankengängen, entwickelt sich individuelle Netz-Kompetenz nicht aufgrund formaler Bildungsangebote, sondern sie baut primär auf Persönlichkeitsfaktoren auf - sofern ein Netzzugang gegeben ist. Das Kollektiv der vernetzten Menschheit eignet sich die für ihre gewünschte Weiterentwicklung erforderlichen Fähigkeiten unabhängig von Fachgremien an. Die individuelle Gestaltungskompetenz überträgt sich hier auf den inter-subjektiven Austausch im sozialen Diskurs. Durch die kollektive Netzwerkaktivität entsteht de facto eine soziale, individuelle Kompetenz, die keinem ordnungspolitischen de jure-Programm folgt. Kompetenz, in diesem Sinne verstanden, könnte demnach auf drei verschiedenen Ebenen bildungspolitisch begleitet werden:

1. Auf individueller Ebene bedarf es bestimmter Basisfähigkeiten im Sinne einer Netz-Kompetenz, die als Voraussetzung für den individuellen, nicht-standardisierten Kompetenzaufbau im sozialen Netzwerk wirken könnte.
2. Auf sozialer Ebene bedarf es der kompetenten Anerkennung, dass individuelle Kompetenzprofile u.a. mittels der Mediennutzung prä-konfiguriert werden und die Gesellschaft sich daran ausrichten sollte - und nicht die Individuen an gesellschaftlich herrschenden Interessen.
3. Auf ethischer Ebene bedarf es der gesellschaftlichen Kompetenz, innerhalb der medialen Netzwerke durch aktive Mitarbeit nach einem Ausgleich der Interessen und Potenziale zu suchen.

Für die Gesellschaft stellt sich die Herausforderung, die zunehmende individuelle Verantwortung für die eigenen Lernvoraussetzungen, -prozesse und -ziele mit den Anforderungen einer sozial ausgehandelten, kompetenten Handlungsethik in Einklang zu bringen (vgl. Göhlich und Zirfas 2007, 193). Ob dieser ethische Maßstab als persönlicher *Output* überprüfbar ist und eines pädagogischen Ordnungsrahmens bedarf, bleibt zumindest zweifelhaft. Drängender erscheint die Frage, wie auf der ethischen Ebene eine grundsätzliche, offene Debatte entstehen kann, um die verschiedenen gesellschaftlichen Regulationsbereiche (Recht, Bildung, Politik) unter den veränderten medialen Bedingungen und kollaborativen Potenzialen neu ordnen zu können. Dabei lässt sich der normative Rahmen nicht mehr politisch konkret steuern - vielmehr muss sich dieser an den sich real vollziehenden, medialen Entwicklungen orientieren und gesamtgesellschaftlich eine kollektive Netzwerk-Kompetenz aufbauen, die in einem dialektischen Verhältnis zur individuellen Netz-Kompetenz steht.

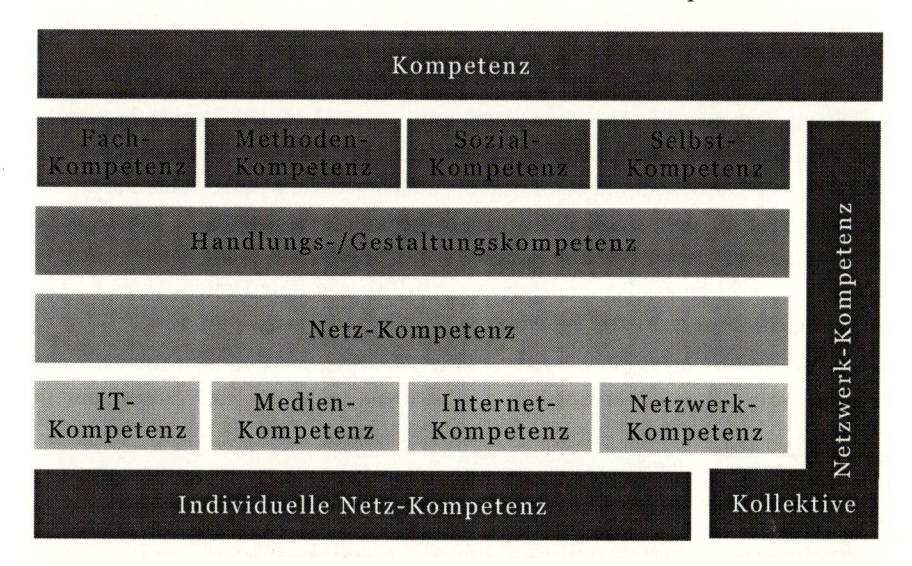

Abbildung 3: Individuelle Kompetenzen in Abhängigkeit von kollektiver Netzwerk-Kompetenz

2.4 Erstes Resümee & offene Fragen[45]

Das digitale Netz hat die Gesellschaft durchdrungen - es ist von einem Medium für die Gesellschaft zum zentralen Lebenselexier und Werkzeug herangereift (Castells 2009a). Netzfreie Inseln werden absehbar nicht mehr existieren (können) - eine größtmögliche Verlagerung sozio-ökonomischer, sozio-kultureller und sozio-politischer Aktivitäten ins Netz zeichnet sich bereits ab. Dabei verändern die sozio-kulturellen Auswirkungen die Politik ebenso grundlegend wie die ökonomischen Prozesse und die persönliche Identität. Insofern ist eine individuelle Netz-Kompetenz und eine kollektive Netzwerk-Kompetenz erforderlich als sozio-technologische wie sozio-kulturelle Basis, um die dynamischen Potentiale des global vernetzten Lernens für die gesamtgesellschaftliche Weiterentwicklung nutzen zu können.

Lernen kommt hier einer sozial eingebundenen, produktiven, tagtäglichen Auseinandersetzung der Lernenden mit dem Netz gleich (und entspricht damit dem Aristoteles'schen Lernverständnis). Die Befähigung zum guten Handeln im Sinne einer gerechteren Ordnung wird in der Netzwerkgesellschaft machtpolitisch über den Austausch kultureller Codes und Praktiken im Netz ausgehandelt. Lebenslanges Lernen geschieht hier alltäglich im sozialen Austausch, oftmals nicht-intentional und by-the-way - sofern ein Netzzugang gegeben ist. Will man in diesen sozialen Prozess möglichst viele Menschen einbinden, um Humboldts Ideal der humanen Ausbildung hin zur Individualität, Totalität und Universalität nachzukommen, braucht es moderner bildungspolitischer Maßnahmen, damit sich die neue Qualität des vernetzten Lernens entfalten kann.

Bewegen sich einzelne Personen noch nicht aktiv im *space of flows*, bedarf es neben den strukturellen Voraussetzungen ggf. einer extrinsischen Motivation, um sich hineinzugeben in den Strom und sich die erforderlichen medialen wie sozialen *Skills* anzueignen. Das soziale Umfeld ist dabei entscheidend als Schaltzentrale zwischen Arbeiten, Lernen und Leben und der Verknüpfung der einzelnen Subjekte. In diesem Umfeld entfaltet sich die Kompetenz und es entstehen Räume für soziale Innovationen (Kirchhöfer 2006, 34). Im Zeitalter der Netzwerkgesellschaft wird dieses soziale Umfeld von lokalen wie vernetzten Räumen konfiguriert: Sowohl der *space of flows* als auch der *space of places* beeinflussen das spezifische soziale Umfeld einer Person - gleichgültig, ob diese sich aktiv in beiden Ausformungen bewegt oder nicht.[46]

Ist der Person -aus zugangsbedingten oder psychologischen Gründen (und damit ist auch die sozio-kulturelle Bedingtheit des Lernens gemeint)- der Zugriff auf den

---

[45] Im Resümee sind auch wieder einige Textstellen meines Buchbeitrages „Kompetenzentwicklung in vernetzten Kontexten. Herausforderungen für die Bildungspolitik" zu finden (Anja C. Wagner 2011).

[46] Auch BäuerInnen in entlegenen Regionen fernab jedweden Netzwerk-Anschlusses sind z.B. über die internationale Getreidebörse mit spekulativen Kursentwicklungen mit dem space of flows indirekt verbunden - allerdings ohne eine Chance, diesen mitgestalten zu können.

Informationsfluss nicht möglich, bedarf es zunächst eines *space of places*, der Bildungsangebote bereitstellt, die den persönlichen Interessen entsprechen. Inwieweit hier räumlich begrenzte Bildungseinrichtungen in einem befristeten Zeitfenster helfen, einen *space of places* zu schaffen, der Menschen den Einstieg in den *space of flows* ermöglicht, bleibt fraglich. Die Möglichkeit, in den *space of flows* zu springen, sollte jederzeit, je nach individuellem Bedarf gegeben sein. Ohne Hürden, ohne Zeitfenster, ohne Zwang.

Hier ist das selbstbestimmte Lernen gefordert, das im Gleichschritt zur Selbstorganisation die Fähigkeiten des Einzelnen kontinuierlich an die Erfordernisse der rasch ändernden Umwelt anpasst. Der kollektiven Netzwerk-Kompetenz kommt dabei eine Funktion des gesellschaftlichen Sparringspartners zu, der die staatliche Macht und Kontrolle des Lernprozesses an vernetzte Aktivitäten und die innere Ordnung eines sich bildenden Menschheitskollektivs abgibt (vgl. dazu Reinmann 2009, 8). Die Frage, die sich stellt, ist eine nach dem Grad der Formalisierung der Lernprozesse, um eine entsprechende Kompetenzentwicklung zu fördern. Reicht es aus, pädagogische Multiplikatoren einzusetzen, um die erforderliche Dynamik anzustoßen? Wohl kaum, sind mit der kollektiven Netzwerk-Kompetenz nicht nur Personen, sondern auch soziale Prozesse gemeint, die sich in vielfältigen strukturellen Netzwerkknoten -z.B. zugunsten von *Liquid Democracy, Open Data* oder *Open Education*- äußern können.

In der UNESCO und der OECD hat sich bereits die Erkenntnis durchgesetzt, dass es einer Verbindung formaler, non-formaler und informeller Bildungsformen bedarf, aus denen selbstbestimmt Lernende auswählen können sollten (Gerlach 2000, 173). Auch die Weltbank konstatiert:

> „It was not and is not possible to extend lifelong learning with the traditional model of secondary and higher education; the emerging modalities open the possibility that a learning system driven by the needs of learners can emerge." (The World Bank 2003, 55)

Andererseits werden informelle Formen der Weiterbildung -wie Radio, Fernsehen, Internet, Mobile Devices- auch auf internationaler Bühne nur in einzelnen Pilotprojekten gezielt zum Einsatz gebracht (Overwien 2004). Aber auf diese Medienpalette muss seitens selbstbestimmt Lernender auch zugegriffen werden, um grundsätzlich eine Bildungsdynamik anzustoßen, die zum Mainstream anschwillt und die breite Masse längerfristig erreicht. Wie also begegnet man bildungspolitisch diesen Anforderungen, wenn die Verantwortung von den Multiplikatoren auf die Lernenden übertragen werden soll, damit diese selbstbestimmt im vernetzten Austausch zu den aktiven Interagierenden aufschliessen können?

Beim derzeitigen Kenntnisstand lassen sich weltweit vier verschiedene Personengruppen mit abnehmender Netz-Kompetenz identifizieren (angelehnt an

JISC 2008, E8), die sich in den einzelnen Schichten der arbeitsteiligen Netzwerkgesellschaft -in Wechselwirkung zur kollektiven Netzwerk-Kompetenz- mit unterschiedlichem Machtpotenzial entfalten:

1. *Residents*, die als Netz-ArbeiterInnen dynamisch im Netzwerk arbeiten und das Netz v.a. als Werkzeug zur Gestaltung ihres neuen Kulturraumes nutzen.
2. *Visitors*, die als digitale ArbeiterInnen auf bestehende Wissensbestände zugreifen und vorzugsweise ExpertInnen-basierte Medienangebote nutzen bzw. selbst produzieren.
3. *Tourists*, die als gelegentliche *Onliner* ihre präferierten Medien lediglich zu Freizeitzwecken nutzen.
4. *Aliens*, die als (*Online*-)Analphabet/innen entweder keinen Netzzugang haben oder kein Interesse mitbringen.

Die konkreten Nutzungsszenarien können dabei individuell sehr unterschiedlich ausgestaltet sein und lassen sich nicht pauschal einzelnen Altersgruppen zuordnen.[47] Wollen diese verschiedenen Gruppen eine netz-adäquate Lernkompetenz erfahren, so gilt es zunächst nach Treml und Becker (2006), vier Dimensionen eines modernen Lernbegriffs zu unterscheiden (Dewe und Weber 2007, 34):

- Lernen muss von Einheit auf Differenz umstellen;
- Lebenslanges Lernen ist erforderlich, um Unvorhersehbarkeiten des sozialen Wandels begegnen zu können;
- Lernen des Lernens, Kontextlernen und Reflexivwerden des Lernens sind individuelle Faktoren, um sich der Komplexität der Umwelt anpassen zu können;
- es kann kein einheitliches Lernziel mehr geben.

Dies spricht für ein individualisiertes Lernkonzept möglichst ohne Standardisierungen und raum-zeitliche Prä-Konfigurationen im Stile eines *Personal Learning Environments* (PLE). Das Netz mitsamt seiner sozio-kulturellen wie -ökonomischen Dynamik prägt die globale Netzwerkgesellschaft. Den einzelnen Personen tritt es als individuell gestaltbares System einer sozio-technologischen Umgebung entgegen, das als aktives Lern- und Arbeitsökosystem im globalen Informations- und Kommunikationsfluss genutzt werden kann. Diese Umgebung mit langfristiger Wirkung seitens der Bildungsinstitutionen zu konzipieren, erscheint angesichts der Netz-Dynamik als aussichtslos. Vielmehr müssen diese individualisierten, technologischen Umgebungen die autonomen, medialen und sozialen Fähigkeiten bündeln, während sie sich gleichzeitig alles durchdringend im Sinne des *Ubiquitous* und *Pervasive Computing* ausbreiten. Der konkrete Umgang mit der Netztechnologie im kollektiven Verbund ist entscheidend für das Leben als „(i)Cyborg", als virtuelles

---

47 Siehe der PEW Internet-Report zu Generations Online 2010:
http://pewinternet.org/Reports/2010/Generations-2010/Overview/Findings.aspx (05.03.2011)

Artefakt im realen Raum (Adams 2009). Diesen Prozess auf verschiedenen Ebenen gesellschaftlich zu flankieren, wird die bildungspolitische Herausforderung der Neuzeit sein.

Inwiefern sich dabei Personen ihr PLE als Zugang zu den sie individuell interessierenden *Communities* und *Networks of Practice* selbstständig organisieren und gestalten können, wird im folgenden Kapitel untersucht. Wie die persönliche Weiterentwicklung dieser Umgebungen gesellschaftlich begleitet werden kann, um einen geschützten (Lern-)Raum mit einem sozial sanktionierten Zeit-Kontingent im Sinne Humboldts zu gewährleisten, soll im abschließenden Kapitel zur internationalen Bildungspolitik diskutiert werden.

3 USER EXPERIENCE ALS FLOW-ANALYSE

Zentrales Leitmotiv für die folgenden Überlegungen ist die Fragestellung, wie man die technologischen Hürden so niedrig schwellig wie möglich setzen kann, um den ersten Schritt, den persönlichen Zugang zur Netzwerkgesellschaft zu erleichtern. Welchen Beitrag kann eine gute *User Experience* (UX) leisten, um sich in den Informationsfluss hineinzubegeben und selbstbestimmt zu schwimmen? Zur Annäherung an diese Frage empfiehlt es sich, analytisch zu unterscheiden zwischen den grundsätzlichen Voraussetzungen des technologischen Zugriffs auf das Internet (*Accessibility*) und einem nutzerfreundlichen Zugang zu den diversen Informations- und Kommunikationskanälen (*Usability*). Wie kann letzterer gewährleistet werden ohne direkten gestalterischen Einfluss auf das Gesamtangebot? Welchen Beitrag können die einzelnen Personen selbst leisten? Können hier UX-Analysen weiterhelfen?

Zur Beantwortung dieser Fragen bedarf es eines Wechsels der traditionellen Blickrichtung: Weg von der Perspektive einer gestaltenden Person, die die Erlebnis- und Erfahrungswelt von *Usern* aufzubauen versucht - hin zur Perspektive der tatsächlichen *User*, die selbstbestimmt ihre persönlichen technologischen Umgebungen steuern und gestalten (müssen). Eine Betrachtung der klassischen *Human Computer Interaction* (HCI)-Forschung über Barrierefreiheit-Ansätze und *Usability* bis hin zu holistischen UX-Analysen zeigt aber: Ausgangspunkt aller Beiträge ist der vorkonfigurierte Arbeits- oder Erfahrungsraum, der Nutzer/innen entsprechend des konzeptionell intendierten Bedarfs entgegen kommen soll (Hinze-Hoare 2007). Vor diesem Hintergrund wurden im Laufe der Jahre Normen, Richtlinien und Empfehlungen formuliert, um den Gestaltungsprozess zu unterstützen (vgl. Reeps 2006, 85ff.). Es geht bei allen UX-Forschungen um die Frage, wie das Design gebrauchstauglich und angenehm gestaltet werden kann, um Nutzer/innen mit dem Anliegen möglichst effektiv und effizient zu bedienen. Insofern fügt sich die klassische UX-Forschung passgenau in die Vorstellungen eines einheitlichen Wissenstransfers im Sinne einer Erzeugungsdidaktik ein und nicht in die Notwendigkeit einer Ermöglichungsdidaktik, die einzelne Menschen die Selbstverantwortung über ihr Lernen gewährt.[48]

Angesichts dieser Sichtweise in der HCI-/UX-Forschung gilt es zu untersuchen, welchen Beitrag deren Ergebnisse leisten könnten, um *Usern* mehr Selbstverantwortung im Sinne einer optimalen *User Experience* zu ermöglichen. Wenn alle einzelnen, gestalteten, digitalen Angebote seitens der DesignerInnen optimal gebrauchstauglich, wohldosiert, lernfähig und barrierefrei zur Verfügung gestellt würden, bleiben in Zeiten personalisierter, digitaler Lern- und Arbeitsumgebungen weitere Detailfragen offen, die es in dieser Arbeit zu analysieren gilt:

---

48 vgl. Kap. 2.2.5

Wie können Anwender/innen selbst ihren Informations- und Kommunikationszugang über verschiedene Angebote hinweg personalisiert konfigurieren, so dass sie ihre Vernetzung als positive Erfahrung und nicht als *Information Overload* erleben? Können einzelne Kriterien der UX-Forschung für die persönliche Komposition moderner Lernumgebungen herangezogen werden? Welche spezifische Kompetenz ist erforderlich, um diese Gestaltungsspielräume für sich zu nutzen? Wie können Personen ihre Selbstorganisation und Motivation in diesen selbst konfigurierten, dynamischen, medialen „Lernökologien" aufbauen? Schließlich: Wie könnte diese gefördert werden - wenn keine auffallend e-kompetente *Net Generation* existiert (Schulmeister 2008), aber Kommunikationsmedien solch eine Attraktivität in sich bergen (Universal McCann 2008)?

Um diesen Fragen nachzuspüren, soll im ersten Schritt der persönliche *Flow* (Mihaly Csikszentmihalyi 1990) -als mögliches Kennzeichen einer positiven UX- im Kontext der Netzwerkgesellschaft eingeordnet werden. Hier sollen Anknüpfungspunkte gefunden werden, welche persönlichen Eigenschaften förderlich sind, um eine Netz-Kompetenz zur Gestaltung und Nutzung digitaler personalisierter technologischer Umgebungen auf- und ausbauen zu können.

Anschließend wird untersucht, wo verschiedene UX-Forschungsansätze ansetzen, um an der konkreten Mensch-Maschine-Schnittstelle (MMS)[49] den persönlichen *Flow* von *Usern* zu unterstützen, indem sie ihnen über das Design eine positive Erfahrung ermöglichen. Schließlich gilt es, Ansatzpunkte zu finden, wie Menschen diese Erkenntniswerte für den kontinuierlichen Ausbau ihrer individuellen Netz-Kompetenz nutzen können.

Im nächsten Schritt soll der kulturelle Einfluss auf den Umgang mit den MMS -und damit auf das persönliche *Flow*-Empfinden- analysiert werden. Dazu werden die interkulturellen Forschungen zur „Software des Geistes" herangezogen, um die Bedeutung kultureller Werte für gesellschaftlich tradierte Lehr-/Lernkulturen zu verstehen (Geert Hofstede und Gert Jan Hofstede 2004). Mit Blick auf die derzeit entstehende globale *Web 2.0*-Kultur werden daraufhin mögliche Veränderungspotenziale nationaler Besonderheiten in der Netzwerkgesellschaft untersucht.

Im Resümee werden die gewonnenen Erkenntnisse zusammengefasst, indem zunächst optimale Voraussetzungen für möglichen *Flow* im *space of flows* auf verschiedenen Ebenen festgestellt, aus denen dazu erforderliche persönliche Fähigkeiten abgeleitet und schließlich mögliche äußere Hemmfaktoren identifiziert werden. Daraus lassen sich dann offene Fragen generieren, die im folgenden Untersuchungsabschnitt einigen ExpertInnen gestellt werden können, um bildungspolitische Ansatzpunkte zu finden, wie sich die persönlichen *Flow*-Fähigkeiten in der Netzwerkgesellschaft unterstützen lassen.

---

49 MMS als deutsche Übersetzung ist synonym zu verwenden mit der „Human Computer Interaction" (HCI)

3.1 FLOW-BEGRIFF BEI CASTELLS UND BEI CSIKSZENTMIHALY - EINE GEGENÜBERSTELLUNG

Um persönliche Eigenschaften zu identifizieren, die in der Netzwerkgesellschaft förderlich sind, sich in den *space of flows* hinzubegeben, diesen netz-kompetent mitzugestalten und dabei motiviert die eigene technologische Umgebung entsprechend auszurichten, empfiehlt sich bereits sprachlich der *Flow*-Begriff von Csikszentmihalyi. Zwar erfährt der *Flow*-Begriff bei Castells und Csikszentmihalyi in der deutschen Übersetzung eine je unterschiedliche Bedeutung: Kann der Castells'sche *space of flows* als „Raum der Ströme" bezeichnet werden, so charakterisiert *Flow* im Csikszentmihalyi'schen Sinne das individuelle Aufgehen im Tun und liesse sich mit „im Fluss sein" übersetzen. Aber beiden *Flow*-Begriffen inhärent ist eine dynamische Fliessbewegung. Von daher soll nunmehr der Frage nachgegangen werden, wie Personen *Flow* für die aktive Gestaltung des *space of flows* aufbauen können.

Der Psychologe Csikszentmihalyi entwickelte das *Flow*-Modell im Rahmen der „positiven Psychologie" zur Untersuchung optimaler Erfahrungen. Seine vielfältigen Forschungen in diesem Bereich analysieren die subjektive Erlebniswelt der Gedanken, Gefühle und Empfindungen, die das persönliche Bewusstsein definieren (vgl. Pfister 2002, 11ff.). Das *Flow*-Modell ist ein in vielen Forschungskontexten gern zitierter Ansatz, weil es am Menschen ansetzt und für viele Handlungsszenarien des Alltagslebens nutzbar ist. Von daher eignet sich das Modell sowohl zur Motivationsforschung in Lernprozessen als auch z.B. zur Analyse digital vernetzter Personen. Um Schnittstellen zu erkunden zwischen der „objektiven" Netzwerkgesellschaft und der „subjektiven" Erlebniswelt der sich im *Flow* befindlichen, digital vernetzten Menschen, soll nunmehr Csikszentmihalyis *Flow*-Konzept erläutert und in Bezug gesetzt werden zum *space of flows* von Castells'. Daraus lässt sich dann ggf. die erforderliche Kompetenz für den *Flow* im *space of flows* ableiten.

3.1.1 FLOW AUTOTELISCHER PERSÖNLICHKEITEN

Das „Verschmelzen von Handlung und Bewusstsein" (Mihaly Csikszentmihalyi 2008a, 61) ist das deutlichste Anzeichen von *Flow*. Menschen im *Flow*-Zustand sind sich ihrer (kontrollierten) Handlungen bewusst, nicht aber ihrer eigenen Person als Handelnde. Teilt sich die Aufmerksamkeit wieder in eine dualistische Perspektive, sieht man sich von außen, ist der *Flow* unterbrochen (ebd.). *Flow* kennzeichnet demnach einen „optimalen Zustand innerer Erfahrung" (Mihaly Csikszentmihalyi 2008b, 19), in dem „Ordnung im Bewusstsein" (ebd.) herrscht und die Tätigkeit „um der Sache selbst willen" (ebd., 20) ausgeübt wird.

„Dies tritt ein, wenn psychische Energie – oder Aufmerksamkeit – für realistische Ziele verwendet wird und die Fähigkeiten den Handlungsmöglichkeiten entsprechen." (ebd., 19)

Flow kann jederzeit entstehen, wenn mehrere Faktoren im aktuellen Erlebnishorizont zusammentreffen. Aus den ersten qualitativen Interviews, die Csikszentmihalyi führte, generierte er eine Reihe spezifischer Merkmale des *Flow*-Erlebens, die Regula Pfister in ihrer Dissertation wie folgt zusammenfasst:

- „Klare Anforderungen/Ziele und unmittelbare Rückmeldung zur Qualität des Tuns.
- Die Anforderungen der Tätigkeit sind relativ hoch, können aber mit entsprechend hohem Können gemeistert werden. Anforderungen und Können sind im Gleichgewicht.
- Handlung und Bewusstsein verschmelzen, es findet keine intellektuelle Reflexion über das Tun oder die eigene Person als ausführende statt.
- Die Aufmerksamkeit ist ausschliesslich auf das Tun fokussiert, alles andere wird vergessen.
- Potenzielle Kontrolle über die Situation, ohne sich dessen bewusst zu sein oder sich über einen allfälligen Kontrollverlust Sorgen zu machen.
- Verlust des Bewusstseins über sich selbst, Überschreitung der Grenzen des Selbst, Selbst-Transzendenz.
- Veränderter Zeitsinn: Die Zeit scheint wie im Flug zu vergehen.
- Das Erleben wird autotelisch: Wenn die Tätigkeit mehrere der genannten Merkmale aufweist, wird sie autotelisch oder wert, um ihrer selbst willen ausgeführt zu werden." (Pfister 2002, 21)

Diese Merkmale dienten als Grundlage für standardisierte Fragebögen, um den jeweiligen *Flow*-Status zu erfassen. Csikszentmihalyi entwickelte die „Experience Sampling Method" (ESM) als Zeitstichprobenverfahren, mittels derer die Tätigkeiten einer Person analysiert werden können, die dem *Flow*-Erleben nahe kommen. Mit dieser Methode ist es möglich, aktuelle Alltagssequenzen auf das subjektive, affektive Erleben zu untersuchen und „Zusammenhänge zum längerfristigen, allgemeinen Wohlbefinden sowie zur Identitätsentwicklung" (Pfister 2002, 14) herzustellen. Die Probanden werden zu diesem Zweck mit für sie unkalkulierbarer Regelmäßigkeit eines programmierten Signalgebers um eine Bewertung ihrer aktuellen Tätigkeit und ihres Befindens befragt.

Aus diesen Untersuchungen leitete Csikszentmihalyi zunächst das Diagonalmodell

(Abbildung 5) ab. In diesem Modell ist die Wahrscheinlichkeit für das *Flow*-Erleben dann am höchsten, wenn die Anforderungen und das Können in einem ausgeglichenen Verhältnis stehen. Allerdings zeigte sich im Laufe der Untersuchungen, dass das Befinden beim Gleichgewicht von Anforderungen und Können nur dann als positiver wahrgenommen wurde, „wenn das Gleichgewicht über dem individuellen Durchschnitt von Anforderungen und Können in der Referenzzeit lag" (Pfister 2002, 26). Im Quadrantenmodell (Abbildung 4) wurde das Diagonalmodell entsprechend weitergeführt (vgl. Mihalyi Csikszentmihalyi 1988).

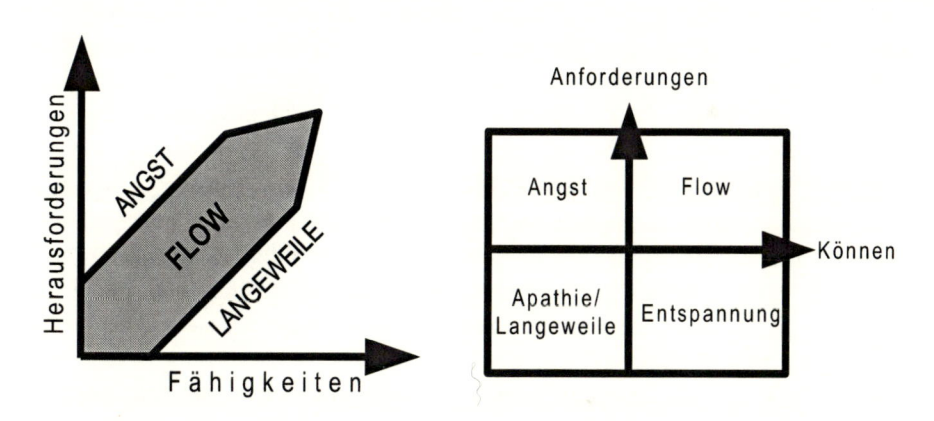

Abbildung 4: Diagonalmodell (vgl. ebd.)

Abbildung 5: Quadrantenmodell (vgl. ebd.)

Beim Quadrantenmodell schneiden sich die Achsen beim individuellen Durchschnittswert der beiden Dimensionen Anforderungen und Können. *Flow* entsteht nur bei einem Gleichgewicht hoher Anforderungen mit hohem Können. Entsprechen die Fähigkeiten nicht den Anforderungen, baut sich Angst auf. Liegen die geforderten Anforderungen unter dem persönlichen Durchschnitt, tritt entweder ein entspannter Zustand ein (bei vorhandenem Können) oder die Person reagiert mit Apathie oder Langeweile. In zahlreichen Untersuchungen konnte der Nachweis erbracht werden, dass das Anforderungsprofil für den *Flow*-Zustand tatsächlich ein positiveres affektives Erleben produziert als in den anderen Quadranten (Pfister 2002, 74ff.).

Pfister kritisiert allerdings, dass weitere, oben in der Auflistung aufgeführte *Flow*-Merkmale in diesen Untersuchungen nicht berücksichtigt werden und insofern der Nachweis, ob ausschließlich ein positives Erleben im *Flow*-Quadranten den gewünschten *Flow*-Effekt erzeugt, bislang nicht geglückt sei. Zwar seien Herausforderungen und Können zentrale Determinanten zur Untersuchung einer positiven Aktivierung, aber eventuell könnten sich einzelne Personen auch in anderen Quadranten am wohlsten fühlen. Eine Definition der affektiven Erlebensqualität sei erforderlich. Und die Abgrenzung zu anderen, ähnlich positiven Zuständen - unter Berücksichtigung möglicher negativer Aktivierungseffekte und der Valenz. Dass *Flow*-Effekte eher im Arbeitskontext als in der Freizeit entstünden, hänge allerdings primär mit den Herausforderungen und dem Können zusammen (ebd., 232ff.).

Auch Csikszentmihalyi führt in seinen späteren Untersuchungen an, dass es -neben einem ausgewogenen Verhältnis zwischen Herausforderungen und Fähigkeiten- eines größeren Erfahrungsschatzes in dem Bereich bedarf, in dem *Flow* entstehen soll, zuzüglich einer Leidenschaft für die Sache und einer konzentrierten, intrinsisch motivierten, gelassenen und klaren Fokussierung, die es ermöglicht, einen ekstatischen Zustand zu erreichen, der eine alternative Realität für das Selbst eröffnet. Entsteht dieser *Flow*-Zustand, sind die Voraussetzungen für den größtmöglichen Lernerfolg geschaffen, da die Person über ihre Grenzen hinaus gehen kann (siehe Mihaly Csikszentmihalyi 2004).

Schließlich baut Csikszentmihalyi auf dem *Flow*-Modell eine „Theorie der optimalen Erfahrung" (Mihaly Csikszentmihalyi 2008b, 16) auf, um Menschen aufzuzeigen, wie sie selbst aktiv die „Kontrolle über die psychische Energie" (ebd., 19) erlangen können. Der Weg wird über das kontrollierte Bewusstsein beschritten und die daraus resultierende Fähigkeit, konzentriert einer Aufgabe zu folgen, bis sie erledigt ist. Das Bewusstsein wird in dieser Sichtweise als „absichtlich geordnete Information" (ebd., 45) verstanden, deren Gehalt individuell gefiltert werden muss, um den Inhalt des eigenen Lebens qualitativ widerzuspiegeln. Entsteht eine *Flow*-Erfahrung, kann diese im Nachhinein als Glück oder Freude empfunden werden und das Selbstbewusstsein komplex stärken (ebd., 19). Allerdings entsteht ein optimales Erleben nur dann, wenn die Anforderungen sukzessive steigen und die Weiterentwicklung der Fähigkeiten entsprechend mithalten können (vgl. Mihaly Csikszentmihalyi 1995a, 392). Wichtig ist also, dass Menschen in einer spezifischen Situation ihre Fähigkeiten voll einbringen können, weil die situativen Anforderungen ein Wachstum neuer Fähigkeiten stimulieren (vgl. Mihaly Csikszentmihalyi 2008a, 58ff.). Dabei wird *Flow* selten über eine längere Zeitspanne erlebt, sondern es handelt sich um über den gewöhnlichen Tagesablauf verteilte Mikrophänomene (vgl. Mitchell 1995, 65).

Um ein *Flow*-Erlebnis aufrechtzuerhalten und als Quelle reiner Freude zu erleben, bedarf es einer spezifischen Persönlichkeitsstruktur, die Csikszentmihalyi als „autotelische Persönlichkeit" bezeichnet. Solche Persönlichkeiten verfolgen zielstrebig, ihr Bestes zu geben, ohne primär ihren eigenen Interessen zu dienen (vgl. Mihaly Csikszentmihalyi 2008b, 129). Sie entdecken mit Freude neue Herausforderungen und eignen sich die dafür notwendigen Fähigkeiten an, während andere Personen eher die Schwierigkeiten sehen. Eine theoretisch fundierte Definition der autotelischen Persönlichkeit existiert bislang nicht. Wichtige Kennzeichen einer autotelischen Persönlichkeit sind - neben diesem als Freude empfundenen Engagement bei neuen Herausforderungen:

„(...) ein gutes Selbstwertgefühl, ohne aber egozentrisch zu sein, eine positive Lebenseinstellung und möglicherweise eine Fähigkeit zur effizienten Informationsverarbeitung." (so Csikszentmihalyi zit. n. Pfister 2002, 36)

Weitere Ergebnisse zeigen auf, dass autotelische Persönlichkeiten sich generell stärker, begeisterter und glücklicher fühlen und weniger den Wunsch verspüren, etwas anderes zu tun - unabhängig von den Herausforderungen und ihren persönlichen Fähigkeiten (ebd., 38f.). Darüber hinaus empfinden Personen, die sich häufig im *Flow* befinden, ihr Leben auch grundsätzlich als positiv (vgl. Mihaly Csikszentmihalyi 1995a, 383).

Inwiefern es jedem Menschen möglich ist, in einen solchermaßen positiv aktivierten *Flow*-Zustand zu gelangen, der mit einem Glücks- oder Zufriedenheitszustand einhergeht und sich möglichst noch auf das gesamte Leben dauerhaft auswirkt, hängt vermutlich noch von weiteren Persönlichkeitsfaktoren ab, die es noch zu untersuchen gilt (vgl. Pfister 2002, 249ff.). Und von den sozialen Rahmenbedingungen, überhaupt aus der Trivialität des Alltags willentlich aussteigen zu können und dafür intrinsisch belohnt zu werden (Mitchell 1995, 70). Erleben Menschen Entfremdung oder Anomie in ihrem Alltag, ist das Gleichgewicht zwischen Herausforderungen und Fähigkeiten gestört und es kann kein *Flow* entstehen (ebd., 51ff.).

„*Flow* (...) ist überall möglich, wo Einsatz, Energie und Willenskraft eine sinnvolle und wirkungsvolle Anwendung in der Welt sozialen Erlebens finden." (ebd., 76)

In Kap. 2.1. wurden Castells Analysen zur Netzwerkgesellschaft mit Blick auf ihre zentralen Aussagen zu a) Zeit und Raum, b) Identität, Kultur und Erfahrung, c) Technologie und Entwicklung und d) Macht und Gegenmacht subsumiert. In den folgenden Kapiteln soll Csikszentmihalyis Theorie der optimalen Erfahrung auf diese Kategorien hin abgeklopft werden, um aus Sicht der Individuen auf die Netzwerkgesellschaft zu schauen.

3.1.2 Bedeutung von Zeit & Raum im Flow

Csikszentmihalyi und andere konstatieren regelmäßig in ihren Untersuchungen einen individuell gefühlten Zeitverlust beim *Flow*-Erleben (vgl. Mihaly Csikszentmihalyi und Isabella S. Csikszentmihalyi 1995). Alle „objektiven", gesellschaftlichen oder natürlichen, Zeitkriterien verlieren ihre Bedeutung, weil die Aktivität selbst den Rhythmus definiert. Zwischen dem Zeitgefühl während der *Flow*-Erfahrung und dem tatsächlichen Zeittakt besteht dann kaum eine Beziehung. Diese „Freiheit von der Tyrannei der Zeit" (Mihaly Csikszentmihalyi 2008b, 97) lässt vielleicht die Erregung pulsieren, ist aber nicht entscheidend für das Glücksempfinden während der Tätigkeit, in der man gerade aufgeht. Inwiefern dieser persönlich empfundene Zeitverlust überhaupt zur positiven Qualität der Aktivität beiträgt, ist derzeit noch fraglich (ebd.). Hingegen fördert *Flow* einen negentropischen Zustand (definiert als „Abwesenheit von kognitiven Dissonanzen" nach Heisig und Rossig), in dem sich ein harmonisches Gleichgewicht zwischen den Inhalten des Bewusstseins und den individuellen Zielen der Person einstellt. Da dieser Zustand als so angenehm empfunden wird, versucht man immer wieder, diesen herbeizuführen (vgl. Schlütz 2002, 26:71). Dies ist Kennzeichen einer intrinsischen Motivation, die Personen durch die tatsächliche Zeit begleitet und sie ggf. ihre -der *Flow*-Erfahrung zugrunde liegende- Aktivität professionalisieren lässt (vgl. Mihaly Csikszentmihalyi 1995a, 387ff.).

Auf persönlicher Ebene setzt dies allerdings die Fähigkeit voraus, die Elemente des Alltagslebens zu erkennen und zu kultivieren, die zur psychischen Negentropie beitragen, so dass möglichst viele Aktivitäten damit angereichert werden können. Insofern nützt dem Menschen alle freie tatsächliche Zeit nichts, wenn die Qualität des Erlebens -ggf. inklusive des Verlustes des Zeitgefühls- nicht entsprechend verbessert wird (ebd., 393f.).

> „So gesehen ist eine Gesellschaft, der es gelingt, sinnvolle Vorkehrungen für die Nutzung ihrer psychischen Energien zu treffen, eine Nutzung, die jede Handlung im täglichen Leben erfreulich macht und so vielen Menschen wie möglich ein differenzierteres Bewusstsein ermöglicht." (ebd., 394)

Erst dann herrscht Chancengleichheit, wenn objektive Handlungsmöglichkeiten mit den subjektiven Fähigkeiten umgesetzt werden können und es der Person ermöglichen, ihr Potential zu entfalten und sich im Gleichklang mit der Welt zu fühlen (ebd.). Wenn diese gesellschaftlichen Voraussetzungen gegeben sind, spielt die objektive Zeit keine Rolle mehr - die Menschen bewegen sich im Zustand des optimalen Erlebens und vergessen mitunter ihre Zeit.

Diese bewusste Auseinandersetzung mit der Aktivität, die sich nicht an externen Faktoren orientiert, sondern zum Selbstzweck zumindest in diesem Augenblick führt, entspricht der von Castells diagnostizierten zeitlosen Zeit (*timeless time*), die die Netzwerkgesellschaft charakterisiert. Die zeitliche Sequenzierung hat sich im mobilen Netz verflüchtigt, weil der Informationalismus als technologische Basis der Netzwerkgesellschaft verschiedene Netzwerke parallel existieren lässt, die -jede für sich- wiederum einer eigenen Zeittaktung folgen. Für die Gesellschaft existiert keine zeitliche Ordnung mehr, die als Orientierungsmarke gelten könnte. Insofern das Projekt des einzelnen Netzwerkes als Orientierung dient, entsteht durch die gemeinsame Zielsetzung der Netzwerkbeteiligten eine Verbundenheit, die als Kommunikationsebene innerhalb des Netzwerkes dient. Jetzt oder Nicht-Jetzt lautet die zeitliche Binarität jeden Netzwerkes. Dabei verfolgt jedes Netzwerk seine eigene

Zeit, es entstehen (teilweise unbeabsichtigte) Interaktionen zwischen den einzelnen Zeiten, die Störungen im *flow of social time* provozieren.

Indem jede Person aber verschiedenen sozialen Netzwerken angehört, entsteht ein „vernetzter Individualismus" (Wellman 2003) als soziales Muster, der das Zeiterleben individuell synchronisiert. Denn aus der Perspektive der in verschiedenen sozialen Netzwerken aktiven Person entsteht eine Binnenansicht, die einen individuell zugeschnittenen Zusammenhalt offenbart - zumindest, wenn sie sich in einem *Flow*-Zustand befindet und von daher in einem geordneten Bewusstseinszustand agiert. Ist dieser *Flow*-Zustand unterbrochen, schlägt die binäre räumliche Logik Castells' zu; die Person sieht von außen auf die verschiedenen Netzwerke und stört sich vielleicht an den unterschiedlichen Zeitrhythmen.

Eine Zusammenfassung der Zeithorizonte sähe wie folgt aus:

Neben der synchronen Zeit (Tag/Nacht, 24/7) existiert eine zeitlose Zeit der Netzwerkgesellschaft, vernetzte Zeiten mit jeweiliger Eigendynamik und eine individuelle Zeit, die zwischen den persönlich involvierten, vernetzten Zeiten switcht und möglichst die eigenen (Netzwerk-)Aktivitäten in einen *Flow* ohne Zeitempfinden, eine eigene zeitlose Zeit, fallen lässt. Die inter-subjektive Zeit wird in der Netzwerkgesellschaft von den individuellen Zeiten gesetzt, die als einzige eine verbindliche Synchronisation der sozialen Interaktion erlauben - wenn auch mitunter vermittelt über asynchrone Verbindungen der Netzwerke.

Gleichzeitig lässt die Netzwerklogik nach Castells eine veränderte Verortung entstehen, die in einer nonlinearen Organisation mündet. Die Menschen interagieren in ihren diversen Netzwerken mit unterschiedlichen Zeitrhythmen und gestalten so den *space of flows* als primär geteilten Raum, der konsequenterweise auch den *space of places* verändert: Nur die Plätze, die ideale Sprungbretter in den *space of flows* bieten, sind geeignet, Netzwerkknoten zu bilden.

Da Individuen in der Netzwerkgesellschaft nicht umhin kommen, sich als Netzwerkknoten anzubieten, um die Netzwerke mitzugestalten, ist zu untersuchen, wie hier ein individueller *Flow* entstehen kann. Voraussetzung wäre wohl, dass die Person überhaupt erst einmal andocken kann in der fragmentierten geographischen Ordnung, die der *space of flows* geschaffen hat. Dabei gilt es, die schwarzen Löcher individuell zu umgehen oder sozio-politisch zu überbrücken. Im digitalen Raum bedeutet dies, dass die individuelle Zielsetzung der Aktivität, die ein Merkmal des *Flow*-Begriffs Csikszentmihalyis ist, anschliessen können muss am physischen IKT-Netzwerk, um sich dort überhaupt als Netzwerkknoten eines zweckgerichteten, temporären Netzwerkes einrichten zu können. Erst dann kann sich der temporäre, persönliche Raum des Menschen im *Flow*-Zustand in den *space of flows* begeben und die individuelle Zeit kann über verschiedene Orte mitfliessen.

Nun meint Castells, dass sich Menschen im lokalen Raum in einer anderen Zeit bewegen als die Informationseliten - ohne dass es gemeinsame Schnittstellen gäbe. Diese Aussage lässt sich in der Sichtweise Csikszentmihalyis nicht aufrechterhalten: Im *Flow*-Zustand existieren keine elitären Zugänge - sowohl BergbäuerInnen als auch Wallstreet-Broker können *Flow*-Erlebnisse generieren (vgl. Mihaly Csikszentmihalyi 1995a, 378ff.). Deren zeitlose Zeit ist vom persönlichen Empfinden her vergleichbar - allerdings nicht in der Kompatibilität ihrer Auswirkungen. Die zeitlose Zeit der Netzwerkgesellschaft verbindet die Menschen nicht mehr - die Verbindung muss über Netzwerkknoten laufen, die in mehreren Netzwerken wirken.

In der Konsequenz bleibt festzuhalten, dass *Flow* aus subjektiver Sicht auch unabhängig vom *space of flows* entstehen kann. Einfluss auf die gesellschaftlich prägenden Netzwerke der Netzwerkgesellschaft aber kann nur ausüben, wer über den *space of places* in den *space of flows* einsteigt und die persönliche Zielsetzung mit mindestens einem Netzwerk verbindet. Erst dann lässt sich *Flow* im *space of flows* erleben.

Seitens der einzelnen Person muss dieser Einstieg nicht zwangsläufig über digitale Schnittstellen geschehen, wohl aber über die Einflussnahme auf die Verbindungspunkte verschiedener Netzwerke - und diese sind zunehmend digitalisiert.

3.1.3 Identität und Macht bei autotelischen Persönlichkeiten

Wie also kann man als Person Einfluss nehmen auf die Gestaltung der Netzwerkgesellschaft? Nach Castells kann Macht genau an den Verbindungspunkten ausgeübt werden, die u.a. die zeitlose Zeit der Netzwerkgesellschaft zu synchronisieren vermag.[50] Dabei entspricht Macht in der Netzwerkgesellschaft einer symbolischen Gewalt über die kulturellen Codes und Protokolle. Kultur, verstanden als Prozess und nicht als Inhalt. Dieser Prozess ist strukturell determiniert: Die verschiedenen Netzwerkknoten bedingen sich wechselseitig, sowohl was die Identität des Einzelnen als auch des Netzwerkes angeht. Ist ein spezifischer Netzwerkknoten für das Gesamt-Netzwerk nicht mehr von Bedeutung, wird er umgangen. Diese potentielle Bedeutungslosigkeit jedes einzelnen Netzwerkknotens, und im Zweifel auch jeden Individuums als Netzwerkknoten, bedarf einer stabilen individuellen Identität.

Die Gestaltungsspielräume individueller Identitätsentwürfe haben durch das Internet erheblich zugenommen. Erzählte Netzidentitäten stehen archivierten Netzprofilen gegenüber und erobern sich einen Autonomieanspruch gegen die Vereinnahmung der Herrschaftsstrukturen der Netzwerkgesellschaft. Das Selbst setzt sich gegen das Netz zur Wehr - und nur diese selbst konstruierte, primäre Identität, die sich selbst erhält, über Raum und Zeit hinweg, bietet den Menschen in der Netzwerkgesellschaft einen

---

50 Siehe Kapitel 2.1.5

Sinn.

> „Die 'digitale Elite' setzt sich aus Akteuren zusammen, die mehrheitlich am Projekt einer personalen Identität festhalten. Wer in diesem Kreis nach Vertretern einer postmodernen Ich-Auflösung sucht, sollte sich auf Enttäuschungen gefasst machen. Es mag paradox klingen, aber allem Anschein nach entsteht eine besonders stabile Identität gerade im Umgang mit einer Maschine, die ungeahnte Spielräume der Kontingenz und der Verunsicherung öffnet." (Ellrich 2002, 110)

Gleichzeitig sind die sich herausbildenden, kulturellen Charakteristika für eine Person im Rahmen der geteilten Kultur konstitutiv und beeinflussen deren Identität. Im Kontext des Wandels (re-)konfiguriert sich der stabile Kern ständig weiter und führt zur „Individuation" (Giddens). Indem ständig neue Symbole und kulturelle Codes produziert und in die sozialen Organisationen und Institutionen diffundiert werden, entsteht das Machtpotential der „realisierten Virtualität" (Castells). Castells diagnostiziert die oppositionellen, sozialen Bewegungen als Hauptquelle kollektiver Identität und als Schlüsselmotor sozialer Innovation.

Neben der kulturellen Hegemonie auf gesellschaftlicher Ebene kennzeichnet Macht in der Netzwerkgesellschaft eine temporäre Beziehung, verwaltet in kurzfristigen Projekten. Macht demonstriert sich in der Einflussnahme auf die Zielsetzung des Netzwerkes oder in der Fähigkeit, als Verbindungsglied zwischen verschiedenen Netzwerken strategisch zu wirken, um Synergien zu entwickeln bzw. zu kontrollieren. Fehlt diese Möglichkeit, sich in der Netzwerkgesellschaft identitätsbildend einzubringen, ist die Gefahr gegeben, Opfer tradierter Werte und Codes zu werden, die von den Machtbeziehungen des *space of places* dominiert sind.

Die IKT-*Flows* gewinnen dabei an Bedeutung, weil sie in die Institutionen hineinreichen und über deren Vermittlung neue Symbole der Sinnstiftung einfliessen können.[51] Hier konkurrieren auf globaler Ebene die Netzwerke des Wohlstands, der Macht, der Informationen und der Bilder, die im *space of flows* zirkulieren. Die technischen Potenziale der neuen Medien unterlaufen traditionelle Vermachtungen im *space of places*. Die „Internet-Galaxis" mit ihrer zufälligen Mischung an Bedeutungen fordert die Subjekte heraus, ihre eigene Bedeutung zu finden und sich im kommunikativen Austausch von Symbolen auf elektronischer Grundlage einzubringen. Die alte „Gutenberg-Galaxis" ist abgelöst und auch das alte Urheberrecht ist fortan nicht mehr an die Person gebunden, sondern an den Zeitgeist, der die Medien sich stetig verändernd im Kulturraum Internet kursieren lässt. Digitale Informationen können nicht mehr als geistiges Eigentum weitergereicht werden, da sie sich im zeitlichen Fluss bewegen - als Symbol, das sich zeitlich verändert und nicht mehr als

---

51 Vgl. dazu Castells in Kap. 2.1.3

statische Einheit, die verkauft oder lizenziert werden kann.[52]

Die Frage, die sich nun aufdrängt, ist die, ob autotelische Persönlichkeiten in der Netzwerkgesellschaft generell einen stabileren Identitätskern ausbilden und ggf. die Machtmechanismen für ihre Zielsetzungen nutzen. Es spricht einiges dafür, denn die Fähigkeit einer autotelischen Person, sich intrinsisch zu belohnen, demonstriert eine klare Abgrenzung des Selbst vom Netz. Zudem nutzt eine solchermaßen aktive Persönlichkeit die Netzwerke funktional für ihre Zwecke. Sie kontrolliert ihre Netzwerktätigkeiten und es ist davon auszugehen, dass diese Person versucht, die Netzwerke in ihrem Sinne zu transformieren.

Was aber ist Sinn? Nach Csikszentmihalyi bedeutet Sinn,

> „(...) Ordnung in den Inhalt des Bewusstseins zu bringen, indem die Handlungen eines Menschen zu einer einheitlichen Flow-Erfahrung gefügt werden" (Mihaly Csikszentmihalyi 2008b, 283).

Der konkrete Inhalt ist dabei gleichgültig. Einen Lebenssinn vermag jedweder einheitliche Zweck vermitteln - im Rahmen des sozio-kulturellen Kontextes. Denn jede Kultur und jeder Mensch verfügt über diverse Kombinationen an sinnlichen und ideatischen Weltsichten. Eine sinnliche Kultur organisiert ihre Ziele nach ihren Sinnen, die die Realität befriedigen soll - an Herausforderungen setzen Menschen dieser Kultur sich Ziele, das Leben angenehmer, bequemer und lustvoller zu gestalten. Demgegenüber betonen ideatische Kulturen die nichtmateriellen, idealistischen Ziele. Zentrale Herausforderungen drehen sich um die spirituelle Ordnung (ebd., 287).

Psychologisch gesehen, durchlaufen Menschen während ihres Lebens verschiedene Stadien der Sinnstiftung entlang einer Spirale der Komplexität, basierend auf einer dialektischen Spannung zwischen Differenzierung und Integration. Das individuelle Leben besteht in dieser Sichtweise aus einer Reihe verschiedener Schritte, die unterschiedlichen Zielen und Herausforderungen folgen, die sich mit der Zeit und der persönlichen Weiterentwicklung verändern. Komplexität entsteht durch die Auseinandersetzung mit dem eigenen Selbst und den Kräften ausserhalb der eigenen Individualität (ebd., 291f.).

In der Spiegelung dieser psychologischen Sinndeutung auf die Sinnstiftung des vernetzten Individuums lässt sich ermessen, welche Bedeutung einer erzählten Identität zukommt: Das Selbst dokumentiert seine Entwicklung hin zu einer komplexeren Persönlichkeit. Insofern es sich um eine autotelische Persönlichkeit handelt, wird sie diese erzählte Identität zur Verfolgung der eigenen Interessen und Zielsetzungen nutzen. Sie bietet sich als Netzwerkknoten im grossen Spiel der Netzwerkgesellschaft an und kann ggf. über ihre Vermittlungsrolle im Stile der sich konnektivistisch durchsetzenden Remix-Kultur Einfluss nehmen auf die von ihr

---

52 Die Bedeutung des geistigen Eigentums als identitätsstiftendes, politisches Äquivalent zum materiellen Eigentum ist ein seit der Aufklärung wesentliches Charakteristikum der westlichen Ideengeschichte.

bespielten Netzwerke.

Vielleicht besteht die Gefahr, im Machtspiel selbst eine *Flow*-Erfahrung zu generieren, so dass der Machterhalt oder gar die Machtausdehnung zur zentralen Antriebsfeder werden. Allerdings zeichnet eine autotelische Persönlichkeit aus, nicht die Kontrolle über andere, sondern das Eintauchen in eine autotelische Aktivität als zentrales Motiv des Handelns anzustreben. Indem *Flow*-Erfahrungen zwar ein Feedback verlangen, um das intendierte Ziel zu erreichen, könnten kontrollierte Personen vielleicht als positive Belohnung verstanden werden - dies aber nur als Mittel zum Zweck. Es liesse sich daraus schliessen, dass nicht die konkrete Machtausübung zum *Flow*-Erleben einer autotelischen Person beiträgt, wohl aber das Machtstreben, das sich bereits im Moment des Zielerfolges selbst überholt hat. Macht als Selbstzweck kann kein *Flow*-Erleben provozieren - lediglich als temporäres Mittel.

Andererseits besteht die Gefahr, langfristige Ziele nicht realisieren zu können, da die Person die Rahmenbedingungen des Tuns aus den Augen verliert und in den konkreten autotelischen Aktivitäten aufgeht. Diese weltvergessene Verfolgung eigener Ziele kann allerdings bei einer autotelischen Persönlichkeit nur im Stadium der selbstbezogenen Integrität zutreffen - im Zuge ihres eigenen Komplexitätsaufbaus wird die Person sich bald der Welt außerhalb ihrer eigenen Grenzen zuwenden. Ein auf sich zentriertes Selbst kann demgegenüber nicht komplexer werden, weil es aufgrund der Konzentration auf die unmittelbaren Ziele an psychischer Energie fehlt, Neues zu lernen.

Bleibt die Frage, ob das *Flow*-Erleben kulturell bestimmt oder universale Gültigkeit für sich beanspruchen kann: Csikszentmihalyi meint, die Dynamik des Erlebens, die Freude hervorbringt, sei in allen Kulturen vergleichbar. Es könnten lediglich interkulturelle Unterschiede konstatiert werden, was die konkreten Inhalte der Aktivitäten anbelange, die *Flow* hervorbringen. Das Prinzip selbst gelte universell, denn es handelt sich beim *Flow* um „Konfektionsware des Lebens" und kein Luxusempfinden (Mihaly Csikszentmihalyi 1995a, 379).

> „Die wichtigsten Dimensionen des *Flow*-Erlebnisses - das intensive Eingebundensein, die hohe Konzentration, die Eindeutigkeit der Ziele und der Rückmeldungen, der Verlust des Zeitgefühls, die Selbstvergessenheit und Selbst-Transzendenz, die alle zusammen zur autotelischen, d.h. zur intrinsisch belohnenden Erfahrung führen - gehören in mehr oder weniger der gleichen Form zum Erfahrungsgut von Menschen in aller Welt." (ebd., 378)

Zusammengefasst deutet sich an, dass autotelische Persönlichkeiten ideale Netzwerkknoten in der Netzwerkgesellschaft sind. Aufgrund ihrer selbst definierten Zielsetzungen grenzen sie ihre zusehends komplexer werdende Identität gegen den Herrschaftsanspruch des Netzes ab. Sie nutzen Netzwerke, wann immer es ihren

Zielen dient und werden diese wahrscheinlich zu ihren Gunsten gestalten. Insofern bringen sie ihre Interessen als Netzwerkverteiler zwischen diversen Netzwerken ein und fungieren damit als Machtspieler/innen. Kulturelle Codes und Protokolle werden sie mitgestalten, nicht um ihr Ego zu glorifizieren, sondern um ihr *Flow*-Erleben zu optimieren.

3.1.4 Einfluss von Technologie & Entwicklung auf Flow-Erleben

Castells zeigt auf, wie sich die globale Ökonomie nach der Wirtschaftskrise in den 1970er Jahren im Sinne einer internationalen Arbeitsteilung restrukturiert hat.[53] Vor allem die westlichen Industriestaaten mutierten zu Wissensgesellschaften, deren wesentliche Antriebskraft und Mehrwert generierende Facette die Innovation darstellt. Zentraler Motor der sozialen Dynamik stellen Technologien dar, die von verschiedenen technologischen Eliten mit unterschiedlichen Interessen vorangetrieben werden.

Reguliert wird diese neue Weltwirtschaftsordnung von den globalen Finanzmärkten, die sich als „Automaton" (Castells) von der Realwirtschaft gelöst haben und die Spielregeln zugunsten flexibler Netzwerke forcieren. In der Konsequenz entstand in der Netzwerkgesellschaft mit ihren globalen Netzwerkknoten ein neues, international anzulegendes Schichtenmodell entlang der neuen räumlichen *Flows*. Diese Schichten lassen sich nicht mehr regional, sondern global über alle *space of places* segmentieren.[54] In welchem Segment einzelne Menschen landen, hängt von sozio-kulturellen Einflussgrößen, sozio-ökonomischen Verschiebungen und dem individuellem Aufstiegspotenzial ab - neben den sozio-technologischen Möglichkeiten.

Die IKT-Technologien verbinden die Netzwerkknoten und im Umgang mit diesen Technologien manifestiert sich, welcher Schicht die Person zukünftig angehört bzw. welchen Einfluss diese Person auf die Weiterentwicklung der Netzwerke ausüben kann. Denn grundsätzlich stehen die IKT-Technologien allen Personen in allen Schichten zur Verfügung - sofern ein physikalischer Zugang gegeben ist. Sie können sich je nach persönlicher Netz-Kompetenz als *Residents, Visitors, Tourists* oder *Aliens* (JISC) in den Netzen bewegen.[55] Wollen Menschen also Einfluss auf die Netzwerkgestaltung nehmen, so müssen sie die Kultur der „realen Virtualität" (Castells) als aktive *Residents* mit gestalten. Nur so lassen sich alternative *Flows* zwischen den Netzwerkknoten generieren, so die erweiterte These Castells'. Der Kulturraum Internet lässt sich demnach nur von Personen im Sinne einer gerechteren Weltordnung mit gestalten, die dort aktiv leben. Alle anderen schauen -mehr oder

---

53 Siehe Kap. 2.1
54 Siehe Kap. 2.1.4
55 Siehe Kap. 2.4

weniger interessiert- zu, wie sich herrschende sozio-ökonomische und sozio-politische Interessen auch in diesem Raum versuchen durchzusetzen. Aber, wie entsteht die erforderliche intrinsische Motivation, nicht nur existierende Mensch-Maschine-Schnittstellen als *Visitors* oder *Tourists* zu nutzen, sondern auch die persönliche Fähigkeit aufzubauen, autotelische Aktivitäten in digitalen Netzen zuzulassen?

Daniela Schlütz zeigt in einer Untersuchung des *Flow*-Erlebens beim Computerspiel auf, dass das Spielen eine autotelische Handlung ist, die intentional und selbstzweckhaft ausgeübt wird. Handlung ist Voraussetzung für *Flow*-Erleben, um einen negentropischen Zustand zu erreichen. Insofern bedarf es der Interaktivität, um als Bildschirmspiel eine handelnde Auseinandersetzung zu ermöglichen. Erst wenn Handelnde die Steuerung über ihre Spiel-Agenten erhalten, ist Immersion möglich (vgl. Schlütz 2002, 26:28f.). Wie könnten diese spielerisch generierten *Flow*-Zustände auch in anderen Zusammenhängen erlebt werden? Mihaly Csikszentmihalyi führt der Kulturhistoriker Johan Huizinga (1939) an, der erkannte, dass alle „ernsthaften", gesellschaftlichen Institutionen (Wissenschaft, Jurisprudenz, Künste, Religion, Militär) als Spiele starteten. So resultierte die Wissenschaft in jeder Kultur aus dem Rätselwettstreit, der einen wesentlichen Teil des Opferkultes darstellte und in dem Menschen sich wechselseitig herausforderten, größtenteils unter Einsatz ihres Lebens (Huizinga 1987, 13). Auch der Soziologe Richard G. Mitchell, Jr. zeigt auf, wie die wissenschaftliche Neugier sich aus derselben Quelle speist wie das ursprüngliche Spiel:

```
„Kreative Handlungen jeder Art und jedes Niveaus (...) setzen eine
Bereitschaft    voraus,    sich    auf    flüchtige,    fließende    Prozesse
einzulassen und das eigene Selbst Kräften zu überlassen, die nicht
unter der eigenen Kontrolle stehen." (Mitchell 1995, 74)
```

Insofern sei jedes kreative Leben sowohl anspruchsvoll als auch herausfordernd und anstrengend zugleich. Das Leben in Sicherheit ohne Stress ermögliche kein *Flow*-Erleben (ebd., 75). Eine autotelische Persönlichkeit fördert die Entstehung von Kreativität, weil sie sich nicht an extrinsischen Belohnungen orientiert - vielmehr motiviert sie sich intrinsisch (Mihaly Csikszentmihalyi 1995a, 388). *Flow* entsteht dann, wenn eine Erfahrung als Selbstzweck gemacht wird. Jede primäre Instrumentalisierung des *Flow*-Konstrukts als Mittel zur Erreichung anderweitiger Ziele, muss nach Mihaly Csikszentmihalyi zum Scheitern verurteilt sein bzw. geht in dem Moment das *Flow*-Erlebnis verloren (ebd., 389).

```
„Klare Ziele, überdurchschnittliche Anforderungen, abgestimmt auf
die   eigenen   Fähigkeiten,   und   eindeutige   Rückmeldungen   tragen
zusammen dazu bei, daß eine Person in ihrer Aktivität aufgeht. (…)
Dies ist der geordnete, negentropische Bewusstseinszustand, den wir
Flow genannt haben." (Mihaly Csikszentmihalyi 1995b, 48)
```

Dieser Zustand bestätigt dem Menschen in vergnüglicher Weise die Ordnung des

Selbst. Und das ist der Grund, warum die Person versuchen wird, diesen Zustand wiederholt herbeizuführen. Der Wiederholungsprozess führt wiederum zu einer kulturellen Auswahl, da im kollektiven Gedächtnis solch positiv assoziierten Praktiken die größte Chance haben, sich zu verankern.

> „Flow ist ein Gefühl, das der Mensch entwickelt hat, um Handlungsmuster zu erkennen, die es sich zu kultivieren und den Nachkommen weiterzugeben lohnt." (ebd., 49)

Vermag eine nennenswerte Anzahl an Individuen „im Vollzug ihrer jeweiligen sozialen Rollen das *Flow*-Erlebnis nicht integrieren" (Mihaly Csikszentmihalyi 1995a, 383), dann wird die Weitergabe kultureller Werte und Praktiken behindert. An diesem Punkt stehen wir heute in vielen Themenfeldern - u.a. dem der Bildung.

> „Auf lange Sicht kann ein langweiliges System schlicht nicht bestehen. Jede Gesellschaft ist wesentlich dadurch gekennzeichnet, wie sie Möglichkeiten für Erfahrungen kreativen Selbstausdrucks institutionalisiert." (Mitchell 1995, 74)

Das *Flow*-Prinzip zu begreifen, erleichtert es zu erkennen, welche Institutionen eher Ordnung im Bewusstsein hervorrufen und welche eher Unordnung initiieren. Aus diesen Analysen liesse sich dann die Richtung der soziokulturellen Evolution erahnen (vgl. Massimini, Mihaly Csikszentmihalyi, und Delle Fave 2008).

Zusammengefasst bedeutet dies: *Flow* ist ein entscheidender Faktor zur Weiterentwicklung der kulturellen Entwicklung. Sollen Menschen selbstbestimmt ihre Chancen zur Teilhabe an der Netzwerkgesellschaft wahrnehmen, ist nicht nur ein offener Umgang mit aktuellen IKT-Technologien notwendig, sondern eine intrinsisch motivierte Entwicklung spezifischer, an der Person haftender Persönlichkeitsfaktoren und das Einbringen der eigenen Kreativität in die Netzwerkgesellschaft gefordert. Über die kontinuierliche Anpassung neuer Fähigkeiten an wachsende Herausforderungen entsteht Ordnung im individuellen wie kollektiven Bewusstsein, das institutionell störende Faktoren zu identifizieren vermag und entsprechende Alternativen für die eigene Weiterentwicklung sucht. Über diesen Weg könnten sich auch „strukturell irrelevante", sozial exkludierte Personen und *Producers of high volume* wieder aktiver als *Residents* der digitalen Netze ins Spiel einbringen. Auch um die weitere Entwicklung der Weltgesellschaft nicht den herrschenden oder technologischen Eliten der *Producers of high value* zu überlassen, die persönlich mitunter selbst nur als *Visitors*, *Tourists* oder gar *Aliens* in den Netzen aktiv sind und lediglich den Regelkreisen des Automaton folgen.

3.1.5 Zwischenfazit: Erforderliche Kompetenz für den Flow im Flow

In der Netzwerkgesellschaft verbinden sich vielschichtige Netzwerkknoten zu einem neuronalen Dickicht. In diesem Dickicht fliessen die Informationen -von Knoten zu Knoten- transportiert über das digitale Netz der IKT-Technologien. Es generiert sich ein *space of flows*, der den Lauf der Weltgeschichte auf verschiedenen Ebenen definiert: In der Finanzwirtschaft ebenso wie in der Konfiguration global verteilter Unternehmensnetzwerke oder dem diskursiven Austausch einzelner Personen in zentralen oder dezentralen sozialen Netzwerken.

Voraussetzung zur persönlichen Teilhabe an diesen fließenden Informationen -und somit am Schicksal der eigenen Vernetzung und Einflussnahme- ist zunächst der physikalische Zugang zum Netz. Zudem bedarf es bestimmter Fähigkeiten, um sich als Person im *space of flows* flexibel bewegen und aktiv beteiligen zu können. Da die Netzwerkverbindungen selbst wichtiger sind für die soziale Integration der Personen als der spezifische, fliessende Content, ist eine individuelle Netz-Kompetenz erforderlich, sich in diesen Fluss hineinzubegeben und sich aktiv an der Zirkulation der Informationen zu beteiligen. Wie in Kap. 2.4 beschrieben, kann eine bestimmte Komposition an Persönlichkeitsmerkmalen förderlich sein zum Auf- und Ausbau dieser Netz-Kompetenz.

Die Forschungen Csikszentmihalyis laufen auf eine bestimmte Persönlichkeitsstruktur zu, die sich intrinsisch zu motivieren vermag, um die Möglichkeiten der Netzwerkgesellschaft aktiv zu nutzen. Autotelische Persönlichkeiten können die sich ständig neu stellenden Herausforderungen als Handlungsmöglichkeiten für sich selbst wahrnehmen und sich in ihrem Tun intrinsisch belohnen. Der *Flow* entsteht durch die subjektive Zielsetzung innerhalb des möglichen Handlungsrahmens und die Anpassung der eigenen Fähigkeiten an diese Herausforderungen. Die Konsequenzen der eigenen Handlungen lassen sich über Feedback-Schleifen reflektieren, die bei Fehlentwicklungen die Zielsetzungen ggf. flexibel korrigieren helfen. In diesem Kreislauf der eigenen Anpassung an sich ständig wandelnde Rahmenbedingungen bewegt sich das autotelische Selbst konzentriert und vertieft im *space of flows*. Indem die individuellen Ziele sich nicht an kurzfristigen Erfolgen, sondern an langfristigen Horizonten orientieren, erlebt ein solchermaßen ausgerichteter Mensch ein mit Sinn gefülltes Leben.

Wie gelingt es nun, autotelische Personen auszubilden, die sich in den *space of flows* einzubringen vermögen?

Oben wurde angeführt, dass Kompetenzbildung sowohl die sozio-kulturelle Praxis als auch die individuelle Entwicklung umfasst.[56] Im Zeitalter der Netzwerkgesellschaft gilt

---

56 Vgl. Kap. 2.3.4

es, eine persönliche Netz-Kompetenz auszubilden, die als Querschnittskompetenz über verschiedene Anknüpfungspunkte mit der kollektiven Netzwerk-Kompetenz verbunden ist. Diese Punkte werden im *space of flows* kulturell ausgehandelt. Temporär entstehende „Smart Mobs" (Rheingold 2003) mit „kollektiver Intelligenz" (Surowiecki 2007) kombinieren dabei problembezogen die vorhandenen individuellen Fähigkeiten mit kollektiven Prozessen. Ziel dieser dynamischen Strukturierungswellen ist es, eine flexibel vernetzbare, kommunikative Verbindung aller beteiligten Netzwerkknoten (Daten, Individuen, CoPs, Institutionen etc.) herzustellen. Personen fühlen sich dann kompetent, wenn sie sich aufgrund ihrer Qualifikationen und Fähigkeiten den Anforderungen dieser ausbalancierten dynamischen Spannung gewachsen erleben. Dieses Gefühl ist eine zentrale Voraussetzung für *Flow*:

> „*Flow* tritt auf, wenn selbstgewählte und überschaubare, realistische und sinnvolle Aufgaben mit vollem Einsatz des eigenen Könnens und der eigenen Kreativität angegangen werden." (Mitchell 1995, 59)

Umgekehrt können Personen auch an ihren Aufgaben wachsen und ein *Flow*-Erlebnis entstehen lassen, wenn die Fähigkeiten sich an den Herausforderungen orientieren und entsprechend aufgebaut werden. Insofern lässt sich die persönliche Kompetenz, *Flow* zu erleben, in der Aktivität erlernen. Csikszentmihalyi führt einen Vier-Stufen-Plan an, der das Kompetenzprofil einer autotelischen Persönlichkeit konfiguriert (Mihaly Csikszentmihalyi 2008b, 275ff.):

1. Ziele selbst setzen, die sich an Herausforderungen orientieren, für die neue Fähigkeiten entwickelt werden müssen. Menschen mit autotelischem Selbst wissen, dass sie ihre Ziele selbst gewählt haben und ihre Tätigkeiten nicht von außen bestimmt werden. Dieser Fähigkeit zur Wahrnehmung von Herausforderungen und sich daran orientierender, aktiver Zieldefinition stellt die autotelische Person ihre -ggf. noch zu lernenden- Fähigkeiten gegenüber, die einer ständigen Feedback-Kontrolle unterliegen.

2. Sich in die Handlung vertiefen, indem die Anforderungen der Umwelt mit der eigenen Handlungsfähigkeit möglichst eng verbunden werden. Nach der Wahl des Handlungssystems vertieft sich die autotelische Persönlichkeit in ihre Tätigkeiten. Eine ständige Adaption der Fähigkeiten an die Herausforderungen passt die eigene Handlungsfähigkeit kontinuierlich an die Anforderungen der Umgebung an. Kontrolle über das eigene Bewusstsein zu erlangen, ist eine wesentliche Voraussetzung, um konzentriert die Aufmerksamkeit zu steuern.

3. Aufmerksamkeit auf das Geschehen richten, um die Vertiefung konzentriert beizubehalten. Die Vertiefung beizubehalten ist eine Fähigkeit des autotelischen Selbst - ohne Selbstbewusstheit oder Befangenheit. Dadurch wird das Selbst komplexer, weil das autotelische Selbst über die Grenzen der Individualität hinauswächst. Psychische Energie fliesst in ein System ein, an dem die Person

selbst Anteil hat.

4. Lernen, sich an der unmittelbaren Erfahrung zu freuen, führt zu einem Lebensgenuss, unabhängig von den Umständen. Die Steuerung des Bewusstseins vermag alles Geschehen als Quelle der Freude umzuwandeln. Um Freude geniessen zu können, bedarf es der Notwendigkeit, immer höhere Fähigkeiten zu entwickeln - und damit die Entwicklung der Kultur voranzubringen.

Sind diese vier Faktoren gegeben, stellt sich ein *Flow*-Erleben ein. Die dem *Flow* zugrunde liegende autotelische Persönlichkeitsstruktur scheint dabei eine gute Voraussetzung für die Aus-Bildung einer individuellen Netz-Kompetenz zu sein. Sie scheint erforderlich zu sein, um sich in flexibel re-organisierenden Netzwerken bewegen und sich die digitalen (Lern-)Umgebungen personalisiert zuschneidern zu können. Dabei lässt sich über den Vierstufen-Plan zur Selbstregulation über *ePortfolios* (Zielsetzung, Selbst-Monitoring, strategische Handlungsorientierung, Selbst-Assessment)[57] ggf. eine Hilfskonstruktion aufbauen, die *Flow*-fördernd wirken kann. Darüberhinaus lassen sich solch optimale Erfahrungen bereits im „autotelischen Familienkontext" unterstützen, wenn fünf Eigenschaften zutreffen (Mihaly Csikszentmihalyi 2008b, 124f.):

1. Klarheit: Ziele und Feedback innerhalb der Familie sind eindeutig.
2. Zentrierung: Die Gefühle und Erfahrungen des Kindes sind wichtiger als die funktionale Wirkung.
3. Wahlmöglichkeit: Auswahlmöglichkeiten des Kindes, ggf. auch ein Regelbruch mit der Bereitschaft, die Konsequenzen zu tragen.
4. Bindung: Vertrauen, sich auf interessierte Themen zu konzentrieren und dazu Verteidigungsbarrieren zu senken.
5. Herausforderung: Eltern stellen ihren Kindern zunehmend komplexere Handlungsmöglichkeiten zur Verfügung.

Neben diesen familiären Rahmenbedingungen sind weitere strategische Maßnahmen und *Tools* erforderlich, die die sozialen Bedingungen und Informationsströme dahingehend verändern, dass sie *Flow*-förderlicher gestaltet werden und sich vom Paradigma des Broadcasting-Konsums zur vernetzten, produktiven Relevanz verändern (vgl. dazu auch boyd 2010). Denn gesamtgesellschaftlich betrachtet ist es mit den individuellen Dispositionen nicht getan. Kreativität, Neugierde, Initiative, Autonomie, Lernfähigkeit, Verantwortungsbewußtsein, Frustrationstoleranz, Improvisationsgeschick und Risikobereitschaft als individuelle Voraussetzungen für informelles Lernen und die verschiedenen Teilkompetenzen der Gestaltungskompetenz sind Komponenten, die auch an strukturelle Grenzen stoßen, die sowohl sozio-technologisch wie sozio-kulturell bedingt sind. Die

---

[57] Vgl. Kapitel 2.3.2

Bewusstseinsordnung störende Faktoren müssen auf allen Ebenen identifiziert und behoben werden.

Im Hinblick auf die technischen Schnittstellen zur Netzwerkgesellschaft soll nunmehr untersucht werden, ob Forschungen zur *User Experience* (UX) ggf. Ansätze aufzeigen, wie sich persönliche Lern- und Arbeitsumgebungen individuell gestalten liessen, so dass die technologische Umgebung *Flow*-unterstützend und weniger *Flow*-hemmend wirken kann. Daran anschließend werden dann sozio-kulturelle Potenziale und Grenzen hinsichtlich ihres Einflusses auf die Gestaltung digitaler Umgebungen analysiert - und welchen Einfluss die Ausbreitung einer globalen *Web 2.0*-Kultur auf die handlungsleitenden Codes und Praktiken ausübt.

3.2 UX-Forschungsansätze und ihr Beitrag zur Flow-Analyse

Die westlichen Wissenschaften durchzieht seit Platon eine lange Tradition, zu erkunden, wann Menschen Emotionen im Allgemeinen, Genuss und Vergnügen im Besonderen empfinden. Ein kohärenter Ansatz hat sich bislang nicht herausgebildet - zu unterschiedlich sind die wissenschaftlichen Ansätze, in und zwischen den Disziplinen. Die Erforschung der *Human Computer Interaction* (HCI) kann als späte Fortsetzung dieses Diskurses begriffen werden (Mark Blythe und Peter Wright 2004, XIIIf.).

Gestartet ist die HCI-Forschung über eine interdisziplinäre Annäherung der Computerwissenschaften an die kognitive Psychologie. Vor allem die traditionelle *Usability*-Forschung beschäftigte sich mit der Effektivität, Effizienz und Zufriedenheit, die eine Produktnutzung hervorruft, in Form der Abwesenheit von Schmerzen - negativ getestet, inwiefern das Produkt die *User* frustriert. Eine positive Wendung, inwiefern Produkte Vergnügen bereiten können, bedurfte u.a. eines Verständnisses affektiver Momente, die nicht im kognitiven Bereich sichtbar werden - die *User Experience* (UX)-Forschung war geboren (ebd., XVI ff.).

UX ist ein Begriff, der ab 1993 eine Popularisierung erfuhr, als sich der *Usability*-Spezialist Don Norman selbst zum „User Experience Architekten" bei Apple Inc. ernannte. Viele Technologiefirmen nutzten fortan den UX-Begriff, um ihren Angeboten einen qualitativ exklusiven Anstrich zu geben. Gleichzeitig eroberte der Begriff die HCI-Forschung und eine Welle an Publikationen, die „UX" im Titel trugen, überschwemmte daraufhin die Bücherregale der aufkommenden New Economy (Knemeyer und Svoboda 2009).

In der UX-Literatur lassen sich drei Richtungen ausmachen, die alle zusammen die *User Experience* konfigurieren.

1. Ein Strang beschäftigt sich mit den menschlichen Bedürfnissen, die ein Produkt

über den rein instrumentellen Charakter hinaus erfüllen soll, um eine holistische HCI zu ermöglichen. Die Forschungen konzentrieren sich auf verschiedene Herausforderungen, denen moderne Angebote gerecht werden sollten: von ästhetischer Schönheit über Überraschungsmomente, Diversität und Intimität bis hin zu den hedonischen Aspekten wie Stimulation, Identifikaton und Evokation (Hassenzahl und Tractinsky 2006, 92f.).

2. Eine andere Richtung fokussiert auf das affektive System, da diesem eine grosse Bedeutung in vielen Bereichen des menschlichen Handelns (Entscheidungsfindung, Wohlbefinden) zukommt. In der UX-Forschung werden Affekte in ihrer Rolle als Bedingung, Konsequenz und Vermittler der konkreten Technologienutzung untersucht. Während klassische HCI-Forschung sich um die Prävention vor Fehlern oder Unzufriedenheit bemühte, rückt in der UX der Fokus auf die positiven emotionalen Momente (ebd., 93f.).

3. In der dritten Blickrichtung werden v.a. Kontext und temporärer Charakter der Technologienutzung betont. Gemütszustand, Erwartungen, Zielsetzungen beeinflussen sich hier wechselseitig und generieren im Zusammenspiel die konkrete Erfahrung (ebd., 94f.).

Die Konnotation, die der UX-Begriff mit sich führt, variiert demnach sehr stark, je nachdem, ob er im Marketing, der Informationstechnologie oder der HCI-Forschung verwendet wird. Allen gemeinsam ist die holistische Perspektive, die die bis dato vorherrschenden Qualitätsmodelle um nicht-utilaristische Konzepte erweitert - wie beispielsweise „fun", „joy", „pleasure" etc. (Hassenzahl 2004, 31). Zusammengefasst setzt sich UX aus dem subjektiven Zustand des *Users* (Prädispositionen, Erwartungen, Bedürfnissen, Motivation, Gemütszustand etc.), den Bausteinen des designten Systems (*Usability*, Zielsetzung, Komplexität, Funktionalität etc.) und dem interaktionsumgebenden Kontext (sozio-kulturelle Rahmenbedingungen, Bedeutung der Aktivität, Freiwilligkeit der Nutzung etc.) zusammen (Hassenzahl und Tractinsky 2006, 95).

Eine gefällige UX bedeutet, dass alle Interaktionen des *Users* im Laufe der Produktnutzung zufriedenstellend verlaufen - vom Marketing-Versprechen über den Kauf bis hin zum Support und Upgrade (Väänänen-Vainio-Mattila, Väätäjä, und Vainio 2009, 118). Ziel der UX-Forschung ist es demnach, die Nutzer/innen eines Angebotes in den Fokus zu rücken, um die Arbeit von (Informations- oder Produkt-)Designer/innen zu verbessern und deren Beitrag zum Aufbau einer positiven Erfahrung und Assoziation beim *User* qualitativ zu erweitern. Dieser Aspekt ist grundsätzlich ein wichtiger, um Angebote nutzungsfreundlich zu entwickeln und damit den *Flow* der Nutzer/innen zu unterstützen. Allerdings lässt die UX-Forschung bislang außer Acht, dass Informationsangebote in einer durch *Web 2.0* unterstützten

Netzwerkgesellschaft zunehmend diversifizieren und kaum noch seitens eines zentralen Designs gesteuert werden können.

Daher soll in dieser Arbeit untersucht werden, welchen Beitrag ein gutes UX-Design zur Unterstützung persönlichen *Flow*-Erlebens in personalisierten *Web 2.0*-Umgebungen leisten kann. Konkret lässt sich fragen, inwiefern UX-Forschungsergebnisse zur Kompetenzentwicklung herangezogen werden können, um die persönliche Komposition moderner Lernumgebungen unter *Flow*-Gesichtspunkten zu optimieren. Es soll analysiert werden, wie *User* selbst zu DesignerInnen des eigenen *Personal Learning Environments* heranwachsen können.

3.2.1 User Experience als benutzerfokussiertes Modell

Die verschiedenen UX-Forschungsansätze werden derzeit unter Begrifflichkeiten wie „Joy of Use" (Reeps 2006), „Funology" (M.A. Blythe u. a. 2003) oder „Emotional Design" (Norman 2003) zusammengefasst (weitere analog verwendbare Begriffe siehe Reeps 2006, 23f.). Allen gemeinsam ist die Erkenntnis, dass Funktionalität und *Usability* nicht alleiniger Maßstab für die Entwicklung gebrauchstauglicher Angebote sein sollte, da hier die Zweckorientierung und Zielfindung der Nutzung zu sehr im Mittelpunkt steht. Diese für die HCI-Konzeption zentralen Aspekte stoßen an ihre betriebswirtschaftlichen Grenzen, wenn Nutzer/innen sich für ein Alternativangebot entscheiden aufgrund persönlicher Faktoren, die neben der Effektivität und Effizienz des Handelns von Bedeutung sind.

Vor allem Apples Marktdurchdringung führte vielen Design-Interessierten vor Augen, welche Bedeutung ästhetischen und interaktiv humanen Prinzipien zukommt bei der Kaufentscheidung - neben den als selbstverständlich erachteten Funktionen. Die Frage, die sich die UX-Forschung stellt, ist folglich, wie Menschen Produkte oder Informationsangebote positiv erfahren und wie diese Nutzung seitens des UX-Designs beeinflusst werden kann. Es geht zunächst darum, Einflussfaktoren zu identifizieren, die an der HCI-Schnittstelle wirken und sich auf das spaßvolle oder freudige Erleben auswirken. Die Beantwortung dieser Frage überschreitet den technologischen Horizont und greift in die Konzeption technologisch angereicherter Designs aller Fachrichtungen ein, mit denen Menschen interagieren (also auch die Konzeption von Lernumgebungen). Dabei setzt *User Experience* eine Erfahrung voraus. Was ist eine Erfahrung? Und wann wird eine solche als positiv angesehen? Diesen Fragen soll im Folgenden nachgegangen werden.

3.2.1.1 Konzeptualisierung von positiver Erfahrung

John Dewey kritisierte schon früh (1934) die Reduktion des Erfahrungsbegriffes auf die private, subjektive Erfahrung. Stattdessen konstituiere sich Erfahrung erst durch die Beziehung zwischen Selbst und Objekt, wobei das Selbst bereits vorher engagiert sei und sich aufgrund persönlicher Interessen und Ideologien in Situationen hinein begebe. Die Einheit der Erfahrung selbst ist beweglich, fragil und ein flüchtiges Ereignis, denn durch die Erfahrung werden Menschen und Situation verändert - und damit auch der Erfahrungswert für zukünftige Beziehungen zwischen Subjekt und Objekt. Als selbstgenügsame, emotionale Einheit kann eine subjektive Erfahrung nur dann gemacht werden, wenn sie der allgemeinen Erfahrung eine ästhetische Qualität abringt. Aufgrund der Abhängigkeit der allgemeinen Erfahrung von dem persönlichen Engagement lassen sich subjektive, positive Erfahrungen nicht am Reißbrett entwickeln - lediglich lässt sich ein Kontext schaffen, in dem diese Erfahrungen theoretisch gemacht werden könnten (Peter Wright, McCarthy, & Meekison 2004, 46).

Jede subjektive Bedeutung einer Erfahrung ist wechselseitig angeregt durch den Diskurs mit anderen. Angelehnt an die Überlegungen zur vernetzten Kompetenzentwicklung liesse sich ableiten: Indem vielfältige Diskurse zwischen Mensch und Objekt und zwischen Mensch und Mensch vollzogen werden, entsteht eine Matrix, die jeden einzelnen Diskurs im Netzwerk und damit sie alle miteinander im Dialog hält. Subjektive Erfahrung kann -nach Dewey- niemals auf seine wesentlichen Elemente reduziert werden, sondern immer nur durch seine Beziehungen existieren (ebd., 45f.), da „experience is essentially holistic, situated and constructed." (ebd., 46)

Die UX-ForscherInnen Wright, McCarthy und Meekison entwickelten dennoch ein *Framework*, wie Erfahrung sich generell konzeptualisieren liesse, mittels dessen zumindest über Erfahrung gesprochen werden kann. Sie markierten dafür vier Stränge, die zusammen genommen als ein Geflecht Erfahrungen konstituieren (ebd., 46ff.):

- Der kompositorische Strang, der als roter Faden die Erfahrung zusammenhält (z.B. Narration, Farbmodell o.ä.).
- Der sinnliche Strang, der unseren Sinnesapparat innerhalb einer gegebenen Situation in Aktion versetzt.
- Der emotionale Strang folgt nicht als passive Antwort auf eine Situation, sondern kann über die Kontrollausübung kontrolliert werden.[58]
- Der raum-zeitliche Strang bindet Aktionen und Ereignisse an eine bestimmte Zeit und einen bestimmten Ort und speichert im Erfahrungshorizont, ähnliche Verbindungen zukünftig zu suchen.

Menschen konstruieren demnach durch einen aktiven Prozess der Sinnstiftung ihre Erfahrungen: Sie antizipieren, verbinden, interpretieren und reflektieren die Situation entlang der vier Stränge. Sie eignen sich die Erfahrung durch die Bezugnahme zu

---

58 wie auch Csikszentmihalyi in seinem *Flow*-Konzept darlegte

früheren oder späteren Erfahrungen an, um schließlich von der gewonnenen Erfahrung dialogisch zu berichten (ebd., 49f.). Die eigentliche, bewusste Erfahrung ist so klar strukturiert: Zum einen enthält sie einen Fokus und eine klare Umrandung, zum anderen unterscheidet sie zwischen dem Selbst und dem Nicht-Selbst (Apter 1989, 5). Diese konkrete Struktur wandelt sich im Laufe der Zeit und entwickelt ein Muster, das der Motivationsforscher Michael J. Apter mit seiner Reversal Theory für verschiedene Erfahrungsräume zu untersuchen vermag. Apter identifizierte zwei metamotivationale Zustände, die den individuellen Erfahrungsraum strukturieren:

Zum einen kann mit steigendem Erregungspegel in Korrelation mit dem Vergnügungsgrad entweder eine anhaltende Anregung oder wachsende Angst generiert werden, so dass Individuen je nach zu erwartendem Ergebnis entweder die Erregung suchen oder meiden (ebd., 19). Zum anderen kann ein positives Vergnügen aus zwei verschiedenen Zuständen sich entwickeln: Entweder leitet es sich aus einer (der Erfahrung zugrunde gelegten) Zielorientierung ab oder die Aktivität selbst entwickelt sich zum paratelischen Ziel. Im telischen Modus werden Aktivitäten also zugunsten des Zieles instrumentalisiert, während im paratelischen Modus die zentrale Aktivität ggf. zugunsten verschiedener Ziele wirken kann (ebd., 39).

Flow kann beide Modi bedienen und ein tiefes Glücksempfinden hervorrufen, wenn Menschen bereit sind, an bzw. über ihre Grenzen zu gehen und dies im reflexiven Nachgang als Glück zu identifizieren vermögen. Doch viele Menschen suchen eher die kurzfristige Erregung denn nachhaltige Vertiefung. Eine Differenzierung von Spaß (fun) und Vergnügen (pleasure) könnte ggf. zum Verständnis beitragen (Mark Blythe und Hassenzahl 2004).

Der Spaß-Begriff kam im Zuge der industriellen Revolution als politischer Begriff auf - er beschrieb den Widerstand der Arbeiterklasse gegen die Vereinnahmung durch die Arbeit und gleichzeitig die Fortführung der Arbeit in Form der mechanisierten Reproduktion. Im Gefolge schufen die Unterhaltungsindustrie und Massenmedien eine Welt der Spektakel. Spaß konnte man fortan kaufen und konsumieren, darauf wies bereits die Frankfurter Schule hin (ebd., 92f.). Aber auch passiven, konsumierbaren Aktivitäten kann eine kurzfristige, belohnende Funktion zukommen und Freude aufkommen lassen, die wiederum als Glücksempfinden reflektiert werden kann. Denn Freude charakterisiert lediglich eine Beziehung zwischen aktuellen Aktivitäten und dem individuellen Seelenzustand (ebd., 94).

Vergnügen ist eine weitere spezifische Ausprägung von Freude und ist analytisch vom Spaß zu unterscheiden. Vergnügen wird auch von Csikszentmihalyi im Sinne Aristoteles' als durch kontinuierlich steigende Herausforderung verursachte Stimulation verstanden. Während Spaß vom Selbst ablenkt, ermöglicht ein durch Aktion verursachtes, absorbierendes Gefühl ein Vergnügen, das einem tieferen Empfinden von Freude gleichkommt. Vergnügen weist eine direkte Verbindung zum

Selbst auf und kann auch in schwierigen Situationen hervorgerufen werden. Dagegen lässt sich Spaß niemals nachhaltig in einer ernsthaften Aktion hervorrufen, maximal in einem seriösen Kontext als Mikrophänomen (ebd., 94f.). Blythe und Hassenzahl stellen vier Gegensatzpaare auf, um die Eigenschaften von Spaß und Vergnügen im Hinblick auf ihre unterschiedliche Wirkung auf das Selbst untersuchen zu können (siehe Tabelle 3 mitsamt der folgenden Erläuterungen).

	Fun / Distraction	Pleasure / Absorption
1	Triviality	Relevance
2	Repetition	Progression
3	Spectacle	Aesthetics
4	Transgression	Commitment

Tabelle 3: Experiental and cultural connotations of fun and pleasure (ebd., 95)

1. Nur relevante, absorbierende Aktivitäten oder Objekte sind persönlich bedeutungsvoll - erst dann werden sie zum Teil der Selbstdefinition, der Identität. Relevanz erfährt eine Aktivität oder ein Objekt, wenn es zum persönlichen Wachstum beiträgt oder in der persönlichen Erinnerung positiv verankert ist oder antizipierende Wirkung im Sinne vermuteten Glücksempfinden hervorruft (ebd., 96f.).
2. Überraschungen kennzeichnen den Unterschied zwischen Zufriedenheit und Vergnügen. Wiederholungen können eventuell Spaß verursachen - Vergnügen hingegen erfahren nur diejenigen, die neue Muster erobern. Die Entwicklungsdynamik scheint eine wesentliche Voraussetzung für Herausforderungen zu sein (ebd., 98).
3. Spaß erfordert das intensive Engagement der Sinne - ergo ist das Spektakel, dessen Ästhetik auffällig und flüchtig ist. Abstraktere ästhetische Kriterien tragen dagegen zum Vergnügen bei, v.a. wenn sie sich in sozialer Tradition herausgebildet haben und mit anderen geteilt werden können.
4. Sichere Grenzüberschreitungen mit klaren kontextuellen Grenzen können Spaß erzeugen, wohingegen die Verbindlichkeit Vergnügen stiftet, da sie die Person in der Aktivität aufgehen lässt (ebd., 99).

Vor dem Hintergrund dieser Überlegungen stellt Spaß im edukativen Kontext einen recht schwierigen Themenkomplex dar, da Vertrauen in eine Tätigkeit erschlichen wird, die nur dann vergnüglich wäre, wenn sie die Seele der Lernenden vollständig absorbieren könnte - nicht funktional, sondern als Selbstzweck (ebd., 96).

> „Das durchrationalisierte Spiel (...) bringt recht häufig kritische Selbstbeobachtung und Angst vor möglichen Abweichungen mit sich."
> (Mitchell 1995, 72)

Hier könnten PLEs im Vorteil sein, wenn sie nicht seitens eines didaktischen Designs dargereicht, sondern selbstgesteuert zum eigenen (sinnlichen, sozialen, psychischen oder ideellen) Vergnügen zusammengestellt werden. Welche Erkenntnisse der UX-Forschung könnten *User* darin unterstützen, ihre technologische Umgebung an die eigenen Bedürfnisse anzupassen? Wie bewegen sich Menschen in diesen Umgebungen? Wann entsteht dort Vergnügen und wie lässt sich dort eine vergnügliche Erfahrung gestaltend unterstützen? Diesen Fragen soll jetzt nachgegangen werden.

3.2.1.2 UX AUS USER-PERSPEKTIVE

Analog zum holistischen *Flow*-Empfinden kann die gesamte UX eines *Users* verstanden werden als ein Kontinuum, das sich als Ergebnis einer Serie kleinerer UX-Einheiten formte (Väänänen-Vainio-Mattila, Väätäjä, und Vainio 2009, 125). Das emotionale System der *User* arbeitet dabei unabhängig vom rationalen Denken - doch Affekt und Kognition hängen zusammen und beeinflussen sich wechselseitig. Es existieren sogar Beweise, dass angenehme Angebote schneller erlernbar und einfacher zu händeln sind und schließlich ein harmonischeres Ergebnis erzielen als andere (Norman 2002a).

Aus Sicht der *User* tritt ihm/ihr ein spezifisches Angebot (z.B. ein *User Interface* oder ein Produkt) mit seinen offensichtlichen Features (Inhalt, Präsentationsform, Funktionalität, Interaktionsstil) entgegen, mit pragmatischen und hedonischen Facetten, die zusammen genommen den Produktcharakter beschreiben (Hassenzahl 2004, 34ff.):

- Ein pragmatisches Angebot verfolgt eine primär instrumentelle, extrinsisch oder intrinsisch generierte Zielsetzung, um die Umgebung der Person manipulieren zu können. Sowohl die Funktionalität (*Utility*) als auch die Wege, diese Funktionalität zu erreichen (*Usability*) sind in diesem Zusammenhang relevant. Die emotionale Verbindung zwischen einem pragmatischen Angebot und dem *User* ist nur dann sehr hoch, wenn eine hohe persönliche Relevanz gegeben ist.

- Dagegen unterscheiden sich Angebote, die hedonische Aspekte betonen, von pragmatischen Angeboten, weil sie ein größeres Potenzial an Vergnügen stiftenden Konsequenzen beinhalten, die sich wiederum in drei verschiedene Teilgruppen unterteilen lassen:
  1. Stimulation: Von Angeboten erwarten *User*, dass diese neue Eindrücke,

Gelegenheiten oder Erkenntnisse vermitteln oder anstoßen, um sich persönlich weiterzuentwickeln. Diese Anregung aufgrund neuer, aufregender Funktionalität, Präsentationsformen, Inhalte oder Interaktionsstile, vermag indirekt die pragmatische Zielfindung unterstützen. Indem solch anregende Angebote die Aufmerksamkeit erhöhen, vermögen sie ggf. eine Motivationslücke zu schliessen, die zum Erreichen externer Ziele erforderlich ist oder neue Problemlösungen ermöglichen.

2. Identifikation: Objekte entsprechen der Repräsentation des Selbst im sozialen Gefüge. Insofern müssen Angebote die Identität der Person -möglichst vorteilhaft- kommunizieren helfen.

3. Evokation: Angebote können Erinnerungen wachrufen, die dem Individuum wichtig sind.

Welchen Nutzungszusammenhang einzelne *User* präferieren und welche Aspekte einem Angebot individuell zugeschrieben werden, hängt von der spezifischen Bedeutung ab, mit der diese Person dem Angebot zu einem gegebenen Zeitpunkt entgegen tritt. Je nach Nutzungskontext variieren die persönlichen Konsequenzen, die der offensichtliche Angebotscharakter auf das Verhältnis *User* zu Angebot hat. So entscheidet die jeweilige Situation über die subjektive Beurteilung des Angebotes, die emotionalen Konsequenzen (wie Vergnügen oder Befriedigung einer Erwartungshaltung) und die Folgen des weiteren Verhaltens (wie z.B. ein weiteres zeitliches Investment in die Nutzung des Angebotes) (ebd., 36).

Die Situationen unterscheiden sich durch verschiedene, mentale Nutzungsmodi, wie Apter mit seiner Reversal Theorie dokumentierte (siehe vorheriges Kapitel): Während im Goal Modus das aktuelle Ziel im Vordergrund steht und alle Handlungen determiniert, dem Angebot also ein primär instrumenteller Charakter zugeschrieben wird, steht im Action Modus die Handlung selbst im Vordergrund, die Ziele am Wegesrand sind flüchtig. Im Action Modus beschreiben sich die Akteure als spielerisch und spontan - ein hoher Erregungspegel wird angestrebt, der als Aufregung erfahren wird. Sinkt die Erregung, tritt Langeweile an die Stelle (ebd., 39f.).

Während dieser subjektive Nutzungsmodus über die Zeit hinweg variieren kann, lässt sich aber auch feststellen:

> „Usage modes can be chronic, i.e., a part of an individual self-concept, too; to be in a particular usage mode becomes a stable personal trait." (Hassenzahl 2004, 40)

Die Wahrnehmung des Angebotcharakters als primär pragmatisch oder hedonisch ist nicht von den Nutzungsmodi beeinflusst, vielmehr vermittelt der Nutzungsmodus zwischen dem Angebotscharakter und den Konsequenzen auf das *User*-Angebot-Verhältnis (ebd.). Im Zeitalter des *Web 2.0* verändert sich dieses Verhältnis: Viele digitale Angebote enthalten lernende, dynamische Applikationen, soziale Medien oder benutzergenerierten Content, die einen neuen Kulturraum entstehen lassen. Das Angebotsdesign obliegt hier nicht mehr der alleinigen Kreation eines Anbieters, sondern die Nutzer/innen selbst gewinnen zunehmend Macht in der Gestaltung des Angebotes - nicht nur mit aktiven Beiträgen, sondern auch durch die Generierung einer Vielzahl an Datenspuren, die gemeinsam die *User Experience* aller Beteiligten steigern (Väänänen-Vainio-Mattila, Väätäjä, und Vainio 2009, 118f.). Es stellt sich die Frage, ob neben dem Web als Werkzeug im Goal Modus und dem Web als Medium im Action Modus im neuen Kulturraum Internet nicht ein neuer Nutzungsmodus entstehen wird.

Neben diesen Überlegungen zur UX aus Sicht der *User* soll nunmehr die Perspektive von DesignerInnen herangezogen werden, um zu verstehen, welche Bedürfnisse diese bei der Gestaltung technologischer Umgebungen aus ihrem Erfahrungsschatz heraus zu befriedigen suchen.

3.2.1.3 UX AUS DESIGNERINNEN-PERSPEKTIVE

Aus Design-Sicht geht es grundsätzlich darum, das conceptual model der Designerin über die Abbildung im *system image* an das *mental model* des *Users* heranzutragen (Norman 2003, 76). Genau genommen kreist die UX-Forschung ausschließlich um die adäquate Gestaltung nutzerfreundlicher, vergnüglicher Angebote aus Sicht einer allmächtigen Designerin, die möglichst den Gemütszustand des *Users* vorwegnimmt oder wenigstens ihn positiv beeinflusst. Die Bedürfnisse der *User* gilt es in dieser Sicht gleichermaßen zu bedienen wie die Zielsetzungen der AuftraggeberInnen.

Vor diesem Hintergrund ist es seitens des Designs erforderlich, funktionale Spezifikationen und inhaltliche Anforderungen zu definieren, die sich im interaktiven Workflow über die Applikationen und im Informationsfluss niederschlagen. Diese beiden systemischen *Flow*-Komponenten münden dann in einem Informationsdesign, das *Usern* ein besseres Verständnis ermöglicht und sich in einem möglichst gelungenen Interface- und Navigationsdesign abbildet. Auf der visuellen Ebene resultiert dies in einem spezifischen Look & Feel bzw. einer bestimmten Art, Texte, Grafiken und Navigation zu organisieren (siehe v.a. das „Original Diagram" von Jesse James Garrett 2000). Diese Visualisierung sollte dabei möglichst dem Informations- und Kommunikationsbedürfnis des *Users* entgegen kommen und ihm eine vergnügliche Erfahrung bereiten.

Nach Donald Norman besitzt das menschliche Gehirn drei Verarbeitungsstufen, die in jedem Design enthalten sind, sich aber unter Gestaltungsgesichtspunkten nicht gleichermaßen berücksichtigen lassen, da sie unterschiedlich bespielt werden sollten (Norman 2003, 63ff.):

- *Visceral Design*: Die Erscheinung eines Artefaktes lässt einzig die Sinne des *Users* reagieren - ohne kognitives Zutun.

- *Behavioral Design*: Der effektive, interaktive Gebrauch eines Angebotes wird vom *User* als kognitives, freudvolles Erlebnis wahrgenommen.
- *Reflective Design*: Das Produkt löst einen Reflexionsprozess beim *User* aus und setzt die Person in Beziehung zum Angebot.

In diesem magischen Dreieck des Designs bewegt sich demnach jede Gestaltung eines Angebotes, also auch die einer technologischen Umgebung. Für DesignerInnen lässt sich als Gestaltungsmaxime für ein erfolgreiches Joy-of-Use-Angebot, das alle drei Verarbeitungsstufen gut bedient, die Auseinandersetzung mit dem späteren *User* auf drei Ebenen empfehlen (Reeps 2006, 30f.):

1. Eine gute, bestimmungsgemäße, einfach zu bedienende Funktionalität ist Voraussetzung.
2. Auf der emotionalen Ebene sind die im Zusammenhang der Aufgabe angemessenen Gefühle zu bedenken (z.B. Sicherheit beim Bankingterminal).
3. Die Produktsprache schließlich drückt einen gewissen Lifestyle des *Users* aus.

Es geht also nicht darum, lediglich attraktive, funktionale oder schöne Angebote zu gestalten. Denn in Fortführung der oben angeführten Unterscheidung zwischen Spaß und Vergnügen, kann Attraktivität als ein Phänomen der viszeralen Ebene und Schönheit als Resultat der reflektierten Ebene analysiert werden (ebd., 56). Funktionalität wiederum ist ein wesentlicher Faktor im Behavioral Design, ohne das sich kein Vergnügen aufbauen kann. Für einen verführerischen Designprozess bedeutet dies nach Norman, sich an die von Khaslavsky und Shedroff vorgeschlagenen drei Basisschritte anzulehnen:

> „Verlockung, Beziehung und Erfüllung: ein emotionales Versprechen machen, dieses kontinuierlich erfüllen und die Erfahrung in einer erinnerbaren Art beenden lassen." (Reeps 2006, 57)

Diese Herausforderung ist im Zeitalter allgegenwärtiger Medien, die auf der viszeralen Ebene die Menschen gerne unterbrechen und sie zu sozialer Interaktion animieren, deutlich gestiegen. Denn die soziale Interaktion kann auf der reflektierten Ebene eine Bewusstseinsspaltung zwischen realer und distanzierter Welt produzieren, da im Evolutionsprozess solche Überlagerungen an Distanzen nicht angelegt waren (Norman 2003, 155). So können diese Interferenzen auf der Verhaltensebene zu Störungen führen, die den holistischen Zusammenhang zwischen *User*, Objekt und Situation potenziell zerlegen - und damit die Einheit der allgemeinen Erfahrung zerstören. Andererseits verlangen nicht alle Handlungen kontinuierlich volle Aufmerksamkeit, so dass es den Menschen per *Multitasking* möglich ist, verschiedene Aufgaben parallel bzw. verzahnt zu bewältigen (ebd., 156).

Ob Personen diese evolutionären Verzerrungen im inter-subjektiven Austausch der technologischen Möglichkeiten selbst austarieren können, um weiterhin *Flow* zu empfinden, wird entscheidend von ihrer Netz-Kompetenz abhängen. Gleichzeitig gilt es seitens der UX-Forschung, diese anspruchsvollen Anforderungen für modernes Design zu reflektieren und in neue Konzepte zu übersetzen. Wie gestaltet man als DesignerIn neue Angebote, die sich an selbstbestimmten *Usern* orientieren?

Einen Ansatz bieten die Design-Research-Maps von der Designforscherin Liz Sanders (Sanders 2008). Danach lassen sich im Zeitalter der Netzwerkgesellschaft vier Quadranten erkennen, die den UX-Forschungskontext prägen (Sanders und Chan 2007):

1. Critical Design
2. User-Centered Design
3. Participatory Design
4. Generative Design Research

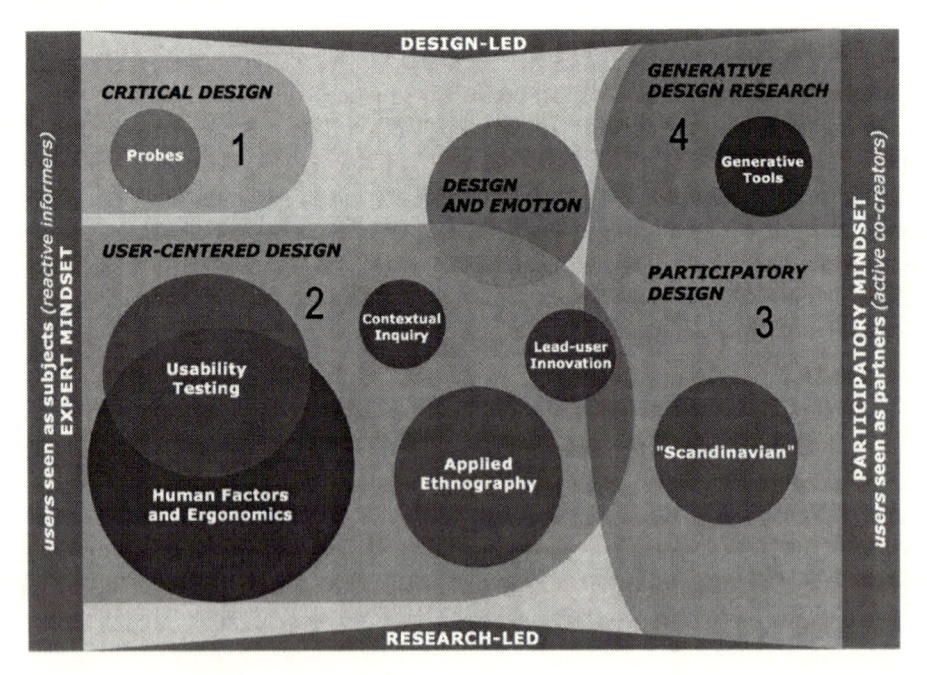

Abbildung 6: Emerging Trends in Design Research - poster 1 (ebd.)

Je nachdem, ob die Forschung im Vordergrund steht (2 + 3) oder das tatsächliche Design (1 + 4), und je nachdem, ob eher die Bedeutung der Expertise (1 + 2) oder der Partizipation (3 +4) die Sichtweise auf die *User* dominiert, konfigurieren sich die Forschungsmethoden und damit auch die Design-Ergebnisse recht unterschiedlich. Sanders führt aus, wie sich in diesem Rahmen sowohl multiple Forschungs-,

Innovations- wie Change-Prozesse initiieren lassen als auch neue, sinnvolle *Tools* denken (ebd., 17). Allerdings ist allen Szenarien gemein: Die Initiative geht von Expert/innen aus - seien sie nun eher aus der Forschungs- oder aus der Anwendungsecke kommend.

Übersetzt auf edukative Kontexte bedeutet dies, dass sich diese Überlegungen sowohl für die Instrumentalisierung im Sinne eines Instructional Designs (*User* als Subjekte) als auch für konstruktivistische Lernzusammenhänge (*User* als Partner) eignen. Gedanklich fortgeführt in emergente, benutzergenerierte wie -initiierte Zusammenhänge -also konnektivistische Lernnetzwerke- wäre zu überlegen, welche Folgerungen sich aus diesen Überlegungen für die Gestaltung benutzergenerierter Arbeits- und Lernumgebungen ableiten lassen. Überhaupt ist zu fragen, welchen Beitrag die UX-Forschungen insgesamt zu leisten vermögen, um das *Flow*-Empfinden von *Usern* zu steigern bzw. zu unterstützen.

3.2.2 BEITRAG DES UX-DESIGNS AUF FLOW-EMPFINDEN DES USERS

Nach dem in der Arbeits- und Organisationspsychologie gerne verwendeten Anforderung-Kontrolle-Unterstützung-Modell des Soziologen Robert Karasek steigert sich z.B. die Job-Zufriedenheit und das Wohlbefinden, wenn die Anforderungen des Jobs, die Entscheidungsfreiheit innerhalb des Jobs und die soziale Unterstützung hoch sind. Dieses Modell lässt sich gut auf die HCI-Forschung zum Joy of use übertragen (Brandtzaeg, Folstad, und Heim 2004). Csikszentmihalyis oben angeführte Herausforderungen sind dabei eine Facette, die eine positive Sicht auf die Anforderungen eines Jobs charakterisieren. Aus Design-Sicht müssen diese Herausforderungen eine gewisse Variationsbreite umfassen, die damit über statische Angebote hinausweisen und eine die Erwartungen des *Users* übertreffende Unvorhersehbarkeit dynamisch entfalten. Soll zudem eine spaßige Umgebung entstehen, sollten Überraschungsmomente oder sich widersprechende Ereignisse mitgedacht werden (ebd., 58). Und die Fähigkeiten, die zur Bewältigung der nächsten Stufe erforderlich sind, sind rechtzeitig zu vermitteln - andernfalls droht eine Unterbrechung des *Flows*. Diese Erkenntnis lässt sich aus der Spieltheorie ableiten: In Spielen, den klassischen Spaß-Generatoren, sollte jede kleinste Einheit zum Spielerfolg beitragen, nichts Überflüssiges die Spieler/innen beschäftigen (Koster 2005, 132).

Ist häufiger eine gewisse Bandbreite an dramaturgisch gesetzten Interaktionen und eine effektive Einflussnahme auf das Geschehen möglich, steigt das Engagement der *User* an (Laurel 1993). Damit steigt auch die Bereitschaft zur Ausbildung neuer Fähigkeiten, die in einem solchermaßen engagierten Umfeld gefordert sind. Diese Fähigkeiten zu nutzen und weiterzuentwickeln, setzt Selbstvertrauen beim *User* voraus, das wiederum seitens des Designs von Angeboten unterstützt oder unterlaufen werden kann. So können ungewünschte Komplexität oder mangelnde Kenntnis der Zielgruppen als Defizit des Selbstvertrauens ausgelegt werden (Brandtzaeg, Folstad, und Heim 2004, 59).

Neben der Entscheidungsmacht der *User* ist v.a. die Personalisierung der Technologie von entscheidender Bedeutung für die Nutzerkontrolle des Geschehens, möglichst flankiert von sozialer Unterstützung in Form von Ko-Aktivitäten und sozialer Kohäsion (ebd., 60f.). Insofern sollte das Design humaner Technologien eine Vielzahl sozialer Gelegenheiten schaffen, um angenehme Erfahrungen zu ermöglichen (ebd., 62).

Zusammengefasst erfordert aus Sicht der *User* eine genussvolle Interaktion mit der Technologie ein gutes Verhältnis zwischen Herausforderung und Gebrauch. Das Angebot sollte die Entwicklung erforderlicher Fähigkeiten fördern, eine bestimmte Vielfalt an Interaktionsmöglichkeiten bereitstellen und die Autorität des *Users*, selbst Entscheidungen zu fällen, unterstützen. Entsprechend muss das Design ausgerichtet sein und folgende Prinzipien beherzigen (ebd., 62f.):

- Kontrolle und Partizipation durch die Nutzer/innen - mit angemessenen Herausforderungen;
- Variation und vielfältige Gelegenheiten - die Erwartungen der *User* übertreffen;
- soziale Gelegenheiten in Form von Ko-Aktivität und sozialer Kohäsion schaffen.

Wie kann nun das UX-Design das *Flow*-Empfinden des *Users* konkret beeinflussen?

Es existieren eine Vielzahl an Design-Prinzipien und *Usability*-Heuristiken, die Orientierung bieten, nach welchen Kriterien potenziellen *Usern* die Angebote dargereicht werden sollten. Daraus entstanden oftmals Normen und Standards, die vermeiden helfen sollen, negative Assoziationen mit dem Angebot zu verbinden. Persönlicher *Flow* wird über diesen Weg nur selten unterstützt. So hat sich beispielsweise erwiesen, dass in Spielen explizite Verstöße gegen klassische Heuristiken existieren und gerade diese Regelverletzungen erst den Spiel-*Flow* ermöglichen (Reeps 2006, 161). Auch bei klassischer Lernsoftware ist Erfolg und *Flow* wahrscheinlicher, wenn Irrtum und Fehler möglich sind (ebd., 162). Erst wenn die Lücken eines bestehenden Regelsystems erkannt und modifiziert werden können durch die aktive Kontrolle des *Users*, erst dann sind seitens des Systems die Voraussetzungen für *Flow* gegeben (ebd., 163). Diese benutzergenerierten „Hacks" eines designten Ablaufs, die zum *Flow* beitragen, lassen sich allerdings nur schwer planen. Hier kommt die Gestaltungskraft des *Users* ins Spiel.

Doch nicht voraussetzungslos: Neben dem persönlichen *Flow* der selbst ermächtigten *User* lassen sich aus UX-Design-Sicht vier weitere *Flow*-Dimensionen in der Mensch-Maschine-Interaktion unterscheiden: Analog zu dem UX-Designer und -Autor Alan Cooper können zum einen der *Usability Flow*, der Workflow des *Users* und die Transparenz der Software benannt werden. Der Medienwissenschaftler Martin Lindner identifiziert darüber hinaus -neben dem persönlichen *Flow*- den impliziten

Flow der konkreten Medienumgebung (Lindner 2008b, 50).

Für die hier vorliegende Untersuchung liesse sich aus diesen Analysen ableiten, wie der *Flow*-Prozess in seiner Gesamtkomposition vielfältig ineinander greift (vgl. Abbildung 7):

| Medienumgebung | Transparenz | Usability | Workflow | Person |

Abbildung 7: Flow-Dimensionen

Diese fünf *Flow*-Dimensionen konfigurieren sich im Rahmen vielfältiger Endgeräte und multipler kleiner Applikationen, die Raum und Zeit zu überwinden vermögen (ebd., 51). Aus Sicht der *User* werden dann in der individuellen Zeitschiene diverse Endgeräte und Applikationen genutzt, die die Person mit den verschiedenen, vernetzten Zeiten der zeitlosen Zeit der Netzwerkgesellschaft individuell verbindet und den *space of flows* re-generiert. Glückt es der Person, über verschiedene, kurzfristige, spaßvolle Mikroflow-Einheiten sich vom Selbst abzulenken und ggf. diese Mikroflow-Einheiten in einen wiederkehrenden Fluss zu überführen, kann ein langfristiges, vergnügliches *Flow*-Empfinden entstehen, das eine direkte Verbindung zum Selbst herstellt. Dann befindet sich der Mensch im negentropischen Zustand. Das Bewusstsein enthält „absichtlich geordnete Information", während es sich gleichzeitig mittels eines komplexen Filterprozesses regelmäßig neue herausfordernde Anforderungen sucht. Action Modus und Goal Modus wechseln sich ab und vermitteln zwischen den Angeboten und den Konsequenzen auf das *User*-Angebot-Verhältnis.

Voraussetzung ist allerdings, dass das Ich als räumliche Instanz in der physischen Welt andocken kann über den *space of places*. Die Frage, ob in diesen fliessenden Zeiten standardisierte PLEs als digitale Anlaufstellen geeignet erscheinen, um in den *space of flows* einzutauchen, ist angesichts des „vernetzten Individualismus" fraglich. Vielmehr scheint es heute angesichts der dynamischen sozio-technologischen Entwicklungen erforderlich, Menschen als potentielle Netzwerkknoten aufzubauen, so dass ein subjektives Andocken in der fragmentarischen, geographischen Ordnung möglich wird. Eine positive UX kann *User* dabei unterstützen, *Flow* zu generieren - die Zielsetzung der konkreten Aktivitäten muss allerdings von der Person als persönliche Herausforderung akzeptiert werden. Neben den Bausteinen des designten Systems ist der Nutzungskontext und der subjektive Zustand des *Users* von entscheidender Bedeutung für eine positive UX. Autotelische Persönlichkeiten, die sich intrinsisch zu belohnen vermögen, sind hier im Vorteil.

Während also Micro-*Flow* durch *visceral design* entstehen kann, bedarf es im *Web 2.0*-Zeitalter eines individuellen *behavioral designs*, um einen subjektiven *Flow* zu generieren. Im *reflective design* treten die *User* dann aus dem *Flow*-Zustand heraus und stellen eine Verbindung her zum selbst gefilterten Angebot - in diesem Kontext entsteht der individuelle und sozio-kulturelle Lernprozess. *Flow* stellt ein kulturelles Gefühl für Handlungsmuster her, die es weiterzureichen lohnt.

Zusammengefasst resultiert *Flow* aus den Aktionen möglichst autotelischer Persönlichkeiten, die sich in gegebenen Situationen kompetent fühlen. Ein Kompetenzgefühl stellt sich her, wenn mit wachsenden Herausforderungen über kleine Lernerfolge die Fähigkeiten adäquat ausgebaut werden. In der Netzwerkgesellschaft mit den ihr inhärenten digitalen, technischen Schnittstellen, kommt der UX eine zentrale Bedeutung zu, diesen Lernprozess zu fördern. Bislang wurde diese UX von ExpertInnen gestaltet. Angesichts der Entwicklungen hin zu personalisierten Arbeits- und Lernumgebungen muss nunmehr gefragt werden, was Individuen bei der eigenen Gestaltung von der bisherigen UX-Forschung lernen können, um ihre individuelle Kompetenz auszubauen und damit ihren *Flow*-Genuss zu steigern.

3.2.3 ZWISCHENFAZIT: UX-FORSCHUNG UND KOMPETENZENTWICKLUNG

In Kapitel 2.4 wurde dargelegt, wie sich die kollektive Netzwerk-Kompetenz durch den inter-subjektiven Austausch im sozialen Diskurs entfaltet und diese Sozio-Kultur wiederum auf die individuelle Netz-Kompetenz zurück strahlt. Mit Blick auf die Mensch-Maschine-Schnittstellen (MMS) setzt sich dieses Prinzip fort: Nach dem Designprinzip der gegenseitigen Abhängigkeit von Interface- und kognitiven Funktionen beeinflusst jede Veränderung eines Interfaces die kognitiv wahrgenommenen Features eines Systems. Im konkreten Zusammenspiel von Mensch-Maschine können bestimmte Prozesse die kognitiven Funktionen der beteiligten Personen unterstützen. Gleichzeitig werden spezifische Benachteiligungen der kognitiven Leistungsfähigkeit idealer Weise vom System erkannt, so dass es mit einer funktionalen Reduktion reagieren kann (Cañas 2009, 56).

Die traditionelle Perspektive, in der standardisierte Angebote mit *one size fits all*-Ideologie vorherrschten, wird derzeit in der UX-Forschung abgelöst durch maximal dynamische Entwicklungen, die möglichst individualisierte Anpassungen ermöglichen und unterschiedlichen Nutzertypen wie Nutzungsmodi gerecht werden. Ein persönliches Kompetenzgefühl an der Mensch-Maschine-Schnittstelle (MMS) entsteht in dieser Blickrichtung aus dem Zusammenspiel persönlicher Talente und Interessen, gestalteter Angebote und kontextueller Variablen. Erst diese Melange generiert konkrete (Inter-)Aktionen eines spezifischen Individuums. Individuelle Kompetenz baut sich auf, wenn alle drei Faktoren eine Balance zwischen Herausforderungen und Fähigkeiten entstehen lassen.

Dabei sind die Schnittstellen immer weniger sichtbar - die Maschinen treten in den Hintergrund, und die sozialen Verbindungen treten nach vorne. Wie diese Faktoren sich wechselseitig bedingen und beeinflussen, wird deutlich, wenn ein Blick auf die zunehmend ubiquitären Medien, derzeit v.a. die mobilen Technologien und ihren Einfluss auf den sozio-kulturellen Alltag geworfen wird (Anja C. Wagner 2009). Indem die soziale Interaktion der alltäglichen Welt zunehmend von Interaktionen mit der entfernten Welt unterbrochen wird, vollzieht sich ein dialektischer Wandel der sozialen Akzeptanz. Zum einen scheint die mediale Überlagerung während gemeinschaftlicher, aktivitätsgesteuerter Handlungen sozial akzeptiert zu sein. Zum anderen sorgen einzelne Personen innerhalb zielorientierter, sozialer Interaktionen vor, die Unterbrechungen möglichst zu vermeiden (Norman 2003, 158). Hier wird ein Wertewandel vollzogen, der nicht zuletzt neue Maßstäbe interaktiver Höflichkeit setzt.

Gleichzeitig hat sich eine innovative Spirale herausgebildet: Den wachsenden Anforderungen der vielfältig kommunizierenden wie interagierenden Individuen stellen sich neue Technologieangebote gegenüber, die wiederum von den globalen Prozessen der Netzwerkgesellschaft vorangetrieben werden. Die Attraktivität sozialer *Online*-Netzwerke mit qualitativ verbesserter UX greifen die sozialen Wünsche der aktiven Personen auf und ermöglichen über diverse Technologien hinweg nahezu unbegrenzte soziale Interaktionen. Sofern die individuellen Fähigkeiten sich den neuen Herausforderungen sukzessive anpassen, baut sich das persönliche *Flow*-Empfinden weiter auf. Denn dieses Gefühl setzt kein spezifisches Wissenskontingent voraus. Vielmehr kann präzises, situationales Verhalten an der MMS auch aus unpräzisem Wissen entstehen, da die Verhaltensalternativen aus verschiedenen Gründen begrenzt und insofern das erforderliche Wissen in einer Handlungssituation überschaubar ist (Norman 2002b, 55ff.):

1. Das individuelle Verhalten wird durch eine Kombination aus erinnerter Information und ubiquitär verfügbaren Informationen beeinflusst. Informationen befinden sich bereits in der Welt - zumal in der vernetzten Welt.
2. Präzises Verhalten ist nur selten erforderlich, da das Wissen nur einen ausreichenden Hinweis bieten muss, welches Verhalten jetzt das angesagte ist.
3. Die Spannbreite möglicher Interaktionen wird durch die physischen Eigenschaften des Objekts und seine „Affordance" (siehe zur Diskussion des Affordance-Begriffes Norman 2007, 66ff.) begrenzt.
4. Zahlreiche künstliche, sozio-kulturelle Konventionen geben dem sozial akzeptierten Verhalten einen Rahmen.

Die Aussage wiederholt sich in den verschiedenen theoretischen Bezügen: Handlungsfähigen Menschen in der vernetzten Welt stehen Informationen in den pipes zur Verfügung und relativieren die Bedeutung persönlicher Wissensbestände - auch zur Gestaltung der eigenen MMS. Individueller Spass stellt sich durch

Grenzüberschreitungen her, Vergnügen durch regelmäßige micro flows aufgrund wachsender Herausforderungen. Die wechselseitige Durchdringung der „realen" mit der „virtuellen" Ebene lässt einen modernen Kulturraum entstehen, der ggf. neue Nutzungsmodi generiert, die über eine funktionale Goal- oder animierende Action-Dimension hinausgehen. Indem Menschen sich in diesem Kulturraum aktiv bewegen, gestalten sie diesen für ihre Zwecke im sozialen Verbund mit. Damit wachsen die Handlungs- und Gestaltungskompetenz als individuelle Netz- wie kollektive Netzwerk-Kompetenz im interaktiven Austausch generisch mit. Von der sozialen Komponente völlig unabhängige individuelle Entwicklungen und Anforderungen an moderne MMS werden es zukünftig sehr schwer haben.

Gleichwohl müssen Menschen jederzeit das Gefühl haben, die Interaktion beeinflussen zu können. Ein Kontrollgefühl über die sozio-technologischen Eigendynamiken scheint eine wesentliche Voraussetzung zum Überleben im „digitalen Klimawandel" (Lindner) zu sein. Der Mensch muss Herrscher/in seiner technologischen Auswüchse sein - und dieser Maxime gilt es seitens des Designs zu folgen (Norman 2003, 159). Und da alle Menschen ihre Umgebung mit designen (ebd., 224ff.) -in der Wohnung, im Lebensstil, auf der *Website* oder im *Personal Learning Environment*- sind die Empfehlungen der DesignerInnen für die Gestaltung gebrauchstauglicher Angebote, die eine positive UX unterstützen, auch Netzarbeiter/innen für ihren persönlichen *Flow* anzuraten.

Funktionalität, Emotion und Lifestyle sind Komponenten, die gleichermaßen von jedem Design zu bedienen sind, um eine Aktivität als eine vergnügliche verarbeiten zu können. Angelehnt an die Design-Research-Map von Liz Sanders[59] sollte die persönliche technologische Umgebung dabei verschiedene Szenarien bedienen: ExpertInnen-basierte oder partizipative Kompositionen sollten sich abwechseln - ebenso der experimentelle mit dem ästhetisch abgerundeten Grundcharakter des Designs. Diese Kompositionen an der MMS liessen sich z.B. auf verschiedenen Ebenen der Technologieumgebung temporär und thematisch begrenzen, die je nach Tagespräferenz fokussiert werden können. Voraussetzung wäre dann eine persönliche Befähigung zur Aktivierung eines zielorientierten Nutzungsmodus', um die geeignete Ebene je nach Stimmung und Kontext anzusprechen. Entweder intrinsisch motiviert als subjektiv gesetzte Herausforderung im Stile einer autotelischen Persönlichkeit. Oder auch extrinsisch motiviert: Neben klassischen arbeits- oder lerninduzierten Zielsetzungen könnten paratelische Nutzungsmodi eine individuelle Zielsetzung forcieren.

Da Aktivierungen auch über die sinnliche Wahrnehmung auf der viszeralen Ebene auf den *User* einströmen, das Ziel also nicht aus dem kognitiven Prozess intrinsisch entfaltet werden muss, kann die konkrete Interaktion an der MMS auch als Reaktion, Regulierung oder Beginn eines Lernprozesses begriffen werden (Dubberly, Pangaro,

---

59 Siehe Kap. 3.2.1

und Haque 2009, 8f.). Denn Kennzeichen mobiler NetzarbeiterInnen ist eine Verhaltensweise, die sich lernend mit verschiedenen, gleichzeitigen Aufgaben beschäftigt. Diese „Continous Partial Attention" -wie die Microsoft-Forscherin Linda Stone bereits 2005 meinte- entspricht einer ins Positive gewendeten Sicht auf ein Phänomen, das von Personen in tradierten Umgebungen als *Information Overload* wahrgenommen wird (Lindner 2008b, 43). Die Fähigkeit, adäquate Filtermechanismen zu entwickeln, ist eine Anforderung an Menschen im vernetzten Zeitalter, die sich aus dieser Mediennutzung ableiten lässt. Diese Befähigung ist wesentlich, um ein individuelles Kompetenzgefühl aufbauen zu können (ebd., 44). Dabei kann sie an bereits vorhandene Eigenschaften anschliessen, denn das Informationshandling im *Web 2.0* nähert sich Modellen des realen Lebens an: Informationen erlangen in ihrem Kommunikationsfluss in selbst gesetzten Rhythmen die Sinne des Individuums (ebd., 48).

Zusammengefasst ermöglichen benutzergenerierte Arbeits- und Lernumgebungen einem Individuum, seine persönlichen Fähigkeiten an die Herausforderungen im Rahmen extern gesetzter Möglichkeiten vorgegebener Angebote anzupassen, so dass das Potenzial für die persönliche Kompetenzentfaltung wachsen kann. Der Vierstufen-Plan zum selbstregulativen Kompetenzaufbau über *ePortfolios* kann dabei unterstützend wirken. Für die optimale Gestaltung solcher Umgebungen sind spezifische UX-Kenntnisse von Vorteil, um die Informationen und Applikationen sinnvoll zu strukturieren und zu arrangieren.

Die (selbst) gestalteten Mensch-Maschine-Schnittstellen beeinflussen den möglichen Handlungsrahmen einer Person, in dem sie agieren kann. Da die aktive Nutzung webbasierter Technologien eine wesentliche Voraussetzung zur Teilhabe an der Netzwerkgesellschaft ist, rückt die Frage, ob Technologie eher als extrinsisch motiviertes Werkzeug oder als intrinsisch motiviertes Spielzeug genutzt wird (vgl. dazu Brandtzaeg, Folstad, und Heim 2004, 55), eher in den Hintergrund. Wichtig scheint aus Sicht der Kompetenzentwicklung zunächst zu sein, dass ein möglichst ungehinderter Zugang möglich ist und die Person sich je nach Entwicklungsstand und gewünschtem Nutzungsmodus interaktiv einbringen kann. Das System hinter der MSS muss allerdings lernfähig sein, um ggf. neuen, individuell gewünschten Zielsetzungen des *User*s beggenen und wachsenden Herausforderungen den erforderlichen Aufbau an Fähigkeiten oder Kenntnissen ermöglichen zu können. Dies setzt auf sozio-technologischer Ebene eine Netzwerk-Kompetenz voraus, die weit über *Usability*-Gesichtspunkte hinausreicht und die gesamten Prozesse im Hintergrund mit einbezieht (vgl. die 95 Thesen des Cluetrain Manifestes - „Märkte" können beim Lesen auch ersetzt werden durch „Bildung", „Politik" o.ä.: Levine u. a. 2000, 16ff.).

Für die Beantwortung der Frage, was einzelne Personen von der UX-Forschung lernen können, scheint sich eine Empfehlung herauszuschälen, sich zunächst persönlich als *User* entlang der UX-Forschung besser kennenzulernen. Entsprechend der persönlichen Präferenzen kann dann ein geeigneter Mix aus zielgerichteten und spaßigen Elementen dynamisch zusammengestellt werden, der sich den wachsenden Herausforderungen anpasst, bereits vorhandene Fähigkeiten aber nicht vernachlässigt. Im Goal-Modus können die *Flow*-fördernden Faktoren einer autotelischen Persönlichkeit als Leitfaden herangezogen werden, um langfristiges Vergnügen aufzubauen. Im Action-Modus kann der kurzfristige Spieltrieb ausgelebt und für auflockernde Kompensation sorgen.

Um *Flow* möglichst dauerhaft zu erfahren, scheint ein individueller funktionaler Rhythmus förderlich zu sein, der sich an eigens gesetzten Zielen orientiert und die persönlichen Arbeitsweisen entsprechend regelmäßig aktualisiert. Damit sollten die individuellen Voraussetzungen für die Netz-Kompetenz dynamisch gegeben sein. Welchen Einfluss diese Kompetenz über die interaktive Gestaltung des neuen Kulturraums Internets auf die komplementäre, soziale Netzwerk-Kompetenz ausüben kann, hängt nicht zuletzt von sozio-kulturellen Faktoren ab. Und diesen widmet sich das folgende Kapitel.

3.3 Interkulturelle Dimensionen von Flow-Erlebnissen

Bislang wurden globale Tendenzen und universalistisch gültige Bedingungen aufgezeigt, um *Flow* im *space of flows* generieren zu können. Im Folgenden soll der Frage nachgegangen werden, welche kulturellen Einflussfaktoren auf die individuelle UX in benutzergenerierten, digitalen Lernumgebungen einwirken. Diese Frage lässt sich über eine Sammlung an Detailfragen aufschlüsseln:

Wie bilden sich regionale Lernkulturen aufgrund ihrer sozio-kulturellen Präferenzen aus - und damit nationale Bildungssysteme? Von welchen Indikatoren werden sie maßgeblich beeinflusst? Wie ist das Verhältnis von tradierten Kulturen, sozialen Milieus und *Web 2.0*-Kultur? Welche Schnittmengen können zwischen diesen sozio-kulturellen Facetten ausgemacht werden? Lassen sich interkulturelle Unterschiede im *Flow*-Empfinden identifizieren? Neigen bestimmte Kulturen eher zu *Flow* als andere? Oder kann eine spezifische, universal gültige *Web 2.0*-Kultur identifiziert werden? Handelt es sich dabei vielleicht um eine intersubjektive, kolonialistische Übernahme eines kulturell bedingten, als attraktiv wahrgenommenen Lebensstils? Oder ist diese Entwicklung techno-naturgesetzlich determiniert aufgrund der emergenten, digitalen Vernetzungsstrategien?

3.3.1 DIE INTERKULTURELLE SOFTWARE DES GEISTES

Geert Hofstede, Kulturanthropologe mit Schwerpunkt Management und Organisationen, untersuchte zwischen 1967 und 1972 die national bedingten Unterschiede im internationalen Unternehmen IBM. Aus dieser Studie leitete Hofstede vier Kulturdimensionen ab, denen er später eine fünfte hinzufügte (Geert Hofstede und Gert Jan Hofstede 2004).

1. Machtdistanz, gemessen über den „Power Distance Index"
2. Individualismus vs. Kollektivismus („Individualism Index")
3. Maskulinität vs. Feminität („Maskulinity Index")
4. Unsicherheitsvermeidung („Uncertainty Avoidance Index")
5. Langzeitorientierung vs. Kurzzeitorientierung („Long-Term Orientation Index")

In Designkreisen wird diese Klassifikation gerne zur Untersuchung kultureller Einflüsse auf Ausgestaltung und Wahrnehmung der Mensch-Maschine-Schnittstelle herangezogen, da sich die Dimensionen entlang klarer statistischer Indizes für interkulturelle Vergleiche anbieten (vgl. z.B. Oshlyansky 2007). Von daher sollen hier die Indizes herangezogen werden, um die kulturelle Prägung bestimmter Lehr-/Lernmethoden zu verstehen und den Einfluss einer möglicherweise universalen *Web 2.0*-Kultur auf verschiedene nationale Kulturen und deren Adaption moderner Lernszenarien zu untersuchen.

Kultur definiert Hofstede als

> „(...) collective programming of the mind that distinguishes the members of one group or category of people from others." (Geert Hofstede und Gert Jan Hofstede 2004, 4)

Er bezieht sich dabei auf das Habituskonzept von Pierre Bourdieu (Knoblauch 2005, 219). Demnach bestimmen die konkreten Lebensbedingungen den Habitus als opus operatum (strukturierte Struktur); gleichzeitig generiert der Habitus als modus operandi (strukturierende Struktur) die soziale Praxis (Barlösius 2011, 57ff.). Der Habitus ist die Software der Praxis und erzeugt als solche einen spezifischen Lebensstil als Gesamtkomplex von Kleidung, Sprache, Mobiliar und körperlicher Haltung. Dieses System der Zeichen unterscheidet Personen nach ihrer sozialen Klassenzugehörigkeit (Knoblauch 2005, 221ff.). Aber nicht nur als Distinktionsmerkmal verschiedener sozialer Gruppen wirkt der Habitus, sondern v.a. als netzwerkverbindendes Sozialkapital und als „immaterielle Infrastruktur" des gesellschaftlichen Lebens, das auf Produktion und Tausch aufbaut (Gulas 2007, 76).

Habitus wirkt auf der erlernten Ebene der Kultur, die auf der ererbten, menschlichen Natur aufbaut, aber auch im spielerischen Kampf individuell beeinflusst werden kann. So können sich Personen vertikal durch die Sozialstruktur bewegen, indem sie den

Habitus erlernen oder die Handlungen anderer nachahmen (Mimesis) (Fröhlich 2007, 44) - oder auf einem alten Habitus eines sozialen Milieus beharren, selbst wenn die realen Lebensumstände überholt sind (Knoblauch 2005, 225). Das Feld der Kämpfe sind v.a. Kämpfe um die kulturelle Deutungsmacht, den Alltagsverstand und die legitime Benennung, die als zentrale Herrschaftsinstrumente wirken. Gruppen zu formieren, die die „objektiven" Strukturen der Gesellschaft manipulieren, sind gleichbedeutend mit einem Kampf um die politische Macht (Hauck 2006, 174). Das einzigartige, mentale Programm einer Person wiederum setzt sich aus genetischen und gelernten Komponenten zusammen - gelernt aufgrund des Einflusses kollektiver kultureller Programmierung und aufgrund spezifischer persönlicher Erfahrungen (Geert Hofstede und Gert Jan Hofstede 2004, 5).

Kulturelle Unterschiede entstehen durch verschiedene Werte und Praktiken (Rituale, Helden, Symbole). Während Werte sich bereits früh in der -zumeist unbewussten- Sozialisationsphase etablieren, kommt im Laufe des Schul- und Arbeitslebens der bewussten Aneignung kultureller Praktiken immer größere Bedeutung zu (ebd., 6ff.). Aufgrund der frühen, unbewussten Ausbildung kultureller Werte und der elterlichen Neigung, ihre persönliche Erziehung zu repetieren, reproduziert sich die Kultur weitestgehend selbst (ebd., S.10). Innerhalb einer Person konkurrieren teilweise widersprüchliche mentale Programme verschiedener kultureller Ebenen (Nationalstaat, Region/Religion, Gender, Generation, soziale Klasse, Job) miteinander (ebd., 11).

Vor diesem Hintergrund sind die fünf Kulturdimensionen von Hofstede einzuordnen, deren Aussagekraft durch Untersuchungen anderer, seinen IBM-Fragenkatalog replizierender Studien weitestgehend bestätigt wurden (ebd., 25f.). Im Ergebnis mündeten diese Studien in konkreten Indizes kultureller Ausprägungen, die einen durchschnittlichen Vergleich nationaler Gesellschaften erlauben (ebd., 27). Einige Kritiker stellen die Validität der erzielten Ergebnisse und die Aussagekraft für nationale Kulturen in Frage; denn jede einzelne darin lebende Person vermag sich von einzelnen Indizes unterscheiden (vgl. z.B. Bolten 2001). Zudem befinden sich Kulturen im ständigen Fluss, sind offen verbunden mit anderen Kulturen und zeitlich wie räumlich dynamisch (zur allgemeinen Diskussion des Kulturbegriffes vgl. Hauck 2006, 178ff.; Khan-Svik 2008, 24). Als kulturell gelernte und weitergereichte Komponente aber, wirkt die durchschnittliche nationale Kultur dennoch auf die meisten Individuen ein. In welchem Ausmaß die anderen kulturellen Ebenen ihren Einfluss auf die persönliche Entwicklung ausüben, bleibt im Einzelfall zu prüfen. Für die hier verfolgten Fragestellungen kann allerdings mit dem durchschnittlichen *User* gearbeitet werden. Zudem scheint sich das Verhältnis der Kulturen zueinander mit den Jahren wenig verändert zu haben (Geert Hofstede und Gert Jan Hofstede 2004, 28). Insofern soll hier nun der Frage nachgegangen werden, mit welchen Widerständen, Hürden, Problemen einerseits und welchen Potenzialen andererseits kulturelle Regionen ausgestattet sind, um die Chancen wahrzunehmen, die die Netzwerkgesellschaft für kompetente *User* bereit stellt?

3.3.1.1 POWER DISTANCE INDEX (PDI)

Im Power Distance Index (PDI) drückt sich aus, wie Personen mit Ungleichheit innerhalb einer Gesellschaft umgehen und wie weit sie sich von der Macht im Land entfernt fühlen. Hofstede selbst definiert den Index der Machtdistanz als

> „(...) the extent to which the less powerful members of institutions and organizations within a country expect and accept that power is distributed unequally." (Geert Hofstede und Gert Jan Hofstede 2004)

Hier werden die Abhängigkeitsverhältnisse sichtbar, die sich in verschiedenen gesellschaftlichen Bereichen (Bildung, Behörden, Teamorganisation etc.) widerspiegeln. Je nach Bildungsgrad, sozialer Klasse und beruflicher Ebene variieren die Umfrageergebnisse zum Teil erheblich: Innergesellschaftlich lässt sich feststellen, dass, je höher Status und Bildungsgrad sind, desto geringer fällt der individuelle PDI und desto höher der interkulturell unterscheidbare nationale Anteil aus (ebd., 48ff.).

Im Appendix (Kap. 8.1.1) werden die erzielten Untersuchungsergebnisse für eine Auswahl an Staaten im regionalen Vergleich von der Autorin zusammengeführt. Erst im relativen Verhältnis der von Hofstede untersuchten 74 Staaten/Regionen zueinander drückt sich dabei der spezifische, angeführte Indexwert aus (ebd., 43f.). Beim kulturellen Vergleich des PDI gilt demnach: Je höher das Ranking, desto geringer ist die Machtdistanz. Dabei scheinen die Wurzeln des mentalen Programms der Machtdistanz z.B. in Europa bis in die Zeiten des römischen Reiches vor 2000 Jahren zurückzureichen. Während romanische Sprachregionen einen mittleren bis hohen PDI aufweisen, errechnete sich für die germanischen Sprachen ein niedriges Indexfeld und damit ein hohes Ranking in der Tabelle (ebd., 66ff.). Zudem scheint die Machtdistanz tendenziell geringer auszufallen mit höherem Breitengrad und größerem Wohlstand. Eine größere Machtdistanz tritt bei Staaten mit einer großen Bevölkerung auf (Jandt 2007, 174). Bei der hier vorgenommenen Auswahl im Appendix heisst dies: In Österreich herrscht die geringste Machtdistanz, in Russland die höchste.

Was bedeutet dieser Index für das jeweilige Bildungssystem? In der Schulausbildung setzt sich nach Hofstede der bereits in der Eltern-Kind-Beziehung deutliche Unterschied im (Un-)Gleichheitsbezug fort. Der Bildungsprozess ist mit hohem PDI zunehmend lehrenden-zentriert - die Lernergebnisse sind entsprechend abhängig von der Qualität der Lehrenden. Ist der PDI dagegen geringer, werden Lernende progressiv als gleichberechtigte Partner verstanden, die ihre eigenen intellektuellen Wege suchen. Der Lernprozess ist eher unpersönlich angelegt - Fakten und überprüfbare Wahrheiten machen den Lernerfolg vom Lehrenden weniger abhängig. Hofstede interpretiert, dass in Staaten mit einer geringen Machtdistanz, Lernende mit zunehmender Qualifikation immer unabhängiger von den Lehrenden werden. Entsprechend seien in solchen Ländern Studierende aus Arbeiterklassen im Nachteil innerhalb universitärer Bildungssysteme, da sie von Haus aus einer Subkultur mit höherer Machtdistanz entstammen und von daher Schwierigkeiten mit dem herrschenden Lehrsystem hätten. Bildungspolitisch fokussieren Staaten mit geringer Machtdistanz auf höhere Schulen, während der Fokus in Kulturen mit einem hohen PDI auf den Universitäten liegt (Geert Hofstede und Gert Jan Hofstede 2004, 53.ff.). Eine globale Homogenisierung der mentalen Programme hält Hofstede auf absehbare Zeit nicht für möglich (ebd., 72).

3.3.1.2 Individualism Index (IDV)

Im Individualismus-Index bildet sich das Beziehungsgefüge und das soziale Verhalten der nationalen Mitglieder untereinander ab. Kollektivistische Gesellschaften mit erweiterten Familien-Strukturen rücken die Macht der Kohäsionsgruppe in den Vordergrund. Hier wird im Gegenzug zum Schutz durch die Gruppe eine lebenslange Loyalität des Individuums erwartet. Demgegenüber stehen individualistische Gesellschaften mit kleinen Kernfamilien, die innergesellschaftlich locker miteinander verbunden sind und deren Bildungssystem darauf ausgerichtet ist, Kindern das Leben auf eigenen Füßen zu ermöglichen (ebd., 74f.).

Auch der Individualisierungsgrad wird in der Tabelle im Appendix (Kap. 8.1.1) im relativen Verhältnis der Staaten/Regionen untereinander als Ranking angezeigt. Nationaler Wohlstand und klimatisch begünstigte geographische Regionen scheinen demnach den kulturellen Grad des Individualismus zu beeinflussen. Demgegenüber deuten hohe Geburtenraten und/oder eine konfuzianische Tradition auf kollektivistische Kulturen hin (Jandt 2007, 162). Es herrscht eine tendenziell negative Korrelation zwischen dem Ranking der Machtdistanz und dem Individualismus-Index vor.

Für das Bildungssystem bedeutet dies, dass individualistische Gesellschaften dazu tendieren, den Lernenden zu zeigen, wie sie selbst lernen und als Individuen unter anderen leben können. In kollektivistischen Gesellschaften sei das Ziel, Personen zu gut funktionierenden Gruppenmitgliedern auszubilden. Diplome und Zertifikate dienen im individualistischen Falle dazu, die Selbstachtung und den ökonomischen Wert zu steigern; in kollektivistischen Kontexten dagegen zollt man diesen Papieren seitens der Gesellschaft einen großen Respekt, die einen Aufstieg in eine höhere Gesellschaftsschicht ermöglichen (Geert Hofstede und Gert Jan Hofstede 2004, 98f.).

Im politischen Kontext setzt sich die universale versus partikulare Sichtweise fort: Während in individualistischen Gesellschaften alle Gesellschaftsmitglieder als gleichberechtigt betrachtet werden, differenzieren kollektivistische Gesellschaften je nach Gruppenzugehörigkeit (ebd., 105f.). Individuelle Gleichheit ist gleichwohl eine der Freiheit nachzuordnende Kategorie in individualistischen Gesellschaften (ebd., 107). Während also ein hoher Individualismus-Index für die Wertschätzung von Selbstverwirklichung, individueller Leistung, Freiheit oder Wettbewerb steht, folgen kollektivistische Gesellschaften eher den harmonischen Interessen der sozialen Gruppe. Die persönlichen Verhaltensformen unterscheiden sich zwischen einerseits kollektiv beziehungsorientiert und andererseits individuell aufgabenorientiert (ebd., 103). Entsprechend herrscht in kollektivistischen Gesellschaften eine hohe Kontextabhängigkeit der Kommunikation vor. Botschaften werden weniger explizit ausgedrückt, sondern ergeben sich durch die physikalische Umgebung oder die kulturellen Codes. Demgegenüber müssen individualistische Gesellschaften mit niedrigem Kontext ihre Botschaften explizit ausdrücken (ebd., 89).

3.3.1.3 Maskulinity Index (MAS)

Im Maskulinitäts-Index wird sichtbar, welche Wertemodelle auf der Basis vorherrschender Geschlechterrollen sozio-kulturell betont werden. Auch dieser Index ist nur im relativen Vergleich sinnvoll. Die Rangliste im Appendix (Kap. 8.1.1) zeigt an, in welchen Ländern Maskulinität das Rollenverständnis die Gesellschaft eher prägt als in anderen. Feminine Kulturen scheinen demnach in klimatisch gemäßigten Regionen vorherrschend zu sein und einen mäßigenden Einfluss auf die Geburtenrate auszuüben (Jandt 2007, 172). Hofstede definiert eine maskuline Gesellschaft als eine, in der die emotionalen Geschlechterrollen klar abgegrenzt sind, während in femininen Gesellschaften die Rollen sich eher überlappen (Geert Hofstede und Gert Jan Hofstede 2004, 120). Eine klare Zuordnung zum nationalen Wohlstand scheint nicht vorzuliegen. Während maskuline Kulturen eher dem Prinzip „leben, um zu arbeiten" folgen, orientieren sich femininere Kulturen eher an dem Leitsatz „arbeiten, um zu leben" (ebd., 144).

In der MAS-Rangliste lässt sich ablesen, ob eher das Ego oder eher die zwischenmenschlichen Beziehungen betont werden - unabhängig von vorliegenden Gruppenverbindungen und insofern unabhängig vom Individualismus-Index (ebd., 123). Dabei scheinen individualistische, feminine Gesellschaften eher das Wohlbefinden zu betonen, während kollektivistische, maskuline Gesellschaften eher das Überleben favorisieren (ebd., 124). Innergesellschaftlich geben die Reflexionen der Männer den Ausschlag, ob eine Gesellschaft stärker maskulin oder feminin wahrgenommen wird (ebd., 125). Zudem tendieren ältere Personen eher zu sozialen, also femininen Interessen, während jüngere Menschen eher maskuline, technische Interessen verfolgen (ebd., 126).

Im Bildungskontext wird in femininen Gesellschaften der durchschnittliche Studierende als Norm herangezogen. Die soziale Anpassung der Studierenden wird von freundlichen, sozial kompetenten Lehrenden idealtypisch entlang der intrinsischen Interessen der Lernenden bedient. In maskulinen Gesellschaften gelten dagegen die besten Studierenden als Norm; die Brillanz der Lehrenden und die akademische Reputation sind zentrale Kernfelder, wie dem Karrierebedürfnis der Lernenden begegnet wird. Während in maskulinen Gesellschaften zumeist Frauen in Schulen und Männer in Universitäten zu finden sind, ist das Geschlechterverhältnis in femininen Kulturen eher ausgeglichen (ebd., 135ff.). In der internationalen Arbeitsteilung sind die Länder verhältnismäßig am erfolgreichsten, in denen die kulturellen Präferenzen der Bevölkerung sich in den Aktivitäten widerspiegeln (ebd., 146).

3.3.1.4 Uncertainty Avoidance Index (UAI)

Als vierter Index führt Hofstede die Unsicherheitsvermeidung an, die das Ausmaß kennzeichnet, inwiefern unklare oder mehrdeutige Situationen zu Verunsicherung und Ängsten führen. Die Rangliste der Unsicherheitsvermeidung (siehe Appendix, Kap. 8.1.1) zeigt an, welche Kulturen die größten Ängste aufweisen. Zwar können uneindeutige Situationen in allen Kulturen zu Unsicherheit führen. Aber auf diese wird kulturell bedingt unterschiedlich reagiert - mit Technologien, Gesetzen oder der Religion. Staaten und Regionen mit einem hohen Listenplatz können besser mit Unsicherheiten umgehen. Prägend sind hierbei vor allem die Religion und soziohistorische Institutionalisierungen (Jandt 2007, 175). Hier herrscht eine größere Risikobereitschaft und Offenheit gegenüber Ambiguität, Neuem und Zufälligem. Existiert hingegen ein kulturelles Erbe der gefühlten Unsicherheit, kann sich dies in Jobängsten ausdrücken, die sich aus der Hoffnung nach einem reglementierten Rahmen und einer langfristigen Karriere speisen (Geert Hofstede und Gert Jan Hofstede 2004, 167). Ängstliche Kulturen mit hoher Unsicherheitsvermeidung neigen zudem dazu, sich als ausdrucksstarke Kultur zu präsentieren. Glück -in Kap. 3.2.1.1 als reflektiertes *Flow*-Empfinden diagnostiziert- korreliert interkulturell am stärksten mit dem UAI: Bei einer innergesellschaftlichen Feinanalyse können sehr glückliche Menschen sowohl in Ländern mit hohem als auch mit niedrigem Index gefunden werden; sehr unglückliche Menschen dagegen findet man dagegen v.a. in Kulturen mit hohem UAI (ebd., 177).

Im Bildungsverständnis fordern Studierende in Ländern mit hohem UAI strukturierte Lernumgebungen mit klaren Lernzielen, detaillierten Aufgaben und eindeutigen Zeitplänen. Sie suchen gerne nach der korrekten Antwort und möchten für ihre Genauigkeit belohnt werden. Sie fordern Lehrende, die alle Antworten besitzen, eine akademische Sprache ist respektiert. Demgegenüber verschmähen Studierende in Kulturen mit niedrigem UAI zu viel Struktur und präferieren eher offene Lernsituationen. Sie möchten für ihre originellen Antworten belohnt werden - insofern sind Single-Choice-Aufgaben für sie inakzeptabel. Von Lehrenden erwarten sie eine verständliche Sprache und einen kritischen Diskurs, der Gegenstandpunkte erlaubt (ebd., 179).

Ein ähnliches Bild ergibt die Aufgeschlossenheit gegenüber neuen Technologien. Während in weniger ängstlichen Regionen eine schnelle Akzeptanz neuer Produkte und technologischer Entwicklungen gegeben ist, zögern Regionen mit einem hohen UAI bei der Einführung entsprechender Angebote (ebd., 181). Diese Reserviertheit schlägt sich negativ auf die Innovationsfähigkeit eines Landes aus (ebd., 184), aber positiv auf die Entwicklung neuer Produkte und Dienstleistungen auf der Basis grundlegender Innovationen aus anderen Regionen (ebd., 186). Demgegenüber scheint die Selbstständigkeit keine signifikante Korrelation mit einem niedrigen UAI aufzuweisen, sondern ist offenbar stärker durch Unzufriedenheit motiviert (ebd., 185).

In individualistischen Kulturen mit hohem UAI werden Regeln in explizite Gesetze gegossen - es herrscht eine low-context communication. Dagegen dominiert in kollektivistischen Kulturen mit hohem UAI eine high-context communication, die sich aus impliziten, traditionellen Regeln ableitet (ebd., 191). Beide Kulturen tendieren insgesamt eher zum Konservatismus. Dagegen sind Länder mit niedrigem UAI tendenziell eher liberal ausgerichtet, mit einem positiven Jugendbild. Entsprechend ist dort die Bürger-Kompetenz stärker ausgeprägt. Sie fühlen sich auf lokaler Ebene ermächtigt, politisch zu partizipieren (ebd., 192). Aufgrund der hohen Korrelation von Ängsten und Kriegserfahrung, ist auch in konservativen Regionen mit einem liberalen Anstieg zu rechnen, je weiter der letzte Krieg zurückliegt (ebd., 205).

3.3.1.5 LONG-TERM ORIENTATION INDEX (LTO)

Der fünfte Index ist die Langzeitorientierung, der auf einem kulturell unterschiedlichen Zeitverständnis beruht und das langfristige, nachhaltige Denken bewertet. Das Denken, der Umgang mit Erfahrungen und die Strategie zur Problemlösung sind von der Wahrnehmung der Zeit betroffen. Die Rangliste der Langzeitorientierung (siehe Appendix, Kap. 8.1.1) führen die Länder und Regionen an, die sehr zukunftsorientiert sind. Im Gegensatz zu den ersten vier Indizes basiert dieser Index v.a. auf dem Chinese Value Survey (CVS) von dem Sozialpsychologen Michael Harris Bond - zuzüglich einiger Wiederholungen des Untersuchungsdesigns (ebd., 211).

Während Kulturen mit einem hohen LTO-Index ein großes Talent für angewandte Wissenschaften mitbringen, die auf Fleiß aufbauen, sind Länder oder Regionen mit kurzfristiger Orientierung eher theoretisch abstrakt talentiert. Studierende rechnen hier den (Miß-)Erfolg dem individuellen Glück zu (ebd., 217). Arbeit und Familie sind strikt getrennt, während langfristig orientierte Kulturen eine Synergie der Bereiche anstreben (ebd., 218). Ein großes persönliches Netzwerk ist hier Voraussetzung für Erfolg und wird nicht für kurzfristige Gründe auf's Spiel gesetzt (ebd., 221). Große

Unterschiede im sozio-ökonomischen Zugang zur Welt sind nicht erwünscht, während kurzfristig orientierte Kulturen eine Differenzierung entlang der Fähigkeiten befürwortet (ebd., 221).

Zudem weisen alle Kulturen entweder ein monochrones oder ein polychrones Zeitverständnis auf, so zeigen die Analysen von Hall & Hall. Sind in monochronen Kulturen Tätigkeiten in einer sequentiellen Abfolge mit klarem Plan strukturiert, springen polychrone Kulturen zwischen parallelen Tätigkeiten hin und her. Das Erreichen der Ziele mit bestimmten Personen steht im Vordergrund, nicht die konkrete, vorab definierte Lösungsstrategie. Es handelt sich um eine High-Context-Kommunikation, denn polychrone Menschen leben in einem See von Informationen (vgl. hierzu Kamentz 2006, 49f.).

3.3.1.6 LERNKULTUREN IM VERGLEICH

Alle nationalen Kulturen variieren entlang der von Hofstede identifizierten fünf Dimensionen. Für einen interkulturellen Vergleich kann die durchschnittliche Matrix der Länder/Regionen über alle fünf Indizes herangezogen werden, um zu erkennen, in welchen Punkten sich die jeweiligen Kulturen bis hin zu je eigenen Lehr-/Lernstilen unterscheiden.

In dem im Appendix (Kap. 8.1.1) gewählten inner-regionalen Vergleich lässt sich diagnostizieren, dass tendenziell eine homogene Struktur der dimensionalen Indizes auffällt - allerdings mit einzelnen, eindeutigen Ausreißern. So springt innerhalb Asiens vor allem der individuelle Anspruch Indiens und die maskuline Kultur Japans ins Auge. In Afrika scheint der Westen eine höhere Machtdistanz aufzuweisen als der Osten des Kontinents. Europa zeigt eine auffallend ängstliche Kultur in Russland mit hoher Machtdistanz und einem hohen Maskulinitätsindex in den deutschsprachigen Ländern. Im Nahen Osten unterscheidet sich die arabische Region von Israel v.a. durch ihre hohe Machtdistanz. Nord-Amerika und Ozeanien weisen erstaunlich ähnliche Werte auf, während im südamerikanischen Kontinent sich die Werte extrem unterscheiden.

Um tiefer in den Ländervergleich hinein zu zoomen, lassen sich -trotz vermeintlicher Homogenisierung- selbst innerhalb einzelner Regionen aus den berechneten Indizes einige interessante kulturellen Thesen ableiten:

So lässt sich z.B. in Europa beim Vergleich Deutschland zu Frankreich recht schnell erkennen, dass die französischen Bewohner/innen eine höhere Machtdistanz aufweisen, etwas individueller und langfristiger orientiert sind und mit Unsicherheiten weniger gut umgehen können. Dagegen sind sie innergesellschaftlich femininer aufgestellt und wissen das savoir-vivre zu schätzen.

	PDI	IDV	MAS	UAI	LTO
Deutschland	63 - 65	18	11 – 13	43	25 - 27
Frankreich	27 - 29	13 – 14	47 - 50	17 - 22	19

Übersetzt auf das Bildungssystem lässt sich aus diesen Indizes interpretierend ableiten, dass in Frankreich Autoritäten und Elitenbildung auf exklusiven Hochschulen eher akzeptiert sind. Darüber hinaus gelten als Maßstab nicht die leistungsorientierten, sondern die durchschnittlichen Studierenden. Der Lehrstil ist eher unterstützend angelegt und baut auf der intrinsischen Motivation der Lernenden auf. Gleichwohl ist die Unterrichtsgestaltung lehrenden-zentrierter organisiert - das Wissen der Lehrenden gilt es sich zu erarbeiten und mit richtigen Antworten seitens der Lernenden zu bestätigen. Eine strukturierte Lernumgebung wird von den Studierenden erwartet. Die Wahrscheinlichkeit, auch in Universitäten Frauen in gehobenen Positionen vorzufinden, müsste höher ausfallen.

Hingegen zeigt sich bei einem Vergleich von Deutschland mit den USA, dass lediglich der Individualismus-Index und die Unsicherheitsvermeidung einen etwas auffälligeren Unterschied aufweisen. Demnach sind die Deutschen deutlich kollektivistischer ausgerichtet, was recht gut mit der ängstlicheren kulturellen Natur einhergeht.

	PDI	IDV	MAS	UAI	LTO
Deutschland	63 - 65	18	11 – 13	43	25 - 27
USA	57 - 59	1	19	62	31

Im Bildungssystem müsste sich der Unterschied darin bemerkbar machen, dass in Deutschland die Lernenden vermutlich eher zu sozial kompatiblen Bürgern ausgebildet werden. Zertifikate bzw. Diplome ermöglichen hier ggf. einen gesellschaftlichen Aufstieg in eine höhere Schicht und dienen weniger der Selbstachtung. In diesem interkulturellen Vergleich werden deutsche Studierende eher eine akademische Sprache der Lehrenden und strukturiertere Lernumgebungen mit klaren Lernzielen und Zeitplänen wünschen.

Zusammenfassend lässt sich feststellen, dass im nationalen Vergleich der Kulturen die Indizes von Hofstede typologisierend zu Hilfe genommen werden können, um grundlegende Unterschiede z.B. im Bildungssystem aus dieser kulturellen Differenzierung abzuleiten. Allerdings stoßen die stereotypischen Aussagen auf, da sowohl subkulturelle als auch individuelle Unterschiede die konkrete innergesellschaftliche Interaktion bestimmen. So könnten sicherlich für Ost- und Westdeutschland differenzierte kulturelle Werte analysiert werden, zwischen urbanen und ruralen Gebieten unterschiedliche Indizes sich herausbilden oder klassen-, schichten- oder milieuspezifische Besonderheiten identifiziert werden. Gleichwohl geben die makroanalytischen Kulturdimensionen von Hofstede den individuellen Unterschieden ein grundlegendes, national spezifisches Wertegerüst mit. Indem die Individuen primär im lokalen, regionalen oder nationalstaatlichen Rahmen sozial interagieren, drücken sich deren gemeinsame kulturelle Codes weiterhin in national spezifischen Handlungspraktiken aus. Damit kultivieren sie ihre regional spezifischen, *Flow*-generierenden Präferenzen bzw. werden über diese kulturellen Codes bestimmte Lernkulturen weiter tradiert.

3.3.2 Web 2.0 als soziale Kultur

Die Frage, die sich jetzt stellt, ist die, ob sich in der globalen Netzwerkgesellschaft in verschiedenen Ländern und Regionen vergleichbare Subkulturen herausbilden, die quer zu ihrer nationalen Sozialisation bestimmte Lebensstile ausprägen und interkulturell vergleichbare Werte und Normen entwickeln, die über diesen Weg auf die nationalen Politiken einwirken. Dieser Frage soll nun mit Blick auf eine womöglich globale, horizontale *Web 2.0*-Kultur nachgegangen werden.

3.3.2.1 Begriffsbestimmung Web 2.0

Viel ist geschrieben worden zum Thema „Web 2.0" und zum sozio-kulturellen Wandel, der in diesem Begriff mitschwingt. Kennzeichen des von Tim O'Reilly im Jahre 2004 ausgerufenen *Web 2.0*-Phänomens sind aus seiner ökonomischen Perspektive die Dynamik des *Social Software*-Marktes, eine Aufwertung der Dateninformationen, die Nutzung kollektiver Intelligenz, die Entwicklung geräteübergreifender Angebote und die Bereitstellung individualisierbarer Dienste (O'Reilly 2005). Eine globale Innovationswelle wurde ausgelöst, die zwischenzeitlich über die Integration mobiler, lernender Systeme das Web in die Welt hinausgetragen hat. Das World Wide Web hat die Welt durchdrungen, von Menschen produzierte Metadaten ergänzen die Intelligenz der Daten, die wiederum als kollektive Intelligenz das soziale Leben aufwerten. Informelle Systeme schaffen hier einen größeren Mehrwert als formale Systeme, die auch auf die soziale Kultur übergreifen (z.B. Obama-Wahlkampf, *Government 2.0*-Strategien, *Healthcare-Social Networks* o.ä.) (O'Reilly und Battelle 2009). Insofern wird das *Web 2.0* aus sozio-kultureller Sicht auch gerne als *Social Web* bezeichnet, das die Nutzer/innen in den Mittelpunkt rückt, eine emergente bottom-up-Netzstruktur aufweist mit sozialem Feedback, einen Fokus auf die Informationsstruktur legt und eine gruppenorientierte Kommunikation zulässt, aufbauend auf personalen Verbindungen (vgl. Hajo Hippner zit. n. Baumgartner und Himpsl 2008).

3.3.2.2 KULTUR DER NETZWERKGESELLSCHAFT & WEB 2.0

Im Zuge der Entstehung einer globalen Netzwerkgesellschaft hat sich eine soziohistorische Notwendigkeit ergeben, individuelle Vernetzungen entlang gemeinsamer, partikularer, temporärer Interessen zu suchen und nachhaltig zu etablieren.[60] Das so genannte *Web 2.0* scheint für diese Anforderungen wie geschaffen und optimal anpassbar zu sein - unabhängig davon, welcher globalen Gesellschaftsschicht man derzeit angehört, sofern ein Zugang zum Netz existiert.

Zwar gesteht Hofstede dem globalisierten Siegeszug der IKT-Technologien keinen Einfluss auf die kulturell bedingte mentale Software zu (Geert Hofstede und Gert Jan Hofstede 2004, 330). Aus Sicht der Individuen aber fliesst jede Handlung und Erfahrung in die habituellen Muster und Schemata einer Kultur ein. Die Schemata vereinigen differentes Wissen in unterschiedlicher Tiefe als Metakonzepte. In einer spezifischen Situation liefern sie, ggf. im Wechselspiel mit anderen Schemata, die handlungsleitenden Reaktionen. Indem Kultur verbal und non-verbal intergenerational weitergereicht und gleichzeitig immerfort ausgehandelt wird, prägt sie die Personen, die sich am Diskursprozess beteiligen (Khan-Svik 2008, 53f.).

Während früher v.a. der geographische Raum seine Bevölkerung entlang einer geteilten Kultur der Werte und Praktiken als *Community* prä-konfigurierte, dominieren heute v.a. die vielfältig vernetzten kulturellen Praktiken der Netz-ArbeiterInnen die individualisierte, kommunikative Struktur - zumindest bei den Personen, die an der Netzwerkgesellschaft aktiv beteiligt sind. Die Kultur als identitätsstiftendes Moment hat sich dort vom Kollektiv auf das Individuum verlagert. Zwar prägen weiterhin verschiedene kulturelle Ebenen das mentale Programm der individuellen Identität. Indem aber jede Person in der Netzwerkgesellschaft verschiedenen, temporären Netzwerken angehört, ist die individuelle Identität die einzige, die über Zeit und Raum Sinn stiftet (wie in Kap. 3.1.3 angeführt).

Da sich diese Netzwerke von kleinen Gruppen zu diffusen sozialen Netzwerken wandeln, wird die konkrete identitätsstiftende Kultur des Einzelnen u.a. im diskursiven Prozess der *Web Cloud* ausgehandelt. Menschen tauschen sich jetzt auf globaler Ebene webbasiert aus, vernetzen sich und lernen informell. Im Zeitalter der „Internet-Galaxis" (Castells) und der „Welt als Web" (O'Reilly) ergänzen sich die Menschen und Daten zu einem Hypertext im semantischen Kontext, der in der Konsequenz nur noch eine Kommunikation auf elektronischer Grundlage zulässt. Jedes physikalische Objekt führt zwischenzeitlich seinen eigenen „Informationsschatten" (Kuniavsky) im Web mit sich - zumindest in der vernetzten Welt. Menschen, Bücher, Lieder weisen dort eine *Offline*- und eine *Online*-Identität auf, die sich zusehends überlagern (O'Reilly und Battelle 2009). Die kommunikative

---

60 Vgl. Kap. 2.5

Kultur verweist über den *space of places* auf den *space of flows* und die kulturellen Ebenen werden zusehends von globalen Netzwerken infiltriert.

In der Netzwerkgesellschaft erlangt ein *space of places* lediglich als Sprungbrett oder Backbone Bedeutung für den sozio-ökonomisch relevanten *space of flows*. Indem sich die vernetzten Personen auf der sozialen Ebene über die schwachen Verbindungen des Web 2.0 im *space of flows* austauschen, bilden sie interkulturelle Codes aus, aufbauend auf diskursiv ausgehandelten Werten und Praktiken. Die sozialen Medien ermöglichen lokale Kommunikationsstrukturen auf globaler Ebene (Downes 2007) - über diese „Zeit-Raum-Kompression" (Harvey) entsteht eine eigene, transformative Web 2.0-Kultur. Nicht losgelöst von physikalischen Prozessen, aber ergänzt um virtuelle Eigenheiten. Treibendes Subjekt der Veränderung sind dabei bestimmte soziale Bewegungen, die als kollektiver Schwarm neue Codes und Praktiken etablieren und damit eine kulturelle Hegemonie auf der Basis gemeinsamer Ideen herausarbeiten. Im *Web 2.0* als *Social Web* sind dies kulturelle Werte wie Emergenz, Offenheit, Transparenz, soziale Teilhabe und kollektive Intelligenz. Im *Web 2.0* als *Social Software* sind dies Nutzerorientierung, kollaborative Praktiken, Eigeninitiative und kollektive Intelligenz der Daten.

Gleichzeitig wirken diese globalen Prozesse und entstehenden Organisationseinheiten wieder zurück in die nationalen Kulturen. Sie entfalten eine gesellschaftliche Relevanz, wenn in den neuen kulturellen Praktiken ggf. neue Quellen der Sinnstiftung gesehen werden. In der „realisierten Virtualität" werden diese Werte dann über die IKT in die Institutionen und sozialen Organisationen hineingetragen. Die Kultur der Nationalstaaten ändert sich, da sich diese Prozesse außerhalb des staatlichen Zugriffs bewegen. Die neuen Medien unterlaufen die traditionelle Macht im *space of places*. Denn die heutige Medienumgebung ist eine sehr intensive Umgebung. Sie entspricht einer Materialisierung subjektiver Informationen als Kommunikationsraum, nicht von extensivierten Objekten, sondern von intensiven Subjekten, die kontinuierlich Zeichen aussondern, entlang derer sich andere orientieren (Lash und Lury 2007, 14). Wahrnehmungen und Erfahrungen sind dabei nicht mehr objektivierbar, sondern sind individuelle Erfahrungen von Intensitäten. Kultur stellt demnach keinen separaten Bereich mehr dar, sondern durchdringt die Wirtschaft und den Erfahrungsalltag komplett (ebd., 3) als virtueller Kapitalismus (ebd., 183).

3.3.2.3 ALLGEMEINE WEB 2.0-KULTUR

Um nun die spezifische *Web 2.0*-Kultur in die Kulturdimensionen von Hofstede einzuordnen, lassen sich diese aus den kulturellen Praktiken vernetzter Individuen ableiten. Flexible Filterprozesse sind in der Welt der vernetzten Information Worker und digitalen Nomaden erforderlich, um sich in prekären, agilen Projektteams lernend mit verschiedenen, gleichzeitigen Aufgaben beschäftigen zu können (Lindner 2008b).

Um multiple Informationskanäle zu bündeln, fordert diese mediale Vernetzung eine langzeitorientierte, individualistisch geprägte, kollektivistisch fördernde Kultur mit schwachem Unsicherheitsfaktor und einer niedrigen Machtdistanz, die sich eher feminineren Werten der intrinsischen Motivation zuwendet. Zudem bedarf die Kultur des *Web 2.0* einer polychronischen Zeitkultur, da in der Netzwerkgesellschaft parallel verschiedene Netzwerke mit je eigener Zeittaktung existieren. Eine sequentielle Zeit ist nicht mehr gegeben. Hier können Spannungen entstehen, da der *space of places* mit den „einfachen" Leuten im lokalen Raum einer anderen Zeitmessung folgen als die globalen Netzwerkkulturen im *space of flows*. Vor allem in kollektivistischen Kulturen mit hohem UAI, die in einer High-Context-Kommunikation den impliziten, traditionellen Regeln folgen, werden die Spannungen sehr stark sein. Auch autoritäre, klar strukturierte, am kurzfristigen Erfolg oder Karrieredenken orientierte, individualistische Ansätze ohne kollektivistischen Bezug haben im *Social Web* an Boden verloren.

Übertragen auf die interkulturellen Indizes von Hofstede lassen sich von daher folgende Ranglistenplätze idealtypisch ableiten:

	PDI	IDV	MAS	UAI	LTO
Web 2.0	75	37	75	75	1

Im Vergleich dieser identifizierten kulturellen Werte mit der Kulturdimensionen-Matrix im Appendix (siehe Kap. 8.1.2), lassen sich über diesen Weg ggf. ideale kulturelle Voraussetzungen zur nationalen Adaption der *Web 2.0*-Kultur identifizieren. Dabei wird deutlich, dass kein Staat bzw. keine Region dem Idealtypus der vermuteten *Web 2.0*-Kultur entspricht. Am ehesten weisen Japan, Finnland, Israel, Ostafrika und Schweden auf gesamtgesellschaftlicher Ebene eine starke Affinität zur *Web 2.0*-Kultur aus und es ist zu vermuten, dass sich in diesen Staaten ein offener Zugang zum *Web 2.0* manifestiert.

3.3.2.4 NATIONALE ODER REGIONALE WEB 2.0-KULTUR

Als weiteres Indiz für eine lebendige Partizipationsgesellschaft kann auf kultureller Ebene der Nutzungsgrad von *Web 2.0*-Diensten gelten. Nach einer Auswertung europäisch vergleichender Studien zur *Web 2.0*-Nutzung lassen sich vier Ebenen nationaler Einflussfaktoren auf die *Web 2.0*-Akzeptanz unterscheiden (Frank Thomas, Vittadini, und Gómez-Fernández 2009): Neben den sozialen Werten und Haltungen sind dies sozio-demographische Einflüsse, kulturelle Aktivitäten & Konsumption und soziales Verhalten. Werden diese Faktoren auf das durchschnittliche nationale *Web 2.0*-Verhalten angelegt, konnte die Auswertung aufzeigen, wie sich die zirkuläre

Entertainment-Kultur als mediales Broadcasting in Europa kulturübergreifend durchsetzen konnte. Hingegen ist die kreative Beteiligung an der Content-Produktion in analogen, kulturell aktiven, konsumstarken Ländern und die Beteiligung in sozialen Netzwerke in nicht-sozialen aktiven Ländern sehr verbreitet. Die Autor/innen führen an, dass sich die Resultate zu 53% aus der partizipativen und kulturellen Aktivität eines Landes herleiten lassen, zu 13% aus der Bedeutung, die dem funktionalen Beziehungsmanagement und dem Internet als symbolische Integrationskraft beigemessen wird und zu 8% aus den Werten, die einer egalitären Gesellschaft förderlich sind, aufbauend auf interpersonalem Vertrauen und engen Freundschaften (ebd.). Schließlich folgern Thomas, Vittadini und Gómez-Fernández, dass auf globaler Ebene drei verschiedene Modelle der *Web 2.0*-Aneignung unterschieden werden können (ebd.):

- Das flache Modell, in dem einzelne Länder dem gesamten *Web 2.0*-Angebot sehr aufgeschlossen und homogen gegenüber treten, da es die sozialen und kulturellen Aktivitäten eines Landes unterstützt. Hier ist die aktive Beteiligung recht hoch (*Creative Internet*).
- Im Kulturgüter-orientierten Modell wird das *Web 2.0* primär als Multiplikator für zirkuläre *Entertainment*-Produkte gesehen - das soziale Leben bleibt dem realen Leben vorbehalten (*Circular Entertainment*).
- Schließlich das Kulturperformance-orientierte Modell, in dem der kulturellen Aktivität durch *Web 2.0*-Dienste eine zentrale Bedeutung zukommt, um ein aktiveres soziales Leben aufzubauen (*Social Computing*).

Insofern die Autor/innen zugestehen, dass bei jungen Menschen die nationalen Unterscheidungen eventuell kaum zu identifizieren sind, soll hier dieser kollektiven Perspektive, die den Einfluss von Durchschnittswerten einer (nationalen) Kultur auf soziale Prozesse untersucht, eine individualisierte Sicht auf kulturelle Codes gegenüber gestellt werden, die sich v.a. über soziale Praktiken im *space of flows* ausbildet. Da hier die These vertreten wird, die nutzerfokussierte, auf gruppenorientierte Kommunikation ausgerichtete, informationsgesättigte, emergent vernetzte *Web 2.0*-Kultur entspräche einer globalen Schicht, können einzelne Kulturkreise, soziale Milieus oder Individuen innerhalb einer nationalen Kultur sowohl der *Web 2.0*-Kultur als auch der nationalen Kultur angehören - unabhängig von ihrem Alter.

Interessant wäre in diesem Zusammenhang, wie sich die individuell gelebte *Web 2.0*-Kultur je nach regionalem Herkunftsmodell unterschiedlich ausgestaltet. Führt z.B. das flache Modell zu einer aggressiveren Forderung nach Open-Data? Werden im Kulturgüter-orientierten Modell mehr Medien (illegal) getauscht oder re-produziert? Dominiert im Kulturperformance-Modell z.B. das *Social Networking* und bilden sich neue Identitätsmuster aus? Im globalen *space of flows* durchmischen sich zwar diese sozialen Web-Praktiken und lassen eine annähernd vergleichbare globale Kultur entstehen - dies erklärt die von Thomas et. al. identifizierten, international vergleichbaren Nutzungsformen v.a. bei jungen Menschen. Die Frage ist aber: In welcher Geschwindigkeit wirkt diese entstehende, horizontale, globale Kultur vertikal in die nationalen Kulturen hinein? Welche Unterschiede können hinsichtlich der drei regionalen Aneignungsmodelle identifiziert werden?

Erste Indizien, wie sich die Geschwindigkeiten der weltweiten Technologie-Durchdringung in das alltägliche Leben national unterscheiden, hat eine Intel-Untersuchung herausgearbeitet: Nicht die durchschnittlichen Einkommen sind ausschlaggebend für die technologische Durchdringung, sondern die staatlichen Anpassungen, das Aufbauen auf starken sozialen *Offline*-Netzwerken und eventuelle historische Umbrüche, die schnell überwunden werden wollen (Nafus 2008). Um aber diese Ergebnisse mit den von Thomas, Vittadini und Gómez-Fernández entwickelten vier für die *Web 2.0*-Akzeptanz entscheidenden gesellschaftlichen Faktoren (soziale Werte & Haltungen, sozio-demographische Einflüsse, kulturelle Aktivitäten & Konsumption und soziales Verhalten) sowie den drei *Web 2.0*-Dimensionen (*Creative Internet, Social Computing, Circular Entertainment*) zu verbinden, fehlt es derzeit an Forschungsergebnissen. Generell fehlt es noch an differenzierten internationalen Statistiken, um einen nationalen *Social Media*-Aktivitätsindex pro Land/Region abzuleiten und damit eine Zuordnung zu den drei national präferierten *Web 2.0*-Aneignungsmodellen (Kulturunterstützung, Kulturgüterorientierung, Kulturperformance) zu ermöglichen. Zwar können die von Hofstede identifizierten Indizes für jedes Land eine gewisse Orientierung bieten, wie sich voraussichtlich die durchschnittliche *Web 2.0*-Aktivität darstellt. Gleichwohl entspricht diese Vorgehensweise einer sehr spekulativen Analyse mit wenig Prägnanz, wie die Zahlen im Appendix demonstrierten.

Um die hier vertretene These einer globalen *Web 2.0*-Kultur zu unterstützen, sei mangels breiter Statistiken zunächst auf die internationale Verbreitung sozialer Netzwerke -also einem Baustein des *Social Computings*- verwiesen. So hat die Nielsen Company im März 2009 eine *Social Networking* Studie veröffentlicht, die dokumentiert, dass 2/3 der globalen *Online*-Bevölkerung so genannte „Member Communities" (*Social Networks* und *Blogs*) besucht - und damit die E-Mail-Nutzung überholt hat. Die größten Zuwachsraten sind in der Altersstufe zwischen 35 und 49 zu verzeichnen und der Erfolg lässt sich inhaltlich eher auf das Beziehungsmanagement und weniger auf die *Entertainment*-Leistungen zurückführen (Nielsen Company 2009). Zudem zeigt die von Vincenzo Cosenza[61] -auf der Basis der Web-Statistiken von Alexa[62] und Google Trends[63]- entworfene Weltkarte der sozialen Netzwerke ein differenziertes Bild. Während Facebook den größten geographischen Verbreitungsgrad

---

61 http://www.vincos.it/world-map-of-social-networks/ (05.03.11)
62 http://www.alexa.com/ (05.03.11)
63 http://www.google.de/trends (05.03.11)

aufweist, dominieren im asiatischen Raum andere soziale Netzwerke. Inwiefern hier adäquatere kulturelle Muster bedient werden, bliebe einer weiteren Untersuchung vorbehalten. Auffallend ist, dass ganze Landstriche in Afrika mangels Masse überhaupt nicht in den Statistiken auftauchen.

Da Afrika von einem massiven Anbindungsproblem an die globalen Datenströme gekennzeichnet ist, verwundert dies wenig.[64] Nur 3,4% aller Internetnutzer/innen leben in Afrika - die Internet-Durchdringung belief sich am 16.07.2009 kontinentweit auf 5,6%.[65] Und dennoch existiert dort eine *Web 2.0*-Kultur: Vergleicht man z.B. verfügbare Nutzerzahlen von Facebook und stellt diese in Relation zur Internetnutzung, so deuten sie in den erfassten afrikanischen Staaten auf eine deutlichere *Social Computing*-Durchdringung der Internet-Szene hin als z.B. in Deutschland (siehe Appendix, Kap. 8.1.3). Doch wenn man der Argumentation von Thomas, Vittadini und Gómez-Fernández folgt, so müsste es sich bei den afrikanischen Staaten um nicht-soziale, aktive Länder handeln. Beim Vergleich mit den hohen kollektivistischen Werten in Hofstedes Untersuchung liegt hier ein Widerspruch vor. Um also weiter der Frage nachzugehen, inwiefern z.B. die *Web 2.0*-Kultur in Afrika mit der in Deutschland oder USA vergleichbar ist, bedarf es weiterer Indikatoren als die Durchdringung der Internetnutzer/innen mit (proprietären) sozialen Netzwerken (à la Facebook). Weitere Hinweise auf eine aktive *Web 2.0*-Nutzung könnte die Produktion von amateurhaften Inhalten (z.B. Fotos, Videos, Dateien, *Blog*-Inhalten) und die Verlagerung der *Entertainment*-Kultur ins Web sein.

In diesem Kontext sind die Studien des World Internet Projects von Interesse.

3.3.2.5 WORLD INTERNET PROJECT & WEB 2.0-NUTZUNG

Im World Internet Project[66] werden in ausgewählten Staaten seit dem Jahre 2000 regelmäßige Daten zum nationalen Internetverhalten gesammelt. Der Gesamtbericht für das Jahr 2009 ist für 500 Euro käuflich erwerblich.[67] Auf deren Website stellen einige Länder ihre Ergebnisse online zur Verfügung. Wie diese öffentliche Bereitstellung der nationalen Zahlen gehandhabt wird, lässt Rückschlüsse auf deren national geprägten, interkulturellen Umgang mit der *Web 2.0*-Kultur zu. So stellen Deutschland, Italien und Singapur völlig veraltete Zahlen online zur Verfügung, während z.B. die USA alle jährlichen Berichte in einer übersichtlichen Zusammenfassung präsentiert. Um eventuelle Rückschlüsse hinsichtlich der tatsächlichen nationalen *Web 2.0*-Nutzung tätigen zu können, wurden die vorliegenden Hinweise für die hier interessierenden Aktivitäten aus den Jahren 2007

---

64 http://www.telegeography.com/product-info/map_internet/index.php (05.03.11)
65 http://www.internetworldstats.com/stats1.htm (05.03.11)
66 http://www.worldinternetproject.net/ (05.03.11)
67 Leider nicht erschwinglich und die Ergebnisse stehen auch nicht über Bibliotheken zur Verfügung.

oder 2008 interkulturell verglichen (siehe dazu im Appendix, Kap. 8.1.4).

Alle von der World Internet Society über acht Jahre untersuchten Länder belegen einen deutlichen, kontinuierlichen Anstieg online ermöglichter Kommunikation und sozialer Vernetzung. Global setzen sich soziale Medien durch und gewinnen an sozialer Bedeutung. Auch bezüglich der Attraktivität multimedialer *Entertainment*-Angebote ist eine ähnliche Tendenz festzustellen. Lediglich hinsichtlich des Austauschs kreativen Contents und der mobilen Nutzung können Unterschiede festgestellt werden:

- So scheint in China das Foto-*Sharing* kein zentrales Thema des sozialen Austauschs zu sein bzw. ist es politisch unerwünscht. Flickr wurde angesichts der politischen Kraft visueller Dokumentationen kurzerhand abgeschaltet. Inwiefern dennoch das Internet der individuellen Kreativität im multimedialen chinesischen Raum Auftrieb verleiht, bedürfte weitergehender Recherchen. Die verhältnismäßig hohe Anzahl privater Blogger/innen deutet auf kreative Produktionen hin - und auf eine eher männliche Kultur, in der sich einzelne Personen gerne präsentieren.
- Andererseits deuten die Ergebnisse an, dass in individualistischen Ländern mit weit entwickelter *Online*-Tradition die Bedeutung des Mobiltelefons nicht so stark ausgeprägt ist. Hier scheint (bislang) die Kontaktaufnahme am heimischen Rechner für den sozialen Austausch ausreichend zu sein.

Wenn diese zaghaften Schlüsse mit den interkulturellen Indizes von Hofstede verglichen werden (siehe Appendix, Kap. 8.1.4.8), fällt zunächst auf, dass alle untersuchten Länder eine gemeinsame Stärke eint: Es herrscht allerorten wenig Unsicherheit hinsichtlich der Nutzung sozialer Medien - und in den meisten Staaten eine geringe Machtdistanz. Hingegen deutet die hohe chinesische Machtdistanz vielleicht die mediale Zensur an. Zudem weist der hohe kollektivistische Wert der chinesischen Kultur -und tendenziell auch der Schwedens- auf die Bedeutung zwischenmenschlicher Kontakte hin. Die Handynutzung und ständige Erreichbarkeit führt die sozialen Netzwerke zusammen. Gleichzeitig legen die Schweden -vermutlich aufgrund ihrer femininen Kultur- wenig Gewicht auf das *Bloggen*.

3.3.2.6 DAS WEB 2.0-POTENZIAL AM BEISPIEL AFRIKA

Überträgt man die im vorherigen Kapitel angeführten Schlussfolgerungen auf den afrikanischen Kontinent, so lässt die wenig ängstliche Kultur voraussichtlich den sozialen Medien eine grosse Chance zukommen (vgl. Appendix, Kap, 8.1.4.9).[68] Gleichzeitig wird sich *Bloggen* aufgrund der eher feminineren Kultur wohl nicht zum zentralen *Web 2.0*-Indikator herausbilden. Hingegen ist das Bedürfnis nach alltäglicher Kontaktaufnahme in den sozio-kulturellen Werten angelegt - hier deutet sich bereits die intensive mobile Nutzung an. Es steht zu erwarten, dass in Westafrika

---

68 Selbstverständlich erfolgt auch diese kulturelle Zuordnung sehr holzschnittartig und entspricht nur sehr grob gefassten Durchschnittswerten.

staatliche Zensurmaßnahmen den multimedialen Veröffentlichungsgrad zu lenken versuchen, während in Ostafrika ggf. etwas legerer mit dem kreativen Content umgegangen wird.

Afrika weist die größten Zuwachsraten im mobilen Sektor auf - und dies im globalen Maßstab.[69] Angesichts einer schwachen elektrischen Durchdringung des Kontinents -und in Folge weniger Computer- kommt dem mobilen und Wireless-Internet-Markt eine grosse Bedeutung zu. Die Attraktivität der mobilen Kommunikation -im alltäglichen Gebrauch starker Verbindungen oftmals sprach- wie textlos, stattdessen per Klingelcode- eröffnet ein kostengünstiges Andocken an die Netzwerkgesellschaft (Donner 2007). Das Handy wird zum Informations- wie Kommunikationsmedium. Gleichzeitig eröffnen *Prepaid*-Karten die Türen zum *Mobile Commerce*, da sie als vielfältiges Micro-Zahlmittel und Bankersatz eingesetzt werden können. Die Nutzungskonzepte wachsen über die klassischen medialen Zusammenhänge hinaus (United Nations 2009). Und die Bedeutung des Computerinternets tritt in Kombination mit der Radiotechnologie hinter das mobile Netz zurück - auch wenn sich der mobile Markt angesichts geringer Ertragsraten für die Telekommunikationsindustrie nicht ganz so schnell entwickelt wie potenziell möglich.[70] Gleichwohl können in der Folge mobil nutzbare Dienste (wie z.B. Twitter per SMS) ein besserer Indikator für *Social Computing* sein als „klassische" *Social Networking*-Dienste (Mumba 2007).

Zudem existiert in Afrika eine lebendige *Web 2.0*-Startup-Szene (Macha 2009), die sich von ihren Ausdrucksformen und genutzten Informations- wie Kommunikationskanälen nicht von westlichen neuen Businessformen unterscheidet.[71] Facebook[72], Twitter[73], LinkedIn[74], *Blogs*[75], *Wikis*[76] und fachspezifische soziale Netzwerke[77] zählen hier ebenso zum Standard-Instrumentarium wie Barcamps[78], *E-Learning*-Symposien[79] und wissenschaftlicher Austausch in internationalen, informellen Kontexten.[80] Der sozio-kulturelle Habitus der *Web 2.0*-Kultur hat sich hier in seinen Diskursformen und Austauschformaten global angeglichen.[81] Es ist davon

---

69 http://www.itu.int/newsroom/press_releases/2008/10.html (05.03.11)
70 http://www.heise.de/newsticker/Heisses-Pflaster-Afrika-Mobilfunkriese-Zain-will-sich-zurueckziehen--/meldung/142562 (05.03.11)
71 http://whiteafrican.com/2007/11/21/africas-web-20-sites-with-links/ (05.03.11)
72 http://www.readwriteweb.com/archives/facebook_developers_garage_uga.php (05.03.11)
73 http://twitter.com/#!/wdboer/africa (05.03.11)
74 http://www.africanews.com/ (05.03.11)
75 http://blogafrica.allafrica.com/ (05.03.11)
76 http://ecyg.wikispaces.com/Africa+and+the+Middle+East (05.03.11)
77 http://www.kabissa.org/ (05.03.11) oder http://www.vc4africa.com/ (05.03.11)
78 http://www.barcampghana.org/ (05.03.11) oder http://barcampafrica.com/ (05.03.11)
79 http://www.elearning-africa.com/ (05.03.11)
80 http://science-connect.net (05.03.11)
81 http://www.africandigitalart.com/ (05.03.11) oder http://afrigator.com/ (05.03.11)

auszugehen, dass die konkreten Geschäftsideen sich den regional wie national spezifischen Besonderheiten anpassen - wie bereits erste Entwicklungen demonstrieren.[82] Eine typische Herausforderung wird die Anbindung der ruralen, infrastrukturell wenig erschlossenen Gesellschaft[83] an den afrikanischen Knoten[84] der Netzwerkgesellschaft im Allgemeinen, die Austauschpotenziale des *Social Webs* im Besonderen sein.[85] Kombinierte *Online-/Offline*-Konzepte werden bereits entwickelt, um die kollektive Intelligenz maximal auszureizen - auch um den hohen Analphabetismus und/oder die fehlende Medienkompetenz auszugleichen.[86]

In Afrika ist absehbar, wie komplexere *Web 2.0*-Strategien eine Integration klassischer Medien (Radio) und kreativer mobiler Konzepte[87] ermöglichen, um die Potentiale sozialer Vernetzung in die Gesellschaft hinein- und wieder heraustragen können. Indem die Beteiligten dieser Entwicklung einen Mehrwert zusprechen,[88] wird sich der Wert einer transparenten Gesellschaft in den sozio-kulturellen Code einschreiben und als flaches Modell des offenen Zugangs zum Web voraussichtlich auch auf das soziopolitische Geschehen ausdehnen.[89]

Mitbestimmung und Abstimmung der Zielsetzungen, freier Austausch von gesellschaftlichem Wissen bzw. Entwicklungen und Durchlässigkeit der Strukturen sind sozio-kulturelle Indikatoren, die sich als globale *Web 2.0*-Kultur in die nationalen Kulturen voraussichtlich durchsetzen - so die sich hier entwickelnde Hypothese. Da das Medium der Web-Galaxis die Botschaft ist, die einen neuen Kulturraum ausbildet, mutieren die Botschaften wieder zu tatsächlichen Botschaften. Eine mediale Instrumentalisierung dieser Botschaften durch nationale Einflussgrößen gestaltet sich immer schwieriger. Der globale Strukturwandel wird insofern kaum aufzuhalten sein.

3.3.3 ZWISCHENFAZIT: SOZIO-KULTURELLER EINFLUSS AUF FLOW-EMPFINDEN

Um als Person *Flow* zu empfinden bedarf es regelmäßiger Herausforderungen, die mittels kontinuierlicher Kompetenzsteigerung bewältigt werden können - nicht als linearer, sozio-kulturell vorgezeichneter Weg, sondern als persönlich konfigurierbarer, der aus eigener, freier Entscheidung resultiert. Entscheidungsfreiheit setzt bestimmte

---

82 http://dotsub.com/view/7a64255a-02e7-4d70-9d2a-48befoaeda2d (05.03.11)
83 http://www.infrastructureafrica.org (05.03.11)
84 http://www.engineeringnews.co.za/article/closing-the-digital-divide-2009-05-01 (05.03.11)
85 http://cc.fullcirc.com/africa/ (05.03.11)
86 http://ictupdate.cta.int/en (05.03.11)
87 http://aiti.mit.edu/ (05.03.11)
88 Siehe deskriptiv: http://dotsub.com/view/7a64255a-02e7-4d70-9d2a-48befoaeda2d (05.03.11)
89 Geschrieben VOR dem sich revolutionären Umbruch im Nahen Osten

sozio-kulturelle Bedingungen voraus, die sich sozio-historisch weiterentwickeln.

Zunächst bedarf es am *space of places* eines physikalischen Zugangs zum Netz des *space of flows* als Grundvoraussetzung zur Teilhabe an der Netzwerkgesellschaft. Wird Hofstedes Indexdenken als Maßstab angelegt, so lässt sich vorhersagen: Je höher die nationale Machtdistanz ausfällt, desto schwieriger und abhängiger gestaltet sich der Netzzugang. Die Frage, die sich in diesem Zusammenhang stellt, ist, in welchem Ausmaß und welcher Geschwindigkeit die offene, transparente, wenig machtdistanzierte Kultur der Netzwerkgesellschaft über die Netzwerkknoten am *space of places* und die global vernetzte Medienkultur auf die nationalen Kulturen einwirkt und die sozio-kulturellen Codes und Praktiken zumindest in diesem Punkt nachhaltig prägt. Hier üben noch die nationalen Unterschiede hinsichtlich des präferierten medialen Kulturmodells (Kulturunterstützung, Kulturgüterorientierung, Kulturperformance) ihren derzeit noch vorherrschenden Einfluss aus, über welche spezifischen Kanäle die Infiltration und damit der Netzzugang sich vollzieht.

Eine weitere wichtige Grundvoraussetzung, um zumindest theoretisch *Flow* im *space of flows* empfinden zu können, stellt die individuelle Netz-Kompetenz als Querschnittskompetenz dar. Auch hier wird das nationale, mediale Kulturmodell individuelle Präferenzen vorgeben, in welcher konkreten *Web 2.0*-Dimension (*Circular Entertainment, Creative Production, Social Computing*) sich die persönliche Netzaktivität zunächst vollzieht. Inwiefern klassische interkulturelle Kompetenzen in einer sich angleichenden globalen Netzkultur hilfreich sind, bliebe zu diskutieren.

In Kap. 3.2.3 wurde zusammenfassend festgestellt, dass die sozialen Verbindungen in der Netzwerkgesellschaft wichtiger sind als der je konkrete, zirkulierende, sich ständig transformierende Content. Fortan kommt dem Vertrauensfaktor eine entscheidende Bedeutung zu, sich in die Netzwerke aktiv einzubringen. Für die Annahme einer Herausforderung ist aufgrund der High-Context-Kommunikation im *Web 2.0*-System sowohl das persönliche als auch das Systemvertrauen eine wesentliche Voraussetzung. Nach dem Systemtheoretiker Niklas Luhmann ist Vertrauen eine Reduktion sozialer Komplexität, indem die Unsicherheit auf ein noch tragbares Maß erhöht wird (Mafaalani 2008, 16). Auch das Vertrauen in Technik ist soziales Vertrauen, also Systemvertrauen, da anderen Personen vertraut werden muss (ebd., 25). Dabei wird die Fähigkeit, Vertrauen entwickeln zu können, sozio-kulturell erlernt. Kulturen mit einer hohen Unsicherheitsvermeidung und einer klaren Rollenverteilung haben höhere Hürden zu überwinden, um zu vertrauen.

Schließlich bedarf es einer autotelischen Persönlichkeitsstruktur, um *Flow* empfinden und wahrnehmen zu können - mitsamt der daran gekoppelten Fähigkeit, diesen Wert in den sozio-kulturellen Code aufzunehmen und weiterzureichen. Kennzeichen einer autotelischen Persönlichkeit sind -neben der Fähigkeit, eigene Zielsetzungen zu verfolgen- die Selbstvergessenheit, die intrinsische Belohnung und eine langfristige

Orientierung. Je nach kultureller Herkunft bringen einzelne Personen mehr oder weniger optimale Bedingungen mit. Selbstvergessenheit fällt vielleicht individualistischeren Kulturen schwerer als kollektivistischen; intrinsische Belohnungen müssen ängstliche Kulturen eventuell erst abstreifen, um Selbstbewusstsein erfahren und leben zu können; und langzeitorientierte Kulturen werden eine langfristige Orientierung der persönlichen Zielerfüllung eher nahelegen als kurzzeitorientierte Kulturen.

Lässt man diese interkulturellen Anforderungen für das individuelle *Flow*-Empfinden Revue passieren, fällt auf, dass die im vorherigen Kapitel hergeleitete *Web 2.0*-Kultur exakt diesen Anforderungen entspricht. Insofern scheinen nationale Kulturen, die diese idealtypischen Voraussetzungen für die *Web 2.0*-Kultur und das *Flow*-Empfinden möglichst breit abbilden, besser prädestiniert zu sein, in ihren gesellschaftlichen Institutionen eine kollektive Netzwerk-Kompetenz auszubilden - zumindest im Rahmen ihres national präferierten, medialen Kulturmodells. Erst dann sind erste Voraussetzungen geschaffen, vielfältige Netzwerkknoten in der globalen Netzwerkgesellschaft aufzubauen und über die aktive Mitgestaltung des Netzwerkes auch konstruktiv bildungspolitisch zu agieren. Nicht als Selbstzweck, sondern um dem sozio-kulturellen Wandel hin zum *Social Web* begegnen zu können, der einerseits in der Entwicklung der Netzwerkgesellschaft angelegt ist, andererseits forciert wird durch die Möglichkeiten einer technologisch innovativen, ökonomisch wirkenden Praxis, der *Social Software*.

Die sozio-kulturelle Praxis, die sich durch diese sich ergänzenden Entwicklungen -Netzwerkgesellschaft und *Social Software*- im Rahmen des national präferierten medialen Kulturmodells ausprägt und den Entwicklungsprozess dynamisch an die Bedürfnisse und kreativen Nutzungsarten der *User* anpasst, lässt sich kaum seitens des Designs unter interkulturellen Gesichtspunkten steuern. Wohl aber lässt sich die interkulturell unterschiedliche Nutzung und Präferenz einzelner *Social Software*-Dienste erklären (siehe im Appendix Kap. 8.1.4.7). Über diesen Weg vermag eine interkulturelle Forschung ggf. die kulturelle Neigung einzelner Personen in einem konkreten *space of places* erklären, sich z.B. bestimmten *Web 2.0*-Diensten zuzuwenden. Sie vermag allerdings kaum den Einfluss einer trans-kulturellen Entwicklung auf einzelne (nationale) Kulturen zu analysieren oder gar die Entfaltung einer globalen Netzkultur - mit ihren nationalen Schieflagen. Die Frage, inwiefern adaptive Systeme mit interkultureller Differenzierung (Design, Navigation, Cultural Markers etc.) im *space of flows* das *Flow*-Empfinden unterstützen helfen, muss hier bezweifelt werden, da die Personen selbst ihre asymmetrischen, temporären Netzwerke regelmäßig re-konfigurieren. Im *space of places* können lediglich interkulturell optimierte Systeme als Trittleiter Sinn stiftend sein. Denn nach dem UX-Forscher Donald Norman kann Design auf drei Ebenen der individuellen Nutzung wirken (siehe Kap. 3.2.1.3):

1. Auf der viszeralen Ebene reagieren die Sinne interkulturell vergleichbar auf starke emotionale Signale der Umwelt. Ein ansprechendes Design, eine Tonlage oder das provozierte Gefühl kann als universale ästhetische Dimension eines Angebotes wirken. Zwar üben kulturell präferierte Farben, Icons oder Symbole einen Einfluss auf das ästhetische Vergnügen aus - die kognitive Interpretation der mitschwingenden Bedeutung erfolgt allerdings auf der nächsten Ebene. Hier dagegen wirkt nur die sinnliche Ansprache - entweder spricht deren Ästhetik das kulturelle Wertegefühl des Individuums unbewusst an oder eben nicht.
2. Auf der Verhaltensebene dagegen unterscheidet sich die konkrete Nutzung hinsichtlich Funktion, Verständnis, *Usability* und physikalischem Zugang je nach individuellem, kulturellem Background. Hier ist die Bedeutung eines interkulturell kompetenten Designs nicht zu unterschätzen, denn die mentalen Modelle von Designern und *Usern* sind stark von kulturellen Einflüssen geprägt.

Viele Studien wurden zwischenzeitlich veröffentlicht, die interkulturelle Ansprüche an Websites oder Informationsangebote formulieren, um den individuellen Anforderungen an gebrauchstaugliche Gestaltung gerecht werden zu können (vgl. Kamentz 2006, 117ff.). So erwartet -in Extrapolation des Hofstede'schen Ansatzes- eine Kultur mit niedriger Machtdistanz z.B. eher unterstützende Meldungen als eine unsichere Kultur mit hohem MAS-Wert, die klare, strikte und restriktive Meldungen bevorzugt. Auch das Look & Feel der gesamten Anwendung und die verwendeten Metaphern und Hierarchien lassen auf die gefühlte Machtdistanz und das Rollenverständnis einer Kultur zurück schliessen. Und im Navigationsdesign unterscheiden sich die Anforderungen je nach der kulturellen Langzeitorientierung. Entsprechend der in Kap. 3.3.2 diagnostizierten *Web 2.0*-Kultur und der von Kamentz zusammengetragenen Web-Ausprägungen je nach kulturellem Index (Kamentz 2006, 118ff.), lassen sich folgende *Social Web*-Features induktiv ableiten, die sich aufgrund des nationalen, medialen Kulturmodells graduell unterscheiden werden:

- Der teils individualistische, teils kollektivistische Stil des *Web 2.0* führt zu einer ambivalenten Motivationsförderung. Sowohl die Betonung persönlicher Leistung als auch die Gruppenarbeit motivieren Menschen zum Mitmach-Web. Gleichzeitig dominiert ein dialektisches Verhältnis zur Veröffentlichung wie zum Schutz der eigenen Daten. Hingegen führt das *Web 2.0* eine klar individualistische Komponente, indem kontroverse Meinungen gefördert werden; und eine klar kollektivistische Ausrichtung, da soziale Beziehungen einen hohen moralischen Wert mitbringen.
- Die geringe Machtdistanz im *Social Web* führt über die spezifischen Kanäle der regionalen Netzpräferenzen zu einer zunehmend flachen Struktur der Inhalte, zu einer Wahrnehmung der Bürgerinteressen als gleichberechtigte

PartnerInnen und zu einer transparenten Informationsforderung.
- Die schwache Unsicherheitsvermeidung lässt eine individualisierte *User*-Kontrolle über das Navigationsgeschehen zu. Kontextspezifische Hilfesysteme sollten dem Verständnis der Funktionalität dienen, weniger der Anleitung zur konkreten Problemlösung.
- Die feminine *Web 2.0*-Kultur betont Werte wie Kooperation, Unterstützung und gegenseitigen Austausch und fördert die kommunikative Lenkung der Aufmerksamkeit durch ästhetische Kriterien der Informationsaufbereitung.

3. Auf der reflektierenden Ebene wiederum hilft ein wechselseitiges interkulturelles Verständnis, um die Botschaft und Kultur eines Angebotes zu verstehen bzw. universalen Ansprüchen anzupassen. An diesem Punkt ist die interkulturelle Kompetenz seitens der *User* und der Gesellschaft gefordert. Nicht als *Soft Skill*, sondern im Sinne eines prozessspezifischen Konzepts als „erfolgreiches ganzheitliches Zusammenspiel von individuellem, sozialem, fachlichem und strategischem Handeln in interkulturellen Kontexten" (Bolten 2007, 759). Eine Trennung von harten zu weichen Faktoren ist im Zeitalter des *Web 2.0* nicht mehr zeitgemäß.

Die spezifische Soziokultur übt einen grossen Einfluss auf Wahrnehmungsprozesse aus - und das auf allen drei Stufen der Perzeption: Auf der Selektionsstufe wirken soziokulturell erlernte Filterprozesse, die Ebene der Organisation folgt tradierten Ordnungsmustern und auf der interpretativen Stufe werden Informationen nach den kulturellen Codes individuell dekodiert. Alle drei Stufen folgen dabei keinem kulturellen Determinismus, sondern ermöglichen individuelle Interventionen. Dieses Potenzial konnte erst das *Web 2.0* komplett erschliessen. Im Zuge der medialen Durchdringung der soziokulturellen Entwicklungen hin zum *Social Web* stellen personalisierte *RSS-Feeds* oder die Nutzung der *Folksonomy* (Selektion), aggregierende *RSS-Reader* oder *Personal Learning/Information/Knowledge Environments* (Organisation) und emergentes, soziales *Networking* (Interpretation) Kulturtechniken dar, die zwar universal funktionieren, aufgrund ihrer individuellen Gestaltung aber sonstigen kulturellen Einflüssen einen Spielraum bieten, den jede/r nach eigenem Ermessen ausfüllen kann. Inwiefern sich global agierende, sozial vernetzte Personen ihrer interkulturellen Nuancen bewusst sein sollten, um sich optimaler in Systeme aus einem anderen kulturellen Background hineindenken zu können, bleibt angesichts der kulturellen Angleichung und Entwicklung neuer soziokultureller Werte eher fraglich.

Was bedeutet dies für die persönliche Gestaltung benutzergenerierter, digitaler Lernumgebungen?

Flow-Empfinden setzt die Aneignung erforderlicher Fähigkeiten zur Bewältigung je neuer Herausforderungen voraus. Je nach tradierter nationaler Kultur durchläuft jede

Person einen Erziehungsstil, der sich sozio-kulturell ausprägt und sich in die individuelle Agenda des persönlichen Lernens einschreibt (Kamentz 2006, 39ff.). Klassische Lehrszenarien -auch *E-Learning*- zielen darauf ab, kulturell geprägte Lehreinheiten für verschiedene Kulturen lokalisierbar zu gestalten, um den Informations- wie Wissenstransfer zu optimieren (vgl. dazu Caroli 2005). Diese Entwicklung entspricht der von Ulrich Beck diagnostizierten „ersten Moderne", die sich durch geschlossene Strukturen, Steuerungsbemühungen, Kohärenzstreben und exkludierende Denkmuster auszeichnete. Im derzeitigen Übergang zur „zweiten Moderne" treten Emergenz, Diversität und ein win-win-Bewusstsein in den Vordergrund, die einer transnationalen Identitätsbildung Vorschub leisten und durch Prozessorientierung, *Networking*, inkludierendes Denken und globalisierungsorientierte Handlungen gekennzeichnet ist (Bolten 2007, 757). Die „zweite Moderne" korrespondiert mit dem individuellen Lernen im *Web 2.0* - personalisierte Lernszenarien in benutzergenerierten Lernumgebungen können diese Anforderungen ggf. besser adaptieren.

Zumal die benutzergesteuerte wie benutzerinitiierte Adaptivität von intelligenten Systemen (Kamentz 2006, 130ff.) im Zeitalter des *Web 2.0* einen spürbaren Fortschritt gegenüber Vorgängermodellen aufweist - nicht zuletzt aufgrund der „Kommunikation der Dinge" und der kollektiven Intelligenz der Daten. Diese Entwicklung führt zur Verbesserung der *Usability*, die den Bedürfnissen der *User* besser gerecht wird. Um aus *User*-Sicht das eigene *Flow*-Empfinden zu optimieren, ist es erforderlich, individuell die Vorteile solcher adaptiver Systeme wahrzunehmen und entsprechend dynamisch das eigene PLE auszurichten. Dann könnte es möglich sein, den Herausforderungen der Netzwerkgesellschaft mittels regelmäßiger Anpassungen zu begegnen - und interkulturell auszutauschen, da jede einzelne Person ihren persönlichen Zugriff mit ihren eigenen „Cultural Markers" (Barder/Badre) und „Design Patterns" (Hall) anpassen kann. „Culturability" (Barber und Badre 1998) -eine Symbiose aus Kultur und *Usability*- kann im Zeitalter benutzergenerierter Gestaltung der Nutzerpräferenz überlassen bleiben. Seitens des Designs von *Social Software* muss lediglich die Adaptivität des Systems an die persönlichen Bedürfnisse gewährleistet sein.

Die transkulturelle Kompetenz der „zweiten Moderne" gleicht die kulturellen Codes und Praktiken der beteiligten Netzwerkknoten in der Netzwerkgesellschaft immer weiter an, hebt die tradierten Unterschiede aber nicht gänzlich auf. Sozio-historisch bedingte, regionale Spezifika werden weiterhin an den Übergängen zwischen *space of places* und *space of flows* wirken. Über die je spezifischen Schnittstellen der asymmetrischen Netzwerke entwickeln sich allerdings sozio-kulturelle Mischformen, die v.a. der *Web 2.0*-Kultur und den ihr inhärenten Wirkmechanismen geschuldet sind. Über diesen Weg infiltriert das globale Netz auch die Sozio-Kultur am *space of places*, an dem die Netzbürger/innen in den *space of flows* einsteigen. Sofern autotelische Persönlichkeiten mit einer Befähigung zur transkulturellen Netz-Kompetenz sich aktiv in die Netzwerkgesellschaft einbringen können, entsteht für sie die optimale Erfahrung, die optimale *User Experience* (UX) - sie empfinden *Flow*, sofern die kollektive Netzwerk-Kompetenz dem nicht entgegensteht.

3.4 ZWEITES RESÜMEE & OFFENE FRAGEN

In diesem dritten Kapitel wurde der Frage nachgegangen, wie der persönliche Zugang zur Netzwerkgesellschaft unter UX-Gesichtspunkten so gestaltet werden kann, dass Nutzer/innen den Schritt in den Informations- und Kommunikationsfluss nicht als Hürde empfinden, sondern sich gerne hinein begeben. Da in Zeiten des *Social Webs* die Nutzer/innen selbst ihre digitale Umgebung auf ihre individuellen Bedürfnisse zuschneiden (müssen), ist zu fragen, welcher Voraussetzungen es bedarf, um diesen Zustand als positiv motivierend wahrnehmen zu können.

Csikszentmihalyis *Flow*-Konzept konnte als geeigneter Rahmen für die Analyse einer positiven UX herausgearbeitet werden, zumal sich seine Theorie der optimalen Erfahrung mit Castells *space of flows*-Ansatz gut kombinieren lässt. Während klassische UX-Analysen aus Sicht von Designer/innen auf die Gestaltung einer benutzerfreundlichen Umgebung blicken, kann das *Flow*-Konzept als personaler Anknüpfungspunkt dienen, um Indikatoren zu identifizieren, welchen Einfluss die *User* selbst auf einen optimierten Zugang zu ihrer digitalen Schnittstelle zur globalen Netzwerkgesellschaft haben. Im Ergebnis hat sich herausgestellt, dass eine autotelische Persönlichkeitsstruktur eine gute Voraussetzung ist, um individuelle Netz-Kompetenz aufzubauen und am Ausbau der kollektiven Netzwerk-Kompetenz mitzuwirken.

Bei der Gestaltung der digitalen Arbeits- und Lernumgebungen gilt es dann seitens der *User*, ihren technologischen Handlungsrahmen an die persönlichen Bedürfnisse anzupassen, damit sich die Fähigkeiten immer wieder an neuen Herausforderungen orientieren können. Dabei scheint es bedeutsam zu sein, den individuellen Zuschnitt der technologischen Ebenen dem persönlich favorisierten Mix an Goal Modus und Action Modus anzupassen. Vergnügen entsteht dann, wenn spaßige Elemente sich mit zielgerichteten Komponenten abwechseln. Emotion, Funktion und Lifestyle sollten sich dabei in der sozio-technologischen Nutzung widerspiegeln. Deren spezifische Ausprägung ist dann kontinuierlich an die sich entwickelnden Bedürfnisse anzupassen, um den dynamisch wachsenden Herausforderungen gewachsen zu sein. Soweit zu den persönlichen Voraussetzungen, um in einen *Flow* im *space of flows* zu gelangen.

Am Beispiel von Hofstedes kulturellen Indizes konnten darüber hinaus einige grob geschnitzte, nationale Indikatoren identifiziert werden, die eine größere Adaptivität einiger Kulturen gegenüber dem *Web 2.0* nahelegen als andere: Kulturen, die eher langfristig orientiert sind, sowohl individualistische als auch kollektivistische Werte schätzen, einen schwachen Unsicherheitsfaktor und eine niedrige Machtdistanz aufweisen, und zudem eher femineren Werten der intrinsischen Motivation zugewandt sind, werden sich womöglich schneller mit dem Kulturmodell des *Social Webs* anfreunden können. Allerdings bleibt der nationalen Kultur, und damit den staatlichen Machtstrukturen, nur noch eine Transformationsfrist, sich den global wirkenden kulturellen Codes entgegen zu stellen. Das Web generiert derweil eine vernetzte *Online*-Gesellschaft, die quer zu tradierten, interkulturellen Werten eine neue globale Kultur entstehen lässt - das „Medium ist [hier] die Botschaft" (McLuhan). Allerdings generiert der neue semantische Raum des Webs auch einen intersubjektiven Kulturraum, der sich erst entlang der vernetzten Aktivitäten konfiguriert - hier werden die „Botschaften wieder zu Botschaften" (Castells) und damit die Möglichkeiten netz-kompetenter Personen angedeutet, die an der kollektiven Netzwerk-Kompetenz feilen.

Zentrale Fragestellung dieser Arbeit ist, welcher individuellen Möglichkeiten, Notwendigkeiten und Fähigkeiten es bedarf, um Personen zu ermächtigen, auf ihre sozio-kulturelle Entwicklung im globalen, kooperativen Diskurs einzuwirken. Dabei wurde oben festgestellt, dass die individuelle Netz-Kompetenz einer korrespondierenden kollektiven Netzwerk-Kompetenz bedarf, um sich vollends ausbilden zu können. Den kompetenten Menschen kommt sowohl eine persönliche wie soziale Verantwortung zu, hier für entsprechende Rahmenbedingungen zu sorgen.

Mit Blick auf die bislang angeführten theoretischen Überlegungen liesse sich fragen: Wie können die beteiligten Menschen konkret den *space of flows* aktiv gestalten? Vor dem theoretisch erarbeiteten Hintergrund lassen sich verschiedene *Flow*-Kriterien für die UX-Analyse aus Sicht der Nutzer/innen ableiten. Bei der Reflexion der oben angeführten Bedingungen wie Konsequenzen eines netzwerkgelebten *Flow*-Erlebens kristallisiert sich eine Matrix heraus, entlang derer sich ggf. spezifische UX-Fähigkeiten der Netz-Kompetenz ableiten lassen. Auf der einen Seite konnten sechs *Flow*-Zustände identifiziert werden, die aus Sicht der *User* in ihrem Zusammenspiel eine optimierte, individuelle UX konfigurieren. Auf der anderen Seite lassen sich drei Ebenen definieren, die auf die *Flow*-Kategorien einwirken (siehe Tabelle 4).

Ziel der folgenden Ausführungen ist es, die bisherigen theoretischen Stränge hermeneutisch zusammenzuführen und das weitere Vorgehen zu systematisieren. Dazu sollen zunächst die theoretischen Schlussfolgerungen als Voraussetzungen für *Flow* im *space of flows* formuliert und entlang der einzelnen Kriterien der Matrix kurz beschrieben werden. Dann gilt es, daraus erforderliche individuelle Fähigkeiten abzuleiten, um diese Voraussetzungen vernetzt beeinflussen zu können. Schließlich ist zu untersuchen, wie das erforderliche Kompetenzprofil ggf. von außen unterstützt werden könnte, um einen individuellen wie kollektiven Ausgleich zu ermöglichen. Zu diesem Zweck werden mögliche Hemmfaktoren, die der Ausbildung entsprechender

Fähigkeiten entgegen stehen, in Form offener Fragen angeführt, deren Beantwortung für eine moderne Bildungspolitik ggf. relevant sein könnten. Diese Fragen werden dann später in einer ExpertInnen-Befragung evaluiert.

Flow-Kategorien	Individuelle Ebene	Sozio-kulturelle Ebene	Sozio-technologische Ebene
Person	1. Autotelische Persönlichkeit	7. Kultur als Software des Geistes	13. Medium als Botschaft
Workflow	2. Sinnvolle Identitäten	8. Communities of Practice	14. Networks of Practice
Medienumgebung	3. PIM / PKM / PLE	9. Netzwerk-Kompetenz	15. Social Media Umgebungen
Usability	4. Don't make me think	10. Culturability	16. Personability
Transparenz	5. Recht auf geistiges Eigentum	11. Freie Fahrt für freie BürgerInnen	17. Open Source
space of flows	6. Alles im Fluss	12. Netzwerkgesellschaft	18. Social Web

Tabelle 4: Matrix der Flow-Kategorien

3.4.1 Voraussetzungen für Flow im space of flows

3.4.1.1 Individuelle Ebene

Die individuelle Ebene kennzeichnet die persönlichen Anforderungen, um sich aktiv an der Gestaltung des *space of flows* beteiligen zu können:
1. Autotelische Persönlichkeiten, die sich selbst als im dauerhaften *Flow* mit ihren Zielsetzungen im Rahmen der modernen Entwicklungen empfinden und einen Zugang zum *space of flows* haben, scheinen ideale Netzwerkknoten in der globalen Netzwerkgesellschaft zu sein. Indem sie sich im Austausch mit anderen

Netzwerkknoten weiterbilden und ihre Aktivitäten auf langfristige Zielsetzungen ausrichten, können sie interagierend Einfluss auf die Gestaltung der beteiligten Knoten ausüben. Das Ich kann hier als erweitertes vernetztes Ich verstanden werden.

2. Sinnvolle Identitäten: Um *Flow* empfinden zu können, sollten Personen in ihrem eigenen Handlungskontext die verschiedenen Netzwerk-Rhythmen koordinieren, an denen sie beteiligt sind, indem sie selbstbestimmt ihrem eigenen Arbeitsablauf folgen. Zugleich sollten sie ihre persönliche Identität aus einem selbstreflexiven Sinnstiftungsprozeß heraus definieren, der sich in Abgrenzung und Integration mit den beteiligten Netzwerkknoten komplex weiterentwickelt. Identität wird für solch vernetzte Personen nicht mehr vom primär regional definierten kulturellen Kollektiv abgeleitet, sondern als individuell sinnvolle Aktivität in der globalen Netzwerkgesellschaft konstruiert.

3. Personal Information / Knowledge Management / Learning Environment: Im Zeitalter des *Social Webs* resultiert dieser vernetzte Identitätsprozess im persönlichen Aufbau einer auf die individuellen Bedürfnisse zugeschnittenen Medienumgebung mit Schnittstellen für die Netzwerke. Diese flexible Umgebung sollte dabei den persönlichen Prioritäten in unterschiedlichen Lebens- und Gemütslagen gerecht werden und in jeder gegebenen Situation den persönlichen Zugriff auf die vernetzte Kompetenz ermöglichen. Um die einfliessenden Informations- und Kommunikationskanäle je nach temporärem, persönlichem Bedarf kompetent organisieren zu können, wird ein hohes Maß an Selbsterkenntnis vorausgesetzt. Der Einfluss autokratisch wirkender, extern gesetzter Umgebungen wird zurückgedrängt.

4. Don't make me think: Soll die inhaltliche Arbeit nicht von technischen Grenzen eingeschränkt werden, die den *Flow* stoppen könnten, sind die persönlichen Medienumgebungen nach eigenen *Usability*-Kriterien zu gestalten, um Effektivität, Effizienz und Zufriedenheit zu gewährleisten. Dies setzt eine regelmäßige Beschäftigung mit der umgebenden Kultur und den sozio-technologischen Potenzialen voraus - und den Willen zur ständigen Re-Strukturierung. Idealerweise wird der globale Kontext fortan als dynamischer Möglichkeitsraum einer digital angereicherten, physischen Realität verstanden, die den individuellen Interessen angepasst werden will.

5. Recht auf geistiges Eigentum: Explizites und implizites Wissen rotiert in den Informations- und Kommunikationskanälen, wird vielfältig von verschiedenen Personen angereichert und weitergereicht. Es entstehen globale, soziale Wissenseigentümer, die lediglich in Premium-Formaten zu finanziell erfolgreichen Gütern und Dienstleistungen ausgebaut werden können. Indem vernetzte Personen für die Bewältigung ihrer Herausforderungen sich vorzugsweise in

transparenten, offenen Strukturen bewegen, um im wechselseitigen Prozess sich weiterzuentwickeln, wird der Austausch kostenpflichtiger Produkte ohne Netzwerkanbindung immer weiter zurückgehen. Der *space of flows* wird zu guter Letzt alle Dinge, Atome, Bits und Personen vielfältig miteinander vernetzen. Ob es möglich sein wird, einzelne sozio-kulturelle oder sozio-technologische Inseln von der digitalen Netzwerkgesellschaft fernzuhalten, bleibt fraglich.

6. Alles im Fluss: Um eine Erfahrung positiv zu erleben und in einen persönlichen *Flow* zu geraten, bedarf es eines ausgewogenen Verhältnisses zwischen Herausforderungen und Fähigkeiten. Der UX-Bedürfnis-Pyramide folgend, entsteht persönlicher *Flow* allerdings erst auf der höchsten Ebene, wenn den eigenen Handlungen eine Bedeutung, ein Sinn zukommt (Stephen P. Anderson 2006, 15). *Flow* kann z.B. entstehen, wenn sich die eigene Medienumgebung je nach persönlicher Zielsetzung anpasst, ggf. neue Fähigkeiten mit aufbauen hilft und den Menschen sich kompetent fühlen lässt. Vielfältige Feedbackschleifen sind dann erforderlich, um sicherzustellen, dass die persönliche *User Experience* regelmäßig optimiert wird. Glückt dies im vernetzten Kontext und richten solch autotelische Persönlichkeiten ihre Aktivitäten möglichst transparent aus, kann sich über die inter-subjektive Vernetzung ein gesellschaftlicher Druck aufbauen, der den nötigen sozio-kulturellen Wandel forciert, um möglichst vielen Menschen *Flow* im *space of flows* zu ermöglichen.

3.4.1.2 SOZIO-KULTURELLE EBENE

Die sozio-kulturellen Ebenen der verschiedenen *Flow*-Kategorien definieren den Einfluss und Gestaltungsrahmen, der seitens der Gesellschaft von außen auf die individuellen *Flow*-Erfahrungen einwirkt und den Spielraum der *Flow*-Empfindung im *space of flows* definiert.

7. Kultur als Software des Geistes: *Flow* ist ein Glückszustand, der von Personen in allen Kulturkreisen dieser Erde empfunden und dann sozio-kulturell vererbt werden kann. In Ländern mit einem hohen Unsicherheitsfaktor bedarf es allerdings hoher selbstreflexiver, individueller Kräfte, um *Flow* generieren zu können. Und auch der *Flow* im *space of flows* bedarf einer Sicherheit im *space of places* - mindestens in Form der Abwesenheit von Repression, idealerweise in Form kulturell honorierender Strukturen.

8. Communities of Practice: Der individuelle wie kollektive Workflow ist entscheidend geprägt von sozio-kulturellen Faktoren. Darin spiegeln sich die Struktur der zwischenmenschlichen Beziehungen, die Form des beruflichen Selbstverständnisses, die individuellen beruflichen Zielsetzungen, die Kreativität der beteiligten Personen, das nationale, mediale Kulturmodell und die netzwerkbedingte Komplexität wider. Um individuellen *Flow* im *space of flows*

dauerhaft empfinden zu können, braucht es einer gewissen Gestaltungsfreiheit und flexibler Strukturen, die auf die persönlichen Anforderungen individuell anpassbar sind.

9. Netzwerk-Kompetenz als Querschnittskompetenz sozio-kultureller Praxis und individueller Entwicklung bedarf eines gesamtgesellschaftlichen Change-Management-Prozesses, der sämtliche (primär) staatlichen Abläufe und Institutionen umfasst. Dabei wäre es hilfreich, die sozio-kulturell bedingten Grenzen des eigenen medialen Kulturmodells zu erkennen und über angemessene sozio-politische Maßnahmen zu transformieren. *Flow* im *space of flows* setzt Vertrauen voraus - in andere Personen, in Strukturen, in die Flexibilität und Intelligenz selbst generierter Medienumgebungen. Dieses Vertrauen muss im wechselseitigen Verständnis zwischen sozio-kultureller und individueller Umgebung aufgebaut werden.

10. Culturability: Der sozio-kulturelle Einfluss auf gesamtgesellschaftliche Vorstellungen von Effektivität, Effizienz und Zufriedenheit kann entscheidend sein hinsichtlich der individuellen Autonomie, sich selbstbewusst eine auf die persönlichen Bedürfnisse zugeschnittene digitale Umgebung zu schaffen. Insofern *Social Media*-Angebote vom wesentlichen Anspruch her auf Gebrauchstauglichkeit und unmittelbares Feedback -sei es systemisch oder kommunikativ- ausgerichtet sind, erklärt dieser Aspekt die Attraktivität dieser Entwicklung. JedeR kann heute seiner Kreativität Ausdruck verleihen und sich in den Informations- und Kommunikationsfluss hineinbegeben. Es sind keine grundlegenden Ausbildungen erforderlich. Der *space of flows* ist zumindest im Webkontext sehr gebrauchstauglich.

11. Freie Fahrt für freie BürgerInnen: Offene und transparente Strukturen sind wesentliche Faktoren, um *Flow* im *space of flows* erfahren zu können. Herrschende sozio-ökonomische wie -kulturelle Positionen beeinflussen die Bereitstellung und Offenlegung von öffentlichen Daten. In weniger dynamischen Gesellschaften sich als Individuum am globalen Fluss der Informationen und Kommunikation zu beteiligen, stellt eine Herausforderung dar. Zivilgesellschaftliche Kräfte sind hier erforderlich, den sozio-kulturellen Druck aufzubauen, um diese Grenzen abzubauen.

12. Netzwerkgesellschaft: Die sozio-kulturellen Ebenen der verschiedenen *Flow*-Kategorien sind die bestandswahrenden Faktoren, die für Kontinuität in der gesellschaftlichen Entwicklung sorgen und gegenüber denen die am *Flow* interessierten Personen ggf. ihren Freiraum erkämpfen müssen. In Ländern und Regionen, die sozio-kulturell bedingt den *Flow* fördern, vermag der individuelle Einstieg in den *space of flows* schneller gelingen, sofern die Region physikalisch an die Netzwerkgesellschaft angeschlossen ist. Da die Telekommunikationsleitungen

allerdings an sozio-ökonomisch uninteressanten Regionen vorbei führen, sind die dort existierenden, individuellen Anstrengungen umso höher einzustufen.

3.4.1.3 SOZIO-TECHNOLOGISCHE EBENE

Die sozio-technologischen Ebenen kennzeichnen die Wechselwirkungen zwischen Entwicklung und Akzeptanz neuer technologischer Möglichkeiten auf der einen Seite und den gesellschaftlichen Voraussetzungen auf der anderen Seite.

13. Medium als Botschaft: Jede neue Technologie schafft neue soziale Verbindungen und Folgeentwicklungen für die Gesellschaft. In den sozialen, digitalen Entwicklungen der neueren Zeit, die hier unter dem Begriff *Web 2.0* subsumiert werden, steckt -im Gegensatz zur bestandswahrenden Soziokultur- eine emergente Veränderungsdynamik. Gleichgültig, welches mediale Kulturmodell sozio-kulturell präferiert wird: Sukzessive werden durch die neuen Sozio-Technologien sämtliche kommunikativen, sozialen und ökonomischen Prozesse reorganisiert. Individuelle Wirklichkeiten lösen die massenmediale Konsensbildung ab. Im *space of flows* wird kein digitales Gut an seiner Geburtsstätte liegen bleiben. Diese globale Dynamik zu verstehen -als Individuum und Gesellschaft- wird zur Überlebensstrategie, um die Netzwerkgesellschaft aktiv mitgestalten zu können.

14. Networks of Practice: In der „Globalisierung 3.0" bildet sich aufgrund der Nutzung von *Social Software* eine globale *Social Web*-Kultur aus, die sich in die sozio-kulturellen Bedingungen vor Ort einschreibt. Indem die attraktiven, neuen kulturellen Werte und Normen sukzessive in die gesamtgesellschaftlichen Subsysteme eindringen, verdrängen diese teilweise die bisherigen Werte- und Normenmuster. Der *space of flows* mit seiner *Web 2.0*-Kultur verbindet vernetzte Individuen global miteinander. Die Individuen tragen fortan die Kultur in sich und nicht mehr das Kollektiv - die „Virtualität realisiert sich".

15. Social Media Umgebungen: Globale Informations- und Kommunikationskanäle mit ihrem impliziten Wissen prägen die heutigen Medienumgebungen. Kulturelle Subtexte, die in explizitem Wissen mitschwingen, verlieren an Bedeutung, da in den schnellen Bahnen des *space of flows* die Halbwertzeit von klassischem Content schwindet. Kreative Ko-Produktionen und soziale Netzwerke treten neben das klassische *Entertainment* - als internationale (Aus-)Tauschbörse. An der Netzwerkgesellschaft beteiligte Personen benötigen insofern eine transkulturelle Netz-Kompetenz, die sich in globalen Zusammenhängen zu bewegen vermag.

16. Personability: Die Technologien des *Web 2.0* verfolgen den Anspruch, ihre Infrastruktur den agierenden Personen maximal gebrauchstauglich zur Verfügung zu stellen. Zwar sind aufgrund der Entwicklungsdynamik mitunter temporäre Inkonsistenzen zu vermerken, doch die Auswertung der systembedingten Datenflut lässt das System sich immer wieder an aktuelle Anforderungen der *User*

anpassen. So entstehen weniger Angebote, die seitens eines externen Designs den Menschen zur Nutzung dargeboten werden, sondern im iterativen Prozess wird das Design benutzergeneriert angepasst. Sowohl systemisch als auch später am eigenen *User Interface*. Die je persönliche Adaption eines Systems im Zusammenspiel mit anderen, individuell gewählten Systemen, lässt NutzerInnen zu DesignerInnen heranwachsen. Über soziale Features können gut bewertete Anpassungen viral zu Personen finden, die eine ähnliche Ästhetik oder Interaktivität wünschen. Der *space of flows* wird fortan von den aktiven Menschen gestaltet, nicht von externen Kräften.

17. Open Source: Zentrale Bestandteile der Internetlogik sind der Hypertext und das Zerschlagen von Atomen in Bits. Aus dieser Logik entspringt die Schwarmintelligenz der Daten, die sich ihr Ziel suchen entsprechend individueller Aufforderungen. Im *space of flows* fliessen diese Bits und formen sich an den Netzwerkknoten zu immer neuen Atomen zusammen, bevor sie wieder zerschlagen und auf die Reise geschickt werden. Sofern Menschen mit welcher Technologie auch immer auf diese Bitstrukturen zugreifen können, werden sie diese anfordern und für ihre Zwecke einsetzen. Autotelische Persönlichkeiten werden diese Bits für ihre Aktivitäten nutzen und entlang der technologischen Möglichkeiten ihre sozio-kulturelle Umgebung gestalten.

18. Social Web: Ohne die sozio-technologischen Entwicklungen zur digital prägenden Kultur kann der *space of flows* nicht verstanden werden. Vor allem seit der Entwicklung hin zum *Web 2.0* steht es den Individuen global frei, die Netzwerkgesellschaft aktiv mitzugestalten. Und in dieser Entwicklung steckt viel kreatives Potential, da die kollektive Intelligenz der *Web 2.0*-Kultur -ähnlich wie die traditionellen Kulturen- nur erfolgreiche Modelle weiterreicht. Die selbstregulativen Kräfte, die für den Erhalt der Kultur wichtig sind, wirken, da die beteiligten aktiven Menschen den Mehrwert der globalen Vernetzung am eigenen virtuellen Leib spüren. Um die gesamtgesellschaftlichen Potentiale des *Social Webs* also nutzen zu können, müssen v.a. die sozio-kulturellen Rahmenbedingungen modifiziert werden. Die Voraussetzungen für den Zugang zum *space of flows* und für die transkulturelle Netz-Kompetenz gilt es aufzubauen.

3.4.2 Individuelle Fähigkeiten für *Flow* im space of flows

Kapitel 2.4 gelangte zu dem Schluss, dass die Kompetenzentwicklung den kollektiven Kräften der vernetzten Menschen anvertraut werden sollte, um die sozio-kulturelle Evolution als kollektive Intelligenz gestalten zu können. Welche konkreten individuellen Basisfähigkeiten erforderlich sind, um die subjektive Handlungs- und Gestaltungskompetenz im *Web 2.0*-Zeitalter mit Leben zu füllen und gleichzeitig im

Sinne einer positiven UX die Motivation und Kreativität aufbauen zu helfen, sollte in Kapitel 3 einer Antwort entgegen geführt werden.

Individuelle, transkulturelle Netz-Kompetenz, so das bisherige Ergebnis, kann zwischen sozio-kultureller Bestandswahrung und sozio-technologischer Entwicklungsdynamik vermitteln. Um diese Kompetenz als solche zu empfinden, bedarf es eines kontinuierlichen Aufbaus von Fähigkeiten, die den wachsenden Herausforderungen gerecht werden und den Menschen in einen *Flow*-Zustand versetzen. Indem Personen nicht nur auf ihr Selbst, sondern über diesen Weg auch auf ihre *Workflows*, ihre Medienumgebung, die *Usability* und die Transparenz einwirken, erfahren sie eine auf ihre Bedürfnisse optimierte *User Experience*. Darüber hinaus üben sie über diesen Weg Einfluss aus auf die Gestaltung und zukünftige Ausformung des *space of flows*, um diese positive UX weiter zu steigern. So kann ein Automatisierungsprozess entstehen, der durch die selbst gesetzte UX ggf. auch extrinsisch auf das Selbst einwirken kann, falls sich z.B. die autotelische Persönlichkeit in einer temporären Krise befindet. Die verschiedenen *Flow*-Ebenen stützen sich dann gegenseitig.

Aus diesen Überlegungen lassen sich an individuellen Fähigkeiten zur Generierung von vergnüglichen *Flow*-Erfahrungen unter UX-Kriterien folgende Punkte -in Fortführung der in Kap. 2.4 dargelegten Grundlagen für die individuelle Netz-Kompetenz- ableiten:

I. Um den individuellen Einfluss auf den *space of flows* auszureizen, können an Persönlichkeitsmerkmalen benannt werden:
   1. Autotelische Persönlichkeit: Selbstreflexion und Netz-Kompetenz, um sich als aktiver Knoten im vernetzten Kontext wahrzunehmen.
   2. Sinnvolle Identitäten: Eine die *Workflows* definierende, unabhängige Identitätsbildung.
   3. PIM / PKM / PLE: Autonome Gestaltung der flexiblen Medienumgebung.
   4. Don't make me think: Selbstverantwortung für die digitale Anreicherung der persönlichen Realität.
   5. Recht auf geistiges Eigentum: Kollaborationsfähigkeit und Bereitschaft zur Ko-Produktion transparenten, sozialen Eigentums.
   6. Alles im Fluss: Fliesst ein Individuum in allen *Flow*-Zuständen mit, formt es den *space of flows* in seinem Sinne mit.

II. Um den sozio-kulturellen Einfluss auf die individuelle Kompetenz ggf. unterlaufen zu können, bedarf es folgender Fähigkeiten:
   7. Kultur als Software des Geistes: Kenntnis der eigenen sozio-kulturellen Herkunft und Grenzen.
   8. Communities of Practice: Mitgestaltung flexibler Strukturen, die auf

persönliche Bedürfnisse angepasst werden können.
9. Netzwerk-Kompetenz: Aufbau von Vertrauensfähigkeit - auf individueller, sozio-kultureller und sozio-technologischer Ebene.
10. Culturability: Abbau unreflektierter Hemmungen gegenüber neuen Technologien und Bereitschaft, neue gebrauchstaugliche Umgebungen für den eigenen Bedarf regelmäßig anzupassen.
11. Freie Fahrt für freie BürgerInnen: Austausch und Transparenz im eigenen Umfeld pflegen.
12. Netzwerkgesellschaft: Gestaltungswille, die konkrete Ausprägung der sozio-kulturellen Rahmenbedingungen im *space of flows* konstruktiv zu formen.

III. Um die sozio-technologischen Potenziale für die persönliche wie sozio-kulturelle Entwicklung sinnvoll nutzen zu können, bedarf es weiterer Fähigkeiten:

13. Medium als Botschaft: Verständnis für die sozio-technologische Entwicklung und Bereitschaft zum Aufbau individueller Wirklichkeiten.
14. Networks of Practice: Bereitschaft zum gesamtgesellschaftlich vernetzten Diskurs neuer Werte und Normen und zur Mitarbeit, diese an die „reale Welt" anzudocken.
15. Social Media Umgebungen: Aufbau einer digital verbundenen, transkulturellen Netzwerkgesellschaft - im Austausch mit anderen.
16. Personability: Technologische Offenheit, eigene Prozesse immer wieder zu re-organisieren.
17. Open Source: Fähigkeit, mit digitalen Bits und Atomen zu arbeiten, diese ggf. kreativ anzureichern und der Gesellschaft wieder zuzuführen.
18. Social Web: Selbstverständnis, die positiven Werte des *Social Webs* als „realisierte Virtualität" auf andere gesellschaftliche Subsysteme zu übertragen.

Bei der Reflexion dieser „Befähigungen" stellt sich heraus, dass sich in der Netzwerkgesellschaft jeder einzelne der angeführten Punkte nur in Kombination von subjektiver, autonomer Handlungs- und Gestaltungsfähigkeit, individueller, transkultureller Netz-Kompetenz und sozialer Netzwerk-Kompetenz realisieren lässt. Diese komplexe Kompetenz lässt sich im *space of flows* nicht mehr differenzieren. Für die Sicherstellung einer individuellen UX sind zu jedem Zeitpunkt alle drei von der OECD definierten Schlüsselkategorien (autonomes Handeln, interaktive Nutzung von (Medien-)Werkzeugen und Interagieren in sozial heterogenen Gruppen) in Kombination erforderlich. Nicht als abgeschlossene, abstrakt gelernte Vorbedingung, auf der Menschen aufsetzen, sondern als integraler Bestandteil einer reflektierten, sozialen Netzwerkstrategie. Netzwerkaktiven Personen gelingt es ggf. über ihre personalisierten, vernetzten, technologischen Umgebungen, diese Faktoren zu bündeln und evolutionär weiterzuentwickeln - für sich und für die sozio-kulturelle Umgebung.

Hier realisiert sich Castells' Analyse: Nicht mehr die ExpertInnen sind die treibende Kraft der Entwicklung, sondern die Technologien und die daraus abzuleitende Arbeit (Webster 1995, 115).

3.4.3 OFFENE FRAGEN FÜR DIE BILDUNGSPOLITIK

Der Mensch als soziales Wesen stößt bei der Ausbildung seiner individuellen Persönlichkeitsmerkmale auf äußere Rahmenbedingungen, die Chancen und Risiken für die persönliche Entwicklung bieten. Um darauf konstruktiv Einfluss nehmen zu können, braucht es bestimmter individueller Fähigkeiten, die im vorigen Kapitel angeführt wurden. Gleichzeitig fliessen von außen weitere Hemmfaktoren auf die Personen ein, die sie behindern, die entsprechenden Fähigkeiten auszubilden. An welchen Punkten könnten Probleme auftreten? Und könnten diese ggf. mittels einer politischen Unterstützungsleistung behoben werden?

I. Individuelle Ebene

1. Wie können autotelische Persönlichkeiten gefördert werden, wenn im familiären Kontext keine idealen Bedingungen herrschen?
2. Wie lassen sich unabhängige, starke, individuelle Identitäten herausbilden, die sich gleichzeitig als kollektivistische Entitäten verstehen?
3. Welche Auswirkungen hat es, wenn der Zugang zur Netzwerkgesellschaft nicht optimal gewährt ist oder nicht möglich ist, weil die Menschen nicht unterstützt werden, sich aktiv einzubringen?
4. Wie kann die digitale Kompetenz unterstützt werden, wenn gängige Software- und Hardware-Produkte im alten Denken verhaftet sind?
5. Ist Transparenz ein ästhetisches Gut, das auf viszeraler Ebene einen schnelleren Zugang zum Individuum findet als geschlossene Systeme? Und wie können kollektive Eigentumsrechte gefördert werden, wenn auf sozioökonomischer Basis das Recht auf individuellem Eigentum vorherrschend ist?
6. Wie lassen sich Netzwerk-Inseln vermeiden, die den *space of flows* in ihre Richtung lenken und wenige Anknüpfungspunkte suchen?

II. Sozio-kulturelle Ebene

7. Verschiedene Kulturen fördern verschiedene Aspekte des *Flow*-Zustandes. Autotelische Persönlichkeiten müssen sich in je unterschiedlicher Form von ihrer umgebenden Soziokultur abgrenzen bzw. diese integrieren. Universale Blaupausen sind offenbar unmöglich. Können interkulturell angepasste Standardrezepte die Ausbildung von autotelischen Persönlichkeiten fördern?
8. Wie konfiguriert sich Gesellschaft, wenn jede Person einem eigenen

Zeitrhythmus folgt? Zwar koordiniert jede einzelne Person ihr Time-Management über ihre Netzwerkknoten in verschiedenen Netzwerken, aber welche Auswirkungen hat dieses dynamische Geflecht auf die Gesamtgesellschaft?

9. Welche Maßnahmen müssen ergriffen werden, um Vertrauen auf individueller wie kollektiver Ebene aufzubauen? Welchen Einfluss hat Politik auf das je spezifische sozio-kulturelle Muster?

10. Es besteht die Gefahr, die nicht am Netzwerk beteiligten Personen aufgrund des *Digital Divide* abzukoppeln von der gesamtgesellschaftlichen Entwicklung. Hier kann ein guter Resonanzboden für tradierte Werte und Codes entstehen, die von Machtbeziehungen am *space of places* definiert werden. Wie nimmt man möglichst alle Menschen mit auf den digitalen Weg?

11. Am *Flow* interessierte Personen meiden Institutionen, die ihren *Flow* unterbinden. Institutionen, die eher Ordnung im Bewusstsein hervorrufen, bestimmen die Richtung der sozio-kulturellen Evolution. Welche Institutionen sind dies in der aktuellen Zeit?

12. Im Zeitalter der Netzwerkgesellschaft können netzaktive Menschen die tradierten *Flow*-generierenden Muster nicht mehr in ihren persönlichen *Flow* integrieren. Die sozio-historische Weitergabe wird dadurch behindert. So ergeht es heute u.a. dem Bildungssystem - es wird als *Flow* hemmend wahrgenommen. Kann öffentliche Bildungsarbeit noch flowgenerierend wirken?

III. Sozio-technologische Ebene

13. Welchen Einfluss haben ordnungspolitische Maßnahmen auf das Medium als Botschaft und wie kann sichergestellt werden, dass individuelle Wirklichkeiten nicht von äußeren Zwängen abhängig sind?

14. Welche Möglichkeiten der Übertragung virtueller Normen und Werte auf das „reale Leben" bestehen? Müssen regulative Instanzen über die Entwicklung wachen? Wie kann man eventuellen Negativspiralen entgegenwirken? Wie organisiert man Politik in diesen Zeiten?

15. Was geschieht, wenn das „System" dicht macht? Welche Folgen hat es, wenn Verwertungsgesellschaften zugunsten ihrer traditionellen, sozio-ökonomischen Interessen wirken und Urheberrechte, Patente, proprietäre Systeme fördern und politisch absichern wollen?

16. Welcher Rahmenbedingungen bedarf es, um Menschen die Sicherheit zu geben, sich beständig neu zu orientieren? Welche Arbeitsorganisationsformen existieren, um diesen lebenslangen Prozess qualitativ zu unterstützen?

17. Offene Standards und Daten sind Voraussetzung, um Innovation auf Basis

der Bits zu forcieren. Wie kann man diesen Prozess auf politischer Bühne fördern?

18. Die netzbasierten Medien haben unseren Alltag erreicht - nicht als Ausnahme, sondern als Standard für fast alle Menschen. Die Frage wird sein: Wie reagieren die schwarzen Löcher? Kann man davon ausgehen, dass selbstregulative Kräfte wirken, wenn der technologische Zugang geschaffen ist?

Den hier angeführten Fragen soll in einer ExpertInnen-Befragung nachgegangen werden, um vor diesem Hintergrund die bildungspolitischen Potenziale abschließend diskutieren zu können.

4 ExpertInnen-Befragung

Um Rahmenbedingungen zu schaffen, mit denen Einfluss genommen werden könnte auf die Voraussetzungen für ein positives UX-Erlebnis in benutzergenerierten, digitalen Umgebungen, bedarf es einer Voraussicht auf zukünftige Entwicklungen. Eine international angelegte, interdisziplinäre ExpertInnen-Befragung stellt eine wissenschaftliche Methode der Zukunftsforschung dar, um den vielfältigen offenen Fragen nachzugehen, die in den theoretischen Überlegungen keine abschließenden Antworten fanden.

Im Folgenden soll zunächst analysiert werden, ob eine ExpertInnen-Befragung nach der Delphi-Methode ein geeignetes, ggf. methodisch zu erweiterndes Instrumentarium sein könnte, um qualitative Trendannahmen für bildungspolitische Überlegungen zu gewinnen. Anschließend wird das konkrete Untersuchungsdesign dargelegt und erste Ergebnisse für die weitere bildungspolitische Diskussion präsentiert.

4.1 Methodendiskussion

> „Wer Visionen hat, sollte lieber gleich zum Arzt gehen!" (Alt-Bundeskanzler Helmut Schmidt über Willy Brandts Visionen im Bundestagswahlkampf 1980, zitiert im Spiegel 44/2002, S.26)

4.1.1 Zukunftsforschung

Bei der Zukunftsforschung handelt es sich nicht um die Entwicklung von Visionen, sondern um systematische, wissenschaftliche Methodiken, um aktuell sich abzeichnende Entwicklungen in die Zukunft fortzuführen und auf ihre Wirksamkeit als Orientierungswissen hin abzuschätzen. Ein mittelfristiger Betrachtungszeitraum umfasst 5 bis 20 Jahre, ein langfristiger 20 bis 50 Jahre. Ziel ist es, Handlungsorientierungen für die zukünftige Gesellschaft zu bieten, deren Wandel sich zunehmend beschleunigt. Tatsächlich aber prägen wesentlich kurzfristigere Rhythmen der Legislaturperioden, Shareholder-Value-Erwartungen in Aktiengesellschaften und die sich verkürzenden Innovationszyklen der Produkte und Dienstleistungen unseren Alltag (Kreibich 2006, 8). Insofern der Verlust einer langfristigen Perspektive verantwortlich zeichnet für viele Fehlentwicklungen der letzten Jahrzehnte (Graf 2004, 25), ist es höchste Zeit, auch die mittel- wie langfristige Zukunft ins Visier zu nehmen. Dabei geht es auch darum, neben der Prognose eine Strategie zu entwerfen, wie die Zielsetzung unter verschiedenen Rahmenbedingungen durchgesetzt werden kann (ebd., 23).

Die Anfänge der Zukunftsforschung als verhältnismäßig eigenständiger Disziplin gehen in die 1940er Jahre zurück. Einerseits wurde das kalifornische RAND-Institut gegründet, um v.a. technokratische, politisch orientierte Studien zu erstellen. Andererseits setzte der deutsche Jurist und Politikwissenschaftler Ossip K. Flechtheim im Jahre 1942 im amerikanischen Exil den Begriff „Futurologie" in die Welt, um einen holistischen, interdisziplinären Ansatz aus philosophischen, prognostischen und planungswissenschaftliche Forschungsfragen zu etablieren (Giro 2008, 8f.). Seitdem wird die Zukunftsforschung von zahlreichen wissenschaftstheoretischen Untersuchungen begleitet, die sich hinsichtlich ihres Zugangs unterscheiden: philosophisch-erkenntnistheoretisch, sozialkritisch, politikwissenschaftlich und wirtschaftswissenschaftlich-unternehmensbezogen (Steinmüller 1997, 15).

Grundsätzlich lässt sich die Zukunftsforschung differenzieren in einen explorativ-forschenden Strang, der zurückblickt auf die Vergangenheit, um Trends für die Zukunft zu erkennen, und einen normativen Ansatz, der eine Zielvorstellung definiert, um erforderliche Maßnahmen zu eruieren (Giro 2008, 11f.). In Deutschland unterschied bereits Ende der 60er Jahre der Philosoph und Pädagoge Georg Picht drei Grundaspekte der Zukunftsforschung, die als Grundformen der menschlichen Antizipation gelten:

> „Kurz gefaßt ist Prognose die Antizipation der Zukunft durch Theorie, Planung die Antizipation der Zukunft für die Praxis, Utopie eine Antizipation des durch das Handeln zu verwirklichenden Zustandes." (Steinmüller 1997, 12)

Im englischsprachigen Raum lassen sich entsprechend verschiedene methodische Schulen identifizieren, die je nach Zielsetzung eine geschlossenere oder offenere Methodik nahelegen. So steht der Begriff „forecasting" für eine deterministische Prognose i.S. einer deskriptiven, prädiktiven Früherkennung, die auf den Modalitäten der Notwendigkeit, Möglichkeit, Wahrscheinlichkeit und Kontingenz aufbaut mit einem indikativen Aussagemodus (ebd., 14). Demgegenüber setzt die Futurologie voraus, dass die Zukunft nicht festgelegt, sondern im Rahmen möglicher oder gewünschter „futures" als Alternativszenarien gestaltbar ist (ebd., 22). Schließlich umschreibt der Begriff „foresight" eine offene Vorausschau, die auf der Basis einer breiten gesellschaftlichen Beteiligung realistische Szenarien für die Zukunft abzuleiten versucht (Cuhls 2000, 3). Welche Form der Zukunftsforschung in einzelnen Weltregionen präferiert wird, hängt auch von dem sozio-kulturell geprägten Zeitbegriff ab. Denn dieser ist -mitsamt der daraus abzuleitenden Zeittopologien für die Zukunft- ein seit Aristoteles intensiv diskutierter Aspekt (Steinmüller 1997, 20ff.), der interkulturell je nach sozio-historischer Tradition zu unterschiedlichen Zukunftsperspektiven führt.

Inhaltlich sind in der Zukunftsforschung die Themenfelder recht breit gestreut, konzentrieren sich aber auf globale Herausforderungen und regionale Risikopotentiale. So erfahren auch neue Bildungs- und Erziehungssysteme eine häufige Analyse- und Publikationsdichte (Kreibich 2006, 9). Typische Arbeitsformen der Zukunftsforschung umfassen sowohl Zukunftsstudien als auch Zukunftsprojekte, die kreativ und phantasievoll Betroffene und Beteiligte mit einbeziehen (ebd., 3f.). Diese Entwicklung verlief in den USA schneller und offener als in Deutschland, da die Abgrenzungen traditioneller Fachgebiete in dieser Perspektive überwunden werden müssen (ebd., 6). Zwischenzeitlich haben sich auch in Deutschland einzelne Institute etabliert, die sich wissenschaftlich mit Zukunftsforschung beschäftigen.

Als transdisziplinäre Disziplin bedarf die Zukunftsforschung einer Methodologie, die auf Erfahrungen der Einzeldisziplinen aufbaut und sie integrierend zusammenführt. Aus diesem Anforderungsprofil erwuchs eine Methodenvielfalt, die sich teilweise aus klassischen Methoden natur-, ingenieur-, sozial- und wirtschaftswissenschaftlicher Disziplinen ableiten lassen; zum anderen auf eigenen Methoden aufbauen - wie Kreativitätstechniken, ExpertInnen-Befragungen, Szenario-Techniken, Mediationsverfahren oder Methoden zur Technikvorausschau (Dürr 2004, 29). Dabei hat sich keine durchgängige, konsistente Klassifikation über verschiedene Klassifizierungsversuche durchgesetzt, die als Maßgabe für den sinnvollen Methodenmix im Kontext eines pragmatischen Forschungsdesigns Orientierung bieten kann (ebd., 30).

> „So können in den für die Zukunftsforschung typischen Forschungsschritten Datenerhebung, Analyse, Erarbeitung von Projektionen bzw. Szenarien, Entscheidungsfindung und Gestaltung jeweils verschiedene quantitative und qualitative, normative und explorative Methoden zur Anwendung kommen. Oft werden diese Methoden-Kombinationen selbst wieder als Methode, Technik oder dgl. bezeichnet." (ebd., 41)

Gleichwohl hat sich in letzter Zeit eine methodische Tendenz herausgebildet, die auf die Erfahrungen vergangener Forschungen zurückblicken kann. Demnach setzen sich zusehends komplexere Prognose- und Prospektivverfahren auf der Basis qualitativer Forschungsansätze durch. Die Zukunftsforschungsmethodik ist darin geprägt von normativen Vorgehensweisen, projektiven Techniken und explorativen Verfahren, die um kommunikative und partizipative Forschungsansätze erweitert werden (Kreibich 2006, 11).

Derzeit lassen sich vier grundlegende Vorgehensweisen identifizieren, die sich hinsichtlich Explikation und Nutzung des Zukunftswissens unterscheiden (ebd., 11f.):

- Exploratives empirisch-analytisches Vorgehen
- Normativ-intuitives Vorgehen
- Planend-projektierendes Vorgehen
- Kommunikativ-partizipativ gestaltendes Vorgehen

Explorative Untersuchungsdesigns werden gerne zu Beginn von Forschungsprozessen eingesetzt und sind zumeist anderen Forschungsphasen vorgelagert. Sie haben „(...) u.a. die Aufgabe zu erkunden, welche Gesetzmäßigkeiten, Regelmäßigkeiten, Erklärungsmodelle oder Erfahrungswerte geschätzt, plastisch beschrieben, hochgerechnet, geplant oder gemeinsam gestaltet werden können." (Schüll 2009, 225) Demgegenüber folgt normative Forschung -wie z.B. die evolutionär orientierte Zukunftsforschung (Mittelstaedt 2009)- einer auf Wertvorstellungen basierenden Soll-Zielsetzung, die sich moralisch rechtfertigen lässt und insofern gerne mit konkretem Praxis-Bezug eingesetzt wird (Schüll 2009, 227). Planend-projektierendes Vorgehen liesse sich in diesem Verständnis ebenso wie das normativ-intuitive Vorgehen der normativen Forschung zuordnen, während das kommunikativ-partizipativ gestaltete Vorgehen als Methodik sowohl der explorativen wie normativen Forschung zugeordnet werden kann. Überhaupt lassen sich die eingesetzten Methoden nur selten den verschiedenen Vorgehensweisen exklusiv zuordnen. Bei der Auswahl des Methoden-Mix empfiehlt der Zukunftsforscher Rolf Kreibich:

> „Die Auswahl der Methoden sollte sorgfältig an der Thematik, den Zielen und Rahmenbedingungen der Zukunftsstudien bzw. Zukunftsprojekte orientiert werden. Grundsätzlich müssen die Prämissen, die Randbedingungen und möglichen Reichweiten der Forschungsaufgabe und der zu erwartenden Forschungsergebnisse expliziert und im Hinblick auf die Methodenauswahl transparent gemacht werden." (Kreibich 2006, 12).

Zum Kernbestand der Methodik der Zukunftsforschung können heute „Befragungen und Delphi-Techniken, Cross-Impact-Analysen, Modell- und Systemanalysen, Simulationsmodelle, Szenarien sowie Zukunftswerkstätten und Kreativ-Workshops" (ebd., 13) zählen. Steinmüller zählt auch die Szenariomethoden, die Kreativmethoden, die ExpertInnen-Befragungen und die Prognoseverfahren zum Methodenkern der Zukunftsforschung (Steinmüller 1997, 47f.). Bei der konkreten Methodenwahl wie -kombination sind demnach die Zielstellung, die Verfügbarkeit von Informationen, die einzubeziehenden Akteure und der Zeit- bzw. Finanzrahmen zu berücksichtigen (ebd., 43). Im Sinne einer stärkeren Gestaltungs- und Akteursorientierung werden heute offenere Verfahren und multiple Perspektiven bevorzugt (ebd., 48). Die Nutzung kollektiver Intelligenz schlägt sich erst langsam in neueren Methoden nieder.

Im Folgenden sollen neben der Delphi-Methode weitere Methoden der Zukunftsforschung vorgestellt werden, um die klassische Delphi-Analyse unter dem Gesichtspunkt der Netzwerk-Gesellschaft einordnen und ggf. ergänzen zu können. Ziel ist, explorative Ansatzpunkte zu finden, wie den offenen Fragen aus Kapitel 3.4.3 über bildungspolitische Maßnahmen entgegen gewirkt werden könnte.

4.1.2 MÖGLICHE METHODEN DER ZUKUNFTSFORSCHUNG

Um die Eignung und Anpassungsfähigkeit der Delphi-Methode im Rahmen dieser Arbeit evaluieren zu können, sollen zunächst Potenziale wie Grenzen dieser Methode kurz dargestellt werden. Anschließend sollen entlang von *Prediction Markets* und der *Real-Time-Delphi*-Methode die Möglichkeiten eruiert werden, ExpertInnen-Befragungen mittels moderner Netztechnologien durchzuführen. Ziel der gesamten Arbeit ist es, auf der Basis der erzielten Expertise bildungspolitische Richtlinien zu diskutieren, um Menschen auf dem Weg in die Netzwerkgesellschaft konstruktiv begleiten zu können. Szenarien bieten eine Möglichkeit, normative Vorgaben auf der Basis der theoretischen Überlegungen zu formulieren, die als diskussionswürdige Grundlage dienen können. Insofern soll diese Methode einerseits allgemein vorgestellt und andererseits die Bedeutung von Leitbildern zur Entwicklung von Szenarien diskutiert werden. Vor diesem Hintergrund kann schließlich eine Entscheidung zum konkreten Methodendesign entwickelt werden - nicht ohne der Fokussierung auf ExpertInnen das Konzept der kollektiven Intelligenz gegenüber zu stellen und deren Potenzial für eine fortschrittliche Untersuchung mitzudenken.

4.1.2.1 DELPHI-METHODE

Die Delphi-Methode wurde in den 1950er bis 1960er Jahren an der im militärischen Forschungskomplex agierenden RAND Corporation entwickelt. Intentionales Ziel war es, einen „methodisch reinen Experten" zu schaffen, der seine Persönlichkeit vom ExpertInnen-Wissen zu lösen vermag, um ein auf Konsens ausgerichtetes ExpertInnen-Panel zu erheben.

> „Anonymität sollte eine von individuellen Persönlichkeitszügen unbeeinflusste „Debatte" ohne Rhetorik und gegenseitige Belehrungen ermöglichen." (Steinmüller 1997, 70)

Die Diskussion wird in der Delphi-Methode ersetzt durch einen mehrstufigen Rückkopplungsprozess, in dem anonyme, schriftliche Befragungen statistisch ausgewertet werden und diese Ergebnisse als Grundlage der nächsten schriftlichen Befragungsrunde dienen (ebd.). Dabei lässt sich die Delphi-Methode als Verfahren zur Steuerung von Gruppenkommunikation oder zur Erforschung bestimmter Sachverhalte heranziehen (Häder 2002, 19ff.) und wird zwischenzeitlich auch als politisches Instrument oder zur Entscheidungsfindung herangezogen (Zipfinger 2007, 20ff.).

Ziel einer Delphi-Analyse ist immer die Bewertung zukünftiger Ereignisse durch ExpertInnen, die aufgrund ihres fachlichen Zugangs diese gut einschätzen können. Dabei handelt es sich um eine subjektiv-intuitive Methode der Vorausschau i.S. einer offenen *Foresight*, die auf strukturierten Gruppenbefragungen aufbaut und die intuitiv verfügbaren Informationen der TeilnehmerInnen nutzt (Cuhls 2009, 209).

„Die Delphi-Methode ist im Kern ein relativ stark strukturierter Gruppenkommunikationsprozess, in dem Fachleute Sachverhalte beurteilen, über die naturgemäß unsicheres und unvollständiges Wissen vorhanden ist." (Aichholzer 2002, 1)

Kommunikation, Konzentration, Koordination, Konsens, Kommissorium und Komprehension lauten die sechs K's des *Foresight*-Prozesses, auf die bei Delphi-Studien vor allem in der Technologie-Vorausschau zurück gegriffen wird. Es geht darum, strategische Forschungsausrichtungen zu identifizieren, um die technologischen Möglichkeiten optimal zu nutzen und nicht deterministisch zu verfolgen (Cuhls 2000, 13ff.). An möglichen Fragetypen lassen sich dabei unterscheiden (Theodore J. Gordon 2009a, 5):

- Die Vorhersage zum Eintreffen zukünftiger Entwicklungen.
- Die Wünschbarkeit eines zukünftigen Zustandes.
- Die Maßnahmen, um einen zukünftigen Zustand zu erreichen oder zu vermeiden.

Während alle drei Fragetypen in einer Delphi-Analyse integriert werden können, haben sich über die Zeit verschiedene Delphi-Typen mit eigenem methodischem Profil herausgebildet, die im Forschungsdesign spezifische Anforderungen stellen (Häder 2002, 29):

1. Delphi-Befragungen zur Ideenaggregation: Dieser Typ dient der qualitativen Sammlung und Auswertung von Ideen zur Entwicklung erster Problemlösungsstrategien.
2. Delphi-Befragungen zur Vorhersage möglichst diffuser Sachverhalte: Hier wird die klassische Prognose bedient, die eher deterministisch angelegt ist und auf einer großen Anzahl an ExpertInnen aufsetzt.
3. Delphi-Befragungen zur Ermittlung und Qualifikation von ExpertInnen-Meinungen über einen speziellen Gegenstand: Dieser Befragungstyp ist der am häufigsten verwendete Modus und dient dem kommunikativen Austausch - z.B. zur Feststellung von weiterem Forschungsbedarf. Vor allem der technologischen Früherkennung dienen diese Delphi-Panels - allerdings mit divergierenden Ergebnissen: Einige beeindrucken durch präzise Prognosen, während andere Vorhersagen ihr Ziel völlig verfehlen (Steinmüller 1997, 71). An bekannten Delphi-Analysen im Bereich der höheren Bildung ist international der alljährlich erscheinende Horizon-Report des New Media Consortiums (NMC) in Kooperation mit EDUCAUSE Learning Initiative (ELI) ein viel beachtetes Ereignis.[90] Über mehrere Monate werden Trends von einer Vielzahl an AkademikerInnen analysiert, gewichtet und gewertet, um sie schließlich in ein Profil der

---

90 http://www.nmc.org/horizon (05.03.2011)

aufkommenden Technologien zu überführen. Eine weitere Delphi-Studie namens „The Future of the Internet III" des Pew Internet & American Life Projektes und der Elon University befragte über 1.000 ExpertInnen zu zukünftigen Szenarien des Internets.[91] Ein drittes Beispiel einer Delphi-Studie ist die „EDUCAUSE Top Teaching and Learning Challenges 2009".[92] Hier wurde von verschiedenen ExpertInnen diverser Fokusgruppen ein aggregiertes Modell möglicher Schlüsselpunkte im Bildungssektor identifiziert (Alexander 2009, 13f.).

4. Delphi-Befragungen zur Konsensbildung: Typ 4 löst gezielt Gruppenprozesse aus - auch partizipatorische. Konsensorientierte -oder um mit Hofstede zu sprechen: kollektivistische- Kulturen mit technologischem Entwicklungsinteresse neigen eher zu solchen Delphi-Studien als individualistische Kulturen, so eine These, die sich aus den Ausführungen Steinmüllers zur interkulturellen Nutzung von Delphi-Analysen ableiten liesse (Steinmüller 1997, 72ff.). Dabei geht es z.B. in japanischen Delphi-Studien weniger um eine exakte Prognostizierung künftiger Ereignisse als um die Identifizierung möglicher technologischer Trends (ebd., 73).

Grundsätzlich sollte das Delphi-Verfahren als mindestens zweistufiges Verfahren durchgeführt werden (ebd., 75). Wichtigste Erfolgsfaktoren für eine gelungene Analyse stellen die Auswahl eines kooperativen, fachkompetenten ExpertInnen-Kreises und die konkreten -prädiktiven, normativen oder instrumentellen- Fragestellungen dar (ebd., 76). In Technologie-Delphis werden gerne zukünftige Ereignisse als potentielle oder reale Leitbilder vorgegeben, die sich aus Technologie-Angebot wie -Nachfrage zusammensetzen. Es handelt sich dann um ein reales Leitbild, wenn ExpertInnen eine schnelle Realisierung mit hoher Relevanz einräumen - andernfalls entspricht das Bild einer Vision oder einem Fernziel (ebd., 77).

Bei der Formulierung der Fragestellungen ist auf Klarheit, Eindeutigkeit und Verständlichkeit zu achten, auch wenn die semantische Bezeichnung angesichts zukünftiger Entwicklungen Schwierigkeiten bereitet. Um Verständigungsproblemen vorzubeugen, empfiehlt sich ein *Pretest*. Es sollten ExpertInnen rekrutiert werden, die mit ihrer Kompetenz angemessen urteilen können und sich dem anonymen, psychologischen Prozess auszusetzen bereit sind (Häder, zit. n. Cuhls 2009, 209).

In der statistischen Auswertung von Schätzwerten hat sich herausgestellt, dass die Extremwerte den Mittelwert zu stark beeinflussen. Heute werden Median und unterer bzw. oberer Quartil in die zweite ExpertInnen-Runde hineingereicht, um ggf. eine Konvergenz der Meinungen zu provozieren. Je nach Zielsetzung der Studie kann es allerdings sinnvoller sein, extreme Positionen begründet gegenüberzustellen und keinen Konsens anzustreben (Steinmüller 1997, 78).

„Werden Delphi-Studien primär als ein Kommunikationsinstrument zur

---

91 http://www.pewinternet.org/Reports/2008/The-Future-of-the-Internet-III.aspx (05.03.2011)
92 http://www.educause.edu/eli/Challenges (05.03.2011)

> Selbstverständigung der forschungspolitischen Community über Prioritätssetzungen und Forschungsperspektiven verstanden, erübrigt sich eine marginale Verbesserung der prognostischen Treffsicherheit." (ebd., 78)

An problematischen Aspekten einer Delphi-Untersuchung können v.a. die von Linstone formulierten acht Probleme angeführt werden, die es methodisch aufzufangen gilt (ebd., 81f.):

1. Unterschätzung der fernen Zukunft
2. Drang zur Vereinfachung
3. Prognosen um jeden Preis
4. Scheinkompetenz
5. schlampige Durchführung
6. Bias durch die Fragebogengestaltung
7. bewusste oder unbewusste Manipulation
8. Delphi für alles

Das zentrale Problem von Delphi-Studien besteht nach dem Delphi-Experten Theodore Jay Gordon, geeignete ExpertInnen für die Befragung zu finden bzw. die Fachkompetenz jedes Einzelnen hinsichtlich der befragten Inhalte einzuschätzen (Theodore J. Gordon 2009a, 7ff.). Als Ergebnis ist dabei weniger die exakte Prognostizierung der Zukunft, sondern oftmals ist der diskursive Kommunikationsprozess der beteiligten ExpertInnen der entscheidende Maßstab für die Qualität einer Delphi-Studie (Cuhls 2009, 214). Der Methoden-Experte Michael Häder führt zudem einige kognitionspsychologische Grundlagen an, die die Urteilsbildung von ExpertInnen in Delphi-Studien beeinflussen (Häder 2002, 37ff.), die bei Planung (ebd., 75ff.), Design (ebd., 85ff.), Auswertung (ebd., 173ff.) und Evaluation (ebd., 191ff.) zu berücksichtigen sind und im konkreten Forschungsverlauf der Durchführung Beachtung finden. Alles in allem können Delphi-Analysen eine machtvolle Methode sein, wenn die Fragen gut gestellt und die Expertise der beteiligten Personen für die Fragestellungen geeignet sind. Eine wesentliche Schwäche der Methode allerdings ist ihre Langwierigkeit. Oftmals ziehen sich rundenbasierte Delphi-Analysen über mehrere Monate hin (Theodore J. Gordon 2009a, 11).

4.1.2.2 Prediction Markets

Eine mögliche Alternative zur Delphi-Methode stellen *Prediction Markets* dar, die als Informationsmärkte auf zukünftige Ereignisse „wetten". In *Prediction Markets* lassen sich Werte (z.B. Technologieentwicklungen, Durchsetzungsfähigkeit von Ideen, Ereignisse, Marktnischen etc.) mit einer spielerischen Währung auf einer virtuellen

Futures-Börse anonym handeln. Über den kollektiven Rückkopplungseffekt generiert sich dann im Median ein Wahrscheinlichkeitswert pro Item. Die schnelle Reaktionsfähigkeit auf Veränderungen der Rahmenbedingungen ermöglicht eine Flexibilität, die sich dynamisch in der Zeitleiste entfaltet (Steinmüller 1997, 83f.). Im Vergleich zu den möglichen Zielsetzungen einer Delphi-Untersuchung sind *Prediction Markets* eindeutig zum Typ 4 -der Konsens-Methode- zu zählen, da sie recht schnell die Meinungen der beteiligten Personen ausbalancieren. Dabei existieren eine Vielzahl an unterschiedlichen *Prediction Markets* in verschiedenen Themenfeldern (Alexander 2009, 18):

- Bereits 2003 strebte die US-amerikanische Defense Advanced Research Projects Agency (DARPA) einen Policy Analysis Market an, auf dem auf zukünftige politische Ereignisse im Nahen Osten gewettet werden sollte. Dieses konkrete Projekt wurde aufgrund fragwürdiger ethischer Grundsätze vom Pentagon schon bald eingestellt (Rhode und Strumpf 2004, 19). Anschließend probierten sich andere Ideenmärkte in der politischen Vorhersage[93] (z.B. Popsci Predictions Exchange[94] oder American Action Market[95]). Auch diese beiden wurden nach einer kurzen Testphase geschlossen, da massive Kritik an der Aussagefähigkeit der Ergebnisse aufkamen.
- Erfolgreicher verlief die Entwicklung in unternehmensinternen Kontexten. So wurden Vorhersage-Märkte bereits 2006 von mindestens 25 großen Unternehmen genutzt (King 2006). Auch Unternehmen wie z.B. Google unterhalten betriebsinterne *Prediction Markets*, um die Unternehmenspolitik daran auszurichten (Colbs, Lakhani, und McAfee 2008).

Prediction Markets spiegeln jedoch keine neue Methode wider. Vielmehr waren sie bereits Ende des 19. Jahrhunderts, Anfang des 20. in den USA sehr populär, um den Ausgang der Präsidentenwahlen vorherzusagen (Rhode und Strumpf 2004). In Zeiten der technologisch unterstützten „kollektiven Intelligenz" (Levy 1998) erfuhr diese alte Methode eine Wiederauferstehung und kann heute unter bestimmten Bedingungen als eine Weiterentwicklung der klassischen Delphi-Methode herangezogen werden. So existieren einige Forschungen zu dieser Methode, die z.B. untersuchen, welche evolutionären Potentiale im Aufbau spielerischer Ideenbörsen stecken und wie diese funktionieren (Hanson 2005). Auch existieren ökonomische Berechnungen über die variierende Zuverlässigkeit von *Prediction Markets*, die sich je nach gehandelter Börsenware und gewünschter Vorhersage unterteilen lassen in *Binary Options, Index Futures* und *Spread Betting* (Wolfers und Zitzewitz 2006).

An Vorteilen dieser Methode lassen sich die spielerische Faszination, die Anpassungsfähigkeit und die Durchsetzung einer konsensualen, kollektiven Meinung

---

93 http://en.wikipedia.org/wiki/Policy_Analysis_Market (05.03.2011) und http://informationfuturesmarkets.blogspot.com/ (05.03.2011)
94 http://www.popsci.com/ppx (05.03.2011)
95 http://www.americanactionmarket.org/ (13.10.2010)

benennen (Alexander 2009, 18). Gleichzeitig ist den Märkten inhärent, abweichende Meinungen zu honorieren statt der Gefahr einer gruppendynamischen Konsensbildung in Delphi-Studien. Auch können Märkte besser Entscheidungsumschwünge aufzeigen, da die Werte über einen längerfristigen Zeitraum immer wieder geändert werden können im Gegensatz zum temporären Delphi. Und die Suche nach adäquaten Delphi-Teilnehmer/innen kann sich schwierig gestalten, während *Prediction Markets* von den interessierten Teilnehmer/innen aufgesucht werden, die sich beteiligen möchten. Insofern weisen *Prediction Markets* unter bestimmten Voraussetzungen einige Vorteile gegenüber der Delphi-Methode auf (Green, Armstrong, und Graefe 2007, 4).

An Nachteilen muss die erforderliche, große Grundgesamtheit und die Notwendigkeit, die Items genau zu bezeichnen, angeführt werden. Von daher zeitigen Delphi-Studien auch einige Vorteile gegenüber *Prediction Markets* auf (ebd., 4f.): So lassen sich Delphi-Methoden vielfältiger einsetzen, da sie z.B. den kommunikativen Austausch unter den beteiligten AkteurInnen fördern. Sie sind aufgrund ihrer Textorientierung verständlicher und eignen sich für komplexere Sachzusammenhänge, so dass sich die Zufriedenheit mit den ermittelten Ergebnissen besser abbildet. Spekulationen haben weniger Einfluss auf das Ergebnis. Gleichzeitig kann jede/r ExpertIn neue Aspekte in die Diskussion mit einbringen. Da die Argumente wechselseitig einsehbar sind, lassen sich sachlichere Analysen durchführen, die zudem von einer geringen Anzahl qualitativ geeigneter ExpertInnen (5-20 Personen) zu einem guten Ergebnis führen können.

4.1.2.3 REAL-TIME-DELPHI

Eine andere Möglichkeit, schnellere Ergebnisse zu erzielen als in der klassischen Delphi-Methode, stellt im Zeitalter digitaler Technologien die *Real-Time-Delphi*-Methode dar. Hier verzichtet man auf den rundenbasierten Austausch und ermöglicht -aufbauend auf den Kernelementen Anonymität und Feedback einer Delphi-Analyse- einen Austausch von ExpertInnen in Echtzeit.

Historisch lässt sich die Methode bis in die 1970er Jahre zurückverfolgen. Bereits 1970 wurde die erste asynchrone *Real-Time-Delphi* Konferenz mit 20 Experten online durchgeführt (Zipfinger 2007, 9f.). In Finnland entwickelten einige ForscherInnen seit 1996 die erste webbasierte Software (eDelfoi) (Theodore J. Gordon 2009b, 1f.). Eine weitere Real-Time-Studie ist 1999 als synchrone Präsenzveranstaltung bekannt. Doch erst seit 2004 wurde das Konzept einem weiteren Kreis als wissenschaftliche Fortführung klassischer Delphi-Studien bekannt (Zipfinger 2007, 10).

Im September 2004 beauftragte die Forschungsstelle der US-amerikanischen Streitkräfte, das Defense Advanced Research Projects Agency (DARPA), die Firma Articulate Software, Inc., eine Delphi-Methode zu entwickeln, die in Echtzeit wesentlich effizientere Ergebnisse auf Fragestellungen geben könne, wenn schnelle Entscheidungsprozesse erforderlich sind. Nachdem sich *Prediction Markets* als wenig tauglich für die politische Entscheidungsfindung erwiesen hatten, wurde als weitere Anforderung formuliert, dass die Delphi-Methode auch funktionieren solle für wenige ExpertInnen mit unterschiedlicher Expertise (ca. 10-15 Personen), aber auch skaliert werden kann mit asynchroner Partizipation und über längere Zeiträume - die *Real-Time-Delphi* (RTD) Methode war geboren. Eine weitere Anforderung, die bislang eher den Zukunftsstudien zuzurechnen ist, war die Nutzung fortgeschrittener künstlicher Intelligenz und Sprachverarbeitung, um qualitative Ergebnisse besser auswerten zu können. In der vom UNO-Millenium-Projekt genutzten, webbasierten Software werden diese Komponenten verwendet, um Widersprüche und Redundanzen in der Studie einzufangen (Theodore Gordon und Pease 2006).

Konkret werden den einzelnen ExpertInnen in der webbasierten UNO-RTD-Technik die Durchschnittswerte bisheriger Antworten und die Begründungen anderer anonymisierter ExpertInnen fortwährend angezeigt. Bei Eingabe deutlich divergierender numerischer Daten erscheint eine Aufforderung, die abweichende Meinung zu begründen, die fortan allen anderen Teilnehmer/innen in Echtzeit zur Lektüre zur Verfügung steht. Die eingetragenen Werte und Begründungen lassen sich beliebig oft bis zu einem vom Administrator definierten Stichtag verändern, so dass explizite Runden obsolet werden. Die Methode kann sowohl synchron wie asynchron genutzt werden (ebd.). Die Auswahl der Fach-ExpertInnen stellt auch in dieser Variante die größte Herausforderung dar (ebd.).

Regelmäßig angewendet wird die Methode in der alljährlich erscheinenden Studie des Millenium Projects[96] zum „State of the Future". In diese Studie fliessen die Forschungsergebnisse einer Vielzahl internationaler Knoten ein. Auf interdisziplinärer Basis werden hier mögliche Einflussfaktoren und potentielle internationale Krisenindikatoren für globale Herausforderungen identifiziert, um diesen Problemen ggf. begegnen zu können. Auch stellt das Millenium Project seine RTD-Software einzelnen Institutionen für ihre Untersuchungen kostenpflichtig zur Verfügung (Glenn, Theodore J. Gordon, und Florescu 2009).

Die Frage, die die Wirtschaftsinformatikerin Sabine Zipfinger antreibt, ist die, warum sich trotz vorhandener Breitbandverbindungen die *Real-Time-Delphi*-Methode bis heute nicht breiter durchsetzen konnte (Zipfinger 2007, 13). Um dieser Frage nachzugehen, befragte Zipfinger verschiedene Expert/innen mit identischem Fragebogen in zwei verschiedenen computerbasierten Methoden: einer rundenbasierten klassischen Delphi-Analyse und einer *Real-Time-Delphi*-Untersuchung. Das befragte Thema kreiste um kritische Aspekte der Delphi-Methode selbst (Definition, Motivationsfaktoren, Fluktuation, ExpertInnen-Zahl, Anonymität, zeitliche Begrenzung, rundenbasiert oder in Echtzeit, Feedback zu numerischen Antworten, Kommentare für Antworten, Selbsteinschätzung der ExpertInnen,

---

96 http://www.millennium-project.org/ (05.03.2011)

Einflussfaktoren auf Antworten, Internetnutzung) (ebd., 93ff.). Im Ergebnis unterschieden sich die beiden Untersuchungen nicht wesentlich. Während im Real-Time-Verfahren mehr qualitative Antworten von weniger ExpertInnen gegeben wurden, konnte das rundenbasierte Verfahren durch wiederholte Besuche und Überdenken der ursprünglichen Antwort überzeugen. Zipfinger selbst schliesst aus ihrer Untersuchung auf methodische Irritation der ExpertInnen aufgrund fehlender Erfahrung mit der Real-Time-Methode und eine erhöhte Monitoring-Kompetenz der analysierenden Person(en), um den Prozess zu unterstützen. Zum gegenwärtigen Zeitpunkt scheint beim Gros der ExpertInnen-Befragungen die rundenbasierte Delphi-Methode die adäquatere Form zu sein (ebd., 109f.). Zudem besteht bei RTD-Methoden die Gefahr, dass dominante Personen einen größeren Einfluss auf andere TN haben (Cuhls 2009, 219).

Bei der Einordnung der *Real-Time-Delphi*-Methode in die Typen-Klassifizierung von Häder (s.o.), ergibt sich ein vielschichtiges Bild: War die Intention der DARPA, eine schnelle Methode zur Entscheidungsfindung zu beauftragen, so schwingt durch das realisierte unmittelbare Feedback im direkten Vergleich der vollzogenen Antworten die Hoffnung auf einen konsensualen Abgleich der Antworten mit. Tatsächlich weist die Analyse von Zipfinger aus, dass in rundenbasierten Delphi-Studien die korrigierten Aussagen höher ausfielen als im Real-Time-Verfahren (Zipfinger 2007, 86). Das mag auf die fehlende Netz-Kompetenz der beteiligten ExpertInnen zurückzuführen sein, bedarf aber einer weiteren Untersuchung. Zum gegenwärtigen Stand der Forschung handelt es sich bei der RTD-Methode eher um einen Typ 3 -die Aggregation verschiedener ExpertInnen-Meinungen-, der die Bandbreite möglicher Gesichtspunkte aufzuzeigen vermag und insofern als theoretische Grundlage zur Entscheidungsfindung herangezogen werden kann.

4.1.2.4 SZENARIENTECHNIK

Ergänzend zu den explorativen Erhebungsmethoden hat sich die Szenarientechnik seit den 1990er Jahren zu einem Kernkonzept der Zukunftsforschung entwickelt, um einen kommunikativ-partizipativen Prozess unter ExpertInnen anzustossen. Szenarien definieren hier als normative Orientierung einen Soll-Zustand, in dessen Kontext ExpertInnen befragt werden können, um Planungsschritte zu identifizieren, die zur Realisierung dieser Zielsetzung geeignet erscheinen. Unter Rückgriff auf andere Methoden lassen sich dabei verschiedene Szenario-Techniken nutzen, um Zukunftsalternativen bereitzustellen, entlang derer sich die strukturelle Veränderungsdynamik und die Anpassungsfähigkeit der Akteure untersuchen lassen (Graf 2004, 21f.).

> „Die Szenariotechnik versucht, Phänomene und Zusammenhänge einer Quantifizierung zuzuführen, bei denen ausreichende theoretische

Grundlagen fehlen und/oder die reine Empirie versagt." (ebd., 22)

Ein Szenario kann demnach als Beschreibung wesentlicher Elemente einer hypothetischen, möglichen Zukunftssituation definiert werden, inklusive des Entwicklungspfades, um diese Situation zu erreichen (Kosow und Gaßner 2008, 1). Um eine Entscheidungsfindung in einem unsicheren Umfeld herbeizuführen, haben sich die optionalen Alternativen der Szenario-Methode gegenüber der klassischen Prognose-Methode durchgesetzt.

Die Szenario-Methode ist dabei vom Erkenntnisinteresse her ein ...

„(...) Hauptinstrument, um

- alternative Entwicklungspfade zu identifizieren und zu beschreiben,
- Entscheidungspunkte und Handlungsmöglichkeiten zu ermitteln,
- Folgen möglicher Handlungen zu analysieren.

Im Verwertungsinteresse dienen Szenarien u.a. dazu

- strategisches Denken (in Unternehmen, Verwaltungen usw.) zu fördern,
- Leitbilder und Zielvorstellungen zu identifizieren oder zu verdeutlichen
- und allgemein um futurologisches Orientierungswissen und (sic!) zur Diskussion zu stellen." (Steinmüller 1997, 50f.)

Je nach Zielsetzung der konkreten Analyse sind verschiedene Szenarien-Typologien zur Konkretisierung des Forschungsvorhabens und Gestaltung des Forschungsdesigns heranzuziehen, die an dieser Stelle nicht angeführt werden sollen (vgl. dazu ebd.:54ff.). Gegenüber der Prognose-Methode bieten Szenarien dann einen methodischen Vorteil, wenn in Planungsprozessen unsichere, diskontinuierliche Aspekte berücksichtigt werden sollen, die auf vorwiegend qualitativer oder ungenügender Information aufbauen (ebd., 58).

Abschließend lässt sich feststellen, dass die Szenario-Methode ein sehr komplexes Verfahren der Planungstechnik ist, das sich in verschiedenen Methoden-Kombinationen über den gesamten Forschungsprozess von der Problemidentifikation über sektorale Vorhersagen und Wechselwirkungsanalysen bis hin zum konkreten Szenario-Writing erstrecken kann. An allgemeinen Qualitätskriterien können Glaubwürdigkeit, Zweckmäßigkeit, Nachvollziehbarkeit, Konsistenz, Konsequenz und Transparenz angeführt werden. Handelt es sich nicht um ein Einstiegsszenario, kann auch Vollständigkeit ein Qualitätskriterium sein (ebd., 63). Die Delphi-Methode wiederum lässt sich im Rahmen der Szenario-Methode v.a. im Kontext der sektoralen Vorhersagen einsetzen, um Trendannahmen zu identifizieren.

4.1.2.5 Leitbilder

Eine Möglichkeit, potentielle Szenarien zu entwerfen, stellen Leitbilder dar. Ein Leitbild kennzeichnet einen übergeordneten Begriff, der verschiedene theoretische Modelle, Forschungs- und Entwicklungskonzepte beinhaltet. Allen gemeinsam ist eine „zukunftsgerichtete und handlungsrelevante Vorstellung davon, was erstrebt wird oder als erstrebenswert und zugleich als realisierbar angesehen wird" (Giesel 2007, 38). Unterscheiden lassen sich die Leitbild-Typen entlang ihrer Erscheinungsform (mentale Vorstellungsmuster oder manifeste Dokumentationen) und ihrer Handlungswirksamkeit (bereits praktizierte Leitbilder oder propagierte Leitbilder als zukünftige Norm) (ebd., 39f.). Als sozialwissenschaftliches Instrument sind Leitbilder umstritten, da sie zur Analyse herrschender Werte und Normen überfordert seien, wenn sie mit breit interpretierbaren Metaphern einen neuen Entwurf vorbringen. Dann lassen sich dem aktuell vorherrschenden gesellschaftlichen Selbstverständnis kaum mögliche Wertvorstellungen mit normativer Kraft entgegen stellen (Heesen 2005, 88f.).

So werden in der Technikforschung unter Leitbildern „Vorstellungen über gleichzeitig erwünschte und für machbar gehaltene technische Zukünfte verstanden, die das Denken und Handeln der Akteure prägen" (Giesel 2007, 167). Sie sollen in der Technikgenese sowohl Orientierung, Koordinierung als auch Motivation bieten. Gleichzeitig dienen sie in der Technikentwicklung als Verständigungsprozess hinsichtlich einer konsensual als sinnvoll erachteten Zielsetzung, da sie eine kulturelle „Übereinkunft mit hoher Verbindlichkeit und kollektiver Projektionskraft" (ebd., 168) leisten können. „Leitbilder sind damit kollektiv geteilte, denk- und handlungsleitende technikbezogene Zukunftsentwürfe" (ebd., 184), die aber nur ex-post entworfen werden können, wenn technische Entwicklungen bereits etabliert sind (vgl. Heesen 2005, 89). Allerdings erleichtert das Leitbildkonzept „die theoretische Fundierung einer systematischen Ausarbeitung von Wertannahmen im Zusammenhang der Technikentwicklung", die „auch für die Entstehung der anderen gesellschaftlichen Teilsystemen von grundlegender Bedeutung sind" (ebd., 89).

Mit der Delphi-Technik oder der Szenario-Methode lässt sich der Leitbild-Ansatz gut verbinden. Inhaltlich unterscheiden sich Leitbilder von wertneutralen Zukunftsszenarien aufgrund ihres normativen Gehalts. Sie „fallen begrifflich zusammen, wo Leitbilder nur als realisierbare, als mögliche Zukunftszustände beschrieben werden, nicht aber als anzustrebende oder erwünschte" (Giesel 2007, 148, Anm. 144).

4.1.3 ZWISCHENFAZIT: KONSEQUENZEN AUS DER METHODENDISKUSSION

Im Gegensatz zum *Forecasting* schauen *Foresight*-Methoden offen in die Zukunft. Dabei können Befragungen zur Vorausschau je nach Zielsetzung unterschiedlicher Natur sein. Kleine *Samples* beinhalten z.b. verschiedene Techniken wie *Brainstorming*, *Brainwriting*, ExpertInnen-Gespräche oder individuelle Interviews. Größere oder große *Samples* lassen sich über Meinungsumfragen, Befragungen zu rationalen Erwartungen (Fakten), Befragungen mit Feedback (Delphi + RT Delphi), *Prediction Markets*, Wetten oder Einschätzungsspiele realisieren (Cuhls 2009, 208).

Im Vergleich der hier vorgestellten explorativen Forschungstechniken kommt sowohl der Szenarientechnik als auch den *Prediction Markets* eine Rolle bei der Planung von Entscheidungen zu. So können Szenarien Orientierung bieten in einem unsicheren Umfeld, während *Prediction Markets* aufgrund ihrer Konsensfindung eine Entscheidungsgrundlage bieten können (Green, Armstrong, und Graefe 2007, 4). Vor diesem Hintergrund und der hier verfolgten Forschungsfrage, zwar eine Grundlage für die Planung zukünftiger bildungspolitischer Maßnahmen entwerfen zu wollen, zunächst aber einen interdisziplinären Austausch unter Fach-ExpertInnen zu initiieren, um Trendannahmen zu identifizieren und ggf. weiteren Forschungsbedarf zu eruieren, soll hier eine Delphi-ExpertInnen-Befragung im Rahmen der Szenario-Methode die Maßnahme der Wahl sein. Denn die Delphi-Methode lässt sich sehr sinnvoll mit der Szenarien-Technik kombinieren, indem z.B. ein Szenario als *Input* für eine Delphi-Studie oder zwecks Visualisierung des (bisherigen) Delphi-Ergebnisses entworfen wird (Kosow und Gaßner 2008, 87ff.).

In diesem Sinne soll hier ein explizites, normatives Leitbild entworfen werden, das als „Verständigungsmedium über wünschbare und mögliche Zukünfte" (Giesel 2007, 195) dienen kann, über das sich ggf. ein echtes Leitbild gesellschaftlich verankern lässt. Das Leitbild dient damit als Gestaltungsinstrument, das der Planung ebenso förderlich ist wie der Zielfindung und der Steuerung. Es sollte als prognostisches Szenario auf den in den Kapitel 2 und 3 erarbeiteten, theoretischen Überlegungen mit einem mittelfristigem Betrachtungszeitraum aufbauen. Gleichzeitig sollte es als Grundlage dienen, über eine ExpertInnen-Befragung mögliche alternative Verlaufsszenarien zu identifizieren, die zur Realisierung des Leitbildes beitragen könnten.

Nun stellt sich die Frage, ob angesichts der von Castells prognostizierten, schwindenden Bedeutung innovationstreibender ExpertInnen zugunsten der vernetzten, kollektiven Intelligenz gerade ExpertInnen eine geeignete Prognose oder Vorausschau auf die v.a. sozio-technologisch bedingten Veränderungsprozesse leisten können, die von einer einzelnen Person ausgewählt wurden. Oder liesse sich über eine stärkere Subjektorientierung in der Zukunftsforschung die Diskrepanz zwischen Laien-

und ExpertInnen-Meinung überbrücken und dadurch bessere Rückschlüsse für politische Gestaltungsspielräume eruieren (Gerhold 2009a, 242)? Kann eine Delphi-Analyse als Smart Swarming organisiert sein (Neef 2003)?

Über einen Exkurs zur kollektiven Intelligenz soll diesen Fragen kurz nachgegangen werden, um abschließend das Methoden-Design der folgenden Untersuchung vorzustellen.

4.1.3.1 Exkurs: Kollektive Intelligenz

Kollektive Intelligenz, Schwarmintelligenz oder Crowdsourcing werden derzeit im Alltagsgebrauch synonym verwendet, charakterisieren aber unterschiedliche Phänomene.

Bereits 1994 führte Pierre Lévy aus, welchen Einfluss der *Cyberspace* auf die sozio-kulturellen Rahmenbedingungen und Werte nimmt und eine kollektive Intelligenz entstehen lässt, die sich aus dem individuellen Wissen der beteiligten Personen generiert - im Gegensatz zur Schwarmintelligenz, in der die Individuen über ein starres Regelwerk austauschbar als Einzelne bleiben (Levy 1998). Während also in der Schwarmintelligenz viele dumme Einzelne über Regelwerke Ordnungsmuster formen und damit eine sehr niedrige Intelligenzform evozieren, kennzeichnet kollektive Intelligenz die Vernetzung intelligenter Einzelner, die über ihre Interaktion eine übergeordnete Intelligenz schaffen. Dieses Phänomen ist nichts Neues, sondern Kennzeichen jeder höheren Kultur (Kruse 2009). Neu ist die netzbedingte Möglichkeit einer erweiternden Unterstützung der synästhetischen Prozesse, die es ermöglicht, der wachsenden Komplexität einfliessender Informationen intelligente Ordnungsmuster entgegen zu stellen - als Kombination aus sozio-technologischer Entwicklung und „Emergenz" (Steven Johnson 2001). Der Rhythmus der kollektiven Intelligenz lässt die Zeichen selbst beginnen zu leben, denn sie wachsen und wuchern unabhängig von der Intention einzelner AutorInnen oder InterpretInnen. Während Lévys Beschreibung zur Zeit seiner Entstehung noch utopischen Charakter aufweist, kann heute im Zeitalter der sozialen Medien registriert werden, wie sich die klar unterscheidbaren Ebenen eines Textes zugunsten „eines flüssigen, kontinuierlichen Milieus auflösten, in dem der Forschungsreisende immer das Zentrum besetzt" (Levy 1998, 118).

> „Aus der Zirkulation, Verbindung und Metamorphose denkender Gemeinschaften entsteht und erhält sich der Raum des Wissens. (...) Die Mitglieder einer kollektiven Intelligenz produzieren, strukturieren und verändern ständig die virtuelle Welt, die Ausdruck ihrer Gemeinschaft ist: Die kollektive Intelligenz hört nicht auf zu lernen und zu erfinden." (ebd., 159)

Als mediengestützte kollektive Intelligenz hat sie einen neuen anthropologischen Raum eröffnet, der fließend zwischen den Sphären und Intelligenz navigiert und eine "subjektive Zeitlichkeit der kollektiven Intelligenz" (ebd., 233) schafft, und der die reale Zeit der Handelsnetze verändert. Der Raum des Wissens ist „ein ortloser Raum der nomadisierenden kollektiven Intelligenz", ein selbstorganisiertes Jenseits der menschlichen Gemeinschaften, fernab von Territorien oder ExpertInnen, die Macht aus ihrem Wissen ableiten (ebd., 235f.) - oder um mit Castells zu sprechen: In der Netzwerkgesellschaft formen sich die Botschaften wieder zu Botschaften.

Bei der Schwarmintelligenz handelt es sich hingegen um eine kollektive Intelligenz der Verbundenen, die mittels kontinuierlicher -verbaler oder nonverbaler- Kommunikation feste Reaktionsmuster auf bestimmte Kommunikationssignale aussenden (Aulinger 2007). Im Original sparen über diesen natürlichen Modus Vögel Energie, Ameisen begeben sich auf effiziente Futtersuche, Termiten bauen komplexe Bauwerke und Fische nutzen diese kollektive Kraft zur Gefahrenabwehr (ebd., 3). Mögliche Anwendungsfelder in humanen Verbundsystemen sind „Social Swarming" und „Social Mobs" (Rheingold 2003), die sich in temporären, thematischen Netzwerken spontan mittels moderner Kommunikationsmedien verbinden. Dieses dynamische Verbindungspotenzial einzelner Personen mit einer Vielzahl sich wandelnder, sozialer Netzwerke kommt im Umkehrschluss einem Kontrollverlust einzelner netzwerkspezifischer Soziokulturen auf die individuellen Normen und Werte gleich. Im Zeitalter der *pervasiven* Medien ist das individuelle Netzwerkkapital -neben dem Finanz- und Sozialkapital- zu einem entscheidenden Kapitalfaktor in der heutigen Welt herangereift (ebd., 195).[97]

Dieser dynamisch sich wandelnden, temporär eng verbundenen Schwarmintelligenz steht die kollektive Intelligenz der Unverbundenen gegenüber, die sich durch Vielfältigkeit, Unabhängigkeit und Dezentralität auszeichnet und im Ergebnis für qualitative Situationsbeschreibungen und Prognosen geeignet ist. An möglichen Anwendungsfeldern in Verbundnetzwerken können hier Marktprognosen oder Netzwerk-Evaluationen angeführt werden, die durch Untersuchungen des Kommunikationsverhaltens, Meinungsumfragen, *Prediction Markets* oder Text-Mining technologisch unterstützt werden können (Aulinger 2007, 4f.). Dabei können nach Surowieckis populären Ansatz der „Weisheit der Vielen" Personengruppen mit unterschiedlichen Standpunkten, aber gemeinsamer Motivation, bessere Entscheidungen herbeiführen als klassische wissenschaftliche Methoden mit Expert/innen (Surowiecki 2007). Grundsätzlich sind drei Typen der „Weisheit der Vielen" zu unterscheiden:

- Kognition: Ein kollektiver Austausch von Ideen auf Ideen-Märkten kann schnellere Entscheidungsprozesse herbeiführen als ExpertInnen(-Befragungen).
- Koordination: Die interpersonale Abstimmung ermöglicht ein natürliches Miteinander im sozio-kulturellen Fluss.

---

97 Vgl. hierzu die Ausführungen zu Web 2.0 als soziale Kultur in Kap. 3.3.2

- Kooperation: Vertrauen kann sich besser in freien Märkten ohne zentrales Regelwerk entfalten.

Um zu positiven Entscheidungen der Weisheit der Vielen zu gelangen, sollten allerdings gewisse Rahmenbedingungen gegeben sein (ebd.):

1. Diversität: Heterogene Gruppen mit jeweils individuellem Kenntnisstand sind eine wesentliche Voraussetzung kollektiver Intelligenz.
2. Unabhängigkeit: Die einzelnen Meinungen sollten nicht von anderen Personen abhängig sein.
3. Dezentralisierung: Lokales und spezialisiertes Wissen des Einzelnen ist erforderlich, um die Weisheit der Vielen aufzubauen.
4. Aggregation: Konkrete Mechanismen ermöglichen die Synästhesierung des kollektiven Wissens aus den verschiedenen Einzelmeinungen.

Während kollektive Intelligenz eher dem theoretisch analytischen, philosophischen Raum entspringt, beschreibt Crowdsourcing die Übernahme von *Open-Source*-Prinzipien auf sozio-kulturelle Phänomene aus pragmatischer Perspektive. So lassen sich z.B. Jobs in einer offenen Ausschreibung outsourcen, so dass diese Aufgabe statt einer klar definierten Person von einer unspezifizierten Personengruppe erledigt werden kann (Howe 2008). Oder über ein kollektives Ausbalancieren von persönlichen Erfahrungen und Datenspuren lassen sich den einzelnen NutzerInnen die maschinell ausgelesenen und algorithmisch als Empfehlung zusammen gefügten Daten als Mehrwert darreichen (Segaran 2008).

Abschließend lässt sich in diesem Rahmen feststellen: Um die kollektive Intelligenz temporär verbundener Personen im Rahmen strukturierter wissenschaftlicher Methoden nutzen zu können, bedarf es einiger Grundregeln. Im nächsten Kapitel soll abschließend diskutiert werden, wie die hier interessierenden Fragestellungen im Rahmen der vorliegenden Arbeit methodisch bewältigt werden können.

4.1.3.2 Abschliessendes Methoden-Design

Oben wurde festgestellt, dass in dieser Arbeit eine Delphi-ExpertInnen-Befragung im Rahmen der Szenariotechnik eine geeignete Forschungsmethode darstellt, um eine erste Orientierung zu erhalten, wie sich die offenen Fragen aus Kapitel 3.4.3 tendenziell beantworten liessen. Angesichts der interdisziplinären Anlage dieser Arbeit und dem Bedeutungsrückgang von persönlicher Expertise in der Netzwerkgesellschaft, gilt es anschließend, die subjektiven Vorstellungen einzuordnen in die „objektiven" bildungspolitischen Rahmenbedingungen.

Vor diesem Hintergrund wäre jetzt zu fragen, wie sich eine selbstorganisierte, emergente ExpertInnen-Gruppe für eine Delphi-Studie finden liesse, die zwar zentralen, von der Autorin vorgegebenen Fragestellungen folgt, ihre spezifische

Diskurs-Form aber selbst wählt. Sofern für die vorliegende Analyse keine Möglichkeit besteht, digitale Netzwerkeffekte aufgrund algorithmischer Formeln oder technologischer Systeme zu nutzen, schliessen sich große, webgestützte *Samples* aus. Eine *Real-Time-Delphi*-Analyse als webbasierte Kommunikationsplattform einer interdisziplinären ExpertInnen-Gruppe mit kollektiver (Schwarm-)Intelligenz ermöglicht einen guten Kompromiss.

- Zum einen entspricht die Delphi-Methode einer kontrollierten Debatte einer begrenzten Gruppe und dient weniger der Wahrheitssuche, sondern der Bewertung bzw. dem Austausch. Insofern wird der Frage der Zusammensetzung der gezielt zufälligen Gruppe eine entscheidende Bedeutung zukommen.
- Zum anderen ermöglicht ein webbasierter Zugang einen offenen Austausch der Meinungen sowohl in flexibler, archivierter, jederzeit modifizierbarer Form als auch in Echtzeit. Indem einer asynchronen Runde eine synchrone *Online*-Ko-Präsenzrunde angeschlossen wird, können die Vorteile der anonymen Delphi-Methode mit dem unmittelbaren Feedback der anderen ExpertInnen in einem überschaubaren Zeitrahmen verknüpft werden.
- Des Weiteren besteht die Möglichkeit bei der Auswahl der beteiligten ExpertInnen, diese selbst weitere Personen für die Untersuchung vorschlagen zu lassen, um eine heterogene Gruppe zusammenzustellen.

Als Projektionsfläche der interdisziplinären RTD-Untersuchung soll ein hypothetisches Szenario dienen, das auf den theoretischen Ausarbeitungen der Kap. 2 und 3 beruht. Dieses Szenario wird in Form eines zukünftigen Leitbildes formuliert, um eine Vorausschau zu ermöglichen, in dessen Zeitrahmen sich noch politische Handlungsempfehlungen formulieren lassen. Für dieses szenarische Leitbild werden dann aus den in Kapitel 3.4.3 aufgeworfenen offenen Fragen konkrete Thesen abgeleitet, die sich mittels eines standardisierten Fragebogens evaluieren lassen. Anschließend werden die sich aus dieser Untersuchung generierenden Maßnahmenpakete im Kontext der internationalen Bildungspolitik-Forschung reflektiert. Schließlich sollen die Ergebnisse als Fundus für die Entwicklung alternativer Szenarien aufbereitet werden, die als Grundlage für mögliche bildungspolitische Interventionen dienen können und auch neue Forschungsfragen formulieren helfen.

4.2 Vorbereitung der Real-Time-Delphi-Untersuchung

Die leitende Frage dieser Arbeit lautet: Welche (globalen) bildungspolitischen Maßnahmen sind erforderlich, um sozial exkludierten Personen den Kompetenzerwerb zu ermöglichen, der benötigt wird, um über eine positive UX in benutzergenerierten, digitalen Lernumgebungen am globalen Informations- und Kommunikationsfluss selbstbestimmt teilzuhaben? In den Kapiteln 2 und 3 konnten die Fähigkeiten erarbeitet werden, die theoretisch zu vergnüglichen *Flow*-Erfahrungen im *space of flows* und zur selbstverantwortlichen Kompetenzentwicklung in der Netzwerkgesellschaft führen können. In der Praxis entsprechen die Menschen und die Umstände nicht unbedingt den idealtypischen Vorstellungen der Theorie (siehe offene Fragen in Kap. 3.4.3), so dass einige internationale ExpertInnen im Rahmen einer *Real-Time-Delphi*-Untersuchung um ihre Einschätzung gebeten wurden, wie möglichst viele Personen auf den Weg mitgenommen werden könnten.

4.2.1 Zielsetzung der Studie

Zentrales Ziel dieser RTD-Untersuchung ist es, persönliche Einschätzungen eines internationalen ExpertInnen-Kreises zu Zukunftsthesen einzuholen und Hinweise zu erhalten, wo bildungspolitische Ansatzpunkte zu finden sind bzw. Forschungsbedarf besteht, um entsprechende Voraussetzungen baldmöglichst zu schaffen. Dabei sollte in diesem Zusammenhang die Delphi-Methode „weniger als ein Verfahren zur Erzeugung von mehr oder weniger gesicherten Prognosen oder zur Herstellung eines stabilisierten Konsenses in der Experten-Gruppe über mögliche zukünftige Ereignisse angesehen werden." Vielmehr wird die Methode als „spezifisches diskursives Verfahren genutzt, das den Diskurs über Leitbilder und Entwicklungswege" anzustossen (bzw. zu diesem beizutragen) vermag. Die Informationssammlung ist hier ebenso wichtig wie die Bewertung (vgl. dazu Steinmüller 1997, 85). Insofern ist sekundäres Ziel dieser Untersuchung, über eine offene Partizipationsmethode die ExpertInnen zum diskursiven Austausch über divergierende Einschätzungen zu bewegen und über diesen Weg die zentralen Knackpunkte der Diskussion für bildungspolitische Weichenstellungen zu identifizieren. Bei dieser geschlossenen Befragung handelt es sich um den explorativen Typ 3 nach (Häder 2002, 32ff.): Es werden ExpertInnen-Meinungen zu einem unsicheren Sachverhalt ermittelt und qualifiziert.

Von daher gehen in die Befragung nur Thesen mit Zukunftsbezug ein, deren Realisierung noch unsicher ist (vgl. Oertzen, Cuhls, und Kimpeler 2006, 17). Untersuchungsleitend dient ein szenarisches Leitbild als Vorschlag einer mittelfristigen Vorhersage, um aus Sicht der betroffenen Individuen -und nicht der sozialen Entitäten- die optimalen Rahmenbedingungen für die Zukunft zu eruieren. Gewünschtes Ergebnis ist es, möglichst viele Menschen an dieser normativ definierten Entwicklung partizipieren zu lassen, damit deren kreatives Potenzial mit eingebracht werden kann.

4.2.2 Leitbild dieser Studie für 2020

Vor dem Hintergrund der theoretischen Überlegungen und offenen Fragen soll die nun folgende RTD-Analyse auf einem potentiellen Leitbild für das Jahr 2020 aufsetzen:

> Im Jahre 2020 wird von allen Menschen erwartet, sich in benutzergenerierten, digitalen Umgebungen zu orientieren, um selbstbestimmt an den Möglichkeiten der Netzwerkgesellschaft zu partizipieren.

2020 erscheint als geeigneter Zeithorizont der Vorausschau, da alle darüber hinausgehenden Prognosen angesichts der sozio-technologischen Entwicklungsdynamik zu undifferenzierten Spekulationen führen würden, während gleichzeitig diese mittelfristige Entwicklung absehbar erscheint und noch einen Spielraum für Interventionen eröffnet. Insofern setzt das hier entworfene Leitbild primär auf den theoretisch erarbeiteten Überlegungen[98] auf, ist sich aber u.a. der aktuellen Studien des Gartner Hype Cycles 2009 (Gartner, Inc. 2009), des Horizon Reports 2009 (L. Johnson und R. Smith 2009, 6), der Untersuchung zu „The Future of the Internet III" (Janna Quitney Anderson und Rainie 2008, 2), den „EDUCAUSE Top Teaching and Learning Challenges 2009" (EDUCAUSE Learning Initiative 2009), der FAZIT-Studien zur Frage „Wie nutzen wir Informations- und Kommunikationstechniken im Jahr 2020" (Oertzen, Cuhls, und Kimpeler 2006) und zu den „Zukünftigen Informations- und Kommunikationstechniken" im Jahr 2020 (Cuhls und Kimpeler 2008), der internationalen Studie zur „Zukunft und Zukunftsfähigkeit der Informations- und Kommunikationstechnologien und Medien" für das Jahr 2030 (Kessel, Gerneth, und Wolf 2009) und natürlich dem „State of The Future 2009" des Millenium Projects (Glenn, Theodore J. Gordon, und Florescu 2009) sehr bewusst. Grundsätzlich bauen die erarbeiteten theoretischen Überlegungen auf den dort analysierten technologischen Trends auf, setzen aber bei den Konsequenzen für die Bildungswelt eine andere Brille auf. Da der in den angeführten Studien geworfene Blick immer ein institutioneller ist, unterscheiden sich die gesetzten Prioritäten teilweise stark von der in dieser Untersuchung gewählten Perspektive: Der individuelle Blick v.a. von sozial exkludierten Personen entspricht einem Blickwinkel, der leider in keiner der Autorin bekannten und mit der vorliegenden Arbeit vergleichbaren Studie eingenommen wird.

4.2.3 Eigener Thesenkatalog mit Fragebogen

Bei einer Delphi-Untersuchung gilt es, exakte Fragestellungen auszuarbeiten, um klar, eindeutig, verständlich und konkret die Thematik zu erfassen. Konkret lassen sich zu

---

98 Vgl. Kapitel 2 und 3

einzelnen, provokativen Thesen einzelne Fragen zu prädiktiven Vorhersagen, normativen Zukunftszuständen und instrumentellen Möglichkeiten zur Zielerreichung unterscheiden (Steinmüller 1997, 77). Standardfragen sind die nach der Selbsteinschätzung hinsichtlich der Fachkompetenz und der Einschätzung des Zeitraums der Verwirklichung der zugrunde gelegten These. Allerdings haben sich solche Versuche, die Wahrscheinlichkeiten des Eintreffens einschätzen zu lassen, nur bedingt als realisierbar erwiesen. Hingegen konnten mit Fragen nach Wichtigkeiten, Hemmnissen, zu ergreifenden Maßnahmen oder offenen Kommentarmöglichkeiten als gut auswertbare Ergebnisse erzielt werden (Cuhls, S.216).

Je nach Befragungsziel existieren eine Vielzahl an Untersuchungsdesigns (vgl. z.B. Häder 2002, 229ff.), die jeweils unterschiedliche Fragekonstellationen erfordern. In dieser Arbeit legen das Forschungsdesign und die generierten offenen Fragen (siehe Kap. 3.4.3) einen Thesenkatalog entlang der sechs *Flow*-Kategorien nahe. Jede Kategorie bildet in der Untersuchung ein separates thematisches Kapitel, innerhalb dessen eine kurze szenarische Einführung in das Jahr 2020 einstimmt und zu einer komplexen These überleitet mit je einer individuellen, einer sozio-kulturellen und einer sozio-technologische Ebene. Zu jeder These werden die Einschätzungen der ExpertInnen mittels eines standardisierten Fragenblocks erbeten, so dass unterschiedliche Gewichtungen innerhalb der einzelnen Kapitel ggf. differenzierte bildungspolitische Ansätze nahelegen können.

Aufgrund der internationalen Anlage der Studie werden in der *Online*-Version alle Texte in der englischen Sprache präsentiert und keine deutsche Übersetzung angezeigt. Folgende Thesen lassen sich vor dem Hintergrund der theoretischen Überlegungen und des darauf aufbauenden Leitbildes für das Jahr 2020 aus den offenen Fragen aus Kapitel 3.4.3 operationalisieren:[99]

4.2.3.1 THEMENBLOCK PERSON

1. These 1 zur autotelischen Persönlichkeit
    - Offene Frage: Wie können autotelische Persönlichkeiten gefördert werden, wenn im familiären Kontext keine idealen Bedingungen herrschen?
    - Ausführliche These: Fähigkeit der Menschen, ihre mediale Netz-Kompetenz selbstreflexiv an den dynamischen sich wandelnden, sozialen Kontext anzupassen und diesen kontinuierlichen Lernprozess als bereichernd zu empfinden.
    - Kurzthese im Fragebogen: Im Jahre 2020 sind die Menschen fähig, einen kontinuierlichen Lernprozess als bereichernd zu empfinden.

---

99 Die ausführlichen Thesen beruhen auf den in Kapitel 3.4.1. herausgearbeiteten Voraussetzungen und den daraus abgeleiteten Fähigkeiten in Kapitel 3.4.2. In den Kurzthesen wird die entsprechende Befähigung für das Jahr 2020 prägnant zusammengefasst.

2. These 2 zur Kultur als Software des Geistes
   - Offene Frage: Verschiedene Kulturen fördern verschiedene Aspekte des *Flow*-Zustandes. Autotelische Persönlichkeiten müssen sich in je unterschiedlicher Form von ihrer umgebenden Soziokultur abgrenzen bzw. diese integrieren. Universale Blaupausen sind offenbar unmöglich. Können interkulturell angepasste Standardrezepte die Ausbildung von autotelischen Persönlichkeiten fördern?
   - Ausführliche These: Fähigkeit der Menschen, sich trotz oder wegen ihrer sozio-kulturellen Rahmenbedingungen selbstbewusst auf die persönlichen Zielsetzungen zu konzentrieren und diese konsequent zu verfolgen.
   - Kurzthese im Fragebogen: Im Jahre 2020 sind die Menschen fähig, sich selbstbewusst auf die persönlichen Zielsetzungen zu konzentrieren und diese konsequent zu verfolgen.
3. These 3 zum Medium als Botschaft
   - Offene Frage: Welchen Einfluss haben ordnungspolitische Maßnahmen auf das Medium als Botschaft und wie kann sichergestellt werden, dass individuelle Wirklichkeiten nicht von äußeren Zwängen abhängig sind?
   - Ausführliche These: Fähigkeit der Menschen, sich im wandelnden, medial vernetzten Raum temporär selbst zu verorten und dort eine individuelle Wirklichkeit zu konstruieren - unabhängig von externen Kräften mit vermeintlich gesellschaftlicher Definitionsmacht.
   - Kurzthese im Fragebogen: Im Jahre 2020 sind die Menschen fähig, sich im wandelnden, medial vernetzten Raum temporär selbst zu verorten und dort eine individuelle Wirklichkeit zu konstruieren.

Als Einführung in dieses thematische Kapitel dient folgende Einstimmung in das Jahr 2020:

Deutsche Textvorlage (vor Pretest)	Webanzeige nach Pretest (in english)
Flow-Kategorie A: Person	Topic A: Individual
In benutzergenerierten Umgebungen sind zentrale Persönlichkeitsmerkmale erforderlich, um sich als unabhängiger, aktiver Knoten im vernetzten Kontext wahrzunehmen. Auch gilt es, die sozio-kulturellen wie sozio-technologischen Bedingtheiten, in denen die Person agiert, individuell zu verarbeiten.	In user-generated digital environments central personality characteristics are needed to perceive oneself as an independent, active node in the (big) network context. While no one lives without a (smaller) social context, it is also important for an individual, to handle the socio-cultural and socio-

technological effects in which s/he operates.

Vor diesem szenarischen Hintergrund leitet sich aus den drei thematischen Kurzthesen folgende komplexe These ab, die es seitens der ExpertInnen einzuschätzen gilt:

Webanzeige nach Pretest (in english)
Assumption A In 2020, people will be able • to perceive a continuous learning process as enriching; • to concentrate self-confidently upon personal objectives and to pursue these strictly; • to position themselves temporarily in the changing networked media space, and to construct an individual reality even there.

4.2.3.2 Themenblock Workflow

4. These 4 zu sinnvollen Identitäten
    - Offene Frage: Wie lassen sich unabhängige, starke, individuelle Identitäten herausbilden, die sich gleichzeitig als kollektivistische Entitäten verstehen?
    - Ausführliche These: Fähigkeit der Menschen, eine stabile, sinnvolle, persönliche Identität aufzubauen, die die eigene Ablauforganisation souverän definiert und sich gleichzeitig im Wechselspiel mit anderen sozialen Netzwerkknoten versteht.
    - Kurzthese im Fragebogen: Im Jahre 2020 sind die Menschen fähig, eine persönlich sinnvolle Ablauforganisation zu definieren, die sich im Wechselspiel mit anderen Netzwerkknoten versteht.
5. These 5 zu Communities of Practice
    - Offene Frage: Wie konfiguriert sich Gesellschaft, wenn jede Person einem eigenen Zeitrhythmus folgt? Zwar koordiniert jede einzelne Person ihr Time-Management über ihre Netzwerkknoten in verschiedenen Netzwerken, aber welche Auswirkungen hat dieses dynamische Geflecht auf die Gesamtgesellschaft?
    - Ausführliche These: Fähigkeit der Menschen, sich ein persönliches Netzwerk im Rahmen der gegebenen Möglichkeiten individuell aufzubauen und die gesellschaftlichen Strukturen durch aktive Netzwerkarbeit mit zu gestalten.

ExpertInnen-Befragung 217

- Kurzthese im Fragebogen: Im Jahre 2020 sind die Menschen fähig, die gesellschaftlichen Strukturen durch aktive Mitarbeit im persönlichen Netzwerk mit zu gestalten.

6. These 6 zu Networks of Practice
    - Offene Frage: Welche Möglichkeiten der Übertragung virtueller Normen und Werte auf das „reale Leben" bestehen? Müssen regulative Instanzen über die Entwicklung wachen? Wie kann man eventuellen Negativspiralen entgegenwirken? Wie organisiert man Politik in diesen Zeiten?
    - Ausführliche These: Fähigkeit der Menschen, das sich im globalen webbasierten Diskurs entfaltende kulturelle Werte- und Normensystem in die alltägliche Praxis vor Ort selbstverantwortlich zu überführen.
    - Kurzthese im Fragebogen: Im Jahre 2020 sind die Menschen fähig, die webbasierten Werte und Normen in die alltägliche Praxis vor Ort selbstverantwortlich zu überführen.

Als Einführung in dieses thematische Kapitel dient folgende Einstimmung in das Jahr 2020:

Deutsche Textvorlage (vor Pretest)	Webanzeige nach Pretest (in english)
Flow-Kategorie B: Workflow	Topic B: Workflow
Im Kontext benutzergenerierter Umgebungen bedarf es spezifischer Fähigkeiten, sich - möglichst unabhängig von den Sachzwängen externer Workflows - eine stabile individuelle Identität aufzubauen und die netzwerkspezifischen Strukturen bzw. den sozio-kulturellen Change-Management-Prozess aktiv mit zu gestalten.	Individuals operate within the constraints of external workflows. But in the context of user generated environments, personally meaningful workflows must be set to handle these external constraints. Therefore, specific abilities are required to get actively involved in the design of network-specific structures and the socio-cultural change management process.

Vor diesem szenarischen Hintergrund leitet sich aus den drei thematischen Kurzthesen folgende komplexe These ab, die es seitens der ExpertInnen einzuschätzen gilt:

Webanzeige nach Pretest (in english)
Assumption B
In 2020, people will be able

- to define a personally meaningful organizational structure that is adaptable to other network nodes;
- to co-create the social structures through active participation in the personal network;
- to transfer web-based values and norms independently into everyday life.

4.2.3.3 Themenblock Medienumgebung

7. These 7 zu PIM / PKM / PLE
   - Offene Frage: Welche Auswirkungen hat es, wenn der Zugang zur Netzwerkgesellschaft nicht optimal gewährt ist oder nicht möglich ist, weil die Menschen nicht unterstützt werden, sich aktiv einzubringen?
   - Ausführliche These: Fähigkeit der Menschen, die persönliche Medienumgebung dynamisch an die eigenen, flexiblen Bedürfnisse anzupassen, so dass jederzeit Zugriff auf die vernetzte Kompetenz gegeben ist.
   - Kurzthese im Fragebogen: Im Jahre 2020 sind die Menschen fähig, die persönliche, vernetzte Medienumgebung an die eigenen, flexiblen Bedürfnisse anzupassen.
8. These 8 zur Netzwerk-Kompetenz
   - Offene Frage: Welche Maßnahmen müssen ergriffen werden, um Vertrauen auf individueller wie kollektiver Ebene aufzubauen? Welchen Einfluss hat Politik auf das je spezifische sozio-kulturelle Muster?
   - Ausführliche These: Fähigkeit der Menschen, Vertrauen in andere Personen, in Strukturen, in die Flexibilität und Intelligenz selbst generierter Medienumgebungen aufzubauen und in der Praxis zu bestätigen.
   - Kurzthese im Fragebogen: Im Jahre 2020 sind die Menschen fähig, Vertrauen in virtuellen Netzwerke aufzubauen und dieses wechselseitig in der Praxis zu bestätigen.
9. These 9 zu Social Media Umgebungen
   - Offene Frage: Was geschieht, wenn das „System" dicht macht? Welche Folgen hat es, wenn Verwertungsgesellschaften zugunsten ihrer traditionellen, sozio-ökonomischen Interessen wirken und Urheberrechte, Patente, proprietäre Systeme fördern und politisch absichern wollen?
   - Ausführliche These: Fähigkeit der Menschen, im offenen, impliziten Wissensstrom mitzuschwimmen und dadurch eine transkulturelle Netzwerk-Kompetenz zu entwickeln, die sich der Wirkung kultureller Indizes - vom

ExpertInnen-Befragung 219

Netz zum Ort und vice versa - bewusst ist.
- Kurzthese im Fragebogen: Im Jahre 2020 sind die Menschen fähig, im offenen, impliziten Wissensstrom mitzuschwimmen und sich kultureller Wechselwirkungen bewusst zu sein.

Als Einführung dient folgende Einstimmung in das Jahr 2020:

Deutsche Textvorlage (vor Pretest)	Webanzeige nach Pretest (in english)
Flow-Kategorie C: Medienumgebung	Topic C: Media Environments
Benutzergenerierte Umgebungen benötigen individuellen autonomen Gestaltungswillen, gesamtgesellschaftliches, wechselseitiges Vertrauen, um sich frei auszutauschen, und eine Bereitschaft, sich global digital zu vernetzen.	For the functioning of user-generated media environments, some basic conditions must be met. Firstly, the autonomous creative will of the individual is necessary. Secondly, mutual trust across the society is required to exchange personal views freely. And last (but not least), the willingness to network digitally at the global level is needed.

Vor diesem szenarischen Hintergrund leitet sich aus den drei thematischen Kurzthesen folgende komplexe These ab, die es seitens der ExpertInnen einzuschätzen gilt:

Webanzeige nach Pretest (in english)
Assumption C
In 2020, people will be able
- to adapt the personal, networked media environment to their own, flexible needs;
- to build up trust in virtual networks and to confirm this mutually in practice;
- to move into the open tacit knowledge flows and to be aware of cultural interactions.

4.2.3.4 Themenblock Usability

10. These 10 zu Don't make me think
    - Offene Frage: Wie kann die digitale Kompetenz unterstützt werden, wenn gängige Software- und Hardware-Produkte im alten Denken verhaftet sind?

- Ausführliche These: Fähigkeit der Menschen, selbstverantwortlich persönliche Kriterien der Effektivität, Effizienz und Zufriedenheit anzulegen und regelmäßige Aktualisierungen der digitalen Schnittstellen vorzunehmen, um dort Vergnügen empfinden zu können.
- Kurzthese im Fragebogen: Im Jahre 2020 sind die Menschen fähig, selbstverantwortlich persönliche Kriterien der Effektivität, Effizienz und Zufriedenheit anzulegen.

11. These 11 zur Culturability
    - Offene Frage: Es besteht die Gefahr, die nicht am Netzwerk beteiligten Personen aufgrund des *Digital Divide* abzukoppeln von der gesamtgesellschaftlichen Entwicklung. Hier kann ein guter Resonanzboden für tradierte Werte und Codes entstehen, die von Machtbeziehungen am *space of places* definiert werden. Wie nimmt man möglichst alle Menschen mit auf den digitalen Weg?
    - Ausführliche These: Fähigkeit der Menschen, sich trotz sozio-kultureller Einflussfaktoren auf die individuelle Autonomie den neuen Technologien zuzuwenden und einen gebrauchstauglichen Zugang zur Netzkultur zu verschaffen.
    - Kurzthese im Fragebogen: Im Jahre 2020 sind die Menschen fähig, sich trotz sozio-kultureller Einflussfaktoren den neuen Technologien zuzuwenden.

12. These 12 zu Personability
    - Offene Frage: Welcher Rahmenbedingungen bedarf es, um Menschen die Sicherheit zu geben, sich beständig neu zu orientieren? Welche Arbeitsorganisationsformen existieren, um diesen LLL-Prozess qualitativ zu unterstützen?
    - Ausführliche These: Fähigkeit der Menschen, individuell Einfluss zu nehmen auf die sozio-technologische Gestaltung der digitalen Schnittstellen und sich das erforderliche Knowhow regelmäßig anzueignen.
    - Kurzthese im Fragebogen: Im Jahre 2020 sind die Menschen fähig, Einfluss zu nehmen auf die Gestaltung der digitalen Schnittstellen.

Als Einführung in dieses thematische Kapitel dient folgende Einstimmung in das Jahr 2020:

Deutsche Textvorlage (vor Pretest)	Webanzeige nach Pretest (in english)
Flow-Kategorie D: Usability	Topic D: Usability
Selbstverantwortung ist erforderlich, um sich die eigene benutzergenerierte	Usability means, "whether a product is efficient, effective and satisfying for

Umgebung gebrauchstauglich zu gestalten und immer wieder neu zu sortieren.	those who use it" (UPA). To construct usable products, some techniques and methods are developed for professional designers. In user-generated environments users are their own designers. Thus, individual responsibility is required to design one's own usable user-generated environment and resort it over and over again.

Vor diesem szenarischen Hintergrund leitet sich aus den drei thematischen Kurzthesen folgende komplexe These ab, die es seitens der ExpertInnen einzuschätzen gilt:

Webanzeige nach Pretest (in english)

Assumption D

In 2020, people will be able

- to independently develop his/her personal criteria of effectiveness, efficiency, and satisfaction;
- to address the new technologies, despite socio-cultural influences;
- to have influence on the creation of digital interfaces.

4.2.3.5 THEMENBLOCK TRANSPARENZ

13. These 13 zu Recht auf geistiges Eigentum
    - Offene Frage: Ist Transparenz ein ästhetisches Gut, das auf viszeraler Ebene einen schnelleren Zugang zum Individuum findet als geschlossene Systeme? Und wie können kollektive Eigentumsrechte gefördert werden, wenn auf sozio-ökonomischer Basis das Recht auf individuellem Eigentum vorherrschend ist?
    - Ausführliche These: Fähigkeit der Menschen, sich kollaborativ einzubringen und ihren Beitrag zum offenen, transparenten, sozialen Eigentumsrecht zu leisten.
    - Kurzthese im Fragebogen: Im Jahre 2020 sind die Menschen fähig, durch kollaborative Mitarbeit einen Beitrag zum sozialen Eigentumsrecht zu leisten.

14. These 14 zur Freien Fahrt für freie BürgerInnen
    - Offene Frage: Am *Flow* interessierte Personen meiden Institutionen, die

ihren *Flow* unterbinden. Institutionen, die eher Ordnung im Bewusstsein hervorrufen, bestimmen die Richtung der sozio-kulturellen Evolution. Welche Institutionen sind dies in der aktuellen Zeit?

- Ausführliche These: Fähigkeit der Menschen, im eigenen beruflichen Umfeld Offenheit und Transparenz zu praktizieren und die Institutionen zu meiden, die ihren *Flow* unterbinden.
- Kurzthese im Fragebogen: Im Jahre 2020 sind die Menschen fähig, im eigenen Umfeld Offenheit zu praktizieren und Institutionen zu meiden, die *Flow* unterbinden.

15. These 15 zu Open Source
    - Offene Frage: Offene Standards und Daten sind Voraussetzung, um Innovation auf Basis der Bits zu forcieren. Wie kann man diesen Prozess auf politischer Bühne fördern?
    - Ausführliche These: Fähigkeit der Menschen, mit digitalen Bits zu arbeiten und diese mit eigenem kreativen Potenzial anzureichern und der Gesellschaft wieder zuzuführen.
    - Kurzthese im Fragebogen: Im Jahre 2020 sind die Menschen fähig, digitale Bits kreativ anzureichern und der Gesellschaft wieder zuzuführen.

Als Einführung in dieses thematische Kapitel dient folgende Einstimmung in das Jahr 2020:

Deutsche Textvorlage (vor Pretest)	Webanzeige nach Pretest (in english)
Flow-Kategorie E: Transparenz	Topic E: Transparency
Benutzergenerierte Umgebungen generieren einen neuen Eigentumsbegriff, den jede Person und jede Institution begreifen und leben können muss, um die kollektive Intelligenz für den gesellschaftlichen Fortschritt auszureizen.	User-generated digital environments generate a new concept of property. Who possesses which data? Who has the power to collect, reconfigure and publish new data collections? Every person and every institution needs to understand and live this fundamental change, to exhaust the collective intelligence for social progress.

Vor diesem szenarischen Hintergrund leitet sich aus den drei thematischen Kurzthesen folgende komplexe These ab, die es seitens der ExpertInnen einzuschätzen gilt:

Webanzeige nach Pretest (in english)

> **Assumption E**
> In 2020, people will be able
> - to make a contribution to the topic of changes in social property right by collaborative cooperation;
> - to practice openness and transparency in their own environment and to avoid institutions that stop their flow;
> - to creatively remix digital elements and to supply them back to the society.

4.2.3.6 THEMENBLOCK *SPACE OF FLOWS*

16. These 16 zu Alles im Fluss
    - Offene Frage: Wie lassen sich Netzwerk-Inseln vermeiden, die den *space of flows* in ihre Richtung lenken und wenige Anknüpfungspunkte suchen?
    - Ausführliche These: Fähigkeit der Menschen, in allen *Flow*-Zuständen mitzufliessen und die konkrete Ausgestaltung des netzbasierten Kulturraumes mitzuformen.
    - Kurzthese im Fragebogen: Im Jahre 2020 sind die Menschen fähig, die Ausgestaltung des netzbasierten Kulturraumes mitzuformen.
17. These 17 zur Netzwerkgesellschaft
    - Offene Frage: Im Zeitalter der Netzwerkgesellschaft können netzaktive Menschen die tradierten *Flow*-generierenden Muster nicht mehr in ihren persönlichen *Flow* integrieren. Die sozio-historische Weitergabe wird dadurch behindert. So ergeht es heute u.a. dem Bildungssystem - es wird als *Flow* hemmend wahrgenommen. Kann öffentliche Bildungsarbeit noch *Flow* generierend wirken?
    - Ausführliche These: Fähigkeit der Menschen, die *Flow*-hemmenden soziokulturellen Faktoren zu umgehen und den weiteren Verlauf entsprechend der eigenen Zielsetzungen zu transformieren.
    - Kurzthese im Fragebogen: Im Jahre 2020 sind die Menschen fähig, *Flow* hemmende Faktoren entsprechend der eigenen Zielsetzungen zu transformieren.
18. These 18 zu Social Web
    - Offene Frage: Die netzbasierten Medien haben unseren Alltag erreicht - nicht als Ausnahme, sondern als Standard für fast alle Menschen. Die Frage wird sein: Wie reagieren die schwarzen Löcher? Kann man davon ausgehen, dass selbstregulative Kräfte wirken, wenn der technologische Zugang geschaffen

- ist?
- Ausführliche These: Fähigkeit der Menschen, die selbstregulativen Kräfte bei der Durchdringung aller gesellschaftlichen Subsysteme mit netzbasierten Prinzipien konstruktiv im Sinne der kollektiven Menschheit zu nutzen.
- Kurzthese im Fragebogen: Im Jahre 2020 sind die Menschen fähig, die selbstregulativen Kräfte konstruktiv im Sinne der kollektiven Menschheit zu nutzen.

Als Einführung in dieses thematische Kapitel dient folgende Einstimmung in das Jahr 2020:

Deutsche Textvorlage (vor Pretest)	Webanzeige nach Pretest (in english)
Flow-Kategorie F: Raum der Ströme	Topic F: *space of flows*
In der Netzwerkgesellschaft mit benutzergenerierten Umgebungen formen die Menschen die konkrete Ausrichtung der sozio-kulturellen wie sozio-technologischen Welt aktiv mit - sie sind Schöpfer ihrer Umgebung und ihrer eigenen Identitäten.	In the network society, a global *space of flows* determines our lives. For example, the financial system, the communication channels, the social web, the globalized economy are all organized on an international level. If people learn to configure their user-generated environments, they move from passive folks to actively shaping persons, who collectively organize the direction of the concrete socio-cultural and socio-technological world. Then they are creators of their direct environment and their own identities.

Vor diesem szenarischen Hintergrund leitet sich aus den drei thematischen Kurzthesen folgende komplexe These ab, die es seitens der ExpertInnen einzuschätzen gilt:

Webanzeige nach Pretest (in english)
Assumption F
In 2020, people will be able
• to help design the network-based cultural space;

- to transform factors that disturb the flow according to their own objectives;
- to use the selfregulative forces constructively for the purpose of the collective wo/mankind.

4.2.3.7 Standardisierter Fragenblock

Pro These wiederholt sich ein standardisierter Fragenblock, so dass dieser von den ExpertInnen nur einmal kognitiv verstanden werden muss:

	Fragen (in deutsch)	Fragentypus (in deutsch)	Webanzeige nach Pretest (in english)
1	Wie hoch schätzen Sie Ihre Kompetenz zu dieser These ein?	Die Antworten können über eine fünfstufige Skala (von 1 wie sehr wenig bis zu 5 wie sehr hoch) variieren.	Your expertise on this assumption? How would you rate this?
2	Wie hoch schätzen Sie - bei Fortführung der aktuell gegebenen Rahmenbedingungen - den prozentualen Anteil der Menschheit ein, auf den diese These im Jahre 2020 zutrifft?	Es wird für die gesamte Weltbevölkerung eine numerische Auswahl auf einer fünfstufigen Skala (<20%, 20-39%, 40-59%, 60-79%, >80%) gewünscht und ggf. eine kontinentale Einschätzung bei gravierender Abweichung.	If nothing fundamental will change: How high is to your estimation the proportionate share of the humankind to which this assumption will apply in 2020? Please estimate the global and maybe the continental values, if these clearly deviate.
3	Welche Bereiche sind primär dafür verantwortlich, eine weitere Ausdehnung der These zu hemmen?	Es werden mehrere Antwortmöglichkeiten bereit gestellt. Bis zu 3 Mehrfachnennungen sind möglich. Für „Sonstiges" kann eine Textzeile	Which factors are primarily responsible for restraining a further extension of the assumption? Please select up to three areas.

	- ökonomischer Druck - rechtliche Rahmenbedingungen - persönliche Voraussetzungen - politische Mechanismen - soziales Umfeld - sozio-kulturelle Werte & Praktiken - sozio-technologischer Wandel - Sonstiges ...	eingetragen werden.	- economic pressure - legal framework - personal conditions - political mechanisms - social environment - socio-cultural values and practices - socio-technological change - other ...
4	Welche bildungspolitischen Maßnahmen sind primär geboten, um die hemmenden Faktoren zu lockern? - Ausbau des technologischen Zugangs - Ausdehnung der Bildungsausgaben - Bedeutungszuwachs der Zivilgesellschaft - Etablierung von Chancengleichheit	Es werden mehrere Antwortmöglichkeiten bereit gestellt. Bis zu 3 Mehrfachnennungen sind möglich. Für „Sonstiges" kann eine Textzeile eingetragen werden.	Which educational measures are primarily needed to loosen the restraining factors? Please select up to three areas. - Delivering technological access - Expansion of education spending - Growing importance of civil society - Establishment of equal opportunities

	• Förderung sozialen Lernens • Intensivierung der Forschung • Bereitschaft zum öffentlichen Diskurs • Neuordnung der Regulationsinstanzen (Recht, Politik, Verwaltung) • Restrukturierung des Bildungssystems • Verstärkung der globalen Vernetzungen • Sonstiges ...		• Promoting social learning • Intensifying research • Readiness for public discourse • Reorganization of regulatory agencies (law, politics, administration) • Restructuring the education system • Strengthening of global networks • other ...
5a	Können internationale Maßnahmen ein geeignetes bildungspolitisches Mittel sein?	Der erste Teil der Frage stellt eine Auswahl zur Verfügung • Ja • Nein • Weiss nicht	Can international action be an appropriate means of educational policy? What do you think?
5b		Bei Auswahl von Ja können mögliche, notwendige und realisierbare Maßnahmen in einem offenen Textfeld notiert werden.	If so, what measures are possible, necessary and feasible in your opinion? Please, explain your considerations very concisely. With pleasure also in

			headwords. In English would be fine.
6	Wie hoch schätzen Sie - unter ideal veränderten, realisierbaren, bildungspolitischen Rahmenbedingungen - den prozentualen Anteil der Menschheit ein, auf den diese These zutrifft?	Es wird für die gesamte Weltbevölkerung eine numerische Auswahl auf einer fünfstufigen Skala (<20%, 20-39%, 40-59%, 60-79%, >80%) gewünscht und ggf. eine kontinentale Einschätzung bei gravierender Abweichung.	If a maximum of educational measures would be realized: How high is to your estimation the proportionate share of the humankind to which this assumption will apply in 2020? Please estimate the global and maybe the continental values, if these clearly deviate.
7	Möchten Sie zu dieser These einen Kommentar abgeben?	Zur Beantwortung wird ein offenes Textfeld bereit gestellt.	Would you like to give this assumption a comment or explain your choices? Please, explain your considerations very concisely. With pleasure also in headwords. In English would be fine.

4.2.4 Auswahl der Expert/innen

Was macht einen Menschen zur Expertin? Aus sozialwissenschaftlicher Perspektive hebt ein enger institutioneller oder organisatorischer Zusammenhang mit dem Inhalt der Studie eine Person in den Rang einer Expertin. Über das reine Wissen hinausgehend ist eine enge Bindung an das Tätigkeitsfeld erforderlich, um als Expertin fungieren zu können (Gerhold 2009b, 6). Ziel einer Delphi-Studie ist es, auf das institutionell bedingte Wissen zuzugreifen und in der Untersuchung einen „methodisch reinen Experten" zu erzeugen, indem die Persönlichkeiten mittels des Anonymisierungsprozesses vom konkreten ExpertInnen-Wissen möglichst getrennt werden (ebd., 70, Anm. 78). Insofern zielt die Auswahl geeigneter ExpertInnen bei einer Delphi-Analyse nicht auf Repräsentativität, sondern auf Fachkompetenz und Kooperationsbereitschaft (Steinmüller 1997, 76).

Für die Strukturierung einer ExpertInnen-Gruppe bei einer Delphi-Befragung zur Ermittlung derer Ansichten schlägt der Delphi-Experte Michael Häder vor:

> „1. die Zuordnung zu dem jeweiligen inhaltlichen Fachgebiet, 2. die Herkunft aus verschiedenen Bereichen wie etwa aus Hochschulen, dem privaten Sektor und dem öffentlichen Dienst. Es wurde häufig angestrebt, die Expertengruppe jeweils gleichstark aus diesen drei Bereichen zu rekrutieren. 3. die Herkunft aus geographischen Regionen. Dieses Kriterium findet jedoch bereits seltener Anwendung. 4. ein unterschiedlich ausgeprägter Grad an Fachkenntnis. Auffällig ist, dass als Kriterien für die Expertenrekrutierung bisher jedoch nicht Geschlecht und Alter der Teilnehmer herangezogen worden sind." (Häder 2000, 9)

Neben der Totalerhebung kann auch eine bewusste Auswahl an Expert/innen vorgenommen werden. Laut Häder wird das Ergebnis in quantitativen Delphi-Untersuchungen desto aussagekräftiger, je mehr Befragte in die Untersuchung einbezogen werden (Häder 2002, 104). Da hier die Entscheidung zugunsten der *Real-Time-Delphi*-Methode fiel, die qualitative Elemente der Befragung mit einbezieht und auf einen kontrollierten Dialog der Beteiligten setzt, wird die Studie sich auf eine sehr begrenzte, qualitative Auswahl an ExpertInnen stützen.

4.2.4.1 Planung des Vorgehens

Angesichts der interdisziplinären Fragestellung und gemäß der Theorie der kollektiven Intelligenz ist intendiert, eine maximal heterogene ExpertInnen-Gruppe zusammenzustellen, die sich thematisch nah an den in den theoretischen Überlegungen diskutierten, verschiedenen Ansätzen bewegen. Als weitere Auswahlkriterien sollen a) eine möglichst breite Palette an beteiligten Fachgebieten, b) mit Personen aus verschiedenen Bereichen und c) geographischen Regionen gewählt werden, die d) genügend Netz-Kompetenz aufbringen, um die digitalen Verwerfungen verstehen und an der digitalen RTD-Analyse qualitativ mitarbeiten zu können. Um die Verbindlichkeit und Kooperationsbereitschaft innerhalb der internationalen ExpertInnen-Gruppe zu erhöhen, soll dem Gender-Aspekt ausgiebig Tribut gezollt werden: Die RTD-Analyse wird ausschließlich mit Frauen durchgeführt. Neben dem diskursiven Aspekt lässt sich diese Selektion dadurch begründen, dass weltweit ein überdurchschnittlicher Anteil sozial exkludierter Menschen dem weiblichen Geschlecht angehört. Dies setzt den eher männlich dominierten theoretischen Ergebnissen der Kapitel 2 und 3 ein gutes Gewicht entgegen.[100]

---

100 Diese Entscheidung richtet sich auch gegen das Ungleichgewicht im Bildungssektor und v.a. an den

Konkret bedeutet dies für die Zusammensetzung der Expertinnen-Gruppe:
Diese Arbeit baut auf den thematischen Säulen Bildung, Medientechnologie und Gesellschaftstheorie auf. Insofern sollten sich alle teilnehmenden Expertinnen mindestens einer Säule zuordnen lassen (siehe Tabelle 5). Neben eher theoretisch fundierten Wissenschaftlerinnen waren in jeder Säule pragmatische Grenzgängerinnen ebenso erwünscht wie organisatorisch verankerte Frauen, die Praxiswissen einbringen.

	Bildung		Medientechnologie		Gesellschaftstheorie	
Wissenschaftlerinnen	Internationale Zusammensetzung	digitales Netzwerkverständnis	Internationale Zusammensetzung	digitales Netzwerkverständnis	Internationale Zusammensetzung	digitales Netzwerkverständnis
Pragmatische Grenzgängerinnen		digitales Netzwerkverständnis		digitales Netzwerkverständnis		digitales Netzwerkverständnis
Organisatorisch verankerte Personen		digitales Netzwerkverständnis		digitales Netzwerkverständnis		digitales Netzwerkverständnis

Tabelle 5: Zusammensetzung des Expertinnen-Stabs

Um über den in den theoretischen Ausführungen eher anglo-amerikanisch bzw. europäisch geprägten Forschungsraum hinausschauen und die vermutete *Web 2.0*-Kultur global evaluieren zu können, ist innerhalb der Säulen eine möglichst internationale Zusammensetzung über alle Kontinente erwünscht. Zudem sollte allen Beteiligten ein digitales Netzwerkverständnis gemeinsam sein, zumindest aus einer konstruktiven Beobachtungsposition heraus, idealer Weise als sichtbare Aktive.

Um eine große Heterogenität der Expertinnen-Gruppe -i.S. der diversifizierten, unabhängigen, dezentralisierten Kriterien der „Weisheit der Vielen"- zu erzielen, bietet sich eine methodische Adaption an: Zunächst wird jeweils eine den angeführten

---

deutschen Hochschulen (siehe http://www.boeckler.de/107_95771.html - 05.03.2011). Darüber hinaus wird hier ein Kontrapunkt gesetzt zur alltäglichen Ignoranz des Geschlechterverhältnisses in anderen Delphi-Studien (bzw. dem damit einhergehenden Männer-Überhang in sämtlichen „neutralen" Befragungen).

Kriterien entsprechende Person pro Säulensegment angeschrieben und gebeten, im Schneeballverfahren jeweils bis zu zwei weitere Frauen für den internationalen Expertinnen-Kreis zu benennen, die wiederum bis zu zwei weitere vorschlagen können etc. pp. - bis maximal dreißig heterogene Expertinnen ihr Einverständnis zur Teilnahme gegeben haben. Als Kriterienkatalog wird dazu gereicht, die Expertinnen möglichst aus einem vergleichbaren Fachgebiet, aber mit anderem institutionellen oder freien Hintergrund vom selben Kontinent auszuwählen. So könnte die kollektive Intelligenz zumindest bei der Zusammensetzung maximal ausgereizt und eine in sich heterogene Gruppe benannt werden.

4.2.4.2 Konkrete Auswahl der Expertinnen

Gemäß der Planung wurde zunächst eine Expertinnen-Datenbasis aus den drei Bereichen gesammelt und darauf geachtet, eine annähernd paritätische Gleichverteilung zu garantieren. Als Fundgrube möglicher Kontaktpersonen erwiesen sich global vernetzende, thematische Mailinglisten (z.B. Webheads), diverse *Social Networks* auf verschiedenen Plattformen (z.B. EduBloggerWorld), etablierte inhaltliche Aggregatoren auf *Social Web*-Basis (z.B. Global Voices), gezielte thematische Suchanfragen in Suchmaschinen, *Bookmarking*-Diensten o.ä. (z.B. zu UNO-Institutionen oder NGOs) und Konferenzseiten (z.B. OER Africa) als sehr hilfreich. Potenzielle Expertinnen wurden per Google auf ihren persönlichen Background hin geprüft und je nach konkreter Expertise in die Datenbank eingetragen. Als Nadelöhr eines ausgeglichenen Panels erwies sich der regionale Zugriff. So stellt es für die Autorin kein Problem dar, in relativ kurzer Zeit eine europäisch-nordamerikanische fundierte Datenbasis zu sammeln. Um aber in allen Themenfeldern eine weltgesellschaftliche Balance zu halten, musste einige Zeit aufgebracht werden, um entsprechende Fachfrauen zu finden - was schließlich auch gelang.

Im analytischen Rückblick durchlief die konkrete Expertinnen-Auswahl drei Wellen. Der konkrete Verlauf der Kontaktaufnahme und Reaktionen kann dem Ablaufplan[101] entnommen werden.

In einer ersten Welle wurden aus der regelmäßig aktualisierten Datenbasis neun repräsentative Personen angeschrieben[102] mit der Bitte, ihrerseits bis zu drei mögliche Expertinnen vorzuschlagen. Als Starttermin war ursprünglich der 15. Januar 2010 gewählt. Zwei Personen sagten ihre Teilnahme zu, ohne weitere Personen zu empfehlen. Eine E-Mail-Adresse verpasste ihr Ziel. Von den übrigen Expertinnen kam keine Reaktion.

Einige Zeit später wurden in einem zweiten Durchlauf 16 neue Personen kontaktiert,

---
101 Vgl. Appendix, Kap. 8.2.1
102 Vgl. Anschreiben Nr. 1 in Appendix, Kap. 8.2.2.1.2

von denen vier Personen zeitnah zusagten. Von diesen vier Zusagen empfahlen zwei Personen insgesamt drei potentielle Expertinnen, die umgehend kontaktiert wurden. Gleichzeitig wurden die fehlenden Reaktionen des ersten Durchlaufs erneut angeschrieben,[103] allerdings mit negativem Erfolg (zwei Absagen, viermal keine Reaktion). Auch reagierten die Empfohlenen überhaupt nicht auf die Anfrage, obwohl der persönliche Bezug betont wurde. Eine Woche später wurden weitere sechs Personen erstmalig angefragt, von denen drei für den gewünschten Zeitrahmen zusagten und eine Absage einging. Zugleich wurde bei einigen fehlenden Reaktionen des zweiten Durchlaufs nachgefragt, die zur Zusage zweier Personen, einer Absage und einer Nichtreaktion f ührte. Eine zugesagte Expertin empfahl drei weitere Personen, die einige Tage später teilweise[104] kontaktiert wurden. Zu diesem Zeitpunkt waren 34 unterschiedliche Personen angeschrieben worden, von denen neun umgehend zusagten, eine direkt absagte und drei der zugesagten Personen Empfehlungen für andere Expertinnen aussprachen. Zehn Personen, die bislang nicht reagiert hatten, erhielten eine erneute Nachfrage, auf die insgesamt zwei Zusagen und drei Absagen eingingen. Keine der angeschriebenen Empfehlungen reagierte. Von 34 Personen lagen demnach elf Zusagen und vier Absagen vor. Und das Empfehlungssystem im Sinne der kollektiven Intelligenz versandete.

Daraufhin wurde eine dritte Welle initiiert, unterstützt durch ein modifiziertes Anschreiben,[105] das in Kooperation mit einer der Autorin bis dato unbekannten, englischsprachigen Expertin entstand. In diesem neuen Anschreiben wurde auf die direkte Empfehlung verzichtet, lediglich ein schwacher Verweis auf mögliche alternative Expertinnen implementiert und der Starttermin auf den 1. Februar 2010 verschoben. Auf die Option, ggf. nur einzelne Fragen zu bearbeiten, wurde deutlich hingewiesen. Ebenso wurde auf Nachfrage angeboten, erst einen Blick auf die *Online-Studie* zu werfen und dann zu entscheiden, ob man sich aktiv beteiligen möchte. In den nächsten zwei Wochen wurden 55 neue Personen kontaktiert, bei 39 Personen erneut nachgefragt, bis insgesamt 30 Zusagen für die RTD-Studie vorlagen.

Im Fazit lässt sich konstatieren, dass von insgesamt 89 kontaktierten Personen drei E-Mails aufgrund falscher Adressen nicht zugestellt werden konnten und bei 49 erneut nachgefragt werden musste. Bei einer aufgrund der falschen E-Mail-Adressen bereinigten Rücklauf-Quote der Reaktionen sagten 34,88% der angeschriebenen Personen ihre Teilnahme zu. Zusätzlich sicherten zwei weitere Personen ihre Teilnahme zu, sollte die Studie um einen Monat verschoben werden. Bei insgesamt 30 Zusagen (plus besagten 2) und zehn Absagen liegt die Rücklauf-Quote der Reaktionen bei 48,84%.

Zur Expertise der zugesagten Expertinnen lässt sich festhalten:

---

103 Vgl. Nachfrage in Appendix, Kap. 8.2.2.1.4
104 Wegen fehlendem thematischen Background
105 Vgl. Anschreiben Nr. 2 in Appendix, Kap. 8.2.2.1.3

Das internationale Bildungsregime mit nordamerikanischer Schlagseite schlägt sich in den Biographien vieler Expertinnen nieder. Viele Personen weisen einen multikontinentalen Hintergrund auf, weil sie in den USA studierten.

Da die Auswahl der Expertinnen u.a. entlang regionaler Kriterien erfolgte, erschien es sinnvoll, die regionale Vielfalt auch in der Statistik mitzuführen und sie nicht an einem einzelnen Kriterium der Staatsbürgerschaft oder der aktuellen Lokalisierung festzumachen. Insofern erfolgte eine erste manuelle Zuordnung der Weltregionen entlang vorliegender Erkenntnisse. In der Verteilung der Zusagen für die tatsächliche Studie weist diese schließlich eine relative Gleichverteilung auf. Als Stichprobe dienen hier 37 Zuordnungen.

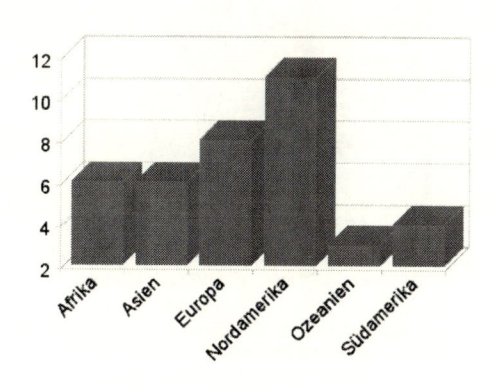

Abbildung 8: Regionale Verteilung

Hingegen ist bei der Verteilung der drei zentralen gesellschaftlichen Bereiche, die als Hintergrund für die gewünschte Expertise gewählt wurden, die institutionelle Verankerung etwas unterrepräsentiert. War es bereits bei der Anlage der Datenbank äußerst schwierig, persönlichen Kontakt aufzunehmen zu zentralen bildungspolitischen Institutionen der UNO, einzelnen NGOs oder sonstiger weltregionaler Instanzen,

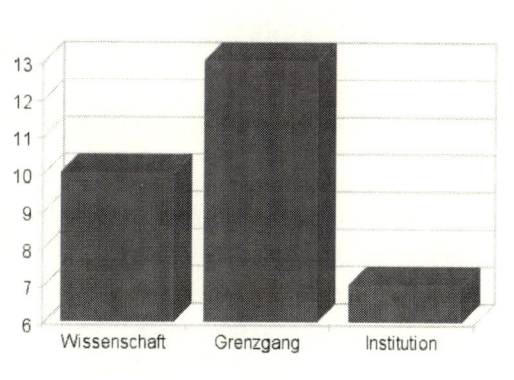

Abbildung 9: Zuordnung zu Bereichen

so setzte sich dieses Kommunikationsdefizit fort, weil nur wenige Frauen in entsprechenden Positionen zu finden sind und diese sich vielleicht -institutionell begründet- mit dem Gegenstand der Untersuchung überfordert fühlten bzw. sich nicht als potentielle Expertinnen sehen. Diese Erklärung ist allerdings spekulativ. Die manuelle Zuordnung eines gesellschaftlichen Bereichs zu den einzelnen Personen orientierte sich an dem primären Aktivitätsfeld, das die Expertise vor allem begründete. Die Stichprobe beläuft sich hier auf 30 Personen.

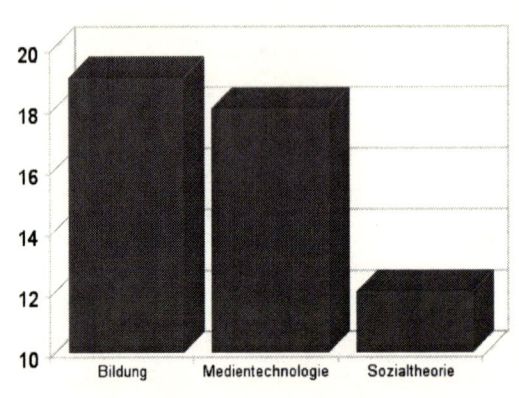

Abbildung 10: Inhaltliche Expertise

Eine ähnliche Einschätzung ist hinsichtlich der inhaltlichen Expertise zu formulieren. Bei der Anlage der Datenbank wurde darauf geachtet, ein Panel an bildungs- wie medienkompetenten Personen zusammen zu stellen. Während ein ausschließlicher Bildungs- oder Medienhintergrund je nach institutioneller Einbindung als ausreichender Beleg der gewünschten Expertise galt, musste bei gesellschaftspolitisch Aktiven oder sozialtheoretischen Forscherinnen eine Affinität zu bildungs- oder medienpolitischen Fragestellungen erkennbar sein. Von daher erfolgte die manuelle Zuordnung zu den inhaltlichen Schwerpunkten oftmals doppelt und es ergab sich eine Stichprobe von 49 Zuordnungen.

4.2.5 Spezifisches Untersuchungsdesign

4.2.5.1 Planung der RTD-Studie

Aufgrund der internationalen Anlage der Expertinnen-Gruppe (siehe Kap. 4.2.4.1) wurde die RTD-Studie in englischer Sprache durchgeführt.

Als Software für diese Form der Echtzeit-Untersuchung eignet sich grundsätzlich die RTD-Software des Millenium Projects,[106] lässt aber aufgrund der etwas antiquiert erscheinenden *User Experience* (UX) etwas zu wünschen übrig. Angesichts der im Theorieteil analysierten Bedeutung der UX zur Motivation der gewünschten Zielgruppen wurde insofern in dieser Studie ein konsequenter Open-Research-Ansatz verfolgt und eine von der Autorin selbst generierte, webbasierte Lösung in der *Cloud* realisiert. Zu diesem Zweck wurde eine Google-Umfrage für die RTD-Studie genutzt bzw. in eine Google-Apps-Umgebung[107] eingebunden, um die Expertinnen gebrauchstauglich durch die Studie führen und ggf. eine nachhaltige Vorlage für weitere Analysen aufbauen zu können.

Die zugesagten Delphi-ExpertInnen erhielten ein individuelles Synonym (person001 bis person030), mit dem sie sich in der Google Apps-Umgebung anmelden konnten, so

---

106 Siehe http://www.realtimedelphi.com/ (05.03.2011)
107 Siehe http://www.google.com/apps/ (05.03.2011)

dass die Anonymität der Beteiligten gewahrt blieb. Als Untersuchungszeitraum wurde eine zweiwöchige Zeitspanne im Februar 2010 definiert. Innerhalb dieses Zeithorizonts waren drei idealtypische Delphi-Runden angedacht: Runde 1 umfasste die erste Untersuchungswoche, innerhalb derer alle Expertinnen möglichst ihre erste Einschätzung eingeben sollten. Runde 2 umfasste grob die zweite Untersuchungswoche, die für Ergänzungen aufgrund der Lektüre anderer Expertinnen-Meinungen gedacht war. In einem abschließenden zweitägigen Zeitfenster zum Ende der zweiten Woche konnten die Expertinnen ihre bisherigen Bewertungen ggf. relativ synchron verändern und diskutieren.

Zum Starttermin der RTD-Studie wurden die Expertinnen angeschrieben[108] und mit der URL zur *Online*-Studie geleitet. Dort fanden sie alle erforderlichen Informationen zu den Rahmenbedingungen der Untersuchung vor, den Fragenblock zu den einzelnen Thesen (siehe Kap. 4.2.3.7), die bislang eingegangenen Ergebnisse anderer Expertinnen und das eindeutig definierte Leitbild für das Jahr 2020, unter dessen Gesichtspunkt die Thesen zu beurteilen waren (siehe Kap. 4.2.2).

Die in der Millenium-Software gegebene Möglichkeit, nach persönlichem Login jederzeit die eigenen Angaben wieder einsehen und direkt korrigieren zu können, konnte leider in dieser selbst konstruierten Anlage der Web-Studie nicht nachgestellt werden. Nach ausgiebigen Recherchen im Software-Markt muss davon ausgegangen werden, dass zum Zeitpunkt dieser Studie kein weiterer professioneller Anbieter einer schlüsselfertigen RTD-Software existiert. Insofern die Schnittstellen zu der hier präferierten, kostenfreien *Cloud*-Lösung offen sind, ist darauf zu hoffen, alsbald mit einem ähnlich funktionierenden Modus auch in dieser Anlage rechnen zu können. Für dieses konkrete Untersuchungsdesign stellt dieses fehlende Merkmal allerdings ein wesentliches Manko dar, um die positiven Aspekte einer in Echtzeit zu vollziehenden Veränderungsdynamik vollends auszureizen. Die bisherigen Ergebnisse kompakt in unmittelbarer Nähe zum Fragenblock zur Einsicht bereitzustellen, ist eine kleine, wenn auch nicht abschließend zufrieden stellende Alternative. Gleichwohl stellt diese Inkonsistenz kein allzu großes Problem dar: Im oben angeführten Vergleich von RTD-Analysen zu klassischer Delphi-Methode war ein maßgebliches Ergebnis, dass die Fragen in RTD-Analysen zumeist nur einmal, dafür aber wesentlich intensiver bearbeitet werden (siehe Kap. 4.1.2.3).

Insofern wurde dieses Manko in Kauf genommen und durch begleitende Maßnahmen abgeschwächt. So sollten Expertinnen über die modulare Navigationsstruktur jederzeit die Möglichkeit haben, die Untersuchung individuell zu unterbrechen und diese zu einem späteren Zeitpunkt mit einem weiteren Themenblock fortzuführen. Zudem wurden Möglichkeiten des selbstorganisierten Diskurses geboten, indem ein Forum in Form einer offenen Google Group kontextuell angebunden wurde, auf das alle

---

108 Vgl. Anschreiben zum Start der RTD-Studie im Appendix, Kap. 8.2.2.1.5

Expertinnen jederzeit zugreifen konnten. Auch sollte während des Untersuchungszeitraums ein persönlicher Kontakt der Autorin zu den einzelnen Expertinnen aufgebaut werden, um über diese direkte Kommunikation auf offene Punkte oder unklare Positionen der individuellen Bewertung hinweisen zu können.

4.2.5.2 Durchführung der RTD-Studie

Unter der URL http://edufuture.info wurde eine kostenfreie Basisversion von Google Apps eingerichtet. Dort liess sich für die Studie eine Website unter dem Titel „acwDelphi" anlegen, die alle erforderlichen Informationen für die Expertinnen bereithielt. Gleichzeitig konnte für jede einzelne Expertin eine persönliche ID (z.B. person000@edufuture.info) mit einem per Zufallsgenerator erstellten Passwort bereit gestellt werden.

Die Website[109] selbst wurde für das konkrete Untersuchungsdesign entwickelt und erstreckte sich insgesamt über dreizehn Seiten mit unterschiedlichen Themenscherpunkten, die auf der Einstiegsseite („Home") zusammengeführt wurden.

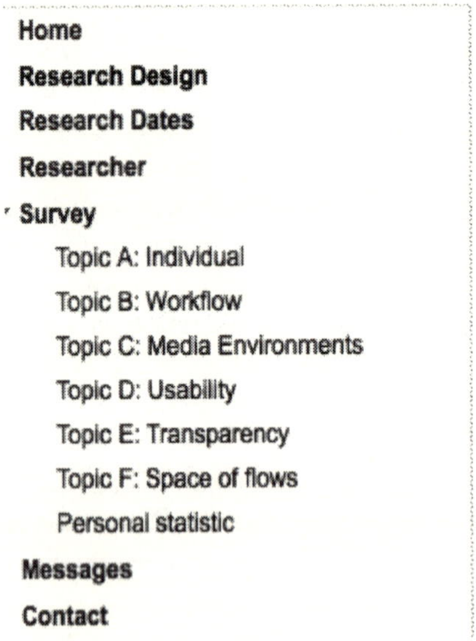

Neben dem „Research Design" (Vorstellung der Zielsetzung und der Methode) umfasste die Navigation einen Kalender für die RTD-Studie als „Research Dates", einige Informationen zur Autorin unter „Researcher", eine Kontaktseite („Contact"), einen Nachrichtenbereich für aktuelle „Messages" und die eigentliche Untersuchung („Survey"), aufgefächert in die 6 Themenfelder (Topic A bis Topic F) und eine Seite, um die persönlichen Daten der Expertinnen statistisch aufzunehmen.

Home
Research Design
Research Dates
Researcher
▸ **Survey**
    Topic A: Individual
    Topic B: Workflow
    Topic C: Media Environments
    Topic D: Usability
    Topic E: Transparency
    Topic F: Space of flows
    Personal statistic
Messages
Contact

Abbildung 11: Navigationsleiste von acwDelphi

Auf der „Survey"-Seite wurde das zentrale Leitbild angezeigt und eine kurze Einführung in das konkrete Untersuchungsdesign geboten, für die Personen, die sich zu diesem Zeitpunkt noch nicht mit dem ausführlicheren „Research Design" beschäftigt haben. Zudem wurden die Expertinnen darauf hingewiesen, dass sie jederzeit ihre bisher getätigten Aussagen modifizieren oder ergänzen können, indem sie erneut ihre ID angeben und die Autorin die Ergebnisse in der Analyse manuell zusammenführt.

---

109 Vgl. den Screenshot im Appendix, Kap. 8.2.3

> **Webanzeige der Survey-Startseite inkl. Leitbild nach dem Pretest (in english)**
>
> Survey
>
> Imagine the year 2020. In addition to technological access, some personal abilities are required to be part of the network society. Let's assume, user generated environments will dominate the digital landscape. How many persons would be ready for this adventure? And where do we find the political levers to allow as many people as possible enjoying the digital networks and global information and communication flows? These are the questions, I try to get your appraisals in these following short questionnaires. If you like to get more background, please have a look at my Research Design.
>
> The survey is divided into two areas:
>
> 1. In the content area expert opinions are desired to 6 assumptions. Each assumption refers to a different topic and includes always the same 6 questions (self-assessment & your appraisals) and 1 comment box. The assumptions are delivered in separate forms, so you can always interrupt your activity and can resume at a later stage with the next assumption. If you like to modify your previous answers, please choose the form again and evaluate the desired questions - we will merge your answers manually. Please select in every form your personal identification number.
>
>   - Topic A: Individual (with Assumption A)
>   - Topic B: Workflow (with Assumption B)
>   - Topic C: Media Environments (with Assumption C)
>   - Topic D: Usability (with Assumption D)
>   - Topic E: Transparency (with Assumption E)
>   - Topic F: *space of flows* (with Assumption F)
>
> 2. In the personal area, we ask for a few statistical data regarding your person.
>
>   - Personal statistic

Jedes einzelne Themenfeld (Topic A bis Topic F) strukturierte sich entlang des immer gleichen Aufbaus[110]. Zunächst erfolgte die spezifische thematische Einführung, gefolgt von der komplexen These („Assumption") und dem standardisierten Fragenblock („Questionnaire")[111]. Unmittelbar darunter konnte jede Expertin jederzeit die bislang

---

110 Vgl. Appendix, Kap. 8.2.4
111 Vgl. Appendix, Kap. 8.2.5

eingegangenen Antworten anderer Expertinnen einsehen[112] oder per direktem Link in das betreffende Diskussionsforum springen[113]. Hingegen wurden im persönlichen Bereich vertrauliche Daten der einzelnen Expertinnen gesammelt, die in keinem Ergebnisfenster angezeigt wurden - ansonsten war der strukturelle Aufbau der Seite mit denen der Themenfelder identisch.

Um in der Untersuchung die Aussagen einzelner Expertinnen ggf. über mehrere Themenfelder hinweg zusammenführen und analysieren zu können, wurde darum gebeten, in jedem einzelnen Fragenblock aus dem vor dem „Submit"-Button gelegenen Auswahlfenster die persönliche ID auszuwählen und erst dann die Ergebnisse abzusenden. Nach Betätigen diesen Buttons wurde den Expertinnen das bisherige Ergebnis aller bislang eingegangenen Antworten angezeigt, im Gegensatz zu dem darunter liegenden Anzeigenfeld jetzt aktualisiert um die eigenen Angaben.

4.2.5.3 Zeitlicher Ablauf der RTD-Studie

Datum	Nachfrage	Anschreiben	Reaktion
17.12.09 - 29.01.10	Expertinnen-Suche	Appendix, Kap. 8.2.2.1	30 OK
14.01.10	Ankündigung einer Verschiebung des Starts		
15.01.10	Ursprünglich geplanter Start der RTD-Studie		
08.01.10 - 31.01.10	Pretests mit 2 Personen		
01.02.10	Start der RTD-Studie mit 1. E-Mail	Appendix, Kap. 8.2.2.1.5	3 E-Mails

---

112 Vgl. Appendix, Kap. 8.2.6
113 Vgl. Appendix, Kap. 8.2.7

05.02.10	Nachfrage, Stand der Dinge & Motivation mit 2. E-Mail	Appendix, Kap. 8.2.2.1.6 Kap. 8.2.2.1.7	5 E-Mails
11.02.10 + 12.02.10	Zusammenfassung & persönliche Nachfrage mit 3. E-Mail	Appendix, Kap. 8.2.2.1.8	5 E-Mails
14.02.10	Offizielles Ende der RTD-Studie		24 Unique Visitors
15.02.10 - 16.02.10	Nachbearbeitung einzelner Beiträge		+1 Unique Visitor

Nachdem 30 Expertinnen ihre Beteiligung zugesagt hatten und ein inhaltlicher *Pretest* mit zwei Personen zu einigen sprachlichen Veränderungen geführt hatte, konnte die eigentliche RTD-Studie am Montag, dem 1. Februar 2010 starten. Per E-Mail wurden die Expertinnen zur Studie geleitet und eine kurze Anleitung formuliert, wie man persönlich den Einstieg findet. Jede Person erhielt ihr persönliches Login, bestehend aus dem anonymisierten Benutzernamen und einem zufallsgenerierten Passwort. Mit dieser persönlichen Kombination konnte sich jede Expertin zu jedem gewünschten Zeitpunkt innerhalb des Untersuchungszeitraums auf der Website einfinden.

Einige Tage nach dem Studienstart (Freitag, den 5. Februar 2010) wurde eine allgemeine Erinnerungsmail an alle Expertinnen gesendet, die vor allem der Motivation dienen sollte.[114] Zum einen für diejenigen, die bislang noch nicht den Weg auf die Website gefunden hatten, und zum anderen für diejenigen, die bereits aktiv waren, als Reminder zum Start der zweiten Delphi-Welle. Eine knappe Woche später (Donnerstag, den 11. Februar und Freitag, der 12. Februar) wurden die bislang eingegangenen Ergebnisse zusammengefasst und mit einer persönlichen Nachfrage an die bislang aktiven Expertinnen hinsichtlich offener Punkte versehen.[115] Am 15. Februar endete die offizielle Untersuchung, allerdings aufgrund der unterschiedlichen Zeitzonen mit einem schleichenden Ende bis zu 1 Tag später, um persönliche Korrekturen oder Ergänzungen noch auf Anfrage mit in die Untersuchung einbeziehen zu können.

---

114 Vgl. Appendix, Kap. 8.2.2.1.7
115 Vgl. Appendix, Kap. 8.2.2.1.8

4.3 ERGEBNISSE DER REAL-TIME-DELPHI-UNTERSUCHUNG

4.3.1 BETEILIGUNG DER EXPERTINNEN

4.3.1.1 BETEILIGUNG IM ALLGEMEINEN

Zu Studienbeginn wurde für die statistische Auswertung des Zugriffs auf die RTD-Studie Google Analytics aktiviert, basierend auf der deutschen Zeitzone. Anhand der dort erhobenen Statistiken lassen sich verschiedene Indizes feststellen. So wurde von allen Kontinenten auf acwDelphi zugegriffen (siehe grün markierte Staaten in Abbildung 12):

Abbildung 12: Google Analytics-Auswertung zum Zugriffpunkt auf acwDelphi

Und entlang der gespeicherten *Cookies* kann die Anzahl der Besucherinnen der Website pro Tag eindeutig ausgelesen werden - sofern die *Cookies* nicht gelöscht oder ein anderer Rechner für den Zugang gewählt wurden (vgl. Abbildung 13).

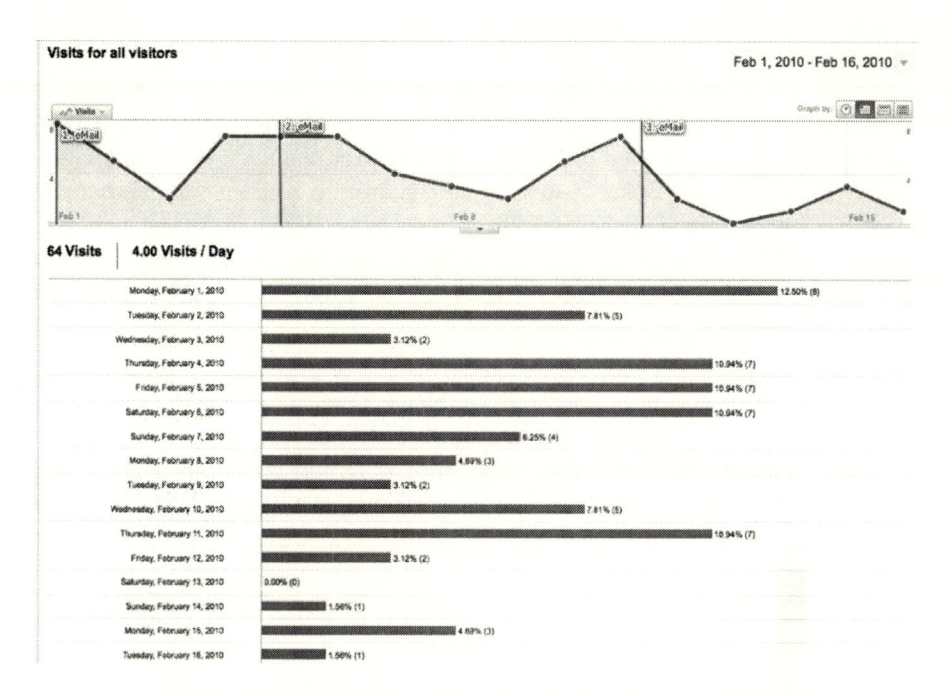

Abbildung 13: Google Analytics-Auswertung zu Visits / Day auf acwDelphi

Insgesamt konnten im Untersuchungszeitraum 25 Personen auf den Websites der acwDelphi-Studie identifiziert werden. Abzüglich der ID der Autorin haben wenigstens 24 Personen mindestens einen Blick auf die Untersuchung geworfen. Diese Anzahl korrespondiert auch mit den Rückläufen, die per Dateneingabe in den Fragenblöcken oder per E-Mail-Reaktion manuell mitzuzeichnen waren.

Verglichen mit der Analyse der 64 Gesamtbesuche auf der Website lässt sich feststellen, wie zur Mitte der zweiten Woche einige Expertinnen erneut die Studie besuchten. Dabei verbrachten die Besucherinnen der Studie insgesamt durchschnittlich 20:29 Minuten auf der acwDelphi-Website (sofern sie nicht die Studie in einem geöffneten Browser-Fenster im Hintergrund geöffnet liessen und diese erst zu einem späteren Zeitpunkt schlossen).

Über alle hier angeführten Analyseschritte lässt sich demnach konstatieren, dass die 3. E-Mail -mitsamt der aufgelaufenen groben Ergebnisse und den individuellen Nachfragen an die bislang Aktiven- offenbar wenige Impulse aussandte, sich in einem abschließenden Verfahren mit den bislang zusammengetragenen Ergebnissen zu beschäftigen. Lediglich 5 Personen reagierten überhaupt auf diese E-Mail.

4.3.1.2 Beteiligung im Besonderen

Innerhalb des zweiwöchigen Untersuchungszeitraumes haben sich von den 30 zugesagten Expertinnen (blau markiert in den folgenden Infografiken) insgesamt 20 Personen an der tatsächlichen RTD-Studie beteiligt (rot markiert). Während zu fünf zugesagten Expertinnen keine weitere Kontaktaufnahme möglich war, führten die anderen zeitliche Engpässe (1) und Zugangsprobleme zum Internet (1) und zum Fragebogen (1) an. Bei zwei Personen, zu denen Kontakt bestand, wird u.a. ein Problem mit dem Studiendesign vermutet, so dass von diesen keine Eingaben erfolgten.

Von den 20 aktiven Personen beteiligten sich 14 Expertinnen mit (fast) allen Themenblöcken und sechs partiell mit einzelnen Themen. Auch bei den selektiv Aktiven wurden Zeitprobleme (3) als primäre Gründe angeführt. Die anderen Personen äußerten sich nicht direkt zur Studie. Aufgrund vorhergehender E-Mail-Korrespondenzen wird vermutet, dass sie keine Aussage zu Themen treffen wollten, in denen sie sich keinerlei Expertise zutrauten.

Im Fragenblock zur persönlichen Statistik konnten die Teilnehmerinnen angeben, in welchen Kontinenten sie bereits gelebt haben, welchen gesellschaftlichen Bereichen sie sich selbst zuordnen würden und in welchen Themenfeldern sie ihre Expertise sehen. An dieser persönlichen Statistik beteiligten sich 13 Personen. Die aggregierten Daten dieser Selbstzuschreibungen mit den von der Autorin erfolgten Zuordnungen für alle übrigen Teilnehmerinnen, die hier keine persönliche Aussage trafen, sind in den drei folgenden Infografiken jeweils gelb markiert.

Bei der subjektiven Einschätzung der individuellen Bearbeitungsintensität kann eine enge Korrelation zur Teilnahme an der persönlichen Statistik identifiziert werden. Sofern die Aussagen besonders aktiver Teilnehmerinnen einer gesonderten Analyse bedurften, seien diese in den hier folgenden Infografiken grün markiert.

Beim Vergleich der vier unterschiedlich aktiven Gruppen lässt sich allerdings kaum eine Verschiebung der regionalen Verteilung wahrnehmen. Im Großen und Ganzen ist diese über alle Bezugsgrößen relativ ähnlich verteilt.

Bei der Zuordnung zu den gesellschaftlichen Bereichen ist

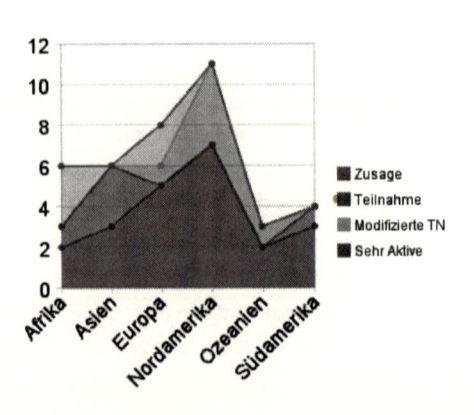

Abbildung 14: Regionale Verteilung bei acwDelphi

dagegen eine deutliche Verschiebung zu erkennen. Während des *Pretests* wurde konstatiert, dass der gewählte Begriff des pragmatischen Grenzgangs für Teilnehmerinnen schwierig nachzuvollziehen ist. In der Folge wurden die drei ursprünglichen Bereiche in der konkreten Befragung in fünf Segmente unterteilt, um sie hier in der Analyse wieder auf drei zurückzuführen. In der eigentlichen RTD-Studie konnten sich die Teilnehmerinnen dann als Forscherin, Lehrende, Aktivistin, Geschäftsfrau und/oder als Akteurin für eine Institution charakterisieren. Zudem wurden weitere Berufsbezeichnungen über die Rubrik „Sonstiges" eingetragen: Journalistin, Beraterin und Lebenslang Lernende sind als weitere Beschreibungen hinzugefügt worden. Die statistische Zuordnung der einzelnen Selbstzuschreibungen erfolgte für die Statistik entlang der Tabelle 6:

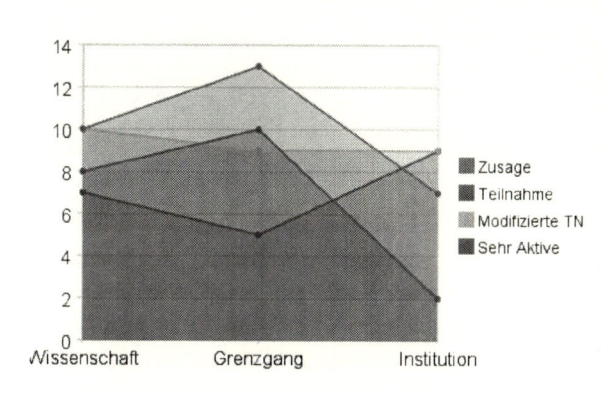

Abbildung 15: Zuordnung zu Bereichen in acwDelphi

	Wissenschaft	Grenzgang	Institution
Forscherinnen	x		
Lehrende			x
Aktivistinnen		x	
Geschäftsfrauen		x	
Akteurin für eine Institution			x
Journalistin		x	

	Wissenschaft	Grenzgang	Institution
Beraterin			x
Lebenslang Lernende		x	

Tabelle 6: Berufliche Herkunft der ExpertInnen

Diese Tabelle erklärt, warum die Kategorie der institutionellen Aktivität aufgrund der persönlichen Befragung relativ stark anschwoll. Während sich keine der Teilnehmerinnen als Akteurin für eine Institution verstand, wohl aber sehr viele der aktiven Befragten sich als Lehrende bezeichneten, ist diese Kategorie deutlich angestiegen im Verhältnis zum vermuteten Expertinnen-Panel. Hingegen sank der Anteil der pragmatischen Grenzgängerinnen bei den wirklich Aktiven deutlich. Forschung und Lehre sind die beiden Bereiche, die diese Untersuchung entscheidend prägen. Die als Grenzgängerinnen eingestuften Teilnehmerinnen nutzten hingegen häufig die Option, lediglich einzelne Fragenblöcke entsprechend der selbst zugeschriebenen Kompetenz zu bearbeiten und sich weniger umfassend allen Themen zu widmen.

Demgegenüber hat sich in der Verteilung der inhaltlichen Expertise über die vier verschiedenen Graphen wenig verändert (siehe Abbildung 16). Zwar differenzierten einige Expertinnen ihre Qualifikation über die Rubrik „Sonstiges". Für die Analyse wurden allerdings „Design" zur Medientechnologie hinzugerechnet und „Journalismus", „Frauenstudien" und „politische Entwicklung" den Sozialtheorien.

Wie sich aus der persönlichen Zuordnung zu den gesellschaftlichen Bereichen bereits ableiten liess, stehen Bildung und Medientechnologien deutlich im Vordergrund der Expertise. Einige sozialtheoretische Reflektionen sind gleichwohl über das Panel zu erwarten.

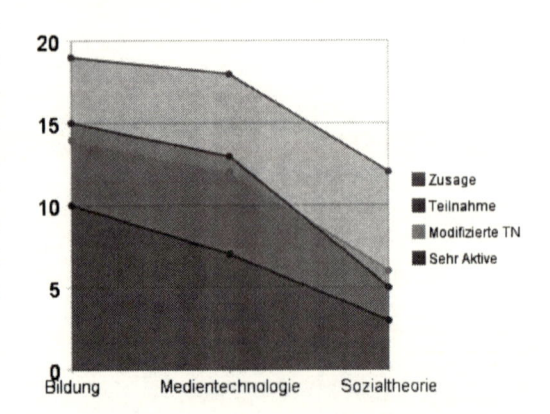

Abbildung 16: Inhaltliche Expertise in acwDelphi

4.3.2 Methodisches Fazit zur RTD-Studie

Von 89 angeschriebenen Expertinnen beteiligten sich inhaltlich exakt 20 Personen an der RTD-Studie, die gleichwohl allen in Kap. 4.2.4.1 formulierten Anforderungen genügten. Es handelte sich um eine heterogene, internationale Frauen-Gruppe mit Netz-Kompetenz aus den drei thematischen Säulen Bildung, Medientechnologie und Gesellschaftstheorie, die sich den gesellschaftlichen Bereichen Wissenschaft, pragmatische Grenzgängerinnen und organisatorisch verankerte Personen zuordnen liessen.

Gründe, warum sich nicht mehr Personen beteiligten, reichen von zeitlichen Engpässen über Schwierigkeiten mit dem Untersuchungsdesign aufgrund selbst eingeschätzter mangelnder Expertise bis hin zu *Usability*-Problemen beim Zugang zur Studie aufgrund der geschlossenen Google-Anwendung und der von Google Sites wenig gebrauchstauglich angelegten Login-Seite, die keinen direkten Weg zur Studien-URL ermöglichte. Zudem wurde von vielen angefragten Frauen der individuelle Beitrag zur kollektiven Intelligenz mangels expliziter interdisziplinärer Kompetenz in diesem Themenfeld offenbar nicht gesehen. Insofern sie sich nicht als explizite Expertinnen sehen, fühlten sich einige als falsche Ansprechpartnerinnen. Ein weiterer Punkt waren Internetprobleme, die einzelne Expertinnen zu verzeichnen hatten, sei es aufgrund ihrer regionalen, schlechten Anbindung (z.B. in Afrika) oder da mobile Zugänge auf Reisen fehlten.

Aufgrund der heterogenen Anlage der Studie und den sehr komplexen Thesen vor einem fiktiven Leitbild für das Jahr 2020 sprach sich die Mehrheit der Befragten eine mittelmäßige Expertise zu. Dabei erfolgte die individuelle Einschätzung sowohl der eigenen Expertise wie auch der prozentualen Durchdringung in den einzelnen Kontinenten je nach individuellem Charakter entweder durchgängig optimistisch oder pessimistisch. Inwiefern bei einem vergleichbaren Männer-Panel die Selbsteinschätzung anders ausfiele, bliebe einer weiteren Studie vorbehalten. Über die Kommentierungsfunktion in der persönlichen Statistik wurde u.a. die explizite Konzentration auf ein weibliches Panel als Grund für die eigene Teilnahme angeführt.

Jedoch bleibt festzustellen, dass der erwünschte kommunikative Aspekt zwischen den Expertinnen ausblieb. Zwar wurde die Anzeige des bisherigen Gesamtergebnisses pro These sehr positiv aufgenommen und die einzelnen Personen verglichen ihren Standpunkt mit denen der anderen, eine nachträgliche Korrektur der eigenen Ansichten oder gar ein Diskurs im bereit gestellten Diskussionsforum erfolgte aber nicht. Dieses methodische Ergebnis schliesst an die Forum-Erfahrungen der Autorin in anderen *Online*-Settings an. Es bedarf eines sehr hohen Engagements und eines oftmals externen Impulses, um eine anonyme Diskussion anzuregen. Dieses Manko hätte ggf. über eine an die Milleniums-Software angelehnte technologische Lösung minimiert werden können - das hier über eine kostenfreie Web-Software realisierte

Verfahren liess unter den gegebenen zeitlichen Beschränkungen leider keine weitere Integration der Daten zu. Es obliegt weiteren Initiativen, hier adäquate technologische Lösungen für die Forschung bereitzustellen, um diskursive Echtzeit-Ergebnisse einer vernetzten Webgesellschaft erzielen zu können.

Auch der persönliche Bezug zwischen Autorin und Expertinnen erfolgte nicht in dem gewünschten Ausmaße, so dass der Versuch, über eine kurz vor Studien-Ende formulierte grobe Zusammenfassung der bisherigen Ergebnisse zuzüglich persönlicher Fragestellungen die synchrone Bearbeitung zu initiieren, weitestgehend erfolglos verlief. Zwar konnte im Vorfeld und im Verlaufe des Untersuchungszeitraumes mit vielen Expertinnen ein persönlicher Austausch per E-Mail aufgebaut werden - allerdings behandelten die Inhalte ausschließlich methodische Fragestellungen und Diskussionen. Insofern bestätigt diese RTD-Studie vom methodischen Verlauf her das analytische Ergebnis des Vergleichs von Delphi- mit RTD-Studie (siehe Kap. 4.1.2.4).

Als Vermutung für das Ausbleiben weiteren Engagements kann die Hypothese aufgestellt werden, dass das Zeitbudget, das Expertinnen dieser RTD-Studie zubilligten, bereits ausgeschöpft war nach dem ersten Durchlauf. Die intensive Beschäftigung mit den sechs komplexen Thesen und der Aufbau eines eigenen Standpunktes ist je nach eigener Expertise als sehr aufwändig einzustufen. Derartige in die Zukunft gerichtete Komplexität, die weniger als Fortführung bereits identifizierter Faktoren, sondern als grundsätzliche strukturelle Rekonfiguration der Ausgangsbedingungen des Denkens verstanden werden muss, ist anstrengend und nur bedingt über eine Delphi-Studie zu verifizieren.

In den Kommentaren zur persönlichen Statistik wurde an kritischen Punkten von einer Person die eigene, fehlende Expertise thematisiert. Eine andere Person stellte in Frage, ob die szenarischen Einführungen eventuell relevanter für die Industriestaaten seien als für die Entwicklungsländer. Auch meinte sie die komplexen Thesen seien schwierig zu unterscheiden, zumal innerkontinentale Unterschiede damit nicht zu fassen seien. Und innerhalb eines Zeitrahmens von 10 Jahren wären zudem kaum große Veränderungen realisierbar. An positiven Punkten wurde neben der Genderbrille von drei Personen das Untersuchungsdesign mitsamt seiner *Online*-Realisierung als sehr gelungen hervorgehoben.

Insofern muss konstatiert werden, dass der kommunikative Aspekt einer Delphi-Studie in dieser RTD-Analyse nicht optimal ausgereizt wurde, aber der Zielsetzung des Untersuchungsdesigns keinen Abbruch tut. Denn das methodische Kommunikationsdefizit wird bekanntlich durch eine intensivere Beschäftigung im ersten -und oftmals einzigen- Durchgang wettgemacht. Und da die hier vorliegende RTD-Studie gar nicht zum Ziel hatte, eine konsensuale Zusammenführung der Expertinnen zu generieren, ist dieser Aspekt der mangelnden Kommunikation -im Sinne der wechselseitigen Reaktion- zu vernachlässigen. Intention dieser RTD-Studie war eine möglichst heterogene Einschätzung der komplexen Thesen mit dem zentralen Ziel, mögliche bildungspolitische Ansätze zu identifizieren, die ggf. über die internationale Ebene unterstützt werden könnten. Insofern es sich bei der Anlage dieser Studie um ein *Foresight*- und nicht um ein *Forecast*-Instrument handelte, sind einige interessante Ergebnisse generiert worden. Diese RTD-Studie kann von daher als qualitative Methode gelesen werden.

4.3.3 INHALTLICHES FAZIT MIT DEN ZUSAMMENGEFÜHRTEN ERGEBNISSEN

Zum Schluss des 3. Kapitels wurden 18 individuelle Fähigkeiten angeführt, derer es unter personalisierten UX-Gesichtspunkten bedarf, um vergnügliche *Flow-*Erfahrungen zu generieren (siehe Kap. 3.4.2). Diese Fähigkeiten wurden im Thesenkatalog (Kap. 4.2.3) operationalisiert, um sie mittels eines standardisierten Fragenkatalogs seitens ausgewählter Expertinnen einschätzen zu lassen. Die Einzelergebnisse der RTD-Studie sind im Appendix detailliert ausgeführt.[116] Auch werden dort die von den Expertinnen angeführten bildungspolitischen Möglichkeiten für die einzelnen *Flow-*Kategorien zusammengefasst und hinsichtlich einer möglichen Beantwortung der offenen Fragen aus Kap. 3.4.3 interpretiert.[117] An dieser Stelle interessieren eher die aggregierten Trendannahmen, die über das gesamte Panel zu abstrahieren sind.

Aus dem nun folgenden Abgleich des inhaltlichen Gesamtergebnisses über alle *Flow-*Kategorien mit den einzelnen Resultaten pro *Flow-*Kategorie lässt sich die Wirksamkeit einzelner bildungspolitischer Maßnahmen aus Sicht der Expertinnen gut einschätzen, um möglichst vielen Menschen bis zum Jahre 2020 einen Weg zur aktiven Teilhabe an der Netzwerkgesellschaft zu ermöglichen. Um diese Ergebnisse in die Theorie(n) internationaler Bildungspolitik einordnen zu können, erfolgt an dieser Stelle zunächst eine nüchterne Zusammenfassung der RTD-Ausbeute. Erst im folgenden Kapitel 5 wird dieses Resultat innerhalb der globalen, bildungspolitischen Rahmenbedingungen interpretiert. Aus diesen abschließenden Schlussfolgerungen lassen sich dann ggf. bildungspolitische Handlungsalternativen in Gestalt alternativer Szenarien ableiten.

---

116 Vgl. Appendix, Kap. 8.2.8
117 Vgl. Appendix, Kap. 8.2.12

4.3.3.1 Leitbild-Relevanz für Weltbevölkerung - Status Quo

Erfolgen bis 2020 keine Veränderungen der aktuellen Rahmenbedingungen, sehen die Expertinnen die Hälfte der globalen Menschheit in der Lage, sich in benutzergenerierten, digitalen Umgebungen bewegen zu können. Wird das Ergebnis als Spiegelbild gesamtgesellschaftlicher Schichten interpretiert, so werden in allen Kontinenten einzelne Schichten -mit je unterschiedlicher Breite- überdurchschnittlich gut vorbereitet sein auf das Leitbild, während gleichzeitig in allen Weltregionen eine Schicht der Exkludierten existiert.

Im Vergleich zu den einzelnen *Flow*-Kategorien lassen sich folgende, gravierendere Unterschiede identifizieren:

- Afrika, Asien, Ozeanien/Australien und Südamerika sind bei der *Flow*-Kategorie Person unterdurchschnittlich vorbereitet für die aktive Nutzung benutzergenerierter, digitaler Umgebungen.
- Hinsichtlich des *Workflows* können kaum abweichende Werte zum Gesamtbild identifiziert werden - bis auf Asien, deren diesbezügliche aktuelle Befähigung bereits sehr hoch eingeschätzt wird.
- Im Bereich der Medienumgebung wird ebenfalls die asiatische Kompetenz sehr hoch eingeschätzt, während sich in Ozeanien/Australien zwei gleich starke Fraktionen aufbauen: Die eine Hälfte ist unterdurchschnittlich bereit für das digitale Jahr 2020 und die andere Hälfte überdurchschnittlich.
- Die Fähigkeit zur selbstgesteuerten *Usability* wird im Vergleich zum Gesamtergebnis in Asien etwas geringer und in Afrika etwas höher eingeschätzt.
- Auf transparente Strukturen hinzuwirken, wird für alle Weltregionen skeptischer eingeschätzt als das Gesamtergebnis - in der regionalen Verhältnismäßigkeit verändert sich allerdings kaum etwas.
- Den *space of flows* aktiv mitzugestalten wird für Afrika derzeit sehr kritisch und für Europa etwas kritischer eingeschätzt als im Gesamtbild.

4.3.3.2 Mögliche Hemmfaktoren zur Realisierung des Leitbildes

An Hemmfaktoren identifizierten die Expertinnen ein Gesamtbild, das sich von fast allen einzelnen *Flow*-Kategorien in mindestens einem Punkt unterscheidet.[118] Innerhalb des Expertinnen-Panels unterscheiden sich die Sichtweisen auf die

---

118 Vgl. Appendix, Kap. 8.2.9, Tabelle 8

Hemmfaktoren je nach individuellem Background.[119] Abgesehen von einer weitgehend einhelligen Meinung den rechtlichen Rahmenbedingungen gegenüber differiert die Gewichtung teilweise erheblich.

1. Die im Gesamtbild führend verantwortlich gemachten sozio-kulturellen Werte und Praktiken üben einen deutlich geringeren Einfluss auf die Herausbildung einer autotelischen Persönlichkeit aus. Sie werden generell eher von institutionellen Bildungsmenschen und grenzgängerischen Sozialtheoretikerinnen als wesentlicher Hemmfaktor angeführt. Hier sind sich alle Weltregionen sehr einig.

2. Ökonomischer Druck wird von allen Expertinnen-Fraktionen bis auf die Sozialtheoretikerinnen als Hemmfaktor hoch eingeschätzt, warum nicht weitere Kreise der globalen Menschheit auf das Leitbild 2020 vorbereitet sind. Allerdings wird dem ökonomischen Druck ein deutlich geringerer, hemmender Einfluss zugeschrieben hinsichtlich der Ausbildung transparenter Strukturen - wenn dort überhaupt, dann vor allem seitens der Wissenschaftlerinnen. Insgesamt wurde dieser Faktor vor allem von afrikanischen, asiatischen und nordamerikanischen Expertinnen als dominierend gekennzeichnet.

3. Politische Mechanismen hemmen nach Ansicht der (medientechnologischen) Expertinnen v.a. mit wissenschaftlichem Hintergrund deutlicher als im Gesamtbild die Kompetenz, die Medienumgebung an die eigenen Bedürfnisse anzupassen und mitzugestalten. Hingegen scheinen sie kaum Einfluss auf die Gestaltung des *Workflows* auszuüben - darin sind sich alle einig. Vor allem in Europa, Nord- und Südamerika kommt diesem Faktor eine überdurchschnittliche Bedeutung zu.

4. Im sozio-technologischen Wandel wird ein größerer Hemmfaktor gesehen hinsichtlich der Gestaltung der Medienumgebung. Vor allem Sozialtheoretikerinnen räumen diesem Faktor einen erheblichen Einfluss ein. Kaum beeinflusst die Technologie die Ausbildung einer autotelischen Persönlichkeit (und wenn, dann hier v.a. von Bildungsmenschen als Hemmfaktor identifiziert) und den Aufbau transparenter Strukturen. Der Sozio-Technologie wird v.a. in Asien und Ozeanien/Australien ein hoher Stellenwert beigemessen.

5. Die persönlichen Voraussetzungen, die vorzugsweise von institutionellen Bildungsmenschen und grenzgängerischen Sozialtheoretikerinnen als Hemmfaktor angeführt werden, hemmen deutlich stärker den Workflow und den Aufbau einer benutzerangepassten Medienumgebung als das Gesamtbild. Auch der Ausbildung einer flowfähigen Persönlichkeit stehen mitunter die persönlichen Voraussetzungen entschiedener entgegen. In Europa wird den persönlichen Voraussetzungen eine große Bedeutung zugestanden, etwas geringer in Nordamerika und unauffällig in anderen Weltregionen.

6. Dem sozialen Umfeld messen die Expertinnen fast durchgängig einen weniger

---

119 Vgl. Appendix, Kap. 8.2.9, Tabelle 9

entscheidenden Einfluss bei. Lediglich die Sozialtheoretikerinnen sehen hier einen wesentlich entscheidenderen Hemmfaktor. Verhältnismäßig wird diesem Faktor von den Asiatinnen und Afrikanerinnen eine größere Bedeutung zugeschrieben.

7. Noch weniger Einfluss wird den rechtlichen Rahmenbedingungen beigemessen. Das Recht steht lediglich dem Aufbau transparenter Strukturen entgegen - aber dies sehr deutlich und von allen Fraktionen gleichermaßen so bewertet. In diesem Bereich sehen -wenn überhaupt- vor allem Europäerinnen einen Hemmfaktor für die weitere Entwicklung in Richtung des Leitbildes.

4.3.3.3 BILDUNGSPOLITISCHE MASSNAHMEN ZUR REALISIERUNG DES LEITBILDES

Vor diesem Hintergrund generierten die Expertinnen über alle *Flow*-Kategorien hinweg eine Reihenfolge bildungspolitischer Maßnahmen, die erforderlich wären, die hemmenden Faktoren ab- und die gewünschten *Flow*-Komponenten aufzubauen. Die Gewichtung der Maßnahmen variiert dabei entlang einzelner *Flow*-Kategorien[120] und je nach persönlichem Background der Expertinnen.[121]

1. Mit dem Ausbau des technologischen Zugangs lassen sich bildungspolitisch große Hürden abbauen, die einer Befähigung weiterer Teile der globalen Menschheit entgegen stehen, sich für das Leitbild 2020 vorzubereiten. Alle Weltregionen und Expertinnen-*Cluster* räumen dieser Maßnahme einen Top 3-Rang ein. Inhaltliche oder gesellschaftliche Fraktionen lassen sich in dieser Einschätzung kaum identifizieren. Lediglich zur Transparenz wird der technologische Zugang -nach einhelliger Meinung- nur nachrangig beitragen können.

2. Auch der Zivilgesellschaft kommt eine große bildungspolitische Bedeutung zu, wesentliche Hemmfaktoren abzubauen - zumindest wird diese Ansicht vorzugsweise von Bildungsmenschen und Sozialtheoretikerinnen aus der Wissenschaft und den Institutionen vertreten, allerdings weniger aus afrikanischer und nordamerikanischer Sicht. Aber diese Maßnahme unterstützt nicht den Aufbau einer autotelischen Persönlichkeit und die Befähigung, die persönliche Umgebung nachhaltig gebrauchstauglich zu gestalten - da sind sich fast alle einig.

3. Soziales Lernen zu fördern, setzt bildungspolitisch vor allem einen Impuls bei der Optimierung persönlich angepasster *Workflows*, darin sind sich Medientechnologinnen und Bildungsmenschen aus der Wissenschaft und den Institutionen fast einig. Zudem unterstützt diese Maßnahme gleichzeitig -nach Meinung vor allem von institutionellen Bildungsmenschen- alle anderen *Flow*-Kategorien relativ stark. Den Ranglisten-Platz erlangte diese Maßnahme aufgrund

---

120 Vgl. Appendix, Kap. 8.2.10, Tabelle 10
121 Vgl. Appendix, Kap. 8.2.10, Tabelle 11

der Tatsache, dass v.a. afrikanische, asiatische und südamerikanische Expertinnen dieser eine Top 3-Bedeutung zugestehen.

4. Chancengleichheit zu etablieren ist eine bildungspolitische Voraussetzung vor allem aus der westlichen Wissenschaft (Europa, Nordamerika, Südamerika), um möglichst viele Menschen an der Netzwerkgesellschaft im *space of flows* teilhaben zu lassen. Aber auch für den Aufbau autotelischer Persönlichkeiten (über alle Fraktionen) und die Kompetenz, die persönlichen Schnittstellen mitzugestalten (v.a. pragmatische Grenzgängerinnen aus der Medientechnologie), werden dieser Maßnahme eine große Bedeutung beigemessen. Weniger Einfluss wiederum hat diese Maßnahme auf die Ausdehnung transparenter Strukturen.

5. Ein restrukturiertes Bildungssystem könnte aus Sicht nordamerikanischer, institutioneller oder grenzgängerischer Bildungsmenschen und Medientechnologinnen dazu beitragen, die *Usability* persönlicher Schnittstellen individuell zu optimieren. Aber auch alle anderen Hemmfaktoren liessen sich mit dieser bildungspolitischen Maßnahme mit abbauen, so die wiederum von der nordamerikanischen Wissenschaft geprägte Mehrheitsmeinung.

6. Die globalen Netzwerke zu verstärken, unterstützt vor allem die mediale Durchdringung der Gesellschaft, so die Ansicht vor allem pragmatischer Grenzgängerinnen. Zudem fördert diese Maßnahme -nach Meinung v.a. europäischer Sozialtheoretikerinnen und Grenzgängerinnen- die kontinuierliche, aktive Teilhabe an der Netzwerkgesellschaft. Allgemein schätzen sowohl die Wissenschaftlerinnen generell als auch die Nordamerikanerinnen diese bildungspolitische Maßnahme eher zurückhaltend ein.

7. Die Regulationsinstanzen (Recht, Politik, Verwaltung) neu zu ordnen, ist eine Forderung, die eher aus institutioneller Richtung kommt. Insbesondere fördert diese bildungspolitische Maßnahme den Ausbau transparenter Strukturen - mit dieser Einschätzung sind sich alle Regionen einig.

8. Eine Ausdehnung der Bildungsausgaben wird von Sozialtheoretikerinnen, Afrikanerinnen und Asiatinnen verhältnismäßig hoch eingestuft, hat aber insgesamt einen relativ geringen bildungspolitischen Stellenwert nach Ansicht des Expertinnen-Panels. Aus Sicht von Bildungsmenschen kann diese Maßnahme allerdings Personen darin unterstützen, autotelische Persönlichkeiten auszubilden.

9. Mit der Bereitschaft zum öffentlichen Diskurs können transparente Strukturen geschaffen werden, so die Meinung pragmatischer Grenzgängerinnen. Für alle anderen *Flow*-Kategorien dagegen ist diese bildungspolitische Maßnahme allgemein eher nachrangig einzustufen - vor allem Medientechnologinnen und die Wissenschaft messen dieser Maßnahme sehr wenig Bedeutung bei.

10. Das Schlusslicht an bildungspolitischen Maßnahmen bildet die Intensivierung der Forschung. Hier erhoffen sich die Expertinnen die wenigsten Impulse - in keiner

Flow-Kategorie. Lediglich einige institutionelle Bildungsmenschen sehen hier eine Möglichkeit, bildungspolitisch zu wirken. Am meisten Potenzial sehen hier noch die Asiatinnen.

4.3.3.4 Mögliche Akteure der Bildungspolitik

Welche Bedeutung der internationalen Ebene in der Bildungspolitik nach Ansicht der Expertinnen zukommt, wurde im Appendix zusammen getragen.[122] Dabei kristallisierte sich eine vielfältige Sammlung an möglichen „Akteuren" heraus, die von der UNO über staatliche Souveräne, die (Hoch-)Schulen, Mentorenprogramme, mobile Endgeräte, *Communities of Practice*, *Open-Data*-Initiativen bis hin zu *Social Networks* reichte. Auf welche konkreten bildungspolitischen Maßnahmen diese Bandbreite an unterschiedlichen „Akteuren" nunmehr Einfluss nehmen könnten, wurde nach Einschätzung der Autorin in Kap. 8.2.11 im Appendix zusammengefasst. Im Abgleich der bildungspolitischen Maßnahmen zu den einzelnen *Flow*-Kategorien lassen sich bezüglich der vom Panel benannten Akteure folgende Konklusionen ziehen:

- Die UNO kann hinsichtlich der sozialen wie technologischen Grundlagen dahin wirken, für einen grundsätzlichen Zugang zur Netzwerkgesellschaft zu sorgen. Zwar werden kulturelle und staatliche Mächte ihren Einfluss über die Bevölkerung am *space of places* nicht aufgeben wollen. Allerdings liesse sich -angesichts der ökonomisch bedingten, mobilen Durchdringung- das bildungspolitische Potenzial zur Herausbildung autotelischer Persönlichkeiten nutzen: In Kombination mit einem restrukturierten Bildungssystem zugunsten der Exkludierten in westlichen Gesellschaften und mit zusätzlichen finanziellen Mitteln zugunsten der Exkludierten in benachteiligten Weltregionen.
- Dem staatlichen Souverän obliegt es ebenso, den Zugang zur Netzwerkgesellschaft am *space of places* gleichberechtigt zu ermöglichen. Um machtpolitischen Kräften innerhalb des Staates entgegenzuwirken, könnte eine weitere globale Vernetzung hilfreich sein. Indem das Bildungssystem restrukturiert bzw. weitere Gelder bereitgestellt werden (je nach Weltregion) und der Zivilgesellschaft eine größere Bedeutung beigemessen würde, könnten deren bildungspolitische Impulse aufgegriffen und über den *space of flows* transportiert werden.
- Diese Netz-Kompetenz zu fördern, ist eine Aufgabe auch der (Hoch-)Schulen. Hier gilt es, einen Zugang zur Nutzung der Netzwerkpotenziale zu ermöglichen, Möglichkeiten sozialen Lernens aufzuzeigen und soziale Wertemuster mitzuprägen, die den nationalen wie kulturellen Wirkmechanismen entgegenwirken.
- Eine Möglichkeit, über eine Restrukturierung des globalen Bildungssystems die Netzwerkeffekte zu nutzen, wäre ein internationales Mentorenprogramm

---

122 Vgl. Appendix, Kap. 8.2.8.2#5

aufzulegen, über das Personen global miteinander vernetzt würden. So liesse sich über diesen Weg einüben, die eigene Umgebung entlang der eigenen Bedürfnisse zu gestalten und darauf hinzuwirken, die sozio-technologischen wie sozio-kulturellen Strukturen entsprechend anzupassen. Der *space of flows* wäre hier bereits Realität - soziales Lernen erfolgt hier nebenbei.

- Mobilen Endgeräten kommt -neben ihrer sonstigen technologischen Unterstützungsleistung- eine moderne Akteursrolle zu, da sie sowohl den Zugang als auch den sozialen Lernprozess im globalen Maßstab befördern helfen. Sie sind ideal geeignet, die Medienumgebung an die eigenen Bedürfnisse anzupassen und neue Interfaces zu ermöglichen, die den Anforderungen der regionalen wie individuellen Besonderheiten entsprechen. Insofern lässt sich auch -oder teilweise vor allem- über mobile Endgeräte der *space of flows* aktiv gestalten.
- In *Communities of Practice* (CoPs) lassen sich gut die Fähigkeiten zur Optimierung der individuellen *Workflows* erlernen, die Gestaltungskompetenz der konkreten Medienumgebung einüben und die *Usability* zukünftiger Umgebungen diskutieren. In einem Ambiente mit strong ties lassen sich zivilgesellschaftliche Aktivitäten sozial erlernen, die gleichzeitig eine Restrukturierung des Bildungssystems über einen öffentlichen Diskurs fördern helfen.
- *Open-Data*-Initiativen kommt insofern eine große bildungspolitische Bedeutung zu, als sie in Richtung transparenter Strukturen hinwirken und gleichzeitig neue *Workflows*, Medienumgebungen im Sinne einer effektiven *Usability* generieren helfen. In diesem Feld den öffentlichen Diskurs zugunsten restrukturierter Bildungssysteme und neugeordneter Regulationsinstanzen zu führen, stellt eine wichtige Komponente dar - auch und vor allem zugunsten der globalen Vernetzung.
- In *Social Networks* werden im Freizeitkontext die Mechanismen der Netzwerkgesellschaft eingeübt und kulturelle Werte geschaffen, die in den *space of places* zurückwirken. Hier sind bereits die persönlichen Umgebungen an die eigenen Bedürfnisse adaptierbar. Gleichzeitig werden kontinuierlich neue Anforderungen über vielfältige technologische Schnittstellen realisiert, so dass sich die *Workflows* und die *Usability* für jedeN EinzelneN verbessern.

4.3.3.5 LEITBILD-RELEVANZ FÜR WELTBEVÖLKERUNG - IDEALTYPISCH

Würden die Rahmenbedingungen im Sinne der vorgeschlagenen bildungspolitischen Maßnahmen modifiziert, rechnen die Expertinnen mit einer deutlichen Verbesserung der weltweiten Durchdringung (>60%) bis zum Jahre 2020. In allen Weltregionen könnten bis dahin breitere Schichten an der Netzwerkgesellschaft partizipieren und sich aktiv einbringen. Die Geschwindigkeit der sozio-kulturellen Durchdringung verläuft allerdings asynchron - je nach den regionalen Bedingungen am *space of places*. Angesichts realer sozio-politischer wie sozio-kultureller Machtverhältnisse vor Ort wird diese gesamte Entwicklung von den Expertinnen sehr kritisch eingeschätzt.

4.4 Bildungspolitisches Resümee der RTD-Studie

Im Ergebnis offenbart die Expertinnen-Befragung, dass sich erst im Zusammenspiel verschiedener bildungspolitischer Maßnahmen auf verschiedenen Ebenen die einzelnen *Flow*-Kategorien fördern lassen. Staatliche top-down-Politik kann Rahmenbedingungen fördern und Strukturen außerhalb ihres Einflussbereiches unterstützen, die der Ausbildung erforderlicher Fähigkeiten für das Leitbild 2020 zuträglich sind. Vor allem in den bottom-up-Funktionen sozialer Vernetzungsformen steckt ein großes Potenzial, eine transkulturelle Netz-Kompetenz aufzubauen.

Sofern die staatlichen Akteure auf nationaler wie internationaler Ebene für den technologischen Zugang und die Chancengleichheit sorgen, können informellere Zusammenhänge die übrigen Maßnahmen vorantreiben. Alternativ wirken ökonomische Akteure über die mobile Infrastruktur als bildungspolitische Kraft, da sich über deren Vernetzungspotenziale auch weitere bildungspolitisch wirkende Mechanismen anstossen lassen. Zivilgesellschaftliche Momente und soziales Lernen führen bereits zu einer besseren Chancengleichheit und bieten Alternativen für ein restrukturiertes Bildungssystem auf globalem Niveau - auch ggf. über ein internationales Mentorenprogramm. Für die begleitende Neuordnung der Regulationsinstanzen kann seitens vielfältiger Open-Data-Initiativen (*Open Source, Open Access, Open Educational Resources, Open Government* etc. pp.) dahingehend gewirkt werden, für mehr Transparenz zu sorgen. Den klassischen bildungspolitischen Maßnahmen des Staates -mehr Geld für Bildungsausgaben und die Forschung- wird seitens der Expertinnen eine nachrangige Bedeutung zugesprochen. Dem bildungspolitischen Potenzial, sich im öffentlichen Diskurs über die Maßnahmen zu verständigen, steht das Panel eher skeptisch gegenüber - ggf. könnte auch hier der Impuls von nicht-staatlichen Initiativen ausgehen.

Staatliche bildungspolitische Interventionsmöglichkeiten sind im Zeitalter der Netzwerkgesellschaft sehr begrenzt. Hier einzig auf tradierte (hoch-)schulpolitische Aktivitäten einzuwirken und dabei v.a. auf der wissenschaftlichen ExpertInnen-Meinung westlicher Forscher/innen aufzubauen, ignoriert die interkulturellen Unterschiede und bildungspolitischen Beiträge, die seitens anderer Akteure geleistet werden (können) - wie z.B. aus der Zivilgesellschaft und aus dem (kapitalistischen) Impuls diverser Technologiefirmen. Zwar müsste die tatsächliche sozio-kulturelle Mediennutzung und *Web 2.0*-Durchdringung der Expertinnen-Herkunftsregionen in die Analyse mit einbezogen werden, da diese Kultur die konkreten regionalen Kulturen am *space of places* und damit auch die Wertemuster der beteiligten Expertinnen verändert (siehe Kap. 3.3.3). Angesichts fehlender, konkreter Indizes, der Rahmenbedingungen und einer kleinen Grundgesamtheit muss an dieser Stelle darauf verzichtet werden.

Auf der Basis der vorliegenden, eindeutigen Reihenfolge möglicher bildungspolitischer Maßnahmen und identifizierter Akteure lässt sich zum heutigen Zeitpunkt feststellen: Eine stärkere (globale) Vernetzung zwischen verschiedenen gesellschaftlichen Bereichen, *Communities* und Netzwerken aus (inter-)nationalen Mitteln zu fördern, um eine individualisierte, persönlich verantwortete Vernetzung auf globalem Niveau zu ermöglichen und die kreativen Potenziale der gesamten Menschheit zu heben, ist Kennzeichen einer modernen Bildungspolitik. Die (inter-)nationalen Aktivitäten in diese Richtung zu treiben wird Aufgabe verschiedener Vernetzungsformen der Zivilgesellschaft sein.

Um diese aus dem Panel abgeleiteten bildungspolitischen Anforderungen mit der internationalen bildungspolitischen Realität abgleichen zu können, sollen nunmehr die bildungspolitischen Rahmenbedingungen in den Blick genommen werden. Vor diesem Hintergrund lassen sich dann die erzielten qualitativen Ergebnisse aus der Expertinnen-Befragung abschließend einordnen.

5 Bildungspolitischer Rahmen für die RTD-Ergebnisse

Internationale Bildungsaspekte werden von wenigen Forscher/innen in verschiedenen Disziplinen verhandelt (Singh, Kenway, und Apple 2007). Neben vergleichenden Studien der empirischen Bildungsforschung können u.a. die internationale Pädagogik bzw. die Ansätze zum globalen Lernen, die internationale Bildungspolitik und die Bildungspolitik in Entwicklungsländern unterschieden werden (Phillips und Schweisfurth 2006). Im Kontext dieser, auf die globale Netzwerkgesellschaft fokussierten Arbeit wird das Augenmerk auf die internationale Bildungspolitik zu werfen sein, um ihren Beitrag zur Unterstützung der individuellen Netz- wie kollektiven Netzwerk-Kompetenz einschätzen und die oben angeführten Ergebnisse der *Real-Time-Delphi*-Studie einordnen zu können. Auf deren Basis lassen sich dann ggf. alternative Szenarien für globale bildungspolitische Maßnahmen in der Netzwerkgesellschaft entwerfen.

5.1 Internationale Bildungspolitik

Das Weltsystem nach dem bipolaren Zeitalter ist gekennzeichnet durch eine Epoche der ökonomischen Globalisierung, der zivilisierten Weltpolitik und universalen kulturellen Werte einerseits, die auf der anderen Seite von fragmentierenden Strömungen und Gegenreaktionen bekämpft werden (Bemerburg und Niederbacher 2007, 8). In den Sozialwissenschaften hat sich dafür weitgehend der Begriff der „Weltgesellschaft" als differenzierte „verwobene Gesamtgesellschaft" durchgesetzt, da sich die Analyse nicht mehr auf nationalstaatliche „Gesellschaften" reduzieren lässt (Prisching 2007, 20).

> „Es geht nicht mehr um den intensiveren Kontakt sozialer Einheiten, sondern um ein als Einheit gedachtes weltweites soziales System: eine zusammenhängende Figuration; einen neuen Prozess der Erzeugung, Erweiterung und Verfestigung eines global-holistischen Gebildes; eine Intensivierung der sozialen Kontakte zwischen Menschen, Gruppen und Völkern, die sich dem nähert, was man bislang als Spezifikum einer "Gesellschaft" aufgefasst hat." (ebd.)

Das Lokale wird nur noch im Rückgriff auf die Globalisierung verständlich (ebd., 20f.), während gleichzeitig die Globalisierung eine „Internationalisierung der Problembearbeitung" (Filzmaier u. a. 2006, 275) herbeiführt. Internationale Organisationen, vernetzte internationale Regime und eine internationale Zivilgesellschaft, die sich über eine Vielzahl an NGOs global Gehör verschaffen, sind neue Akteure der weltpolitischen Bühne (ebd.). So stieg z.B. die Anzahl internationaler

Regierungs- wie Nichtregierungsorganisationen seit Mitte der 1970er Jahre von ca. 3000 auf über 20.000 im Jahre 2002 an (Hauchler, Messner, und Nuscheler 2003, 37) - und ihr Einfluss auf die politische Gestaltung stieg entsprechend. Vor allem in den internationalen Organisationen (IOs) kulminieren die politischen Handlungsfelder der verschiedenen Akteure der Weltgesellschaft. Dabei lassen sich bei der Analyse der weltpolitischen Aktivitäten drei verschiedene wissenschaftliche Ansätze unterscheiden, wie die Funktionen von IOs grundsätzlich einzuschätzen sind (Filzmaier u. a. 2006, 289f.):

- Aus Sicht der (neo-)realistischen Theorie sind IOs „Instrumente oder Rahmen (,,Arenen") staatlicher Diplomatie, d.h. sie dienen Staaten primär zur Durchsetzung ihrer eigenen Interessen." (ebd., 289f.)
- Aus institutionalistischer Sicht sind IOs eigenständige Akteure, „die die Struktur des internationalen Systems über die Verminderung grundlegender Unsicherheiten maßgeblich beeinflussen." (ebd., 290)
- Aus Sicht internationaler Regime-Anhänger (der neoliberalen Variante des Institutionalismus) sind IOs „Teile eines Netzwerks an zwischenstaatlicher Kooperation in und durch problemfeldbezogene internationale Institutionen, die sich durch gemeinsame Prinzipien, Normen und Verhaltensregeln auszeichnen und dadurch bei den Mitgliedern auch Normen usw. durchsetzen können." (ebd., 290)

Allen Ansätzen gemeinsam ist die wachsende Bedeutung der IOs, die in ihrer strukturellen Funktion als Vorstufe zur *Global Governance* verschiedene Problemfelder zu vergegenwärtigen hat (ebd., 297). So sind IOs einerseits selbst nur bedingt demokratisch legitimiert; andererseits erfahren sie durch die Vielzahl an international tätigen NGOs ein demokratisierendes Korrektiv, das gleichwohl nicht der nationalstaatlichen Herrschaftsform entspringt. Zudem sind die Machtverhältnisse auf der Weltbühne extrem asymmetrisch verteilt.

Vor diesem Hintergrund soll im Folgenden zunächst der Governance-Ansatz dargelegt werden, um die vielschichtigen politischen Ebenen auch in der Bildungspolitik einordnen zu können. Anschließend wird untersucht, welchen Einfluss IOs auf die globale kulturelle Hegemonie haben und wie sich neue Themen in Politik übersetzen. Dann werden konkrete globale Bildungsinitiativen und deren zentrale Keyplayer analysiert, um in der Folge den Einfluss der Zivilgesellschaft auf die Bildungspolitik einschätzen zu können. Da dem technologischen Zugang nach Ansicht der Expertinnen eine entscheidende Rolle zukommt als bildungspolitische Maßnahme, werden noch die verschiedenen Ebenen des *Digital Divides* in den Blick genommen und die zivilgesellschaftlichen Potenziale eruiert, auf eine Umverteilung aktiv hinzuwirken. Abschließend wird der bildungspolitische Rahmen für die Gestaltung der Netzwerkgesellschaft zusammengeführt, so dass im folgenden Kapitel die erzielten RTD-Ergebnisse in diesem Kontext eine kritische Interpretation erfahren können.

5.1.1 Der Governance-Ansatz

Der Governance-Begriff stammt ursprünglich aus den Wirtschaftswissenschaften - dort stellt Corporate Governance ein analytisches Konstrukt dar, das die Existenz von Regeln in Unternehmen und deren Durchsetzung untersuchen hilft. In den Politikwissenschaften dagegen steht dieser seit den 1980er Jahren mit normativer Kraft sich durchsetzende Begriff für verschiedene Transformationsprozesse - einerseits der sozio-politischen Realitäten selbst, andererseits in der Interpretation dieser sich verändernden Realitäten.

Historisch gesehen hielt „Governance" über die Internationalen Beziehungen Einzug in die Politikwissenschaften, um den geregelten Beziehungsstrukturen der internationalen Akteure Ausdruck zu verleihen. Die Weltbank begann in den 1980er Jahren, von den Entwicklungsländern Good Governance zu fordern - gleichzeitig nutzten neoliberale Kräfte den Governance-Begriff zunehmend, um öffentliche Aufgaben in nicht-staatliche Hände überführen zu können. In dieser wirtschaftspolitischen Entwicklung hin zu zunehmender Deregulierung bei gleichzeitigem Zuwachs der NGOs erfolgte ein Perspektivenwechsel in der Theorie des neoliberalen Institutionalismus - die *Global Governance* war geboren (Behrens 2007, 106).

Governance fasst seitdem die politische Steuerung durch „Mischformen öffentlicher und privater Tätigkeit" (Benz 2004, 14) als komplexes Regelwerk zusammen, das gleichermaßen Institutionen (*polity*), Prozesse (*politics*) und Politikinhalte (*policy*) beinhaltet. Die in vielerlei Hinsicht grenzüberschreitenden Prozesse in vernetzten Strukturen spiegeln sich im Governance-Begriff als Rückgang nationalstaatlicher Souveränität zugunsten des Managements vielfältiger Interdependenzen wider (ebd., 14ff).

Wesentliche Kennzeichen der politischen Steuerung und Koordinierung durch Governance sind:

1. „Das Fehlen eindeutiger hierarchischer Über- und Unterordnungsverhältnisse und klarer Abgrenzungen der Herrschaftsbereiche,
2. die Steuerung und Kontrolle mittels einer Mischung aus einseitiger Machtausübung und Kooperation,
3. Kommunikation und Verhandlungen sowie
4. Dominanz von Prozessen über Strukturen und die kontinuierlichen Veränderungen von Strukturen." (Rosenau zit. n. Benz 2004, 16f.)

In dieser Perspektive bildet der Staat zusammen mit dem Markt, sozialen Netzwerken und Gemeinschaften „institutionelle Regelungsmechanismen, die in variablen

Kombinationen genutzt werden" (ebd., 20). Die Steuerungs- und Koordinationsfunktion dieser institutionellen Strukturen zu erkennen mit dem Ziel, Ansätze zu finden, um ggf. die „verhaltenssteuerenden Wirkungen institutioneller Regeln" (ebd., 20) zu ändern, steht im Fokus der Governance-Analyse. Dabei kann Steuerung als zielorientiertes Handeln verstanden werden, das im akteurtheoretischen Verständnis -je nach Akteurkonstellation- verschiedene politische Handlungsmuster umfasst: So kann zum einen das eigene Handeln eine direkte Beeinflussung bewirken. Zum anderen können andere Akteure über Anreize, Überredung oder Macht beeinflusst werden. Und schließlich lassen sich Handlungen über den strukturellen Kontext sozial steuern (Schimank 2007, 233).

> „Die Governance-Perspektive betrachtet also eine Akteurkonstellation im Hinblick auf tatsächlich geschehende oder mögliche multiple Bestrebungen intentionaler Gestaltung – wobei es eine analytisch offene Frage ist, inwieweit die Gestaltungsabsichten an Sachproblemen und inwieweit sie an Machtinteressen orientiert sind." (ebd., 234)

Die analysierten Prozesse und Interaktionsmuster überschreiten dabei die Organisationsgrenzen und auch die staatlich und gesellschaftlich prägenden, traditionellen Muster. Staatliche und nicht-staatliche Akteure innerhalb oder außerhalb von Organisationen prägen diesen fliessenden Politikstil als kollektives Handeln (Benz 2004, 25), der zumeist auf die Meso-Ebene einwirken will. Die Governance-Forschung konzentriert sich auf diese Ebene intentionaler Gestaltung organisatorischer und interorganisatorischer Strukturen, auch wenn die Makro- und Mikro-Ebene als Randbedingungen die Meso-Ebene mit beeinflussen (Schimank 2007, 234).

In der internationalen Politik bezieht *Global Governance* in dieser Perspektive des Mehrebenensystems nicht nur die internationale Ebene ein, sondern auch die Akteure und Institutionen der innerstaatlichen Ebene (Behrens 2007, 106). *Global Governance* integriert als systemischer Ansatz verschiedene Handlungsfelder auf der Basis einer für möglichst alle Kulturen akzeptierbaren „Globalethik" (Melchers, Charlotte Schmitz, und Seitz 2005, 3). Es können drei Ebenen von *Global Governance* mit je verschiedenen Akteurstypen unterschieden werden (ebd., 107):

1. *Intergouvernementalismus*: Hier verhandeln Regierungschefs und hohe Beamte über ihre jeweiligen Interessen, die vor allem durch innerstaatliche Prozesse geprägt sind (z.B. G 20-Treffen).
2. *Transgouvernementalismus*: Hier arbeiten staatliche Beamte mit niedrigerem Status mit ihren Partnern aus anderen Ländern in spezifischen Problemfeldern, um die nationale Politik aufeinander abzustimmen (z.B. NATO).
3. *Transnationalismus*: Hier koordinieren und definieren v.a. private Akteure und

NGOs Maßnahmen zur Realisierung gemeinsamer Zielvorstellungen im Sinne einer Private Governance (z.B. ICANN oder ISO).

Der intentionale Gestaltungsanspruch lässt Governance zu einer „politisch gewendete[n] Theorie sozialer Ordnung" mutieren (Schimank 2007, 233), die v.a. im europäischen Raum diskutiert wird und sich im *Global Governance*-Diskurs der OECD-Welt niederschlägt (Filzmaier u. a. 2006, 297). Dabei lässt sich der Erfolg des *Global Governance*-Konzeptes auf die unterschiedliche Interpretation seines normativen Gehalts zurückführen: Zum einen in der neoliberalen Variante, in der die internationalen Problemlagen weniger in der Globalisierung, sondern eher in einem zu starken Staatsinterventionismus gesehen werden - diese VertreterInnen folgern aus dem Konzept, den staatlichen Protektionismus abzubauen. Zum anderen in einer sozialdemokratischen Variante, in der das *Global Governance*-Konzept den Versuch darstellt, eine dritte Phase weltwirtschaftlicher Ordnungspolitik aufzubauen, indem dem wirtschaftspolitischen Neoliberalismus das Reformprogramm einer supranationalen Ordnungspolitik entgegengestellt wird (Behrens 2007, 109f.). Hier geht es

> „(...) um die Wiedereinbettung internationaler Wirtschaftsaktivitäten in ein sozial- und umweltverträgliches Ordnungssystem internationaler Politik im Mehrebenensystem politischer Entscheidungsprozesse unter Einbeziehung staatlicher wie nichtsstaatlicher Akteure." (ebd., 108)

Als politikwissenschaftlich populärer Begriff setzte sich *Global Governance* erst nach deren sozialdemokratischer Wendung hin zur Handlungspolitik als Reformprojekt durch. Auf Initiative von Willy Brandt wurde 1991 die „Commission on Global Governance" (CGG) unter dem Dach der UNO ins Leben gerufen. Deren 1995 veröffentlichter Abschlussbericht mit dem Titel „Global Neighbourhood", bezieht sich v.a. auf die internationale Ebene und betont die Notwendigkeit gemeinsamer Werte für die Weltgemeinschaft ohne Errichtung einer Weltregierung, weil nur so die *Global Governance* funktionieren könne (ebd., 110f.). Gleichzeitig definiert und verändert sich das strukturbildende Muster dieser Ordnungsbildung durch die Handlungen der spezifischen Akteurkonstellation. Regionale Organisationen gewinnen in dieser Perspektive an Bedeutung - eine Vielzahl an Akteuren generiert die politischen Handlungsmuster auch auf der internationalen Bühne.

In diesem Spannungsverhältnis zwischen globalen Normen und multiplen Akteursebenen ist auch die *Educational Governance*-Forschung einzuordnen. Sie untersucht, welche konkreten bildungspolitischen Maßnahmen in einzelnen Ländern oder Bildungsstandorten umgesetzt wurden und wie sich das vorherrschende Governance-Regime veränderte. Ausgangspunkt sind die wachsenden Aktivitäten von internationalen Organisationen (UNESCO, OECD, ILO usw.) und die zunehmende

Marketisierung des Bildungsbereichs (Leuze, Martens, und Rusconi 2007, 3). Diesen globalen Trends stehen graduelle Unterschiede in der Umsetzung der daraus resultierenden nationalen Bildungspolitiken gegenüber. Je nach Land entstehen verschiedene Mischformen an Steuerungstypen mit intendierten oder weniger intendierten Wirkungen. Über vergleichende Studien werden "Nacherfindungen" von Bildungskonzepten analysiert, die nicht auf Blaupausen aufbauen, sondern Standards als Orientierung nehmen (Kussau und Brüsemeister 2007, 42). Bildungspolitisch konnte diese Forschung folgende Entwicklungen für Governance-Regimes im Bildungswesen identifizieren,

> „(...) die durch bildungspolitische Programme ausgelöst sind:
> - der Rückbau der staatlichen Detailsteuerung zugunsten einer erweiterten Autonomie von Bildungseinrichtungen;
> - die Veränderung individual-professioneller Strukturen hin zu mehr teamorientierten Formen der Profession;
> - die Vorgabe substanzieller Außenziele (Bildungsstandards);
> - die Stärkung von Leitungspositionen;
> - und innerhalb gewisser Grenzen die Einführung von Wettbewerbselementen." (ebd.)

Im Fokus der Forschung zur *Educational Governance* stehen demnach nationale Steuerungsstrukturen im Bildungswesen. Es geht einerseits darum, die nationalen Rezeptions-, Verarbeitungs- und Realisierungsmuster neuer Steuerungselemente zu erkennen und hinsichtlich ihrer Wirkungen zu analysieren. Andererseits soll identifiziert werden, inwiefern diese neuen Steuerungsmaßnahmen der gemischten *Educational Governance*-Formen zu gewünschten Ergebnissen geführt haben - entsprechend der von der empirischen Bildungsforschung auf der Basis internationaler Vergleichsuntersuchungen von Bildungsstandards identifizierten Kennziffern (Altrichter 2007, 9f.). Perspektivisch geht es dieser Forschung darum, Potenziale und Grenzen für bewusst gestaltete Handlungskoordinationen zwischen verschiedenen Akteuren aufzuzeigen (Brüsemeister 2008, 200).

Am Beispiel des Governance-Regimes von Hochschulsystemen lässt sich der *Educational Governance*-Ansatz gut verdeutlichen. Der Staat überlässt formal die Zielerfüllung der Kennziffern autonomen Handlungseinheiten - aber orientiert an internationalen Bildungsstandards, die von internationalen Organisationen evaluiert werden (ebd., 200). Sollen nun verschiedene Hochschulen miteinander verglichen werden, lässt sich z.B. ein Governance-Equalizer nutzen, der einen differenzierten Vergleichsmaßstab ermöglicht (Schimank 2007, 238ff.). Dieser Equalizer umfasst fünf Dimensionen:

1. staatliche Regulierung der Hochschulen

2. Außensteuerung der Hochschulen durch den Staat oder durch andere Akteure, an die er Steuerungsbefugnisse delegiert
3. akademische Selbstorganisation der Hochschulen
4. hierarchische Selbststeuerung der Hochschulen
5. Konkurrenzdruck in und zwischen den Hochschulen

Formal regeln und bestimmen die fünf Dimensionen dann im Rahmen des vorherrschenden Governance-Regimes die Handlungsebenen dreier verschiedener Akteure (ebd., 240):

- die Hochschulen als Organisationen;
- die WissenschaftlerInnen als Angehörige der Organisation;
- die staatlichen bzw. staatlich lizenzierten Akteure, die als Gegenüber der Hochschulen wirken (z.B. Unternehmen oder Evaluationsagenturen).

Bezogen auf die Hochschulpolitik tritt demnach die nationalstaatliche Bildungspolitik als souveräner Entscheidungsträger auf, der die (empfohlenen) Steuerungsinstrumente auf die eigene Kultur selbstbestimmt anwendet. Um die Ergebnisse im Rahmen des Governance-Regimes evaluieren und ggf. anpassen zu können, wird die empirische Bildungsforschung ermächtigt, im Sinne der *Educational Governance* auf die nationale Umsetzung der bildungspolitischen Maßnahmen zu achten und ggf. Vorschläge für die Korrektur der Steuerungsinstrumente vorzubringen (Buchhaas-Birkholz 2009, 30).

Der Governance-Begriff ist also normativ im Sinne der Vorgabe einer harmonisierenden politischen Handlungsmaxime für staatliche wie nicht-staatliche Akteure. Als Forschungsgegenstand ermöglicht Governance zudem einen tieferen Blick in die Analyse von Handlungen in einem komplexen Mehrebenensystem. Schließlich dient Governance in seinen verschiedenen Ausprägungen (*Global Governance*, *Educational Governance*) als Forschungsrichtung, um Wirkmechanismen auf den verschiedenen Ebenen empirisch zu erkennen und Gestaltungsspielräume für die nationale Politik zu definieren.

5.1.2 Einfluss internationaler Organisationen auf die Weltkultur

Mit Beginn der Globalisierung und gesteigert seit dem Ende des Kalten Krieges wird den Internationalen Organisationen (IOs) eine zunehmend aktivere Rolle in der Weltpolitik seitens der Nationalstaaten und seitens der Wissenschaft zugestanden, die gleichzeitig den nationalstaatlichen Einfluss hinterfragt und damit über den klassischen (Neo-)Realismus-Ansatz hinausgeht (Joachim, Reinalda, und Verbeek 2008a, 3). IOs haben sich zu machtvollen, teilweise von den sie legitimierenden

Staaten unabhängigen, autonomen, bürokratischen Institutionen gewandelt, die v.a. über die diplomatisch ausgehandelte „Objektivität" kultureller Werte und normativer Bedeutungen ihre Soft Governance ausspielen (vgl. Barnett und Finnemore 2006). Obwohl in den letzten Jahren einige Forschungsaktivitäten in diesem Bereich zu verzeichnen sind, steckt die empirische wie theoretische Analyse der konkreten politischen Prozesse noch in den Kinderschuhen. Die Frage, wie IOs ihre Vereinbarungen in nationalstaatliche Politik implementieren, ist einer der offenen Punkte (ebd., 4ff.). In der Wissenschaft der IOs haben sich drei Perspektiven herausgebildet, um die Umsetzung internationaler Vereinbarungen zu verstehen und zu gewährleisten (ebd., 8ff.):

- *Enforcement approach*: Hier stehen den IOs die beiden zentralen politischen Mittel diskursiver Druck und Sanktionen zur Verfügung.
- *Management approach*: In diesem Ansatz sind indirekte Monitoringverfahren und Beratungs- bzw. Hilfsangebote die Mittel der Wahl.
- *Normative approach*: IOs dominieren hier nicht als machtvolle Instanz, sondern beziehen ihre Autorität durch Informationskontrolle und rationale Legitimität.

Internationale Analysen konzentrierten sich früher entweder auf den Enforcement approach oder auf den Management approach - dem Normative approach wurde generell wenig Gewicht beigemessen (ebd., 12). Mit der Theorie des Neoinstitutionalismus änderte sich diese Gewichtung: In dieser Theorie existiert eine Weltkultur als gesellschaftlicher Mainstream, der die *world polity* unterliegt und der sich in der Harmonisierung kultureller Werte durch internationale Organisationen äußert. Im Gegensatz zu Wallersteins „World economy", Luhmanns „Weltgesellschaft" und Eisenstadts Modernen-Ansatz folgen im *world polity*-Konzept die Staaten einem global institutionalisierten Set an Regeln und kulturellen Vorschriften, das sie immer ähnlicher bzw. isomorph werden lässt (Schriewer 2007, 8f.). Dabei vermögen weder funktionale noch rationale Argumentationen diese Harmonisierung zu begründen; vielmehr scheint globales Agenda-Setting die kulturellen Werte zu definieren, dem sich auch andere soziale Bewegungen, Organisationen und NGOs unterwerfen. Gleichzeitig führt es dazu, dass Staaten ihre Außendarstellung, die Werte und Vorstellungen der Weltkultur bedient, nur lose mit der internen Organisationsstruktur verbinden müssen und sich der tatsächliche Alltag durchaus regional unterscheiden kann - sofern sie vordergründig dem homogenen, globalen Skript folgen (Holzer und Kuchler 2007, 86).

Wie dieses Agenda-Setting auf globaler Ebene in einem erfolgreichen Politikwechsel münden kann, zeigt die Politikwissenschaftlerin Anja P. Jakobi auf. Für einen Wertewandel in der *world polity* müssen in einem so genannten „window of opportunity" drei unabhängige Strömungen aufeinander treffen (Jakobi 2009, 8f.):

- Auf der *polity*-Ebene werden politische Probleme auf der Agenda platziert. Dies ist ein sozialer Prozess, für den die Foren der Weltgesellschaft gut geeignet sind.

- Auf der *policy*-Ebene kann ein konkreter Lösungsvorschlag für ein bestimmtes Problem in globalen Meetings zum breiten Konsens ausgehandelt werden.
- Auf der *politics*-Ebene spiegeln die internen Prozesse die öffentliche Meinung wider - entweder in Form von Haltungen des politischen Führungspersonals oder als Ergebnis einer Wahl.

Kreuzen diese drei Strömungen in einem bestimmten Zeitfenster ihre Pfade hinsichtlich einer spezifischen Problemkonstellation, kann sich ein Wertewandel vollziehen. Dabei ist die anerkannte Problemdefinition das Transportmittel, um die politische Verbreitung in die Welt zu tragen (ebd., 9f.). An Kreuzungspunkten haben sich seit Mitte des 20. Jahrhunderts in einem weit reichenden, kommunikativen Geflecht an Kongressen, Journalen, Deklarationen und Entwicklungsprogrammen regionale und internationale Netzwerke herausgebildet, die WissenschaftlerInnen und ExpertInnen mit internationalen Regierungs- und Nichtregierungsorganisationen verbinden. Es entstand eine transnationale kulturelle Umgebung für eine globale Vision, die sich aus einer Vielzahl quantitativer Analysen speist (Schriewer 2007, 8). Neben diesen empirischen Daten stehen auf weltpolitischer Bühne verschiedene Governance-Instrumente zur Verfügung, die das Verhältnis zwischen Staat und internationaler Organisation beeinflussen (Alexander-Kenneth Nagel, Martens, und Windzio 2010, 10ff.; Jakobi 2009, 4): So stellen die diskursive Verbreitung normativer Grundlagen, standardisierte Meinungsbildungsprozesse, die Bereitstellung bestimmter Finanzmittel, koordinierende Aktivitäten, technische Hilfe und Beratungsleistungen den IOs eine Bandbreite an politischen Interventionsmöglichkeiten zur Verfügung, die je nach Bedarf in unterschiedlicher Zusammensetzung bereitgestellt werden können.

Abbildung 17 zeigt das politische Ablaufmodell, wie internationale Weltpolitik in die nationale Souveränität hinein wirkt. Ein Politikwechsel kann von der diskursiven Verbreitung einer Idee über die finanzielle Unterstützung bis hin zu technologischer Beratung auf vielen Stufen der Entwicklung befördert werden (ebd., 10). Dabei setzen sich bestimmte Werte in Wellen als weltkulturell empfohlene Modelle (wie Bachelor,

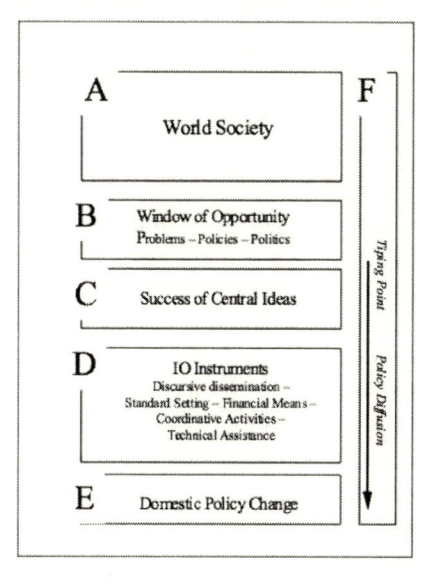

Abbildung 17: Model of Global policy Development (Jakobi 2009, S.13)

Master, Kompetenzmodelle o.ä.) durch und diffundieren über offene, unverbindliche Beratungs- und Unterstützungsangebote seitens internationaler Organisationen und über die Imitation offensichtlich erfolgreicher Modelle in die gesamte Weltgesellschaft (Holzer und Kuchler 2007, 79). Insofern sind IOs nicht nur Schlüsselfiguren für die *Global Governance*, sondern auch effektive Agenten der Politikverbreitung (Jakobi 2009, 12).

Dieser deterministischen Sichtweise stehen „kulturelle Bedeutungswelten" gegenüber, die vor dem Hintergrund gesellschaftlicher Erfahrungen mit sozio-historischen Ordnungen und deren Wandlungsprozessen „soziales Handeln bzw. institutionengeschichtlich bedeutsame Entscheidungen vorzeichnen" (Schriewer 2007, 14f.). In dieser Sichtweise bleibt der konkreten Ausgestaltung harmonisierender weltkultureller Tendenzen ein Spielraum, der sich aus der sozialen Geschichte des nationalstaatlichen Gebildes speist.

Bei der Analyse, welche nationalen Faktoren die durch IOs initiierte Transformation staatlicher Handlungspraktiken beeinflussen, kann dabei zwischen zwei Ansätzen unterschieden werden (Alexander-Kenneth Nagel, Martens, und Windzio 2010):

- In der rationalistischen Perspektive verfügen die Akteure innerhalb eines institutionalisierten Rahmens über Gestaltungsmacht. Vor allem in föderalen Strukturen können Veto-Spieler und -Punkte als institutionelle Modifikatoren die Transformationsprozesse beeinflussen (ebd., S.13; siehe auch Leuze u. a. 2008, 11ff.).
- Dagegen fokussiert der konstruktivistische Ansatz auf Ideen, Normen und Identitäten als zentrale Triebkraft des Wandels. Hier sind länderspezifische Vorstellungen von unterschiedlichen Glaubensprinzipien geprägt, die die potenzielle Wandlungsfähigkeit eines Landes markieren (ebd., 14f.).

Bei beiden Ansätzen eröffnen IOs vorab über ihre Governance-Instrumente ein Kommunikations- und Interaktionsfeld zwischen den Ländern, das konvergierend wirkt. Nagel et al. argumentieren, dass der globale Anpassungsdruck dann ansteigt, je weniger das nationale System mit der seitens der IO geforderten Gestaltung übereinstimmt - sofern die eigenen ideellen Vorstellungen nicht völlig inkompatibel sind zur harmonisierten Weltkultur (Alexander-Kenneth Nagel, Martens, und Windzio 2010, 18). Allerdings steigt der Reformwille der Regierungen proportional zur Übereinstimmung der internationalen Bildungsideen zu den eigenen prinzipiellen Glaubenssätzen. Die Anpassung wird dann schnell vollzogen, wenn die Kosten als minimal erachtet werden (Joachim, Reinalda, und Verbeek 2008b, 184; Leuze u. a. 2008, 20).

In der Konsequenz sind die politischen Wirkmechanismen, wie sich internationale Normen nationalstaatlich verfestigen (lassen), von den IOs nur bedingt zu steuern. Sie reagieren je nach Nationalstaat, Widerstand und Sujet unterschiedlich (vgl. Abbildung

18). Um gestaltend agieren zu können, bedarf es seitens der IOs einer angepassten Kombination aus direkten, indirekten und normativen Machtinstrumenten (Joachim, Reinalda, und Verbeek 2008b, 187ff.), die allerdings -im Sinne der weltkulturellen These- auf freiwilliger Akzeptanz der Nationalstaaten aufsetzen müssen.

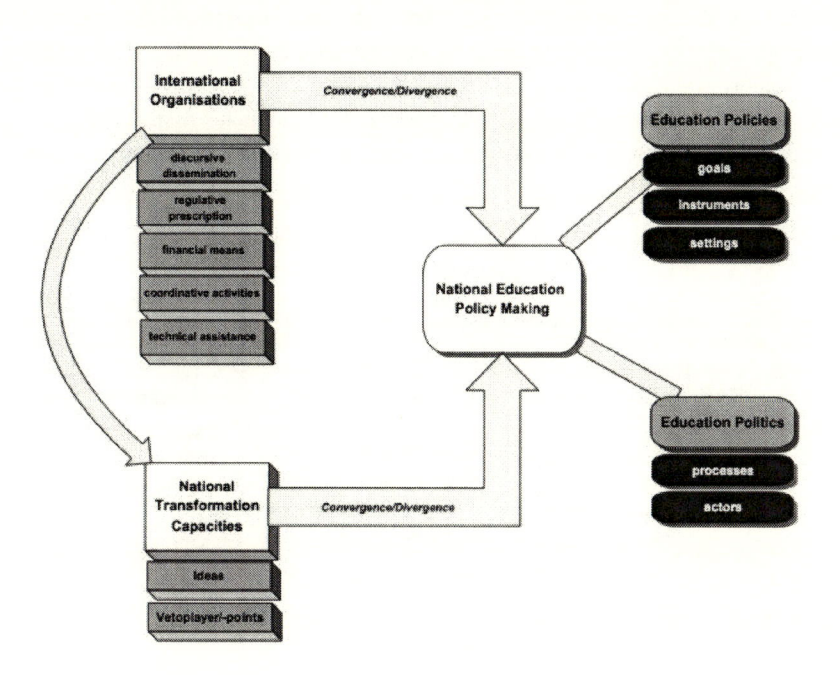

Abbildung 18: Theoretical model for explaining changing education policy making (Leuze et al. 2008, S.19)

5.1.3 MULTILATERAL EDUCATION UND IHRE KEYPLAYER

Bildungspolitik in ihrer Umsetzung ist ein klassisches, nationalstaatliches Monopol.[123] Doch lassen sich bereits mit der Entstehung der modernen Nationalstaaten Ende des 19. Jahrhunderts erste globale Standardisierungstendenzen im Bildungsbereich identifizieren. Im Laufe des 20. Jahrhunderts avancierten dann internationale Bildungsorganisationen

> „(...) nicht nur zu entscheidenden Multiplikatoren der sich herausbildenden globalen Bildungskultur, sondern bilden zugleich das strukturelle Gerüst eines multilateralen Bildungssystems." (Fuchs 2006, 102)

Dieses multilaterale System bildete sich seit dem ersten Weltkrieg in vier historischen,

---

[123] In Deutschland und Kanada gar auf die föderalen Länder verteilt.

evolutionären Phasen von der Gründung des Völkerbundes bis hin zu den heutigen „advocacy educative networks" -als alternative Struktur zum neoliberalen Multilateralism der 1980er Jahre- aus. Die letzte Entwicklungsstufe ist in ihrer Dynamik vor allem auf die Einbindung privater, nichtstaatlicher Akteure in internationale Politikprozesse zurückzuführen, die in beratender Funktion oder als pressure groups wirken und das Gerüst für eine transnationale Zivilgesellschaft bilden. So existierten 1999/2000 bereits mehr als 3.000 internationale Bildungsorganisationen (ebd., 104), die über unterschiedliche Instrumente auf das nationale Bildungssystem einwirken (Abbildung 19 angelehnt an Dale und Robertson 2007, 37):

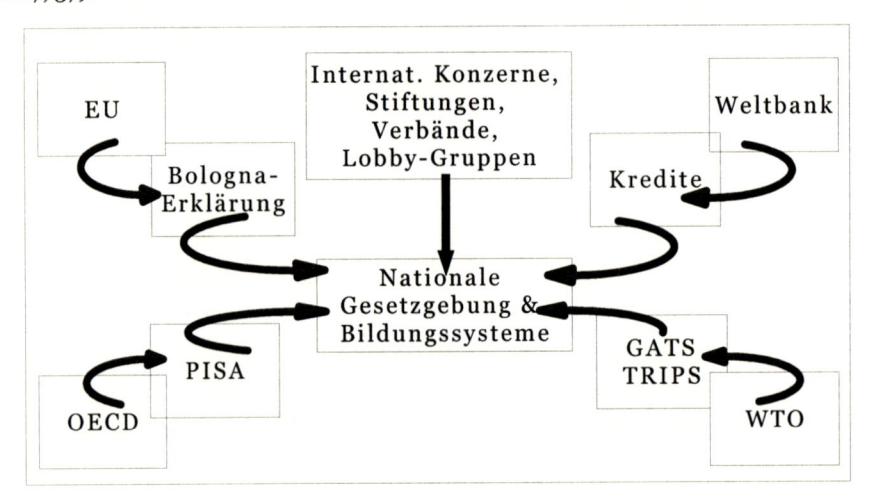

Abbildung 19: Internationale Organisationen und ihre Einflussgrößen

Allen bildungspolitischen Playern gemeinsam ist ein moderner Bildungsbegriff, der lebenslanges Lernen beinhaltet und die individuellen wie gesellschaftlichen Vorteile einer Bildung als Human- resp. Sozialkapital neben den ökonomischen Erfolg stellt (BLK 2002). Es scheint eine Art „Drehbuch für ein globales Bildungsverständnis" (Schriewer 2007, 8) zu existieren, das informell wirkt. Die Ausweitung der Bildung zählt zu den weltkulturell empfohlenen Mitteln, um die „rationalisierten Mythen, die sich aus westlicher Dynamik universalisiert haben" (Schriewer 2007, 7) zu erreichen: Individuelle Persönlichkeitsentfaltung, gesellschaftlicher Fortschritt, wirtschaftliche Entwicklung und Gerechtigkeit sind weltkulturelle Ziele, die es seitens der Staaten mittels Schulen, Universitäten und statistischer Untersuchungen zu erreichen gilt (Holzer und Kuchler 2007, 77).

Der moderne Bildungsbegriff spiegelt sich auch im Konzept des lebenslangen Lernens (LLL) mit individueller Verantwortung, dem erst in den 1990er Jahren der große internationale, bildungspolitische Durchbruch gelang (1996: „Europäische Jahr des Lebensbegleitenden Lernens"). Das „window of opportunity" öffnete sich erst, als das Problem der Wissensgesellschaft mit dem politischen Einfluss der IOs und einem neoliberalen *policy*-Verständnis zusammentraf (Jakobi 2009, 15ff.). So kann am Beispiel des europäischen Qualifikationsrahmens eindrucksvoll nachvollzogen werden, wie die bildungspolitischen Vorstellungen von OECD, UNESCO, EU, Weltbank und ILO beim Thema LLL ineinandergreifen und über verschiedene Governance-Instrumente auf nationalstaatliche Reformen einwirken (ebd., 22f.).

> „A dense network of activities has been formed, and a consensus has grown not only that lifelong learning is important, but also that it is integral part of education policy. In that sense, lifelong learning has developed into a norm in education policy making; it is nearly universally acknowledge [sic!] and institutionalized as a common element of nowadays education policy." (ebd., 23)

Dieser Diffusionsmechanismus stoppt allerdings nicht an den europäischen Grenzen, sondern führt über verschiedene Initiativen weltkultureller Organisationen und die nationalstaatliche Imitation vermeintlich erfolgreicher Modelle zu einer globalen Konvergenz. Wie solche Prozesse konkret verlaufen, kann entlang einiger Beispiele angedeutet werden (vgl. dazu auch Lenhart 2007):

- So hatte z.B. in den 1970er Jahren die UNESCO zur vergleichenden Darstellung internationaler Bildungsdaten die Gliederung des amerikanischen Schulsystems als deskriptives Modell herangezogen. Es vergingen nur wenige Jahrzehnte, bis die meisten Länder weltweit ihr Schulsystem nach diesem Schema systematisiert hatten (Holzer und Kuchler 2007, 79).
- Eine ähnliche Entwicklung lässt sich durch die statistischen Erhebungen der OECD zum PISA-Vergleich beobachten: Ein einheitliches System der Orientierung am messbaren *Output* von Bildungserfolgen schwappt über die Welt (ebd.). Das „Programme for International Student Assessment" (PISA) untersucht 15-jährige SchülerInnen, inwiefern sie über die Fähigkeiten und Kenntnisse zur Teilhabe an der Gesellschaft verfügen und damit den gesetzten Normen entsprechen. Beteiligten sich im Jahre 2000 43 Länder an dem Vergleich, ist die Zahl bis 2009/10 auf 66 angestiegen - davon sind 36 Staaten kein OECD-Mitglied.
- Vergleichbar die Entwicklung der Bologna-Reformen, die -von der EU gefördert- eine „European Higher Education Area" schaffen soll. An diesem Prozess beteiligen sich derzeit 47 europäische Staaten -darunter Armenien, Aserbaidschan und Türkei-, aber auch die Universität von Melbourne hat sich dieser Entwicklung angeschlossen (Alexander-Kenneth Nagel, Martens, und Windzio 2010, 4). Ursprünglich von einflussreichen Staaten initiiert, um interne Widerstände gegen eine bestimmte Bildungspolitik zu umgehen, zeigen PISA und Bologna

eindrucksvoll, wie IOs eigene politische Zielsetzungen entwickeln, die sich aus der institutionellen Eigendynamik heraus ergeben. Über international vergleichende Studien gaben sie den Staaten einen Blick frei auf andere nationale Standpunkte und trieben damit einen Konvergenzprozess voran, der sich entlang der *Outputs* der Bildungssysteme orientierte und eine alternative Bildungspolitik inhärent empfahl (ebd., 5f.).

- Am 8.11.2000 wurden von der UNO die zehn Millennium Development Goals (MDGs) aufgesetzt mit dem Ziel, bis zum Jahre 2015 weltweit einen internationalen Mindeststandard etabliert zu haben. Auf die Bildung beziehen sich zwei Hauptziele: Zum einen soll eine Primarschulausbildung für jedes Kind gewährleistet und zum anderen soll für Jungen wie Mädchen ein gleichberechtigter Zugang zur Primar- und Sekundarschulbildung gesichert sein. Der Weltbank kommt bei der Umsetzung eine besondere Rolle zu: Mit finanziellen Mitteln wird das Forschungs- und Ausleihvolumen für entwicklungsschwache Nationalstaaten entsprechend ausgerichtet. In den bildungspolitischen Schwerpunkten der Weltbank wird der Primar-, Sekundar- und Hochschulbildung das größte Gewicht beigemessen (Brandecker 2007, 3f.). Mit der Betonung der Bildung als eigenständigem Entwicklungsziel läutete die Weltbank eine neue bildungspolitische Phase ein. Zudem stiegen mit den MDGs die prozentualen Bildungsausgaben am Gesamtbudget der Weltbank erheblich: Von 4,8% im Jahre 2000 zu 12,7% im Jahre 2003 (ebd., 25). Auch wurden verschiedene Programme initiiert, um der Dringlichkeit Rechnung zu tragen (ebd., 24):

- Education for All im Primarschulsektor;
- Education for the Knowledge Economy zur Stärkung der Sekundär- und des Hochschulbereichs;
- Fast Track Initiative (2002), um mit erhöhten Ausgaben die Ziele in allen Ländern zu erreichen;
- Afrika-Aktionsplan (2006), um den regionalen Rückstand zu kompensieren.

Die offensichtliche Erfolglosigkeit historischer Weltbank-Initiativen und damit einhergehend die ständige Reformbedürftigkeit war -neben einer intensiveren Auseinandersetzung in der Weltbank- ein Grund, warum sich der Stellenwert der Bildung über die Jahre zugunsten der Wahrnehmung der Bildung als individuellem Gemeingut verschoben hat.

> „Galt Bildung zunächst nur als Mittel, um die wirtschaftliche Entwicklung voranzutreiben und wurde sie anschließend als Faktor zur Armutsverringerung betrachtet, so gilt sie heute als ein eigenständiges Entwicklungsziel, als ein wichtiger Entwicklungsfaktor und sogar als Menschenrecht." (Brandecker 2007, 26f.)

Der Einfluss der IOs auf die nationale Bildungspolitik erstreckt sich auf alle drei politischen Ebenen (Alexander-Kenneth Nagel, Martens, und Windzio 2010, 8):
- *policy* - durch Agenda-Setting
- *politics* - durch Betonung und Einbeziehung neuer Akteure
- *polity* - durch indirekte Beeinflussung der innerstaatlichen Zuständigkeiten

Vor allem der OECD, die eigentlich eine ökonomische Kooperation ist, kommt eine ungemein grosse Rolle in der Bildungspolitik zu, die über den Einfluss der UNESCO, als eigentliche bildungspolitische Instanz, hinausgeht. Mit ihrem Soft-Governance-Ansatz der thematischen wie regionalen Reviews vermag die OECD ihren Einfluss auf nationalstaatliche Politik ausspielen (Rinne, Kallo, und Hokka 2004, 457f.).

> „The popular concepts of globalisation, information society, accountability, quality monitoring, quality steering, quality circle, the market, customers, results, evaluation and social capital are mediated through complicated sets of actions either straight from the OECD or via the EU." (ebd., 475)

Die Stärke solcher supranationaler Institutionen begründet sich auf ihren Einnahmequellen, die sie für Forschung und damit für Agenda-Setting über ihre Publikationsorgane nutzen können (ebd., 476). Ihre zentrale Position beruht auf ihrer extensiven Kontrolle an Bildungsinformationen, die sie entlang selbst gesetzter bildungspolitischer, nationaler Indikatoren sammeln und auswerten (ebd., 456).

In welchem Ausmaß die instrumentellen Einflüsse der IOs in nationalstaatliche Bildungspolitik übersetzt werden, hängt von nationalen transformative capacities ab - vor allem von den zentralen Veto-Spielern, die Reformen unterstützen oder behindern können, und den historischen, nationalen Bildungsidealen, die in der Kontinuität oder im Widerspruch zum weltkulturellen Mainstream stehen können. Je mehr Veto-Spieler im politischen Entscheidungsprozess beteiligt sind, desto schwieriger wird die Durchsetzung international empfohlener Reformen und desto kongruenter sollten die nationalen Bildungsideale mit denen der IOs sein. Glückt dieses Zusammenspiel auf breiter Front, steht das Reformprojekt auf erfolgreichen Füßen. Ein Durchregieren der IOs bis hinunter zu den Niederungen der Lernenden ist von daher nur bedingt möglich (Leuze u. a. 2008, 4). Im Gegenteil: Der Einfluss der Veto-Spieler ist stärker als der Einfluss der IO-Governance, auch wenn die globale Harmonisierung der Bildungsstrategien über internationale Akteure immer weiter voranschreitet. Die Internationalisierung der Bildungspolitik ersetzt nicht nationale Aktivitäten, sondern passt diese aneinander an. Insofern haben IOs großen Einfluss auf die *policy* in Nationalstaaten, weniger auf die konkrete Umsetzung der Bildungspolitik (Alexander K. Nagel und Knodel 2009).

Wie sich aber Agenda-Setting und ein weltkulturelles, bildungspolitisches Verständnis in bildungspolitischer Rhetorik nationaler Akteure konkret ausdrücken kann, lässt sich am Beispiel der deutschen Bund-Länder-Kommission aufzeigen. Hier vertritt man die Auffassung, der Einfluss internationaler Organisationen (IOs) auf die nationale Bildungspolitik liesse sich nur über komparative Studien analysieren, die auf den, von der UNESCO in Kooperation mit der OECD entwickelten World Education Indicators aufbauen. Die diesen Indikatoren inhärenten, weltkulturellen Werte, denen auch die EU-Bildungspolitik folgt, werden nicht weiter in Frage gestellt (BLK 2002).

Ähnlich das Lexikon der politischen Bildung (1999): Demnach zählen Gestaltung, Legitimation und Administration der organisierten und institutionalisierten Erziehungs- und Bildungsprozesse zum Auftrag der (deutschen) Bildungspolitik. Ziel sei es, „drei gesamtgesellschaftliche Grundfunktionen abzudecken: Vermittlung von Werten (Reproduktion), Verteilung von Berufseinmündungschancen sowie kulturelle Teilhabe (Selektion) und Anpassung an Anforderungen des schnellen sozialen und ökonomischen Wandels (Innovation)" (Schumacher 2010, 992:43). Die aktuellen Vorhaben der Bildungspolitik fokussieren auf die Bildungschancen für Kinder (z.B. in Form von Ganztagsschulen), die Harmonie im Hochschulraum, Marktorientierung, Technisierung der Wissensvermittlung und die wissenschaftliche Weiterbildung als Wettbewerbsfaktor (wie z.B. in der Forderung nach Lebenslangem Lernen und einer Orientierung am „Aufstieg durch Bildung") (ebd., 43ff.). An bildungspolitischen Kontrollkonzepten dienen dabei Bildungspanels, Leistungsvergleichsstudien, Bildungsstandards (z.B. durch Kompetenzmodelle), BIP-Quoten, Graduiertensystem (Bachelor/Master), strukturelle Sicherungen (mit Leistungen und Modulen) und sog. Qualitätssicherungen (in Form von Evaluationen, Akkreditierungen und Rankings) (ebd., 65ff.).

Konsequenterweise bedarf es für eine solchermaßen *Output*-orientierte, evidenzbasierte Bildungspolitik einer empirischen Bildungsforschung, die als subtiles Steuerungsinstrument ggf. Reformen über internationale Vergleiche nahelegt (Buchhaas-Birkholz 2009, 30). Über diesen Prozess des Bildungsmonitorings gelangt die Bildung zu einem objektiven Referenten für die Politik, der ähnlich adressierbar ist wie „die" Wirtschaft, Gesundheit oder Sozialpolitik (Brosziewski 2007, 144ff.). Bildungsmonitoring -in diesem Sinne praktiziert-, ist allerdings keine angewandte Wissenschaft, sondern Bildungsverwaltung (ebd., 141f.). Damit tritt ein Problem für die wissenschaftliche Bildungsforschung zutage, nämlich eines der Selbstplatzierung (ebd., 136): Der Blick muss hier auf politisch steuerbare Einheiten gelenkt werden, d.h. die Institutionen des Bildungssystems inklusive der professionellen ErzieherInnen. Außen vor bleiben in dieser Perspektive die Familien, Medien und die zu Erziehenden selbst, da diese bildungspolitisch kaum zu steuern sind (ebd., 146). Oder um es überspitzt mit Blick auf die mangelnde demokratische Partizipation der Multi-Level-Governance über IOs zu formulieren:

> „Was bleibt, ist ein elitärer, von konformem Kultur- und Werteverständnis und breiter Ressourcenausstattung gesättigter

'Mittelstandsbauch' der Partizipation, der auf die Weltskala erhoben zum OECD-Kopf wird." (Sack und Burchardt 2008, 55)

Vielleicht erklärt dieser Umstand das Befremden der Bildungswissenschaft gegenüber der Bildungspolitik als etwas Äußerem, das keinen Einfluss auf die pädagogische Autonomie der eigentlichen, institutionalisierten Bildung haben soll (Tröhler 2006, 87). Da lebenslanges Lernen sich auch außerhalb der institutionellen Bildungsorte vollzieht, ist es schwierig, das politische LLL-Gesamtkonzept in die erziehungswissenschaftliche Handlungslogik zu übersetzen und sich an gewünschten *Outputs* messen zu lassen. Zu offensichtlich ist die enge Kopplung von konzeptionellen Zielen politischer Konzepte mit denen der jeweiligen Agenda-Setting-setzenden, internationalen Organisation(en). Damit liesse sich erklären, warum LLL weiterhin als Synonym für Erwachsenenbildung verwendet wird und die Beharrungsmomente des institutionalisierten (Hoch-)Schulbereichs sich den gesellschaftlichen Wandlungsprozessen verschliessen (vgl. Kraus 2001).

5.1.4 EINFLUSS DER ZIVILGESELLSCHAFT & NGOS

Zivilgesellschaft ist ein Modebegriff mit langer Tradition bis in die Antike. Gemeint ist damit zunächst das freiwillige Engagement von BürgerInnen in öffentlichen Vereinigungen mittels ziviler Umgangsformen. Gleichzeitig schwingen in dem Begriff normative Wertungen, Zustandsbeschreibungen und Zukunftsentwürfe mit (Adloff 2005, 7f.). Theoretisch als nationale gesellschaftliche Kraft neben Staat, Markt und Privatsphäre etabliert, wandelten sich seit den 1990er Jahren zivilgesellschaftliche Akteure zur treibenden Kraft der *Global Governance* und zum Hoffnungsträger einer wahrhaften Weltgesellschaft.

Eingang in die neuere, breite Diskussion der westlichen Hemisphäre fand die Zivilgesellschaft über die politischen Akteure der osteuropäischen Opposition, die seit den 1970er Jahren die Möglichkeit des Aufbaus einer zweiten polis mittels zivilgesellschaftlicher Kräfte sahen (ebd., 10). Seitdem werden -je nach politischen Standort- der Zivilgesellschaft unterschiedliche Funktionen zugeschrieben, je nachdem, welche Nähe die wissenschaftliche Tradition zum Markt oder zum Staat aufzeigt (ebd., 13f.). Begleitet wird dieser diskursive Sound von einer handlungspolitischen Entwicklung innerhalb der westlichen Staaten seit den 1960ern Jahren, die partizipative Demokratie durch eine partizipative Governance herzustellen - basierend auf den kollektiven Akteuren der organisierten Zivilgesellschaft (Deth und Maloney 2008, 5).

Die Dichte und Intensität der Vernetzung und die Selbstorganisationsfähigkeit der BürgerInnen definieren den zivilgesellschaftlichen Grad einer politischen Einheit. Messbar wird dies über die Zahl der Organisationen und die Beteiligung der BürgerInnen an diesen gesellschaftlichen Organisationen (Meurs 2007, 1). In diesem

Sinne zählen zur Zivilgesellschaft alle Interessengruppen, freiwilligen Assoziationen, sozialen Bewegungen, sozialen Bewegungsorganisationen, Nichtregierungsorganisationen (NGOs), Clubs, politischen Initiativen, Stiftungen etc. pp. (Deth und Maloney 2008, 4). Inwiefern sich diese Organisationen vom Markt oder vom Staat abgrenzen lassen müssen, um als zivilgesellschaftliche Akteure anerkannt zu werden, obliegt der politischen Perspektive und macht es schwierig, mit dem Begriff der Zivilgesellschaft zu operieren.

NGOs sind ein Baustein der Zivilgesellschaft und ihr Bedeutungszuwachs in der internationalen Politik seit den 1990er Jahren ist ein wesentlicher Grund, warum dem zivilgesellschaftlichen Einfluss auf die *Global Governance* solch eine Bedeutung beigemessen wird. Zwar lassen sich NGOs ähnlich wie die Zivilgesellschaft nur schwer vom Markt oder vom Staat abgrenzen - insofern sind Definition und Anzahl von NGOs nicht eindeutig zu identifizieren. Die UNO zumindest fasst den NGO-Begriff sehr weit, indem sie alle nicht bei ihnen als offizielle Regierungsorganisationen tätigen Organisationen als NGOs führt. In diesem Verständnis stellen Gewerkschaften, Arbeitgeberverbände, Verbände von BäuerInnen und Handel oder wissenschaftlichen Einrichtungen, Wohlfahrtsverbände, Hilfsorganisationen, Stiftungen, Kirchen, Netzwerke, Selbsthilfevereine, Bürgerinitiativen allesamt NGOs dar (Klein, Walk, und Brunnengräber 2005, 14) - und sind damit fast deckungsgleich mit den Akteuren der Zivilgesellschaft.

Allerdings ist ein wesentliches Merkmal der Entstehung von NGOs inhärent: Aufgrund des erforderlichen gemeinsamen sozialen, humanitären, ökologischen oder kulturellen Anliegens ist ihnen im Kontext einer globalisierten Welt die grenzüberschreitende Ausrichtung der Organisation in die Wiege gelegt, während gleichzeitig der Bezug zur lokalen Unterstützungsbasis bestehen bleibt. So vermögen sie aufgrund ihrer netzwerkförmigen Organisation verschiedene politische Ebenen zu bedienen, um ihre politischen Interessen oder operativen Angebote durchzusetzen oder zumindest in die Öffentlichkeit zu bringen. Aufgrund dessen verstehen sich die grenzüberschreitend tätigen NGOs als eigentliche Akteure einer internationalen Zivilgesellschaft und ermutigen Diskussionen, inwiefern die Weltgesellschaft bereit sei für eine Weltöffentlichkeit, in der die politischen Interessen global diskursiv ausgehandelt werden (Klein, Walk, und Brunnengräber 2005, 34ff.).

Und die Einbeziehung der Zivilgesellschaft in weltpolitische Aktivitäten wird in Zeiten einer zunehmenden Internationalisierung der Politik immer wichtiger. Während ursprünglich dem Staat die Aufgabe zukam, Akteure zusammenzubringen und konkrete Probleme zu lösen, kommt der Öffentlichkeit -nach John Dewey- die Funktion zu, gemeinsame, demokratische Problemlösungen auszuhandeln. Öffentlichkeit entsteht, wenn sich dieser Aushandlungsprozess zwischen mindestens zwei Akteuren auf Dritte potenziell auswirken kann und diese sich -bedingt durch die Konsequenzen- in den Prozess mit einbringen möchten. Sind von diesem Prozess keine

Anderen betroffen, ist das Verhältnis als privat einzustufen. In dieser Sichtweise kommt dem Staat die Aufgabe zu, die verschiedenen Teil-Öffentlichkeiten zusammenzuführen und eine übergreifende Problemlösung anzustreben (Adloff 2005, 47f.). Was aber, wenn dem Staat die Handlungsoption genommen ist und er selbst nur Teil einer multi-lateralen *Global Governance* ist? Dann kommt der Zivilgesellschaft als bindende Kraft eine größere Rolle zu - und der Einfluss z.B. von NGOs auf die öffentliche Meinung steigt.

Indem NGOs moderne Kommunikationsmöglichkeiten nutzen und dort öffentliche, diskursive Foren und Räume entstehen, können kulturelle Lernprozesse wachsen, die einen größtmöglichen Konsens innerhalb der nationalen und ggf. internationalen Zivilgesellschaft erzeugen. Und darauf sind staatliche Akteure angewiesen, um die wenig demokratisch legitimierten Entscheidungsprozesse in den internationalen Organisationen innerstaatlich vermitteln zu können (Klein, Walk, und Brunnengräber 2005, 42). Hier wird Realität, was Gramsci der Zivilgesellschaft zuschrieb: Auf deren Boden wird der Kampf um die kulturelle Hegemonie ausgefochten (Adloff 2005, 41). Insofern ist es nur konsequent, NGOs als legale Akteure mit Konsultations- oder Beratungsfunktion an den internationalen Organisationen zu beteiligen oder sie an den Weltkonferenzen teilhaben zu lassen (vgl. Kissling 2008).

Über die engen Kontakte vieler professioneller NGOs zu den sozialen Bewegungen und transnationalen Aktionsnetzwerken kommt den Organisationen also eine Scharnierfunktion zu, v.a. hinsichtlich der Vermittlung transnationaler Problemzusammenhänge in lokale Problemstellungen (Klein, Walk, und Brunnengräber 2005, 62). Waren in den 1970er Jahren transnationale NGOs, die aus den Bewegungsnetzwerken entstanden, dadurch gekennzeichnet, Lobbying-Organisationen herauszubilden, so vernetzten sich ab 1989 die NGOs immer informeller und übten öffentlichen Druck auf den Meinungsbildungsprozess aus. Als „Standbein" dienten ihnen Proteste und Kampagnen, während sie ihre Lobby-Arbeit als „Spielbein" nutzten. Spätestens seit den Protesten in Seattle (1999) und Genua (2001) bildete sich dann eine globalisierungskritische Bewegung heraus, deren zentrales Charakteristikum die transnationale Vernetzung der Akteure ist (Klein, 59ff.). Dabei ist die offenkundige Interesselosigkeit der globalisierungskritischen Bewegung als Motivation für die Konstitution einer globalen Bewegung das zentrale Momentum, aus dem sie ihre moralische Autorität zieht (Holzer und Kuchler 2007, 84f.). Sie nutzen internationale Organisationen oder auch andere Staaten, um lokal etwas zu erreichen - eine typische Strategie transnationaler sozialer Bewegungen (ebd., 89). Die, um im Rahmen internationaler Organisationen Lobby-Arbeit betreiben zu können, sich über NGOs organisieren müssen.

Das spielt auch den internationalen Organisationen in die Hände, denn über den NGO-Zugang können diese ihre fehlende demokratische Legitimität teilweise wiederherstellen. Zum einen, weil lokale *Stakeholder* über diesen Weg ihre Themen auf die internationale Bühne hieven können. Zum anderen, indem die getroffenen *policy*-Entscheidungen dem kritischen Blick der verschiedenen Öffentlichkeiten ausgeliefert werden, um globale Bürgerlichkeit herzustellen. Über die Einbindung einer globalen Zivilgesellschaft in die Entscheidungsprozesse internationaler Organisationen könnte ein kommunikatives Netzwerk entstehen, in dem sich verschiedene nationale und sektorale Öffentlichkeiten teilweise überlappen und neue *Global Governance*-Regimes eine Chance sind, neue transnationale *Communities* der politischen Handlung entstehen zu lassen (Steffek und Nanz 2008, 7 & 210).

Im politischen Alltag, z.b. der EU, hinkt die Praxis allerdings der idealtypischen Vorstellung weit hinterher (Maloney und Deth 2008). Die Realität der aktionsbasierten Organisationsformen genügt noch keinem hohen demokratischen Standard, der als „capacity to bring about free, informed and inclusive deliberation" (Steffek und Nanz 2008, 9) definiert werden kann. Weder lassen sich bislang internationale Organisationen anführen, die diesem Standard entsprächen - auch wenn sich in den letzten 15 Jahren in diesem Bereich einiges getan hat (ebd., 214).[124] Noch kennzeichnet die interne Struktur von NGOs eine ausgereifte demokratische Legitimation (Steffek u. a. 2010). Vielmehr erhalten diese erst nachträglich Zustimmung zu ihren politischen Aktivitäten durch öffentliche wie mediale Resonanz und dem Zufluss von Spendengeldern, die wiederum benötigt werden zur öffentlichen Mobilisierung. Insofern muss sich die konkrete Arbeit von NGOs vom Lobbying privatrechtlicher Organisationen unterscheiden, die eher im Verborgenen agieren können trotz diverser Transparenz-Bemühungen (vgl. Dinan 2010).

> „So kann man von einem Demokratisierungsparadox sprechen, insofern NROs zwar demokratisierend wirken, es aber selbst oft an demokratischer Transparenz und Partizipation fehlen lassen".
> (Leggewie 2003, 126)

Gleichwohl vermögen internationale NGOs über ihre netzwerkartige Einbindung und die Vielfalt der beteiligten NGOs eine globale Öffentlichkeit herzustellen, die demokratische Züge trägt - obwohl diese einzelnen NGOs teilweise sehr stark von staatlichen wie privaten Fördertöpfen abhängen und vielfältige Kooperationen eingehen (Adloff 2005, 145). Dabei spielen sowohl der *space of places* als auch das Web eine große Rolle: Zum einen befinden sich die Zentren der internationalen NGOs überproportional häufig in den Zentren der ökonomischen Globalisierung (60% der internationalen NGOs agieren aus der EU heraus). Offenbar benötigen NGOs verläßliche nationale wie internationale Institutionen, die ihnen gewisse grundrechtliche Rahmenbedingungen gewähren (ebd., 145f.). Zum anderen benötigen

---

124 So ist vielerorts eine Kooperation von IOs mit NGOs in den Bereichen Entwicklungshilfe, Konfliktmanagement, Transformationsunterstützung und Demokratisierung zu verzeichnen (Meurs 2007, 10) bzw. sind zivilgesellschaftliche Akteure an über 300 internationalen Regimen beteiligt sind (Korruptionsbekämpfung, Umwelt- und Sozialberichterstattung, Kampf gegen Infektionskrankheiten o.ä.) (Deutscher Bundestag 2007).

NGOs das Web sowohl für ihre eigene NGO-Arbeit (ebd., 126) als auch als globales Medium, um mehr Transparenz in internationale Handlungspraktiken einzuführen und stellvertretend in Europa umzusetzen (Steffek und Nanz 2008, 210).

Diese Entwicklung geht einher mit der interaktiven Einflussnahme des Internets auf alle politischen Ebenen, die *politics* ebenso wie die *policy* und die *polity*. Im politischen Betrieb vermitteln die in den interaktiven Medien sehr aktiven, gut informierten BürgerInnen zwischen Expertinnen und mäßig interessierten Menschen (Leggewie 2003, 116). Das Internet als globales Kommunikations- und Interaktionsforum ermöglichte die Entstehung einer „von bisherigen Strukturen der Öffentlichkeit emanzipierten selbstbestimmten Kommunikation" und ließ NGOs sich als demokratische (Gegen-)Eliten positionieren (ebd., 119).

> „Dabei wird ihnen selbstständiges Navigationsvermögen durch eine stärker zerklüftete, multimediale und multilinguale Kommunikationslandschaft abverlangt, deren wichtigste Akteure, die transnationalen Medienkonzerne, das Internet als traditionelles ‚push-medium' für Bezahlinhalte aller Art zu restaurieren versuchen." (ebd.)

Hingegen ist Eigenart des Internets, Individual- mit Massenkommunikation zu verknüpfen (vgl. dazu auch Castells 2009a). Die Interaktivität des Internets realisiert sich zwar durch die technologische Infrastruktur in interaktiven medialen Artefakten, im politischen Prozess aber kennzeichnet sie die Beteiligung aktiver NutzerInnen. Im Gegensatz zur „zunehmend exklusiver gestalteten Akteurslandschaft massenmedialer Öffentlichkeit" (Leggewie 2003, 122) können sich politische Akteure in der globalen Web-Öffentlichkeit leichter vernetzen. Etablierte Akteure des politischen Systems erhalten dadurch ein „qualifiziertes Feedback" von engagierten Akteuren der Zivilgesellschaft. Dieses Momentum vermag die assoziative und deliberative Demokratie stärken - auch wenn sich die Formen des digitalen Diskurses zwecks Kooperation und Koordination qualitativ noch erweitern müssen (ebd.). Zudem unterstützt das Web die Arbeit der Zivilgesellschaft ungemein. So stärkt das Internet die Netzwerkstruktur der NGOs. Gleichzeitig bedienen sich NGOs auch der interaktiven Medien als Kommunikations- und Mobilisierungsmedium (ebd., 126).

Zivilgesellschaftliche Akteure im Bildungskontext agieren auch im Rahmen der von den IOs dominierten kulturellen Hegemonie. Im Zuge des Bedeutungszuwachses der Wissensgesellschaft und der Notwendigkeit zum lebenslangen Lernen (LLL) hat sich ein internationaler Diskurs entfaltet, der das bestehende formale Bildungssystem als Teil des Problems und weniger als Teil der Lösung thematisiert (vgl. Dale und Robertson 2007). Alternative Akteure und Angebote erhalten einen wichtigen Stellenwert, deren Marktorientierung allerdings nicht zu unterschätzen ist. Inwiefern Bildungs-NGOs ihre Werte über den multilateral education-Ansatz in die Diskussion und zukünftige Ausgestaltung um die kulturelle Hegemonie eingebracht bzw. als bildungsindustrieller Marktpartner oder bildungspolitischer Staatspartner die vorherrschende Ideologie unterstützt haben, bedürfte einer eingehenden Analyse. Hier wäre eine differenzierte Unterscheidung zwischen Non-Profit- und Profit-Sektor einerseits bzw. zwischen staatlicher Zuwendung und marktwirtschaftlicher Unterstützung andererseits sehr hilfreich. Erste Untersuchungen zur systemstützenden Funktion von privaten (Non-)Profit-Organisationen in der formalen Bildung (vgl. Martens, Rusconi, und Leuze 2007) oder in der Entwicklungszusammenarbeit (Bohler 2008) liegen vor - weitere müssen folgen. Vor allem der Einfluss von (Bildungs-)NGOs auf die transnationale Bildungspolitik durch IOs blieb bislang unbeleuchtet. Inwiefern Bildungsforderungen auch zentraler Bestandteil der zivilgesellschaftlich mächtigen, sozialen Bewegungen werden können, bleibt abzuwarten. Internationale NGOs mit vernetztem Lokalbezug gilt es aufzubauen, die als Transmissionsriemen zwischen IOs und Zivilgesellschaft agieren und über diesen Weg das herrschende Bildungsregime durchbrechen, um ggf. eine moderne kulturelle Hegemonie aufzubauen. In Zeiten gleichberechtigter Medienzugänge könnte die Chance dafür gegeben sein.

5.1.5 DIGITAL DIVIDE & INTERNET GOVERNANCE

Bislang haben wir festgestellt, dass die internationale Bildungspolitik von einigen institutionellen Keyplayern gestaltet wird, die primär einer nationalstaatlichen Interessenpolitik im asymmetrischen Kräfteverhältnis folgen. Gleichzeitig hat die herrschende Politik erkannt, welche demokratisierende Bedeutung den zivilgesellschaftlichen Kräften zukommt, um die globale Politik lokal zu legitimieren. Hier ist jetzt die Zivilgesellschaft gefordert, sich machtvoll einzubringen und zu organisieren. Aufgrund des *space of flows* steht es theoretisch jedem einzelnen Individuum frei, an dieser Entwicklung zu partizipieren und die kollektive Netzwerk-Kompetenz aktiv mitzugestalten. Um aber Teil einer potentiell globalen Zivilgesellschaft oder der Netzwerkgesellschaft zu sein, bedarf es zunächst eines grundsätzlichen Zugangs zum digitalen Netz. Seit den 1990er Jahren hat sich für diese Unterscheidung zwischen den „Haves" und den „Haves-not" der Begriff des *Digital Divide* (DD) etabliert. Um diesen im Netzzeitalter zu überwinden, sollten vielfältige lokale Bezüge in die globale *Internet Governance* eingebracht werden. Welchen Einfluss hier die Zivilgesellschaft zukünftig ausüben kann, soll in diesem Kapitel untersucht werden.

5.1.5.1 Die verschiedenen Ebenen des Digital Divide

Ohne den Begriff zu verwenden, kann die DD-Forschung als Teil der Forschungen zur Informationsgesellschaft u.a. von Castells und Bell angesehen werden, die sich mit den Folgen eines ungleichen Zugangs zu den sozio-ökonomisch wirkenden Informationen und Netzwerken beschäftigten. Allerdings ist ein rein technologischer Zugang nicht hinreichend für die Überwindung des DD. Vielmehr weisen neuere Forschungen auf die Notwendigkeit hin, weitere Faktoren zu berücksichtigen (Haseloff 2007, 19ff.). Zwar hat sich in der wissenschaftlichen Diskussion bislang keine einheitliche Theorie zur Analyse des DD durchgesetzt. Vielmehr werden mit dem Schlagwort inzwischen alle sozialen Ungleichheiten in Verbindung gebracht, so dass vom gender divide über den democratic divide bis hin zum experience divide (um nur einige zu nennen) eine Vielzahl an Begrifflichkeiten um die Gunst der Forschungsaktivitäten buhlen. Folgt man aber dem Kommunikationswissenschaftler Anikar Michael Haseloff, lassen sich die Analysemodelle zum *Digital Divide* auf vier Hauptebenen herunterbrechen (ebd., 23f.):

- *Access*-Ebene: In der Forschung zum physischen Zugang können nach dem Bildungstechnologen Mark Warschauer zwei Modelle unterschieden werden: Zum einen der Zugang zu den technologischen Geräten (Computer, Handys, TV o.ä.) und zum anderen der Zugang zu den Leitungen (Breitband, Telefonnetz, Stromnetz o.ä.) (ebd., 28). Angesichts der globalen wie lokalen Ungleichheiten zu diesen Zugängen wurden seitens diverser internationaler Organisationen (UNO, OECD, Weltbank, ITU, ICT Taskforce, NGOs etc.), nationaler Regierungen und internationaler Konzerne eine Vielzahl technikzentrierter Programme initiiert, um den DD zu überbrücken (ebd., 38f.). Dabei herrschen drei Strategien vor (ebd., 75ff.): Zum einen die Verbesserung und der Ausbau der Telekommunikationsinfrastruktur; zum zweiten die Low-Cost-Devices-Strategie, über die die Kosten für Endgeräte und Verbindungen verringert werden; und zum dritten die *Public-Access*-Modelle, die sich wiederum unterscheiden lassen in *Civic Access Centers* (wie Bibliotheken, Gemeinderäume, Postämter oder Schulen), *Community Access Centers* (von NGOs initiierte *Village Kiosks*, *Basic Telecentres* oder *Multipurpose Community Centres*) und *Cybercafes* (Konzepterweiterungen in gastronomischen Betrieben und Internet-Pools) (ebd., 88).

- *Skill*-Ebene: An humanen Ressourcen bedarf es nach Warschauer -neben gewisser Basisfähigkeiten und grundlegender Sprachkenntnissen- v.a. diverser *E-Literacy-Skills*, die sich in *Computer-, Information-, Language-, Multimedia-* und *Computer mediated Communication-Literacy* unterteilen lassen (ebd., 44ff.), die sich über vielfältige formale wie informelle Bildung aufbauen lässt.

- *Content*-Ebene: Jeder Zugang zur Netzwerkgesellschaft ist auf der *Access-* wie Skill-Ebene unzureichend, wenn nicht relevante digitale Ressourcen in Form von

Informationsmedien wie Text, Bild, Audio, Video oder Anwendungen wie Datenbanken oder Spiele vorliegen. Hier spielen v.a. regionaler und lokaler *Content* eine Rolle als auch *E-Governance*-Ressourcen (ebd., 57ff.).

- *Motivation*-Ebene: Auf dieser Ebene wirken sich die motivationalen Einstellungen zur Internetnutzung und zur politischen Partizipation auf die Nutzung an sich, die Nutzungsmuster und die Differenzierung zwischen aktiver und passiver Nutzung aus (ebd., 63ff.).

Public Network Access Points (PNAP) können auf allen vier Ebenen wirken und einen Ansatz zur Überwindung des DD bieten. Allerdings zeigte sich in der Untersuchung von Haseloff, dass neue IKT bislang nur zu einem geringen Anteil für marginalisierte Gruppen und in ländlichen Regionen zum Einsatz kommen. Von einem flächendeckenden Einsatz von PNAPs kann in Entwicklungsländern nicht die Rede sein (ebd., 281). Zumal die nationalen Telekommunikationsanbieter mit ihren politischen Verbündeten aggressiv gegen neue Ansätze angehen (Wilson III und Wong 2007, 15).

Andererseits hat das gewaltige Wachstum auf dem Mobilfunk-Markt mitsamt der Möglichkeiten, mobil in das Internet einsteigen zu können, eine Entwicklungsrichtung eröffnet, die in den theoretischen Analysen bislang kaum berücksichtigt wurde. Auch die über die medial-technologischen Werkzeug-*Skills* hinaus gehende individuelle Netz- und kollektive Netzwerk-Kompetenz findet kaum einen Weg in die bildungstheoretischen Überlegungen, da sie sich nur schwer operationalisieren lassen. Diese gesellschaftlich angebundenen Kompetenzformen sind aber erforderlich, um auf der persönlichen *Skill*-Ebene in der Netzwerkgesellschaft den Kulturraum Internet qualitativ nutzen und gestalten zu können. Zudem kommt auf der *Content*-Ebene den *Social Media* eine große Bedeutung im *Web 2.0*-Zeitalter zu. Indem hier neben dem *Circular Entertainment* auch das *Social Computing* und das *Creative Internet* in den Blick genommen werden muss (analog zu Frank Thomas, Vittadini, und Gómez-Fernández 2009), sollte heute vielleicht treffender von einer *Social Content*-Ebene ausgegangen werden. Schließlich gilt es auf der *Motivation*-Ebene, die Voraussetzungen für das *Flow*-Erleben bei der Analyse mit einzubeziehen, die eben auch sozio-kulturell wie sozio-technologisch geprägt sind.

Der physische Zugang zum Netz ist die zentrale Voraussetzung zur Überwindung des DD. Je nach geographischer Lage (Gerätezugang und Netzzugang), sozio-ökonomischer Rahmenbedingungen (Arbeit, Branche, Einkommen), familiärer Haushaltsstruktur (Kinder unter 18 Jahren) und individueller Konfiguration (Alter, Geschlecht, ethnischer Background, Bildung) entschied sich bislang, auf welcher Seite des Digital Gaps der einzelne Mensch landete (vgl. z.B. Castells 2001b, 1:255; Cheong 2005; OECD 2001). Angesichts von global fünf Milliarden mobiler Abonnements im

Jahre 2010,[125] ist auf der *Access*-Ebene der Zugang zumindest theoretisch gelöst. Der digitale Graben entsteht zwischenzeitlich v.a. auf der *Social Content*-Ebene und den Fragen rund um die Netzneutralität.[126] Hier schlägt die Exklusion unmittelbar in Form einer verpassten virtuellen Sozialität durch, wenn Menschen zu reinen Adressaten deklariert werden und aufgrund strukturell verordneter Passivität nicht an der Netzwerkgesellschaft teilhaben können - auch wenn dieser Umstand subjektiv ggf. nicht als qualitativer Nachteil empfunden wird.

Der Religionsphilosoph Johann Evangelist Hafner unterscheidet systemtheoretisch nach Niklas Luhmann zwischen dem Zugang zum Internet als Werkzeug versus dem Zugang zum Internet als Medium. Ist der physische Zugang zum Werkzeug versperrt, entsteht Ungleichheit. Hingegen ist keine Ungleichheit gegeben, wenn der Zugang zum Medium unmöglich ist, da die ausgeschlossenen Menschen gar nichts von ihrer Exklusion wissen. Denn prinzipiell inkludiert das Internet alle Menschen - sofern der physische Zugang gegeben ist. Faktisch schliesst das Internet allerdings all die Personen aus, die als *User* zu Konsumierenden degradiert werden - auch wenn sie die benötigten *E-Literacy-Skills* mitbringen (vgl. Hafner 2004). So existieren Befürchtungen, dass der digitale Graben bestehende Ungleichheiten vertieft, wenn bestimmte Dienstleistungen (z.b. bei der medizinischen Versorgung) sehr stark an das Internet gebunden werden (ebd., 51). Denn „Exklusion ist Ausschluss von Kommunikation durch (andere) Kommunikation, nicht durch Nicht-Kommunikation." (ebd., 67)

Der DD ist in dieser Sicht eine „strukturell festgelegte Asymmetrie der Beobachtungsrichtung im Internet" (ebd.). Diese Sichtweise erweitert den klassischen Blick, wie er z.B. von der OECD eingenommen und propagiert wird (OECD 2001): Während internationale Organisationen ihre Aktivitäten auf die physischen und individuellen Zugangsvoraussetzungen konzentrieren, sollten in der Konsequenz der systemtheoretischen Analyse auch die geopolitischen Strategien des rechtlichen Zugriffs auf die webbasierten Angebote in den Fokus der DD-Forschung gerückt werden. Die aktive Teilhabe an der Netzwerkgesellschaft geht über den passiven Zugang zum Internet hinaus. Das „Unterschichteninternet" (Eigenbrodt 2007, 3), das Unterhaltung statt Information und Kommunikation fördert, führt bestehende soziale Ungleichheiten fort. Da die virtuelle Welt eng gekoppelt ist an die gesellschaftliche Realität, diese wiederum eng verbunden ist mit dem Zugang zu Informationen als Grundlage zur Generierung modernen Wissens, ist es offensichtlich, dass der *Digital Divide* nicht über die Herausbildung eines globalen Konsummarktes zu überwinden sein wird. Zudem entscheiden sich viele Personen bewusst oder unbewusst gegen die aktive Netzteilhabe, so dass der Herausbildung einer sozio-kulturellen, globalen Ethik der informationellen Partizipation eine große Bedeutung zukommt. Hier können z.B.

---
125 http://academy.itu.int/news/item/89/ (05.03.2011)
126 Siehe dazu die laufende Diskussion unter http://www.netzpolitik.org/tag/netzneutralitaet/ (05.03.2011)

öffentliche Hilfsangebote wie die von Bibliotheken hilfreich sein (ebd., 5). Die Aktivierung exkludierter Personen über die Bereitstellung von Internetanschlüssen und klassischer bildungspolitischer Programme -wie von der OECD gefordert- greift hier zu kurz.

Auch müssen die neoliberalen Messgrössen zur Indikation des globalen wie regionalen DD hinterfragt werden. Zwar ist der technologische Zugang zu Computern und zum Internet eine wichtige Voraussetzung zur Überwindung des DD, aber die Anzahl an angebundenen Haushalten sagt wenig über den Fortschritt zur Informationsgesellschaft aus. Komplexere Indizes wie z.B. der *Digital Access Index* (DAI)[127] der International Union of Telecommunications (ITU) zeigen die gesellschaftliche Durchdringung digitaler Voraussetzungen (Infrastruktur, Erschwinglichkeit, Wissen, Qualität, Gebrauch) im nationalen Vergleich an. Hier wird deutlich, dass nicht ganze Staaten von der Netzwerkgesellschaft abgehangen sind, sondern die globale digitale Verbindung entlang vernetzter Personen möglich ist. Es stellt sich allerdings die Frage, ob es nicht sinnvoller wäre, die standardisierten Indikatoren des DAI anzupassen an die Anforderungen des World Summit on the information society (WSIS) oder der World Bank's Network Readiness of Economies und z.B. die Frequentierung von Bibliotheken mit in den Blick zu nehmen (Kouadio 2007, 2f.).

Überhaupt kommt der ITU eine zentrale Stellung zu auf dem Gebiet der Regulierung der globalen Telekommunikation, indem sie Standards setzt, Entwicklungsstaaten berät, z.B. die WSIS-Konferenzen organisierte und den Solidaritätsfonds verwaltet, der allerdings mangels Engagement der Industriestaaten wenig erfolgreich verläuft. Gleichzeitig wirkt eine Vielzahl anderer internationaler Organisationen in diesem Feld - ebenso einige Regierungen in Kooperation mit NGOs. Deren Initiativen reichen von Analysen und IT-Beratung über Bildungspolitik, Schulanbindung, öffentliche Zugänge, Förderung von *Open Source* und *Open Education* bis hin zur Unterstützung kostengünstiger Zugänge zum Netz (ebd., 11ff.).

Die enge Verbindung des von internationalen Organisationen berechneten statistischen Gaps zum DD lässt Entwicklungspotenziale außer Acht, die ggf. alternative Wege zur Netzwerkgesellschaft aufzeigen könnten. Eine Fokussierung auf nationalstaatliche Unterschiede zoomt über lokale und individuelle Differenzen hinweg und verunmöglicht einen strukturellen analytischen Zugang. So müsste z.B. auch die enge globale Anbindung der IP-Netze an die USA und die daraus resultierenden Zahlungen für Datenaustausch und Konnektivität an US-Telekommunikationsanbieter überdacht werden. Wie diese Problematik neu zu verhandeln und das World Wide Web zu restrukturieren ist, wird eine schwierige Aufgabe sein angesichts einer fehlenden formalen Governance-Struktur (ebd., 14).

---

127 http://www.itu.int/ITU-D/ict/dai/ (05.03.2011)

Indem Erstnutzer/innen eine Technologienutzung auch für die später hinzukommenden *User* formen, hat der Zugang zur Technologie weitergehende Konsequenzen - darin liegt nach Castells der grundlegende DD begründet (Castells 2001b, 1:255).

Insofern ist den oben angeführten Ebenen des DD eine weitere hinzuzufügen, die als Dimension der *Internet Governance* nicht zu unterschätzen ist: In der Repräsentationsdimension spiegelt sich wider, welche Länder in den Internetgremien vertreten sind (Greis 2004, 49f.) und die Netzwerkgesellschaft formen, um mit Castells zu sprechen. Denn das Internet ist mehr als nur ein Medium oder eine Technologie - durch seinen Netzcharakter wirkt die Technologie über die Transformation von Informationen in Wissen in alle sozio-kulturellen wie sozio-ökonomischen Aktivitätsbereiche hinein (Castells 2001b, 1:269). Hier den Blick lediglich auf das rechnerintensive Breitbandnetz für den Transfer großer Multimedia-Pakete zu konzentrieren, erscheint angesichts des globalen Siegeszuges der mobilen Endgeräte etwas verkürzt. So lässt sich der Erfolg des Mobilen zurückführen auf dessen inhärent soziale Funktionen (Slater und Kwami 2005), die den neuen medialen Kulturraum zur kommunikativen Entfaltung bringen. Mobilfunk-Netzwerke sind vertrauensvolle Netzwerke aufgrund der bilateralen Bekanntschaften - hier existiert ein grosses Mobilisierungspotenzial zugunsten spontaner, aufständischer *Communities*, die keiner Führung bedürfen (Castells 2009a, 348). Die Partizipationshürden an diesen sozio-technologischen Vernetzungstrends sind maximal niedrig und erfordern keine formale Ausbildung zur aktiven Beteiligung.

5.1.5.2 Zivilgesellschaftlicher Einfluss auf die Internet Governance

Der Erfolg des Internets lässt sich zurückführen auf das dynamische Geflecht öffentlicher und privater Strukturen, die kaum von zentralen Akteuren kontrollierbar sind. Gleichwohl sind im Laufe der Jahre verschiedene Regelungsregimes auf verschiedenen Layern entstanden (vgl. Abbildung 20), die gemeinsam die konkrete Ausgestaltung und Struktur des Internets definieren (Kapur 2005; Benkler 2007, 389ff.).

Heftig umstritten ist das bestehende Regime der *Internet Governance* auf der logischen Ebene, das -historisch bedingt- unter US-Aufsicht von der Internet Corporation for Assigned Names and Numbers (ICANN) ausgeübt wird (siehe ausführlich zu ICANN & Internet Governance: Peake 2004). Um diese Dominanz zu durchbrechen, starteten in den 1980er Jahren erste internationale Anläufe, die Weltinformations- und -kommunikationsordnung neu zu gestalten. So bemühten sich seit den 1970er Jahren die Entwicklungsländer v.a. über die UNESCO, in den marktorientierten free flow of information politisch einzugreifen. 1984 wurde dann seitens der UNESCO ein Vorschlag unterbreitet, eine neue Weltinformations- und Kommunikationsordnung (NWIKO) einzuführen und damit ein Recht auf Information zu gewähren, um den ungleichen Zugang zu den Nachrichtensystemen neu zu verteilen. In der Folge dieser Initiative traten die USA und Großbritannien unmittelbar aus der UNESCO aus. Dies war der Beginn des Niedergangs dieser Initiative - ab 1989 wurde der Begriff „NWIKO" nicht mehr in offiziellen Resolutionen und Arbeitsprogrammen der Organisation verwendet (Hans Peter Schmitz 1995).

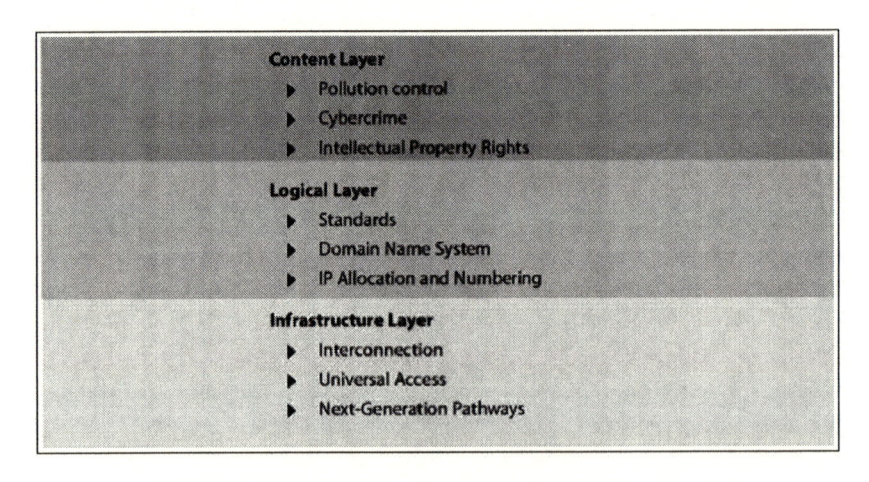

```
Content Layer
  ▶ Pollution control
  ▶ Cybercrime
  ▶ Intellectual Property Rights
Logical Layer
  ▶ Standards
  ▶ Domain Name System
  ▶ IP Allocation and Numbering
Infrastructure Layer
  ▶ Interconnection
  ▶ Universal Access
  ▶ Next-Generation Pathways
```

Abbildung 20: Internet Governance Issues by Layer (Benkler, zit.n. Kapur 2005)

Erst mit Beginn des 21. Jahrhunderts wurden auf der internationalen Bühne zwei neue Versuche einer *Global Governance* im Informationssektor zur Überbrückung des *Digital Divide* gestartet. Im Jahre 2000 verabschiedeten die G8 die Okinawa Charter on Global Information Society, die Hilfen für ärmere Nationen vorsieht und mithilfe der Digital Opportunity Task (DOT) Force konkrete Maßnahmen zur Überwindung der digitalen Spaltung anging.

> „Inhaltlich setzt die DOT Force insbesondere auf die Durchsetzung einer Entwicklungsstrategie, die den Einsatz von Informationstechniken in allen Bereichen berücksichtigt. Es geht somit um ein Mainstreaming der IT in Entwicklungsprogramme." (Heesen 2004, 216)

Die DOT Force setzt sich zusammen aus „Delegierten der G8, der Entwicklungsländer, des privatwirtschaftlichen und des gemeinnützigen Sektors sowie von internationalen Organisationen" (ebd.), die sich verschiedenen Arbeitsfeldern zuwandten und mit der Schaffung von sieben Implementation Teams im Juni 2002 die DOT Force formell wieder auflösten. Eine zivilgesellschaftliche Mitarbeit an den durch die Implementation Teams geschaffenen Einzelprojekten liess sich nicht erkennen.

Einen weiteren Versuch, die Informationsgesellschaft global zu verhandeln, wurde mit der Initiative zugunsten eines UN-Weltgipfels, dem World Summit for the Information Society (WSIS), gestartet. Unterteilt in zwei Konferenzen (2003 in Genf und 2005 in Tunis) kamen -unter Federführung der Vereinten Nationen und koordiniert von der ITU- über 11.000 Personen als Vertreter/innen der Privatindustrie und der Zivilgesellschaft zusammen, mit dem Ziel, eine gemeinsame Verfassung für das Internet zu erstellen.

Dieser Gipfel wurde inszeniert als Modell des neuen *Multi-Stakeholder*-Ansatzes im Geiste der zukünftigen globalen Informationsgesellschaft, indem die Zivilgesellschaft bereits bei den Vorbereitungen als Beobachterin und Beraterin mit eingebunden wurde - sowohl in den diversen Präsenzveranstaltungen als auch über eine eigens eingerichtete *Online*-Plattform. Kanada und Deutschland integrierten gar einige Repräsentanten in ihre offizielle Staatsdelegation, um die aktive Partizipation der Zivilgesellschaft sicherzustellen - während repressivere Staaten wie China und Pakistan sich entschieden dagegen verwahrten, andere Repräsentanten ihrer Bevölkerung zuzulassen. Auch die globale Verteilung der aktiven NGOs im WSIS-Prozess wies eine Dominanz zugunsten westlicher Staaten auf - allerdings mit breitem Interesse junger afrikanischer NGOs, aber geringer asiatischer Beteiligung. An Hürden galt es für zivilgesellschaftliche Organisationen zu nehmen: die Akkreditierung und das seitens der ITU forcierte Management des Summits mittels inhaltlicher Kategorisierung, räumlicher Separation und technologischen Sicherheitskontrollen. Zudem benachteiligte der *Digital Divide* bestimmte zivilgesellschaftliche Gruppen an der *Online*-Partizipation (vgl. Cammaerts und Carpentier, 2005).

Schlussendlich muss konstatiert werden, dass der zivilgesellschaftliche Beitrag weniger demokratisch verlief wie zu Beginn erhofft. Zum einen kann nicht von einem zivilgesellschaftlichen gemeinsamen Konzept hinsichtlich einer wünschenswerten *Internet Governance* ausgegangen werden. Zum anderen offenbarte sich das formale Regelwerk als zentrales Problem, weil es lediglich informelle Einflussmöglichkeiten und keine aktive Partizipation von zivilgesellschaftlichen Gruppen vorsah. Zudem war die Resonanz von VertreterInnen der Privatindustrie verhältnismäßig bescheiden - offenbar konnten sie ihre Interessen besser über Lobbyarbeit und Dachorganisationen einbringen (Cammaerts und Carpentier, 2005, 27ff.).

> „Resistance by states thus takes two contradictory stances. On the one hand by asserting that the WSIS deals with non-political, technological and economical matters, which implies that from a liberal perspective the state(s) should not intervene. On the other hand it is stated that the WSIS is 'not political enough', whereby the political is defined in a minimalist state- centred way, excluding civil society. From both perspectives civil society's role is discredited. The former interpretation excludes civil society, as

> the market is supposed to regulate itself and the latter interpretation excludes civil society because it is considered 'not-representative', and thus not politically legitimate." (Cammaerts und Carpentier, 2005, 33)

Damit symbolisiert WSIS weniger einen inhaltlichen Einschnitt zivilgesellschaftlichen Einflusses auf den formalen Prozess als einen qualitativen Sprung zur Vernetzung und Vermittlung einer globalen Zivilgesellschaft. Zwar hat der reduktionistische Partizipationsbegriff während des WSIS-Prozesses zu Frustrationen geführt, angesichts der euphorischen Ankündigung einer zivilgesellschaftlichen Einbindung (ebd., 35f.). Gleichwohl wurden erste Grundlagen einer globalen Zivilgesellschaft geschaffen, um der entstehenden, normativen Informationsgesellschaft eine demokratische Legitimation zu geben. Denn den internationalen Organisationen wehte ein kühler Wind seitens globalisierungskritischer Bewegungen entgegen, die es einzubinden galt (Hintz 2007, 6). Diese Instrumentalisierung demonstriert einerseits die Einflussnahme internationaler Organisationen auf die *Internet Governance* - offenbart aber andererseits das Machtpotenzial, das zivilgesellschaftlichen Initiativen bleibt. Den *Digital Divide* zu überbrücken, um möglichst alle interessierten Personen teilhaben zu lassen an der Netzwerkgesellschaft, hat eine kulturelle Hegemonie erlangt, die im dialektischen Verhältnis zur neoliberalen Herrschaftsökonomie steht. Einig ist man sich hinsichtlich dreier Aspekte:

> „Der Vergegenständlichung des Universalisierungsgedankes in der Informations- und Kommunikationstechnik, der Kopplung der weltweiten Nutzung des Internets an einen normativen Öffentlichkeitsbegriff und der Schaffung einer globalen Sozialutopie in dem Begriff der Informationsgesellschaft." (Heesen 2004, 215)

Hingegen kann die Zielrichtung der Initiativen unterschieden werden (Kuhlen 2004): Während die industriellen Vertreter/innen neue Märkte schaffen wollen über den Ausbau der technischen Infrastruktur und die Beförderung einer globalen Informationswirtschaft, zielen weite Teile der Zivilgesellschaft auf die Mitbestimmung und Gestaltung einer nachhaltigen und partizipativen Gesellschaft. Zudem ist die Politisierung des Internets ein großer Streitpunkt. Während v.a. die westlichen Staaten eine nichtstaatliche Deregulierung des Internet-Marktes verfolgen, treten v.a. Entwicklungsländer und auch die zivilgesellschaftlichen Kräfte mehrheitlich für eine Regulierung des Internets zugunsten von Datenschutz, einer Erweiterung der Menschenrechte und der Neudefinition intellektueller Eigentumsrechte ein.

Im Ergebnis liess der WSIS-Prozess aus zivilgesellschaftlicher Sicht nach Kuhlen einige Punkte offen, die zukünftig weiter verhandelt werden müssen (Kuhlen 2005): Neben dem Aufbau einer fairen *Internet Governance* -die ICANN bleibt bis auf Weiteres als zentraler Verwalter des Netzes bestehen- sind dies die

Institutionalisierung einer globalen Zivilgesellschaft, die Diskussionen rund um die Intellectual Property Rights im Rahmen einer Development Agenda, die Kämpfe gegen eine einseitig auf kommerzielle Verwertung kultureller Güter jedweder medialen Art und das Recht auf Kommunikation als menschenrechtlich einklagbares Ziel.

> „Information und Kommunikation als öffentliches oder privates Gut, demokratischer und gleichberechtigter Zugang zu Information, der digital divide, die Rolle und Verantwortung des Staates und neuer nichtstaatlicher Teilnehmer am Prozess von Informationsherstellung, -management und -verteilung, die demokratische Verwaltung von Information auf inter-gouvernmentaler Ebene oder die Frage, ob ein 'Recht auf Kommunikation' möglich und wünschenswert ist, bleiben bislang weitgehend unbehandelt. (...) Insgesamt drängt sich der Eindruck auf, dass die etablierten Verfahren, Organe und Institutionen von der Entwicklung der Informationsgesellschaft eher überrollt werden als sie aktiv mitzugestalten." (Oberleitner 2007, 74)

Angesichts des quantitativen Sprungs des mobilen Zugangs zum Netz mitsamt der vergleichsweise flexiblen Zugangsgebühren per *Prepaid*-Karten (Esselaar und Stork 2005), wird die Notwendigkeit offenkundig, die *Internet Governance* zivilgesellschaftlich anzubinden, um kreative Grassroots-Initiativen auch politisch zu integrieren. Solange das Netz aber als bespielbarer Konsumentenmarkt angesehen wird, setzt sich der *Digital Divide* an den Kampfeslinien bisheriger Unterdrückung fort. Es sollte strukturell gewährleistet sein, allen Menschen eine aktive Teilhabe zu ermöglichen. Und da in Zeiten mobiler, drahtloser Kommunikation der Zugang allgegenwärtig ist, wird der Raum transzendiert. Damit ist auch die Zivilgesellschaft aufgrund ihrer sozio-technologischen Organisation, die in Echtzeit erfolgt, strukturell global angelegt.

> „Internet, paradigm of the technological convergence and the globalization of communications, has developed a governance model that differs from any structure previously known in the telecommunications sector. Innovation, collaboration and participation of multiple agents are characteristic of Internet. Dealing with the challenges lying ahead involves active engagement and enhanced relationships between different sectors in the society and at a global level." (Olmos u. a. 2007, 11)

Im Ergebnis bleibt festzuhalten, dass seit dem WSIS Summit seitens der UNO einige internationale Initiativen gestartet wurden, über ICT auf die Entwicklungsdynamik einzuwirken, um die Milleniumsziele bis zum Jahre 2015 zu erreichen. Am etablierten Prinzip der *Internet Governance* allerdings hat sich trotz des seit WSIS fortgeführten

Multi-Stakeholder-Ansatzes wenig geändert (Khan 2007). So ist es Castells' Überzeugung, dass die Staaten lediglich nach modernen Regulierungsmöglichkeiten des Internets fahnden (Castells 2009a, 115). Gleichwohl stellt der WSIS-Prozess einen Erfahrungshorizont bereit, aus dem sich einige Lehrstücke ziehen lassen für die Organisation einer globalen Zivilgesellschaft:

- In einem langwierigen bottom-up-Prozess gelang es der globalen Zivilgesellschaft, sich über eine komplexe institutionelle Struktur zu organisieren und eine zivilgesellschaftliche Deklaration zu verabschieden (Dany 2008, 57).
- Die Dominanz organisierter, westlicher, zumeist europäischer NGOs desintegriert die vielen einzelnen zivilgesellschaftlichen Aktiven und Unterprivilegierten - es gilt, den vielen Einzelnen der Zivilgesellschaft ein Forum zu bieten und die traditionellen institutionellen Strukturen zu transformieren (ebd., 60f.).
- Ernüchtert stellten BeobachterInnen des WSIS-Prozesses fest, dass über diesen Weg das Ziel einer inklusiven Informationsgesellschaft nicht erreicht werden kann. Einen fluiden Netzwerk-Ansatz auf *Governance*-Ebene zu konstituieren, der Menschen vor dem Hintergrund ihrer persönlichen Interessen repräsentiert, könnte eine Lehre sein, die sich aus dem schwierigen WSIS-Prozess für die Etablierung eines *Multi-Stakeholder*-Ansatzes der *Global Governance* ziehen lässt (Hintz 2007, 11ff.).
- Auch dürfte die Zeit gekommen sein für informelle soziale Bewegungen und „organisierte Netzwerke", die Möglichkeiten der *Online*-Vernetzung zu nutzen und formale, zentralisierte Methoden mit der informellen Rückbindung zu verbinden. Erst über derart skalierbare, neue, institutionalisierte Formen liesse sich eventuell die Vielzahl an Wünschen, Bedürfnissen und Interessen, die sich über vielfältige sozio-technologische Beziehungen artikulieren, organisieren und zu einer informationellen Demokratie führen (Rossiter 2006, 100f.).

5.1.6 Zwischenfazit: Bildungspolitik in der Netzwerkgesellschaft

Der wachsende Einfluss internationaler Organisationen (IO) auf die nationale Bildungspolitik ist gross und spiegelt sich im modernen *Governance*-Analyseansatz wider. Kollektives Handeln verschiedener staatlicher wie nicht-staatlicher Akteure organisiert sich bei der *Global Governance* in einem komplexen Mehrebenensystem der internationalen Politik, die auch innerstaatliche Akteure und Institutionen einbezieht. Ähnlich verhält es sich mit der *Educational Governance*, die Potenziale und Grenzen bewusst gestalteter Handlungskoordinationen verschiedener Akteure analysiert und über diesen Weg nationale Unterschiede eines global harmonisierten Bildungsverständnisses aufzuzeigen vermag. Diese Harmonisierungstendenzen begründen sich durch den Bedeutungszuwachs und die Eigendynamik verschiedener IOs, die -ursprünglich von staatlichen Akteuren instrumentell eingesetzt, um nationale Widerstände zu umgehen- zunehmend eine *world polity* betreiben. Deren Macht speist sich primär aus einem globalen Agenda-Setting, das in einem window of opportunity im Zusammenspiel mit realen Problemen standardisierte Lösungsvorschläge anbietet und die Durchsetzung mittels breit legitimierter Instrumente ermöglicht. Indem *policy, politics* und *polity* gleichermaßen beeinflusst werden können seitens einflussreicher IOs, formen sie vordergründig nationalstaatliche Politik mit. Je nach nationalem Weltbild gelingt die Implementierung vorgeschlagener Reformen dann besser oder schlechter. Über die längerfristige Zeitachse hinweg ist allerdings eine internationale Harmonisierung zu erkennen - vor allem im bildungspolitischen Bereich.

Dort hat sich ein globales multilaterales Bildungssystem herausgebildet, das u.a. auf einer Vielzahl an Bildungs-IOs bzw. -NGOs und staatlichen wie privaten Bildungsinstitutionen aufbaut, die sich zwischenzeitlich zu komplexen, beratenden Bildungsnetzwerken ausdifferenzierten. Auffällig ist, wie auch hier die harmonisierende Weltkultur wirkt, die sich nur in Nuancen konkreter Handlungspraktiken unterscheidet. Dabei kommt v.a. der OECD eine wichtige Rolle zu, die es versteht, im Wechselspiel mit mächtigen innerstaatlichen Veto-Spielern auf der *politics*-Ebene ihre *policy* einzubringen und über analytische Reviews bzw. empirische Vergleichsstudien auf die *polity* einzuwirken. So hat sich über das Gros staatlicher wie nicht-staatlicher Bildungsakteure ein moderner Bildungsbegriff in Gestalt des Lebenslangen Lernens gelegt, der als eigenes Menschenrecht über den klassischen Bildungsbegriff hinausgeht, sich aber weiterhin über formalisierte Bildungsangebote realisiert.

Gleichzeitig fügt sich das neue Verständnis in die kulturelle Hegemonie ein, die mittels eines dichten Netzwerkes diverser IO-Aktivitäten gestützt wird - im Non-Profit- wie im Profit-Sektor. Beiden Organisationsformen kommt dabei eine die staatlichen Aktivitäten korrigierende Bedeutung zu, die sich in der neoliberalen Logik des staatlichen Rückzugs wieder findet. Solange die IO-Aktivitäten die kulturelle Hegemonie unterstützen, wirken sie gar als Gerüst einer transnationalen Zivilgesellschaft, die Demokratiedefizite staatlich legitimierter IOs kompensiert. Mit der Auflösung der Deckungsgleichheit von Staat, Zivilgesellschaft, Wirtschaft und Politik gelangt die Frage, inwiefern eine globale Zivilgesellschaft auf der Basis gemeinsamer oder konkurrierender Werte einen kulturellen Zusammenhalt zu generieren vermag, zu großer Bedeutung.

```
„In the last resort, it is only the power of global civil society
acting on the public mind via the media and communication networks
that may eventually overcome the historical inertia of nation-states
and thus bring these nation-states to accept the reality of their
```

limited power in exchange for increasing their legitimacy and efficiency." (Castells 2009a, 42)

Nach Castells bildete sich die Netzwerkgesellschaft seit den 1960er Jahren aus dem Wechselspiel von sozialen Bewegungen, industrieller Krise und Aufkommen der IKT zum Informationalismus aus, das die Machtverhältnisse zum Wanken brachte. Im *space of flows* kommt eine neue Kulturtechnik zur Entfaltung: die fliessende Interaktion mit zeitlich sich verändernden Objekten steht auch zivilgesellschaftlichen Kräften zur Verfügung und unterläuft damit die tradierten Vermachtungen im *space of places*. Temporäre Netzwerke finden sich emergent zusammen, deren Flexibilität, Skalierbarkeit und Überlebensfähigkeit sich gut über den elektronischen Informationsfluss managen lassen. Den klassischen Eliten stehen nunmehr kulturelle Werte der Zivilgesellschaft gegenüber, die sich entlang der neuen Kampflinie organisieren. Von daher wird die entscheidende Frage fortan lauten, wer die „strukturell relevanten" und wer die „strukturell irrelevanten" Menschen der Zukunft sind. Indem NGOs auf der internationalen Bühne den Staaten als Wächter der Humanität konkurrierend entgegen treten und die Staaten zunehmend weniger Kontrolle über den medialen Filter ausüben können, offenbart sich Macht im Netzwerk-Staatensystem nur noch in kurzfristigen Projekten. Neue Machtmechanismen entstehen: Entweder gilt es, die Ziele des temporären Netzwerkes resp. Regimes mit zu definieren oder es bedarf der geschickten Verbindung verschiedener Netzwerke, um deren gemeinsame Interessen und Ressourcen zu sichern. Macht resultiert zukünftig aus dem endlosen Kampf um die kulturellen Codes einer Gesellschaft und dem Versuch, bestimmte Gruppen aus den Netzwerken auszuschließen. Sozialen Bewegungen kommt aufgrund ihrer sozialen Kohärenzfunktion eine wichtige Funktion zu. Sie können kulturelle Codes und Bilder produzieren und in der Gesellschaft verankern und über diesen Weg symbolische Gewalt ausüben.

Auch wenn in den Diskussionen um *Global Governance* den NGOs primär eine voice- und keine vote-Funktion konsensual zugestanden wird (Adloff 2005, 148): Internationale Politik, verstanden als politische Praxis, ist ein Aushandlungsprozess all derjenigen, die im Netzwerk mitwirken. Politisch agieren und gestaltend wirken können Menschen und Institutionen, wenn sie neben den bestehenden, aktuell mächtigen Netzwerken alternative Netzwerke aufbauen, die sukzessive die alten zu ersetzen vermögen. Insofern kann die Zivilgesellschaft -und hier v.a. das Zusammenspiel mächtiger, globaler NGOs mit informell organisierten Netzwerken- auf das globale Agenda-Setting und damit auf die *policy*-Ebene einwirken. Über die Verbindung zivilgesellschaftlicher Kräfte mit der lokalen Basis der sie tragenden sozialen Bewegungen entsteht eine Öffentlichkeit, die nicht mehr von herrschenden Eliten kontrollierbar erscheint. Die Bedeutung der gesellschaftlichen Selbstorganisationsfähigkeit stellt den bisherigen politischen Ordnungsrahmen vor die

Aufgabe, der partizipativen Demokratie eine globale partizipative Governance an die Seite zu stellen. Dabei kommt dem Web als Kommunikations- wie Organisationsplattform eine wesentliche Bedeutung zu, um kulturelle Lernprozesse anzustossen und zivilgesellschaftliche Werte und Normen global auszuhandeln.

Das Internet bietet eine technische Infrastruktur, die durch den Gebrauch seiner NutzerInnen eine neue interaktive Medienpraxis entstehen lässt. Mit der Entwicklung hin zum *Web 2.0* als neuem Kulturraum ist die spezifische Nutzung der digitalen Werkzeuge nicht mehr deterministisch vorgegeben, sondern generiert sich erst durch den kollektiven Gebrauch. Es entsteht keine global harmonisierte Kultur, wohl aber eine gemeinsame Kultur der Kommunikationsprotokolle (Castells 2009a, 38). Aus dem sozialen Agieren der NutzerInnen entfalten sich verschiedene digitale Öffentlichkeiten, die sich kaum kontrollieren lassen, da die gesellschaftlich integrierenden Regulierungen umgehend subversiv unterlaufen werden. Bisherige institutionelle Grenzen verlieren ihre Bedeutung, indem sich bislang getrennte Sphären in der digitalen Vernetzung vermischen. Temporäre Allianzen verschiedener Öffentlichkeiten entstehen aus dem Handlungskontext flexibler, zivilgesellschaftlicher Akteure. Es entfaltet sich eine komplexe, basisdemokratische Kommunikationskultur, die keine repräsentativen ExpertInnen von Amts wegen akzeptiert - der bisherige ExpertInnen-basierte Wissensbegriff hat sich spätestens seit Wikipedia als Ideologie von Eliten entlarvt (Münker 2009, 100). Hier tobt also der Kampf um die kulturelle Hegemonie, indem politisch interessierte BürgerInnen zwischen den handelnden politischen Aktiven, den vermeintlichen ExpertInnen, und den weniger interessierten Menschen vermitteln. Indem sich diese engagierten BürgerInnen selbst organisieren, entsteht eine Gegen-Elite, die sich derzeit gegen die Push-Kommunikation tradierter Herrschaftssysteme zur Wehr setzen.

Im Kampf um die Deutungshoheit des Webs als öffentlichem Raum gelebter partizipativer Demokratie offenbaren sich die lokalen Machtkämpfe, die derzeit in vielen Staaten zu beobachten sind (vom Nahen Osten über China & USA bis hin zu Deutschland). Allerdings ist der *space of places* entscheidend für eine erfolgreiche NGO-Arbeit, die aus einer gesicherten Umgebung heraus erfolgreicher agieren kann. Aufgrund der vielfältigen Vernetzung aber existiert zwischenzeitlich eine internationale Arbeitsteilung zwischen Gruppen, die öffentlichen Protest organisieren und NGOs, die mit politischen Entscheidungsträgern kommunizieren (Adloff, S. 148f.). Inwiefern auch der globale Bedeutungszuwachs der Zivilgesellschaft der kulturellen Hegemonie des Westens entspricht, der hier ein neues Politikexportgut geschaffen hat, bleibt fraglich (Meurs 2007, 12).

> „Erst eine konsequente Historisierung von Zivilgesellschaft kommt der Frage näher, inwieweit Macht, Gewalt und Exklusion nicht Gegenteil, sondern Teil der Zivilgesellschaft waren und sind, und zwar sowohl im Diskurs über Zivilgesellschaft wie auch in der

sozialen Praxis." (Gosewinkel 2003, 25f.)

Im Kampf um private und staatliche Fördertöpfe professionalisieren sich informelle, organisierte Netzwerke zu schlagkräftigen NGOs, die teilhaben an der kulturellen Hegemonie oder diese in ihre Richtung zu beeinflussen versuchen. Eine stabile Umgebung und finanzkräftige Investoren vorausgesetzt, sind Organisationen in der westlichen Hemisphäre klar im Vorteil. Ob neue, webbasierte *Crowdfunding*-Modelle hier einen Machtumschwung innerhalb der Zivilgesellschaft bewirken, bleibt abzuwarten. Angesichts der zunehmenden Möglichkeiten, ohne große Finanzquellen die Welt-Öffentlichkeit qualitativ mit Informationen zu bedienen, könnte sich das Partizipationsproblem demokratisieren. Ob sich dadurch allerdings im Bildungsbereich die sehr mächtige kulturelle Hegemonie der OECD mitsamt ihrer strukturellen Wirkmechanismen der Re-Finanzierung einer empirischen Bildungswissenschaft durchbrechen liesse, ist fraglich. Umfassende Analysen des Bildungssektors hinsichtlich der Einflussfaktoren von zivilgesellschaftlichen Akteuren auf die transnationale Ausrichtung von IOs stehen noch aus. Solange sich das Steuerungsparadigma an Lernergebnissen orientiert und als maßgebliche Steuerungsgröße der individuelle *Output* gesehen wird, ändern auch Konzepte nichts an der kulturellen Hegemonie, die in der „Kopplung von individualisierten Lernwegen und standardisierten Überprüfungen den entscheidenen Steuerungsgewinn sieht" (Lange u. a. 2009, 9).

Angesichts der Bedeutung des Webs für die zivilgesellschaftliche Öffentlichkeit ist ein Zugriff auf das Netz unabdingbar. Castells führte bereits an, welche Bedeutung dem *space of places* zukommt, um auf den *space of flows* aufspringen zu können. Angesichts des globalen wie lokalen *Digital Divides* sind große Teile der Bevölkerung abgeschnitten von der aktiven Beteiligung in der Netzwerkgesellschaft. Dabei stellen die von führenden Indizes bemühten Indikatoren auf der technologische *Access*-Ebene nur eine Facette dar, die von verschiedenen Initiativen sehr intensiv bearbeitet werden. Weitere, den *Digital Divide* stark beeinflussende Ebenen sind:

- die *Skill*-Ebene, die mittels diverser Bildungsprozesse ausgebaut werden kann im Rahmen einer gesamtgesellschaftlichen Netzwerk-Kompetenz;
- die *Social Content*-Ebene, die eine partizipative Gestaltung des medialen Raumes -und nicht nur die Nutzung des Mediums als Werkzeug- ermöglichen muss;
- die *Motivation*-Ebene, die seitens sozio-politischer Rahmenbedingungen und interkultureller Präkonfigurationen geprägt ist;
- die Repräsentations-Ebene, die eine weltdemokratische *Internet Governance* umfassen muss, um den Beitrag zivilgesellschaftlicher Akteure einzubringen und eine weltgesellschaftliche Öffentlichkeit herstellen hilft.

In der hegemonialen Diskussion und internationalen Praxis wird dem *Digital Divide* vor allem auf der *Access*- und *Skill*-Ebene begegnet. Hier können technologische

Erfahrungen multinationaler Konzerne und internationaler Hochschulen eingebracht werden. Die Internationalisierung der Bildung (siehe Kap. 2.2.4) und Weltkultur einer (hoch-)schulorientierten Orientierung als Basis für LLL suggerieren im neoliberalen Stil, dass jede/r seines Glückes Schmied sei und der *Digital Divide* durch das Unvermögen einzelner Personen begründet sei. Bildungspolitik konzentriert sich dabei auf die *Skill-* und *Content*-Ebene für KonsumentInnen. Als kulturelles Muster wird z.B. (Game based) *E-Learning-Content* als Bestandteil der konsumorientierten, globalen *Entertainment*-Industrie und kosmopolitischer Geist über expandierende (Exzellenz-)Hochschulen bzw. Studierenden-Austausch propagiert (vgl. dazu auch Castells 2009a, 121ff.). Sofern die weltgesellschaftlich prägenden IOs und zivilgesellschaftlichen Akteure allesamt dieser bildungskulturellen Hegemonie verfangen sind, ist hier keine grundsätzliche Weiterentwicklung zu erwarten.

Allerdings bestehen Hoffnungen, der zivilgesellschaftlichen Öffentlichkeit mehr Gehör in der *world polity* zuzusprechen. Angesichts des zunehmenden internationalen Protestes globalisierungskritischer Bewegungen werden seitens tradierter Mächte Mechanismen getestet, wie die legitimierenden Interessen der Zivilgesellschaft eingebunden werden könnten. Ein erster großer Schritt in diese Richtung stellte der WSIS-Prozess dar, in dessen Verlauf eine Vielzahl an Initiativen sich einbrachten - wenn auch weniger demokratisch als zu Beginn erhofft. Über diesen Weg liessen sich einige wichtige Punkte zu den verschiedenen Layern der internationalen Netzpolitik für den zukünftigen Agenda-Setting-Prozess auf der Weltbühne lancieren und erste Erfahrungen zum Aufbau einer informell vernetzten, globalen Zivilgesellschaft sammeln. Und eine globale Zivilgesellschaft wird in einer globalisierten Welt notwendig sein.

> „Denn nur im Medium der Öffentlichkeit, dem Gespräch unter Bürgern (Arendt, Habermas), kann die politische Durchdringung der Gesellschaft thematisiert und einer Reflexion zugänglich gemacht werden. Aus dem Privaten steigen Themen in die Zivilgesellschaft auf und sinken unter Umständen nach einer Weile wieder ab." (Adloff 2005, 153)

Eine aktive Teilhabe an der Zivilgesellschaft lässt sich weder über staatliche Hierarchien noch marktlogisch verordnen - Freiwilligkeit und Verpflichtung, Spontanität und Bindung müssen gleichzeitig gegeben sein, um als drittes Prinzip des Citoyen zu wirken (ebd., 154f.). Ist dies weltgesellschaftlich gewünscht, müssen alle fünf Ebenen des *Digital Divide* (*Access*, *Skill*, *Content*, Motivation, Repräsentation) bildungspolitisch angegangen werden, um die Selbstorganisationsfähigkeit des Webs mitsamt seiner inhärenten demokratischen Kommunikationskultur global anzustossen. Erst über das Zusammenwirken aller fünf Ebenen entsteht eine individuelle Netz- wie kollektive Netzwerk-Kompetenz, die Bildung nicht als instrumentellen und separaten Politikbereich -neben der Wirtschaft, dem Recht, der

Außenpolitik etc.- referenziert, sondern als multilateralen Aspekt, der in alle anderen Bereiche hineinreicht.

Andernfalls reproduzieren und legitimieren singuläre bildungspolitische Maßnahmen bestehende soziale Ungleichheiten. Es ist eine wesentliche Kapazität elitärer Oberschichten, ihre kulturellen Führungspositionen kontinuierlich zu reproduzieren durch regelmäßige Anpassungen an Reformen z.B. des (Hoch-)Schulwesens und des Bildungssystems (Chun 2001, 200f.).

> „Daraus ergibt sich folgende Erkenntnis: Sämtliche politische Bemühungen um eine Verminderung sozialer Ungleichheit im Bildungswesen, die sich ausschließlich auf bildungspolitische Maßnahmen beschränken, kommen nicht an ihr Ziel, wenn sie nicht den Vorsprung der etablierten sozialen Schichten im Bildungswettbewerb thematisieren. Die Basis dieses Vorsprungs liegt eher in gesellschaftlichen Bereichen (einschließlich der symbolischen Ebene), die sich nicht auf das Bildungssystem im engeren Sinne beziehen." (ebd., 201)

Entsprechend greift auch die Hoffnung auf eine über NGOs organisierte Zivilgesellschaft etwas kurz. So finden sich diese Eliten zwischenzeitlich auch in vielen internationalen NGOs wider, die ihre sozio-kulturellen Werte über diesen Weg in die Zivilgesellschaft einfliessen lassen, während sie gleichzeitig ihr persönliches Portfolio aufwerten (Dezalay und Garth 2007).

Inwiefern exkludierten Menschen (dennoch) über internationale bildungspolitische Maßnahmen eine Chance zur aktiven Teilhabe an der Netzwerkgesellschaft geboten werden kann, soll im folgenden Kapitel diskutiert werden. Dort erfolgt ein Abgleich der Ergebnisse der *Real-Time-Delphi*-Studie mit den hier vorliegenden, theoretischen Erkenntnissen zum Einfluss der internationalen Bildungspolitik auf die individuelle Netz-Kompetenz und die gesamtgesellschaftliche Netzwerk-Kompetenz.

5.2 Kritische Einordnung der empirischen Ergebnisse

Bei der Diskussion der Ergebnisse der RTD-Analyse (Kap. 4.3.3) im Kontext der theoretischen Erkenntnissen der internationalen Bildungspolitik (Kap. 5.1) gilt es zunächst, die identifizierten Ranglisten der *Flow*-störenden Hemmfaktoren, möglichen bildungspolitischen Maßnahmen und internationalen Akteure hermeneutisch abzugleichen mit den grundsätzlichen Gestaltungsmöglichkeiten, die sich auf der internationalen Bühne ergeben. Vor diesem Hintergrund lassen sich internationale bildungspolitische Einflussgrößen auf die verschiedenen *Flow*-Kategorien ableiten, die ggf. über den derzeitigen Status Quo hinausreichen. Über alternative Verlaufsszenarien können dann mögliche bildungspolitische Maßnahmen für die Netzwerkgesellschaft angedeutet werden, die gleichzeitig regionale Unterschiede in den Blick nehmen.

5.2.1 Hemmfaktoren

Warum existiert weltweit eine -unterschiedlich breite- Schicht an exkludierten Personen, die sich bis zum Jahre 2020 nicht in benutzergenerierten, digitalen Umgebungen bewegen kann? Welcher Einfluss kommt dabei der internationalen (Bildungs-)Politik zu? Ist sie aufgrund bestimmter gestaltender Aktivitäten verantwortlich zu machen für den Ausschluss spezifischer Personengruppen?

Die Expertinnen generierten in der RTD-Studie über alle analysierten *Flow*-Kategorien eine Rangliste an Hemmfaktoren, die als gestaffelte Indikatoren eine Begründung abliefern können, warum unter den gegebenen Rahmenbedingungen nicht mehr als die Hälfte der Menschheit die erforderlichen Fähigkeiten mitbringt, die zu einem aktiven *Flow* in der Netzwerkgesellschaft beitragen (siehe Kap. 4.3.3.2):

1. Sozio-kulturelle Werte & Praktiken
2. Ökonomischer Druck
3. Politische Mechanismen
4. Sozio-technologischer Wandel
5. Persönliche Voraussetzungen
6. Soziales Umfeld
7. Rechtliche Rahmenbedingungen

Diese Rangliste betont die aggregierte Bedeutung einzelner Hemmfaktoren, entspricht aber in keiner einzelnen *Flow*-Kategorie der dort generierten Reihenfolge.[128] Aufgrund komplexer Thesen, die sich je aus den drei Ebenen -persönliche, sozio-kulturelle und sozio-technologische Ebene- zusammensetzten, und differenzierter Expertinnen-Gruppen unterlag die Bewertung der jeweiligen persönlichen Fokussierung - und damit einer rein subjektiven Evaluierung vor dem Hintergrund eigener Erfahrungen. Gleichwohl offenbart diese Rangliste eine objektivierte Sichtweise des qualitativen Expertinnen-Panels.

Auf welche dieser Hemmfaktoren kann internationale Politik nunmehr Einfluss ausüben bzw. welche gestaltet sie aktiv mit?

1. Sozio-kulturelle Werte & Praktiken

Als zentraler Hemmfaktor über alle *Flow*-Kategorien werden die sozio-kulturellen Werte und Praktiken gesehen. Rituale, Helden oder Symbole lassen vielfältige kulturelle Unterschiede entstehen, die sowohl die *spaces of places* voneinander

---

[128] Vgl. Appendix, Kap. 8.2.9

unterscheiden als auch innerhalb des *space of places* Differenzierungen ermöglichen. In ihrer persönlich je unterschiedlichen Mischung prägt diese „Software des Geistes" (Hofstede) das kollektive Programm bestimmter Gruppen und damit einen je spezifischen Habitus, der ein bestimmtes soziales Milieu etabliert, das sich von dem anderer Gruppen unterscheidet. Auf der anderen Seite entstehen im *space of flows* globale kulturelle Schichten, die je nach Netzwerk-Zugehörigkeit einige Gemeinsamkeiten herausbilden. Es entstehen neue soziale Milieus mit einer spezifischen sozio-kulturellen Mischung aus verschiedenen Netzwerk-Einflüssen, die zudem inter-subjektiv unterschiedlich gewichtet sind. Aufgrund der vielfältigen Vernetzungsformen, in denen Einzelne durch ihre Netzwerkaktivitäten eingewoben sind, rücken regionale Besonderheiten dabei sukzessive in den Hintergrund. Zwar werden sie ob ihrer am *space of places* wirkenden Macht auch weiterhin von Generation zu Generation unbewusst weitergetragen. Doch dringen erfolgreiche kulturelle Praktiken des weltweiten Austausches über individuelle wie institutionelle Netzwerkknoten in die ehemals regionalen Herrschaftsräume ein. Der Einfluss des *Social Webs* realisiert seine Virtualität in Form einer homogenisierenden Kraft der Kommunikationscodes. Individuell drückt sich dies angesichts der persönlichen Einbindung in die institutionellen Prozesse durch bewusste kulturelle Praktiken aus, während sich gleichzeitig die frühen unbewussten Werte aufgrund der persönlichen Erfahrungen wieder teilweise relativieren.

Eine kulturell prägende Institution stellt der Bildungsbereich dar, der angesichts seiner formalen Behäbigkeit bei gleichzeitiger Beschleunigung der Innovationsprozesse -und damit individuell erforderlicher, steiler Lernkurven- zunehmend vom informellen Bildungsraum des *Social Webs* als lernprägende Kraft ergänzt oder gar abgelöst wird. Traditionell kam dem (nationalen) Bildungssystem bei der Erziehung zum gesellschaftlichen Gemeinwesen eine große Rolle zu. Hier wurden die regionalen, kulturellen Werte und Praktiken eingeübt und weitergereicht - flankiert von anderen sozial wirkenden, uni-direktionalen, gesellschaftlichen Pfeilern wie Massenmedien, Justiz, Verlage, Politik o.ä., über deren offizielle, elitäre Kanäle die Weiterentwicklung der Kultur diskursiv ausgehandelt wurde.

Im Zeitalter der Netzwerkgesellschaft mit ihren emergent wachsenden Verdichtungsformen und globalen Verstrebungen entfalten sich aber neue sozio-kulturelle Werte und Praktiken, die sich immer weniger regional herleiten oder gar kontrollieren lassen. Hier bilden einzelne Menschen, die sich am diskursiven Prozess aktiv beteiligen (können), eine persönliche Kultur aus, die sich primär vom Individuum ausgehend definiert - und nicht mehr von regionalen Großgruppen. Indem sich diese Individuen in vielfältigen *Communities* und Netzwerken bewegen, formiert sich über die Herausbildung dieser informell wirkenden Bewegung im *Social Web* eine globale Kultur der Offenheit aus, die gemeinsame Werte und Praktiken etabliert. Es entsteht so etwas wie eine flexible *Web 2.0*-Kultur, die je nach regional vorherrschender Medienkultur sich in unterschiedlicher Dynamik auch auf die regionalen kulturellen Werte und Praktiken auswirkt. Allerdings existieren weiterhin regionale Unterschiede der konkreten Mediennutzung als Kulturtechnik -z.B. hinsichtlich des Austauschs kreativen *Contents* und der konkreten mobilen Nutzungsformen-, was nicht zuletzt auf regional bedingte, unterschiedliche Vertrauensfaktoren im High-Context-Webraum zurückzuführen ist.

In diesem sozio-kulturellen Kontext agiert nun die internationale (Bildungs-)Politik, die sich -dank der Entwicklung hin zu ebenjener Netzwerkgesellschaft- in einem Mehrebenensystem bewegt.[129] Zudem lassen sich internationale Harmonisierungstendenzen im (national dominierten) Bildungssystem feststellen, die vermeintlich auf autonomen Entscheidungen der Handlungsakteure beruhen, letztlich aber auf einem Governance-Regime aufbauen, das durch einige einflussreiche IOs maßgeblich beeinflusst wird und eine kulturelle Hegemonie bestimmter Werte und Praktiken durchsetzt. Gleichzeitig verbleibt den nationalstaatlichen Gebilden ein gewisser Spielraum, diese harmonisierenden weltkulturellen Tendenzen konkret auszugestalten - sie unterliegen also keiner direkten Steuerung durch die IOs. So können über nationale Veto-Spieler oder die Anbindung der spezifischen sozialen Geschichte des Nationalstaats bestimmte nationale Eigenarten in die konkrete Ausgestaltung einfliessen - an der generellen harmonisierenden Tendenz ändert dies gleichwohl nichts, lediglich an der Geschwindigkeit der Umsetzung.

Die sozio-kulturellen Werte & Praktiken als zentraler Hemmfaktor, warum weltweit -unter den gegebenen Rahmenbedingungen- bis zum Jahre 2020 eine zwar unterschiedlich breite, aber global existierende Schicht an von der Netzwerkgesellschaft Exkludierten existiert, lässt sich nur bedingt auf die internationale (Bildungs-)Politik zurückführen. Nationale sozio-historische Charakteristika, die von zentralen Veto-Playern aufrechterhalten werden, globale web-kulturelle Handlungspraktiken, die von der Netzwerkgesellschaft produziert werden, und die empirische „Objektivität" supranationaler IOs kämpfen auf der Ebene des Agenda-Settings um die kulturelle Hegemonie. Aus Sicht der Individuen, die sich zunehmend im weltweit vernetzten *Social Web* bewegen (müssen) und diskursiv beteiligen (möchten), relativiert sich mittelfristig der Einfluss regional gesetzter sozio-kultureller Werte im harmonisierten Bildungssystem. Vielmehr finden sukzessive die webkulturellen Werte Eingang in den Habitus der beteiligten Personen und damit in die regionale Kultur am *space of places*. Über diesen langsamen Prozess transformieren sich die regionalen, intergenerational weitergereichten Werte und Praktiken, die sich somit als Hemmfaktor sukzessive selbst abbauen.

---

[129] Siehe Kap. 5.1

2. Ökonomischer Druck

Als zweiter zentraler Hemmfaktor über alle *Flow*-Kategorien, der sich gegen eine weitere Verbreitung erforderlicher Netz-Kompetenzen richtet, ist seitens der Expertinnen der ökonomische Druck einzustufen. Vor allem in den Kategorien Person, Medienumgebung und *Usability* entfaltet der wahrgenommene Druck seine *Flow*-hemmende Wirkung.

Auch dieser Hemmfaktor wirkt zunächst auf den technologischen Zugang ein. Hier offenbart sich die soziale Ungleichheit zwischen den Weltregionen einerseits, innerhalb der Herrschaftsregionen andererseits. Nur wer am *space of places* physischen Zugang zu den Netzleitungen und entsprechenden Endgeräten hat, kann sich aktiv an der Netzwerkgesellschaft beteiligen. Die Preismodelle sind ein entscheidender Faktor, wie bestehende Zugänge aktiv genutzt werden und damit den bereits existenten *Digital Divide* entweder vertiefen oder tendenziell schliessen. Um die Netznutzung finanzieren zu können, sind entsprechende Einkommen erforderlich - andererseits vermag die Netznutzung auch zu Einkommen verhelfen. Allerdings sind an die konkrete Einkommensstruktur regionale, sozio-strukturelle und sozio-historische Faktoren gekoppelt, die bestehende Ungleichheiten fortschreiben.

Häufig stößt formale Bildungsarbeit an ihre strukturellen Grenzen, hier einen Ausgleich zu schaffen. Weniger auf der sozio-technologischen Ebene, das Netz für seine persönlichen Interessen zu nutzen - hier können auch deterministische Zwänge der aktiven Technologienutzung wirken. Vielmehr fehlen klassischer Bildungspolitik die Hebel, einen Kulturwandel einzufordern, der zur Überwindung tradierter sozio-ökonomischer Ungleichheiten beitragen könnte. Die Motivation zur aktiven Teilhabe zu forcieren, die dann wiederum informelle Bildungsprozesse im Netz anstossen könnte, wäre zentrale Aufgabe bildungspolitischer Arbeit. Dabei bestehende Pfade klassischer Lernzeiten wie -orte zu verlassen und z.B. die Bedeutung von öffentlichen Zugängen oder Internet-Cafés in strukturell vernachlässigten Regionen anzuerkennen und dort eine personelle Infrastruktur zur informellen Unterstützung bereitzustellen, könnte auf der *Skill*- und *Motivation*-Ebene dazu beitragen, den *Digital Divide* zu verengen.

Wenn denn genügend offene Angebote und transparente Netzstrukturen gegeben sind, um das Netz auf der *Social Content*-Ebene als Werkzeug im *Creative Internet* oder als soziales Medium im Sinne eines *Circular Entertainment* oder als neuen Kulturraum für *Social Computing* (analog zu Frank Thomas, Vittadini, und Gómez-Fernández 2009) nutzen zu können. Sofern klassische Urheberrechte und vielfältige Bestrebungen, die Netzneutralität zu unterlaufen, seitens der nordamerikanisch-europäischen *Content*-Industrie in internationales Recht überführt werden sollen[130],

---

[130] In Geheimverhandlungen zum Anti-Counterfeiting Trade Agreement (ACTA) soll in einem international verbindlichen Verfahren das Patent- und Urheberrecht modifiziert werden.

zudem die *Creative Commons* unter Druck geraten durch die Rechte-Industrie und die Workflow-Prozesse des *Content-Downloads* über *Apps-Stores* fast monopolisiert werden, entscheidet sich die passive Teilhabe entlang der sozio-ökonomischen Voraussetzungen. Eine aktive Teilhabe an einer partizipativen Netzwerkgesellschaft -mit allen emanzipatorischen wie innovativen Konsequenzen- wird mit solchen Bestrebungen auf ein mögliches Mindestmaß reduziert. Von einem freien Netz mit offenem Austausch kann unter diesen Bestrebungen der herrschenden unilateralen Eliten keine Rede sein.

Eine internationale Bildungspolitik, die den globalen Hochschulwettbewerb forciert, (westliche) Zertifikate oder Bildungssysteme exportiert bzw. einen *Content*-Transfer über das Netz fördert, generiert einen lukrativen Bildungsmarkt, der bestehende sozio-ökonomische Ungleichheiten ausbaut. Knowhow-Prozesse mit offenen Schnittstellen zu fördern statt Wissen zu transferieren, könnte dagegen emergente Change Management-Prozesse entstehen lassen, aus denen sich regional relevante Innovationsprozesse entfalten liessen. Hier die Interessen strukturschwacher (Welt-)Regionen in das Governance-Regime einzubinden, wurde in der Vergangenheit nachhaltig versäumt. Lebenslanges Lernen in der neoliberalen Ideologie verlängert die sozio-ökonomische Ausbeutung durch eine westlich dominierte *Content*-Industrie. Sich aus dieser Ideologie zu befreien, sollte zur zentralen Aufgabe zivilgesellschaftlicher Akteure zählen, um tragfähige Alternativen der internationalen Bildungspolitik auf die Agenda setzen zu können.

3. Politische Mechanismen

Einen weiteren entscheidenden Hemmfaktor, der einer breiteren gesellschaftlichen Befähigung zur aktiven Nutzung benutzergenerierter digitaler Umgebungen entgegensteht, stellen -über alle *Flow*-Kategorien hinweg- nach Ansicht der Expertinnen die politischen Mechanismen dar. In Kap. 5.1 wurde dargelegt, wie komplex sich politische Entscheidungsfindungsprozesse gestalten in der neo-institutionalistischen Perspektive. Politische Steuerung seitens zentraler politischer Instanzen ist verunmöglicht angesichts vielfältig vernetzter Abhängigkeiten auf mehreren Ebenen. So treten öffentliche neben private Träger, staatliche neben nicht-staatliche Organisationen, zivilgesellschaftliche neben inter-, intra- oder supranationale Akteure, denen allen gemeinsam der Versuch ist, auf der *policy*-, *politics*- und *polity*-Ebene ihre Interessen einzubringen. Angesichts der Komplexität dieser sich dynamisch wandelnden Netzwerkgesellschaft und zunehmenden Deckungsungleichheit von Staat, Wirtschaft, Öffentlichkeit und Politik macht sich ein Gefühl der Ohnmacht breit.

Nach Ansicht der Expertinnen wirken politische Mechanismen v.a. in der *Flow*-Kategorie Medienumgebung als zentraler Hemmfaktor, aber auch in den Kategorien der Person und des *space of flows*. Beim Aufbau benutzergenerierter

Medienumgebungen ist Vertrauen eine wesentliche Voraussetzung. Es wurde bereits festgestellt, dass bestimmte sozio-kulturelle Werte und Praktiken förderlich sind, um sich im Netz mit seiner High-Context-Kommunikation selbstverständlich bewegen zu können. Offenbar tragen die politischen Handlungspraktiken in diesem wenig transparenten Mehrebenensystem des herrschenden Governance-Regimes nicht zum durchgängigen Vertrauensaufbau bei. Dies nicht nur im Hinblick auf autokratische politische Systeme am *space of places*, sondern auch hinsichtlich einer fragwürdigen demokratischen Legitimation politischer Handlungspraktiken in liberaleren Staaten. Vermisst wird eine kollektiv gelebte Netzwerk-Kompetenz inklusive einer international gültigen Rechtssicherheit auf struktureller Ebene, die sich den modernen Entwicklungen anpasst. Zudem stehen einem erforderlichen Change Management-Prozess der real existierenden politischen Mechanismen die Bestandswahrungstendenzen eines elitären Herrschaftssystems gegenüber, die sich aufgrund ihrer sozio-historischen Entwicklung kaum selbst abschaffen oder transformieren können.

Angesichts der Bedeutung internationaler Organisationen bei der Definition wie Durchsetzung einer spezifischen Weltkultur kommt dem Demokratiedefizit auf der internationalen Bühne eine weitere große Rolle zu, den notwendigen Vertrauensaufbau zu unterminieren. Zwar können erste politische Impulse der Einbindung einer entstehenden globalen Zivilgesellschaft aufgrund multipler, gewalttätiger Kritikwellen globalisierungskritischer Bewegungen konstatiert werden. In der konkreten Umsetzung z.B. im WSIS-Prozess scheiterte dieser latent vorhandene politische Wille an den faktischen Realitäten einer lobbygetriebenen Weltpolitik. Angesichts der aktuellen Entwicklungen im Zuge der klandestin geführten ACTA-Verhandlungen ist auch in den politisch aktiven Kreisen der Zivilgesellschaft eine Ernüchterung eingetreten, die das Aufkommen einer offenen und transparenten *Internet Governance* in weite Ferne gerückt sehen.

Ähnlich verhält es sich mit den Hoffnungen, über internationale bildungspolitische Aktivitäten hier einen Umschwung zu erlangen. Internationale Organisationen wie z.B. die OECD haben eine Eigendynamik erlangt, die kaum einer grundlegenden Reflexion, geschweige denn einer demokratischen Legitimation unterliegt. Indem sie mittels der ihnen gewährten Gestaltungsmacht auf der Basis vermeintlich wissenschaftlicher Objektivität die ihrer sozio-ökonomischen Ausrichtung entsprechenden Themen und Strategien setzt, gilt ihr Wort nahezu unhinterfragt. Da die sie legitimierende kulturelle Hegemonie immer weitere globale Kreise zieht, orientieren sich etablierte Diskurskulturen an dieser und suggerieren einen demokratischen Diskursprozess, der nur bedingt gegeben ist. Angesichts bildungspolitischer Förderrichtlinien, die sich an ebenjener kulturellen Hegemonie als vermeintlichem gesellschaftlichem Mainstream orientieren, besteht wenig Hoffnung, eine alternative bildungspolitische Ausrichtung auf breiter Basis überhaupt diskutieren zu können, um damit ggf. breitere

Bevölkerungskreise zu erreichen. Der elitäre Herrschaftszirkel dreht sich um sich selbst - der Citoyen schaut zu.

4. Sozio-technologischer Wandel

Im Mittelfeld der Hemmfaktoren, die einer weiteren Verbreitung benutzergenerierter, digitaler Umgebungen entgegenstehen, befindet sich -über alle Kategorien besehender (schnelle) sozio-technologische Wandel. Vor allem im Hinblick auf die Gestaltung der Medienumgebung sehen die Expertinnen einen dramatischen Kulturwandel, der für viele Menschen nicht so einfach zu bewältigen ist.

Dieser Wandel liegt in der Dynamik des Webs (2.0) begründet, das sich passgenau in die Bedürfnisse der Netzwerkgesellschaft und der beteiligten Menschen einfügt - sofern die Nutzer/innen den neuen Rhythmus akzeptieren und leben können. Allerdings herrscht in diesem Bereich ein großes Mißtrauen derjenigen, die keine sozio-technologische Faszination auf der viszeralen Ebene erfahren und sich aus der eigenen Neugierde heraus mit den ständig wechselnden Technologien beschäftigen. Zudem haben sozio-kulturelle Praktiken der Trennung von öffentlicher zu privater Person ein Identitätsmuster entstehen lassen, dessen Integrität von der neuen Netzkultur grundsätzlich in Frage gestellt wird. Die Eigendynamiken der sozio-technologischen Entwicklung mitsamt ihrer autoritären Forderung, sich in die Netzströme hineinzubegeben, löst vielerorts eine reflexhafte Abwehr aus, die sozio-historisch bedingt sind.

Auf der anderen Seite wirken hier wieder die Gräben des *Digital Divides*. Zunächst sollte am *space of places* ein Zugang ermöglicht sein, der mittels persönlicher *Skills* und gegebener motivationaler Nutzungspraktiken einen direkten Zugriff auf das Web als Werkzeug und als Medium gewährt. Ist der Zugang gegeben, wirken an dieser Schnittstelle derzeit noch die regionalen sozio-kulturellen Besonderheiten, ob ganze Länder der neuen Technologie homogen aufgeschlossen gegenübertreten oder eher die Konsumption von Mediengütern oder eher der soziale Austausch im Vordergrund stehen. Mit zunehmender Vernetzung der globalen *Web 2.0*-Schicht könnte diese Zurückhaltung sich aber weltweit zugunsten der Aufgeschlossenheit durchsetzen.

Je nach gesellschaftlicher Durchdringung der Web-Kultur bis in die mobilen Endgeräte hinein und möglichen Aktivitäten der Zivilgesellschaft am *space of places* bzw. auf der weltpolitischen Bühne partizipiert die nationale Öffentlichkeit je unterschiedlich von den Forderungen nach transparenten Datenstrukturen und einem Grundrecht auf Internet. Auch können *Open-Source*-Entwicklungen oder ICT4D-Initiativen wie z.B. der OLPC[131] gegenüber proprietären Systemen regionale Spezifika aufgreifen und einen Mehrwert schaffen, der Vertrauen aufbaut und die Vorteile des World Wide Web am *space of places* erfahrbar gestaltet. Den Kulturraum Internet als Resultat einer generisch sich entfaltenden kollektiven Intelligenz zu erleben, stellt eine

---

131 http://laptop.org (05.03.2011)

Herausforderung dar, die erst kleine Wellen schlägt - sowohl auf individueller Ebene als auch auf sozialer.

5. Persönliche Voraussetzungen

Den persönlichen Voraussetzungen wird über alle *Flow*-Kategorien hinweg eine nachgeordnete Bedeutung zugesprochen, einer weiteren Verbreitung des *Flows* in benutzergeneriertern digitalen Umgebungen entgegenzustehen. Wenn überhaupt, stehen diese einer weiteren Optimierung von Workflow-Prozessen und der Gestaltung von personalisierten Medienumgebungen im Wege. Auch bei der Ausbildung einer autotelischen Persönlichkeit kann dieser Faktor eine kleinere Rolle spielen. Tendenziell entspricht diese Fokussierung auf die Person der Sichtweise vorrangig europäischer, institutioneller Bildungsmenschen.

Hier kommt die *Skill*-Ebene zum Tragen, die bestimmte humane Ressourcen als eine Grundlage ansieht, den *Digital Divide* zu überbrücken. Die benötigten Fähigkeiten lassen sich bis zu einem gewissen Grad über formale Bildung, in der dynamischen Ausgestaltung aber nur über informelle Lernprozesse während der aktiven Netznutzung realisieren. Inwiefern abstrakt gelernte oder moderierend begleitete (Vor-)Kenntnisse, die *Output*-orientiert bestätigt werden können, zu einer selbstverständlichen, qualitativen Netzaktivität beitragen, bleibt fraglich. Soziohistorisch erworbene, individuelle Gewohnheiten in traditionell geführten Umgebungen mit vor-definierten *Workflows* prägen eine Konditionierung aus, die informelles Lernen in kulturtechnisch diametral anders gelagerten Umgebungen im ersten Schritt schwierig gestaltet. Ob dieses Unvermögen, sich in einem kontinuierlichen persönlichen Change Management-Prozess zu befinden und diesen aktiv zu gestalten, in der Natur des Menschen verankert ist, scheint der soziokulturellen Herkunft geschuldet zu sein. Da sich im Kulturraum Internet die soziokulturellen Ausprägungen aber sukzessive zugunsten einer Netz-Kompetenz angleichen, werden sich die persönlichen Voraussetzungen notfalls auch trotz formaler, gegenläufiger Bildungsaktivitäten weltweit informell anpassen - sofern der offenen Netzkultur ihre Eigendynamik nicht seitens vorrangig eingestufter Hemmfaktoren genommen wird. Indem allen Personen im Netz theoretisch dieselbe Bedeutung und Wirkungskraft zukommt, werden zwar weiterhin personale Koalitionen im Machtkampf um Interpretationen ringen, der Zugang zur entstehenden globalen Zivilgesellschaft steht tendenziell aber jedem offen. Der Lernprozess beginnt umgehend mit dem Erstkontakt zum Netz.

Bildungspolitisch arbeitet eine am *Output* orientierte Homogenisierung gegen jede individuelle Netzwerkaktivität, die sich in subjektiven, temporären *Networks of Practice* weiterbildet. Eine an der sozio-ökonomischen Verwertung von Knowhow interessierte Bildungspolitik verfolgt einen veralteten *Content*-Ansatz, der überholten Strukturen ein Überleben sichert und nicht die möglichen, innovativen

Netzwerkeffekte nutzt. Hier wirkt weiterhin eine elitäre ExpertInnen-Perspektive, die ihre Sichtweise anderen Menschen aufoktroyiert. Es liegt an den einzelnen Menschen, sich dennoch in die Netze hineinzubegeben und die informellen Lernprozesse zu nutzen, die sich dort in den sozialen Medien ergeben. Über diesen Weg könnte eine machtvolle Zivilgesellschaft entstehen, die auf der *policy*-Ebene für einen Umschwung der kulturellen Hegemonie sorgt.

6. Soziales Umfeld

Dem sozialen Umfeld wird von den Befragten kaum eine hemmende Wirkung auf die weitere Verbreitung benutzergenerierter, digitaler Umgebungen zugebilligt - durchgängig über alle *Flow*-Kategorien hinweg. Vielleicht ist der Rang nach den persönlichen Voraussetzungen dem kleineren Anteil asiatischer und afrikanischer Expertinnen geschuldet, die zugunsten dieses Faktors votierten. Allerdings lässt sich den Zahlen keine diesbezügliche Interpretation ablesen.

Angesichts der Bedeutung des persönlichen sozialen Umfelds für die Attraktivität sozialer Netzwerke auf der einen Seite, für den exponentiellen Anstieg mobiler Nutzungsszenarien auf der anderen Seite, ist dieser Faktor eher als Treiber und weniger als Hemmschuh zu charakterisieren. Einer aktiven Nutzung temporärer Netzwerke auf der Basis individueller Interessen, also dem Aufbau wechselnder schwacher Verbindungen, könnte ein genügsamer Umgang im familiären Kontext mit seinen starken Verbindungen zwar theoretisch im Wege stehen - derweil wird dies von den Expertinnen empirisch nicht bestätigt. Andere Faktoren scheinen diesbezüglich eine größere Erklärungskraft für die Grenzen der Verbreitung benutzergenerierter, digitaler Umgebungen anzubieten.

Zwar wirkt das soziale Umfeld dem *Digital Divide* insofern entgegen, als z.B. junge Menschen in Familien die Anschaffung entsprechender Technologien und die Anbindung ans Netz fördern. Auch ist eine gesamtgesellschaftliche Netzwerk-Kompetenz als Querschnittskompetenz Voraussetzung und kongenialer Gegenspieler der individuellen Netz-Kompetenz. Eine direkte Adressierung des sozialen Umfeldes von der internationalen (Bildungs-)Politik ist allerdings bislang nicht zu erkennen.

7. Rechtliche Rahmenbedingungen

Noch weniger Gewicht als dem sozialen Umfeld wird den rechtlichen Rahmenbedingungen als Hemmfaktor beigemessen - außer in der *Flow*-Kategorie Transparenz. Dort sehen v.a. die europäischen Bildungsmenschen das Recht als einen zentralen Faktor an, warum die Entwicklung in diesem Bereich langsamer verläuft.

Zentraler Kern des sozialen Netzes ist der freie *Flow* der Datenströme, die von Netzwerkknoten qualitativ angereichert und wieder eingespeist werden können. Aufgrund einer veralteten Rechtsordnung, die für die unidirektionale *Content*-Verwertung geschaffen wurde, kollidiert diese immer häufiger mit der „realisierten Virtualität" des multidirektionalen Remixes. Der Begriff des geistigen Eigentums, ursprünglich als Schutz der UrheberInnen gedacht, passt nicht mehr auf die zirkulären Alltagspraxis. Aufgrund der Möglichkeit, nicht mehr ganze *Content*-Einheiten weiterreichen zu müssen, sondern digitale Kulturgüter in ihre kleinsten Bits und Atome zu zergliedern und wieder neu zusammenzusetzen, führt sich der alte Urheberrechtsbegriff selbst ad absurdum - ein sozialer Eigentumsbegriff ist nunmehr gefordert.

Zudem entfaltet sich in unterschiedlichen Weltregionen -je nach sozio-kulturellem Verständnis und sozio-ökonomischer Bedeutung der Kulturindustrie- eine unterschiedliche Rechtspraxis, die je nach weltpolitischem Gewicht auch auf internationaler Bühne Relevanz erfährt. Auf die Problematik der *Internet Governance* und des ACTA-Abkommens wurde bereits weiter oben verwiesen. Die Praxis des *Creative Internets* verfahrensrechtlich zu unterbinden, indem aktive NetzbürgerInnen zu passiven KonsumentInnen degradiert werden, kann sich langfristig nicht durchsetzen. Notfalls werden alternative Netzwerke entstehen, die die gängige Praxis unterstützen, auf die das bestehende Politik-Regime überhaupt keinen Einfluss mehr hat.

Aufgrund der Erosion des souveränen Nationalstaates und des weltweiten Netzwerkes stellt sich zudem die Problematik einer Verlängerung der Souveränität in den Domainraum des Internets. Der Kampf um ein zeitgemäßes, international verbindliches Internet- und Urheberrecht ist erst entflammt - er wird die geopolitischen Demarkationslinien unserer Zeit bestimmen und die Netzwerkgesellschaft nachhaltig dominieren. Fehlende innerstaatliche Regulierungsmöglichkeiten und vorhandene internationale Abhängigkeiten aufgrund des herrschenden *Internet Governance*-Regimes prägen derzeit den Netzwerkalltag. Für die Zukunft scharen sich verschiedene mächtige Interessensgruppen bereits zusammen. Hier zivilgesellschaftlich die Governance-Potenziale zu nutzen und sich aktiv einzubringen, wird von zentraler Bedeutung sein, um die Interessen der Netzwerkaktiven zu vertreten und das Feld nicht den kommerziellen Lobbyverbänden zu überlassen.

Die internationale Politik ist bemüht, die Zivilgesellschaft zu befrieden, indem sie deren Interessen zumindest über die NGOs sprachlich aufnimmt und in reduziertem Maße auch mit ihnen kooperiert. In der Bildungspolitik dominiert hingegen eine Praxis des „Weiter-so", deren klaffenden Lücken umtriebige Marktplayer oder NGOs zu schliessen versuchen. Mit dieser politischen Ignoranz des aktuellen Umbruchs hin zu einer benutzergenerierten, digitalen Netzwerkgesellschaft setzt sie sich über die Möglichkeiten hinweg, eine offene Forschungskultur zu praktizieren, an der sich alle interessierten Personen -auch aus der Zivilgesellschaft- aktiv beteiligen könnten, um so eine gemeinsame weltweite Netzwerkkultur aufzubauen.

5.2.2 Bildungspolitische Massnahmen

Mit welchen bildungspolitischen Maßnahmen liessen sich diese Hemmfaktoren gestaltend minimieren, so dass die Schicht exkludierter Personen bis zum Jahre 2020 kleiner werden könnte, war die Frage an die Expertinnen in der RTD-Studie. Über alle *Flow*-Kategorien hinweg, votierten die Befragten für folgende Rangfolge der seitens der Autorin vorgeschlagenen Maßnahmen:

1. Ausbau des technologischen Zugangs
2. Bedeutungszuwachs der Zivilgesellschaft
3. Förderung sozialen Lernens
4. Etablierung von Chancengleichheit
5. Restrukturierung des Bildungssystems
6. Verstärkung der globalen Netzwerke
7. Neuordnung der Regulationsinstanzen (Recht, Politik, Verwaltung)
8. Ausdehnung der Bildungsausgaben
9. Bereitschaft zum öffentlichen Diskurs
10. Intensivierung der Forschung

Auch in dieser aggregierten Rangliste spiegelt sich keine einzige *Flow*-Kategorie komplett wider. Vielmehr wirken sich bestimmte Maßnahmen in einzelnen Kategorien sehr unterschiedlich aus.[132] Erst eine Kombination an politischen Aktivitäten wird für alle *Flow*-Kategorien im Sinne der Netzwerkgesellschaft gestaltend sein können. Wie sich diese Kombination zusammen setzen liesse, soll über die Diskussion der einzelnen Maßnahmen im Kontext internationaler Bildungspolitik untersucht werden: Welche Bedeutung kommt einzelnen Maßnahmen zu, wenn in einem komplexen Governance-System die Prozesse wenig linear verlaufen? Welche Maßnahmen wirken auf der *policy*-, *politics*- und/oder *polity*-Ebene auf die Hemmfaktoren ein?

Im Ergebnis offenbart diese Diskussion eine Vielzahl an fragmentierten, alternativen Verlaufsszenarien, die in unterschiedlicher Kombination bildungspolitisch in Richtung des formulierten Leitbildes 2020 tendenziell wirken könnten. Vor dem Hintergrund der skizzierten theoretischen Ergebnisse und der *Foresight*-Einschätzungen der RTD-Expertinnen entfaltet sich hier ein kursorischer Überblick potentieller Entwicklungen mit Konsequenzen auf die angeführten Hemmfaktoren. Trotz der oftmals im Konjunktiv prognostisch formulierten Verläufe deutet sich ein kompaktes bildungspolitisches Maßnahmenpaket an, dass ggf. mittels internationaler Akteure gestützt werden kann.

---

132 vgl. Appendix, Kap. 8.2.10

1. Ausbau des technologischen Zugangs

Nach Ansicht der kollektiven Intelligenz der beteiligten Expertinnen kommt dem Ausbau des technologischen Zugangs die zentrale Bedeutung zu, die Hemmfaktoren in fast allen *Flow*-Kategorien zu minimieren. Lediglich zur Schaffung von Transparenz kann der individuelle technologische Zugang nur wenig beitragen.

Wie kann der Ausbau des technologischen Zugangs auf die einzelnen Hemmfaktoren einwirken?

- Sozio-kulturelle Werte & Praktiken: Nur wer Zugang zur Netzwerkgesellschaft hat, kann sich in deren Ausgestaltung aktiv einbringen und damit die sozio-kulturellen Werte und Praktiken auf der *policy-*, *politics-* und *polity*-Ebene mitprägen, die sich am *space of places* materialisieren.
- Ökonomischer Druck: Erst ein Netzzugang ermöglicht es, ggf. ökonomische Einnahmen zu generieren, die der *Online*-Welt vorbehalten sind bzw. über Netzwerkeffekte erst zum Tragen kommen. Dabei muss graduell unterschieden werden: Auf der einen Seite existieren kollektive, öffentliche Zugänge, die der Kontrolle der BetreiberInnen unterliegen und damit eher dem passiven Konsum von Medienprodukten dienen. Auf der anderen Seite stehen privatrechtliche Zugänge, die je nach Bandbreite und Kostenstruktur eine aktivere Einbindung in die netzspezifische Remix-Kultur i.S. des *Creative Internets* und des *Social Computings* erlauben. Je nach politischem Interesse wirkt sich hier der technologische Zugang auf die *politics*-Ebene aus.
- Politische Mechanismen: Nur über eine breite Anbindung möglichst vieler Menschen eines politischen Herrschaftsraum ist eine Grundlage geschaffen für den Aufbau einer gesamtgesellschaftlichen Netzwerk-Kompetenz. Erst damit sind die Voraussetzungen gegeben, netz-demokratische Prozesse anzustossen, die möglichst viele Menschen in die Entscheidungsfindungsprozesse auf der *polity*-Ebene einbindet.
- Sozio-technologischer Wandel: Eine wesentliche Voraussetzung, den sozio-technologischen Wandel begreifen zu können, stellt sui generis der technologische Zugang zum Netz und zu den erforderlichen Endgeräten dar. Dies ist die Basis für den Aufbau persönlicher *Skills* und motivationaler Nutzungspraktiken. Um ggf. vorhandene regionale Akzeptanzprobleme zu beseitigen, können z.B. die Tradition erfolgreicher ICT4D-Initiativen auf der *politics*-Ebene aufgegriffen und unterstützt werden.
- Persönliche Voraussetzungen: Ist ein technologischer Zugang gegeben, bilden sich erforderliche individuelle Kompetenzen informell aus, sofern sich gleichzeitig eine gesamtgesellschaftliche Netzwerk-Kompetenz mit formt. Auf individueller Ebene sind dazu bestimmte Persönlichkeitsfaktoren und grundlegende Schreib- und Lesefähigkeiten erforderlich, die ggf. über eine formalisierte Bildungsarbeit

eingeübt werden können. Ob auf sozialer Ebene der technologische Zugang die für die Netzwerkgesellschaft benötigten gesamtgesellschaftlichen Fähigkeiten ausbildet, hängt von weiteren Rahmenbedingungen ab: Auf der *policy*-Ebene bedürfte es eines radikalen Umschwungs, damit effektive Konsequenzen auf der *politics*-Ebene daraus folgen und neue VertreterInnen auf der *polity*-Ebene akzeptiert würden, die den Prozess qualitativ unterstützen könnten.

- Soziales Umfeld: Die Faszination an den Netztechnologien stellt sich v.a. durch ihre soziale Nutzbarkeit ein. Sei es in *Communities* mit starken Verbindungen oder in Netzwerken mit schwachen Verbindungen - erst ein technologischer Zugang ermöglicht es, traditionelle Dorfkommunikation auf die virtuelle Welt zu projizieren. Ist eine Person bereits online involviert, werden weitere Bekannte folgen, um den sozialen Kontakt aufrechtzuerhalten bzw. zu verfestigen. Hier könnten mit einfachen Maßnahmen auf der *politics*-Ebene entsprechende Voraussetzungen geschaffen werden.

- Rechtliche Rahmenbedingungen: Eine umfangreiche Anbindung institutioneller Prozesse an die Netzwerkgesellschaft wird es ermöglichen, eine soziale Netzwerk-Kompetenz aufzubauen, die individuelle Aktivitäten mit der Gesellschaft verbindet. Über diesen Weg kann eine kollektive Intelligenz entstehen, die sich verfahrensrechtlich auslesen lässt und über die alltägliche Praxis in einer demokratisch legitimierten Rechtsprechung mündet. Auch hier werden erst über einen Umschwung im Agenda-Setting auf der *policy*-Ebene neue Schrittfolgen auf der *politics*-Ebene eingeübt, die die innerstaatlichen Zuständigkeiten auf der *polity*-Ebene verändern können.

Zusammengefasst bedeutet dies: Wie mehrfach betont, ist der technologische Zugang die zentrale bildungspolitische Maßnahme, ohne die sich die für die Netzwerkgesellschaft erforderliche individuelle Netz- wie gesamtgesellschaftliche Netzwerk-Kompetenz nicht aufbauen lässt. Diese Kompetenzen wiederum sind auf allen Ebenen dringend erforderlich, um gegen die identifizierten Hemmfaktoren anzugehen.

2. Bedeutungszuwachs der Zivilgesellschaft

Der Zivilgesellschaft (ZG) kommt seitens der Expertinnen die größte Bedeutung zu für die Schaffung transparenter Strukturen. Eine sehr große Bedeutung spielt die ZG für die Optimierung des *Workflows* und der Medienumgebung und auch bedeutend ist sie für die Weiterentwicklung des *space of flows*. Weniger bedeutsam ist die ZG für die *Flow*-Kategorie Person und keine Rolle spielt sie für die persönliche *Usability*.

Inwiefern kann diese bildungspolitische Maßnahme die identifizierten Hemmfaktoren bis zum Jahre 2020 beeinflussen?

- Sozio-kulturelle Werte & Praktiken: Über die vielfältigen Netzaktivitäten der technologisch angeschlossenen Personen in diversen CoPs und NoPs erwächst eine

Öffentlichkeit, die sich als informelle Zivilgesellschaft emergent ausformt. Dieser Ausformungsprozess lässt im *space of flows* eine Web *2.0*-Kultur entstehen, die sich am *space of places* in die regionalen Kulturen einwebt. Insofern hier z.B. kontinuierlich die nationalen, bildungspolitischen Harmonisierungsbestrebungen seitens aktiver NutzerInnen diskursiv unterlaufen und in die regionale Kultur hineingetragen werden, kann das Web -sowohl auf der *policy-, politics-* und *polity-*Ebene- Einfluss auf politische Prozesse nehmen. Zwar wird diese Entwicklung hin zu transparenten Strukturen von herrschenden Eliten in tradierten Institutionen behindert. Aber nur über die aktive Einbindung dieser zivilgesellschaftlichen Aktivitäten in politische Entscheidungsprozesse lässt sich eine halbwegs demokratische Legitimation auch der praktizierten Bildungspolitik herstellen. Die Zivilgesellschaft ist das zentrale Scharnierwerk, um die kulturelle Hegemonie entsprechend der globalen, kollektiven Bedürfnisse der Menschen auszuhandeln. Um diesen Transformationsprozess hin zu modernen sozio-kulturellen Werten und Praktiken über die internationale (Bildungs-)Politik zu unterstützen, bedürfte es unter den gegebenen Bedingungen einer aktiven Lobbyarbeit in den IOs über eine schlagkräftige internationale Bildungs-NGO, die maximal reflexiv mögliche elitäre Kontinuitäten hinterfragt.

- Ökonomischer Druck: Die Zivilgesellschaft kann hinsichtlich des ökonomischen Drucks auf zwei Ebenen wirken: Zum einen können zivilgesellschaftliche Kräfte versuchen, die bildungspolitischen Lücken informell zu schliessen, die das herrschende formalisierte Bildungssystem reisst - z.B. über kreative Lösungen, an den diversen technologischen Zugängen Unterstützung auf der *Skill*-Ebene anzubieten oder über Aktivitäten, die die Motivation zum Mitmach-Netz steigern. Zum anderen können vielfältige netzpolitische Initiativen der Open-Bewegung mitsamt (inter-)nationaler Lobbying-Arbeit zugunsten einer Alternative zu kostenpflichtigen Abhängigkeiten votieren. Hier sind bereits eine Vielzahl an zivilgesellschaftlichen Akteuren aktiv, die im *Internet Governance*-Regime mit vote-Funktion eingebunden werden sollten.

- Politische Mechanismen: Die politischen Mechanismen sind eng verbunden mit dem erzeugten ökonomischen Druck, den Personen vergegenwärtigen. Das herrschende System legitimiert sich über den Verkauf von Produkten und Dienstleistungen. Insofern profitieren Einzelne von dem praktizierten Modell, während Andere dadurch benachteiligt werden. Genau diese Ungleichheit fördert Mißtrauen in der Gesellschaft und wirkt damit kontraproduktiv zur aktiven, freien Nutzung des Netzes. Seitens der selbstorganisierten Zivilgesellschaft gilt es hier, auf Mißstände hinzuweisen und gleichzeitig Möglichkeiten aufzuzeigen, wie ein vertrauensvoller Umgang mit den (Medien-)Technologien aussehen kann. Auf der internationalen Bühne sollten einflussreichere NGOs kooperativ auch die Interessen anderer, regionaler zivilgesellschaftlicher Kräfte unterstützen. Hierzu wären eigene, weltweit gültige, demokratische Strukturen sehr hilfreich.

- Sozio-technologischer Wandel: Auch für diesen Hemmfaktor sind die zivilgesellschaftlichen Entwicklungen entscheidend, um dem ökonomischen Druck entgegen zu wirken. Zudem obliegt es der im Netz sich konfigurierenden Zivilgesellschaft, mit kreativen Hacks die technologische Vertrauensfrage zu lösen bzw. für selbst-regulative Kräfte zu sorgen, die über eine Marktdemokratie auf die dominierenden technologischen Player einwirkt. Auch attraktive Entwicklungen in der Open-Bewegung mit persönlichem oder gesellschaftlichem Mehrwert werden dazu beitragen, exkludierte Personen in den Wandlungsprozess zu integrieren.

- Persönliche Voraussetzungen: Mit dem Erstkontakt zum Netz setzt sich ein informeller Lernprozess in Gang, der sich ggf. auch gegen die formale Bildung durchsetzt. Diesen gilt es zivilgesellschaftlich zu unterstützen und aufzuwerten, um der kulturellen Hegemonie formalisierter Abschlüsse eine adäquate Alternative entgegenzusetzen. Um immer mehr Personen einzubinden in die globale Öffentlichkeit, wird es seitens bestehender CoPs und NoPs notwendig sein, sich gegen Verkrustungen und neue elitäre Muster zu verwahren und regelmäßig die persönlichen Verbindungen zu ergänzen um neue Netzwerkknoten.

- Soziales Umfeld: Der Zivilgesellschaft wird die Aufgabe zukommen, den Mehrwert schwacher Verbindungen aufzuzeigen und einer ausschließlichen Virtualisierung von CoPs am *space of places* entgegenzuwirken. NoPs als temporäre Interessensgruppen für inhaltliche Themen zu begreifen, wird zentrales Gut der Netzwerkgesellschaft sein.

- Rechtliche Rahmenbedingungen: Die Zivilgesellschaft wird aufgrund ihrer netzpolitischen Aktivitäten vor allem gegen diesen Hemmfaktor wirken müssen. Hier das bestehende Rechtssystem qualitativ weiterzuentwickeln und ggf. zu ergänzen (siehe *Creative Commons*), wird entscheidend von den zivilgesellschaftlichen Kräften getragen. Angesichts des existenten *Internet Governance*-Regimes wird es politisch unausweichlich sein, sich zu organisieren und die Netzwerkpotenziale demokratisch in die Arbeit der IOs hineinzutragen.

Zusammengefasst reift in der Netzwerkgesellschaft die (möglichst globale) Zivilgesellschaft zum entscheidenden Akteur heran, der Druck ausüben sollte, um die erforderlichen, gesellschaftlichen Transformationen zu forcieren. Sie konstruktiv zu unterstützen ist eine weitere zentrale bildungspolitische Maßnahme.

3. Förderung sozialen Lernens

Die Expertinnen sehen in der Förderung sozialen Lernens die zentrale bildungspolitische Maßnahme, um den individuellen Workflow zu optimieren. Eine sehr große Bedeutung kommt dieser Maßnahme zu hinsichtlich des offenen Umgangs mit Medienumgebungen und sich diese gebrauchstauglich zu gestalten. Auch förderlich ist das soziale Lernen im Hinblick auf die Person und die Transparenz. Fast

keinen Einfluss hat diese Maßnahme auf den *space of flows*.
Wie beeinflusst die Förderung sozialen Lernens die einzelnen Hemmfaktoren?
- Sozio-kulturelle Werte & Praktiken: Soziales Lernen im globalen Maßstab vermag Menschen miteinander verbinden. Interkulturelle Unterschiede der Mediennutzung gleichen sich über die Ausbildung eines gemeinsamen Kommunikationscodes langsam an bzw. etabliert sich im *space of flows* eine supranationale Web 2.0-Kultur, die sich am *space of places* in die regionalen Kulturen einschreibt. Dieser Kulturwandel vollzieht sich zunächst auf der *policy*-Ebene, bevor er dann auf die *politics*-Ebene einwirkt und damit später die *polity*-Ebene verändert.
- Ökonomischer Druck: „Aufstieg durch Bildung" ist ein gern bemühter Mythos, der sich nur selten realisiert, sich aber angesichts lebenslanger Dynamiken im Arbeitsprozess immer wieder auf's Neue stellt. Das formale Bildungssystem stößt hier an seine Grenzen - informelle Lernpraktiken vermögen zu überbrücken. Die Förderung sozialen Lernens beschränkt sich nicht auf die formale Vermittlung entsprechender Kompetenzen, sondern umfasst vor allem Unterstützungsleistungen für die aktive Teilhabe im globalen Netz. Dies setzt einen technologischen Zugang und finanzielle Mittel voraus, damit sich Personen als aktive NetzbürgerInnen beteiligen können. Soziales Lernen -in diesem Sinn verstanden- umgreift folglich nicht nur soziale Lernformen, sondern auch die soziale, interaktive Arbeit mit Lerngegenständen und deren soziale Weitergabe - ggf. auch, um ein eigenes Einkommen auf der Basis eines sozialen Eigentumsbegriff zu beziehen. Die Gestaltungsmacht klassischer Bildungspolitik ist hinsichtlich dieses Hemmfaktors an seine Grenzen gestoßen, hier bedarf es entsprechender Korrekturen auf der *politics*-Ebene.
- Politische Mechanismen: Auf die politischen Mechanismen vermag die Förderung sozialen Lernens nur indirekt Einfluss zu nehmen. So baut sich eine gesellschaftliche Netzwerk-Kompetenz erst über die Integration möglichst vieler Netzwerkknoten auf - sowohl an Personen als auch an Institutionen. Soziales Lernen bedeutet unter diesem Blickwinkel, auch institutionelle Erfahrungswerte aufzubauen und die soziale Kompetenz relevanter Personen im politischen Räderwerk auf der *polity*-Ebene zu steigern.
- Sozio-technologischer Wandel: Soziales Lernen ist ein wesentlicher Faktor, um als Person beim sozio-technologischen Wandel kontinuierlich Schritt zu halten. Glückt es, sich als Netzwerkknoten in verschiedenen, persönlich interessanten CoPs und NoPs zu bewegen, ist ein kollektiver Wandlungsprozess möglich, der sich auf allen drei Ebenen (*policy, politics, polity*) auswirkt.
- Persönliche Voraussetzungen: Über soziales Lernen vollzieht sich der persönliche Change-Management-Prozess fast unmerklich. Indem die informellen Lernprozesse angestossen werden und sich im Netzwerk fortentwickeln, passen sich die

Workflows in selbst gestalteten Medienumgebungen sukzessive den eigenen Bedürfnissen an. Die persönlichen Voraussetzungen wachsen fast unmerklich mit.
- Soziales Umfeld: Soziales Lernen kann die integrative Wirkung des Netzes auf den Zusammenhalt des eigenen sozialen Umfeldes befördern. Aber auch neue Bekanntschaften in neu entstehenden NoPs können sich über diesen Weg entfalten und die Personen aktiver in die Netzwerkgesellschaft einbinden.
- Rechtliche Rahmenbedingungen: Die praktizierten sozialen Lernformen lassen NetzbürgerInnen an rechtliche Grenzen des veralteten Rechtssystems stossen. Indem weitere soziale Kreise in die Netzwerkgesellschaft integriert werden, besteht die Hoffnung, auch in traditionell konservativen, juristischen Kreisen ein Verständnis für die notwendigen Veränderungen in der Netzwerkgesellschaft auf der *policy-*, *politics-* und *polity*-Ebene zu erwirken.

Zusammen gefasst ist soziales Lernen eine bildungspolitische Maßnahme, die an der Person ansetzt und einen Erfahrungsraum schafft, der es den Individuen ermöglicht, v.a. auf der *Skill-* und *Motivation*-Ebene einen Einstieg zu finden in die Netzwerkgesellschaft.

4. Etablierung von Chancengleichheit

Chancengleichheit zu etablieren ist nach Ansicht der Expertinnen von entscheidender Bedeutung für die Weiterentwicklung des *space of flows*. Zudem ist sie sehr wichtig für die persönliche Entwicklung und die personalisierte, gebrauchstaugliche Anpassung der einfliessenden Ströme. Chancengleichheit hilft auch, die *Workflows* und die Medienumgebung auf die persönlichen Bedürfnisse besser zuzuschneiden. Allerdings übt sie überhaupt keinen Einfluss auf die Entwicklung transparenter Strukturen aus.

Chancengleichheit ist ein hehrer Anspruch, der unabhängig vom Internet schon sehr lange gefordert wird. Bei aller Utopie: Wie könnte Chancengleichheit auf die identifizierten Hemmfaktoren einwirken?

- Sozio-kulturelle Werte & Praktiken: Über Chancengleichheit könnten zunächst die klassischen Vermachtungen am *space of places* unterlaufen und damit die sozio-kulturellen Werte und Praktiken beeinflusst werden. Die Interessen der derzeit Exkludierten liessen sich über die globale Netzwerkgesellschaft stärker einbringen, indem sie z.B. auf die IOs einwirken, als nationale Veto-Spieler fungieren oder die existierenden EntscheidungsträgerInnen stärker beeinflussen könnten. Insofern kann Chancengleichheit über die sozio-kulturellen Werte und Praktiken auf der *policy-*, *politics-* und *polity*-Ebene wirken.
- Ökonomischer Druck: In diesem Kontext wirkt sich die Etablierung von Chancengleichheit bei aller Utopie am stärksten aus. Sozio-historisch entstandene, tradierte, internationale und innerstaatliche Ungerechtigkeiten liessen sich ggf. etwas ausgleichen. Über eine Überbrückung des *Digital Divide* könnte auf der *Access-*, *Social Content-* und *Motivation*-Ebene ein kreativer Schub in Richtung

selbstbestimmter Ökonomie entstehen, der einer geballten Innovationskraft gleichkäme. Hier wäre Chancengleichheit zunächst auf der *politics*-Ebene wirksam.

- Politische Mechanismen: Auch in diesem Feld würde Chancengleichheit zu einer basisdemokratischen Transparenz beitragen, die keine undurchsichtigen Interessen deckt. Indem zivilgesellschaftliche Akteure und benachteiligte Regionen in die politischen Prozesse gestaltend mit eingreifen könnten, würde eine wahrhaft globale Netzkultur mit demokratischer Legitimation auf der *polity*-Ebene heranreifen können, die dann auf die *politics*- und *policy*-Ebene Auswirkungen hätte.
- Sozio-technologischer Wandel: Über die Möglichkeit, auf der *Access*- und *Social-Content*-Ebene zuzugreifen auf den sozio-technologischen Wandel erfolgt ein informeller Lernprozess, der eine bottom-up-Kultur entstehen lässt, die sich an die kollektive Intelligenz der Aktiven kontinuierlich anpasst. Damit würde die Chancengleichheit auf die *policy*- und *politics*-, vielleicht später auf die *polity*-Ebene einwirken können.
- Persönliche Voraussetzungen: Auf der *Skill*- und *Motivation*-Ebene von Individuen kann sich einiges bewegen, wenn Bildung kostenfrei zugänglich ist bzw. die informellen Lernprozesse nach erfolgtem Netzzugang greifen. Eine globale Zivilgesellschaft könnte darauf aufsetzen, die idealer Weise keine neuen Eliten produziert, sondern die Netzwerkeffekte beispielhaft nutzt. Hier würde zunächst die *polity*-Ebene beeinflusst, die dann auf andere Ebenen abstrahlt.
- Soziales Umfeld: Dieser Hemmfaktor kann durch Chancengleichheit beeinflusst werden, wenn das soziale Umfeld aufgrund sozio-ökonomischer Faktoren oder mangelnder Vorbildung nicht prädestiniert ist für den Netzzugang. Auch die Machtstrukturen innerhalb eines bestimmten sozialen Umfeldes lassen sich eher umgehen, wenn Chancengleichheit (z.B. zwischen den Geschlechtern) gegeben ist. Dann wird der Kontakt zu Gleichgesinnten in interessengeleiteten NoPs eher gefördert.
- Rechtliche Rahmenbedingungen: Chancengleichheit im Rechtssystem könnte eine Aufwertung der *Produser* ermöglichen und dem Lobbying der *Content*-Industrie entgegenwirken. Auf der internationalen Bühne liesse sich idealtypisch eine Weltregierung aufbauen, die aus gleichberechtigten Playern besteht. Hier müsste Chancengleichheit primär auf der *politics*-Ebene wirken, um Einfluss auf die *polity*-Ebene nehmen zu können.

Zusammen gefasst bedeutet dies: Erst über die Etablierung von Chancengleichheit auf verschiedenen Ebenen (Ökonomie, Politik, Recht, Bildung, Gender, Kultur) haben alle Menschen grundsätzlich die Chance, sich aktiv in die Gestaltung der Netzwerkgesellschaft einzubringen. Hierauf bildungspolitisch gestaltend einzuwirken ist eine weitere zentrale Voraussetzung für den Aufbau einer globalen

Netzwerkgesellschaft.

5. Restrukturierung des Bildungssystems

Das Bildungssystem zu restrukturieren ist zentrale Voraussetzung, wenn Menschen Verantwortung für ihre eigene *Usability* übernehmen sollen. Diese Maßnahme beeinflusst auch die *Flow*-Kategorien Person, Workflow, Medienumgebung und *space of flows*. Transparenz jedoch ist eine Kategorie, die nach Ansicht der Expertinnen kaum beeinflusst wird durch solch eine bildungspolitische Maßnahme.

Welche Auswirkung hat diese Maßnahme auf die einzelnen Hemmfaktoren?

- Sozio-kulturelle Werte & Praktiken: Über eine Öffnung des Bildungssystems zum Netz -sowohl hinsichtlich der Einbindung der technologischen und globalen Möglichkeiten, als auch im Hinblick auf die Entwicklung von *Social Content* und *Open Educational Resources*, *Open Access*, *Open Source* als Ergebnis geförderter, formaler Bildung- liesse sich das unilaterale Denken mit *Output*-Fixierung auf der *policy*-Ebene ggf. langsam überwinden. Die gesellschaftliche Akzeptanz selbstbestimmter Personen könnte auf der *politics*-Ebene darauf hinwirken, informelle Lernerfolge anzuerkennen und den Weg zu persönlich relevanten CoPs und NoPs moderierend zu begleiten. Über die aktive Integration des Netzes in die Bildungsprozesse auf der *polity*-Ebene liesse sich Vertrauen aufbauen, so dass sich die sozio-kulturelle Software des Geistes transformieren liesse.

- Ökonomischer Druck: Wenn Bildung auf der *politics*-Ebene rund um die Orte organisiert würde, an denen bereits ein technologischer Netzzugang gegeben ist bzw. moderne Bildungssysteme am *space of places* sich rund um Netzwerkknoten des *space of flows* organisieren, könnte die partielle Exklusivität von (kostenpflichtigen) Bildungsorten relativiert werden. Über offene Schnittstellen liesse sich auf der *polity*-Ebene ein alternatives Rechtssystem entwickeln, das sich an den lernenden Personen orientiert und weniger an den Lobbyinteressen der *Content*- und Bildungsindustrie. Über diesen Weg liesse sich ggf. die Abhängigkeit des Netzlernens von ökonomischen Sachzwängen zumindest teilweise unterlaufen.

- Politische Mechanismen: Indem Lernende die Vorteile eines offenen Bildungszugangs erfahren und erste kollaborative Netzwerkerfahrungen sammeln, steigt auf der *policy*-Ebene der Legitimationsdruck auf den politischen Apparat. Undemokratische Entscheidungsprozesse auf der *politics*-Ebene werden dadurch möglicherweise hinterfragt und alternative Forschungsaktivitäten beflügelt. Damit könnte die seitens einflussreicher IOs dominierte Weltkultur mit visionären Alternativen konterkariert werden und zu einer modernen kulturellen Hegemonie auf der *polity*-Ebene basisdemokratisch beitragen.

- Sozio-technologischer Wandel: Einen Change-Management-Prozess zu durchlaufen, der als Kontinuum erfahren wird und nicht als Abfolge differenzierter Stufen, die Plateaus suggerieren, die in Zeiten stetigen Wandels für kein Zeitfenster mehr haltbar sind, sollte idealtypisch bereits von Kindesbeinen an einstudiert werden. Netzwerkaktivität auf der *policy*-Ebene nicht primär als Lernprozess zu kennzeichnen, sondern als aktive Beteiligung an der Netzwerkgesellschaft, für den jederzeit auf individuellen Wunsch Lerncoaches bereitstehen, könnte eine Möglichkeit auf der *politics*-Ebene aufzeigen, wie der sozio-technologische Wandel als Hemmfaktor abgebaut werden könnte - auch für Personen, die längst aus dem Schulpflichtalter herausgewachsen sind.

- Persönliche Voraussetzungen: Ein restrukturiertes Bildungssystem auf der *policy-*, *politics-* und *polity*-Ebene könnte radikale Auswirkungen auf die *Skill-* und *Motivation*-Ebene des *Digital Divide* haben. Indem Menschen eine Bildungsinfrastruktur an die Seite gestellt wird, die sich nicht über feste Lernzeiten und -orte definiert, sondern sich dynamisch den individuell unterschiedlichen Bedürfnissen anpassen lässt, werden notwendige Kompetenzen nicht auf Vorrat geschult, sondern in der vernetzten Praxis begleitet. Über eine solchermaßen sozial abgefederte Netz-Kompetenz liessen sich Netzwerkeffekte entfachen, die den Menschen bei der Gestaltung ihres (beruflichen) Alltags individuell weiterhelfen könnten.
- Soziales Umfeld: Für den Hemmfaktor „soziales Umfeld" bedeutet eine Restrukturierung des Bildungssystems auf der *politics*-Ebene, dass -als Folge der Netzwerkaktivitäten- Menschen idealerweise relevante CoPs und NoPs finden, die sich an ihren persönlichen Interessen orientieren und über diesen Erfahrungsraum auf ihr soziales Umfeld einwirken, sich auch mit benutzergenerierten digitalen Umgebungen anzufreunden.
- Rechtliche Rahmenbedingungen: Über die aktive Bereitstellung offener Lehr- wie Lernformate, die flexible Integration solcher Angebote in bestehende Lernsysteme und die Unterstützung einer freien Austauschform liessen sich über ein modernisiertes Bildungssystem auf der *politics-* und der *polity*-Ebene ein Umschwung in der konservativen Rechtsprechung bewirken. Indem das Netz aktiver Bestandteil herrschender Bildungssysteme wird, können hier intersubjektive Erfahrungen gesammelt werden, rechtliche Inkonsistenzen identifiziert und korrigiert und entsprechende Forschungsaktivitäten angestoßen werden.

Zusammengefasst ermöglicht ein restrukturiertes Bildungssystem den Menschen, sich die persönlichen Voraussetzungen anzueignen, die sie benötigen, um im *space of flows* mitschwimmen zu können. Auch diese bildungspolitische Maßnahme könnte einen entscheidenden Anteil beitragen zum Aufbau einer gesamtgesellschaftlichen Netzwerk-Kompetenz.

6. Verstärkung der globalen Netzwerke

Die globalen Netzwerke zu stärken ist von großer Bedeutung für selbstbestimmte Medienumgebungen und die Förderung des *space of flows*. Diese Maßnahme beeinflusst auch die Fähigkeit, sich die persönlichen Schnittstellen usable zu gestalten. Wenig bis kaum Einfluss nimmt diese Maßnahme nach Ansicht der Expertinnen auf die Optimierung des *Workflows*, auf die Hinwirkung zu transparenteren Strukturen und auf die Weiterentwicklung der Person.

Wie könnte diese bildungspolitische Maßnahme die identifizierten Hemmfaktoren beeinflussen?

- Sozio-kulturelle Werte & Praktiken: Globale Netzwerke formen wesentlich den *space of flows*. Personen, die solche Weiterentwicklungen zu Beginn aktiv gestalten, prägen dabei entscheidend die neu entstehende Kultur auf der *policy*-Ebene. Insofern können Anstrengungen auf der *politics*-Ebene, globale Netzwerke auf der *polity*-Ebene gesellschaftlich zu stärken, dazu führen, die entstehende *Web 2.0*-Schicht sozio-kulturell breiter aufzustellen. Da diese sich global ausdifferenzierende Netzkultur auf die regionalen, sozio-kulturellen Werte und Praktiken zurückwirkt, liesse sich über diesen Weg vielleicht ein sozio-historischer Anschluss auf der regionalen *policy*-Ebene finden.
- Ökonomischer Druck: Der Zugang zu globalen Netzwerken eröffnet theoretisch jedem Netzwerkknoten ein großes Wirkungsfeld, über das sich neue Job-, Einkommens- und Vertriebskanäle generieren lassen. Zudem rückt der Austausch kreativer Medienprodukte über *Social Computing*-Prozesse in der Attraktivität neben die Möglichkeit der passiven Teilhabe am *Circular Entertainment*. Über den sozialen Fun-Faktor steigert sich zudem die individuelle Motivation auf der *policy*-Ebene, Teil der globalen Netzwerkgesellschaft zu werden.
- Politische Mechanismen: Globale Netzwerke, die auf der *politics*-Ebene keinem staatlichen Einfluss unterliegen und private Daten möglichst auch nicht weiterreichen, sind vertrauensvoller und erhöhen die Motivation auf der *policy*-Ebene, an der Netzwerkgesellschaft aktiv teilzuhaben. Indem politische Instanzen ihre Entscheidungsprozesse auf der *politics*-Ebene in diese Netzwerke verlagern und ihren eigenen ExpertInnen-Status auf der *polity*-Ebene hinterfragen, vermögen politische Mechanismen ggf. wieder an Vertrauen zu gewinnen. Die NetzbürgerInnen können sich dann in der Rolle eines modernen Citoyens versuchen.
- Sozio-technologischer Wandel: Indem Personen jederzeit auf das globale Web als Werkzeug, Medium oder Kulturraum zugreifen können, entsteht durch den sozialen Austausch ein subtiler, beständiger, kollaborativer, sozio-technologischer Wandlungsprozess, der als kollektive Intelligenz eine neue technologische Auslese zu generieren vermag. Indem dieser Prozess zwischenzeitlich bis in die digitalen Endgeräte hineinreicht, dringt das Web sukzessive in den Alltag ein und erweitert diesen um eine digitale Ebene.
- Persönliche Voraussetzungen: Auf der *Skill*-Ebene vollzieht sich -bedingt durch die

Wirkungsmacht sozialer Medien in den globalen Netzwerken- ein kollaborativer Problemlösungsprozess, der sich als persönlicher Change Management-Prozess realisiert. Das Netz verbindet alle Netzwerkknoten, die sich zumindest theoretisch auf einer gleichberechtigten Ebene bewegen. Werden dort gemeinsame Entwicklungen vollzogen, baut sich eine vertrauensvolle Basis auf, auf der die persönlichen Voraussetzungen wechselseitig mitwachsen können.

- Soziales Umfeld: Netzwerke verbinden entweder das soziale Umfeld oder gemeinsame Interessengruppen miteinander. Indem Menschen auf der *politics*-Ebene ein individueller Zugang ermöglicht wird, können sie informell aus zu engen Verpflichtungen ausbrechen - das „globale Dorf" entfaltet sich dann auch unabhängig von herrschenden Vermachtungen und fördert die Motivation aller Beteiligten.
- Rechtliche Rahmenbedingungen: Nicht zuletzt fördern globale Netzwerke die Umlaufgeschwindigkeit sozialer Medien. Aus der aktiven Nutzung des Webs als Medium und Werkzeug im neuen Kulturraum, können kreative Ideen der Beteiligten forciert und vielfältige Innovationsprozesse in Gang kommen. Durch die praktizierte Handlung entsteht eine neue Ethik mit einem emergenten Rechtsempfinden, das sich selbst-regulativ aussteuert und verkrustete Rechtsstrukturen auf der *policy*-Ebene aushebelt.

Zusammengefasst beschleunigen globale Netzwerke den Verdichtungsgrad der Netzwerkgesellschaft. Sie bewirken nahezu deterministische Lernprozesse und Innovationspotenziale, die sich im sozialen Austausch entfalten. Die Bedeutung des Webs als (passiver) Medienkanal und (aktiver) Werkzeugkasten für einen modernen Kulturraum mit neuen sozialen Praktiken und Werten ist eminent wichtig, will man die kollaborativen Prozesse zur Entfaltung ermächtigen.

7. Neuordnung der Regulationsinstanzen (Recht, Politik, Verwaltung)

Die regulatorischen Instanzen neu zu ordnen übt nach Ansicht der Expertinnen keinen Einfluss auf fast alle *Flow*-Kategorien aus. Lediglich transparentere Strukturen können über diesen Weg geschaffen werden - für diese *Flow*-Kategorie ist diese Maßnahme von entscheidender Bedeutung.

Wie könnte dennoch -unter Einbeziehung der theoretischen Überlegungen- diese bildungspolitische Maßnahme auf alle Hemmfaktoren ausstrahlen?

- Sozio-kulturelle Werte & Praktiken: Die Regulationsinstanzen sind sozio-historisch gewachsene Institutionen, die bei Neuordnungen z.B. zugunsten größerer sozio-kultureller, regionaler Einheiten auch gravierende Auswirkungen auf die innerstaatlichen, sozio-kulturellen Werte und Praktiken haben könnten. Über netzaktive Menschen in den Institutionen werden auch diese in ihrer sozio-kulturellen Ausrichtung durch die praktizierte *Web 2.0*-Kultur infiltriert. Würde sich diesem bereits absehbaren Prozess eine weitere Souveränitätswanderung von kleineren staatlichen Formationen hin zu größeren politischen Einheiten mit demokratischer Legitimation hinzugesellen, hätte dies womöglich einen gravierenden Wertewandel zur Folge. Uni-laterales ExpertInnen-Denken geriete immer stärker unter Druck, die Mediennutzungs- und Kommunikationskultur würde sich verändern müssen und die Vorteile offener Schnittstellen würden sich vermutlich unter Effizienzgesichtspunkten langsam durchsetzen. Zulaufen könnte diese Entwicklung auf der *policy*-Ebene auf eine netzbasierte bottom-up-Kultur, die größeres Vertrauen genösse als der top-down-Ansatz der IOs.

- Ökonomischer Druck: Bei aller visionären Strahlkraft: Ein regulatorisch neugeordneter Zugang zum Machtfaktor Kommunikation ist seitens herrschender Interessen häufig unerwünscht. Die sozio-historisch bedingte, zumeist gut gepflegte Kooperation mit einflussreichen Wirtschaftsgrößen und Angst vor einem Kontrollverlust lassen das Netz zu einem Schreckgespenst verkommen, das es zu beherrschen gilt. Transparenz und Bildung sind Faktoren, die nur im klar regulierten Umfang erwünscht und unterstützt werden. Zwar existieren eine Vielzahl an sozio-kulturellen Variationen dieses Herrschaftsmodells - inwiefern motivierte, ungezügelte Bildung wirklich gewünscht ist, bleibt fraglich. Insofern werden sanktionierte *Content*-Einheiten und klar umrissene Curricula ausgeliefert, die der herrschenden kulturellen Hegemonie entsprechen. Eine staatliche Neuordnung der regulierenden Prozesse hingegen würde einen freien Zugang zum unkontrollierbaren Bildungsraum Internet ermöglichen und in der Konsequenz auch zu egalisierenden Prozessen führen.

- Politische Mechanismen: Auch hier ist seitens der etablierten Herrschenden kein radikaler Wandel gewünscht. Indem man sich aufschwingt zu politischen ExpertInnen, verfolgt man die Kontrolle des politischen Denkens - in autoritären politischen Systemen z.B. in Form religiös sanktionierter Allmächtigkeit, in klassischen westlichen Demokratien z.B. im Rahmen bekannter parteipolitischer Spielereien. Sofern ein wirkliches Interesse an der Unterstützung der Netzwerkgesellschaft bestünde, müsste sowohl auf nationaler als auch auf internationaler Ebene ein Umschwung vollzogen werden. International gültige Rechtssicherheit wäre ein erster Schritt, um Vertrauen aufzubauen. Das Demokratiedefizit liesse sich dagegen recht schnell über die Integration netzdemokratischer Praktiken überwinden.

- Sozio-technologischer Wandel: Derzeit herrscht große Unsicherheit hinsichtlich der rechtlichen Modelle, deren historische Genese die aktuellen Entwicklungen nicht mehr zu greifen vermag. Privates Eigentum und Privatleben als Wesensmerkmal persönlicher Identität sind zwei zentrale Größen der bürgerlichen Gesellschaft, die sich derzeit radikal transformieren. Das Eigentum generiert sich aus sozialen Aktionen und Privatleben ist nur noch in der temporären *Offline*-Freizeit praktizierbar. Eine offene Regulationsdebatte in diesem Feld auf der *politics*-Ebene und mehr Transparenz bzw. Offenheit in den Strukturen auf der *polity*-Ebene könnten zur Rechtssicherheit beitragen und damit die Akzeptanz des soziotechnologischen Wandels unterstützen.

- Persönliche Voraussetzungen: Um die persönlichen Voraussetzungen, die benötigt werden, den Wandel hin zu benutzergenerierten, digitalen Umgebungen zu forcieren, von staatlicher Seite zu unterstützen, bedürfte es im bildungspolitischen Kontext zunächst auf *politics*-Ebene einer grundsätzlichen Anerkennung informeller Lernerfolge. Das fehlende Selbstbewusstsein zu selbstständigem Lernen weiter Teile der Bevölkerung und die weit verbreitete Akzeptanz eines gescheiterten, formalen (Hoch-)Schulsystems gilt es regulatorisch anzugehen. Hier könnte Politik über die *politics*-Ebene auf die *policy* und perspektivisch auf moderne *polity* einwirken.
- Soziales Umfeld: Um bildungspolitisch auf das soziale Umfeld einzuwirken, bedürfte es auf der *politics*-Ebene der Absicherung von vielfältigen NoPs mit ihren schwachen Beziehungen, ggf. der aktiven Mitarbeit von Netzwerkknoten z.B. aus der Verwaltung in den NoPs und eventuell der Schaffung von temporären CoPs als politische Instanz, über die bestimmte Prozesse basisdemokratisch abgestimmt werden könnten.
- Rechtliche Rahmenbedingungen: Auf die rechtlichen Rahmenbedingungen hätten all diese vorgeschlagenen Maßnahmen erhebliche Auswirkungen. Ein sozialer Eigentumsbegriff würde die Zirkulation sozialer Medien weiter forcieren und kreative Innovationsprozesse freisetzen. Ein moderner Identitätsbegriff würde die persönlichen Daten auch vor staatlichem Zugriff schützen, um so ein temporäres *Offline*-Privatleben zu ermöglichen. Über den gleichberechtigten Austausch aller aktiven Netzwerkknoten auf der *polity*-Ebene könnten sowohl national als auch international die Exkludierten ihre Stimme demokratisch einbringen bzw. die *Internet Governance* eine Art Weltregierung auf Netzbasis entwickeln.

Zusammengefasst ist eine Neuordnung der Regulationsinstanzen, die hier nur angedeutet werden konnte, eine punktuelle bildungspolitische Maßnahme, die die Wirksamkeit anderer Maßnahmen verstärken könnte, da sie sich auf alle Hemmfaktoren positiv auswirkt. Ihr Wirkungsgrad ist dabei eher indirekt einzustufen - mit wenig direktem Einfluss auf die verschiedenen *Flow*-Kategorien. Zur Unterstützung des Transformationsprozesses und der demokratischen Restrukturierung könnte diese bildungspolitische Maßnahme aber erheblich beitragen - sofern gewünscht.

8. Ausdehnung der Bildungsausgaben

Mit weiteren Bildungsausgaben lässt sich nach Expertinnen-Meinung wenig bis kaum Einfluss ausüben auf die verschiedenen *Flow*-Kategorien. Diese (klassische) bildungspolitische Maßnahme ist von wenig Relevanz. Lediglich auf die Ausbildung einer autotelischen Persönlichkeit kann sie sich positiv auswirken - meinen institutionelle Bildungsmenschen.

Welchen Einfluss könnte diese Maßnahme auf die einzelnen Hemmfaktoren ausüben?

- Sozio-kulturelle Werte & Praktiken: Höhere Bildungsausgaben hätten keinen positiven Einfluss auf die Soziokultur - außer die bestehenden hemmenden Komponenten fortzuführen. Mehr Schulen, mehr Lehrende, mehr *Content*, mehr internationaler Austausch auf formaler Basis: Alles Initiativen auf der *politics*-Ebene, die ohne eine wesentliche Restrukturierung des Bildungssystems lediglich einer uni-lateralen, einseitigen Indoktrination möglichst junger Menschen gleichkommt. Die sozio-kulturellen Werte und Praktiken, die für den Aufbau benutzergenerierter, digitaler Umgebungen förderlich sind, werden andernorts sich angeeignet.

- Ökonomischer Druck: Auch im Hinblick auf diesen Hemmfaktor können weitere Bildungsausgaben wenig bewirken. Über Bildung gesellschaftlich aufzusteigen und damit ein höheres Einkommen zu generieren, glückt den Wenigsten - zu entscheidend ist der sozio-kulturelle „Stallgeruch". Größere Positionen des vorhandenen Bildungsbudgets für offenen *Content* auf der *politics*-Ebene bereitzustellen und eine entsprechende Förderung zu unterstützen, würde tendenziell eher die Bildungsausgaben senken. Bestehende, formale, teure Bildungssysteme auf der *polity*-Ebene komplett zu importieren, kommt keinem Fortschritt gleich und hilft nicht, die modernen Möglichkeiten des Netzes auszuschöpfen.

- Politische Mechanismen: Inwiefern höhere Bildungsausgaben dazu beitragen könnten, ein Systemvertrauen in die politischen Mechanismen aufzubauen, bleibt eher fraglich. Eher könnten sie daran mitwirken, eine kollektive Netzwerk-Kompetenz zu entwickeln, indem sie innerhalb ihres Bildungssystems mit gutem Beispiel voranschritten und dadurch auf der *policy*-Ebene wirken. Hier z.B. auf der *politics*-Ebene mit Weiterbildung darauf einzuwirken, den gesellschaftlichen Change Management-Prozess zumindest ansatzweise zu verstehen, könnte förderlich sein. Auch die Förderung einer Netz-Alternative zur herrschenden internationalen Bildungspolitik käme einer Investition in die Bildung auf der *polity*-Ebene gleich, die Vertrauen aufbauen könnte.

- Sozio-technologischer Wandel: Ob es -unabhängig von einer umfassenden Restrukturierung des Bildungssystems- weiterer Bildungsausgaben bedarf, um den sozio-technologischen Wandel besser nachvollziehen zu können, bleibt gleichsam fraglich. Zwar können v.a. in benachteiligten Regionen auf der *politics*-Ebene Unterstützungsleistungen an den technologischen Zugängen als informellen Bildungsorten den persönlichen Schritt in die Netzwerkgesellschaft begleiten. Aber dies entspräche eher einer Restrukturierung als einem Add-on der traditionellen formalen (Hoch-)Schulstrukturen. Wo traditionelle Schulen ggf. zum gegenwärtigen Zeitpunkt einen Beitrag leisten könnten, wäre bei der Integration von vielfältigen Technologien in ihre Bildungsprozessen. Mobile Technologien, OLPC-Rechner oder der standardisierte Einsatz von *Open Educational Resources* (OER) könnten auf der *policy*-Ebene einen Einstieg ermöglichen, eine Faszination am informellen Lernprozess inklusive der selbstständigen Organisation der Bildungsumgebung zu forcieren. Ob dafür mehr Geld ausgegeben werden muss oder nicht vielmehr bestehende Kalkulationen neu verteilt werden sollten, bliebe einer weiteren Untersuchung vorbehalten.

- Persönliche Voraussetzungen: Inwiefern abstrakte Lernprozesse auf der *Skill*-Ebene in formalen Instanzen dazu beitragen, die persönlichen Voraussetzungen für die breitere Nutzung benutzergenerierter, digitaler Umgebungen zu fördern, sei angesichts der *Output*-Orientierung der herrschenden kulturellen Hegemonie in Frage gestellt. Vielleicht wäre es eine Überlegung wert, auf der *politics*-Ebene einen Anteil des Bildungshaushalts in die Förderung informeller Prozesse zu stecken und hier Strukturen aufzubauen, die eine nachhaltige Rekonfiguration der aktuell benötigten, persönlichen Voraussetzungen netzbasiert vorzuhalten. Gegebenenfalls liesse sich bereits in der Schule eine persönliche Umgebung in den Lernprozess integrieren, die später individuell fortgeführt werden kann. Hier könnte eventuell in der Übergangszeit das bestehende Bildungssystem förderlich sein - sofern die Lehrenden die erforderlichen *Skills* mitbringen.

- Soziales Umfeld: Bislang konzentriert sich der Bildungsbereich v.a. auf die einzelnen Lernenden - und nur in Ausnahmefällen kommen sozial integrative Konzepte zum Einsatz. Zwar werden die Eltern traditionell am Rande mit eingebunden in der Ausbildung ihrer Kinder - eine umfassende Unterstützungsleistung von Lernenden mitsamt ihrem sozialen Umfeld aber, fehlt zumeist. Hier bildungspolitisch anzusetzen und auf der *politics*-Ebene Angebote zu schaffen, die fakultativ genutzt werden können, wäre eine Möglichkeit, das staatliche Bildungsangebot zu stärken.

- Rechtliche Rahmenbedingungen: Höhere Bildungsausgaben könnten indirekt auf die rechtlichen Rahmenbedingungen einwirken, wenn staatliche Angebote auf der *politics*-Ebene darauf drängten, lediglich offene Ressourcen zu unterstützen. Dann müsste das Recht nachziehen und entsprechende Korrekturen der *Content*-orientierten Rechtsprechung vornehmen.

Zusammengefasst arbeitet das klassische bildungspolitische Mittel -die Ausdehnung der Bildungsausgaben- kaum gegen einzelne Hemmfaktoren an. Ohne eine Restrukturierung des Bildungssystems und z.B. einer umfassenden Unterstützung offener Bildungsressourcen und -systeme stößt das bestehende Bildungssystem auch weiterhin an seine Grenzen. Sofern diese anderen Maßnahmen aber in Angriff genommen würden, liessen sich vielleicht sogar die expliziten Bildungsausgaben senken.

9. Bereitschaft zum öffentlichen Diskurs

Der öffentliche Diskurs trägt als bildungspolitische Maßnahme keinen Beitrag zur Entwicklung der *Flow*-Kategorien bei - in keiner der sechs Kategorien.
Könnte er dennoch Auswirkungen haben auf einzelne Hemmfaktoren?

- Sozio-kulturelle Werte & Praktiken: Die Bereitschaft zum öffentlichen Diskurs hängt stark von interkulturellen Indizes auf der *policy*-Ebene ab. Ist die Machtdistanz und der Unsicherheitsfaktor groß, wird die Bereitschaft auf allen Seiten eher zurückhaltend einzustufen sein. Gleichwohl wird am öffentlichen Diskurs die Demokratiefähigkeit der Kultur einzustufen sein. Vor allem Kulturen, die sich eher dem aktiven *Social Computing* verpflichtet sehen als dem passiven *Circular Entertainment*, werden über das Netz die Möglichkeiten eines öffentliches Diskursfeldes suchen. Diese sich ausbildende *Web 2.0*-Kultur fliesst über die beteiligten Netzwerkknoten wieder zurück in die regionalen Kulturen und trägt den sozialen Aspekt in diese hinein. Insofern wird den öffentlichen Diskurs nur mitbestimmen können, wer sich daran als aktiver Netzwerkknoten beteiligt.

- Ökonomischer Druck: Öffentlicher Diskurs bedeutet die Einbindung aller interessierten Akteure, die von einer Entscheidung betroffen sein könnten. Da herrschende Eliten kaum Interesse daran haben, ihren Standpunkt öffentlich zu diskutieren, werden bestehende sozio-ökonomische Ungleichheiten zementiert. Hier lediglich auf der *policy*-Ebene zugunsten eines öffentlichen Diskurses zu plädieren, käme einem sehr naiven Idealtypus ohne Konsequenz gleich.

- Politische Mechanismen: Ein großer Einfluss kommt dem öffentlichen Diskurs hingegen bei der Wahrnehmung politischer Mechanismen zu. Selbst wenn dieser nur vordergründig auf der *policy*-Ebene geführt wird und wenig Gestaltungskraft entfaltet: Diskurs schafft Vertrauen. Allerdings stellt sich die Frage, ob bestehende IOs grundsätzlich mit der Öffentlichkeit sprechen können - über die uni-laterale Schnittstelle der Pressestelle hinaus. Vielleicht wäre eine offene, netzbasierte Diskussion der erzielten Ergebnisse ein Weg, eine demokratische Alternative zu den herrschenden IOs auf der *polity*-Ebene aufzubauen.

- Sozio-technologischer Wandel: Für die kollektive Zugangsdynamik einer regionalen Kultur ist der öffentliche Diskurs sehr wichtig. Auch könnte die Möglichkeit, institutionelle Teilhabe bis in das mobile Endgerät hineinzutragen eine dynamische Variante darstellen, einen selbstverständlicheren Umgang mit dem sozio-technologischen Wandel zu forcieren.

- Persönliche Voraussetzungen: Ob die persönliche Motivation durch den öffentlichen Diskurs wesentlich beeinflusst werden kann, ist fraglich, wenn die oben angeführten bildungspolitischen Faktoren nicht gegeben sind. Gleichwohl kann hier

der Diskurs unterstützend wirken.
- Soziales Umfeld: Dem diskursiven Charakter öffentlich ein größeres Gewicht beizumessen, könnte indirekt auf die Kommunikationskultur innerhalb des sozialen Umfeldes zurückwirken.
- Rechtliche Rahmenbedingungen: Auch die rechtlichen Rahmenbedingungen vermag ein öffentlicher Diskurs nur indirekt zu beeinflussen.

Zusammengefasst kann der öffentlichen Diskurs partiell Vertrauen und Motivation schaffen und damit einen qualitativen Nährboden für die persönliche Nutzung und Gestaltung digitaler Umgebungen schaffen.

10. Intensivierung der Forschung

Eine intensivierte Forschung ist nach Ansicht der Expertinnen für keine *Flow*-Kategorie von Belang. Diese Maßnahme stellt in allen Kategorien das Schlusslicht dar.

Könnte die Forschung dennoch einen Einfluss auf einzelne Hemmfaktoren ausüben?

- Sozio-kulturelle Werte & Praktiken: Auf die Entwicklung der sozio-kulturellen Werte und Praktiken kann Forschung nur bedingt einwirken. Obläge es der OECD, hier einen Fortschritt zu erzielen, würde sie vermutlich eine empirische Studienreihe initiieren, in der interkulturell untersucht würde, wie der optimale kulturelle Index-Mix aussähe, um diesen dann anderen Kulturen auf der *policy*-Ebene zu empfehlen. Angesichts der *Web 2.0*-Dynamik, die emergent neue Standards setzt und kollaborativ weiterentwickelt, wäre aber ein solches Vorgehen zumindest fragwürdig.
- Ökonomischer Druck: Um diesem Hemmfaktor entgegenzuwirken, könnte die Forschung zumindest gelungene Praxisbeispiele sammeln, die von positiven Begleitmaßnahmen innovativer Netzzugänge in entlegenen Regionen berichten. Auch könnte ggf. eine Forschung hilfreich sein, die eine alternative internationale Bildungspolitik in den Blick nähme. Indirekt könnte solch eine Maßnahme auf der *politics*-Ebene durchaus den ökonomischen Druck abbauen helfen.
- Politische Mechanismen: Auch hier könnte ggf. Forschung abseits der herrschenden kulturellen Hegemonie dazu beitragen, alternative netzbasierte Demokratieprozesse zu untersuchen und Hinweise zu geben, wie sich ggf. gesellschaftliche Netzwerk-Kompetenz in Institutionen ausbreiten könnte. Zumindest könnten solche Maßnahmen, sukzessive überführt in tatsächliche politische Prozesse, einen Vertrauensumschwung initiieren.
- Sozio-technologischer Wandel: Forschung, die den Wandlungsprozess selbst steuert, wird vermutlich eher von nachgeordneter Bedeutung sein. Begleitende Forschung, die Netztrends erkennt und analysiert, könnte hier ggf. dazu beitragen, Menschen mitzunehmen auf den Weg.
- Persönliche Voraussetzungen: Die leitende Frage neben der herrschenden formalen

Sicht: Wie können persönliche Voraussetzungen ggf. alternativ unterstützt werden, wenn formale Institutionen an ihre Grenzen gestoßen sind? Vielleicht könnte hier eine intensivierte Forschung Möglichkeiten aufzeigen?
- Soziales Umfeld: Wie das soziale Umfeld sich mittels Forschung aktivieren liesse, um einen besseren Nährboden für Netzzugänge zu schaffen, bleibt fraglich. Vielleicht könnte Forschung aber alternative Wege zu interessanten CoPs und NoPs aufzeigen und hier mögliche Einstiegspunkte demonstrieren?
- Rechtliche Rahmenbedingungen: Forschung kann womöglich am meisten für die moderne Rechtsprechung ausrichten, indem sie dort rechtliche Alternativen vor dem Hintergrund eigener Netzwerkerfahrungen diskutiert statt sich ausschließlich auf das bestehende bürgerliche Recht zu konzentrieren.

Zusammengefasst bedeutet dies: Eine intensivierte Forschung ist eine schöne Begleiterscheinung einer Wissensgesellschaft, übt aber offenbar wenig Einfluss auf die verschiedenen Hemmfaktoren aus. Dies ist ein schwieriges Ergebnis für eine bildungspolitische Forschung, da sie mit dieser Erkenntnis ihre eigene Ohnmacht dokumentiert.

5.2.3 INTERNATIONALE BILDUNGSPOLITISCHE AKTEURE

Vor dem Hintergrund des im vorigen Kapitel identifizierten Pakets der sieben zentral auf die verschiedenen Hemmfaktoren einwirkenden, bildungspolitischen Maßnahmen, soll nunmehr beleuchtet werden, welche Gestaltungsspielräume die bildungspolitischen Akteure der internationalen Bühne haben.[133] Welche dieser Maßnahmen kann internationale Bildungspolitik überhaupt beeinflussen, fördern oder unterstützen? Welche Akteure des Governance-Ansatzes kämen hier in Frage? Und wie kann man die von den Expertinnen benannten Akteure/Treiber (UNO, staatlicher Souverän, (Hoch-)Schulen, Mentorenprogramm, Mobile Endgeräte, *Communities of Practice*, *Open-Data*-Initiativen und *Social Networks*)[134] in diesem Kontext einordnen?

1. Ausbau des technologischen Zugangs

Der technologische Zugang gilt als ein wesentlicher Hebel zur Erreichung der Milleniumsziele bis 2015 - und als Zugang zu neuen Märkten. Auf der internationalen Bühne bemühen sich einige Akteure, auf der *Access*-Ebene den *Digital Divide* zu schliessen. Die Telekommunikationsinfrastruktur auszubauen ist dabei eine Strategie, die Bereitstellung von Low-Cost-Devices eine weitere (z.B. OLPC-Initiative) und der Ausbau öffentlicher *Access Points* eine dritte Strategie.

---

133 Die bildungspolitischen Maßnahmen „Ausdehnung der Bildungsausgaben", „Bereitschaft zum öffentlichen Diskurs" und „Intensivierung der Forschung" werden aufgrund ihrer von den Expertinnen zugewiesenen, wenig einflussreichen Ranglisten-Position (8. -10.) an dieser Stelle ignoriert.

134 Vgl. Appendix, Kap. 8.2.11

In diesem politischen Feld wird das komplexe Mehrebenensystem des globalen *Internet Governance*-Regimes deutlich. Auf dem Infrastruktur-Layer sind privatrechtliche Telekommunikationskonzerne gleichermaßen aktiv wie (inter-)nationale Förderprogramme und nicht-staatliche Initiativen. Auch auf der logischen Ebene und auf der *Content*-Ebene der *Internet Governance* wird versucht, aktiv Einfluss zu nehmen. Das machtpolitische Ungleichgewicht des internationalen Systems setzt sich im Bereich des technologischen Zugangs entsprechend der aktiven Lobbygruppen fort, deren primäres Interesse nicht unbedingt humanistisch geleitet ist.

Zudem ist es mit dem technologischen Zugriff auf Breitband- oder Mobilfunknetzwerke nicht getan. Auch der Zugang zu offener Software und relevanten Inhalten bzw. die soziale Interaktion muss politisch wie gebrauchstauglich gewährleistet sein, um von einem tatsächlichen technologischen Zugang sprechen zu können - gleichgültig, welches Endgerät die Person präferiert bzw. nutzen muss. So geben zwar die kreative Nutzung mobiler Technologien und die vielfältigen *Open-Source*-Entwicklungen z.B. in Afrika einen Grund zu der Hoffnung, den Markt generisch zu entwickeln entsprechend der Wünsche aktiver Nutzer/innen. Gleichwohl lassen sich regionale Marktinseln feststellen, die global wenig kompatibel sind bzw. existieren noch viele blinde Flecken, in denen exkludierte Menschen wohnen, die keinen oder einen sehr eingeschränkten technologischen Zugang zur Netzwerkgesellschaft aufweisen.

Im Appendix[135] wurde festgestellt, dass die seitens der Expertinnen vorgeschlagenen „Akteure" sich bei dieser bildungspolitischen Maßnahme auf die UNO, den staatlichen Souverän, die (Hoch-)Schulen und mobile Endgeräte konzentrieren:

- Die UNO ist im bildungspolitischen Kontext vor allem im *policy*-Bereich aktiv und kann zentrale weltgesellschaftliche Themen besetzen. Nun besteht die UNO aber aus einem System „aus verschiedenen z.T. selbstständigen, dezentralen Organisationen und Programmen mit jeweils eigenen Satzungen, Mitgliedschaften, Strukturen und Haushalten" (Varwick 2008). Teilweise in Konkurrenz zueinander gewachsen, reflektieren diese UNO-IOs verschiedene Machtkonstellationen der *Global Governance*. Gleichwohl könnte über eine internationale Erklärung der Staatengemeinschaft (z.B. seitens der G20 oder im Rahmen eines aufgewerteten Weltbildungsgipfels) dem dringenden Bedürfnis eines (kostenlosen oder bezahlbaren) Internetzugangs -möglichst auf mobilen Technologien aufbauend- Rechnung getragen werden, um den *space of flows* auszubauen.
- Seitens des staatlichen Souveräns ist am *space of places* der kontinuierliche, freie Netzzugang zu gewährleisten - unabhängig von sozialen Ungleichheiten. Es ist eine sozio-politische, technologische wie personelle Infrastruktur zu fördern, die auf der

---

135 Vgl. Appendix, Kap. 8.2.11

Skill- und *Motivation*-Ebene die Menschen auf deren Wunsch hin unterstützt. In diesem Punkt werden sich viele autokratische und von Wirtschaftsmonopolen abhängige Staaten schwer tun. Der moralische Druck seitens der *Global Community* muss dahingehend wachsen, selbstbestimmte Bildung als fundamentales Menschenrecht anzuerkennen!

- Den (Hoch-)Schulen kommt die Aufgabe zu, in der Übergangsphase den technologischen Zugang dauerhaft zu gewährleisten, auch über die festen Schul-Lernzeiten hinaus gehend. Auf der *policy*-Ebene darauf hinzuwirken, wäre Aufgabe der *Global Educational Governance*.
- Mobile Endgeräte eignen sich zur Kommunikation, zur Mediennutzung, zur Informationsrecherche und für das persönliche Informationsmanagement. Seitens der internationalen Bildungspolitik ist hier darauf zu achten, für alle Nutzungsszenarien einen gleichberechtigten und bezahlbaren Zugang zu ermöglichen. Ein umfangreiches Förderprogramm für die Entwicklung von *Open-Source*-Angeboten könnte hier -vielleicht sogar recht schnell- zu Erfolgen führen.

Ohne Netz wird es schwierig mit der Netzwerkgesellschaft. Für diese bildungspolitische Maßnahme ist die Menschheit ganz entscheidend von staatlichen Instanzen abhängig. Allerdings könnte diese Maßnahme sehr wohl seitens der internationalen Politik maßgeblich initiiert werden. Alternativ können Telekommunikationsanbieter hier politisch agieren, indem sie Zugänge -vor allem bezahlbarer mobiler Natur- bereitstellen.[136]

2. Bedeutungszuwachs der Zivilgesellschaft

Die Bedeutung der Einbindung zivilgesellschaftlicher Akteure in internationale Politikprozesse ist erkannt. Es existieren in vielen Bereichen erste Kooperationen zwischen IOs und NGOs. Und auch der WSIS-Prozess demonstriert -trotz aller Kritik- die in weiten internationalen Kreisen erkannte Notwendigkeit, die zivile Öffentlichkeit einzubinden. Allerdings ordnet sich das internationale System gerade neu und die herrschenden Eliten drängen darauf, ihre Interessen weiterhin zu wahren. Angesichts des radikalen Umbruchs, den die sichtbaren Entwicklungen hin zu einer globalen Netzwerkgesellschaft nehmen, wird es zu einem Systemkonflikt gerade im Feld der *Internet Governance* kommen.

Zum einen wird die Zivilgesellschaft die erforderlichen Schritte hin zu einer systematisch vernetzten, global organisierten, stellvertretend demokratischen, dynamisch sich anpassenden Struktur unternehmen müssen, um als mächtiger Akteur auf der internationalen Bühne sich einbringen zu können. Zum anderen wird die Weltgesellschaft ihre handlungsleitenden Prozesse überdenken und die Zivilgesellschaft stärker fordern müssen, um die Potenziale der Netzwerkgesellschaft produktiv zur Lösung der drängenden Menschheitsfragen nutzen zu können.

---

136 Siehe z.B. http://buythissatellite.org/ (05.03.2011)

Wie könnte internationale (Bildungs-)Politik die identifizierten bildungspolitischen Maßnahmen anstossen? Wie kann sie zivilgesellschaftliche Kräfte fördern und gleichzeitig demokratische Prozesse anstossen?

Von den benannten „Akteuren" lassen sich auf der internationalen Bühne v.a. die UNO, die mobilen Endgeräte, *Open-Data*-Initiativen, *Communities of Practice* (CoP) und *Social Networks* zugunsten eines Bedeutungszuwachses der Zivilgesellschaft einsetzen:

- Sollte die UNO Interesse an wichtigen bildungspolitischen Weichenstellungen haben, könnte sie mit Blick auf die Zivilgesellschaft einige Justierungen auf der *polity*-Ebene vollziehen, damit sich auf der *politics*- und *policy*-Ebene etwas Entscheidendes bewegt. Zwar werden NGOs vielerorts als Kooperationspartner instrumentell eingesetzt und damit die Zivilgesellschaft gestärkt. Mit dem emergenten Aufbau einer globalen Zivilgesellschaft, die auf die Hemmfaktoren wesentlich einwirken kann, hat diese Entwicklung allerdings wenig gemein. Langfristig muss das weltpolitische Geschehen an die Aktivitäten der Netzwerkgesellschaft angebunden werden. Hier Exempel zu statuieren, wäre Aufgabe der UNO als latenter Weltregierung.
- Die Vernetzungsformen, die über den breiten Zugang zu mobilen Endgeräten gegeben sind, bringen Menschen sozial und emergent zusammen. Sofern hier seitens der Politik darauf geachtet wird, das Netz offen zu halten für sämtliche Anbieter, können sich bereits aus dem Zugang entsprechende zivilgesellschaftliche Initiativen entwickeln.
- Sollten darüber hinaus staatliche Instanzen offene Schnittstellen zu ihren statistischen Daten bereitstellen oder Aktivität für politische Abstimmungsprozesse einfordern und damit eine breite, vertrauensvolle Mitbestimmung ermöglichen, wird die Motivation zivilgesellschaftlicher Kräfte steigen. Dann können diese z.B. über Open-Data-Initiativen weitere Impulse setzen, ihre Kreativität einbringen und gleichzeitig Vertrauen in die zivilen Entscheidungsträger/innen aufbauen helfen.
- Zivilgesellschaftliche Aktivität lässt sich gut in CoPs mit ihren starken Verbindungen einüben. Solche Initiativen seitens der internationalen Bildungspolitik massiv zu stärken und zu unterstützen, wird entscheidend sein, um alternative Lernpfade aufzubauen. Um auch institutionelle Erfahrungen zu sammeln in diesem Feld, wäre es notwendig, statt Bunkermentalität auf eine Vernetzung hinzuwirken, die sich ähnlich multilateral aufbaut wie die große Politik. Insofern sollten thematisch klar umrissene CoPs nicht initiiert gestaltet werden, sondern Mitarbeiter/innen von verschiedenen hierarchischen Ebenen sollten gefördert werden, wenn sie sich in bereits bestehenden, sie persönlich interessierenden CoPs aktiv bewegen und konstruktiv mitarbeiten.
- Den Aufbau vielfältiger, offener, sozialer Netzwerke zu unterstützen, kommt einer

wesentlichen infrastrukturellen Maßnahme gleich, weil nur so gewährleistet sein kann, dass die globale Zivilgesellschaft sich unabhängig von einzelnen Interessen der Anbieter entwickeln kann. Die Kontrolle der Netzwerke muss wiederum der Zivilgesellschaft unterstellt werden - keinem einzelnen Staat oder einer interessengeleiteten IO.

Als kleines Fazit kann hier konstatiert werden, dass der staatliche Souverän nur wenig beiträgt, um den Bedeutungszuwachs der Zivilgesellschaft unter bildungspolitischen Gesichtspunkten zu fördern. Hier sind eher informelle Zwänge am Werk, die die internationale Politik vielfältig unterstützen kann.

3. Förderung sozialen Lernens

Dem sozialen Lernen in der Netzwerkgesellschaft inhärent ist die potenzielle Globalität, in der ein Austausch erfolgen kann. Damit einher geht eine Befähigung zum vielfältigen informellen Lernen - auch und vor allem in digitalen Umgebungen. Wie kann nun internationale Bildungspolitik die positiven Effekte anstossen, die über eine Förderung sozialen Lernens für die kollaborative Entwicklung der Netzwerkgesellschaft erforderlich sind?

Im Appendix[137] wurden dieser bildungspolitischen Maßnahme vor allem die „Akteure" (Hoch-)Schulen, Mentorenprogramm, mobile Endgeräte, CoPs, *Open-Data*-Initiativen und *Social Networks* zugeordnet.

- So könnten (Hoch-)Schulen in der Übergangsphase gesamtgesellschaftlich die individuellen Kompetenzen fördern, um selbstbestimmt sozial und online lernen zu können.

- Auch liesse sich über ein offenes, freies, globales Mentorenprogramm eine zentrale bildungspolitische Aktivität generieren, die sehr förderlich sein kann. Dort könnten sich hilfebedürftige Personen zur virtuellen, wechselseitigen Unterstützung einfinden, um sämtliche Themen, Erfahrungen und Inhalte ggf. anonym auszutauschen bzw. zusammen zu erarbeiten.

- Die Förderung mobiler Nutzungsszenarien mit ihrem inhärent sozialen Charakter, würde über die breite Bereitstellung entsprechender Endgeräte mit Internetanschluss soziales Lernen fördern helfen - nicht *Output*-orientiert, sondern zielorientiert entsprechend der persönlichen Interessen.

- Soziales Lernen in CoPs kommt einer Tautologie gleich - die Entstehung persönlich relevanter CoPs (und auch NoPs) explizit über bildungspolitische Maßnahmen zu fördern, käme einer individuellen Netz- wie sozialen Netzwerk-Kompetenzsteigerung gleich.

- Über Open-Data-Initiativen kann der Weg zu *Open Access, Open Content* und *Open Educational Resources* aufgezeigt werden, über deren Nutzung neue, qualitative,

---

137 Vgl. Appendix, Kap. 8.2.11

interaktive Lernaneignungsprozesse sich entfalten können, die sich dann wieder in die Gesellschaft qualitativ angereichert zurückführen lassen.

- Die Förderung eines offenen, dezentralen *Social Networks* wiederum könnte all diese bildungspolitischen Prozesse abbilden, anstoßen und weiterentwickeln.

Aber nicht nur diese bildungspolitischen „Akteure" lassen sich im Sinne der Förderung sozialen Lernens anstossen. Angesichts der in Kap. 5.1.3 aufgezeigten Beispiele, wie virale, internationale Harmonisierungswellen im multilateralen Bildungsbereich verlaufen, könnte z.B. unter den gegebenen Bedingungen ein internationaler Keyplayer (UNESCO, OECD, UNO-Taskforce, ITU o.ä.) über die Schaffung eines komplexen, vergleichenden Bildungsindizes eine globale Orientierung an den diesen beeinflussenden Faktoren initiieren. Diese Faktoren könnten sich z.B. an den verschiedenen Ebenen des *Digital Divide* orientieren, zzgl. eines (Hoch-)Schul-Indexes, einer Indizierung des (nationalen) informellen Lernens, der Berechnung der sozialen Netzwerk-Kompetenz und der nationalen Durchdringung mit der *Web 2.0*-Kultur. Hier könnte v.a. die UNO eine sehr zentrale bildungspolitische Aufgabe übernehmen.

Darauf aufbauend liessen sich Aktivitäten gestalten, die die einzelnen Faktoren bildungspolitisch mit konkreten Einzelmaßnahmen fördern helfen und vom staatlichen Souverän bildungspolitisch in die Wege geleitet werden. So könnte z.B. die Entwicklung flexibler sozialer Lernmodelle, die eine kreative Kombination aus *Online*- und *Offline*-Lernen unterstützen, auf verschiedenen Ebenen des *Digital Divides* den Weg zur Netzwerkgesellschaft begleiten.

Auch gilt es seitens der zentralen Bildungsinstitutionen, sich selbst als aktiver Netzwerkknoten einzubringen und die eigenen Mitarbeiter/innen und Mitstreiter/innen mit sozialer Lernkompetenz in diversen CoPs, NoPs und sozialen Netzwerken zu konfrontieren. Wenn es glücken sollte, die vorherrschende Bunkermentalität der geschlossenen Systeme aufzubrechen, könnte hier ggf. ein politischer Gestaltungswillen greifen.

Konkrete Veto-Player aufzubauen, die innerstaatlich Widerstand gegen das tradierte Modell leisten und sich gegen die nationale Institutionalisierung interessengeleiteter internationaler Politik stemmen, könnte zudem hilfreich sein, die kulturelle Hegemonie zu unterlaufen, wenn diese Player sich selbst global vernetzen. Hier nicht auf eine top-down-Politik zu warten und stattdessen bottom-up sich zivilgesellschaftlich zu organisieren -möglichst ohne eigene Eliten-Bildung- wäre ein wichtiger Schritt.

Mit anderen Worten: Hinsichtlich dieser bildungspolitischen Maßnahme können sehr verschiedene Akteure aktiv werden und sich für eine Förderung sozialen Lernens einsetzen.

4. Etablierung von Chancengleichheit

Chancengleichheit ist ein gern bemühter Anspruch für bildungspolitische Forderungen in demokratischen Systemen. Gleichwohl ist sie nur selten gegeben - innerstaatlich, wie die (PISA-)Studien regelmäßig konstatieren,[138] und erst recht im internationalen Vergleich. Die im Jahr 2000 vom Weltbildungsforum in Dakar formulierten Ziele - „Bildung für alle" und die Halbierung der Analphabetenquote bis 2015- mündeten im Milleniumsziel „Ermöglichen einer Primarschulbildung für alle Kinder dieser Welt bis zum Jahre 2015" und werden voraussichtlich nicht erreicht. Im Jahre 2005 gab es weltweit 771 Millionen Analphabet/innen - davon 64% Frauen und 137 Mio. Menschen zwischen 15 und 24 Jahren. Verschiedene soziale Diskriminierungsfaktoren (Stadt/Land, Bezirke, Regionen, Gender, soziale Schicht ö.ä.) ziehen dabei die Grenzlinien zwischen den Lesenden und den Exkludierten (Emcke 2006). Der *Digital Divide* baut auf denselben Ungleichheiten auf und forciert diese Entwicklung.

Aber wie bereits häufig angemerkt: Der digitale Graben verläuft auch innerhalb der Staaten mit einer hohen Alphabetisierungsquote. So entfallen zwar 84% aller Bildungsausgaben auf die OECD-Staaten - an den bestehenden sozialen Ungleichheiten ändern sie derweil nur wenig: Zum Beispiel konstatiert der Datenreport 2008 für die Bundesrepublik Deutschland, dass mit der erfolgten Bildungsexpansion in der Nachkriegszeit bis heute weder die Bildungsungleichheiten abgebaut „noch eine Reduktion ungerechtfertigter Ungleichheiten von Lebenschancen" bewirkt wurden (Destatis, gesis-zuma, und WZB 2008, 79). Dies setzt sich fort in dem persönlichen Unvermögen, existierende freie Ressourcen informell zu nutzen und sich entsprechend der eigenen individuellen Kreativität weiterzuentwickeln.

Welche bildungspolitischen Alternativen zur *Output*-orientierten Ideologie fleissiger BildungsbürgerInnen liessen sich auf internationaler Bühne andenken? Was müsste einer kostenintensiven Internationalisierung (westlicher) Hochschulen und einem bildungs-industriellen Komplex entgegen gestellt werden, die versuchen, lebenslanges Lernen an formale Institutionen zu binden, um Bildung als Geschäft betreiben zu können?

Für die Etablierung von Chancengleichheit lassen sich aus dem Akteurskatalog der Expertinnen vor allem die UNO, der staatliche Souverän, die (Hoch-)Schulen, das Mentorenprogramm, mobile Endgeräte und Open-Data-Initiativen verantwortlich machen.

Allerdings klingen vor dem Hintergrund der skizzierten gescheiterten Bemühungen des bestehenden Bildungssystems die wiederholten Forderungen nach besserer

---

138 http://www.oecd.org/document/20/0,3343,de_34968570_39907066_39648148_1_1_1_1,00.html (05.03.2011)

Bildung seitens wahlkämpfender Parteien oder international wirkender Politiker/innen nur noch hohl. Appelle versickern in den Verwaltungen und ein weiterer Ausbau bestehender Bildungsangebote bringt keine wesentlichen Fortschritte. Zudem ist die bildungspolitische Forderung nach mehr Chancengleichheit eine Tautologie: Indem alle anderen hier angeführten Maßnahmen dazu beitragen, überhaupt erst einen Ansatz von Chancengleichheit herzustellen, wird diese selbst erst nachrangig greifen können.

Aber wie könnte internationale Bildungspolitik hier konstruktiv einwirken? Zunächst einmal müssen regelmäßige Lernzeiten und Lernorte jeder Person gewährleistet sein, in der sie sich selbst weiterentwickeln kann. Entsprechend sollten zum einen Kinderrechte eine zentrale bildungspolitische Forderung von sämtlichen politischen Instanzen sein - und zum anderen könnten internationale IOs oder NGOs eine beispielhafte Durchsetzung eines Arbeit-Lernmodells vorleben, die z.B. dem Pareto-Prinzip folgt:[139] 80% der Arbeitszeit zur Bewältigung aktueller Aufgaben und 20% als Lernzeit zur persönlichen Weiterentwicklung mit gesellschaftlicher Relevanz. Zudem könnte ein Menschenrecht auf mentale Unversehrtheit und geistige Weiterentwicklung für die Weltgesellschaft förderlich sein. Dann liesse sich darauf hinwirken, informelles Lernen zu fördern und ggf. Schnittstellen zu derzeit existierenden Lernangeboten zu schaffen. So wäre es dringend erforderlich, kostenfreie, unabhängige Zertifizierungen (oder kreative Surrogate) zu ermöglichen, um informelle Lernerfolge anerkennen zu lassen und z.B. autodidaktische Bildung als einen möglichen Ausstieg aus dem „Ghetto" zu bewerben (als Alternative zum Sport oder zur Schattenökonomie).

5. Restrukturierung des Bildungssystems

Unter Punkt 4. wurde bereits angemerkt, wie das bestehende Bildungssystem dauerhaft an seine Grenzen stößt und eine radikale Restrukturierung nahelegt. Neben einer umfassenden Akzeptanz informeller Lernerfolge gilt es, eine neue örtliche Konfiguration des Bildungssystems vorzunehmen, das sich an der individuellen Zeitschiene orientiert und weniger an statischen Orten. Die *Accessibility* in Zeiten mobiler Kommunikation ermöglicht eine zeitbasierte Organisation von (Lern-)Aktivitäten, die den Raum transzendiert. Insofern obliegt es dem modernen Bildungssystem, einen freien Zugang zu Netzwerkknoten unterstützend anzubieten - und dies in mehrfacher Hinsicht: Neben dem technologischen Zugang bedarf es eines freien Zugangs zu Inhalten und einer verpflichtenden Anbindung an eine Vielzahl von CoPs und NoPs für institutionelle Träger. Indem die Netzwerkgesellschaft regelmäßig aktiv eingebunden wird in politische Entscheidungsfindungsprozesse auf allen nur denkbaren Ebenen, entwickeln sich ggf. offene Schnittstellen als Basis für ein alternatives Rechtssystem.

---

[139] Angelehnt an Googles Innovationszyklus, indem lediglich 80% der bezahlten Arbeitszeit für die formale Arbeit eingefordert und 20% für informelle Projekte aus Eigenmotivation aufgewandt werden sollen.

Wie könnten nun internationale Akteure diesen Prozess bildungspolitisch unterstützen?

Wie im Appendix[140] unter dem Eindruck der herrschenden kulturellen Hegemonie angeführt, wird eine Restrukturierung des Bildungssystems als primär nationale Aufgabe gesehen, die von verschiedenen innerstaatlichen Trägern forciert und von internationalen Netzwerken unterstützt werden könnte.

Nach obiger Analyse des Governance-Ansatzes mit seiner Herausbildung eines kulturell hegemoniell wirkenden Mehrebenensystems, das in die nationalen Bildungssystem aktiv hineinarbeitet, kommt v.a. den internationalen Organisationen -inkl. der UNO- eine entscheidende Rolle zu. Indem auf dieser Ebene neue Werte einverständlich ausgehandelt und nachhaltig formuliert bzw. umgesetzt werden, kann sich im globalen Maßstab ein Mentalitätswechsel vollziehen. Solch ein Paradigmenwechsel lässt sich nicht politisch gestaltend durchführen, sondern muss sich in vielseitigen Diskursen und strukturellen Prozessen in einem window of opportunity emergent durchsetzen. Angesichts der aggressiven Lobby-Verbände des bildungs-industriellen Komplexes wird es schwer sein, hier einen Wandel zu evozieren. Mit einem lapidaren Aufruf zur aktiven Mitgestaltung der Netzwerkgesellschaft wird es nicht getan sein. Indem aber immer weitere Kreise der Zivilgesellschaft eingebunden werden, diese sich an ihren Wirkungsstätten in den staatlichen Instanzen, den (Hoch-)Schulen, den vielfältigen CoPs und NoPs, in der Open-Bewegung und in den sozialen Netzwerken mittels der Einbindung mobiler Nutzungsangebote und internationaler Mentorenprogramme einbringen, könnte sich vielleicht ein Mentalitätswandel von Grund auf herausbilden - und sich eine neue kulturelle Hegemonie über Agenda-Setting durchsetzen. Zugegeben: Eine anspruchsvolle Initiative.

6. Verstärkung der globalen Netzwerke

Entstehung und Attraktivität globaler Netzwerke sind ein wesentlicher Katalysator für die Ausgestaltung der internationalen Netzwerkgesellschaft. Nicht nur als humanistischer Akt für den Einzelnen, sondern als weltgesellschaftliche Notwendigkeit, die Intelligenz möglichst vieler (Sub-)Kulturen und Menschen zur Lösung der Weltprobleme einzubinden. Ein freier Fluss von Medien ist dazu ebenso erforderlich wie die Nutzung des Webs als Werkzeug, um Innovationspotenziale zur Entfaltung kommen zu lassen. Da sich in dieser Arbeit ein Verständnis herauskristallisierte, dem Netz als Kulturraum eine sehr große, informell lernwirkende Bedeutung zuzusprechen, ist die Aktivierung aller politischen Ebenen von zentralem Wert.

- Auf der *polity*-Ebene gilt es, das Netz als wichtigsten politischen Entscheidungsträger anzuerkennen und eine neue Kultur der Citoyens zu

---

140 Vgl. Appendix, Kap. 8.2.11

unterstützen.
- Auf der *politics*-Ebene gilt es, auf eine maximal freie und umfassende Nutzung von digitalen Endgeräten hinzuwirken. So kommt der freien Nutzung von Mobiltelefonen in weniger demokratischen Machtstaaten eine größere Sprengkraft zu als z.B. militärischen Einsätze - solange die Telekommunikationsleitungen nutzbar sind.[141]
- Auf der *policy*-Ebene gilt es, für die Netzwerkgesellschaft zu trommeln, um deren Bedeutung klar herauszustellen und den Boden für wichtige netzpolitische Entscheidungen im Sinne der Weltgesellschaft zu bereiten.

Auch für diese bildungspolitische Maßnahme wurde eine eher nationale Akteursrolle vermutet. Im Kontext der *Global Governance* könnte allerdings der internationalen Bühne -allen voran der UNO- eine entscheidende Rolle zukommen, hier für einen Politikwechsel zu sorgen. Über ein breit angelegtes Mentorenprogramm, die Unterstützung freier und offener mobiler Netzzugänge, einer symbolischen Vorreiterrolle hinsichtlich der Öffnung von Schnittstellen und einer wachsenden Vernetzung auch mit zivilgesellschaftlichen Akteuren in temporären, thematischen CoPs und NoPs, liessen sich Kräfte bündeln, die in einem dezentralen, offenen und freien globalen Netzwerk münden könnten. Dieses Netzwerk könnte als zentrale Basis und erster Schritt zur Entwicklung einer wahrhaft demokratischen, globalen Netzwerkgesellschaft dienen, die sich nicht an historischen Machtverhältnissen orientiert, sondern an weltgesellschaftlichen Zielsetzungen.

7. Neuordnung der Regulationsinstanzen (Recht, Politik, Verwaltung)

Als letzte entscheidende, bildungspolitische Maßnahme können neu geordnete Regulationsinstanzen einen Einfluss ausüben auf die Hemmfaktoren, die dem *Flow* entgegenstehen, der erforderlich ist, um sich in benutzergenerierten, digitalen Umgebungen selbstbestimmt bewegen zu können. Die sozio-historisch entstandene Weltordnung mitsamt ihrer bürgerlichen Rechtsprechung, die sich seit der Aufklärung aus dem Schutz des (persönlichen) Eigentums entwickelte, reibt sich an den Entwicklungen der Netzwerkgesellschaft. Es knirscht und kracht an vielen Ecken und Enden - vom Urheberrecht über nationale Souveränitäten und repräsentative Demokratien bis zum neuen Strukturwandel der Öffentlichkeit. Die sozialen Medien mitsamt der sozio-kulturellen Transformationen aufgrund eines *Web 2.0*-bedingten Wertewandels stellt das herrschende System, das sich rund um diese sozio-historisch bedingten, machtpolitisch ausgehandelten Strukturen organisiert hat, vor große Herausforderungen. Derzeit können diese Kämpfe an vielen Fronten beobachtet werden - die Eigendynamik der sich immer dichter vernetzenden und austauschenden Weltgesellschaft werden diese politischen Versuche nur verzögern, nicht aber verhindern können.

---

141 Siehe z.B. die Entwicklungen im Nahen Osten.

Insofern wäre zu fragen, welchen Beitrag verschiedene Akteure leisten könnten, um auf die notwendige Neuordnung der Regulationsinstanzen hinzuwirken. Eine solchermaßen konstruktive internationale Bildungspolitik könnte zur Herausbildung transparenter Strukturen beitragen und damit Vertrauen aufbauen helfen, um sich individuell in die Netzwerkgesellschaft aktiv einzubringen.

Von den seitens der Expertinnen angeführten Akteuren sind in diesem bildungspolitischen Feld die UNO, die staatlichen Souveräne und Open-Data-Initiativen gefordert. Welche Schritte könnten diese Akteure unternehmen, um den Prozess in halbwegs geordneten Bahnen zu gestalten?

- Eine Öffnung aller politischen wie rechtlichen Instanzen hin zu vielfältigen NoPs und die Einberufung temporärer CoPs, die sich zu aktuellen Themenstellungen für alle Interessierten öffnen, wäre eine Zielvorstellung, die einer Netzwerkgesellschaft entspräche. Um einen geordneten Prozess zu initiieren, liesse sich im ersten Schritt die Integration diverser zivilgesellschaftlicher Kräfte in die IO-Entscheidungsprozesse empfehlen - zunehmend nicht nur mit Stimmrecht, sondern auch mit Wahlrecht ausgestattet. Sofern diese Kräfte sich demokratisch aus dem Netz generieren, wäre hier eine aktive Einbindung aller interessierten Personen möglich. In einem zweiten Schritt wäre die humane wie algorithmische Netzintelligenz zu nutzen, um eine direkte eDemokratie aufzubauen, in der die Vorstellungen der Basis nicht durch Repräsentanten mit eigenen Interessen verformt würden.

- Hinsichtlich der Ausgestaltung einer international gültigen, rechtlichen Absicherung des Netzes als Medium, Werkzeug und Kulturraum sollten die Interessen der Netzwerkgesellschaft breit einfliessen können und nicht in Geheimverhandlungen entsprechend kommerzieller Interessen austariert werden. Hier gilt es seitens der internationalen Gemeinschaft den internationalen Gerichtshof zu ermächtigen, auf die Interessen der Zivilgesellschaft und der Exkludierten zu achten.

- Seitens des staatlichen Souveräns könnte darauf hingewirkt werden, dem derzeit herrschenden formalen Bildungssystem eine informelle Begleitspur an die Seite zu stellen, die sich im ersten Schritt z.B. über Prinzipien der Netzwerkgesellschaft (*Peer-to-peer-Review*, *PageRank*, Bewertungssystem mit Sternen, *Like*-Button o.ä.) als Lernerfolg formalisieren liesse.

- Seitens aller Akteure muss darauf hingewirkt werden, den persönlichen Datenschutz in maximaler Ausprägung zu gewährleisten, um Vertrauen entstehen zu lassen. Dazu ist es erforderlich, dieses Schutzrecht nicht nur juristisch zuzubilligen, sondern persönliche Daten individuell vernichten zu können.

Angesichts der *Global Governance* ist es wenig förderlich, hier in engen nationalstaatlichen Kontexten zu denken. Der Kampf um Identität, Datenschutz und

Urheberrecht ist in Zeiten der Netzwerkgesellschaft zur zentralen Herausforderung herangewachsen. Hier werden die aktuellen Kämpfe geführt zwischen den Herrschenden und den Exkludierten. Nur wenn sich hier mehr Transparenz herstellen lässt, können sich die anderen bildungspolitischen Maßnahmen im Sinne der Weltgesellschaft maximal entfalten.

5.3 Einflusspotenzial internationaler Bildungspolitik auf Flow

Vor dem Hintergrund der dargelegten Bedeutung verschiedener Hemmfaktoren, die einer weiteren Qualifizierung der Weltbevölkerung mit Blick auf das Leitbild 2020 entgegenstehen, und des von den Expertinnen präferierten bildungspolitischen Maßnahmenpakets, konnten erste Gestaltungsmöglichkeiten möglicher Akteure auf dem internationalen Parkett angeregt werden. Angesichts der Vielzahl heterogener Akteure mitsamt ihren unterschiedlichen normativen Handlungsparametern und politischen Einflussbereichen zeichnet sich dabei in Zeiten der *Global Governance* ab, dass keine Kausalität zwischen einzelnen bildungspolitischen Maßnahmen und spezifischen Akteuren herzustellen ist. Vielmehr gilt es, die vorgeschlagenen Schritte der verschiedenen Akteure zu handlungspraktischen Paketen zu subsumieren, um sie entlang der verschiedenen politischen Ebenen zu strukturieren:

1. Auf der *policy*-Ebene geht es darum, die kulturelle Hegemonie der herrschenden Bildungsdiskussion zu transformieren.
2. Auf der *politics*-Ebene deutet vieles darauf hin, offenere Strukturen zu schaffen bzw. die existente Open-Bewegung zu unterstützen.
3. Auf der *polity*-Ebene bedarf es neuer institutionalisierter Verfahren und der Reorganisation der beteiligten Akteure.
4. Schließlich tragen alle drei Ebenen eine Verantwortung, das bisherige Bildungsverständnis an die neuen Herausforderungen anzupassen und persönliche Lernpfade dynamisch zu unterstützen.

Vergegenwärtigt man sich die von den Expertinnen identifizierten bildungspolitischen Maßnahmen (technologischer Zugang, Zivilgesellschaft, soziales Lernen, Chancengleichheit, restrukturiertes Bildungssystem, globale Netzwerke, neugeordnete Regulationsbereiche), so stellt sich heraus, dass jede einzelne dieser Maßnahmen -im komplexen Mehrebenensystem der Education Governance- vom Zusammenspiel dieser vier Handlungsfelder tangiert ist. Demnach wird erst die konsequente Bearbeitung aller vier Bausteine die Voraussetzungen für *Flow* im *space of flows* schaffen - mit den in Kapitel 3.3.3 herausgearbeiteten regionalen Unterschieden:

Regionen mit einer stärkeren sozio-kulturellen *Flow*-Affinität werden voraussichtlich weniger Berührungsängste bei der Realisierung dieser Handlungsfelder mitbringen, da deren Grundprinzipien der *Web 2.0*-Kultur entsprechen. Diese Präferenz wird sich damit auch auf den konkreten Entwicklungsprozess des medialen Kulturmodell-Mixes (*Circular Entertainment, Social Computing* und *Creative Producing*) auswirken und insofern auf die regional unterschiedliche Dynamik in einzelnen Bereichen. Über die zunehmende Vernetzung web-aktiver Individuen werden sich demnach die regionalen Harmonisierungswellen zwar in unterschiedlicher Geschwindigkeit ausbreiten, gleichwohl aber zu ähnlichen Entfaltungsbewegungen führen. Auch beeinflussen die zunehmend globaleren Aktivitäten von NGOs und sozialen Bewegungen indirekt die regionalen Kulturen, so dass auch hier zwangsläufig Anpassungsprozesse vollzogen werden.

Im Folgenden sollen im Rahmen der vier vorgeschlagenen bildungspolitischen Handlungsfelder potentielle Gestaltungsspielräume für globale Bildung szenarisch aufgezeigt und ihre Auswirkungen auf die sechs *Flow*-Kategorien resümiert werden.

5.3.1 Transformation der herrschenden Bildungsdiskussion

An einflussreichen Gestaltungsmöglichkeiten, die die verschiedenen bildungspolitischen Maßnahmen in Richtung einer neuen kulturellen Hegemonie treiben könnten, wurden im vorangegangenen Kapitel verschiedene Schritte angeführt. Im Wechselspiel ihres Wirkungsgrades lässt sich folgendes kohärentes Alternativ-Szenario für die *policy*-Ebene entwerfen:

Auf einem Weltbildungsgipfel wird in einer internationalen Erklärung der Staatengemeinschaft vernetzte Bildung als fundamentales Menschenrecht anerkannt. Fortan wird dieses Menschenrecht als Grundrecht auf offenen Netzzugang beim internationalen Gerichtshof einklagbar sein. Die regionalen Fortschritte zur Realisierung dieses Menschenrechts werden überwacht von einer überparteilichen IO mit zivilgesellschaftlicher paritätischer Besetzung. Dazu wird ein komplexer Bildungsindex angelegt, der über einen kollaborativen Entscheidungsfindungsprozess mit allen interessierten Akteuren verbindlich eingerichtet wurde und dynamisch mitwächst entsprechend neuer Anforderungen.

Wie würde sich dieses Handlungsfeld auf die verschiedenen *Flow*-Kategorien auswirken?

Für alle *Flow*-Kategorien ist der technologische Zugang die wesentliche Voraussetzung für personalisiertes, soziales Lernen in globalen Netzwerken. Insofern dieser Zugang einklagbar und anhand objektiver Kriterien überprüfbar würde, wären hier die grundlegenden Voraussetzungen für eine selbstbestimmte Bildung in der Netzwerkgesellschaft geschaffen.

5.3.2 Unterstützung der Open-Bewegung

Bei der Diskussion der verschiedenen bildungspolitischen Maßnahmen schimmerte durch, wie eine Öffnung hin zu verschiedenen Aspekten der Open-Bewegung sich positiv auf die Bearbeitung vieler Hemmfaktoren auswirken könnte. Diverse Entwicklungslinien liessen sich über folgendes Alternativ-Szenario auf der *politics*-Ebene zusammenführen:

Alle nationalen und internationalen Instanzen (auf staatlicher wie zivilgesellschaftlicher Ebene) öffnen ihre Datenbestände und schaffen geeignete Schnittstellen, damit diese Daten ohne Beschränkungen anonymisiert ausgelesen und aggregiert werden können. Gleichzeitig wird der persönliche Datenschutz vor politischen und kommerziellen Interessen gewährleistet, so dass eine solide Vertrauensbasis in selbstbestimmte Web-Aktivitäten aufgebaut werden kann. Die konkreten Datenschutz-Bestimmungen werden dabei kollektiv in offenen Plattformen ohne Zugangsbeschränkungen ausgehandelt und Datenanfragen öffentlich gemacht. Es wird gewährleistet, dass alle Personen, die das Netz nutzen möchten, einen offenen Zugang erhalten. Dies schliesst einen freien, gleichberechtigten Zugang auf allen Layern (Technologie, *Content*, Netzwerke etc.) ein, der die NutzerInnen nicht zu Konsumierenden degradiert, sondern Möglichkeiten der aktiven Teilnahme gewährt. Alle öffentlich geförderten und unterstützten Programme, Dienstleistungen und Inhalte werden als *Open Source, Open Access, Open Content* und *Open Educational Resources* für die Allgemeinheit bereitgestellt - unter einer *Creative Commons*-Lizenz, die Weiterentwicklungen ermöglicht. Die Forderung nach Netzneutralität wird als internationales Grundrecht anerkannt, um Chancengleichheit zu gewährleisten. Gleichzeitig wird die *Internet Governance* einem globalen zivilgesellschaftlichen Schiedsgericht unterstellt, um nationalstaatliche Machtansprüche und Reglementierungen zu unterbinden.

Wie würde sich dieses Handlungsfeld auf die verschiedenen *Flow*-Kategorien auswirken?

Wenn es glückt, offene Schnittstellen zum Netz und den darin kursierenden Inhalten herzustellen, lässt sich seitens der vernetzten Personen das staatliche Gewaltmonopol unterlaufen und die Grundlage einer demokratischen Weltgesellschaft schaffen. Indem Personen sich unbeachtet von klassischen Gatekeepern ins Netz begeben und sich global austauschen, baut sich Vertrauen auf und die bildungspolitischen Maßnahmen werden über diesen Weg wechselseitig unterstützt. Diese Voraussetzungen bieten die Grundlage für alle *Flow*-Kategorien, da der offene, freie und gleichberechtigte Datenfluss und Datenaustausch von entscheidender Bedeutung auf der sozio-kulturellen wie sozio-technologischen Ebene ist.

5.3.3 Reorganisation der Institutionalisierungen

Aktuelle Entwicklungen der *Global Governance* zeichnen eine Tendenz nach, die den Einflussbereich von Nationalstaaten auf politische Entscheidungen der Weltgesellschaft in seine Grenzen weist und andere Akteure in den Blick nimmt. Eine grundlegende Reform bestehender Institutionalisierungen scheint unverzichtbar, um notwendige Grundlagen für die benötigten Fähigkeiten in sämtlichen *Flow*-Kategorien zu schaffen. Ein die Vorschläge summierendes Alternativ-Szenario auf der *polity*-Ebene könnte in diesem Bereich wie folgt lauten:

Das Netz wird als wichtigster politischer Entscheidungsträger anerkannt und die Netzwerkgesellschaft in politische Entscheidungsfindungsprozesse aktiv eingebunden. Dazu werden in einem ersten Schritt seitens der UNO oder sonstiger (supra-)nationalen Initiativen zu sämtlichen politischen Themen temporäre CoPs eingerichtet, um alle Interessierten in den Diskussions- und Entscheidungsprozess zu integrieren. So helfen z.B. zentrale Kollaborationsangebote die bildungspolitischen Aktivitäten verschiedener staatlicher wie nicht-staatlicher Organisationen miteinander und mit interessierten Personen abzustimmen. Zudem werden alle institutionellen MitarbeiterInnen aufgefordert, 20% ihrer Arbeitszeit in selbst gewählten, offenen CoPs und NoPs entsprechend ihrer eigenen beruflichen Interessen zu verbringen. Um einen weiteren Schritt in diese Richtung zu unternehmen, wird zukünftig die globale Zivilgesellschaft (ZG) beispielhaft in sämtliche UNO-Prozesse mit vote-Funktion eingebunden. Der ZG kommt dabei die wesentliche Aufgabe zu, sich über offene, soziale Netzwerke demokratisch auf globaler Basis zu organisieren als stellvertretende Übergangsgesellschaft für eine zukünftige globale eDemokratie. In der Transformationsphase baut sie kollektiv geführte Veto-Player auf, so dass institutionelle Hebel für den gewünschten Politikwechsel entstehen. Über die Einbindung der ZG in alle nur denkbaren IOs kann so der notwendige Paradigmenwechsel zur modernen Ausgestaltung der Netzwerkgesellschaft demokratisch legitimiert ausgehandelt werden. Dabei dient der internationale Gerichtshof als Schutzraum der ZG-Interessen, um die Rechtsprechung von den Lobby-Interessen zu lösen und sukzessive zu modifizieren.

Wie würde sich dieses Handlungsfeld auf die verschiedenen *Flow*-Kategorien auswirken?

Im Zeitalter der Netzwerkgesellschaft kann keine zentrale Steuerung top-down auf Basis (vermeintlich) repräsentativer Legitimation durchregieren. Dynamischere Zusammenschlüsse und spontane Kooperationen zwischen betroffenen Personen setzen sich durch. Offene CoPs, in denen interessierte Netzwerk-Menschen und institutionelle MitarbeiterInnen kollaborieren, ermöglichen neue Perspektiven an den Schnittstellen der IOs und wären ein Weg, soziales Lernen auf weltgesellschaftlicher Ebene einzuüben. Auch helfen dynamische Arbeitsorganisationen, flexible

Netzwerkstrukturen sehr schnell umzusetzen und alle interessierten Personen einzubinden. Über diesen Weg liessen sich ggf. exkludierte Personen in den *space of flows* integrieren.

5.3.4 NEUE LERNORTE FÜR PERSONALISIERTE LERNPFADE

Über alle *Flow*-Kategorien hinweg sind die persönlichen Fähigkeiten entscheidend vom sozio-kulturellen wie sozio-technologischen Umfeld abhängig. Eine vom sozialen Umfeld unabhängige persönliche Weiterentwicklung ist undenkbar in vernetzten Zeiten. Individuelle Netz-Kompetenz und gesamtgesellschaftliche Netzwerk-Kompetenz bedingen sich wechselseitig. Ein kontinuierlicher Lernprozess ist erforderlich, der sich lebenslang fortzusetzen hat - seitens der Personen ebenso wie seitens der sozialen Strukturen. Diese Herausforderungen in eine dynamische Bildungsumgebung einzubetten, wird von zentraler Bedeutung für die Zukunftsfähigkeit der Netzwerkgesellschaft sein. Als Alternativ-Szenario in diesem politischen Handlungsfeld liesse sich formulieren:

Es erfolgt eine neue örtliche Konfiguration des gesamten vernetzten Bildungssystems. Dieses orientiert sich zukünftig an individuellen Zeitschienen und weniger an abgegrenzten Zeitfenstern. Die formale Schulpflicht wird aufgehoben. Stattdessen wird dem formalen Bildungssystem eine gleichberechtigte informelle Begleitspur an die Seite gestellt. Lernende entscheiden fortan selbst, wie sie sich persönlich weiterentwickeln möchten. Für diesen Zweck stehen ihnen lebenslang regelmäßige Lernzeiten und flexible Lernorte zur Verfügung. Über die Forderung nach umfassenden Kinderrechten wird seitens der politischen, zivilgesellschaftlich angebundenen Institutionen gewährleistet, Kindern ein größeres Zeitkontingent zu sichern, um ihren Entwicklungsprozess zu fördern. Das setzt Chancengleichheit auf allen Ebenen voraus und ebenso kostenfreie, unabhängige Zertifizierungen informeller Lernerfolge, die es ermöglichen, autodidaktische Bildungsprozesse als Ausstieg aus dem Ghetto zu begreifen. In der Übergangsphase würde über eine Umverteilung der bisherigen Bildungsausgaben eine neue Dynamik angestossen: Informelle Lernpfade lassen sich aktiv fördern, die auch die mobilen Nutzungsszenarien aus privaten Kontexten im Blick haben. (Hoch-)Schulen dienen ggf. als (temporäre) technologische Brückenköpfe, die als Startrampe für selbstbestimmtes Lernen wirken. Dort können das reflektierte, soziale Lernen mit Technologien erlernt und individuelle Interventionsformen einstudiert werden, um sich auf die dynamische Netzwelt einzustimmen. Ein globales Mentoring-Programm wird aufgebaut, um vielfältige internationale Verflechtungen zu fördern und thematisch Interessierte in geeigneten CoPs oder NoPs zusammenzubringen. Auch wird die Entstehung einer Vielzahl begleitender, kreativer, neuer Lernorte gefördert. Über die Entwicklung flexibler sozialer Lernmodelle mit *On-/Offline*-Vernetzung können hier erste Wege erprobt werden, wie man sich zukünftig in der Netzwerkgesellschaft kontinuierlich weiterentwickelt.

Wie würde sich dieses Handlungsfeld auf die verschiedenen *Flow*-Kategorien auswirken?

Chancengleichheit als sozialer Zugang zur Netzwerkgesellschaft kann über eine politische Gewährleistung von zeitlichen und räumlichen Freiräumen partiell hergestellt werden, wenn diese für die eigene Weiterentwicklung genutzt werden könnten. Ohne klassische Gatekeeper kann dieses Szenario in bestimmten Kulturen ggf. den entscheidenden Impuls liefern, sich stärker in die Netzwerke hineinzubegeben. Denn über soziale Lernformen stülpt sich den Menschen nicht eine externe Kultur über, sondern sie lernen, ihre sozio-kulturellen Werte und Praktiken mit einzubringen und diese auszutarieren. Je mehr autotelische Persönlichkeiten eine Kultur ausbildet, desto stärker wird *Flow* als Teil der sozio-kulturellen Historie an zukünftige Generationen weitergereicht. So kommt auch individuell handelnden Akteuren eine Verantwortung zu, sich weltgesellschaftlich zu vernetzen und diesen Kulturwandel in die Institutionen und hegemonialen Diskursstrukturen hineinzutragen. Als Grundlage für den Auf- und Ausbau der erforderlichen Fähigkeiten in allen *Flow*-Kategorien scheint auch dieses Handlungsfeld unverzichtbar.

6 Fazit mit Ausblick

Zugegeben: Die Autorin lebt im Netz. Während sie sich oftmals in gar nicht so verstaubten Bibliotheken mit möglichst aktueller Print-Literatur anderer ForscherInnen auseinandersetzte, plätscherte kontinuierlich der Echtzeit-Livestream der verschiedenen sozialen Medien in ihre technischen Geräte ein. Dieser Info-Ticker vermag manche irritieren. Wer es gewohnt ist, dieses Rauschen des selbst vernetzten Großraumbüros wahrzunehmen und interessanten thematischen Verweisen selbstständig nachzugehen, wird verstehen, welche Bedeutung dem persönlichen Netzwerk für die aktuelle Einbindung einer solchen Arbeit zukommt. Man lebt sozusagen am Puls der Zeit und (re-)konfiguriert seine Fragestellungen und Forschungen konsequent entlang der sozial tickernden Geschehnisse und globalen Diskussionen.

Insofern liegt es nahe, den verschiedenen Netzwerk-Leveln hier Tribut zu zollen und diese in die sequentielle Ordnung der linearen Gutenberg-Galaxis einzubetten. Zunächst soll also zurückgeblickt werden, welche zentralen Schlussfolgerungen aus den vergangenen Recherchen zu ziehen sind. Dann wird eine Auswahl an möglichen Twitter-Nachrichten angeboten, die Teilergebnisse der Arbeit etwas prägnanter und vielleicht auch etwas provozierender auf den Punkt bringen. Und schließlich sollen noch einige Forschungsdesiderate angeführt werden, die künftige ForscherInnen-Generationen vielleicht angehen möchten.

6.1 What has happened?

Im Rückblick wurde über die Forschungsarbeit hinweg ein großer Bogen gespannt von der griechischen Antike über die heutige Netzwerkgesellschaft bis hin zu einem Leitbild, das für das Jahr 2020 formuliert wurde. Letztlich kreisen die verschiedenen inhaltlichen Zugänge um das Thema, wie exkludierten Personen die Kompetenz ermöglicht werden könnte, die sie benötigen, um sich selbstbestimmt in der heutigen Weltgesellschaft zu bewegen. Dazu wurden verschiedene theoretische Ansätze miteinander in Beziehung gebracht, die interdisziplinär beleuchten halfen, wie sich für den Einzelnen theoretisch *Flow* im *space of flows* erleben liesse. In der Expertinnen-Befragung im Rahmen einer Real Time Delphi-Analyse wurde dann untersucht, inwiefern die Weltbevölkerung im Jahre 2020 tatsächlich fähig sein könnte, sich aktiv in den globalen Informations- und Kommunikationsfluss einzubringen und die erforderlichen *Flow*-Kriterien zu erfüllen. Die Expertinnen identifizierten ein umfangreiches Maßnahmenpaket, das notwendig wäre, um bildungspolitisch auf mögliche Hemmfaktoren einzuwirken. Welche Gestaltungsspielräume der internationalen Politik verbleiben, hier unterstützend zu wirken und welche Akteure dabei gefordert sind, sich aktiv einzubringen, wurde in der Analyse der

Rahmenbedingungen einer internationalen Bildungspolitik und der abschließenden Einordnung der Expertinnen-Meinungen diskutiert. Diese Diskussion mündete in vier Alternativ-Szenarien, die darauf hinwirken könnten, mehr Menschen auf den Weg hin zum formulierten Leitbild für das Jahr 2020 mitzunehmen.

Über den gesamten Forschungsprozess hinweg lassen sich abschließend vier grobe Linien zeichnen, die sich durch die gesamte Arbeit ziehen:

1. Das raum-zeitliche Gefüge hat sich verändert.
2. Die kulturellen Identitätsmarker individualisieren sich.
3. Lernen bedeutet Entwicklung und Netzkontakt bedeutet Lernen.
4. Neue Kampflinien entstehen entlang der sanktionierten Netznutzung.

6.1.1 Das raum-zeitliche Gefüge hat sich verändert

In der Netzwerkgesellschaft komprimiert sich das Zeit-Raum-Kontinuum in eine qualitativ neue Dimension, die auf verschiedenen Ebenen fortwirkt:

In Zeiten des *space of flows* kommt dem *space of places* eine geringere Bedeutung in der Gestaltung der sozio-politischen, sozio-kulturellen wie sozio-ökonomischen Handlungsfelder zu. Der nationalstaatliche Einfluss weicht angesichts der *Global Governance* zurück, auch wenn Staaten weiterhin bemüht sind, Kontrolle über die Netzwerke zu gewinnen. Internationale Organisationen dominieren die weltpolitische Agenda und entziehen ihre Entscheidungen einer unmittelbaren demokratischen Legitimation. Gleichzeitig steigt der anerkannte Einflussbereich der Zivilgesellschaft über die legitimierende Kraft möglichst internationaler NGOs, die begrenzt demokratisierende Effekte haben.

Derweil stossen die Einflusssphären internationaler Organisationen indirekt harmonisierend bis in die (Hoch-)Schulen vor. Das Humboldt'sche Ideal von gesellschaftlich sanktionierten Räumen, in denen junge Studenten für eine Karenzzeit ihren bildungsbürgerlichen Forschungen nachgehen können, um an ihrer inneren Ordnung zu arbeiten, hat sich zugunsten einer konsequent output-orientierten äußeren Ordnung überholt. Gleichwohl hält das traditionelle Bildungssystem an der räumlichen wie zeitlichen Organisation von Bildung fest: Einerseits sollen Individuen bestimmte Ausbildungsschritte in einer zeitlich sequentiellen Ordnung in möglichst staatlich sanktionierten, örtlich klar definierten Institutionen absolvieren, um dem gesellschaftlichen Auftrag nachzukommen. Andererseits dehnen sich klassische Bildungsinstitutionen entlang der neuen räumlichen wie zeitlichen Gelegenheiten aus, um selbst zu überleben.

Während also die klassischen Bildungsinstitutionen um ihre Daseinsberechtigung kämpfen, verlagert sich das eigentliche Lernen in den informellen Bereich. In verschiedenen Bezügen konnte aufgezeigt werden, um wieviel bedeutsamer das kontextuelle Netzwerk einer Person ist als der spezifische Inhalt resp. das gelernte Wissen. Sich global zu vernetzen über vorhandene (soziale) Netzwerke oder *Communities of Practice* (CoP) ist sehr wichtig für Menschen, wollen sie die Netzwerkgesellschaft aktiv mitgestalten. CoPs vermögen dabei am *space of places* einen Einstieg bieten in die dezentrale Netzwerk-Struktur. Individuelle Netz-Kompetenz aber setzt voraus, sich fortan selbst kontinuierlich einzubringen und ggf. neue Netzwerke mit aufbauen zu helfen. Seitens der Gesellschaft sind hierfür räumliche wie zeitliche Einstiegsfenster zu garantieren, so dass Personen nicht der Zugang verstellt wird, sie also (passiv) exkludiert werden. Insofern können formale Bildungsinstitutionen (Schulen, Bibliotheken, Museen, Internet-Cafés o.ä.) als funktionales Sprungbrett durchaus hilfreich sein, hier einen ersten soziotechnologischen Zugang zu gewährleisten. Das eigentliche Netzlernen aber erfolgt in den Netzen - und nicht an den Zugangspunkten. Diese Entwicklung anzuerkennen und gleichzeitig für geschützte Zeit-Räume zu sorgen, wäre ein erster wichtiger Schritt einer modernen Bildungspolitik für die Schaffung einer positiven *User Experience*.

6.1.2 KULTURELLE IDENTITÄTSMARKER INDIVIDUALISIEREN SICH

Als soziales Muster breiteten sich seit den 1960er Jahren progressive Bewegungen aus, die als „networked individualism" eine „Kultur realer Virtualität" schufen, indem sie die traditionelle Kultur herausforderten und sukzessive transformierten. Mit den neuen Informations- und Kommunikationstechnologien (IKT) und der Restrukturierung des Kapitalismus erwuchsen hieraus oppositionelle Bewegungen, die nicht nur bisherige kollektive Identitätsmuster in Frage stellten, sondern auch eine neue Basis für vielfältige Innovationen boten.

Im Gefolge der raum-zeitlichen Kompression in der Netzwerkgesellschaft verändern sich zudem die sinnstiftenden Bezüge, die sich den vernetzten Personen anbieten. Die historische territoriale Kontinuität, die den sozio-kulturellen Bezug traditionell dominierte, weicht sukzessive einer globalen Kultur, die sich bis zur *Web 2.0*-Kultur ausdifferenziert. Denn im *Social Web* setzt sich eine Kulturform durch, die als globale Schicht sich quer zu den interkulturellen Codes und Praktiken des *space of places* legt. In dieser Schicht manifestieren sich neue, sozio-technologisch bedingte sozio-kulturelle Werte und Normen, die in den dezentralen sozialen Netzwerken ausgehandelt und als kulturelle Codes im *space of flows* weitergetragen werden. An den Schnittstellen des *space of flows* mit dem *space of places* sickern diese dann in die Handlungspraktiken vor Ort ein. Die Virtualität realisiert sich sukzessive. Dabei entsteht keine uniforme Weltkultur, wohl aber ein ähnliches Kulturmuster, das allerdings am *space of places* von tradierten Wertemustern -also auch vom regionalen, medialen Kulturmodell- jeweils durchdrungen ist.

Gleichzeitig definieren selbstbestimmte Personen ihre verschiedenen Zugehörigkeiten entsprechend ihrer vergnüglichen Interessen - und diese realisieren sich häufig im digitalen Netz. Sinn entsteht für sie, indem sie Ordnung in den Inhalt ihres Bewusstseins bringen. Sie befinden sich im *Flow*, wenn sie im „realen" wie im „virtuellen" Raum ihrer persönlichen Zielsetzung folgen können, sich ihnen immerfort neue Herausforderungen stellen, die sich über neue Fähigkeiten realisieren lassen. Sie lernen intentional und nicht-intentional, lernen selbstorganisiert im sozialen Verbund und definieren ihre eigene (Lern-)Umgebung. Schließlich bewegt sich jede digital vernetzte Person in mehreren zeit-räumlichen Kontexten, die es individuell zu koordinieren gilt und die im Zeitalter benutzergenerierter digitaler Umgebungen ggf. auch besser zu steuern sind.

Individuelle Dynamik entsteht darin durch unterschiedliche Rhythmen und wandernde soziale Räume, mit denen sich Menschen auseinandersetzen müssen, um ihren Individuationsprozess zu vollziehen. Die primäre Identität orientiert sich dabei an individuellen, selbsterhaltenden Strukturen, die ihnen über Zeit und Raum Halt geben. Als autotelische Persönlichkeiten vermögen die Menschen sich so dem Diktat fremdgesteuerter Vorgaben und *Workflows* zu entziehen. Stattdessen gelingt es ihnen zusehends, ihre neuen kulturellen Werte als amorphe, globale Zivilgesellschaft in die nationalstaatliche Organisation der *world polity* einzubringen, indem sie sich entweder über NGOs strukturieren oder als kulturelle Hegemonie die legitimierenden Grundlagen der herrschenden Identitätsmuster hinterfragen.

Funktionale oder normative Identitätsmarker, die vermeintliche Eliten oder ExpertInnen definieren, können hier nicht mehr punkten. Die globale Anbindung an einen vernetzten sozialen Verbund scheint den Menschen neues Zutrauen zu geben, sich zu organisieren und den herrschenden Interessen ihre eigenen entgegen zu stellen. *User Experience* konfiguriert sich im vernetzten Verbund - und dieser ist wesentlich geprägt von den globalen Netzwerken. Diesen emergenten Trend zu erkennen und seitens der internationalen Politik ein komplexeres, bildungspolitisches Leistungspaket zu schnüren, das über die Ausbildung von Humankapital hinausgeht, wäre ein weiterer Schritt einer modernen Bildungspolitik, die ernst genommen werden will von einer vernetzten Menschheit.

6.1.3 LERNEN BEDEUTET ENTWICKLUNG & NETZKONTAKT BEDEUTET LERNEN

Die Ausbreitung der Netzwerkgesellschaft ist eng an die Prozesse geknüpft, die gemeinhin unter dem Schlagwort „Globalisierung" geführt werden. Letztere sind kein modernes Phänomen, sondern lassen sich historisch bis zu den Kreuzzügen, spätestens jedoch bis zur ersten Kolonialisierungswelle zurückführen. Kolonialismus, Völkerbund und Vereinte Nationen oder Europäische Union sind logische Konsequenzen einer staatlichen Internationalisierung, die zwischenzeitlich zu einer trans- oder supranationalen Institutionalisierung geführt hat. Über die Möglichkeiten neuer IKT und eine erforderliche „Zeit-Raum-Kompression" des kapitalistischen Systems zogen multinationale Unternehmen nach bzw. führten zu einer zunehmenden Verflechtung der Weltwirtschaft. Erst mit dem Internet und erst recht mit dem *Web 2.0* konnte dieses sozio-technologische Potenzial von dem „networked individualism" aufgegriffen und zu einer neuen Qualität geführt werden.

Infolgedessen ist heute in fast allen Weltregionen der Zugang zur Netzwerkgesellschaft theoretisch möglich und gewünscht - sei es über Breitbandverbindungen, über Mobilfunk oder über Satelliten. Zwar stoßen in der empirischen Praxis viele Initiativen an ihre sozio-ökonomischen Grenzen und es existieren eine Vielzahl an „schwarzen Löchern" im weltgesellschaftlichen wie nationalen *Digital Divide* (mit all seinen verschiedenen Ebenen). Das Potenzial einer wahrhaft globalen Vernetzung aber ist greifbar nahe.

Gleichwohl entstand eine neue globale Arbeitsteilung, die „strukturell relevante" und „strukturell irrelevante" Personen hervorbrachte. Diese Schichtung verteilt sich dabei nicht entlang der weltregionalen Grenzlinien, sondern verläuft quer zu den nationalen Gebilden - nur in unterschiedlicher Ausprägung: Die Anzahl exkludierter Personen variiert je nach „Innovationsgrad" des Heimatstaates, sie existieren aber allüberall. Exklusion entsteht dadurch, wenn der Zugang zur Netzwerkgesellschaft strukturell versperrt ist. Die weltwirtschaftlich „relevanten" Prozesse vollziehen sich im *space of flows* und der *space of places* wird zusehends irrelevanter für die sozio-ökonomischen und damit sozio-politischen Prozesse.

Um sich als potentieller Netzwerkknoten ins Spiel zu bringen und die eigenen kreativen Momente in die Netzwerkgesellschaft hineinzutragen, bedarf es seitens der Individuen neben dem technologischen Zugang einer individuellen Netz-Kompetenz, die komplementär an die gesamtgesellschaftliche, kollektive Netzwerk-Kompetenz gekoppelt ist. Dies setzt die Auseinandersetzung mit Mensch-Maschine-Schnittstellen (MMS) voraus, deren Gestaltung sich an der „klassischen" *User-Experience*-Forschung orientieren kann. Sich selbst kennenzulernen, um die persönlichen *Flow*-fördernden Faktoren identifizieren und die eigene technologische Umgebung entsprechend anpassen zu lernen, stellt eine wesentliche persönliche Voraussetzung dar, um Kompetenz im *space of flows* aufbauen zu können. Dies setzt entsprechend kompetente Schnittstellen auf Seiten der bislang eher *Flow*-hemmenden Institutionen voraus, die den emergenten Ansatz der *Web 2.0*-Kultur unterstützen. Das eigentliche Lernen vollzieht sich auf allen Seiten unmittelbar mit dem technologischen Netzkontakt und der kontinuierlichen sozialen Vernetzung.

Diese Notwendigkeit, eine kollektive Netzwerk-Kompetenz aufzubauen, um die individuelle Netzkompetenz zu fördern, stellt eine wesentliche Bedingung dar, die es seitens moderner Bildungspolitik aus Sicht der Autorin gesamtgesellschaftlich zu begreifen gilt. Auf diesen notwendigen Transformationsprozess auf verschiedenen Ebenen des *Global Governance*-Regimes als globale Zivilgesellschaft hinzuwirken, wird von entscheidender Bedeutung sein, um den gewachsenen, herrschenden Interessen in den Internationalen Organisationen die neuen Anforderungen einer modernen Netzwerkgesellschaft entgegenzustellen.

6.1.4 Neue Kampflinien entstehen entlang der Netznutzung

Die zentrale Ordnungsmacht im weltgesellschaftlichen Gefüge bildet weiterhin der souveräne Nationalstaat. Dessen Territorium stellt die zentrale Kampfarena für die Bevölkerung dar, ihre primären Interessen einzubringen. Derweil haben sich im Zuge der globalen Entwicklungen weitere internationale Institutionalisierungen herausgebildet, die als Kampfarenen für die Staaten und auch die zentralen Lobbyinteressen der globalen Wirtschaft dienen. Wechselnde thematische Koalitionen und Kompromisslösungen bestimmen die weltpolitische Agenda, in der der „Netzwerkstaat" im Rahmen der *Global Governance* agiert. Macht definiert sich hier dadurch, die Zielsetzungen der temporären Netzwerke mitzubestimmen oder verschiedene Netzwerke miteinander zu verbinden. Globale zivilgesellschaftliche Initiativen fällt es mitunter schwer, sich in diesem fluiden Raum aktiv einzubringen. Allerdings können sie über moderne kulturelle Codes, die sie in die hegemoniale Diskussionen einbringen, neue Weichenstellungen setzen. Denn die symbolische Gewalt ist mächtiger einzustufen als die auf der souveränen Gewalt beruhende Macht.

Indem vernetzte Menschen ihre Identitätsbezüge immer weniger an die kulturelle Identität einer Region oder eines Nationalstaates binden, wird die innerstaatliche Machtbeziehung zukünftig von den Individuen selbstbestimmt gesetzt. Über globale soziale Netzwerke lassen sich nunmehr vergleichbare kulturelle Werte ausbilden, die nicht top-down ausgeliefert, sondern bottom-up im differenzierten Aushandlungsprozess dynamisch wachsen. Damit provozieren sie Kulturkämpfe zwischen ihrer „realisierten Virtualität" und den Versuchen alter Herrschaftsinteressen, eine virtualisierte Realität zu schaffen, die z.B. traditionelle mediale Kulturmodelle einfach nur fortführt. In den Kulturkämpfen setzt sich somit der Wettstreit der Machtrealitäten am *space of places* fort.

Gleichzeitig formen sich temporäre Bündnisse zwischen den Mächtigen und einzelnen VertreterInnen der Netzkultur. Es entstehen neue Innovationsmodelle in soziokultureller Tradition, die kulturelle Werte der vernetzten Menschen aufgreifen und deren oppositionelle Kraft damit befrieden. Aufgrund der sozio-technologischen Eigendynamik und spezifischen Botschaft des konkreten Mediums -und in diesem Fall der absoluten Macht des Netzwerks, sich in alle Lebensbereiche durchzudrücken- sind die entstandenen Zweckbündnisse jedoch nur temporärer Natur. Der Kampf um die kulturelle Hegemonie setzt sich mit den Personen fort, die bislang nicht in das historisch gewachsene System integriert wurden. Insofern diese „strukturell irrelevanten" Personen ihre persönliche Netzkompetenz weiter ausbauen, besteht für sie die Möglichkeit, alternative Netzwerke aufzubauen, um sich selbst interagierend in die weitere Ausgestaltung der Netzwerkgesellschaft einzubringen. Eine emergente Gegenmacht seitens der Netzaktiven kann dann entstehen, wenn sie sich als kraftvolle Schaltstellen zwischen den Netzwerken etablieren.

> "If power is exercised by programming and switching networks, counterpower, the deliberate attempt to change power relationships, is enacted by reprogramming networks around alternative interests and values, and/or disrupting the dominant switches while switching networks of resistance and social change." (Castells 2009a, 431)

In der Bildungspolitik setzt diese vernetzte Gestaltungskompetenz eine Orientierung an sozial Exkludierten voraus, damit diese gemeinsam mit allen Netzaktiven den herrschenden hegemonialen Institutionen eine zivilgesellschaftliche Gegenmacht entgegenstellen können, die sich im weltgesellschaftlichen Diskurs kontinuierlich emergent aushandelt. Eine positive vernetzte *User Experience* muss sich an der Integration einer maximalen Anzahl sozial Exkludierter messen lassen. Diese bildungspolitische Notwendigkeit anzuerkennen, ist ein weiteres Merkmal einer zeitgemäßen Bildungspolitik in der Netzwerkgesellschaft, soll Bildung den Menschen zum guten Handeln im Sinne Aristoteles befähigen und zu einer gerechteren Ordnung als Selbstzweck im Sinne Platons führen, die keinem anderen Zweck des menschlichen Daseins aufzuopfern ist. In diesem Sinne lassen sich die vier angebotenen Alternativ-Szenarien verstehen, die in Kapitel 5.3 angeführt wurden.

6.2 WHAT'S HAPPENING?

„What's happening?" fragt Twitter oberhalb des Status-Eingabefeldes. Dem sich daraus ergebenden Twitter-Diskurs als prägnanteste Inkarnation des dezentralen, asynchronen Echtzeit-Netzwerk-Lebens und wichtigstem Impulsgeber für informelles Netz-Lernen sei hier in Form einer Reminiszens gehuldigt: Vor dem Hintergrund der vier angeführten bildungspolitischen Leitlinien werden im Folgenden mögliche Twitter-Nachrichten formuliert, die -einzelne Ergebnisse dieser Arbeit repräsentierend- den weiteren Netz-Diskurs unterstützen könnten. Gleichzeitig vermögen sie vielleicht den Beginn einer möglichst kollaborativen Zusammenfassung einzuläuten.[142]

1. Shift happens.
2. *Flow* im *space of flows* setzt verschiedene Micro-*Flows* voraus.

---

142 140 Zeichen sind in Twitter pro „Tweet" erlaubt. Als Hashtag würde sich ggf. „#acw11" empfehlen?!

3. Personen, usable Schnittstellen & transparente Sozialstrukturen tragen jeweils ihren Teil zu Micro-*Flows* bei.
4. Individ. Netz-Kompetenz + ges.gesellschaftl. Netzwerk-Kompetenz erforderlich, um als Kollektiv inter-subjektiven *Flow* zu fördern.
5. Expertinnen identifizieren soz., polit., ökon. & technolog. Hemmfaktoren, weniger pers. Gründe, didakt. Maßnamen o. klass. Bildungsstrukturen.
6. Komplexes Maßnahmenpaket erforderlich, um klass. Bildungspolitik (Ausgaben + Forschung) zu transformieren.
7. Technolog. Zugang & Bedeutung der Zivilgesellschaft entscheidende bildungspolit. Maßnahmen, neben soz. Lernen & Chancengleichheit.
8. Viele unterschiedliche Akteure gefordert, eine bildungspolit. Umkehr im Interesse der kollektiven Weiterentwicklung zu forcieren.
9. Die Offenheit, mit der Personen an die Vernetzungsformen herantreten, ist abhängig vom vorherrschenden medialen Kulturmodell.
10. Im Kulturmodell des zirkulären *Entertainments* entsteht Spaß v.a. durch Konsum der Broadcasting-Angebote.
11. Im Kulturmodell der kreativen Re-Produktion und soz. Kommunikation entsteht Spaß & Vergnügen als Voraussetzung für *Flow*.
12. Erforderliches Wissen für die pers. Handlungskompetenz konfiguriert sich größtenteils durch das pers. Netzwerk.
13. Gestaltungskompetenz ist eine pers. wie gesellschaftl. Notwendigkeit, die Potenziale in der Netzwerk-Gesellschaft zu nutzen.
14. Polit. Verantwortung, die innere Ordnung sich bildender Menschen zu ermöglichen, indem Institutionen nicht *Flow*-hemmend wirken.
15. Ges.gesellschaftl. Netzwerk-Kompetenz setzt transparente Schnittstellen voraus, die sich sowohl techn. als auch human einbringen.
16. Weiterentwicklung und Innovationen bauen auf informellen Prozessen auf, die auch soz. Eigentum repräsentieren.
17. Identität entsteht für den Einzelnen in aktiver Auseinandersetzung mit dem Netz bei gleichzeitiger Abgrenzung des Selbst vom Netz.
18. CoPS & NoPs sind extrem bedeutsam, um sinnstiftende Identitäten und Vertrauen herzustellen.
19. CoPs & NoPs sind Prozessformen, die sich über digitale soz. Netzwerke organisieren lassen.
20. PLE ist eine sozio-technolog. Schnittstelle, die verschiedene Prozesse im Background für pers. Bedürfnisse synchronisiert.

21. ePortfolio kann ggf. den Prozess der pers. o. soz. Weiterentwicklung initiieren & dokumentieren.
22. Es existieren bildungspolit. Alternativ-Szenarien, die „nur" vorherrschenden Lobby-Interessen und klass. Machtspielen entgegen stehen.
23. Fach-ExpertInnen stossen in der Netzwerkgesellschaft mit ihrem fachspezifischen Wissen an ihre Grenzen.
24. Eine netzgestützte, subjektorientierte, kollektive Intelligenz vermag oftmals bessere Orientierungsmarken + Ansatzpunkte setzen.
25. Die Zivilgesellschaft ist aufgefordert, sich interagierend in die Netzwerke hineinzubegeben und diese aktiv mitzugestalten.
26. Über machtvolle NGOs lassen sich die Funktionsmechanismen der internationale Organisationen transformieren.
27. Über breite soziale Netz-Bewegungen können NGOs zur bildungspolitischen Arbeit motiviert werden.
28. Bildungspolitik ist eine internationale Aufgabe und keine national zu instrumentalisierende Anforderung.
29. Feel free to extract your own conclusions :-)

6.3 What should happen?

Im Folgenden sollen einige Forschungsfragen angeführt werden, die im Verlauf der Arbeit keine Antwort fanden und denen sich zukünftige Forschungen widmen könnten:[143]

- Wieviele produktive Arbeitskräfte bzw. wieviele interagierende, innovative EntscheiderInnen oder VernetzerInnen verträgt die globale Netzwerkgesellschaft?
- Welche sozio-politischen, sozio-ökonomischen und sozio-kulturellen Rahmenbedingungen sind förderlich, um die technologische Durchdringung der Weltgesellschaft hin zu einem offenen Umgang mit den verschiedenen *Web 2.0*-Dimensionen (*Creative Internet, Social Computing, Circular Entertainment*) regional zu forcieren?
- Sind Staaten mit einer hohen kulturellen Korrelation zu den *Web 2.0*-Indizes besser befähigt, einen individuellen *Flow* im *space of flows* zu generieren?
- Wie müssten globale, dezentrale, soziale Netzwerke strukturiert sein, um einen interkulturellen Austausch zu ermöglichen?
- Wie gestaltet sich die individuell gelebte *Web 2.0*-Kultur je nach regionalem

---

[143] Auch hier soll lediglich ein erster Fragenkatalog angeführt werden. Kollaboratives Networking im Web vermöge sicherlich eine umfassendere Sammlung zu erzielen.

Herkunftsmodell?
- Wie liesse sich -neben dem Action und Goal Modus- ein neuer Nutzungsmodus für das Web als Kulturraum definieren?
- Welche Bedeutung kommt klassischen interkulturellen Kompetenzen zu in einer sich angleichenden globalen Netzkultur?
- Führt eine globale Netz-Kompetenz zur Akzeptanz von modernen Echtzeit-Zukunftsmethoden als kollaborativem Trend-Barometer?
- Wie liessen sich über *Open-Source*-Technologien professionelle Methodiken realisieren?
- Wie könnten internationale Statistiken in Echtzeit erhoben werden, die Aussagen zur gesamtgesellschaftlichen Netzwerk-Kompetenz zulassen?
- Welchen Beitrag kann klassische Bildungsforschung in der Netzwerkgesellschaft noch leisten? Kann die kollektive Netzkompetenz über transparentere Strukturen darauf hinwirken, hier für objektivere Kriterien zu sorgen als die Aufrechterhaltung bestehender Institutionalisierungen?
- Wie könnte eine umfassende Analyse des herrschenden bildungsindustriellen Komplexes ausschauen?
- In welcher Höhe fliessen staatliche Transferleistungen in die Aufrechterhaltung bestehender Strukturen und wie könnten alternative Modelle hier zu einer effizienteren Finanzierungs- und damit Bildungspolitik führen?
- Welchen Einfluss üben (Bildungs-)NGOs oder andere zivilgesellschaftliche Akteure auf die transnationale Bildungspolitik der IOs aus? Wie systemstabilsierend sind existierende Bildungs-NGOs?
- Inwiefern können zivilgesellschaftliche Bildungsakteure die transnationale Ausrichtung von IOs beeinflussen und ggf. alternative Wirkmechanismen zur OECD aufbauen?
- Wie liesse sich das vorhandene Bildungsbudget unter veränderten Präferenzen sinnvoller verteilen?
- Wie kann sich die globale Zivilgesellschaft schützen, als neues Einfallstor traditioneller Eliten zu dienen?
- ...

Darüberhinaus liessen sich eine Vielzahl an Fragen formulieren, um die aufgeworfenen Alternativ-Szenarien Realität werden zu lassen. In deren Kontext weiterzuforschen, erscheint angesichts der abschließend angeführten groben Entwicklungslinien dringend geboten. Auch drängten sich im Rahmen der Real Time Delphi-Studie eine Vielzahl an möglichen Hypothesen auf, die in größeren Panels interessante Ergebnisse zeitigen könnten. Hier scheinen weitere Forschungen geboten.

7 NACHWEISE

7.1 LITERATURVERZEICHNIS

Adams, Catherine. 2009. iCyborg: Shifting out of neutral and the pedagogical road ahead. In Ebner, M.; Schiefner, M. (eds.), Looking Toward the Future of Technology Enhanced Education: Ubiquitous Learning and the Digital Native., 145-157. Hershey, PA: IGI Global.

Adloff, Frank. 2005. Zivilgesellschaft. Campus Verlag.

Aducci, Romina, und et. Al. 2008. „The Hyperconnected: Here They Come!" IDC White Paper (Mai): 16.

Aichholzer, Georg. 2002. Das ExpertInnen-Delphi: Methodische Grundlagen und Anwendungsfeld "Technology Foresight". Wien: ITA - Institut für Technikfolgen-Abschätzung.

Alexander, Bryan. 2009. „Apprehending the Future: Emerging Technologies, from Science Fiction to Campus Reality". EDUCAUSE REVIEW 44 (3) (Juni): 12-29.

Altbach, Philip G., und Jane Knight. 2007. „The Internationalization of Higher Education: Motivations and Realities". Jorunal of Studies in International Education 11 (3-4): 290-305.

Altenburg, Tilman, und Britta Rennkamp. 2010. Globalisierung von Wissenschaft und Innovationsprozessen. In Debiel, T. et.al. (Hg.): Globale Trends 2010. Frieden - Entwicklung - Umwelt, 1025:357-377. Stiftung Entwicklung und Frieden. Bonn: Bundeszentrale für politische Bildung.

Altrichter, Herbert. 2007. Educational Governance. Wiesbaden: Springer, Mai 15.

Anderson, Chris. 2007. The Long Tail - Der lange Schwanz: Nischenprodukte statt Massenmarkt - Das Geschäft der Zukunft. 1. Aufl. Hanser Wirtschaft, März.

Anderson, Janna Quitney, und Lee Rainie. 2008. The Future of the Internet III. Pew Internet & American Life Project.

Anderson, Paul. 2007. „What is Web 2.0? Ideas, technologies and implications for education". JISC. Technology & Standards Watch (Februar) (Mai): 64.

Anderson, Stephen P. 2006. Creating Pleasurable Interfaces. Getting from Tasks to Experiences. Präsentation gehalten auf der Refresh, Dallas, USA. http://www.poetpainter.com/presentations/Creating-Pleasurable-Interfaces-StephenPAnderson.pdf.

Anderson, Terry. 2009. Edubloggers as a Network of Practice. Weblog. Virtual Canuck. Februar. http://terrya.edublogs.org/2009/02/28/edublogers-as-a-network-of-practice/.

Anklam, Patti. 2007. Net Work. A Practical Guide to Creating and Sustaining Networks at Work and in the World. Amsterdam et. al.: Elsevier Inc.

Apter, Michael J. 1989. Reversal Theory. The Dynamics of Motivation, Emotion, and Personality. 2. Aufl. Oxford: Oneworld Publications.

Aral, Simon, Erik Brynjolfsson, und Marshall Van Alstyne. 2007. „Information, Technology and Information Worker Productivity: Task Level Evidence". NBER Working Paper No. W13172 (June). http://ideas.repec.org/p/nbr/nberwo/13172.html.

Archer, Norm. 2006. A Classification of Communities of Practice. Encyclopedia of Communities of Practice in Information and Knowledge Management.

Attwell, Graham. 2006a. *E-Learning* und die soziale Gestaltung der Technik. In Bittlingmayer, U.H.; Bauer, U. (Hg.): Die „Wissensgesellschaft". Mythos, Ideologie oder Realität?, 523-550. Wiesbaden: VS Verlag für Sozialwissenschaften.

———. 2006b. The Wales-Wide Web | Personal Learning Environments. http://www.knownet.com/writing/weblogs/Graham_Attwell/entries/65218 19364.

———. 2009. Personal Learning Environments: The future of education? gehalten auf der Evolve Open on-line seminar, Slideshare.net. http://www.pontydysgu.org/2009/01/personal-learning-environments-the-slidecast/.

Aulinger, Andreas. 2007. Perspektiven der Netzwerk-Evaluation mit Verfahren kollektiver Intelligenz gehalten auf der net'swork 07, Berlin.

Banyard, Philip, und Jean Underwood. 2008. „Understanding the learning space". eLearning Papers (9) (Juni): 12.

Barber, Wendy, und Albert Badre. 1998. Culturability: The Merging of Culture and Usability. In Human Factors and the Web. Our Global Community. Basking Ridge, New Jersey, USA: AT&T Labs. http://zing.ncsl.nist.gov/hfweb/att4/proceedings/barber/.

Barlösius, Eva. 2011. Pierre Bourdieu. 2. Aufl. Frankfurt/M.: Campus Verlag, Juni 6.

Barnett, Michael N., und Martha Finnemore. 2006. The Politics, Power, and Pathologies of International Organizations. In Kratochwil, F.; Mansfield, E.D.: International Organization and Global Governance. A Reader, 177-201. New York et. al: Pearson Longman.

Barrett, Helen C. 2005. White Paper. Researching Electronic Portfolios and Learner Engagement. Januar.

Barrett, Helen C., und Nathan Garrett. 2008. Online Personal Learning Environments: Structuring Electronic Portfolios for Lifelong and Life Wide Learning. In DigitalArchive4Life. http://docs.google.com/View?docid=dd76m5s2_39fsmjdk.

Baumgart, Franzjörg. 2007. Erziehungs- und Bildungstheorien. Erläuterungen. Texte. Arbeitsaufgaben. Bad Heilbrunn: Julius Klinkhardt.

Baumgartner, Peter, und Klaus Himpsl. 2008. „Auf dem Weg zu einer neuen Lernkultur. Was die Schule vom Web 2.0 lernen kann ..." Log In (152): 11-15.

Behrens, Maria. 2007. Global Governance. In Benz, Arthur (Hg.): Governance - Regieren in komplexen Regelsystemen. Eine Einführung., 103-124. Wiesbaden: VS Verlag für Sozialwissenschaften.

Bell, Alan, Charles Crothers, Ian Goodwin, Karishma Kripalani, Kevin Sherman, und Philippa Smith. 2007. The Internet in New Zealand 2007. Final Report. WORLD INTERNET PROJECT. Institute of Culture, Discourse & Communication, AUT University, Auckland.

Bell, Daniel. 1996. Die nachindustrielle Gesellschaft. Frankfurt/M., New York: Campus Verlag.

Bemerburg, Ivonne, und Arne Niederbacher. 2007. Globalisierung und Langsicht. In

Bemerbung, I.; Niederbacher, A. (Hg.): Die Globalisierung und ihre Kritik(er). Zum Stand der Globalisierungsdebatte, 7-16. Wiesbaden: VS Verlag für Sozialwissenschaften, März.

Benkler, Yochai. 2007. The Wealth of Networks: How Social Production Transforms Markets and Freedom. Yale Univ Pr, November 30.

Benner, Dietrich, und Friedhelm Brüggen. 2008. Bildung. Theorie der Menschenbildung. Handbuch der Erziehungswissenschaft. Paderborn: Verlag Ferdinand Schöningh.

Benz, Arthur. 2004. Einleitung: Governance - Modebegriff oder nützliches sozialwissenschaftliches Konzept? In Benz, Arthur (Hg.): Governance - Regieren in komplexen Regelsystemen. Eine Einführung., 11-28. Wiesbaden: VS Verlag für Sozialwissenschaften.

Blackburn, Jessica L., und Milton D. Hakel. 2006. Enhancing Self-Regulation and Goal Orientation with ePortfolios. In Jafari & Kaufman: Handbook of Research on ePortfolios, 83-89. Hershey, London, Melbourne, Singapore: Idea Group Publishing.

BLK. 2002. Vergleichende internationale Bildungsstatistik. Bonn, Juni.

Blythe, M.A., K. Overbeeke, A.F. Monk, und P.C. Wright. 2003. Funology: From Usability to Enjoyment. 1. Aufl. Springer, Juli.

Blythe, Mark, und Marc Hassenzahl. 2004. The Semantics of Fun: Differentiating Enjoyable Experiences. In Blythe/Overbeeke/Monk/Wright: Funology. From Usability to Enjoyment, 3:91-100. Human-Computer Interaction Series. Dordrecht/Boston/London: Kluwer Academics Publishers.

Blythe, Mark, und Peter Wright. 2004. From Usability to Enjoyment. Introduction. In Blythe/Overbeeke/Monk/Wright: Funology. From Usability to Enjoyment, 3:XIII-XIX. Human-Computer Interaction Series. Dordrecht/Boston/London: Kluwer Academics Publishers.

Bohler, Thomas. 2008. Die Rolle der Gemeinschaft der mit Armut Befassten am Beispiel der Entwicklungszusammenarbeit im Bildungssektor in Bolivien. Wien: WU Vienna University of Economics and Business, Dezember. http://epub.wu.ac.at/1911/1/document.pdf.

Bolten, Jürgen. 2001. Kann man Kulturen beschreiben oder erklären, ohne Stereotypen zu verwenden? Einige programmatische Überlegungen zur kulturellen Stilforschung. In Bolten, J.; Schröter, D. (Hg.): Im Netzwerk interkulturellen Handelns. Theoretische und praktische Perspektiven., 128-142. Sternenfels: Wissenschaft & Praxis.

———. 2007. Interkulturelle Kompetenz im *E-Learning*. Straub, J.; Weidemann, A.; Weidemann, D. (Hg.): Handbuch interkulturelle Kommunikation und Kompetenz. Grundbegriffe - Theorien - Anwendungsfelder. Stuttgart, Weimar: J.B. Metzler.

Bommes, Michael, und Veronika Tacke. 2006. Das Allgemeine und das Besondere des Netzwerkes. In Hollstein / Straus: Qualitative Netzwerkanalyse, 37-62. Wiesbaden.

Bonfiglioli, Elena et.al. 2008. Digital Literacy Report: a review for the i2010 eInclusion initiative. COMMISSION STAFF WORKING DOCUMENT. e-Inclusion Ministerial Conference & Expo. Vienna / Austria.

boyd, danah. 2010. Streams of Content, Limited Attention | UX Magazine. UX Magazine. Februar. http://uxmag.com/features/streams-of-content-limited-attention.

boyd, danah michele. 2008. Taken Out of Context. American Teen Sociality in Networked Publics. University of California, Berkeley.

Brandecker, Nora. 2007. Der Wandel der bildungspolitischen Ansichten der Weltbank. Working Papers, Institut für Ethnologie und Afrikastudien, Johannes Gutenberg-Universität, Mainz 82. Johannes-Gutenberg-Universität Mainz, November.

Brandtzaeg, Petter Bae, Asbjorn Folstad, und Jan Heim. 2004. Enjoyment: Lessons from Karasek. In Blythe/Overbeeke/Monk/Wright: Funology. From Usability to Enjoyment, 3:55-65. Human-Computer Interaction Series. Dordrecht/Boston/London: Kluwer Academics Publishers.

Brenner, Neil. 1997. „Globalisierung und Reterritorialisierung: Städte, Staaten und die Politik der räumlichen Redimensionierung im heutigen Europa". WeltTrends (17): 7-31.

Brosziewski, Achim. 2007. Bildungsmonitoring in der Globalisierung der

Bildungspolitik. In Bemerbung, I.; Niederbacher, A. (Hg.): Die Globalisierung und ihre Kritik(er). Zum Stand der Globalisierungsdebatte, 135-148. Wiesbaden: VS Verlag für Sozialwissenschaften, März.

Brown, John Seely. 1999. Learning, Working & Playing in the Digital Age gehalten auf der Conference on Higher Education of the American Association for Higher Education. http://serendip.brynmawr.edu/sci_edu/seelybrown/.

Brown, John Seely, und Richard P. Adler. 2008. „Minds on Fire: Open Education, the Long Tail, and Learning 2.0". Educause Review 43 (1). Cyber (Februar): 16-32.

Brown, John Seely, und Paul Duguid. 2002. The Social Life of Information. 1. Aufl. Harvard Business School Press, Februar 15. http://people.ischool.berkeley.edu/~duguid/SLOFI/toc.htm.

Brüsemeister, Thomas. 2008. Bildungssoziologie. Einführung in Perspektiven und Probleme. Wiesbaden: VS Verlag für Sozialwissenschaften.

Buchhaas-Birkholz, Dorothee. 2009. „Die ‚empirische Wende' in der Bildungspolitik und in der Bildungsforschung. Zum Paradigmenwechsel des BMBF im Bereich der Forschungsförderung". Erziehungswissenschaft 20 (39): 27-33.

Bush, Vannevar. 1945. „As We May Think". The Atlantic (Juli). http://www.theatlantic.com/doc/194507/bush.

Cammaerts, Bart, und Nico Carpentier,. 2005. „The Unbearable Lightness of Full Participation in a Global Context: WSIS and Civil Society Participation". MEDIA@LSE Electronic Working Papers 8. http://eprints.lse.ac.uk/4037/.

Cañas, José J. 2009. The Future of Interaction Research: Interaction is the Result of Top-Down and Bottom-Up Processes. In Saariluoma & Isomäki (eds.): Future Interaction Design II, 55-68. London: Springer.

Carmean, Colleen, und Alice Christie. 2006. ePortfolios: Constructing Meaning Across Time, Space, and Curriculum. In Jafari & Kaufman: Handbook of Research on ePortfolios, 33-43. Hershey, London, Melbourne, Singapore: Idea Group Publishing.

Caroli, Folker. 2005. Studieren im globalen Dorf? Überlegungen zur Intrnationalisierung und Lokalisierung von Angeboten des *E-Learning* im

Hochschulbereich. In Beneke, J. & Jarman, F. (Hg.): Interkulturalität in Wissenschaft und Praxis, 191-209. Hildesheim: Universitätsverlag Hildesheim.

Castells, Manuel. 2001a. Der Aufstieg der Netzwerkgesellschaft. Bd. 1. Das Informationszeitalter. Wirtschaft. Gesellschaft. Kultur. Opladen: Leske+Budrich.

―――. 2001b. The Internet Galaxy. Reflections on the Internet, Business, and Society. 1. Aufl. Bd. 1. New York: Oxford University Press.

―――. 2002. Die Macht der Identität. Bd. 2. Das Informationszeitalter. Wirtschaft - Gesellschaft - Kultur. Opladen: Leske+Budrich.

―――. 2003. Jahrtausendwende. Bd. 3. Das Informationszeitalter. Wirtschaft - Gesellschaft - Kultur. Opladen: Leske+Budrich.

―――. 2004. Afterword:why networks matter. In McCarthy, Miller, Skidmore: Network Logic. Who governs in an interconnected world?, 219-225. London.

―――. 2009a. Communication Power. New York: Oxford University Press, USA, August 31.

―――. 2009b. The Rise of the Network Society: The Information Age: Economy, Society, and Culture. 2. Aufl. Bd. 1. Malden (USA), Oxford (UK), Chichester (UK): John Wiley & Sons, Oktober 2.

Cheong, Pauline Hope. 2005. „Family Resources, Social Support and Internet Use" (Mai): 30.

Chun, Sangchin. 2001. „Bildungsungleichheit – eine vergleichende Studie von Strukturen, Prozesse und Auswirkungen im Ländervergleich Südkorea und Deutschland". Bielefeld: Universität Bielefeld, Juli.

Colbs, Peter A, Karim R Lakhani, und Andrew P McAfee. 2008. „Prediction Markets at Google". Harvard Business School (April): 21.

Csikszentmihalyi, Mihaly. 1990. *Flow*. Reprint. SOS Free Stock, Januar.

―――. 1995a. Die Zukunft. In Csikszentmihalyi & Csikszentmihalyi: Die aussergewöhnliche Erfahrung im Alltag, 377-398. Konzepte der Humanwissenschaften. Stuttgart: Klett-Cotta.

———. 1995b. Das flow-Erlebnis und seine Bedeutung für die Psychologie des Menschen. In Csikszentmihalyi & Csikszentmihalyi: Die aussergewöhnliche Erfahrung im Alltag, 28-49. Stuttgart.

———. 2004. Creativity, fulfillment and flow Februar. http://www.ted.com/index.php/talks/mihaly_csikszentmihalyi_on_flow.html.

———. 2008a. Das flow-Erlebnis: Jenseits von Angst und Langeweile: im Tun aufgehen. 10. Aufl. Konzepte der Humanwissenschaften. Stuttgart: Klett-Cotta /J. G. Cotta'sche Buchhandlung Nachfolger.

———. 2008b. *Flow*. Das Geheimnis des Glücks. Stuttgart: Klett-Cotta.

Csikszentmihalyi, Mihaly, und Isabella S. Csikszentmihalyi. 1995. Die aussergewöhnliche Erfahrung im Alltag. Die Psychologie des FLOW-Erlebnisses. 2. Aufl. Konzepte der Humanwissenschaften. Stuttgart: Klett-Cotta.

Csikszentmihalyi, Mihalyi. 1988. The flow experience and human psychology. In Csikszentmihalyi, M.; Csikszentmihalyi, I. (Eds.): Optimal experience. Psychological studies of flow in consciousness, 15-35. Cambridge: University Press.

Cuhls, Kerstin. 2000. Wie kann ein Foresight-Prozess in Deutschland organisiert werden? Bonn: Friedrich-Ebert-Stiftung.

———. 2009. Delphi-Befragungen in der Zukunftsforschung. In Popp & Schüll (Hg.) Zukunftsforschung und Zukunftsgestaltung., 207-221. Berlin, Heidelberg: Springer.

Cuhls, Kerstin, und Simone Kimpeler. 2008. Delphi-Report: Zukünftige Informations- und Kommunikationstechniken. FAZIT-Schriftenreihe. Stuttgart: Fraunhofer Institut System- und Innovationsforschung, April.

Dale, Roger, und Susan Robertson. 2007. New Arenas of Education Governance - Reflections and Directions. In Martens, K. et. al. (eds.): New Arenas of Education Governance., Transformations of the State Series:217-228. Houndmills, New York: Palgrave Macmillan.

Dany, Charlotte. 2008. Civil Society Participation under Most Favourable Conditions:

Assessing the Deliberative Quality of the WSIS. In Steffek, J.; Kissling, C.; Nanz, P. (eds.): Civil Society Participation in European and Global Governance., 53-70. Transformations of the State Series. Houndmills, New York: Palgrave Macmillan.

Destatis, gesis-zuma, und WZB. 2008. Datenreport 2008. Ein Sozialbericht für die Bundesrepublik Deutschland. Bonn: Bundeszentrale für politische Bildung.

Deth, Jan W. van, und William A. Maloney. 2008. Introduction: from bottom-up and top-down towards multi-level governance in Europe. In Maloney, W.A.; Deth, J. W. v.: Civil Society and Governance in Europe, 3-42. Cheltenham, UK; Northhampton, MA, USA: Edward Elgar Publishing.

Deutscher Bundestag, Wissenschaftlicher Dienst. 2007. Globale Zivilgesellschaft. Berlin.

Dewe, Bernd, und Peter J. Weber. 2007. Wissensgesellschaft und lebenslanges Lernen. Eine Einführung in bildungspolitische Konzeptionen der EU. Bad Heilbrunn: Julius Klinkhardt.

Dezalay, Yves, und Bryant Garth. 2007. „Kaderschmiede der Entwicklungspolitik". Die Globalisierungsmacher. Konzerne, Netzwerker, Abehängte (2). Edition Le Monde diplomatique: 105-107.

Dinan, William. 2010. the battle for lobbying transparency. In Burley, H. et.al. (eds.) Bursting the Brussels Bubble. the battle to expose corporate lobbying at the heart of the EU, 139-147. Brussels: Alliance for Lobbying Transparency and Ethics Regulation in the EU (ALTER-EU).

Dirlik, Arif. 2006. Our Ways of Knowing - and What to Do About Them. In Pedagogies of the Global, 3-17. London: Paradigm Publishers.

Donner, Jonathan. 2007. „The Rules of Beeping: Exchanging Messages Via Intentional ‚Missed Calls' on Mobile Phones". Journal of Computer-Mediated Communication 13 (1). http://jcmc.indiana.edu/vol13/issue1/donner.html.

Downes, Stephen. 2004. Reusable Media, Social Software and Openness in Education. Weblog. Stephen's Web. http://www.downes.ca/post/7804.

———. 2005. „E-learning 2.0". eLearn Magazine (Oktober). http://www.elearnmag.org/subpage.cfm?section=articles&article=29-1.

———. 2006. Learning Networks and Connective Knowledge. Oktober. http://it.coe.uga.edu/itforum/paper92/paper92.html.

———. 2007. What Connectivism Is. Half an Hour. Februar 3. http://halfanhour.blogspot.com/2007/02/what-connectivism-is.html.

———. 2008. Half an Hour: Types of Knowledge and Connective Knowledge. http://halfanhour.blogspot.com/2008/09/types-of-knowledge-and-connective.html.

Dron, Jon, und Terry Anderson. 2008. Collectives, Networks and Groups in Social Software for *E-Learning*. In G. Richards (Ed.), Proceedings of World Conference on *E-Learning* in Corporate, Government, Healthcare, and Higher Education, 2460-2467. Quebec City, Canada: AACE, November.

Dubberly, Hugh, Paul Pangaro, und Usman Haque. 2009. „What is Interaction? Are There Different Types?" Interactions XVI (1): 69-75.

Dürr, Hans-Peter. 2004. Zukunftsforschung im Spannungsfeld von Visionen und Alltagshandeln – aus physikalisch-philosophischer Perspektive. WerkstattBericht. Zukunftsforschung im Spannungsfeld von Visionen und Alltagshandeln Colloquium anlässlich des 65. Geburtstages von Prof. Dr. Rolf Kreibich. Berlin: IZT, Juni.

Dutton, William H. 2007. Through the Network (of Networks) – the Fifth Estate Oktober.

Dzierzbicka, Agnieszka. 2008. Informelles Lernen: Engagement unerwünscht! Von Workload und unbedingtem Interesse. In Mitgutsch, Konstantin; Sattler, Elisabeth; Westphal, Kristin; Breinbauer, Ines Maria (Hg.): Dem Lernen auf der Spur. Die pädagogische Perspektive, 174-184. Stuttgart: Klett-Cotta.

EDUCAUSE Learning Initiative. 2009. The EDUCAUSE Top Teaching and Learning Challenges | EDUCAUSE. http://www.educause.edu/eli/Challenges.

Eigenbrodt, Olaf. 2007. Anschluss oder Zugang? Wissensgesellschaft, „Digital Divide" und die Rolle der Bibliothek gehalten auf der 3. Leipziger Kongress für Information und Bibliothek, März 21, Leipzig. http://www.opus-bayern.de/bib-info/volltexte/2007/401/.

Ellrich, Lutz. 2002. Die Realität virtueller Räume. Soziologische Überlegungen zur

„Verortung" im Cyberspace. In Maresch/Werber: Raum. Wissen. Macht, 92-113. Frankfurt/M.: Suhrkamp.

Elsholz, Uwe, Lutz Jäkel, Andreas Megerle, und Lutz-Michael Vollmer. 2006. Verstetigung von Netzwerken. „Lernkultur Kompetenzentwicklung". Berlin: Arbeitsgemeinschaft Betriebliche Weiterbildungsforschung e. V./Projekt Qualifikations-Entwicklungs-Management.

Emcke, Carolin. 2006. Alphabetisierung und Weltwissen. In Atlas der Globalisierung, 130-131. Paris: Le Monde Diplomatique.

Esselaar, Steve, und Christoph Stork. 2005. „Mobile Cellular Telephone: Fixed-line Substitution in Sub-Saharan Africa". the southern african journal of information and communication (6): 64-73.

Europäischer Rat. 2000. Lissabon 23-24.03.2000: Schlußfolgerungen des Vorsitzes. http://www.europarl.europa.eu/summits/lis1_de.htm.

Ewing, Scott, und Julian Thomas. 2008a. „Broadband and the 'Creative Internet': Australians as consumers and producers of cultural content online". Observatorio (OBS*) Journal (6): 187-208.

———. 2008b. The Internet in Australia. CCi Digital Futures Report. ARC Centre of Excellence for Creative Industries and Innovation, Juli.

Farrell, Lesley, und Tara Fenwick. 2007a. World Yearbook of Education 2007. Educating the global workforce: knowledge, knowledge work and knowledge workers. London, New York: Routledge.

———. 2007b. Educating a global workforce? In World Yearbook of Education 2007, 13-26. London, New York: Routledge.

Filzmaier, Peter, Leonore Gewessler, Otmar Höll, und Gerhard Mangott. 2006. Internationale Politik. Eine Einführung. Wien: Facultas Verlags- und Buchhandels AG. HB 8 Wa 6110.

Findahl, Olli. 2007. The Internet in Sweden 2007. World Internet Institute.

Friedman, Thomas L. 2007. The World is flat. A brief history of the Twenty-first Century. New York: Picador / Farrar, Straus and Giroux.

Fröhlich, Gerhard. 2007. Die Einverleibung sozialer Ungleichheit (Habitus, Hexis). In

Nöstlinger, Elisabeth j.; Schmitzer, Ulrike (Hg.): Bourdieus Erben. Gesellschaftliche Elitenbildung in Deutschland und Österreich, 41-54. Budapest: Mandelbaum Verlag.

Fuchs, Eckhardt. 2006. Multilaterale Bildungspolitik und transnationale Zivilgesellschaft: Universitätsbeziehungen in der Zwischenkriegszeit. In Miller-Kipp, Gisela; Zymek, Bernd (Hg.): Politik in der Bildungsgeschihcte - Befunde, Prozesse, Diskurse, 101-116. Bad Heilbrunn: Verlag Julius Klinkhardt.

Garrett, Jesse James. 2000. The Elements of User Experience. User-Centered Design for the Web. jjg.net. http://www.jjg.net/elements/.

Gartner, Inc. 2009. Gartner's 2009 Hype Cycle Special. http://www.gartner.com/it/page.jsp?id=1124212.

Gerhold, Lars. 2009a. Für eine Subjektorientierung in der Zukunftsforschung. In Popp & Schüll (Hg.) Zukunftsforschung und Zukunftsgestaltung., 235-244. Berlin, Heidelberg: Springer.

———. 2009b. Bildung für nachhaltige Entwicklung 2020. Ergebnisse einer Delphi-Studie zu wahrscheinlichen und wünschbaren Entwicklungen der Bildung für nachhaltige Entwicklung in Deutschland. Berlin: Institut Futur, FU Berlin.

Gerlach, Christiane. 2000. Lebenslanges Lernen: Konzepte und Entwicklungen 1972 bis 1997. Kölner Studien zur internat. Erwachsenenbildung 12. Köln, Weimar, Wien: Böhlau Verlag.

Giesel, Katharina D. 2007. Leitbilder in den Sozialwissenschaften. Begriffe, Theorien und Forschungskonzepte. Wiesbaden: VS Verlag für Sozialwissenschaften.

Giro, Barbara. 2008. Ist Zukunftsforschung wissenschaftlich?: Der wissenschaftstheoretische Gehalt soziologischer und futurologischer Prognoseverfahren. Vdm Verlag Dr. Müller, Juli.

Glenn, Jerome C., Theodore J. Gordon, und Elizabeth Florescu. 2009. 2009. State of the Future. Washington D.C.: The Millenium Project.

Göhlich, Michael, und Jörg Zirfas. 2007. Lernen: ein pädagogischer Grundbegriff. Stuttgart: W. Kohlhammer.

Gonella, Laura, und Eleonora Pantò. 2008. „Didactic architectures and organization models: a process of mutual adaptation". eLearning Papers (9) (Juni): 12.

Gordon, Theodore J. 2009a. The Delphi Method. In Glenn, Jerome C. & Gordon, Theodore J. (eds.): Futures Research Methodology—V3.0. The Millennium Project.

———. 2009b. The Real-Time Delphi Method. In Glenn, Jerome C. & Gordon, Theodore J. (eds.): Futures Research Methodology—V3.0. The Millennium Project.

Gordon, Theodore, und Adam Pease. 2006. „RT Delphi: An Efficient, "Round-less" Almost Real Time Delphi Method". Technological Forecasting and Social Change 73: 321-333.

Gosewinkel, Dieter. 2003. Zivilgesellschaft – eine Erschließung des Themas von seinen Grenzen her. Discussion Paper. Berlin: Wissenschaftszentrum Berlin.

Graf, Hans Georg. 2004. Zukunftsforschung und Management. WerkstattBericht. Zukunftsforschung im Spannungsfeld von Visionen und Alltagshandeln Colloquium anlässlich des 65. Geburtstages von Prof. Dr. Rolf Kreibich. Berlin: IZT, Juni.

Gramsci, Antonio. 1991. Aus den Gefängnisschriften (1929-1935). In Kebir, S. (Hg.): Gramsci. Marxismus und Kultur. Ideologie, Alltag, Literatur, 56-305. 3. Aufl. Hamburg: VSA-Verlag.

Granovetter, Mark S. 1973. „The Strength of Weak Ties". American Journal of Sociology 78 (6) (Mai): 1360-1380.

Grant, Simon. 2005. „Clear e-portfolio definitions: a prerequisite for effective interoperability". Proceedings of ePortfolio (Januar). http://www.simongrant.org/pubs/ep2005/clear-e-portfolio-definitions.rtf.

Gray, Lisa. 2008. „Effective Practice with e-Portfolios. Supporting 21st century learning". JISC (August): 44.

Graz, Jean-Christophe. 2003. „How Powerful are Transnational Elite Clubs? The Social Myth of the World Economic Forum". New Political Economy 8 (3) (November): 321-340.

Green, Kesten C, J. Scott Armstrong, und Andreas Graefe. 2007. Methods to Elicit

Forecasts from Groups: Delphi and Prediction Markets Compared. In Foresight: The International Journal of Applied Forecasting. http://mpra.ub.uni-muenchen.de/4999/.

Greenberg, G. 2004. „The Digital Convergence: Extending the Portfolio Model". EDUCAUSE REVIEW 39 (4) (Januar): 28-37.

Greis, Andreas. 2004. Cybergeography. Zur Morphologie des Digital Divide. In Scheule, R.M; Capurro, R.; Hausmanninger, Th. (Hg.), Vernetzt gespalten. Der Digital Divide in ethischer Perspektive, 37-50. München: Wilhelm Fink Verlag.

Gulas, Christian. 2007. Netzwerke im Feld der Macht. Zur Bedeutung des Sozialkapitals für die Elitenbildung. In Nöstlinger, Elisabeth j.; Schmitzer, Ulrike (Hg.): Bourdieus Erben. Gesellschaftliche Elitenbildung in Deutschland und Österreich, 68-94. Budapest: Mandelbaum Verlag.

de Haan, Gerhard, und Dorothea Harenberg. 1999. Bildung für eine nachhaltige Entwicklung. Gutachten zum Programm. Bonn: BLK (Bund-Länder-Kommission für Bildungsplanung und Forschungsförderung).

Hack, Lothar. 2006. Wissensformen zum Anfassen und zum Abgreifen. Konstruktive Formen der „Wissensgesellschaft" respektive des „transnationalen Wissenssystems". In Bittlingmayer, U.H.; Bauer, U. (Hg.): Die „Wissensgesellschaft". Mythos, Ideologie oder Realität? Wiesbaden: Vs Verlag für Sozialwissenschaften.

Häder, Michael. 2000. „Die Expertenauswahl bei Delphi-Befragungen". ZUMA How-to-Reihe (Nr. 5).

———. 2002. Delphi-Befragungen. 1. Aufl. VS Verlag für Sozialwissenschaften, April 29.

Hafner, Johann Ev. 2004. Net Divide. Eine systemtheoretische Beschreibung der Exklusionen im Netz. In Scheule, R.M; Capurro, R.; Hausmanninger, Th. (Hg.), Vernetzt gespalten. Der Digital Divide in ethischer Perspektive, 51-67. München: Wilhelm Fink Verlag. http://opus.bibliothek.uni-augsburg.de/volltexte/2007/570/pdf/Haseloff_Internetzugaenge.pdf.

Hagel, John, III, Lang Davison, und John Seely Brown. 2010. The Power of Pull: How Small Moves, Smartly Made, Can Set Big Things in Motion. New York: Basic

Books, Mai 6.

Hagel, John, und John Seely Brown. 2009. „How World of Warcraft Promotes Innovation". BusinessWeek (Januar 14). http://www.businessweek.com/innovate/content/jan2009/id20090114_36 2962.htm.

Hanson, Robert. 2005. „IDEA FUTURES. Encouraging an Honest Consensus". Extropy 3: 7-17.

Harmelen, Mark van. 2006. Personal Learning Environments. In Proceedings, 2. Computer Society, Juni.

Hartmann, Michael. 2006. Existiert ein Elitenwissen in der Wissensgesellschaft? Aspekte einer neuen Leistungsideologie. In Bittlingmayer / Bauer: Die „Wissensgesellschaft". Mythos, Ideologie oder Realität?, 471-489. Wiesbaden: Vs Verlag für Sozialwissenschaften.

Haseloff, Anikar Michael. 2007. Public Network Access Points und der Digital Divide - Eine empirische Untersuchung der Bedeutung von öffentlichen Internetzugängen für Entwicklungsländer am Fallbeispiel Indien. Augsburg: Universität Augsburg.

Hassan, Robert, und Ronald E. Purser. 2007. 24 / 7. Time and Temporality in the Network Society. Stanford, California: Stanford Business Books.

Hassenzahl, Marc. 2004. The Thing and I: Understanding the relationship between user and product. In Blythe/Overbeeke/Monk/Wright: Funology. From Usability to Enjoyment, 3:31-42. Human-Computer Interaction Series. Dordrecht/Boston/London: Kluwer Academics Publishers.

Hassenzahl, Marc, und Noam Tractinsky. 2006. „User experience – a research agenda". Behaviour & Information Technology 25 (2) (April): 91-97.

Hauchler, Ingomar, Dirk Messner, und Franz Nuscheler. 2003. Globale Trends 2004/2005. Fakten, Analysen, Prognosen. Frankfurt/M.: Fischer (S.), Frankfurt.

Hauck, Gerhard. 2006. Kultur. Zur Karriere eines sozialwissenschaftlichen Begriffs. Einstiege 16/17. Münster: Westfälisches Dampfboot.

Heesen, Jessica. 2004. Technik als Mission: Wie Vereinte Nationen und G8 die digitale Spaltung überwinden wollen. In Scheule, R.M; Capurro, R.; Hausmanninger, Th. (Hg.), Vernetzt gespalten. Der Digital Divide in ethischer Perspektive, 213-223. München: Wilhelm Fink Verlag.

———. 2005. Leitbildtheorie und Technikgeneseforschung. In Heesen; Hubig, Siemoneit, Wiegerling (Hg.): Leben in einer vernetzten und informatisierten Welt. Context-Awareness im Schnittfeld von Mobile und Ubiquitous Computing. Stuttgart.

Heisig, Tobias, und Andreas Rossig. *Flow* und Leistung. Zur Rolle des *Flow*-Phänomens im betrieblichen Kontext. http://rossig.com/diplomarbeit.htm.

Hintz, Arne. 2007. Deconstructing multi-stakeholderism: The discourses and realities of global governance at the World Summit on the Information Society (WSIS). In Torino. http://archive.sgir.eu/uploads/Hintz-SGIR_AHintz_Deconstructing.pdf.

Hinze-Hoare, Vita. 2007. „Review and Analysis of Human Computer Interaction (HCI) Principles". Computers & Education (July) (Januar). doi:10.1016/j.compedu.2005.04.002. http://arxiv.org/pdf/0707.3638.

Hobbs, Renee. 2008. Media Literacy as Literacy for the Information Age September, Oklahoma. http://www.slideshare.net/reneehobbs/oklahoma-sept-08-presentation/.

Hofstede, Geert, und Gert Jan Hofstede. 2004. Cultures and Organizations - Software of the Mind: Intercultural Cooperation and Its Importance for Survival. 2. Aufl. Mcgraw-Hill Professional, Oktober 1.

Holzer, Boris, und Barbara Kuchler. 2007. Globalisierungskritik und Weltkultur. In Bemerbung, I.; Niederbacher, A. (Hg.): Die Globalisierung und ihre Kritik(er). Zum Stand der Globalisierungsdebatte, 75-93. Wiesbaden: VS Verlag für Sozialwissenschaften.

Hornung-Prähauser, Veronika, Sandra Schaffert, Wolf Hilzensauer, und Diana Wieden-Bischof. 2007. ePortfolio-Einführung an Hochschulen. Erwartungen und Einsatzmöglichkeiten im Laufe einer akademischen Bildungsbiographie. In Merkt: Studieren neu erfinden - Hochschule neue denken, 126-135. Waxmann.

Hörster, Reinhard. 2007. Bildung. In Einführung in Grundbegriffe und Grundfragen der Erziehungswissenschaften, 45-55. Einführung in die Erziehungswissenschaften 1. Opladen. Farmington Hills: Verlag Barbara Budrich.

Howe, Jeff. 2008. Crowdsourcing: Why the Power of the Crowd Is Driving the Future of Business. 1. Aufl. Crown Business.

Huizinga, Johan. 1987. Homo Ludens. Vom Ursprung der Kultur im Spiel. 20. Aufl. rowohlts enzyklopädie. Reinbek bei Hamburg: Rowohlt Taschenbuch Verlag.

Hungerland, Beatrice, und Bernd Overwien. 2004. Kompetenzerwerb außerhalb etablierter Lernstrukturen. In Kompetenzentwicklung im Wandel, 7-23. Wiesbaden: Vs Verlag für Sozialwissenschaften.

Illich, Ivan. 1973. entschulung der gesellschaft. entwurf eines deomokratischen bildungssystems. Reinbek bei Hamburg. http://www.scribd.com/doc/35583/Illich-Ivan-Entschulung-der-Gesellschaft.

———. 2003. Entschulung der Gesellschaft. Eine Streitschrift. 5. Aufl. München: Verlag C. H. Beck.

Ioannidou, Alexandra. 2007. „A Comparative Analysis of New Governance Instruments in the Transnational Educational Space: a shift to knowledge-based instruments?" European Educational Research Journal 6 (4) (November): 336-347.

Jakobi, Anja P. 2009. International Organizations and World Society: Studying Global Policy Development in Public Policy. TranState Working Papers 81. Bremen: Sfb597 „Staatlichkeit im Wandel"– „Transformations of the State", Januar.

Jandt, Fred E. 2007. An Introduction to Intercultural Communication. Identities in a Global Community. 5. Aufl. Thousand Oaks, London, New Delhi: SAGE Publications.

Jenkins, Henry. 2006. Confronting the Challenges of Participatory Culture: Media Education for the 21st Century. Chicago, Oktober.

JISC. 2008. Technology Enhanced Learning Environments (TELE) activity area – interim report. Zwischenbericht. JISC e-Learning Programme. http://www.jisc.ac.uk/media/documents/committees/jlt/27/23e_el_progra

mme_interim_evaluation.pdf.

Joachim, Jutta, Bob Reinalda, und Bertjan Verbeek. 2008a. International organizations and implementation. Pieces of the puzzle. In Joachim, J.; Reinalda, B.; Verbeek, B. (eds.): International Organizations and Implementation. Enforcers, managers, authorities?, 3-18. London, New York: Routledge.

———. 2008b. Enforcers, managers, authorities? International organizations and implementation. In Joachim, J.; Reinalda, B.; Verbeek, B. (eds.): International Organizations and Implementation. Enforcers, managers, authorities?, 177-190. London, New York: Routledge.

Johnson, L., und R. Smith. 2009. The Horizon Report. 2009 Edition. Austin, Texas: The New Media Consortium, Januar.

Johnson, Steven. 2001. Emergence. The connected lives of ants, brains, cities and software. New York, London, Toronto, Sydney: Scribner.

Kailis, Emmanuel, und Spyridon Pilos. 2005. „Lebenslanges Lernen in Europa." Bevölkerung und soziale Bedingungen. Statistik kurz gefasst (8) (September): 8.

Kalz, Marco, Marxo Specht, Ralf Klamma, Mohamed Amine Chatti, und Rob Koper. 2006. „Kompetenzentwicklung in Lernnetzwerken für das lebenslange Lernen" (November): 20.

Kamentz, Elisabeth. 2006. Adaptivität von hypermedialen Lernsystemen. Ein Vorgehensmodell für die Konzeption einer Benutzermodellierungskomponente unter Berücksichtigung kulturbedingter Benutzereigenschaften. Hildesheim.

Kapur, Akash. 2005. Internet Governance/Background and Key Concepts - Wikibooks, collection of open-content textbooks. Wikibooks. http://en.wikibooks.org/wiki/Internet_Governance/Background_and_Key_Concepts

Kardoff, Ernst Von. 2006. Virtuelle Netzwerke - eine neue Form der Vergesellschaftung? In Hollstein, B.; Straus, F. (Hg.): Qualitative Netzwerkanalyse, 63-97. Wiesbaden.

Kauffeld, Simone. 2006. Kompetenzen messen, bewerten, entwickeln. Ein prozessanalytischer Ansatz für Gruppen. Betriebswirtschaftliche Abhandlungen 128. Stuttgart: Schäffer-Poeschel Verlag.

Kerr, Bill. 2007. A challenge to connectivism. http://learningevolves.wikispaces.com/kerr.

Kessel, Tanja, Marlene Gerneth, und Malte Wolf. 2009. Zukunft und Zukunftsfähigkeit der Informations- und Kommunikationstechnologien und Medien. Internationale Delphi-Studie 2030. MÜNCHNER KREIS e. V., EICT GmbH, Deutsche Telekom AG, TNS Infratest GmbH.

Khan-Svik, Gabriele. 2008. Kultur und Ethnizität als Forschungsdimension. Von der Kulturanthropologie zur interkulturellen Pädagogik. Frankfurt/M., Berlin, Bern, Bruxelles, New York, Oxford, Wien: Peter Lang.

Khan, Sarbuland. 2007. Digital Opportunity, Digital Divide. In Kleinwächter, W. (Ed.): The Power of Ideas: Internet Governance in a Global Multi-Stakeholder Environment, 152-166. Berlin: Marketing für Deutschland GmbH.

King, Rachael. 2006. Workers, Place Your Bets. BusinessWeek. August 3. http://www.businessweek.com/technology/content/aug2006/tc20060803_012437.htm.

Kirchhöfer, Dieter. 2004. Begriffliche Grundlagen: Lernkultur Kompetenzentwicklung. Berlin.

–––. 2006. Weiterbildung verändert denken. In Aulerich, G. (Hg.): Kompetenzentwicklung 2006: Das Forschungs- und Entwicklungsprogramm, 21-42. Münster, New York, München, Berlin: Waxmann Verlag.

Kissling, Claudia. 2008. The Evolution of CSOs' Legal Status in International Governance and Its Relevance for the Legitimacy of International Organizations. In Steffek, J.; Kissling, C.; Nanz, P. (eds.): Civil Society Participation in European and Global Governance., 30-52. Houndmills, New York: Palgrave Macmillan.

Klein, Ansgar, Heike Walk, und Achim Brunnengräber. 2005. Mobile Herausforderer und alternative Eliten. NGOs als Hoffnungsträger einer demokratischen

Globalisierung. In Brunnengräber, A.; Klein, A.; Walk, H. (Hg.): NGOs im Prozess der Globalisierung, 10-77. Wiesbaden: VS Verlag für Sozialwissenschaften.

Klieme, Eckhard, Hermann Avenarius, Werner Blum, Peter Döbrich, Hans Gruber, Manfred Prenzel, Kristina Reiss, u. a. 2003. Zur Entwicklung nationaler Bildungsstandards. Eine Expertise. Bonn, Berlin: Bundesministerium für Bildung und Forschung (BMBF). http://www.dipf.de/de/projekte/pdf/zur-entwicklung-nationaler-bildungsstandards.

Knemeyer, Dirk, und Eric Svoboda. 2009. User Experience - UX. Interaction-Design.org: HCI, Usability, Information Architecture, User Experience, and more. http://interaction-design.org/encyclopedia/user_experience_or_ux.html.

Knight, Jane. 2007. Crossborder Education - Changes and Challeneges in Program and Provider Mobility. In Martens, K. et. al. (eds.): New Arenas of Education Governance., 136-154. Transformations of the state series. Houndmills, New York: Palgrave Macmillan.

Knoblauch, Hubert. 2005. Wissenssoziologie. Konstanz: UVK Verlagsgesellschaft mbH.

Kosow, Hannah, und Robert Gaßner. 2008. Methods of future and scenario analysis. Overview, assessment, and selection criteria. Studies / Deutsches Institut für Entwicklungspolitik. Bonn: Deutsches Institut für Entwicklungspolitik gGmbH.

Koster, Ralph. 2005. A Theory of Fun for Game Design. Scottsdale, Arizona: Paraglyph Press.

Kouadio, Yao Marc. 2007. The Digital Divide Still An Issue. Universitätsbibliothek Regensburg.

Krämer, Sybille. 2002. Verschwindet der Körper? Ein Kommentar zu computererzeugten Räumen. In Maresch/Werber:Raum. Wissen. Macht, 49-68. Frankfurt/M.: Suhrkamp.

Krappmann, Lothar. 2007. Der Besuch von Vernor Munos-Villalobos: Eine menschenrechtliche Perspektive auf das deutsche Bildungssystem. In Recht auf Bildung., 9-17. Opladen & Farmington Hills: Verlag Barbara Budrich.

Kraus, Katrin. 2001. Lebenslanges Lernen – Karriere einer Leitidee. Bielefeld: Bertelsmann.

Kreibich, Rolf. 2006. Zukunftsforschung. ArbeitsBericht. Berlin: IZT, März.

Kruse, Peter. 2009. Interview mit DNAdigital. Blip.tv. whoisTV. Januar 15. http://blip.tv/file/1676173/.

Kuhlen, Rainer. 2004. „Nachhaltigkeit und Inklusivität. Zur Positionierung der Zivilgesellschaft mit Blick auf den Weltgipfel für die Informationsgesellschaft (WSIS)". Forschungsjournal Neue Soziale Bewegungen 17 (2): 22-36.

———. 2005. Post-WSIS-Agenda: Eine Entwicklungsperspektive nach dem Weltgipfel für die Informationsgesellschaft (WSIS). http://www.kuhlen.name/MATERIALIEN/Publikationen2005/RK-POST-WSIS.pdf.

Künkler, Tobias. 2011. Lernen in Beziehung: Zum Verhältnis von Subjektivität und Relationalität in Lernprozessen. 1. Aufl. Bielefeld: Transcript.

Kussau, Jürgen, und Thomas Brüsemeister. 2007. Educational Governance: Zur Analyse der Handlungskoordination im Mehrebenensystem der Schule. In Altrichter, H. et. al. (Hg.): Educational Governance, 15-54. Wiesbaden: VS Verlag für Sozialwissenschaften.

Lang-Wojtasik, Gregor, und Annette Scheunpflug. 2005. „Kompetenzen Globalen Lernens". Zeitschrift für internationale Bildungsforschung und Entwicklungspädagogik.

Lange, Ute, Sylvia Rahn, Wolfgang Seitter, und Randolf Körzel. 2009. Zur Einführung: Steuerungsprobleme im Bildungswesen. In Lange, U. et. al. (Hg.): Steuerungsprobleme im Bildungswesen, 9-13. Wiesbaden: VS Verlag für Sozialwissenschaften.

Lash, Scott, und Celia Lury. 2007. Global Culture Industry: The Mediation of Things. Cambridge, MA: Polity Press.

Laurel, Brenda. 1993. Computers as Theatre. Reprint. Amsterdam: Addison-Wesley Longman, August 18.

Lave, Jean, und Etienne Wenger. 1991. Situated Learning: Legitimate Peripheral Participation. Cambridge University Press, November.

Leggewie, Claus. 2003. Von der elektronischen zur interaktiven Demokratie: Das Internet fürdemokratische Eliten. In Klumpp, Dieter u.a,. (Hrsg.): next generation information society? Notwendigkeit einer Neuorientierung, 115-128. Mössingen-Thalheim: Talheimer Verlag.

Lenhart, Volker. 2007. „Die Globalisierung in der Sicht der Vergleichenden Erziehungswissenschaft". Zeitschrift für Pädagogik (53): 810-824.

Leuze, Kathrin, Tilman Brand, Anja P Jakobi, Kerstin Martens, Alexander Nagel, Alessandra Rusconi, und Ansgar Weymann. 2008. Analysing the Two-Level Game. International and National Determinants of Change in Education Policy Making. TranState Working Papers 72. Bremen: Sfb597 „Staatlichkeit im Wandel"– „Transformations of the State", Juli.

Leuze, Kathrin, Kerstin Martens, und Alessandra Rusconi. 2007. New Arenas of Education Governance - The Impact of International Organizations and Markets on Education Policy Making. In Martens, K. et. al. (eds.): New Arenas of Education Governance., 3-15. Transformations of the State Series. Houndmills, New York: Palgrave Macmillan.

Levine, Rick, Christopher Locke, Doc Searls, und David Weinberger. 2000. Das Cluetrain Manifest. 95 Thesen für die neue Unternehmenskultur im digitalen Zeitalter. München: Econ.

Levy, Pierre. 1998. Die kollektive Intelligenz. Für eine Anthropologie des Cyberspace. Bollmann Vlg., Köln, November.

Liang, Guo. 2007. Surveying Internet Usage and its Impact in Seven Chinese Cities. WORLD INTERNET PROJECT. Center for Social Development. Chinese Academy of Social Sciences, November.

Lindner, Martin. 2008a. Digitaler Klimawandel, deutsch. Blog zum Buch. :microinformation. http://microinformation.wordpress.com/2008/10/21/digitaler-klimawandel-deutsch/.

———. 2008b. Micromedia *Flow* Experience Design. A Conceptual Framework for Designing Microcontent-driven Applications for Peripheral View and Partial Attention. In Microlearning and Capacity Building, 37-56. Conference Series der Microlearning Conference.

Livingstone, D. W. 2006. Informal Learning. Conceptual Distinctions and Preliminary Findings. In Bekermann/Burbules/Silbermann-Keller: Learning in Places. The Informal Education Reader, 249:203-227. Studies in the Postmodern Theory of Education. New York et. al: Peter Lang.

Livingstone, Sonia. 2007. „Internet Literacy: Young People's Negotiation of New Online Opportunities". The John D. and Catherine T. MacArthur Foundation Series on Digital Media and Learning - (Dezember 1): 101-122.

Livingstone, Sonia M. 2004. „What is media literacy?" Intermedia 32 (3): 18-20.

Livingstone, Sonia, Elizabeth Van Couvering, und Nancy Thumim. 2005. Adult Media Literacy. A review of the research literature on behalf of Ofcom. Ofcom. London: Media@LSE, November.

Löw, Martina. 2006. Einführung in die Soziologie der Bildung und Erziehung. Opladen & Farmington Hills: Verlag Barbara Budrich.

Lupiáñez-Villanueva, Francisco. 2008. The Network Society a cross cultural perspective. ICTconsequences. http://www.ictconsequences.net/wiki/index.php?title=The_Network_Society_a_cross_cultural_perspective.

Lütgert, Will. 2002a. Didaktik und Bildung - Vormoderne Fassung des Bildungsbegriffs. http://www.didaktik.uni-jena.de/did_04/vormodern.htm.

———. 2002b. Didaktik und Bildung - Humboldts Bildungsbegriff. http://www.didaktik.uni-jena.de/did_04/humboldt.htm.

———. 2002c. Didaktik und Bildung - Die Philanthropen. http://www.didaktik.uni-jena.de/did_04/philanthrop.htm.

Macha, Ndesanjo. 2009. Africa: Blogging About Startups, Innovation and Entrepreneurship. Global Voices Online. Februar. http://globalvoicesonline.org/2009/02/23/africa-blogging-about-startups-innovation-and-entrepreneurship/.

Mafaalani, Aladin EL-. 2008. Globaler Handel nach lokaler Art: Kulturspezifisches Vertrauen im Online-Handel mit Endkunden. 1. Aufl. Tectum, September.

Malley, Brendan O. 2007. University World News - OECD 1: US share of foreign students drops. Oktober 21.

http://www.universityworldnews.com/article.php?story=2007101812234565.

Maloney, William A., und Jan W. van Deth. 2008. Conclusion: Europeanization, multi-level governance and civil society. In Maloney, W.A.; Deth, J. W. v.: Civil Society and Governance in Europe, 241-252. Cheltenham, UK; Northhampton, MA, USA: Edward Elgar Publishing.

Maresch, Rudolf, und Niels Werber. 2002. Permanenzen des Raums. In Maresch/Werber:Raum. Wissen. Macht, 7-30. Frankfurt/M.: Suhrkamp.

Marotzki, Winfried. 2003. Online-Ethnographie – Wege und Ergebnisse zur Forschung imKulturraum Internet. In Bachmair, B.; Diepold, P.; de Witt, C. (Hg.): Jahrbuch Medienpädagogik 3, 149-165. Opladen: Leske+Budrich.

Martens, Kerstin, Alessandra Rusconi, und Kathrin Leuze. 2007. New Arenas of Education Governance: The Impact of International Organizations and Markets on Educational Policy Making. Palgrave, November 27.

Massimini, Fausto, Mihaly Csikszentmihalyi, und Antonella Delle Fave. 2008. flow und biokulturelle Evolution. In Csikszentmihalyi & Csikszentmihalyi: Die aussergewöhnliche Erfahrung im Alltag, 77-110. Konzepte der Humanwissenschaften. Stuttgart: Klett-Cotta.

Melchers, Konrad, Charlotte Schmitz, und Klaus Seitz. 2005. „....hat Politik noch etwas zu sagen? Antwort: GLOBAL GOVERNANCE". Dritte Welt-Information. Ein Angebot von „eins Entwicklungspolitik". 13-14: 1–12.

Meurs, Wim P. van. 2007. Zivilgesellschaft – für, gegen oder ohne den Staat? Repository Radboud University Nijmegen. http://repository.ubn.ru.nl/handle/2066/44965.

Meyers, Reinhard. 2008. Theorien der internationalen Beziehungen. Woyke, W. (Hg.): Handwörterbuch Internationale Politik. Bundeszentrale für politische Bildung. Bonn: Barbara Budrich.

Michelsen, Gerd, und Bernd Overwien. 2008. Kompetenzen und Bildung für nachhaltige Entwicklung. In Coelen, Th.; Otto, H.-U. (Hg.). Grundbegriffe Ganztagsbildung, Das Handbuch, 299-310. Wiesbaden: VS Verlag für Sozialwissenschaften.

Mitchell, Richard G., Jr. 1995. Soziologische Implikationen des flow-Erlebnisses. In Csikszentmihalyi & Csikszentmihalyi: Die aussergewöhnliche Erfahrung im Alltag, 50-76. Konzepte der Humanwissenschaften. Stuttgart: Klett-Cotta.

Mittelstaedt, Werner. 2009. Evolutionäre Zukunftsforschung. Ein Denkanstoß. In Popp & Schüll (Hg.) Zukunftsforschung und Zukunftsgestaltung., 117-128. Berlin, Heidelberg: Springer.

Molzberger, Gabriele. 2007. Rahmungen informellen Lernens. Zur Erschließung neuer Lern- und Weiterbildungsperspektiven. Wiesbaden: VS Research.

Müller-Ruckwitt, Anne. 2008. „Kompetenz" - Bildungstheoretische Untersuchungen zu einem aktuellen Begriff. Bibliotheca Academica. Pädagogik 6. Würzburg: ERGON Verlag.

Mumba, Soyapi. 2007. The Potential of Twitter in Africa. Soyapi Mumba's Blog. März 24. http://soyapi.blogspot.com/2007/03/potential-of-twitter-in-africa.html.

Münker, Stefan. 2009. Emergenz digitaler Öffentlichkeiten: Die Sozialen Medien im Web 2.0. Originalausgabe. Frankfurt/M.: Suhrkamp Verlag, September 21.

Nafus, Dawn. 2008. Intel Anthropologists Find Keys to Tech Adoption | Wired Science from Wired.com. http://blog.wired.com/wiredscience/2008/06/intel-anthropol.html.

Nagel, Alexander K., Kerstin Martens, und Michael Windzio. 2010. Introduction - Education Policy in Transformation. In Martens, K. et. al. (eds.): Transformation of Education Policy, 3-27. Houndmills, Basingstoke, Hampshire: Palgrave Macmillan.

Nagel, Alexander K., und Peter Knodel. 2009. Education Policy Networks in a comparative perspective: Germany, Switzerland, Great Britain and New Zealand. TranState Working Papers 103. Bremen: Sfb597 „Staatlichkeit im Wandel"– „Transformations of the State".

Neef, Andreas. 2003. Leben im Schwarm. Ein neues Leitbild transformiert Gesellschaft und Märkte. changeX. Januar 23. http://www.changex.de/Article/article_924.

Nielinger, Olaf. 2006. Information and Communication Technologies (ICT) for Development in Africa. An Assessment of ICT Strategies and ICT Utilisation in Tanzania. Bd. 533. European University Studies. Frankfurt/M., Berlin, Bern, Bruxelles, New York, Oxford, Wien: Peter Lang.

Nielsen Company. 2009. „Global Faces and Networked Places A Nielsen report on Social Networking's New Global Footprint" (März): 1–16.

Norman, Donald A. 2002a. „Emotion & Design: Attractive things work better". Interactions Magazine 9 (4): 36-42.

———. 2002b. The Design of Everyday Things. Reprint. Perseus Books Group, August 29.

———. 2003. Emotional Design: Why We Love (or Hate) Everyday Things. Basic Books, Dezember 24.

———. 2007. The Design of Future Things: Author of The Design of Everyday Things. illustrated edition. Basic Books, Oktober 29.

O'Reilly, Tim. 2005. What Is Web 2.0. Design Patterns and Business Models for the Next Generation of Software. O'Reilly Media. Mai 30. http://www.oreillynet.com/pub/a/oreilly/tim/news/2005/09/30/what-is-web-20.html.

O'Reilly, Tim, und John Battelle. 2009. Web Squared: Web 2.0 Five Years On. In San Francisco, CA, Oktober 20. http://www.web2summit.com/web2009/public/schedule/detail/10194.

Oberleitner, Gerd. 2007. Das Menschenrechtssystem der Vereinten Nationen und die Informationsgesellschaft. In Menschenrechte in der Informationsgesellschaft, 59-76. Stuttgart, München, Hannover, Berlin, Weimar, Dresden: Richard Boorberg.

OECD. 2001. Understanding the Digital Divide. http://www.oecd.org/dataoecd/38/57/1888451.pdf.

———. 2005. The definition and selection of key competencies. Executive Summary. http://www.oecd.org/dataoecd/47/61/35070367.pdf.

———. 2007. „Education at a Glance 2007. OECD INDICATORS" (Juli): 451.

Oertzen, Jürgen von, Kerstin Cuhls, und Simone Kimpeler. 2006. Wie nutzen wir Informations- und Kommunikationstechnologien im Jahr 2020? Ergebnisse einer Delphi-Befragung. FAZIT-Schriftenreihe. Stuttgart: MFG Stiftung Baden-Württemberg.

Olmos, Ana, Cristina Armuña, Jorge Pérez, und Sergio Ramos. 2007. Analysis of Internet Governance Policies Evolution: Relevant Issues in a Multistakeholder Approach. In Istanbul, Turkey: ITS. http://www.itseurope.org/ITS%20CONF/istanbul2007/downloads/paper/13.08.2007_Olmos_Analysis%20of%20Internet%20Governance%20Policies%20Evolution.pdf.

Open Doors. 2008. Report on International Educational Exchange. Institute for International Education.

Oshlyansky, Lidia. 2007. Cultural Models in HCI: Hofstede, Affordance and Technology Acceptance. Wales: Swansea University.

Overwien, Bernd. 2001. Debatten, Begriffsbestimmungen und Forschungsansätze zum informellen Lernen und zum Erfahrungslernen. In Senatsverwaltung für Arbeit, Soziales und Frauen: Tagungsband zum Kongreß "Der flexible Mensch", 359-376. Berlin: BBJ-Verlag.

———. 2004. Internationale Sichtweisen auf „informelles Lernen" am Übergang zum 21. Jahrhundert. In Otto, Hansuwe; Coelen, Thomas (Hrsg.): Ganztagsbildung in der Wissensgesellschaft., 51-73. Wiesbaden, August.

———. 2007. The Training and Qualification of Target Groups in the Informal Sector. Conceptual Outlines and Examples. Beiträge aus der Praxis der beruflichen Bildung. Bonn, Mannheim: InWEnt.

———. 2011. Kompetenzentwiclung und Lernen und Lernen in der vernetzten Welt. In Gritschke, H. et.al. (Hg.): Erkennen - Bewerten - (Fair)Handeln. Kompetenzerwerb im globalen Wandel, 20-48. Kassel: kassel university press.

Peake, Adam. 2004. Internet governance and the World Summit on the Information Society (WSIS). Prepared for the Association for Progressive Communications (APC). http://rights.apc.org/documents/governance.pdf.

Pettenati, M. C., M. E. Cigognini, und F. Sorrentino. 2007. Methods and tools for developing personal knowledge management skills in the connectivist era. In , 7. Neapel.

Pfister, Regula. 2002. *Flow* im Alltag. Untersuchungen zum Quadrantenmodell des *Flow*-Erlebens und zum Konzept der autotelischen Persönlichkeit mit der Experience Sampling Methode (ESM). Europäische Hochschulschriften VI:696. Bern, Berlin, Bruxelles, Frankfurt/M., New York, Oxford, Wien: Peter Lang.

Phelps, Renata. 2003. Developing Online From Simplicity toward Complexity: Going with the *Flow* of Non-Linear Learning. http://www.unb.ca/naweb/proceedings/2003/PaperPhelps.html.

Phillips, David, und Michele Schweisfurth. 2006. Comparative and International Education. An introduction to theory, method, and practice. London, New York: Continuum International Publishing Group.

Pierce, Justin, und Alex Boekelheide. 2009. Annual Internet Survey by the Center for the Digital Future Finds Large Increases in Use of Online Newspapers. Los Angeles: USC Annenberg School for Communication, April.

Plehwe, Dieter, und Bernhard Walpen. 2004. Buena Vista Neoliberal? Eine klassentheoretische und organisationszentrierte Einführung in die transnationale Welt neoliberaler Ideen. In Giesen, K.-G. (Hg.): Ideologien in der Weltpolitik, 49-88. Wiesbaden: VS Verlag für Sozialwissenschaften.

Popp, Marie. 2009. „Der Einfluss der OECD auf die Bildungspolitik in Mexiko". University of Bremen, Collaborative Research Center 597: Transformations of the State 95 (Juli).

Pöysä, Johanna, und Joost Lowyck. 2006. Learning Communities in Virtual Environments. Encyclopedia of Human Computer Interaction.

Prengel, Annedore, und Bernd Overwien. 2007. Zum Recht auf Bildung in der gesellschaftlichen Diskussion. In Recht auf Bildung., 21-33. Opladen & Farmington Hills: Verlag Barbara Budrich.

Prisching, Manfred. 2007. Globalismus und Weltgesellschaft. In Bemerbung, I.; Niederbacher, A. (Hg.): Die Globalisierung und ihre Kritik(er). Zum Stand der Globalisierungsdebatte, 19-39. Wiesbaden: VS Verlag für Sozialwissenschaften, März.

Raithel, Jürgen, Bernd Dollinger, und Georg Hörmann. 2007. Einführung Pädagogik. Begriffe, Strömungen, Klasikr, Fachrichtungen. Wiesbaden: Vs Verlag für

Sozialwissenschaften.

Reeps, Inga E. 2006. Joy-of-Use: Ästhetik, Emotion und User Experience für interaktive Produkte. 1. Aufl. Vdm Verlag Dr. Müller, Mai.

Reichert, Ramón. 2008. Amateure im Netz. Selbstmanagement und Wissenstechniken im Web 2.0. 1. Aufl. Transcript, Oktober.

Reinmann, Gabi. 2009. Selbstorganisation auf dem Prüfstand: Das Web 2.0 und seine Grenzen(losigkeit). In Ben Bachmair: Medienbildung in neuen Kulturräumen, 10. Verlag für Sozialwissenschaften, Januar.

———. 2010. Studientext Didaktisches Design. Universität der Bundeswehr München. http://lernen-unibw.de/studientexte.

Reinmann, Gabi, und Martin J. Eppler. 2008. Wissenswege. Methoden für das persönliche Wissensmanagement. Lernen mit neuen Medien. Bern: Verlag Hans Huber.

Reinmann, Gabi, und Silvia Sippel. 2009. Königsweg oder Sackgasse? E-Portfolios für das forschende Lernen. In Hamburg. http://gabi-reinmann.de/wp-content/uploads/2009/11/Artikel_Hamburg_CampInnovation_final.pdf.

Rheingold, Howard. 2003. Smart Mobs: The Next Social Revolution. Reprint. Basic Books, September 25.

Rhode, Paul W., und Koleman S. Strumpf. 2004. „Historical Presidential Betting Markets". The Journal of Economic Perspectives (18): 127-141.

Rinne, Risto, Johanna Kallo, und Sanna Hokka. 2004. „Too Eager to Comply? OECD Education Policies and the Finnish Response". European Educational Research Journal 3 (2) (Juli): 454-485.

Rohs, Matthias. 2008. Connected Learning: Zur Verbindung formellen und informellen Lernens in der IT-Weiterbildung. Vdm Verlag Dr. Müller, April.

Rossiter, Ned. 2006. WSIS and Organized Networks as New Civil Society Movements. In Servaes, j.; Carpentier, N. (eds.): Towards Ta sustainable information society. Deconstructing WSIS, 97-116. EUROPEAN CONSORTIUM FOR COMMUNICATIONS RESEARCH SERIES. Bristol, UK; Portland, OR, USA: Intellect Books.

Roth, Heinrich. 1971. Pädagogische Anthropologie. Bd. 2. Entwicklung und Erziehung. Grundlagen einer Entwicklungspädagogik. Hannover: Schroedel.

Rückriem, Georg. 2010. Mittel, Vermittlung, Medium Bemerkungen zu einer wesentlichen Differenz gehalten auf der Seminar für Grundschulpädagogik der Universität Potsdam, Oktober 30, Potsdam. http://shiftingschool.wordpress.com/2010/11/18/medienbegriff/.

Sack, Detlef, und Hans-Jürgen Burchardt. 2008. Multi-Level-Governance und demokratische Partizipation - eine systemische Annäherung. In Brunnengräber, A.; Burchardt, H.-J.; Görg, Ch. (Hg.): Mit mehr Ebenen zu mehr Gestaltung? Multi-Level-Governance in der transnationalen Sozial- und Umweltpolitik, 41-59. Schriften zur Governance-Forschung 14. Leipzig: Nomos.

Sackmann, Reinhold. 2004. „Internationalisierung von Bildungsmärkten? Empirische Daten zur Kommerzialisierung von Bildung in Deutschland und den USA". Beiträge zur Hochschulforschung (4): 62-92.

Sahrai, Omar Khaled, und Diana Sahrai. 2006. Wissensgesellschaft und Globalisierung. Ein entwicklungssoziologischer Seitenblick. In Bittlingmayer / Bauer: Die „Wissensgesellschaft". Mythos, Ideologie oder Realität?, 373-397. Wiesbaden: Vs Verlag für Sozialwissenschaften.

Sander, Wolfgang. 2011. Kompetenzorientierung in Schule und politischer Bildung – eine kritische Zwischenbilanz. In Besand, A. et al.: Konzepte der politischen Bildung: Eine Streitschrift, 9-25. Schwalbach/Ts.

Sanders, Liz. 2008. „An Evolving Map of Design Practice and Design Research". Interactions XV.6 (November / December 2008): 13-17.

Sanders, Liz, und Peter Kwok Chan. 2007. Emerging Trends in Design Research - poster 1. Design Map. MakeTools. http://maketools.com/pdfs/EmergingTrends1_Sanders_Chan_07.pdf.

Schaffert, Sandra, und Wolf Hilzensauer. 2008. „On the way towards Personal Learning Environments: Seven crucial aspects". eLearning Papers (9) (Juli): 11.

Schaffert, Sandra, und Marco Kalz. 2009. Persönliche Lernumgebungen: Grundlagen, Möglichkeiten und Herausforderungen eines neuen Konzepts. In

Hohenstein, Andreas; Wilbers, Karl (Hg.): Handbuch *E-Learning*, 1–24. 27 Erg.-Lfg. Loseblattwerke Deutscher Wirtschaftsdienst, Januar.

Schelhowe, Heidi. 2007. Technologie, Imagination und Lernen. Grundlagen für Bildungsprozesse mit Digitalen Medien. Münster, New York, München, Berlin: Waxmann.

Schimank, Uwe. 2007. Die Governance-Perspektive: Analytisches Potenzial und anstehende konzeptionelle Fragen. In Altrichter, H. et. al. (Hg.): Educational Governance, 231-2260. Wiesbaden: Springer.

Schlütz, Daniela. 2002. Bildschirmspiele und ihre Faszination. Bd. 26. Angewandte Medienforschung. Schriftenreihe des Medien Instituts Ludwigshafen. München: Verlag Reinhard Fischer.

Schmidt, Jan. 2005. Der virtuelle lokale Raum. Zur Institutionalisierung lokalbezogener Online-Nutzungsepisoden. Bd. 19. Internet Research. München: Verlag Reinhard Fischer.

Schmidt, Michael. 2005. „Was ist Bildung wirklich? Ein Begriff zwischen Vision und Wirklichkeit". Labyrinth DGhK (85): 2.

Schmitz, Hans Peter. 1995. „Konflikte in der Unesco. Eine Überprüfung neorealistischer Thesen zum Nord-Süd-Verhältnis". Zeitschrift für Internationale Beziehungen 2: 107-139.

Scholz, Trebor. 2007. A History of Social Web. http://www.collectivate.net/journalisms/2007/9/26/a-history-of-the-social-web.html.

Schreiber-Barsch, Silke. 2007. Learning Communities als Infrastruktur lebenslangen Lernens. Vergleichende Fallstudien europ. Praxis. Erwachsenenbildung und lebensbegleitendes Lernen 10. Bielefeld: W. Bertelsmann Verlag.

Schriewer, Jürgen. 2007. Weltkultur und kulturelle Bedeutungswelten - zum Thema des Bandes. In Weltkultur und kulturelle Bedeutungswelten, 7-20. Frankfurt/M., New York: Campus Verlag.

Schüll, Elmar. 2009. Zur Forschungslogik explorativer und normativer Zukunftsforschung. In Popp & Schüll (Hg.) Zukunftsforschung und Zukunftsgestaltung., 223-234. Berlin, Heidelberg: Springer.

Schulmeister, Rolf. 2008. Gibt es eine „Net Generation"? Version 2.0. Hamburg, August.

———. 2009. PLE zwischem Alltäglichem und Besonderem: Was konstituiert eigentlich eine LERNumgebung? gehalten auf der Fachtagung: Wie Handys, Notebooks und persönliche Netzwerke das Lernen verändern. PHZ-Schyz, Luzern. http://www.schwyz.phz.ch/forschung-und-entwicklung/veranstaltungen/personal-learning-environments-in-der-schule/ple-zwischem-alltaeglichem-und-besonderem-was-konstituiert-eigentlich-eine-lernumgebung/.

Schumacher, Susanne. 2010. Mehr Qualität im Bildungssystem. Widersprüche in bildungspolitischen Konzepten zur Qualitätssteuerung. Bd. 992. Europäische Hochschulschriften XI Pädagogik. Frankfurt/M.: Peter Lang.

Schüßler, Ingeborg. 2006. Nachhaltigkeit – nachhaltiges Lernen – Bildung für eine nachhaltige Entwicklung – Gestaltungskompetenz. Grundlegende Überlegungen zu zentralen Begrifflichkeiten im Kontext des KBEProjekts „lebens-wert? Lernort Gemeinde. In Bonn. http://www.kbe-bonn.de/fileadmin/Redaktion/Bilder/Projekte/Schuessler_Nachhaltigkeit_Begriffskl_rung_Endversion.pdf.

Schwab, Klaus, Xavier Sala-i-Martin, und Robert Greenhill. 2009. The Global Competitiveness Report 2009-2010. Geneva: World Economic Forum.

Segaran, Toby. 2008. Kollektive Intelligenz: analysieren, programmieren und nutzen. 1. Aufl. O'Reilly Verlag, Februar 28.

Shiels, Maggie. 2008. BBC - dot.life: Gaming is good for you. Dezember 30. http://www.bbc.co.uk/blogs/technology/2008/12/gaming_is_good_for_you.html.

Siemens, George. 2004. elearnspace. Connectivism: A Learning Theory for the Digital Age. http://www.elearnspace.org/Articles/connectivism.htm.

———. 2007. Connectivism: Creating a Learning Ecology in Distributed Environments. In Hug, Theo: Didactics of Microlearning. Münster: Waxmann Verlag.

———. 2008a. Complexity, Chaos, and Emergence. http://docs.google.com/View?docid=anw8wkk6fjc_15cfmrctf8.

———. 2008b. Instructional Design and Connectivism. http://elearnspace.org/media/InstructionalDesignConnectivism/player.html.

———. 2008c. Learning and Knowing in Networks: Changing roles for Educators and Designers. In , 26. Januar.

Singh, Michael, Jane Kenway, und Michael W. Apple. 2007. Globalizing Education: Perspectives from Above and Below. In Apple, M.W.; Kenway, J.; Singh, M.: Globalizing Education., 1-29. New York et. al: Peter Lang.

Slater, Don, und Janet Kwami. 2005. Embeddedness and escape: Internet and mobile use as poverty reduction strategies in Ghana. Information Society Research Group (ISRG). http://zunia.org/uploads/media/knowledge/internet.pdf.

Smith, David, und Michael Timberlake. 2002. Hierarchies of Dominance among World Cities: A Network Approach. In Sassen: Global Networks. Linked Cities., 117-141. New York, London: Routledge.

Smith, Mark K. 1999. informal learning @ the informal education homepage. http://www.infed.org/biblio/inf-lrn.htm.

Sonnenberg, Hans-Georg. 2005. Definition Gründer-Skalen. Testtube.de. http://www.testtube.de/index.php?option=com_content&task=view&id=97&Itemid=1.

Stalder, Felix. 2006. Manuell Castells. The Theory of the Network Society. Cambridge & Malden: Polity Press.

Statistisches Bundesamt. 2008. „Verordnung (EG) Nr. 452/2008 des Europäischen Parlaments und des Rates vom 23. April 2008 über die Erstellung und Entwicklung von Statistiken über Bildung und lebenslanges Lernen". Amtsblatt der Europäischen Union (4.6.2008) (Juni): 8.

Staudt, Erich, Norbert Kailer, Bernd Kriegesmann, Andreas J. Meier, Heidi Stephan, und Arne Ziegler. 2002. Kompetenz und Innovation. Eine Bestandsaufnahme jenseits von Personalmanagement und Wissensmanagement. In Staudt u.a.: Kompetenzentwicklung und Innovation. Die Rolle der Kompetenz bei Organisations-, Unternehmens- und Regionalentwicklung, 14:127-235. Studien zur beruflichen Weiterbildung im Transformationsprozeß. Münster: Waxmann.

Steffek, Jens, Kristina Hahn, Meike Rodekamp, und Martina Piewitt. 2010. Whose Voice? TransnaTional csos and Their relaTions WiTh members, supporTers and beneficiaries. TranState Working Papers 113. Bremen: Sfb597 „Staatlichkeit im Wandel"– „Transformations of the State", März.

Steffek, Jens, und Patrizia Nanz. 2008. Emergent Patterns of Civil Society. Participation in Global and European Governance. In Steffek, J.; Kissling, C.; Nanz, P. (eds.): Civil Society Participation in European and Global Governance., 1-29. Transformations of the State Series. Houndmills, New York: Palgrave Macmillan.

Stegbauer, Christian. 2008. Netzwerkanalyse und Netzwerktheorie. Ein neues Paradigma der Sozialwissenschaften. Wiesbaden: Vs Verlag für Sozialwissenschaften.

Steinbicker, Jochen. 2001. Zur Theorie der Informationsgesellschaft. Ein Vergleich der Ansätze von Peter Drucker, Daniel Bell und Manuel Castells. Opladen: Leske+Budrich.

Steinmüller, Karlheinz. 1997. Grundlagen und Methoden der Zukunftsforschung. Szenarien, Delphi, Technikvorausschau. Gelsenkirchen: Sekretariat für Zukunftsforschung.

Suarez-Orozco, Marcelo M., und Carolyn Sattin. 2007. Learning in the global era. Introduction. In Learning in the global era. Berkeley, Los Angeles, London: University of California Press.

Surowiecki, James. 2007. Die Weisheit der Vielen: Warum Gruppen klüger sind als Einzelne. Goldmann, Juli.

The World Bank. 2003. Lifelong Learning in the Global Knowledge Economy. Challenges for Developing Countries. Washington D.C.: The World Bank.

———. 2007. Building Knowledge Economies. Advanced Strategies for Development. WBI Development Studies. Washington D.C.

Thomas, Frank, Nicoletta Vittadini, und Pedro Gómez-Fernández. 2009. United in diversity? Broadband services and european and national cultures in Europe. In , 1–11. Copenhagen, Mai.

Tosh, David, und Ben Werdmuller. 2004. ePortfolios and weblogs: one vision for ePortfolio development. März.

Treumann, Klaus Peter, Dieter Baacke, Kirsten Haacke, Kai Uwe Hugger, und Ralf Vollbrecht. 2002. Medienkompetenz im digitalen Zeitalter. Wie die neuen Medien das Leben und Lernen Erwachsener verändern. Bd. 39. Schriftenreihe Medienforschung der Landesanstat für Rundfunk Nordrhein.Westfalen. Opladen: Leske+Budrich.

Tröhler, Daniel. 2006. Öffentliche Schule, Governance and Demokratie. In Miller-Kipp, Gisela; Zymek, Bernd (Hg.): Politik in der Bildungsgeschihcte - Befunde, Prozesse, Diskurse, 87-100. Bad Heilbrunn: Verlag Julius Klinkhardt.

United Nations, Economic and Social Council. 2009. Mobile Commerce in Africa. An overview with specific reference to South Africa, Kenya and Senegal. Economic Commission for Africa. Addis Ababa, Februar. http://www.uneca.org/codist/codist1/content/E-ECA-CODIST-1-23-EN.pdf.

Universal McCann. 2008. International Social Media Research: wave.3 März. http://www.web-strategist.com/blog/2008/08/02/slideshare-universal-mccann-international-social-media-research/.

Väänänen-Vainio-Mattila, Kaisa, Heli Väätäjä, und Teija Vainio. 2009. Opportunities and Challenges of Designing the Service User eXperience (SUX) in Web 2.0. In , 117-139. London: Springer.

Varwick, Johannes. 2008. Vereinte Nationen. Woyke, W. (Hg.): Handwörterbuch Internationale Politik. Bonn: Bundeszentrale für politische Bildung.

Veith, Hermann. 2003. Kompetenzen und Lernkulturen. Zur historischen Rekonstruktion moderner Bildungsleitsemantiken. edition QUEM. Studien zur beruflichen Weiterbildung im Transformationsprozeß 15. Münster, New York, München, Berlin: Waxmann Verlag.

Verhagen, Pløn W. 2006. Connectivism: a new learning theory? November 11. http://surf.nettrack.capsis.nl/publisher/viewer/snapshot_12/.

Vonken, Matthias. 2005. Handlung und Kompetenz. Theoretische Perspektiven für die Erwachsenen- und Berufspädagogik. Wiesbaden: Vs Verlag für Sozialwissenschaften.

Wagner, Anja C. 2006. Ueberlegungen zu eLearning 2.0 | eduFutureBlog. http://edufuture.de/2006/12/22/ueberlegungen-zu-elearning-20/.

———. 2008. Wir partizipieren - also sind wir. eduFutureBlog. Januar 29. http://edufuture.de/2008/01/29/wir-partizipieren-also-sind-wir/.

———. 2009. „Mobile Learning 2.0". Jahrbuch eLearning & Wissensmanagement 2009/2010: 100-106.

———. 2011. Kompetenzentwicklung in vernetzten Kontexten. Herausforderungen für die Bildungspolitik. In Gritschke et. al. (Hg.): Erkennen - Bewerten - (fair) handeln? Kompetenzen im globalen Wandel, 50-68. Kassel: kassel university press.

Wagner, Michael. 2008. 11 Kernkompetenzen. Slideshare-Folien Slideshare.net. http://www.slideshare.net/mgwagner/11-kernkompetenzen-presentation.

Wagner, Wolf-Rüdiger. 2004. Medienkompetenz revisited. Medien als Werkzeuge der Weltaneignung: ein pädagogisches Programm. München: kopaed.

Webster, Frank. 1995. Theories of the Information Society. 3. Aufl. London, New York: Routledge.

Weinert, Franz Emanuel. 2001. Vergleichende Leistungsmessung in Schulen – eine umstrittene Selbstverständlichkeit. In Weinert, F.E. (Hg.): Leistungsmessungen in Schulen, 17-31. Weiheim und Basel: Beltz.

Wellman, Barry. 2002. „Little Boxes, Glocalization, and Networked Individualism" (September): 12.

———. 2003. Networks for Newbies. A Non-Technical Introduction to Social Network Analysis Februar, Sunbelt Social Network Conference. http://www.chass.utoronto.ca/~wellman/publications/networksfornewbies/networks4newbies.ppt.

Wenger, Etienne. 1999. Communities of Practice: Learning, Meaning, and Identity. Pbk. Cambridge University Press, September 28.

———. 2006a. Communities of practice. A brief introduction. http://www.ewenger.com/theory/.

———. 2006b. Learning for a small planet. Research Agenda. Version 2.0. September.

http://www.ewenger.com/research/index.htm.

———. 2008. Digital Habitats: stewarding technology for communities. Chapter 10: Action notebook. In Digital Habitats: stewarding technology for communities, 17. Dezember. http://technologyforcommunities.com/.

Wente, Martina, und Johannes Walther. 2007. „Globales Netzwerkmanagement: Die Herausforderung der Zukunft!" Supply Chain Management (II).

Wild, Fridolin, Felix Mödritscher, und Steinn Sigurdarson. 2008. „Designing for Change: Mash-Up Personal Learning Environments". eLearning Papers (9) (Juni): 15.

Wilson III, Ernest J., und Kelvin R. Wong. 2007. Introduction: Negotiating the Net in Africa. In Negotiating the Net in Africa, 1-16. London: Lynne Rienner Publishers.

Wolfers, Justin, und Eric Zitzewitz. 2006. Prediction markets in theory and practice. Working Paper. Cambridge, MA: NATIONAL BUREAU OF ECONOMIC RESEARCH, März. http://www.nber.org/papers/w12083.

Wright, Peter, John McCarthy, und Lisa Meekison. 2004. Making Sense of Experience. In Blythe/Overbeeke/Monk/Wright: Funology. From Usability to Enjoyment, 3:43-53. Human-Computer Interaction Series. Dordrecht/Boston/London: Kluwer Academics Publishers.

Zamaria, Charles, und Fred Fletcher. 2008. Canada Online! The Internet, Media and Emerging Technologies: Uses, Attitudes, Trends and International Comparisons 2007. WORLD INTERNET PROJECT. Toronto: Canadian Internet Project.

Zipfinger, Sabine. 2007. Computer Aided-Delphi. 1. Aufl. Linz: Trauner, Juni 20.

7.2 Eigene Links

Websites aus dem persönlichen *Blog* bzw. dem „eigenen" Projektwiki, die von der Autorin parallel zum Promotionsprojekt mit Auszügen aus der Dissertation bestückt wurden:

1. http://edufuture.net/2008/10/13/wie-schwimmt-man-im-informationsueberfluss mit Verlinkung zu http://www.slideshare.net/acw/wie-schwimmt-man-im-

informationsberfluss-presentation – 13.08.2008
2. http://mediawiki.htw-berlin.de/wiki/Konnektivismus – 24.08.2009
3. http://edufuture.de/2010/04/24/die-neue-alte-bildungsungleichheit – 24.04.2010
4. http://edufuture.net/digitale-identitat-netzkompetenz mit Verlinkungen zu http://www.slideshare.net/acw/kd-pk-01, http://www.slideshare.net/acw/kompetente-digitale-identitt-in-der-web-20kultur, http://www.slideshare.net/acw/netzkompetenz-in-der-netzwerkgesellschaft - 20.11.2010
5. http://edufuture.net/game-based-flow-opco11-9467 mit Verlinkung zu http://www.slideshare.net/acw/game-based-flow - 12.06.2011
6. http://edufuture.net/meine-5-cent-zur-netzkompetenz-bildungspoliti mit Verlinkung zu http://www.scribd.com/doc/59342236/Kompetenzentwicklung-in-vernetzten-Kontexten-Herausforderungen-fur-die-Bildungspolitik (identisch mit (Anja C. Wagner 2011)) – 05.07.2011

7.3 Abbildungsverzeichnis

Abbildung 1: Quelle: Gray 2008, S.11...81

Abbildung 2: Analyseleitende Kompetenzstruktur für diese Arbeit...................98

Abbildung 3: Individuelle Kompetenzen in Abhängigkeit von kollektiver Netzwerk-Kompetenz..111

Abbildung 4: Diagonalmodell (vgl. ebd.)...121

Abbildung 5: Quadrantenmodell (vgl. ebd.)..121

Abbildung 6: Emerging Trends in Design Research - poster 1 (ebd.)..........146

Abbildung 7: Flow-Dimensionen..149

Abbildung 8: Regionale Verteilung...233

Abbildung 9: Zuordnung zu Bereichen...233

Abbildung 10: Inhaltliche Expertise..234

Abbildung 11: Navigationsleiste von acwDelphi..236

Abbildung 12: Google Analytics-Auswertung zum Zugriffpunkt auf acwDelphi.........240

Abbildung 13: Google Analytics-Auswertung zu Visits / Day auf acwDelphi 241

Abbildung 14: Regionale Verteilung bei acwDelphi 242

Abbildung 15: Zuordnung zu Bereichen in acwDelphi 243

Abbildung 16: Inhaltliche Expertise in acwDelphi 244

Abbildung 17: Model of Global policy Development (Jakobi 2009, S.13) 265

Abbildung 18: Theoretical model for explaining changing education policy making (Leuze et al. 2008, S.19) 267

Abbildung 19: Internationale Organisationen und ihre Einflussgrößen 268

Abbildung 20: Internet Governance Issues by Layer (Benkler, zit.n. Kapur 2005).... 284

Abbildung 21: Nutzung der Internet-Kommunikationsmöglichkeiten (ebd.) 416

Abbildung 22: Screenshot von http://edufuture.info 432

Abbildung 23: Beispielhafter Screenshot einer Untersuchungsseite 433

Abbildung 24: Vollständige Ansicht des Fragenblocks 434

Abbildung 25: Anzeigefenster der eingegangenen Ergebnisse zum aktuellen Fragenblock 435

Abbildung 26: Screenshot der Google Group "acwDiscussion" 435

Abbildung 27: Selbsteinschätzung Themenfeld A 436

Abbildung 28: Verbreitung von These A bei gleichen Rahmenbedingungen 437

Abbildung 29: Hemmfaktoren für weitere Verbreitung von These A 437

Abbildung 30: Hemmfaktoren im Vergleich zur Selbsteinschätzung (These A) 438

Abbildung 31: Hemmfaktoren im Vergleich zur inhaltlichen Expertise (These A) 438

Abbildung 32: Hemmfaktoren im Vergleich zu gesellschaftlichen Bereichen (These A) 439

Abbildung 33: Hemmfaktoren im kontinentalen Vergleich (These A) 439

Abbildung 34: Bildungspolitische Maßnahmen für Wirksamkeit von These A 440

Abbildung 35: Bildungspolitische Maßnahmen im Vergleich der inhaltlichen Expertise

(These A) 441

Abbildung 36: Internationale Maßnahmen, um These A zu unterstützen 441

Abbildung 37: Verbreitung von These A bei optimal modifizierten Rahmenbedingungen 442

Abbildung 38: Auswirkung auf globale Verbreitung von These A 442

Abbildung 39: Auswirkung auf Verbreitung von These A in Afrika 443

Abbildung 40: Auswirkung auf Verbreitung von These A in Asien 443

Abbildung 41: Auswirkung auf Verbreitung von These A in Europa 443

Abbildung 42: Auswirkung auf Verbreitung von These A in Nordamerika 444

Abbildung 43: Auswirkung auf Verbreitung von These A in Ozeanien/Australien 444

Abbildung 44: Auswirkung auf Verbreitung von These A in Südamerika 444

Abbildung 45: Selbsteinschätzung Themenfeld B 446

Abbildung 46: Verbreitung von These B bei gleichen Rahmenbedingungen 446

Abbildung 47: Hemmfaktoren für weitere Verbreitung von These B 447

Abbildung 48: Hemmfaktoren im Vergleich zur Selbsteinschätzung (These B) 447

Abbildung 49: Hemmfaktoren im Vergleich zur inhaltlichen Expertise (These B) ... 448

Abbildung 50: Hemmfaktoren im Vergleich zu gesellschaftlichen Bereichen (These B) 448

Abbildung 51: Hemmfaktoren im kontinentalen Vergleich (These B) 449

Abbildung 52: Bildungspolitische Maßnahmen für Wirksamkeit von These B 449

Abbildung 53: Bildungspolitische Maßnahmen im Vergleich der Selbsteinschätzung (These B) 450

Abbildung 54: Bildungspolitische Maßnahmen im Vergleich der inhaltlichen Expertise (These B) 450

Abbildung 55: Bildungspolitische Maßnahmen im Vergleich der gesellschaftlichen Bereiche (These B) 451

Abbildung 56: Internationale Maßnahmen, um These B zu unterstützen...................451

Abbildung 57: Verbreitung von These B bei optimal modifizierten Rahmenbedingungen...452

Abbildung 58: Auswirkung auf globale Verbreitung von These B........................452

Abbildung 59: Selbsteinschätzung Themenfeld C...453

Abbildung 60: Verbreitung von These C bei gleichen Rahmenbedingungen..............454

Abbildung 61: Hemmfaktoren für weitere Verbreitung von These C 454

Abbildung 62: Hemmfaktoren im Vergleich zur inhaltlichen Expertise (These C) ...455

Abbildung 63: Hemmfaktoren im Vergleich zu gesellschaftlichen Bereichen (These C) 455

Abbildung 64: Bildungspolitische Maßnahmen für Wirksamkeit von These C...........456

Abbildung 65: Bildungspolitische Maßnahmen im Vergleich der inhaltlichen Expertise (These C)..456

Abbildung 66: Bildungspolitische Maßnahmen im Vergleich der gesellschaftlichen Bereiche (These C)..457

Abbildung 67: Internationale Maßnahmen, um These C zu unterstützen...................458

Abbildung 68: Verbreitung von These C bei optimal modifizierten Rahmenbedingungen...459

Abbildung 69: Auswirkung auf globale Verbreitung von These C........................459

Abbildung 70: Selbsteinschätzung Themenfeld D...460

Abbildung 71: Verbreitung von These D bei gleichen Rahmenbedingungen..............461

Abbildung 72: Hemmfaktoren für weitere Verbreitung von These D 461

Abbildung 73: Hemmfaktoren im Vergleich zur Selbsteinschätzung (These D) 462

Abbildung 74: Hemmfaktoren im Vergleich zu gesellschaftlichen Bereichen (These D) 462

Abbildung 75: Hemmfaktoren im kontinentalen Vergleich (These D) 463

Abbildung 76: Bildungspolitische Maßnahmen für Wirksamkeit von These D...........464

Abbildung 77: Bildungspolitische Maßnahmen im Vergleich der Selbsteinschätzung zu These D...464

Abbildung 78: Bildungspolitische Maßnahmen im Vergleich der inhaltlichen Expertise (These D)...465

Abbildung 79: Bildungspolitische Maßnahmen im Vergleich der gesellschaftlichen Bereiche (These D)...465

Abbildung 80: Bildungspolitische Maßnahmen im kontinentalen Vergleich (These D) 466

Abbildung 81: Internationale Maßnahmen, um These D zu unterstützen................466

Abbildung 82: Verbreitung von These D bei optimal modifizierten Rahmenbedingungen..467

Abbildung 83: Auswirkung auf globale Verbreitung von These D..........................467

Abbildung 84: Selbsteinschätzung Themenfeld E...469

Abbildung 85: Verbreitung von These E bei gleichen Rahmenbedingungen...........469

Abbildung 86: Hemmfaktoren für weitere Verbreitung von These E 469

Abbildung 87: Hemmfaktoren im Vergleich zur inhaltlichen Expertise (These E) ...470

Abbildung 88: Hemmfaktoren im Vergleich zu gesellschaftlichen Bereichen (These E) 470

Abbildung 89: Hemmfaktoren im kontinentalen Vergleich (These E) 471

Abbildung 90: Bildungspolitische Maßnahmen für Wirksamkeit von These E...........471

Abbildung 91: Bildungspolitische Maßnahmen im Vergleich der gesellschaftlichen Bereiche (These E)...472

Abbildung 92: Internationale Maßnahmen, um These E zu unterstützen................472

Abbildung 93: Verbreitung von These E bei optimal modifizierten Rahmenbedingungen..473

Abbildung 94: Auswirkung auf globale Verbreitung von These E...........................473

Abbildung 95: Selbsteinschätzung Themenfeld F...474

Abbildung 96: Verbreitung von These F bei gleichen Rahmenbedingungen...........475

Abbildung 97: Hemmfaktoren für weitere Verbreitung von These F 475

Abbildung 98: Hemmfaktoren im Vergleich zur inhaltlichen Expertise (These F) ...476

Abbildung 99: Hemmfaktoren im Vergleich zu gesellschaftlichen Bereichen (These F) 476

Abbildung 100: Hemmfaktoren im kontinentalen Vergleich (These F) 477

Abbildung 101: Bildungspolitische Maßnahmen für Wirksamkeit von These F..........477

Abbildung 102: Bildungspolitische Maßnahmen im Vergleich der Selbsteinschätzung zu These F..478

Abbildung 103: Bildungspolitische Maßnahmen im Vergleich der inhaltlichen Expertise (These F)..478

Abbildung 104: Bildungspolitische Maßnahmen im Vergleich der gesellschaftlichen Bereiche (These F)..479

Abbildung 105: Bildungspolitische Maßnahmen im kontinentalen Vergleich (These F) 479

Abbildung 106: Internationale Maßnahmen, um These F zu unterstützen................480

Abbildung 107: Verbreitung von These F bei optimal modifizierten Rahmenbedingungen..480

Abbildung 108: Auswirkung auf globale Verbreitung von These F............................480

Abbildung 109: Selbsteinschätzung über alle Themenfelder 482

Abbildung 110: Durchschnittliche Verbreitung über alle Thesen bei gleichen Rahmenbedingungen..482

Abbildung 111: Hemmfaktoren, die gegen eine weitere Verbreitung der sechs Thesen sprechen 483

Abbildung 112: Hemmfaktoren im Vergleich der Selbsteinschätzung (Thesen A - F) 483

Abbildung 113: Hemmfaktoren im Vergleich zur inhaltlichen Expertise (Thesen A - F) 484

Abbildung 114: Hemmfaktoren im Vergleich zu gesellschaftlichen Bereichen (Thesen A - F) 484

Abbildung 115: Hemmfaktoren im kontinentalen Vergleich (Thesen A - F) 485

Abbildung 116: Bildungspolitische Maßnahmen für Wirksamkeit der Thesen 485

Abbildung 117: Bildungspolitische Maßnahmen im Vergleich der Selbsteinschätzung zu den Thesen A - F 486

Abbildung 118: Bildungspolitische Maßnahmen im Vergleich der inhaltlichen Expertise (Thesen A - F) 487

Abbildung 119: Bildungspolitische Maßnahmen im Vergleich der gesellschaftlichen Bereiche (Thesen A - F) 487

Abbildung 120: Bildungspolitische Maßnahmen im kontinentalen Vergleich (Thesen A - F) 488

Abbildung 121: Internationale Maßnahmen, um die Thesen A - F zu unterstützen 488

Abbildung 122: Verbreitung der Thesen A - F bei optimal modifizierten Rahmenbedingungen 490

Abbildung 123: Auswirkung auf globale Verbreitung der Thesen A - F 490

Abbildung 124: Auswirkung auf Verbreitung der Thesen A - F in Afrika 491

Abbildung 125: Auswirkung auf Verbreitung der Thesen A - F in Asien 491

Abbildung 126: Auswirkung auf Verbreitung der Thesen A - F in Europa 492

Abbildung 127: Auswirkung auf Verbreitung der Thesen A - F in Nordamerika 492

Abbildung 128: Auswirkung auf Verbreitung der Thesen A - F in Ozeanien/Australien 493

Abbildung 129: Auswirkung auf Verbreitung der Thesen A - F in Südamerika 493

7.4 Tabellenverzeichnis

Tabelle 1: Gewichtung der Subindizes auf die Entwicklungsstufen (vgl. ebd.:8, Table 1 kombiniert mit Figure 1 und Zuordnung durch die Autorin zu Castells' internationaler Arbeitsteilung)..................56

Tabelle 2: Extrakt aus Data Tables: Who studies abroad and where? (OECD 2007)....61

Tabelle 3: Experiental and cultural connotations of fun and pleasure (ebd., 95).........141

Tabelle 4: Matrix der Flow-Kategorien..................181

Tabelle 5: Zusammensetzung des Expertinnen-Stabs..................230

Tabelle 6: Berufliche Herkunft der ExpertInnen..................244

Tabelle 7: Rankings ausgewählter Staaten für den Vergleich (Auswahl aus 74 Ländern/Regionen)..................411

Tabelle 8: Web 2.0-Vergleich ausgewählter Staaten..................412

Tabelle 9: Selbst zusammengetragene Zahlen zum Vergleich Afrika - Deutschland/USA 413

Tabelle 10: Zahlen aus Veröffentlichungen im Rahmen des World Internet Projects. 417

Tabelle 11: Abgleich der Web 2.0-Kultur zu verschiedenen nationalen Kulturen nach Hofstede-Indizes..................418

Tabelle 12: Abgleich der Web 2.0-Kultur zu nationalen Kulturen in Afrika nach Hofstede-Indizes..................418

Tabelle 13: Ablaufplan der Expertinnen-Kontaktierung..................421

Tabelle 14: Reihenfolge der Hemmfaktoren im Vergleich der Flow-Kategorien.........494

Tabelle 15: Reihenfolge der Hemmfaktoren im Unterschied der Expertinnen-Cluster 495

Tabelle 16: Reihenfolge der bildungspolitischen Maßnahmen im Vergleich der Flow-Kategorien..................496

Tabelle 17: Reihenfolge der bildungspolitischen Maßnahmen im Unterschied der Expertinnen-Cluster..................497

Tabelle 18: Übersicht der bildungspolitischen Einflussmöglichkeiten internationaler Akteure 498

Tabelle 19: Reihenfolge der präferierten bildungspolitischen Maßnahmen für Flow-Kategorie Person 501

Tabelle 20: Reihenfolge der präferierten bildungspolitischen Maßnahmen für Flow-Kategorie Workflow (These B) 506

Tabelle 21: Reihenfolge der präferierten bildungspolitischen Maßnahmen für Flow-Kategorie Medienumgebung (These C) 511

Tabelle 22: Reihenfolge der präferierten bildungspolitischen Maßnahmen für Flow-Kategorie Usability (These D) 516

Tabelle 23: Reihenfolge der präferierten bildungspolitischen Maßnahmen für Flow-Kategorie Transparenz (These E) 520

Tabelle 24: Reihenfolge der präferierten bildungspolitischen Maßnahmen für Flow-Kategorie space of flows (These F) 525

7.5 Abkürzungsverzeichnis

Anm.	Anmerkung
Ggf.	gegebenenfalls
i.d.R.	in der Regel
IKT	Informations- und Kommunikationstechnologien
IO	Internationale Organisation(en)
LLL	Lebenslanges Lernen
RTD	Real-Time-Delphi-Studie
u.a.	unter anderem
UX	User Experience
v.a.	vor allem
z.B.	zum Beispiel

7.6 Glossar[144]

"24/7"	"Die Abkürzung steht für 24 Stunden am Tag, 7 Tage die Woche" und „bezeichnet die ständige Bereitschaft bzw. Verfügbarkeit einer Dienstleistung": http://de.wikipedia.org/wiki/24/7
agile	Bezieht sich auf das „agile" der „Agilen Softwareentwicklung", die mit „geringem bürokratischen Aufwand und wenigen Regeln auszukommen" versucht: http://de.wikipedia.org/wiki/Agile_Softwareentwicklung
Binary Options	Handel mit Binary Options bedeutet in der Finanzwelt, dass die Option entweder als fester Wert bzw. festes Vermögen ausgezahlt wird - oder aber alles verloren ist. http://en.wikipedia.org/wiki/Binary_option (Übersetzung)
Bookmarking	Bookmarks sind Lesezeichen im Internet, die „von einem Computerprogramm zwecks schnellerem Zugriff auf gewisse, meist häufig besuchte, Standorte im PC oder im Internet in einer Lesezeichen-Sammlung verwaltet" werden. http://de.wikipedia.org/wiki/Lesezeichen_(Internet)
Case Study	„Von einer Fallstudie wird in vielfältigen Zusammenhängen gesprochen, so z. B. im Rahmen der empirischen/qualitativen Sozial- und medizinischen Forschung, anderseits im Zusammenhang mit handlungs- und entscheidungsorientiertem Unterricht oder auch in Personalauswahlverfahren." http://de.wikipedia.org/wiki/Case_Study
Chat	„Chat (...) bezeichnet elektronische Kommunikation in Echtzeit, meist über das Internet. Die ursprünglichste Form des Internet-Chats ist der reine Textchat, bei dem nur Zeichen ausgetauscht werden können." http://de.wikipedia.org/wiki/Chat

---

144 Im Glossar sind die Begriffe angeführt, die in der Arbeit nicht näher erläutert wurden, zum Verständnis der Gesamtproblematik aber essentiell erscheinen. Um persönliche Konnotationen zu vermeiden, soll an dieser Stelle auf die kollektive Definitionsmacht von Wikipedia (wenn möglich in der deutschen Version) zurückgegriffen werden. Sofern der Begriff noch keinen Eingang in Wikipedia gefunden hat, wurden entsprechende andere Quellen zitiert. (Stand: 05.03.2011)

Cloud	Mit Cloud ist die Wolke gemeint, die v.a. durch „Cloud Computing" definiert wird: „Cloud Computing bzw. Rechnerwolke ist primär der Ansatz, abstrahierte IT-Infrastrukturen (z. B. Rechenkapazität, Datenspeicher-, fertige Software- und Programmierumgebungen als Service) dynamisch an den Bedarf angepasst über ein Netzwerk zur Verfügung zu stellen. Die Verarbeitung der Daten durch Anwendungen wird dabei für den Nutzer transparent, verblasst somit gewissermaßen in einer „Wolke"." http://de.wikipedia.org/wiki/Cloud_Computing
Collaborative Working Environment (CWE)	Ein CWE ist eine kollaborative Arbeitsumgebung, die Menschen in ihrer individuellen wie kooperativen Arbeit unterstützt. CWE-Forschung beinhaltet organisatorische, technische und soziale Fragen. http://en.wikipedia.org/wiki/Collaborative_working_environment (Übersetzung)
Collaboration Curve	Eine kollaborative Kurve kennzeichnet das Potenzial, größere und vielfältigere Gruppen von TeilnehmerInnen zu mobilisieren, um neue Werte innovativ zu schaffen. http://blogs.hbr.org/bigshift/2009/04/introducing-the-collaboration.html (eine Art Übersetzung)
Content	Mit dem Content-Begriff sollen in den Neuen Medien „die übermittelten Inhalte von der Infrastruktur eines Mediums abgegrenzt werden sowie von Informationen, die zur Verwaltung der Inhalte dienen". http://de.wikipedia.org/wiki/Content
Cookie	„Ein Cookie (...) ist ein kurzer Eintrag in einer meist kleinen Datenbank oder in einem speziellen Dateiverzeichnis auf einem Computer und dient dem Austausch von Informationen zwischen Computerprogrammen oder der zeitlich beschränkten Archivierung von Informationen." http://de.wikipedia.org/wiki/Cookie
Creation Space	Ein schöpferischer Raum bringt in einem kreativen Balanceakt drei Faktoren in Schwingung, so dass eine Collaboration Curve

	sich entfalten kann: TeilnehmerInnen, Interaktionen und Umgebungen http://blogs.hbr.org/bigshift/2009/04/three-elements-you-need-for-su.html (eine Art Übersetzung)
Crowdfunding	„Crowdfunding ist eine Art der Finanzierung, durch die sich Aktionen (Produkte, Projekte oder auch Geschäftsideen von Privatpersonen) mit Fremdkapital versorgen lassen. Als Kapitalgeber fungiert die anonyme Masse der Internetnutzer." http://de.wikipedia.org/wiki/Crowdfunding
Download	„Herunterladen oder auch downloaden (engl. download) ist ein Begriff aus der elektronischen Datenverarbeitung. Es wird damit die Übertragung von Daten von einem Computer in einem Netzwerk oder im Internet zum eigenen Computer, dem Client bezeichnet. Das Herunterladen oder ein Download ist das Gegenstück zum Hochladen oder dem Upload." http://de.wikipedia.org/wiki/Download
E-Commerce	„Elektronischer Handel, auch Internethandel oder Online-Handel, ist der Einkaufsvorgang via Datenfernübertragung innerhalb der Distributionspolitik des Marketings bzw. des Handelsmarketings." http://de.wikipedia.org/wiki/Elektronischer_Handel
E-Learning	„Unter *E-Learning* (...) werden (...) alle Formen von Lernen verstanden, bei denen elektronische oder digitale Medien für die Präsentation und Distribution von Lernmaterialien und/oder zur Unterstützung zwischenmenschlicher Kommunikation zum Einsatz kommen." http://de.wikipedia.org/wiki/*E-Learning*
E-Government	„Unter E-Government (deutsch: E-Regierung) im weiteren Sinn versteht man die Vereinfachung und Durchführung von Prozessen zur Information, Kommunikation und Transaktion innerhalb und zwischen staatlichen, kommunalen und sonstigen behördlichen Institutionen sowie zwischen diesen Institutionen und Bürgern bzw. Unternehmen durch den Einsatz von digitalen Informations- und Kommunikationstechniken." http://de.wikipedia.org/wiki/E-Government

Early Adopter	„Der Begriff Early Adopter (englisch für frühzeitiger Anwender) stammt aus der Diffusionsforschung und bezeichnet Menschen, die die neuesten technischen Errungenschaften oder die neuesten Varianten von Produkten oder modischen Accessoires nutzen." http://de.wikipedia.org/wiki/Early_Adopter
File-Sharing	„Filesharing (...) ist das direkte Weitergeben von Dateien zwischen Benutzern des Internets unter Verwendung eines Peer-to-Peer-Netzwerks. Die Dateien befinden sich in den heute gebräuchlichen Varianten auf den Computern der Teilnehmer oder dedizierten Servern und werden von dort aus verteilt." http://de.wikipedia.org/wiki/File-Sharing
Folksonomy	„Social Tagging ist eine Form der freien Verschlagwortung (Indexierung), bei der Nutzer von Inhalten die Deskriptoren (Schlagwörter) mit Hilfe verschiedener Arten von Sozialer Software ohne Regeln zuordnen. Die bei diesem Prozess erstellten Sammlungen von Schlagwörtern werden Folksonomien genannt." http://de.wikipedia.org/wiki/Folksonomy
Hashtag	„Ein Hashtag ist ein Schlagwort in Form eines Tags, welches insbesondere bei Twitter Verwendung findet." http://de.wikipedia.org/wiki/Hashtag
Hypertext	„Ein Hypertext (...) ist ein Text, der mit einer netzartigen Struktur von Objekten Informationen durch Hyperlinks zwischen Hypertext-Knotenverknüpft." http://de.wikipedia.org/wiki/Hypertext
Index Futures	Im Aktiengeschäft stellen Index Futures einen Bargeld basierten Zukunftsvertrag auf den Wert eines bestimmten Aktienindizes dar. http://en.wikipedia.org/wiki/Index_Futures (Übersetzung)
Information Overload	„Der Begriff Informationsüberflutung (...) bezeichnet den Zustand´, „zu viele" Informationen zu einem Thema zu besitzen, um eine Entscheidung treffen zu können." http://de.wikipedia.org/wiki/Information_Overload

Instant Messaging	„Instant Messaging (…) ist eine Kommunikationsmethode, bei der sich zwei oder mehr Teilnehmer per Text-Chat unterhalten." http://de.wikipedia.org/wiki/Instant_messaging
Junk-Mail	„Als Spam oder Junk (…) werden unerwünschte, in der Regel auf elektronischem Weg übertragene Nachrichten bezeichnet, die dem Empfänger unverlangt zugestellt werden und häufig werbenden Inhalt haben." http://de.wikipedia.org/wiki/Junk-Mail
Learning Management System (LMS)	„Eine Lernplattform bzw. Learning Management System (LMS) ist ein komplexes Softwaresystem, das der Bereitstellung von Lerninhalten und der Organisation von Lernvorgängen dient." ttp://de.wikipedia.org/wiki/Learning_Management_System
Learning Objects	„Ein Lernobjekt (…) soll die kleinste sinnvolle Lerneinheit sein, in die ein Online-Lernangebot zerlegt werden kann. Diese Definition ist jedoch sehr umstritten. (…) Manche verstehen unter einem Lernobjekt eine Kurzinformation, wie ein einzelnes Bild, eine Grafik, einen Text oder Textbausteine oder eine Animation." http://de.wikipedia.org/wiki/Lernobjekt
Liquid Democracy	Konzept, das „ein flexibles Verfahren zur Entwicklung und Delegation von Empfehlungen durch Expert[inn]en vorsieht". Es dient „der gemeinsamen Entscheidungsfindung" und vereinigt „Bestandteile der direkten Demokratie und der repräsentativen Demokratie." http://de.wikipedia.org/wiki/Liquid_Democracy
Mobile Commerce	„Mobile Commerce (M-Commerce, MC) ist eine spezielle Ausprägung des E-Commerce unter Verwendung drahtloser Kommunikation und mobiler Endgeräte." http://de.wikipedia.org/wiki/Mobile_Commerce
Multitasking	„Der Begriff Multitasking (…) bezeichnet die Fähigkeit eines Betriebssystems, mehrere Aufgaben (Tasks) nebenläufig auszuführen." http://de.wikipedia.org/wiki/Multitasking

Net Generation	Generation Y, auch als Millennial Generation (oder Millennials), Generation Next, Net Generation, Echo Boomers bezeichnet, beschreibt den demographischen Nachfolger zur Generation X. Gekennzeichnet ist die Generation Y durch eine zunehmende Nutzung und Vertrautheit mit Kommunikation, Medien und digitalen Technologien. http://en.wikipedia.org/wiki/Net_Generation (Übersetzung)
Netzneutralität	„Netzneutralität ist eine Bezeichnung für die neutrale Datenübermittlung im Internet. Sie bedeutet, dass Zugangsanbieter Datenpakete von und an ihre Kunden unverändert und gleichberechtigt übertragen, unabhängig davon, woher diese stammen oder welche Anwendungen die Pakete generiert haben." http://de.wikipedia.org/wiki/Netzneutralität
one size fits all	Der Begriff "one size fits all" kennzeichnet eine Idee, dass ein Produkt oder eine Dienstleistung einer bestimmten Größe sich allen gewünschten Nutzungsarten anpassen können sollte. http://en.wikipedia.org/wiki/One_size_fits_all (eine Art Übersetzung)
Open Access	„Als Open Access (...) wird der freie Zugang zu wissenschaftlicher Literatur und anderen Materialien im Internet bezeichnet. Ein wissenschaftliches Dokument unter Open-Access-Bedingungen zu publizieren gibt jedermann die Erlaubnis, dieses Dokument lesen, herunterladen, speichern, es verlinken, drucken und damit entgeltfrei nutzen zu können." http://de.wikipedia.org/wiki/Open_Access
Open Courseware	Open Courseware (OCW) kennzeichnet ein Konzept, das von einigen Universitäten verwendet wird um ihre Kursmaterialien in virtuellen Lernumgebungen zu kennzeichnen, die über Internet frei verfügbar sind. http://en.wikipedia.org/wiki/OpenCourseWare (Übersetzung)
Open Data	„Open Data ist eine Philosophie und Praxis, die auf der Grundidee beruht, dass vorteilhafte Entwicklungen eingeleitet werden, wenn Daten für jedermann frei zugänglich gemacht werden. Dies betrifft insbesondere Abwesenheit von Copyright,

	Patenten oder anderen Kontrollmechanismen." http://de.wikipedia.org/wiki/Open_Data	
Open Education	„Open Education bezeichnet ein Konzept der Wissensvermittlung über das Internet, das einerseits auf freien Lernmaterialien (vgl. Open Educational Resources, Open Access) und andererseits auf allgemein zugänglichen Lernplattformen basiert. Open Education ist nicht gleichzusetzen mit *E-Learning*, nutzt aber dieselben technischen Mittel." http://de.wikipedia.org/wiki/Open_Education	
Open Educational Resources (OER)	„Als Open Educational Resources (kurz OERs) werden freie Lern- und Lehrmaterialien bezeichnet." http://de.wikipedia.org/wiki/Open_Educational_Resources	
Open Government	„Open Government ist ein Synonym für die Öffnung von Regierung und Verwaltung gegenüber der Bevölkerung und der Wirtschaft." http://de.wikipedia.org/wiki/Open_Government	
Open Source	„Open Source (...) ist eine Palette von Lizenzen für Software, deren Quelltext öffentlich zugänglich ist und durch die Lizenz Weiterentwicklungen fördert." http://de.wikipedia.org/wiki/Open_Source	
Open University	Die Open University ist eine Fernstudiengang-Universität in Großbritannien, die ihre Kurse online anbietet. In vielen anderen Staaten existieren ähnliche Open Universities. http://en.wikipedia.org/wiki/Open_university (Übersetzung)	
P2P (Peer-to-Peer)	„Peer-to-Peer (P2P) Connection (engl. peer für „Gleichgestellter", „Ebenbürtiger") und Rechner-Rechner-Verbindung sind synonyme Bezeichnungen für eine Kommunikation unter Gleichen, hier bezogen auf ein Rechnernetz." http://de.wikipedia.org/wiki/Peer-to-Peer	
PageRank	„Der PageRank-Algorithmus ist ein Verfahren, eine Menge verlinkter Dokumente, wie beispielsweise das World Wide Web, anhand ihrer Struktur zu bewerten bzw. zu gewichten. Dabei wird jedem Element ein Gewicht, der PageRank, aufgrund seiner	

		Verlinkungsstruktur zugeordnet."
		http://de.wikipedia.org/wiki/Pagerank
Pervasive Computing		„Der Begriff Pervasive Computing (engl. pervasive – durchdringend, um sich greifend) bzw. Rechnerdurchdringung bezeichnet die allesdurchdringende Vernetzung des Alltags durch den Einsatz „intelligenter" Gegenstände."
		http://de.wikipedia.org/wiki/Pervasive_Computing
Plugin		„Ein Plug-in (…) ist ein Computerprogramm, das in ein anderes Softwareprodukt „eingeklinkt" wird und damit dessen Funktionalität erweitert."
		http://de.wikipedia.org/wiki/Plugin
Prepaid		„Mit dem Begriff Guthabenkarte, in Österreich auch Wertkarte, wird die Nutzung von Dienstleistungen über vorausbezahlte Guthabenkonten umschrieben, die im Telekommunikationsbereich verbreitet ist. Die häufig verwendete Bezeichnung Prepaidkarte leitet sich von engl. prepaid für „vorausbezahlt" und dem aus Pappe oder Kunststoff bestehenden Datenträger ab."
		http://de.wikipedia.org/wiki/Prepaid
Pretest		„Pretest ist ein Begriff aus der empirischen Sozialforschung und bezeichnet die Qualitätsverbesserung von Erhebungsinstrumenten wie Fragebogen (Umfrageforschung) oder Codebüchern (Inhaltsanalyse) sowie Forschungsdesigns (Experimente) vor der Durchführung einer Erhebung durch Ausprobieren vor Erhebungsbeginn."
		http://de.wikipedia.org/wiki/Pretest
Proprietär		„Das Eigenschaftswort proprietär stammt vom lateinischen Wort proprietas ab, das ‚Eigentümlichkeit' oder auch ‚Eigentum' bedeutet im Sinne von geistiges Eigentum. Der Begriff findet meist im Informationstechnik- und Telekommunikationsumfeld Verwendung und wird dort auch mit ‚unfrei' (im Gegensatz zu freier Software) übersetzt."
		http://de.wikipedia.org/wiki/Proprietär

Prosumer	Prosumer ist ein „Kofferwort", das „durch Verschmelzen von mindestens zwei Wortsegmenten zu einem inhaltlich neuen Begriff entstanden ist." Setzt sich zusammen aus Produzent und Konsument http://de.wikipedia.org/wiki/Prosumer
Produser	Vergleichbar zum „Prosumer" setzt sich dieses Wort aus Professional und Consumer zusammen. http://de.wikipedia.org/wiki/Prosumer
RSS	„RSS (Really Simple Syndication) ist eine seit dem Anfang des Jahres 2000 kontinuierlich weiterentwickelte Familie von Formaten für die einfache und strukturierte Veröffentlichung von Änderungen auf Websites (z. B. News-Seiten, Blogs, Audio-/Video-Logs etc.) in einem standardisierten Format (XML). (…) Wenn ein Benutzer einen RSS-Channel abonniert hat, so sucht der Client in regelmäßigen Abständen beim Server nach Aktualisierungen im RSS-Feed." http://de.wikipedia.org/wiki/Rss
Smart Mobs	Smart Mobs „ist eine Form der Selbststrukturierung der sozialen Organisation durch Technologie-vermittelte, intelligente emergente Verhalten." http://de.wikipedia.org/wiki/Smart_Mobs
Social Media	„Social Media bezeichnet eine Vielfalt digitaler Medien und Technologien (vgl. Social Software), die es Nutzern ermöglicht, sich untereinander auszutauschen und mediale Inhalte einzeln oder in Gemeinschaft zu gestalten." http://de.wikipedia.org/wiki/Social_Media
Social Software	„Soziale Software (englisch Social (Networking) Software) ist ein Modewort für Software, die der menschlichen Kommunikation und der Zusammenarbeit dient, z.B. im Zusammenhang mit Social Media." http://de.wikipedia.org/wiki/Social_software
Spread Betting	Spread Betting meint das Wetten auf das Eintreten von Events. Der Erfolg einer Wette wird durch die Kursdifferenz des Wettenden zur genauen Vorhersage berechnet.

	http://en.wikipedia.org/wiki/Spread_betting (eine Art Übersetzung)
Tag	„Ein Tag (engl Etikett, Anhänger, Aufkleber, Marke, Auszeichner) ist eine Auszeichnung eines Datenbestandes mit zusätzlichen Informationen und zur Kategorisierung." http://de.wikipedia.org/wiki/Tag_(Informatik)
Tagcloud	„Eine Schlagwortwolke -engl.: tag cloud- (auch Wortwolke, Schlagwortmatrix oder Stichwortwolke; selten Etikettenwolke) ist eine Methode zur Informationsvisualisierung, bei der eine Liste aus Schlagworten, oft alphabetisch sortiert, flächig angezeigt wird, wobei einzelne unterschiedlich gewichtete Wörter größer oder auf andere Weise hervorgehoben dargestellt werden." http://de.wikipedia.org/wiki/Tagcloud
Ubiquitous Computing	„Ubiquitous Computing (auch ubicomp) bzw. Rechnerallgegenwart, gelegentlich allgegenwärtiges (ubiquitäres) Rechnen, bezeichnet die Allgegenwärtigkeit (Ubiquität, engl. ubiquity) der rechnergestützten Informationsverarbeitung." http://de.wikipedia.org/wiki/Ubiquitous_Computing
Upload	„Das Hochladen oder der Upload (von englisch upload, für Hochladen oder Hinaufladen) bezeichnet in der Informatik einen Datenfluss vom lokalen Rechner oder einem lokalen Speichermedium zu einem entfernten Rechner. Der Datenfluss in die andere Richtung wird auch als Download bezeichnet." http://de.wikipedia.org/wiki/Hochladen
User Experience	„Der Begriff User Experience (Abkürzung UX, deutsch wörtlich: Nutzererfahrung, besser: Nutzererlebnis oder Nutzungserlebnis - alternativ wird auch häufig vom Anwendererlebnis gesprochen) umschreibt alle Aspekte der Erfahrungen eines Nutzers bei der Interaktion mit einem Produkt, Dienst, Umgebung oder Einrichtung." http://de.wikipedia.org/wiki/User_experience
Web 2.0	„Web 2.0 ist ein Schlagwort, das für eine Reihe interaktiver und kollaborativer Elemente des Internets, speziell des World Wide Webs, verwendet wird. Der Begriff postuliert in Anlehnung an die

	Versionsnummern von Softwareprodukten eine neue Generation des Webs und grenzt diese von früheren Nutzungsarten ab." In dieser Arbeit ist in Abgrenzung zum medialen, neuen Begriff der Social Media v.a. der durch Web 2.0 bedingte, sozio-kulturelle Wandel gemeint.
	http://de.wikipedia.org/wiki/Web_2.0

8 Appendix

Inhaltsverzeichnis

8 Appendix...409

    8.1 Kulturdiskussion..410

        8.1.1 Interkulturelle Indizes nach Hofstede...410

        8.1.2 Web 2.0-Kultur im Vergleich..411

        8.1.3 Vergleich afrikanischer Facebook-Nutzung zu D & USA..........413

        8.1.4 World Internet Project..414

    8.2 RTD-Studie..418

        8.2.1 Ablaufplan...418

        8.2.2 Expertinnen-Kontaktaufnahme...422

        8.2.3 Gesamtansicht der Website...432

        8.2.4 Screenshot zum Thesenblock „Individual" aus der RTD-Studie...........433

        8.2.5 Fragenblock der These...434

        8.2.6 Anzeige der bisherigen Ergebnisse...435

        8.2.7 Anzeige der Google-Gruppe...435

        8.2.8 Analyseergebnisse..436

        8.2.9 Hemmfaktoren in der Übersicht..494

        8.2.10 Bildungspolitische Maßnahmen in der Übersicht......................496

        8.2.11 Übersicht über mögliche bildungspolitische Akteure 498

        8.2.12 Bildungspolitische Potenziale aus Sicht der Expertinnen.........499

    8.3 Eidesstattliche Erklärung...528

8.1 Kulturdiskussion

8.1.1 Interkulturelle Indizes nach Hofstede

	Power-Distance Index (PDI)	Individualism Index (IDV)	Maskulinity Index (MAS)	Uncertainty Avoidance Index (UAI)	Long-Term Orientation Index (LTO)
Asien					
Bangladesh	12 – 14	56 - 61	30	45 - 47	17 - 18
China	12 – 14	56 - 61	11 – 13	68 - 69	1
Hong Kong	27 - 29	53 - 54	25 - 27	70 - 71	2
Indien	17 - 18	31	28 - 29	64	8
Japan	49 - 50	33 - 35	2	11 – 13	4 – 5
Afrika					
West Africa	17 - 18	56 - 61	41 - 42	52	37 (Nigeria)
East Africa	34 - 36	49 - 51	54	54	k.A.
Europa					
Deutschland	63 - 65	18	11 – 13	43	25 - 27
Finnland	66	21	68	48 - 49	16
Frankreich	27 - 29	13 – 14	47 - 50	17 - 22	19
Österreich	74	27	4	35 - 38	25 - 27
Russland	6	37 - 38	63	7	k.A.
Schweden	67 - 68	13 - 14	74	70 - 71	23
Naher Osten					
Arabische Länder	12 – 14	39 - 40	31 - 32	40 - 41	k.A.
Israel	73	28	39 - 40	28	k.A.
Nord-Amerika					
Kanada	60	4 – 6	33	60 - 61	34
USA	57 - 59	1	19	62	31
Ozeanien					
Australien	62	2	20	55 - 56	25 - 27

Appendix 411

	Power-Distance Index (PDI)	Individualism Index (IDV)	Maskulinity Index (MAS)	Uncertainty Avoidance Index (UAI)	Long-Term Orientation Index (LTO)
Neuseeland	71	7	22 - 24	58 - 59	28 - 30
Süd-Amerika					
Brasilien	26	39 - 40	37	31 - 32	7
Costa Rica	63 - 65	67	69	17 - 22	k.A.

Tabelle 7: Rankings ausgewählter Staaten für den Vergleich (Auswahl aus 74 Ländern/Regionen)

8.1.2 Web 2.0-Kultur im Vergleich

	PDI	IDV	MAS	UAI	LTO
Web 2.0	75	37	75	75	1
Asien					
Bangladesh	12 – 14	56 - 61	30	45 - 47	17 - 18
China	12 – 14	56 - 61	11 – 13	68 - 69	1
Hong Kong	27 - 29	53 - 54	25 - 27	70 - 71	2
Indien	17 - 18	31	28 - 29	64	8
Japan	49 - 50	33 - 35	2	11 – 13	4 – 5
Afrika					
West Africa	17 - 18	56 - 61	41 - 42	52	37 (Nigeria)
East Africa	34 - 36	49 - 51	54	54	k.A.
Europa					
Deutschland	63 - 65	18	11 – 13	43	25 - 27
Finnland	66	21	68	48 - 49	16
Frankreich	27 - 29	13 – 14	47 - 50	17 - 22	19
Österreich	74	27	4	35 - 38	25 - 27
Russland	6	37 - 38	63	7	k.A.
Schweden	67 - 68	13 - 14	74	70 - 71	23
Naher Osten					
Arabische Länder	12 – 14	39 - 40	31 - 32	40 - 41	k.A.

	PDI	IDV	MAS	UAI	LTO
Israel	73	28	39 - 40	28	k.A.
Nord-Amerika					
Kanada	60	4 – 6	33	60 - 61	34
USA	57 - 59	1	19	62	31
Ozeanien					
Australien	62	2	20	55 - 56	25 - 27
Neuseeland	71	7	22 - 24	58 - 59	28 - 30
Süd-Amerika					
Brasilien	26	39 - 40	37	31 - 32	7
Costa Rica	63 - 65	67	69	17 - 22	k.A.

Tabelle 8: Web 2.0-Vergleich ausgewählter Staaten

8.1.3 Vergleich afrikanischer Facebook-Nutzung zu D & USA

	Internet-Nutzer/innen[145]	Penetration (in % der Bevölkerung)	% der Nutzer/innen in Afrika	FB-Nutzer/innen (sofern vorliegend)[146]	Penetration (in % der Internet-Nutzer/innen)
Algerien	3.500.000	10,4%	6,5%	FB	
Ägypten	10.532.400	12,9%	19,4%	1.547.120	14,7%
Elfenbein-küste	300.000	1,5%	0,6%	FB	
Ghana	880.000	3,8%	1,6%	169.240	19,2%
Kamerun	370.000	2,0%	0,7%	Hi5	
Kenia	3.000.000	7,9%	5,5%	346.160	11,5%
Libyen	260.000	4,2%	0,5%	Maktoob	
Madagaskar	110.000	0,5%	0,2%	FB	
Marokko	6.600.000	19,2%	12,2%	505.980	7,7%
Nigeria	10.000.000	6,8%	18,5%	589.120	5,9%
Senegal	820.000	6,1%	1,5%	FB	
Sudan	3.500.000	8,7%	6,5%	FB	
Südafrika	4.590.000	9,4%	8,5%	1.669.840	36,4%
Tunesien	2.800.000	27,0%	5,2%	647.520	23,1%
Summe dieser Afrika-Staaten	47.262.400		87,4%	5.474.980	11,6%
Gesamt-Afrika	54.171.500	5,6%			
Zum Vergleich					
Deutschland	55.221.183	67,0%	-	3.171.680	5,7%
USA	227.190.989	74,7%	-	72.029.320	31,7%

Tabelle 9: Selbst zusammengetragene Zahlen zum Vergleich Afrika - Deutschland/USA

---

145 http://www.internetworldstats.com/stats.htm (Abruf: 15.07.09)
146 http://www.checkfacebook.com/ (Abruf: 15.07.09)

8.1.4 WORLD INTERNET PROJECT

8.1.4.1 AUSTRALIEN

In einer Studie der australischen Internetkultur wird die enge Verbindung von Internetaktivität mit always-on auf Basis einer stabilen Breitband-Verbindung aufgezeigt. Vor allem die *Downloading*-Aktivitäten korrelieren stärker mit der Verbindungsgeschwindigkeit als das *Uploading*. Insbesondere jüngere Personen nutzen die *Entertainment*-Angebote und *Content*-Produktionsmöglichkeiten im Internet. 2007 führte 1/5 der 18- bis 29-jährigen Australier/innen einen *Blog* und das Verhältnis sank auf 1/20 bei der nächst größten aktiven Altersgruppe (30-49 Jahre) (Ewing und Julian Thomas 2008a). An Kommunikationsmedien ist E-Mail weiterhin das dominante *Online*-Tool (3/4 checken ihre E-Mails täglich), gleichzeitig holt Instant Messaging auf (1/5 nutzt es täglich). Fast die Hälfte der Internetnutzer/innen teilt ihre eigene kreative Arbeit mit anderen und fast ein Viertel gibt an, dass erst der Internetzugang ihre Kreativität beflügelte, eigene Arbeiten zu erstellen und zu teilen. Insgesamt führen wenige Personen einen eigenen *Blog*; etwa 1/4 posten ihre Fotos online (Ewing und Julian Thomas 2008b).

8.1.4.2 CHINA

In China ist im Laufe der Jahre der Anteil der Befragten gewachsen, die eine Internetkontrolle einfordern. Neben Pornographie, Gewalt und Junk-Mails sahen im Jahr 2007 viele die Notwendigkeit, politischen Inhalt (41%), *Chats* (28%), Spiele (49%) und *Online*-Werbung (60%) staatlicherseits zu kontrollieren. Die Gründe, warum das Internet nicht genutzt wird, sind nicht finanzieller Natur, sondern Zeitprobleme, fehlende Internet-Kompetenz und ein Mangel an Interesse. Zudem handelt es sich bei der Internet-Nutzung um ein urbanes Phänomen der besser Ausgebildeten. 81% der Internetnutzer/innen gehen zuhause online, davon wiederum 80% per Breitband. 32% der Internetnutzer/innen gehen über Internet-Cafés ins Netz - weniger um *Entertainment*-Medien zu geniessen als eher zur Informationssuche und zur *Chat*-Kommunikation. Dem Internet wird ein höherer Unterhaltungswert beigemessen als dem Fernsehen - gleichzeitig weist es einen vergleichbaren Informationswert auf. Instant Messaging und mobile Endgeräte werden wesentlich intensiver zur alltäglichen Kommunikation genutzt als klassische E-Mails. Die Kommunikationsformen variieren je nach beteiligten Kommunikationspartnern: Während Kinder mit ihren Eltern meist face-to-face kommunizieren, werden mobile Telefongespräche und *Web-Communities* v.a. zwischen Beziehungspartner/innen, engen Freundschaften und seinesgleichen getätigt. E-Mails werden eher in geschäftlichen Beziehungen eingesetzt und weniger innerhalb der Familie. Der dominierende *Social Networking*-Dienst QQ fördert v.a. die Kommunikation zwischen engen und *Online*-Freunden (Liang 2007).

8.1.4.3 KANADA

Die kanadische Internetbevölkerung erreichte 2007 eine extrem hohe Penetration bei der englischsprachigen Bevölkerung (82%), fiel jedoch zur frankophonen Region hin ab (67%). Nur 13% der kanadischen Internetnutzer/innen gehen mit ihren Mobilgeräten online. 18% der Kanadier/innen geben an, das Internet habe ihre Telefonkommunikation nahezu ersetzt. Die *Online*-Nutzung wird oft in *Multitasking*-Kontexten genutzt - sie erhebt weniger einen Alleinvertretungsanspruch wie andere Medien. 73% der Internetnutzer/innen surft mitunter mit einem realen Sitznachbarn kollektiv durch das Internet - das Medium mutiert so zu einer sozialen Aktivität im realen physischen Raum. *Entertainment* (28%) und Informationssuche (53%) sind die bevorzugten Aktivitäten im Internet, 18% der Internetnutzer/innen beteiligen sich an einem *E-Learning*-Programm. Die *Online*-Jugend nutzt *Blogs* (48%) und *Wikis* (30%) doppelt so häufig wie erwachsene Nutzer/innen (24% bzw. 14%). Soziale Netzwerke nutzen Unter-45-jährige und Frauen primär für soziale Kontakte; Männer und ältere Personen suchen und teilen dort eher Informationen. 47% aller Internetnutzer/innen haben bereits *Online-Content* illegal heruntergeladen, v.a. Musik (57%), Spiele (8%) und Videos (7%). Die *Online*-Zeit geht in der Wahrnehmung der meisten Internet-Nutzer/innen nicht auf Kosten der realen Kontakte, höchstens mit Blick auf die Häufigkeit von face-to-face-Treffen. Internetnutzer/innen erachten eine kanadische Quelle zu 46% bei Informations- und bei 25% der Unterhaltungsangebote als wichtig (Zamaria und Fletcher 2008).

8.1.4.4 NEUSEELAND

In Neuseeland werten 61% der Internet-Nutzer/innen den Verlust des Internetzugangs als Problem. Der *Download* oder *Online*-Genuss von Musik (55%), Video (35%) und Spielen (30%) wird gerne wahrgenommen. Textbotschaften in Foren (27%) und der Austausch visuellen Materials (34%) sprechen für eine rege aktive Beteiligung, allerdings ist der Austausch von Audiomaterial (8%) wesentlich geringer, als die Klagen der Musikindustrie vermuten lassen. 65% der Nutzer/innen denken, das Internet habe ihre Kontaktintensität erhöht - v.a. zu Freunden und Familie und grenzüberschreitend. Ein Viertel der Nutzer/innen haben online Freundschaften geschlossen - aufgrund dessen hat sich die Hälfte bereits in der Realität getroffen. Die Identifikation mit Neuseeland oder zur ethnischen Gruppe hat sich aufgrund eigener Aussage durch das Internet zu 34% resp. 19% intensiviert - nur jeweils 3% denken, durch das Internet hätte die Identifikation nachgelassen. Vor allem die asiatische Fraktion bloggt wesentlich häufiger und bescheinigt dem Internet eine wichtige Rolle in ihrem Leben. Hingegen sind die pazifischen Bewohner/innen intensiver in den sozialen Netzwerken unterwegs (Alan Bell u. a. 2007).

8.1.4.5 SCHWEDEN

11% aller Über-18-jährigen Schweden sind Mitglied in einer *Web-Community*; 3% führen einen *Blog*. Bei den jungen 18-29-jährigen sind 34% Mitglied einer *Web-Community* und 7% haben einen *Blog*. Die Kontakthäufigkeit mit anderen Personen derselben Profession sind über die Internetnutzung um 30% gestiegen, mit Freunden um 26%, mit Personen, die dieselben Interessen oder Hobbies verfolgen um 23% und mit der Familie um 18%. Politik oder Religion sind weniger verbindende Faktoren im Netz. 57% der schwedischen Bevölkerung fühlte sich im Jahre 2007 als Teil der Informationsgesellschaft - ein Anstieg im Verhältnis zu 35% im Jahre 2000. Hoch interessant ist die Verteilung der Kommunikationskultur entlang verschiedener Internetkanäle und unterschiedlicher Zielgruppen (Findahl 2007). Je intensiver das Internet genutzt wird (*File Sharing* ist in Schweden ein Synonym für intensive Computer-Nerds), desto mehr Gewicht kommt dem Instant Messaging, dem Internettelefon und dem Mobiltelefon (SMS, MMS) zu. Eine ähnliche Steigerung ist bei den Aktivitäten *Blogging*, Teilhabe an einer *Online-Community*, Foto-*Sharing* und *Blog*-Lektüre erkennbar (ebd.).

	% of pop	% of I-net users	file sharing	65+
e-mail	71%	93%	98%	73%
chat	9%	12%	19%	2%
instant messaging	33%	43%	75%	10%
telephone via Internet	10%	13%	27%	4%
SMS	73%	79%	97%	30%
MMS	33%	35%	56%	4%

Table Percent of different groups utilizing communication possibilities on Internet

Abbildung 21: Nutzung der Internet-Kommunikationsmöglichkeiten (ebd.)

8.1.4.6 USA

In den USA stieg das *Blogging* im Jahre 2008 auf fast 1/4 an, während 44% der Internetnutzer/innen ihre Fotos online stellen. Mehr als die Hälfte der US-Amerikaner/innen (53%) gesteht dem Internet zu, bei der Aufrechterhaltung sozialer Beziehungen eine (sehr) wichtige Rolle zu spielen. 15% der befragten Internetnutzer/innen gaben an, in einer *Online-Community* vertreten zu sein, die v.a. ihren Hobbies oder sozialen Anliegen gewidmet sei (Pierce und Boekelheide 2009).

8.1.4.7 Vergleich der Staaten

	Australien (2007)	China (2007)	Kanada (2007)	Neuseeland (2007)	Schweden (2007)	USA (2008)
Blogging	8%	15% (wöchentlich)	14%	10%	3%	25%
Web-Community		37% (MSN regelmäßig)			11%	15%
Social Networking		72% (QQ)	53% (Facebook) + 40% (Hi5)	35% (Facebook + MySpace)		
Foto-Sharing	25%		33%	34%		44%
Web-Kommunikation	41% (IM)	37% (QQ täglich)	57% (IM)	43% (IM)	33% (IM)	
Mobiler Zugriff		91% (SMS)	44% (SMS)	27% (SMS)	73% (SMS)	

Tabelle 10: Zahlen aus Veröffentlichungen im Rahmen des World Internet Projects

8.1.4.8 Interkultureller Vergleich der Staaten mit Web 2.0

	PDI	IDV	MAS	UAI	LTO
Web 2.0	75	37	75	75	1
Australien	62	2	20	55 - 56	25 - 27
China	12 – 14	56 - 61	11 – 13	68 - 69	1
Kanada	60	4 – 6	33	60 - 61	34
Neuseeland	71	7	22 - 24	58 - 59	28 - 30

| Schweden | 67 - 68 | 13 - 14 | 74 | 70 - 71 | 23 |
| USA | 57 - 59 | 1 | 19 | 62 | 31 |

Tabelle 11: Abgleich der Web 2.0-Kultur zu verschiedenen nationalen Kulturen nach Hofstede-Indizes

8.1.4.9 VERGLEICH DER INTERKULTURELLEN ZAHLEN FÜR AFRIKA

	PDI	IDV	MAS	UAI	LTO
Web 2.0	75	37	75	75	1
West Africa	17 - 18	56 - 61	41 - 42	52	37 (Nigeria)
East Africa	34 - 36	49 - 51	54	54	k.A.

Tabelle 12: Abgleich der Web 2.0-Kultur zu nationalen Kulturen in Afrika nach Hofstede-Indizes

8.2 RTD-STUDIE

8.2.1 ABLAUFPLAN

Datum	Anschreiben	Reaktion	Empfehlungen	Nachfrage	Reaktion
17/12/09	9 Personen	2 OK 1 falsche E-Mail-Adresse 6 keine Reaktion	keine		
01.05.10	14 Personen	4 OK 10 keine Reaktion	3 Empfeh-lungen von 2 Personen		

Appendix

Datum	Anschreiben	Reaktion	Empfehlungen	Nachfrage	Reaktion
01.06.10	3 Empfehlungen	3 keine Reaktion			
01.07.10	1 Person	1 keine Reaktion			
				6 Personen (17/12/09)	2 Absagen 4 keine Reaktion
01.08.10	1 Person	1 keine Reaktion			
01.12.10	6 Personen	3 OK 1 Absage 2 keine Reaktion	3 Empfeh-lungen von 1 Person		
				4 Personen (05/01/10)	2 OK 1 Absage 1 keine Reaktion
13/01/10	6 Personen	1 OK 1 OK für März 1 Absage 3 keine Reaktion			

Datum	Anschreiben	Reaktion	Empfehlungen	Nachfrage	Reaktion
14/01/10	5 Personen	1 falsche E-Mail-Adresse 4 keine Reaktion			
15/01/10	7 Personen	2 OK 1 Absage 1 falsche E-Mail-Adresse 3 keine Reaktion			
19/01/10	2 Empfehlungen	2 keine Reaktion			
19/01/10				6 Personen (05 - 08/01/10)	2 OK 4 keine Reaktion
20/01/10	7 Personen	3 OK 4 keine Reaktion			
22/01/10	20 Personen	3 OK 17 keine Reaktion			
26/01/10				11 Personen (12 - 15/01/09)	4 Absage 7 keine Reaktion

Datum	Anschreiben	Reaktion	Empfehlungen	Nachfrage	Reaktion
27/01/10	6 Personen	3 OK			
		1 OK für März			
		2 keine Reaktion			
29/01/10	2 Personen	2 keine Reaktion			
29/01/10				22 Personen (19 - 22/01/09)	5 OK 17 keine Reaktion
SUMME	89 Personen	21 OK	6 Empfeh-lungen von 3 Personen	49 Personen	9 OK
		2 OK für März			7 Absagen
		3 Absagen			33 keine Reaktion
		3 falsche E-Mail-Adresse			
		60 keine Reaktion			

Tabelle 13: Ablaufplan der Expertinnen-Kontaktierung

8.2.2 EXPERTINNEN-KONTAKTAUFNAHME

8.2.2.1 ANSCHREIBEN AN EXPERTINNEN

8.2.2.1.1 DEUTSCHE E-MAIL-VORLAGE FÜR DIE EXPERTINNEN-SUCHE

Subject: Anfrage RTD-Studie

Sehr geehrte Frau XYZ,

entschuldigen Sie bitte diesen digitalen Überfall. Aber ich würde gerne genau Sie als anonyme Expertin für meine Real Time Delphi (RTD)-Analyse im Rahmen meiner Doktorarbeit gewinnen. Die Befragung soll online zwischen dem 15. bis 29. Januar absolviert werden. Sie können in dieser Zeit sehr variabel immer wieder Ihre Antworten eingeben, ergänzen, korrigieren oder begründen, da Sie Einblick haben werden auf die anonymisierten Antworten anderer Expertinnen. Die Bearbeitungszeit ist insgesamt je nach individuellem Interesse skalierbar zwischen 20 Minuten und 2 Stunden.

- Unter dem Arbeitstitel "User Experience in benutzergenerierten, digitalen Lernumgebungen. Gestaltungsspielräume für globale Bildung" analysiere ich die Möglichkeiten, sozial exkludierten Menschen einen Handlungsraum innerhalb digitalisierter Umgebungen zu eröffnen, die die moderne Weltgesellschaft nachhaltig prägen. Zentrales Ziel dieser Arbeit ist, bildungspolitische Hebel zu finden, damit möglichst viele Menschen die Potenziale digitaler Vernetzungsformen und weltweiter Informations- und Kommunikationsflüsse selbstbestimmt geniessen und mitgestalten können.

- Zu diesem Untersuchungszweck möchte ich mit einer exklusiven Expertinnen-Gruppe eine kurze, intensive RTD-Session durchführen, um ihre Meinungen zu meinen Thesen einzuholen und sie ggf. miteinander ins Gespräch zu bringen. Soziale Exklusion ist kein frauenspezifisches Thema und wird in meiner theoretischen Analyse nur bedingt unter Gender-Gesichtspunkten untersucht. Um aber die Vorteile der RTD-Methode als Kommunikationsraum auch online möglichst auszureizen, will mir - bei aller gewünschten Heterogenität der Gruppe - eine homogene "Betroffenheit" als kommunikationsfördernd erscheinen. Insofern wurde eine rein feminine Auswahl getroffen, da weltweit ein überdurchschnittlicher Anteil sozial exkludierter Menschen dem weiblichen Geschlecht angehört.

- Als Expertinnen wünsche ich mir eine wahrhaft internationale Zusammenstellung von Frauen, die sich entweder der Wissenschaft zuordnen lassen und/oder als pragmatische Grenzgängerinnen wirken und/oder organisatorisch verankert sind. Konkret möchte ich eine Gruppe von ca. 30 Personen zusammenzustellen, die gemeinsam einen gelungenen Mix aus soziologischer, politischer, psychologischer, pädagogischer, medienwissenschaftlicher und webspezifischer Perspektive ermöglichen und die Themenfelder Bildung, Medientechnologie und Gesellschaftstheorie abdecken.

Um eine maximal heterogene Expertinnen-Gruppe zu formen, möchte ich Sie bitten, mir möglichst schnell a) mitzuteilen, ob Sie bereit wären, Ihre Expertise in diese Studie einzubringen und b) ob Sie mir 1-3 Frauen aus Ihrem Schwerpunktfeld (Bildung, Medientechnologie und/oder Gesellschaftstheorie) mit E-Mail-Adresse vorschlagen könnten, die als anonyme Expertinnen für diese Analyse interessant wären. Idealerweise sollten die vorgeschlagenen Personen eine anders gelagerte Expertise in dem Untersuchungsgegenstand mitbringen als Sie, aber möglichst vom selben Kontinent stammen.

Es würde mich wirklich sehr freuen, Sie für dieses Vorhaben in englischer Sprache gewinnen und Ihre Sichtweise einbeziehen zu können. Ich weiss Ihre Mitarbeit zu schätzen, da Ihre verfügbare Zeit sicherlich eng begrenzt ist. Aber vielleicht finden Sie diese Studie so reizvoll, dass Sie bereit sind, etwas Zeit für den Dialog zu investieren?!

In Erwartung einer baldigen Antwort wünsche ich Ihnen alles Gute.

Mit freundlichen Grüßen,

--

Anja C. Wagner

8.2.2.1.2 Englische E-Mail zur Expertinnen-Suche

Subject: Request for an investigation

Dear XYZ,

I hope I don't bother you too much with this digital intrusion. I would like exactly you as an anonymous expert for my Real Time Delphi (RTD) analysis, which is part of my PhD thesis. The survey should be completed online between 15th to 29th January. You may enter, add to, correct, or justify your answers during this period very variably repeatedly, because you will have an insight on the anonymised responses of other experts. The total processing time is scaled between 20 minutes and 2 hours according to individual interests.

- Under the working title "User Experience in user-generated, digital learning environments. Problem-solving measures for global education," I analyze the possibilities to open the scope of activity for socially excluded people within digital environments that characterize the modern world society. The central aim of this work is to find political levers to allow as many people as possible to enjoy the potentials inherent in digital networks and global information and communication flows.

- To this end, I would like to conduct a short, intense RTD session with an exclusive group of female experts to obtain your opinions on my assumptions and perhaps to get you talk to each other indirectly. Social exclusion is not a women-specific issue and is discussed in my theoretical analysis only partially from a gender perspective. But to exhaust the benefits of the RTD method as an agile, standardized online communication space, a homogeneous "concernment" seems to me - despite all the desired heterogeneity of the group - as a smart move. This is why a purely feminine selection was made and because an above-average share of socially excluded people belong to the female gender worldwide.

- As experts, I want a truly international composition of women who are assigned to either science and /or act as pragmatic border crossers and /or are organizationally embedded. In concrete terms, I would like to put together a group of about 30 people, which generate a successful mix of sociological, political, psychological, educational, media and web-specific scientific perspectives, and cover the topics of education, media technology and social theory.

To establish a highly qualified, heterogeneous experts group, I would like to ask you to inform me as soon as possible a) whether you would be willing to contribute your expertise to this study and b) whether you could suggest 1-3 women from your main field (education, media technology and /or social theory) with e-mail address, which would be interesting as an anonymous expert for this analysis. Ideally, the persons proposed should bring in a different angle of expertise than yours, but should be possibly from the same continent.

I'd be very happy to win you for this project and include your point of view. I really appreciate your cooperation since I can imagine that your available time might be quite limited. However, perhaps you will find this study interesting and would be ready to invest time in this dialogue.

I am looking forward to hearing from you soon and would like to wish you all the best.

Sincerely yours,

--

Anja C. Wagner

8.2.2.1.3 MODIFIZIERTE ENGLISCHE E-MAIL ZUR EXPERTINNEN-SUCHE

Subject: Requesting your involvement in my PhD research

Dear XYZ,

I am writing to ask if you may be interested in participating in some on-line research for my PhD in education policy. I am looking for a panel of international education and communication experts with different point of views. As I was looking for interesting people [... personalized sentences with reasons why I've chosen this specific person].

To introduce myself: I work as an e-learning expert in different areas. My current prime project is eVideo at this HTW Berlin. I have initiated and planned the whole eVideo chain as a modern blended learning network for extra-occupational studies. I moderate the eVideo courses and conferences and I am a lecturer at the HTW Berlin in the fields of e-learning, Usability, workflow management und web 2.0. Some time ago, I've decided to get my research focused. I'm doing my PhD studies at the University of Kassel, Germany. My adviser is Prof. Dr. Bernd Overwien, whose professorship is the didactics for political education. I'm involved in a graduate colloquium called inFORSCH.

Part of my thesis is this on-line survey, which will be completed during February. I am seeking a balanced panel of 20 to 30 female experts, in the fields of education or digital technology, and would be very pleased if you agreed to participate. As everything works on-line, you will be able to go into the site multiple times, as you wish, and add more information and views. You will be able to see the (anonymous) views of the other panel members and be able to respond and add. The total processing time is scaled between 20 minutes and 2 hours according to individual interests. In this way, I hope to be able to access the considered views and experiences of an international panel and I am sure that the output will be very valuable. Of course, I share with you my results as soon as possible (probably early 2011).

If you would be willing to participate, please reply. If you need further details, I can send them in return.

Yours sincerely,

--

Anja C. Wagner

8.2.2.1.4 E-MAIL-NACHFRAGE ZUR EXPERTINNEN-SUCHE

Subject: Fwd: Requesting your involvement in my PhD research

Hi XYZ,

Sorry about the follow-up. Any chance to get you in my realtime online delphi panel as part of my PhD thesis? Since I am not sure if my request ended up in the spam or in the trash, I would like to inquire, whether you would be willing to invest a little time in an international debate with some very interesting experts. I would be proud to welcome you.

As a brief reminder: I'm trying to catch a small, international, balanced group of female experts to discover the potentials for future education policy to be part of the networked society. In this online survey, I will give you 6 assumptions about personal abilities, people will need to live in the networked society. It would be nice, if you will give me your appraisal about these assumptions, the restraining factors and which political levers could help people to be part of this development. Mostly, you can click through the questions. There are only some comment fields, if you like to add some text. The total processing time is scaled between 20 minutes and 2 hours according to individual interests. And I would be very proud to get especially you in my analysis because of your experiences. Would you give this request a trial?

The survey starts at 1st of February and should be completed online until 14th of February. You may enter, add to, correct, or justify your answers during this period very variably repeatedly, because you will have an insight on the anonymised responses of other experts. But it would be completely okay if you select only a few questions and answer them once. Then you should try to ignore my subsequent attempts to motivate you ;-)

For more details, the first mail is attached.

Please excuse my impatience.

Thanks, Anja

--

... Anja C. Wagner

[followed by the first e-mail to the specific person]

8.2.2.1.5 E-Mail zum Start der RTD-Studie (english)

Subject: acwDelphi is starting now

Hi XYZ,

Here we are. Now we get started with my survey.

How are you?

First of all: Thank you again very much for your willingness to be part of my delphi study. Honestly, it's really an honor to get your experience.

As mentioned in my invitation eMail, I analyze the possibilities to open the scope of activity for socially excluded people within modern digital environments. Part of my thesis is this Real Time Delphi (RTD)-Analysis with some selected international women to discuss individual conditions and global political measures, necessary to support these people around the world.

Today we get started. Below you will find the path to my online survey. It would be fine, if you could dip into my survey in the next days. If not, I will send you a friendly reminder at the end of this week - just to make sure, you have received this eMail ;-)

1. For login, please access http://edufuture.info
2. Sign in with your personal identification code as your username: personXYZ - PW:XXXXXX (just copy & paste)
3. Follow the link to acwDelphi (After your login, you can jump to the study directly: https://sites.google.com/a/edufuture.info/acwdelphi/)
4. And then, everything should be self-explanatory. If not, please contact me and let me know.

I am looking forward to every single answer you will give. It's totally okay to select only parts of the survey.

The survey will be open until 14th February.

Have a nice week!

Anja

--

... Anja C. Wagner

8.2.2.1.6 Erste Erinnerung an RTD-Studienstart (english)

Fwd: acwDelphi is starting now

XYZ,

please excuse my further question. Did you get this eMail about the starting point to my survey or was it caught by your good working spam filter?

Just in case, my eMail(s) landed in spam or junk: Would you like to help with some answers in my survey?

Cheers,

Anja

--

... Anja C. Wagner

8.2.2.1.7 Zweite Erinnerung an RTD-Studie (english)

Subject: acwDelphi: Progress Report

Dear experts,

it's Friday and I hope, I can kindly remind you to my realtime delphi study at http://edufuture.info.

Meanwhile, some appraisals have arrived from some women. Thank you very much for this first move :-)

For all others: Don't hesitate to feel like an expert. No one can answer all questions with professional expertise. But that's not necessary at all. Your background is an expert status in at least one field of research. And I'm interested in your speculative opinion, how our future will look like. All delphi studies are looking to an unsure development. If every single person gives her special point of view to the subject, then maybe the picture will complete slowly.

If you have further questions about my argument or if you have lost your login data: Please let me know.

Have a nice weekend!

Anja

--

... Anja C. Wagner

8.2.2.1.8 Qualitative Nachfrage zum Studienende (english)

Subject: acwDelphi - Overview & Personal Questions

Hi XYZ,

Thank you so far for your answers in my acwDelphi. As the survey ends on Sunday, here's a quick overview for the year 2020 - followed by my comments to your personal answers:

"Topic A: Individual" deals with the personal point of view to act mostly independent as a node in the global network.

\# The average expertise expects, that there will be a gradual change towards these individual perspectives on a global level, if mainly technological access and equal opportunities will succeed. International action will be an appropriate means of educational policy, the majority answered. Although there is little hope in the willingness of political leaders and the effectiveness of global politics with western dominance. But if political action will enforce free elementary education, bring technology to the institutions and take care of the free internet access, national learning cultures are asked for playing their part as a brokerage between independence and interdependence.

XYZ, [Some personal questions to the answers given by this specific person.]

"Topic B: Workflow" deals with abilities, people will need to create their personal workflow by their own means.

Some little change is expected in the workflow organization, if - besides technological access - there is a growth in social learning and the education system will be restructured to change the dominant social-cultural values and practices. International action could help to equalize opportunities world-wide, to disseminate information on a global scale, to help realizing that mobile technology will be the main technology for communication and interaction and to realize the success of technologies for pleasure which enforce skills and experiences without didactics. Especially in Africa and Asia, lots of efforts have to be made to educate the masses.

XYZ, [Some personal questions to the answers given by this specific person.]

"Topic C: Media Environments" deals with a mutually trustful working within networked media environments.

Some change is expected in this field, if - besides technological access - civil society will get growing importance, social learning will be promoted and global networks will be strengthened. Then, present socio-cultural values and practices and the socio-technological change will be met, especially with international action. Older generations need to learn from

younger generations, therefore a radical education reform is needed. International networks for students and older working people, especially on the mobile sector will meet these needs, but trust has to be build up on a more regional level.

XYZ, [Some personal questions to the answers given by this specific person.]

"Topic D: Usability" deals with personal self-confidence to actively design one's own environments.

Most experts think, these abilities will get better, if the education system will be restructured foremost, social learning will be promoted and technological access will be delivered. Economic pressure is the most restraining factor, but maybe international action towards forcing the mobile technologies could be a path towards more equal opportunities. At all, this assumption is expected to depend more on individual constraints than on political action.

XYZ, [Some personal questions to the answers given by this specific person.]

"Topic E: Transparency" deals with the free flow of information and the personal abilities to live with its consequences.

Only few changes are seen in this topic, even with an more important civil society and a reorganization of regulatory agencies. The socio-cultural values and practices seem to be very manifest. But a lot of hope goes with international action. Even if progressive countries demonstrate the positive effects, smaller countries may learn. Open Access and Open Source may help as well, but it seems to be critical, if all cultures will see transparency as an ideal - especially in a small time slot until 2020.

XYZ, [Some personal questions to the answers given by this specific person.]

"Topic F: *space of flows*" deals with the societal impact, individuals could use in self-organizing environments.

A slight improvement is seen from the average of experts, if equal opportunities are given, technological access is delivered, the education system is restructured and global networks are strengthened. Then, the restraining political mechanisms and socio-cultural values and practices may be loosened, as well as the economic pressure and socio-technological change. On international level, action is needed to open data, to legalize re-mixes and support collaborative work. Maybe global networks and communities of practice will help in this field.

XYZ, [Some personal questions to the answers given by this specific person.]

So, this is a quick overview to the given answers. More details in analyzing all material will follow in the future.

XYZ, it would be great, if you could answer me my following questions either here in replay to this eMail or as an additional comment in the survey (please move to the special topic and don't forget your personal number: personXYZ - pw: XXXXXX).

Sorry for this longish mail.

Hope you had fun!

Cheers, Anja

8.2.3 Gesamtansicht der Website

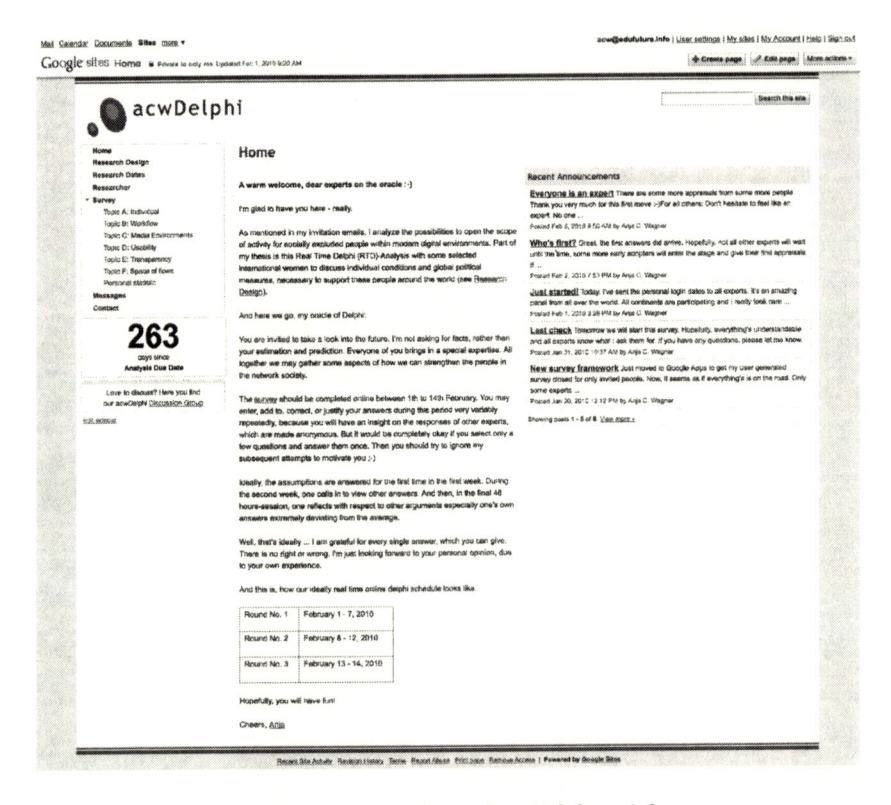

Abbildung 22: Screenshot von http://edufuture.info

Appendix 433

8.2.4 Screenshot zum Thesenblock „Individual" aus der RTD-Studie

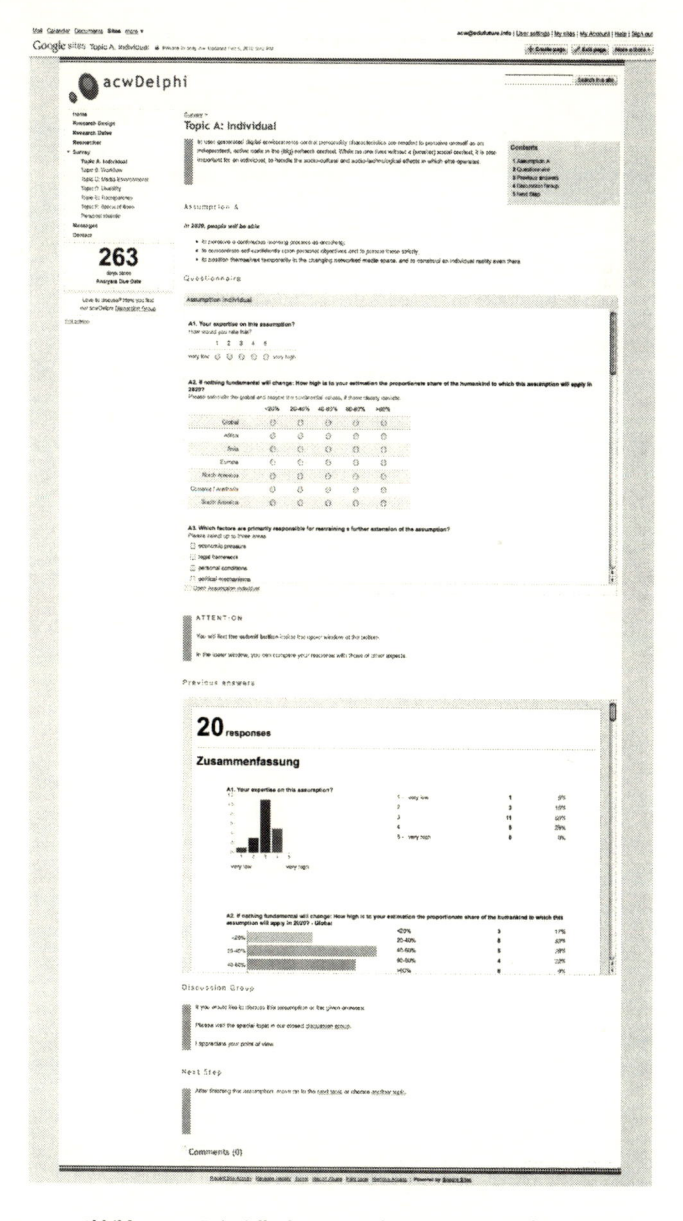

Abbildung 23: Beispielhafter Screenshot einer Untersuchungsseite

8.2.5 Fragenblock der These

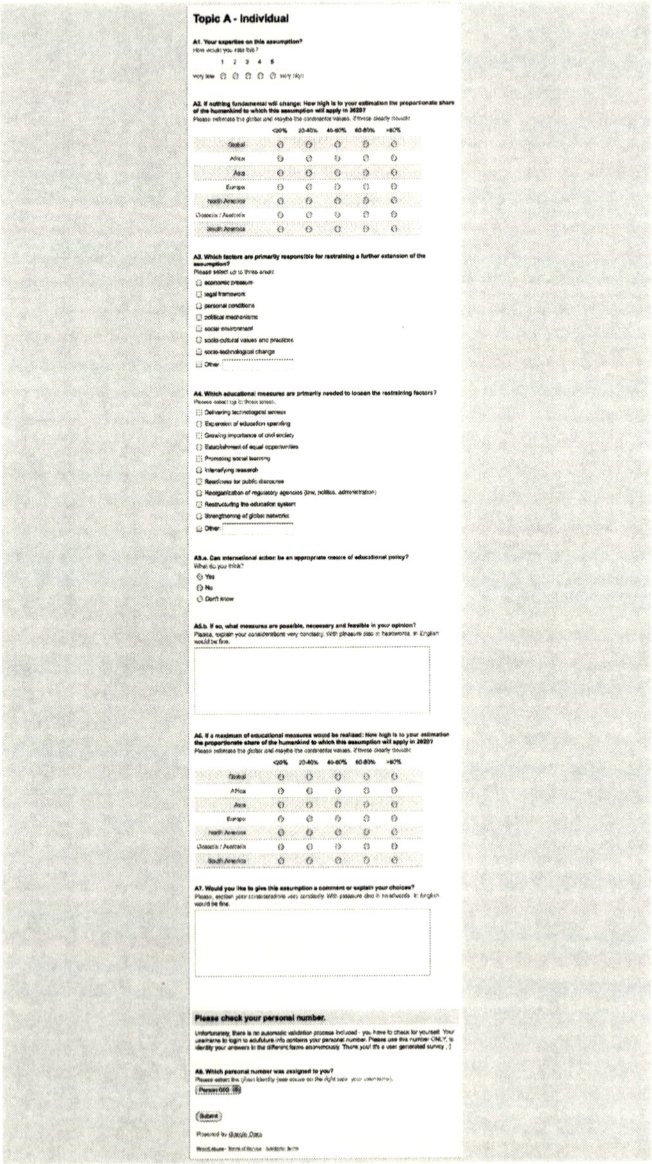

Abbildung 24: Vollständige Ansicht des Fragenblocks

8.2.6 ANZEIGE DER BISHERIGEN ERGEBNISSE

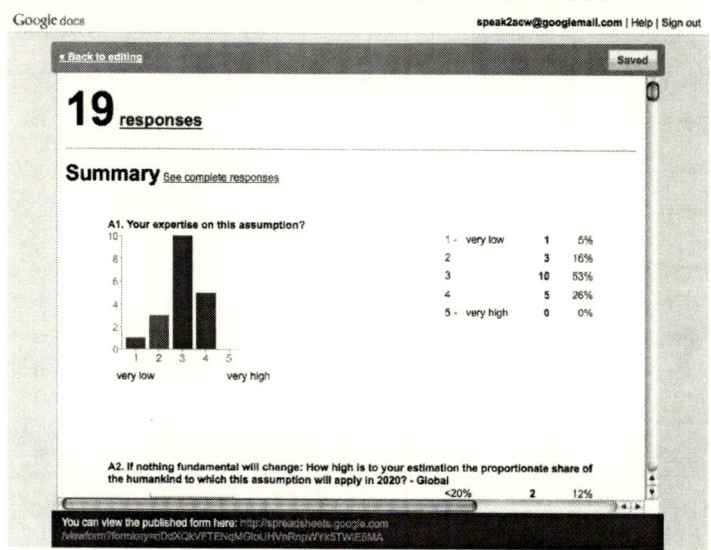

Abbildung 25: Anzeigefenster der eingegangenen Ergebnisse zum aktuellen Fragenblock

8.2.7 ANZEIGE DER GOOGLE-GRUPPE

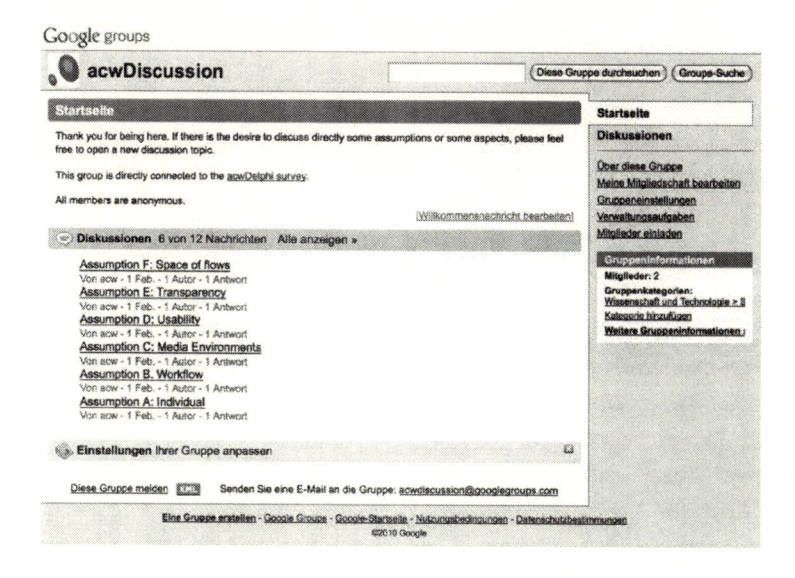

Abbildung 26: Screenshot der Google Group "acwDiscussion"

8.2.8 Analyseergebnisse

8.2.8.1 Inhaltliche Ergebnisse für die einzelnen Themenblöcke

8.2.8.1.1 Themenblock A: Person

Vor dem Hintergrund des formulierten Leitbildes für das Jahr 2020 wurde den Expertinnen im Hinblick auf die persönlichen Voraussetzungen, derer es dann bedarf, um als Person überhaupt *Flow* leben zu können (siehe die drei Thesen zu „Autotelische Persönlichkeit", „Kultur als Software des Geistes" und „Medium als Botschaft" in Kap. 4.2.3.1), folgende szenarische Einführung angezeigt:

Szenarische Einführung
In benutzergenerierten Umgebungen sind zentrale Persönlichkeitsmerkmale erforderlich, um sich als unabhängiger, aktiver Knoten im vernetzten Kontext wahrzunehmen. Auch gilt es, die sozio-kulturellen wie sozio-technologischen Bedingtheiten, in denen die Person agiert, individuell zu verarbeiten.

Die komplexe These, die es seitens der Expertinnen zu beurteilen galt, lautete:

These A
Im Jahre 2020 sind die Menschen fähig, • einen kontinuierlichen Lernprozess als bereichernd zu empfinden; • sich selbstbewusst auf die persönlichen Zielsetzungen zu konzentrieren und diese konsequent zu verfolgen; • sich im wandelnden, medial vernetzten Raum temporär selbst zu verorten und dort eine individuelle Wirklichkeit zu konstruieren.

Die Meinung der Expertinnen:

1 Selbsteinschätzung

Insgesamt beteiligten sich 17 Expertinnen an der Befragung in diesem Themenfeld. Mehrheitlich stuften die Personen ihre eigene Expertise auf eine durchschnittliche drei.

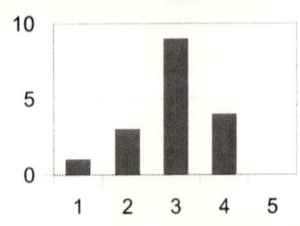

Abbildung 27: Selbsteinschätzung Themenfeld A

2 Anteil der Menschen im Jahre 2020, auf die die These zutrifft - bei gleich bleibenden Rahmenbedingungen

Im ersten Ergebnis schätzten die Expertinnen den prozentualen Anteil der globalen Menschheit auf ca. 50% ein, auf die die These dann zutreffen wird, sofern sich die aktuell gegebenen Rahmenbedingungen bis zum Jahre 2020 nicht wesentlich verändern. Allerdings differiert die kontinentale Zuordnung:

Während die individuellen Fähigkeiten in Nordamerika und Europa bereits ohne Veränderung der Rahmenbedingungen eine breite Durchdringung erfahren, wird der Anteil in Afrika, Asien und Südamerika deutlich geringer (zwischen 20 und 40%) eingestuft. Bezüglich der Einordnung von Ozeanien/Australien ist die Einschätzung der Expertinnen sehr unterschiedlich. Während das Gros noch einen großen Nachholbedarf sieht, blicken Einzelne eher positiv in die Zukunft.

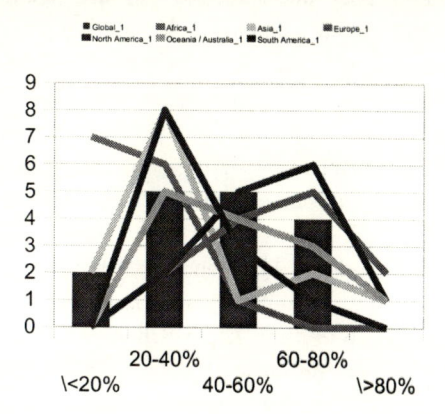

Abbildung 28: Verbreitung von These A bei gleichen Rahmenbedingungen

3 Hemmfaktoren

Als Gründe, warum der Anteil der Menschen, die diese Fähigkeiten mitbringen, nicht größer ausfällt, werden v.a. der ökonomische Druck, politische Mechanismen und persönliche Voraussetzungen angeführt. Die soziale Umgebung und die sozio-kulturellen Werte bzw. Praktiken können auch einen Einfluss ausüben. Etwas geringer wird der Einfluss des sozio-technologischen Wandels eingeschätzt und nur ganz wenige Expertinnen sehen die rechtlichen Rahmenbedingungen als Hemmfaktoren für eine weitere Entwicklung an.

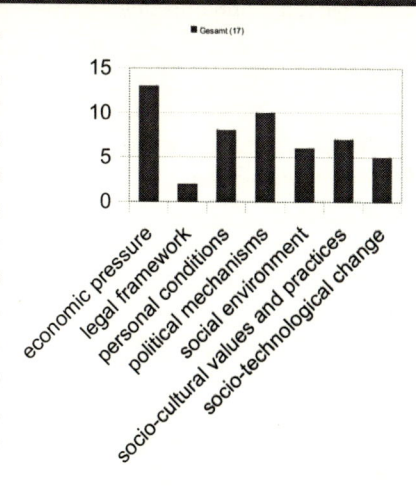

Abbildung 29: Hemmfaktoren für weitere Verbreitung von These A

Beim Abgleich der Gesamtbewertung zur Selbsteinschätzung drängt sich eine vage Vermutung auf: Personen, die ihre eigene Expertise in diesem Feld als schwach einstuften, votierten eher Richtung persönlicher Bedingungen und soziokultureller Werte und Praktiken als die Mehrheitsmeinung. Hingegen generierten Personen mit einer hohen Selbstbewertung eine auffallende Gleichverteilung über alle angebotenen Faktoren. Aufgrund des kleinen Expertinnen-Panels lassen sich aus dieser Vermutung keine Schlüsse ziehen, wohl aber eventuelle Arbeitshypothesen für folgende Untersuchungen.

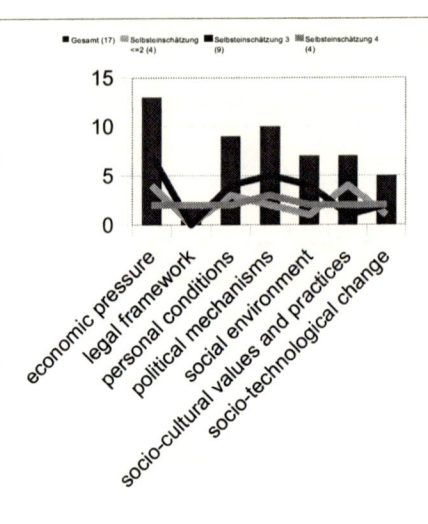

Abbildung 30: Hemmfaktoren im Vergleich zur Selbsteinschätzung (These A)

Im Vergleich der unterschiedlichen inhaltlichen Schwerpunkte, denen die Expertinnen zuzuordnen sind, identifizieren Bildungsmenschen eher persönliche und soziale Indizien als mögliche Hemmfaktoren, während Medientechnokratinnen v.a. den politischen Mechanismen einen überdurchschnittlichen Einfluss zugestehen - neben dem ökonomischen Druck, der von allen Gruppen als entscheidend angesehen wird. Sozialtheoretikerinnen hingegen votieren eher für ein ausgeglichenes Bild über alle Faktoren.

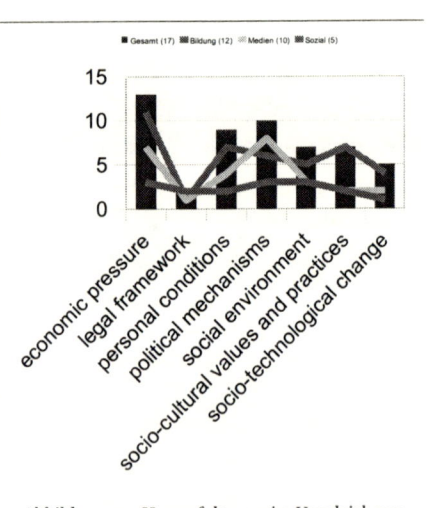

Abbildung 31: Hemmfaktoren im Vergleich zur inhaltlichen Expertise (These A)

Ein ähnlich differenziertes Bild ergibt sich beim Vergleich der gesellschaftlichen Bereiche. Während institutionelle Expertinnen zu den persönlichen Bedingungen als Hemmschuh neigen, sieht die Wissenschaft eher die politischen Mechanismen am Werk. Letztere Sichtweise wird tendenziell auch von den pragmatischen Grenzgängerinnen bestätigt, die aber insgesamt ein ausgeglicheneres Bild abgeben als die beiden anderen Bereiche. Alle drei sind sich einig hinsichtlich der Bedeutung des ökonomischen Drucks. Hier scheint es eine Art Konsens zu geben.

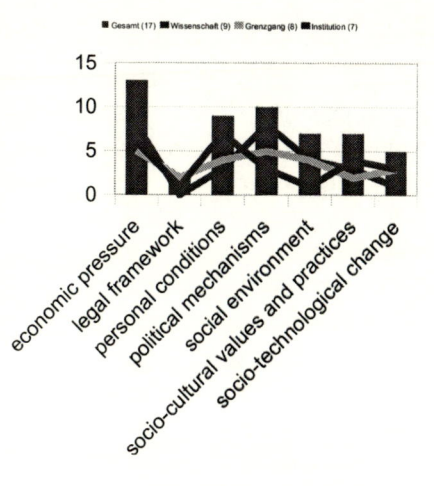

Abbildung 32: Hemmfaktoren im Vergleich zu gesellschaftlichen Bereichen (These A)

Allerdings differenziert sich dieser scheinbare Konsens im regionalen Vergleich zwischen Nordamerika und Europa[147]:

Während nordamerikanische Expertinnen ein deutliches Voting zugunsten des ökonomischen Drucks und der politischen Mechanismen formulieren, verteilt sich die europäische Einschätzung relativ gleich verteilt über die verschiedenen Faktoren - mit einer etwas stärkeren Betonung der Bedeutung persönlicher Bedingungen und einer international vergleichbaren Vernachlässigung der rechtlichen Rahmenbedingungen als Hemmfaktor.

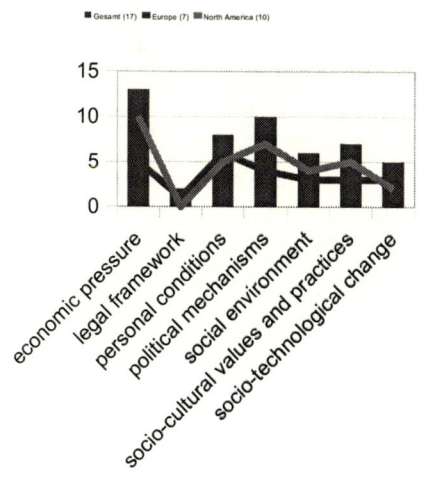

Abbildung 33: Hemmfaktoren im kontinentalen Vergleich (These A)

---

147 Um die Anonymität der Aussagen aller Expertinnen zu gewährleisten, sollen an dieser Stelle nicht alle regionalen Differenzierungen angezeigt werden, zumal angesichts der geringen absoluten Anzahl die Aussagefähigkeit einzelner kontinentaler Einschätzungen zu relativieren ist.

4 Bildungspolitische Maßnahmen

Um die hemmenden Faktoren zu überwinden, bedarf es nach Ansicht dieses Expertinnen-Panels v.a. des Ausbaus des technologischen Zugangs und der Etablierung von Chancengleichheit. Erst dann folgen die Förderung sozialen Lernens, eine Restrukturierung des Bildungssystems und ggf. die Ausdehnung der Bildungsausgaben.

Dem Bedeutungszuwachs der Zivilgesellschaft, dem Stärken der globalen Vernetzungen und der Bereitschaft zum öffentlichen Diskurs kommt seitens der Expertinnen eine abnehmende Bedeutung zu. Eine Intensivierung der Forschung und die Neuordnung der Regulationsinstanzen wird in diesem Zusammenhang von keiner Expertin gefordert.

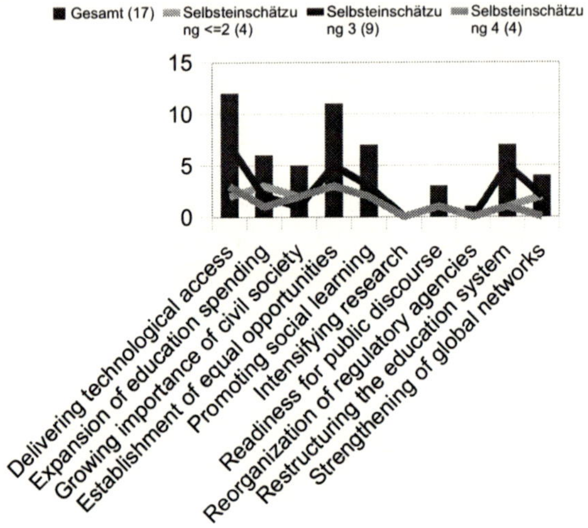

Abbildung 34: Bildungspolitische Maßnahmen für Wirksamkeit von These A

Analog zur Beurteilung der Hemmfaktoren kann beim Abgleich der Selbsteinschätzungen eine leichte Gegenläufigkeit zum Trend bei den Personen festgestellt werden, die sich weniger Expertise in diesem Themenfeld zuschreiben. Dieser Kreis votiert überdurchschnittlich zugunsten der Themen Ausdehnung der Bildungsausgaben und der Bedeutung globaler Netzwerke.

Eine deutlichere Unterscheidung der Gewichtung kann im Hinblick auf die thematische Expertise festgestellt werden. Vor allem mit Blick auf die Restrukturierung des Bildungssystems sehen Bildungsexpertinnen keine Veranlassung, hingegen aber einige Medientechnologinnen. Auch in der Verstärkung globaler Netzwerke sieht der Bildungsbereich keine Lösung, wohl aber bei der Förderung sozialen Lernens. Diese bildungspolitische Maßnahme findet dagegen weniger Zuspruch im Mediensektor, wohl aber Zustimmung von den sozial-theoretischen Rängen. Diese fordern darüber hinaus erwartungsgemäß mehr Chancengleichheit und sind sich mit den anderen Bereichen einig, einen besseren technologischen Zugang zu verlangen.

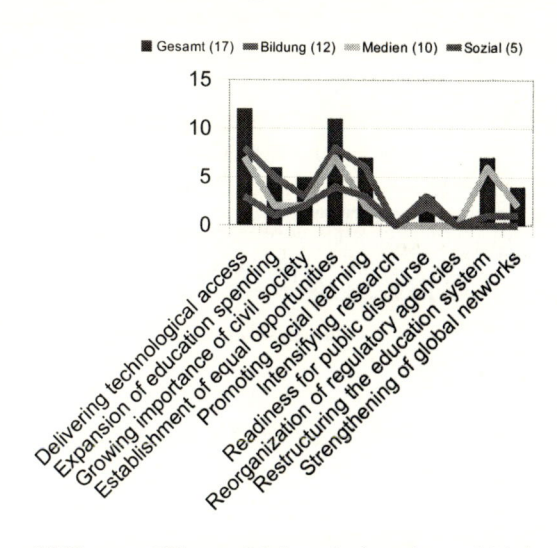

Abbildung 35: Bildungspolitische Maßnahmen im Vergleich der inhaltlichen Expertise (These A)

Bei den gesellschaftlichen Bereichen und der regionalen Zuordnung können keine Auffälligkeiten festgestellt werden - diese verhalten sich annähernd gleich zur Gesamtverteilung.

5 Internationale Maßnahmen

Fast die Hälfte aller Befragten bejahen, dass internationale Maßnahmen ein geeignetes bildungspolitisches Mittel seien, um Menschen hinsichtlich der zu evaluierenden These zu fördern.

Als Argumente führen die Expertinnen in der begleitenden Textbox an, dass der Wunsch nach einer gebildeten Bevölkerung einerseits nicht im Interesse aller machtpolitisch Herrschenden sei. Und andererseits können zentrale internationale

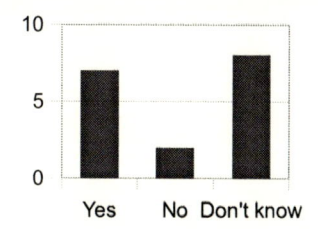

Abbildung 36: Internationale Maßnahmen, um These A zu unterstützen

Maßnahmen nationale oder zivilgesellschaftliche Bemühungen entmutigen. Inwiefern internationale Aktivitäten Einfluss nehmen auf nationale Zensurbestimmungen, bleibt eine offene Frage. Zwar ist ein gleichberechtigter Zugang zur Bildung wünschenswert. Dafür müsste die UNO Sorge tragen, dass jedes Kind eine (kosten-)freie Grundausbildung und einen Zugang zur Technologie erhalte. Wenn Technologien in den Schulen eingesetzt würden, könnte Bildung z.B. auch über ein personelles Mentorenmodell aus privilegierten Ländern realisiert werden - ohne westliches Agenda-Setting. Allerdings wird mehrfach bezweifelt, internationale Maßnahmen könnten eine fehlende Lernkultur beeinflussen. Hier seien eher nationale Anstrengungen erforderlich, so die Meinung einiger Expertinnen.

6 Anteil der Menschen im Jahre 2020, auf die die These zutrifft - bei optimal veränderten Rahmenbedingungen

Sofern sich die Rahmenbedingungen unter realistischen Gesichtspunkten optimal entwickeln, wird der Anteil der Menschen, auf den die These zutrifft, nach Meinung der Expertinnen auf ca. 60% ansteigen.

Insgesamt scheinen alle kontinentalen Anteile um einen Prozentsatz nach rechts gerückt zu sein.

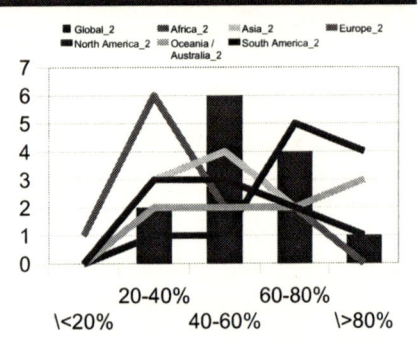

Abbildung 37: Verbreitung von These A bei optimal modifizierten Rahmenbedingungen

Im Vergleich der beiden Verbreitungsfragen wird deutlich, wie optimistisch die Einschätzung nach rechts vorrückte.

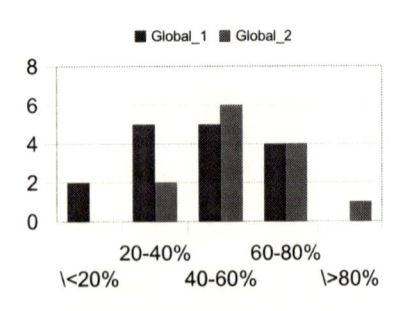

Abbildung 38: Auswirkung auf globale Verbreitung von These A

Die Entwicklung in Afrika wird dabei sehr unterschiedlich gesehen, wenn auch eine Dominanz bei 20-40% zu erkennen ist. Aber einige Expertinnen sehen bis 2020 die Möglichkeit gegeben, einen qualitativen wie quantitativen Sprung für die Mehrheit der afrikanischen Bevölkerung in Richtung selbstbestimmter, vernetzter Verortungen zu vollziehen.

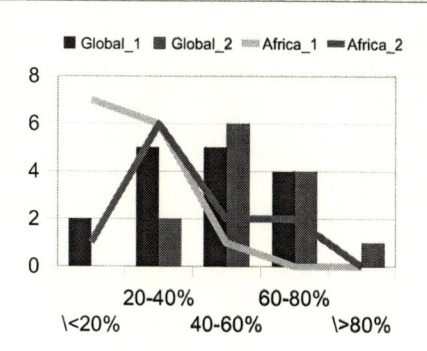

Abbildung 39: Auswirkung auf Verbreitung von These A in Afrika

Auch die asiatische Bevölkerung wird einen wesentlichen Schritt Richtung vernetzter Selbstbestimmung gehen und eine schnelle Durchdringung erreichen, sofern die Rahmenbedingungen angepasst werden.

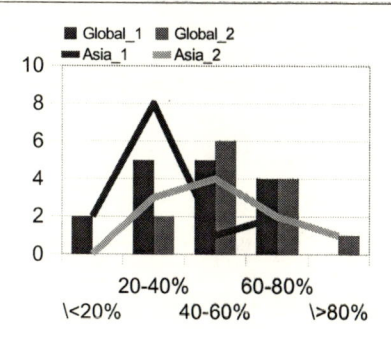

Abbildung 40: Auswirkung auf Verbreitung von These A in Asien

Europa startet auf einem hohen Niveau und wird sich nur graduell in der Durchdringung verändern. Einige Menschen werden auch bei optimalen Rahmenbedingungen nicht zu erreichen sein, so die Interpretation, die in diese Expertinnen-Meinungen gelegt werden kann.

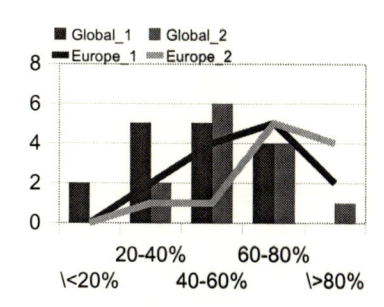

Abbildung 41: Auswirkung auf Verbreitung von These A in Europa

Die Entwicklung im nordamerikanischen Kontinent wird ähnlich verlaufen wie in Europa. Auf hohem Niveau wird die Durchdringung der Bevölkerung vollzogen werden.

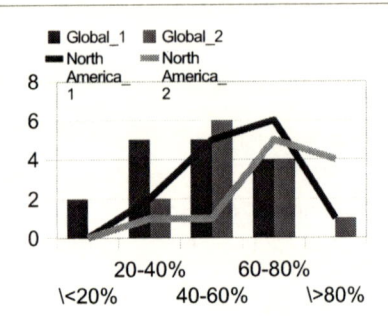

Abbildung 42: Auswirkung auf Verbreitung von These A in Nordamerika

In Ozeanien/Australien wird die Entwicklung nicht von allen Expertinnen so rasant erwartet wie in Europa und Nordamerika, aber mit einem Anstieg im >80%-Bereich.

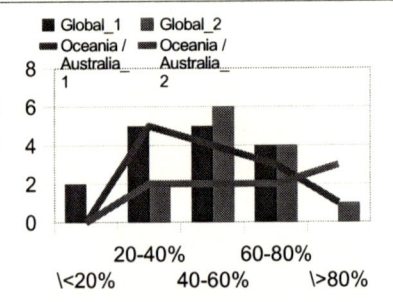

Abbildung 43: Auswirkung auf Verbreitung von These A in Ozeanien/Australien

Schließlich erwarten die Expertinnen in Südamerika eine mit Asien vergleichbare Entwicklung. Auch hier gehen die Meinungen stark auseinander hinsichtlich der Geschwindigkeit der Durchdringung. Im Vergleich zu den realen Bedingungen allerdings erwarten alle Expertinnen eine Verbesserung.

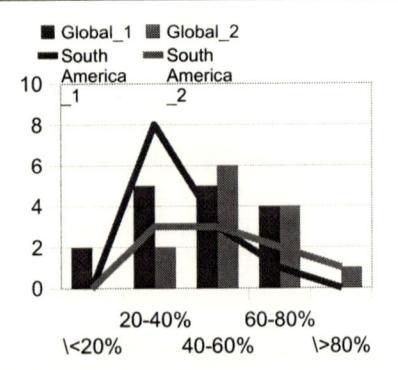

Abbildung 44: Auswirkung auf Verbreitung von These A in Südamerika

7 Kommentierung

In den Kommentaren geben einige Expertinnen zu bedenken, dass 2020 ein eng bemessener Zeitraum sei für bildungspolitische Maßnahmen, die erst einmal greifen wollen. Zudem sei fraglich, ob alle Kulturen die in der These formulierten Fähigkeiten als erstrebenswert ansähen. Erst die Balance zwischen Unabhängigkeit und Interdependenz liessen solche Fähigkeiten in vielen Kulturen effektiv werden. Zudem stellen einige Expertinnen in Frage, inwiefern bei dieser These bildungspolitische Maßnahmen zur Realisierung der These maßgeblich beitragen können - zumindest in sehr benachteiligten Weltregionen, in denen andere Fragen drängender scheinen bis eine kritische Masse für diesen Wandlungsprozess entstanden ist. Andererseits werden sich vor allem in Ländern, die einen schnellen ökonomischen Wandel durchlaufen, die persönlichen Haltungen den Umständen anpassen und eine sehr schnelle Entwicklung vollziehen.

8.2.8.1.2 THEMENBLOCK B: WORKFLOW

Vor dem Hintergrund des formulierten Leitbildes für das Jahr 2020 wurde den Expertinnen im Hinblick auf die persönlichen Voraussetzungen, derer es dann bedarf, um den persönlichen Workflow an die eigenen Bedürfnisse anpassen zu können (siehe die drei Thesen zu „Sinnvolle Identitäten", „Communities of Practice", „Networks of Practice" in Kap. 4.2.3.2), folgende szenarische Einführung angezeigt:

Szenarische Einführung

Im Kontext benutzergenerierter Umgebungen bedarf es spezifischer Fähigkeiten, sich -möglichst unabhängig von den Sachzwängen externer Workflows- eine stabile, individuelle Identität aufzubauen und die netzwerkspezifischen Strukturen bzw. den sozio-kulturellen Change-Management-Prozess aktiv mit zu gestalten.

Die komplexe These, die es seitens der Expertinnen zu beurteilen galt, lautete:

These B

Im Jahre 2020 sind die Menschen fähig,
- eine persönlich sinnvolle Ablauforganisation zu definieren, die sich im Wechselspiel mit anderen Netzwerkknoten versteht;
- die gesellschaftlichen Strukturen durch aktive Mitarbeit im persönlichen Netzwerk mit zu gestalten;

- die webbasierten Werte und Normen in die alltägliche Praxis vor Ort selbstverantwortlich zu überführen.

Die Meinung der Expertinnen:

1 Selbsteinschätzung

In diesem Themenfeld beteiligten sich an der Befragung insgesamt 15 Expertinnen. Auch hier stufte das Gros der Frauen ihre eigene Expertise auf drei ein.

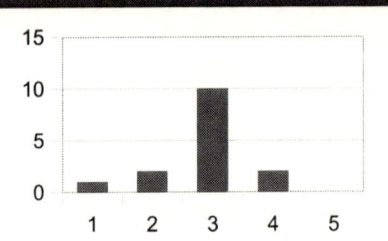

Abbildung 45: Selbsteinschätzung Themenfeld B

2 Anteil der Menschen im Jahre 2020, auf die die These zutrifft - bei gleich bleibenden Rahmenbedingungen

Unter den gegebenen Rahmenbedingungen schätzen die Expertinnen den prozentualen Anteil der globalen Menschheit im Jahre 2020 recht unterschiedlich ein, ihre persönliche vernetzte Arbeitsumgebung an die eigenen Bedürfnisse anzupassen.

Eindeutiger verhält es sich für Europa und Nordamerika - hier rechnen die meisten Expertinnen mit einer überdurchschnittlichen Durchdringung und Befähigung der

Abbildung 46: Verbreitung von These B bei gleichen Rahmenbedingungen

Menschen, ihre Umgebung selbstverantwortlich und kollaborativ entsprechend der gelebten Webkultur aktiv mit zu gestalten. Hingegen differieren die Ansichten deutlich für Ozeanien/Australien, Asien und Südamerika. Lediglich für Afrika sehen die meisten Expertinnen weniger Selbstbestimmung, wenn auch einzelne Personen den Kontinent in diesem Punkt in einem ähnlich optimistischen Fahrwasser sehen wie die anderen Kontinente.

3 Hemmfaktoren

Dieser Entwicklung stehen na[ch] Ansicht der Expertinnen vor allem d[ie] sozio-kulturellen Werte entgege[n,] gefolgt von den persönliche[n] Voraussetzungen, dem ökonomisch[en] Druck und dem sozio-technologisch[en] Wandel. Dem sozialen Umfeld u[nd] den politischen Mechanismen wi[rd] etwas weniger hemmender Einflu[ss] zugebilligt und -ähnlich wie bei d[en] individuellen Entwicklung- d[ie] rechtlichen Rahmenbedingungen der geringste.

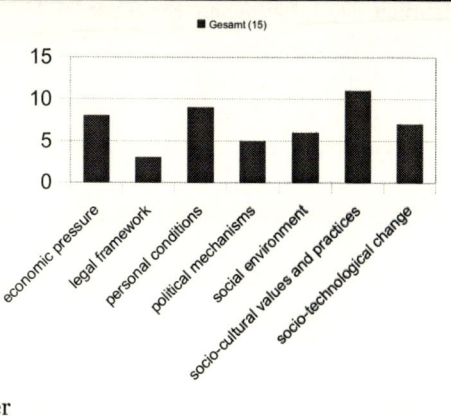

Abbildung 47: Hemmfaktoren für weitere Verbreitung von These B

Vergleichbar zur Einschätzung der Expertinnen im Themenfeld A, neigen die Personen mit einer selbst als gering eingestuften Expertise eher zu persönlichen Bedingungen und sozialen Faktoren, weniger zu systemischen (rechtlichen oder politischen) Hemmfaktoren. Hingegen sehen Personen mit einer hohen Expertise die persönlichen Bedingungen weniger am Zuge und votieren eher für soziologische Kriterien.

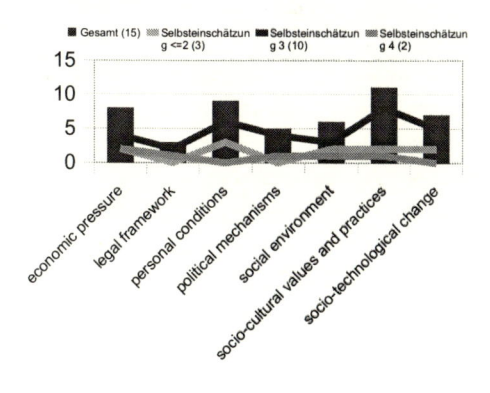

Abbildung 48: Hemmfaktoren im Vergleich zur Selbsteinschätzung (These B)

In diesem Themenfeld sind hinsichtlich der inhaltlichen Expertise keine wesentlichen Unterscheidungen der Einschätzung festzustellen. Sowohl Personen aus dem Bildungssektor, mit medientechnologischem Background und sozialtheoretischem Hintergrund schätzen die Entwicklung vergleichbar ein.

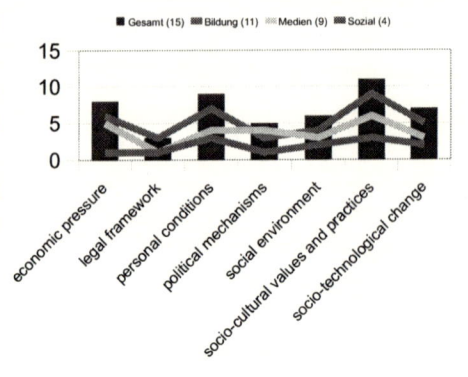

Abbildung 49: Hemmfaktoren im Vergleich zur inhaltlichen Expertise (These B)

Auch hinsichtlich der gesellschaftlichen Bereiche lassen sich nur graduelle Unterschiede erkennen. So tendieren Personen aus der Wissenschaft zu eher strukturellen Faktoren als institutionelle Vertreterinnen oder Grenzgängerinnen. Diese betonen jeweils die persönliche und soziokulturelle Komponente wesentlich deutlicher.

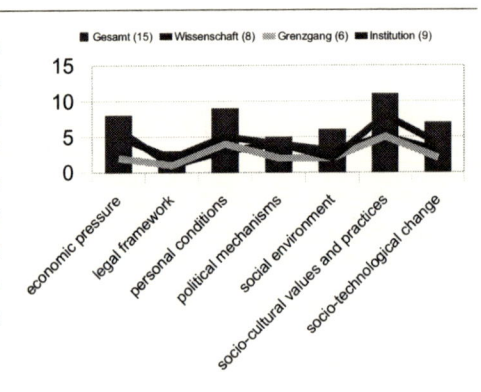

Abbildung 50: Hemmfaktoren im Vergleich zu gesellschaftlichen Bereichen (These B)

Im regionalen Vergleich zwischen Afrika, Asien und Südamerika lassen sich aufgrund der geringen absoluten Teinehmerinnen-Zahl keine tendenziellen Aussagen treffen. Dennoch fällt auf, dass alle Expertinnen mit asiatischem Hintergrund dem sozio-technologischen Wandel eine entscheidende Bedeutung beimessen, den eigenen Workflow an die rasante Entwicklung anzupassen. Hingegen sehen alle afrikanisch verwurzelte Personen die sozio-kulturellen Werte und Praktiken als entscheidenden Hemmfaktor.

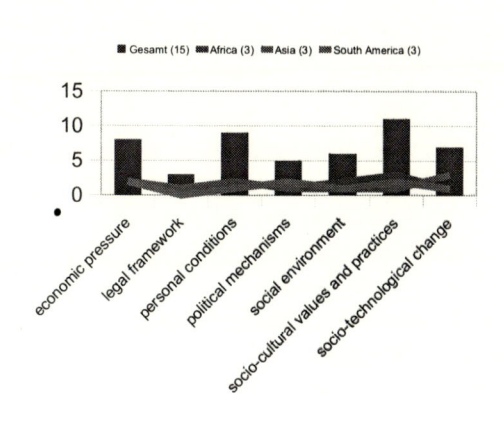

Abbildung 51: Hemmfaktoren im kontinentalen Vergleich (These B)

4 Bildungspolitische Maßnahmen

Um die Fähigkeiten der Menschen hinsichtlich des Ausgleichs von Vernetzungspotenzialen mit vorhandenen Netzwerkstrukturen zu fördern, bedarf es nach Ansicht der Expertinnen vor allem des Ausbaus des technologischen Zugangs und der Förderung sozialen Lernens. Erst dann folgt der Bedeutungszuwachs der Zivilgesellschaft vor der Etablierung von Chancengleichheit bzw. der Restrukturierung des Bildungssystems und dem Stärken der globalen Vernetzungen. Eine weitere

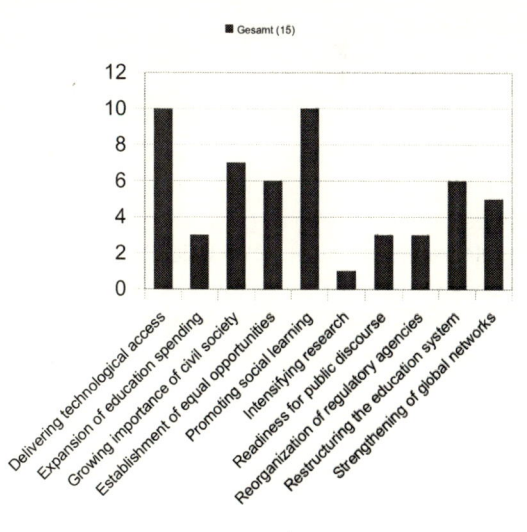

Abbildung 52: Bildungspolitische Maßnahmen für Wirksamkeit von These B

Ausdehnung der Bildungsausgaben und der Bereitschaft zum öffentlichen Diskurs räumen die Expertinnen nur eine nachrangige Bedeutung ein. Noch weniger vermag mit einer intensivierten Forschung zu erreichen sein und überhaupt keinen Einfluss wird eine Neuordnung der Regulationsinstanzen ausüben.

Im Vergleich der bildungspolitisch erforderlichen Maßnahmen zur Selbsteinschätzung springt nur eine kleine Abweichung ins Auge: So werten die Personen, die sich selbst wenig Expertise in diesem Feld zuschreiben, dem öffentlichen Diskurs ein relativ hohes Gewicht bei.

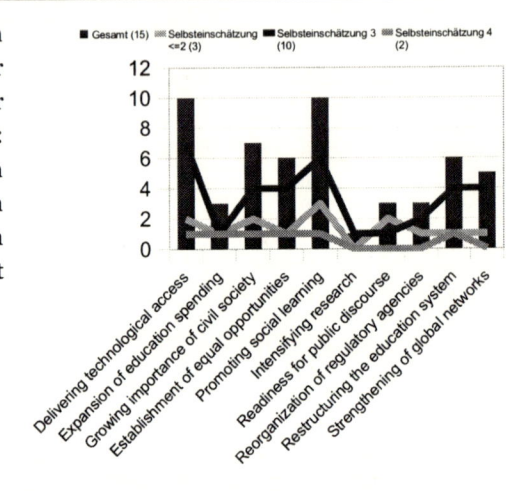

Abbildung 53: Bildungspolitische Maßnahmen im Vergleich der Selbsteinschätzung (These B)

Ähnlich verhält es sich bei den Personen mit Bildungshintergrund, die v.a. dem öffentlichen Diskurs eine bildungspolitische Kraft zubilligen. Hingegen sehen die Medientechnologinnen keinerlei bildungspolitischen Gewinn im öffentlichen Diskurs und einer Intensivierung der Forschung. Sie favorisieren den technologischen Zugang, das soziale Lernen und die Chancengleichheit als bildungspolitische Instanzen. Demgegenüber betonen die sozialtheoretischen Personen neben dem technologischen Zugang v.a. die Bedeutung der Zivilgesellschaft und die Chancengleichheit.

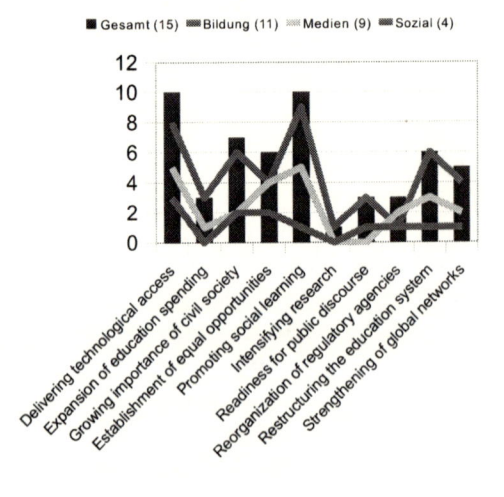

Abbildung 54: Bildungspolitische Maßnahmen im Vergleich der inhaltlichen Expertise (These B)

Im Wissenschaftsbetrieb werden technologischer Zugang, Chancengleichheit und soziales Lernen als vergleichbare bildungspolitische Maßnahmen eingestuft, knapp gefolgt von einem restrukturierten Bildungssystem, teilweise auf der Basis zusätzlicher Bildungsausgaben und neugeordneter Regulationsinstanzen. Ähnlich stufen die Grenzgängerinnen potenzielle Maßnahmen ein, ohne allerdings allzu viel Wert auf die Förderung sozialen Lernens zu legen. Hingegen favorisieren institutionelle Expertinnen neben dem technologischen Zugang v.a. das soziale Lernen, gefolgt vom zivilgesellschaftlichen Bedeutungszuwachs und gestärkten globalen Netzwerken.

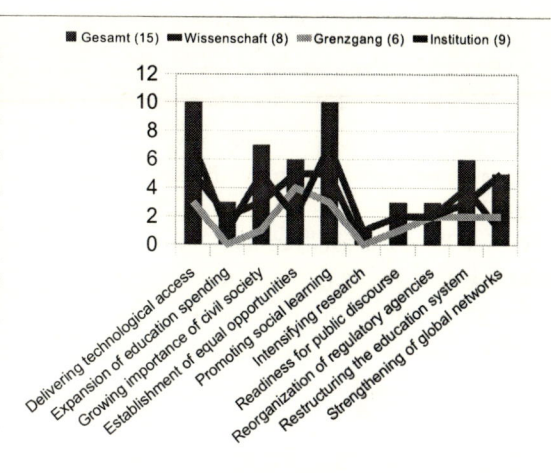

Abbildung 55: Bildungspolitische Maßnahmen im Vergleich der gesellschaftlichen Bereiche (These B)

5 Internationale Maßnahmen

Auch in diesem Themenfeld überwiegt die Unsicherheit, ob bildungspolitische Maßnahmen auf internationaler Ebene angestossen werden könnten.

Die bejahenden Personen führen an, dass ein internationaler Dialog erforderlich sei, um die unterschiedlichen Bedürfnisse, Bedenken und Kulturen der diversifizierten Welt besser verstehen zu lernen. Zudem müsse ein internationaler Anlass geschaffen werden, um die Möglichkeiten weltweit anzugleichen. Auch sei eine globale Informationsverteilung vonnöten auf der Grundlage, dass mobile Technologien die Haupttechnologie für Kommunikation und Interaktion seien. Je mehr Erfahrungen die Menschen mit sozialen Freizeittechnologien und -netzwerke sammeln, desto unbewusster werden die erforderlichen Fähigkeiten anwachsen.

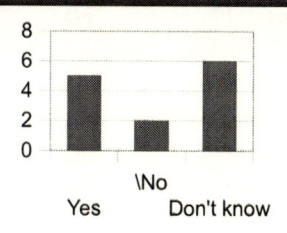

Abbildung 56: Internationale Maßnahmen, um These B zu unterstützen

Die unsicheren Personen reflektieren, dass Menschen dann Netzwerke nutzen, wenn ein privater, politischer, ökonomischer Bedarf oder Grund existiert und Zugang zu diesen besteht. Internationale Maßnahmen seien erforderlich, um bildungspolitisch die Menschheit zu unterstützen, sind aber nicht hinreichend.

6 Anteil der Menschen im Jahre 2020, auf die die These zutrifft - bei optimal veränderten Rahmenbedingungen

Auch in diesem Themenfeld erwarten die Expertinnen eine deutliche Verbesserung des Anteils unter optimalen Vorzeichen. In einigen Kontinenten (Europa, Nordamerka, Ozeanien/Australien) erwarten einige Personen eine sehr hohe Durchdringung >80%.

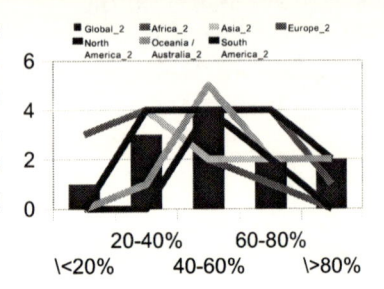

Abbildung 57: Verbreitung von These B bei optimal modifizierten Rahmenbedingungen

Insgesamt rückt der Anteil deutlich nach rechts in Richtung einer allgemein höheren Durchdringung.

Beim Vergleich der kontinentalen Entwicklung unter verschiedenen Rahmenbedingungen können keine Abweichungen im Vergleich zum Themenblock A festgestellt werden. Alle Kontinente nehmen unter diesen modifizierten Veränderungen einen deutlichen Entwicklungssprung vor.

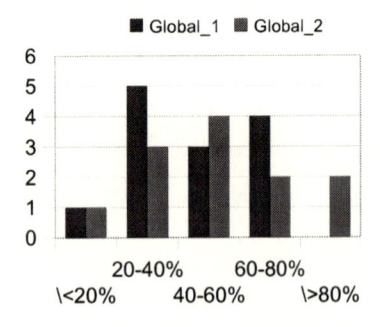

Abbildung 58: Auswirkung auf globale Verbreitung von These B

7 Kommentierung

Aufgrund der großen technologischen und teilweise bildungspolitischen Diskrepanz zwischen Afrika und weiten Teilen Asien einerseits und den „entwickelten" Ländern andererseits, schätzen einige Expertinnen den vollständigen Vollzug dieser These als eher unwahrscheinlich ein.

8.2.8.1.3 THEMENBLOCK C: MEDIENUMGEBUNG

Vor dem Hintergrund des formulierten Leitbildes für das Jahr 2020 wurde den Expertinnen im Hinblick auf die persönlichen Voraussetzungen, derer es dann bedarf, um die persönliche Medienumgebung an die eigenen Bedürfnisse anpassen zu können (siehe die Thesen zu „Personal Learning / Knowledge / Information Management", „Netzwerk-Kompetenz", „Social Media Umgebungen" in Kap. 4.2.3.3), folgende szenarische Einführung angezeigt:

Szenarische Einführung
Benutzergenerierte Umgebungen benötigen individuellen autonomen Gestaltungswillen, gesamtgesellschaftliches, wechselseitiges Vertrauen, um sich frei auszutauschen, und der Bereitschaft, sich global digital zu vernetzen.

Die komplexe These, die es seitens der Expertinnen zu beurteilen galt, lautete:

These C
Im Jahre 2020 sind die Menschen fähig, <ul><li>die persönliche, vernetzte Medienumgebung an die eigenen, flexiblen Bedürfnisse anzupassen;</li><li>Vertrauen in virtuellen Netzwerke aufzubauen und dieses wechselseitig in der Praxis zu bestätigen;</li><li>im offenen, impliziten Wissensstrom mitzuschwimmen und sich kultureller Wechselwirkungen bewusst zu sein.</li></ul>

Die Meinung der Expertinnen:

1 Selbsteinschätzung

Für dieses Themenfeld fühlten sich 11 Personen als Expertinnen berufen. Bis auf jeweils eine Person an den Extremen stuften sich alle Befragten mit einer mittleren Expertise ein.

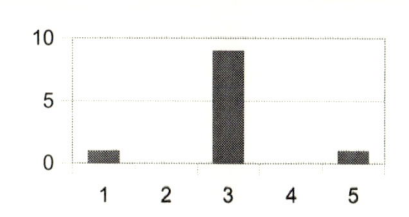

Abbildung 59: Selbsteinschätzung Themenfeld C

2 Anteil der Menschen im Jahre 2020, auf die die These zutrifft - bei gleich bleibenden Rahmenbedingungen

Die Expertinnen blicken auch hier recht unterschiedlich auf den Untersuchungsgegenstand unter den gegebenen Rahmenbedingungen. Vor allem im nordamerikanischen, europäischen, ozeanisch-australischen und auch im asiatischen Raum erwarten sie über die Hälfte der Bevölkerung mit der Befähigung, die persönlichen Medienumgebungen selbstbestimmt an die eigenen Bedürfnisse anpassen zu können, wechselseitiges Vertrauen aufgebaut zu haben und so eine allgemeine (Web-)Kultur entstehen zu lassen. Lediglich in Afrika und Südamerika hat sich bis dahin diese Kultur noch nicht breitenwirksam durchgesetzt.

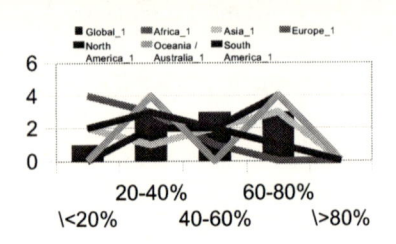

Abbildung 60: Verbreitung von These C bei gleichen Rahmenbedingungen

3 Hemmfaktoren

Einer weiteren weltweiten Verbreitung der erforderlichen Fähigkeit stehen dabei vor allem politische Mechanismen, sozio-kulturelle Werte und Praktiken und der sozio-technologische Wandel im Wege, gefolgt vom ökonomischen Druck und den persönlichen Voraussetzungen. Die rechtlichen Rahmenbedingungen und die soziale Umgebung wurden hingegen nur als nachrangige Hemmfaktoren identifiziert.

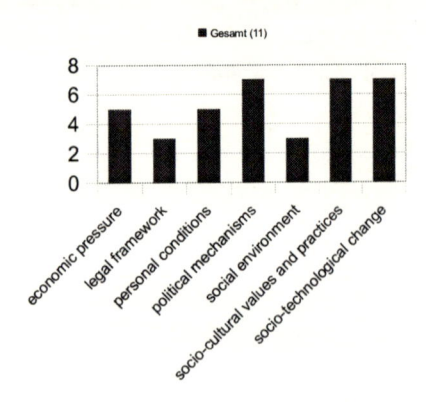

Abbildung 61: Hemmfaktoren für weitere Verbreitung von These C

Die inhaltliche Expertise sieht jeweils andere Faktoren als dominierende an.

- Im Bildungsbereich liegen die sozio-kulturellen Werte und Praktiken vor dem sozio-technologischen Wandel, dicht gefolgt von dem Dreierteam ökonomischer Wandel, persönliche Voraussetzungen und politische Mechanismen, dann von dem Zweiergespann rechtliche Rahmenbedingungen und soziale Umgebung.

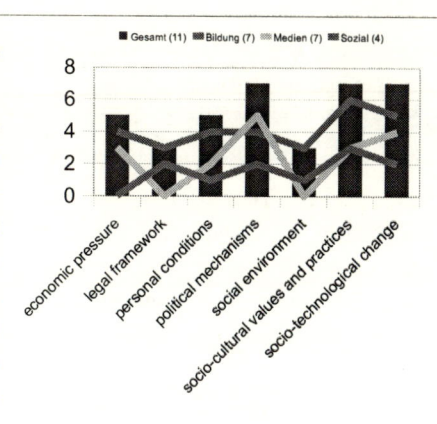

Abbildung 62: Hemmfaktoren im Vergleich zur inhaltlichen Expertise (These C)

- Im medientechnologischen Kontext führen die politischen Mechanismen vor dem sozio-technologischen Wandel und erst dann gefolgt von dem ökonomischen Druck und den sozio-kulturellen Werten und Praktiken, während rechtliche Rahmenbedingungen und soziale Umgebung hier keine Rolle spielen.

- Im sozialtheoretischen Bereich werden v.a. die sozio-kulturellen Werte und Praktiken verantwortlich gemacht. Dicht gefolgt von den rechtlichen Rahmenbedingungen, den politischen Maßnahmen und dem sozio-technologischen Wandel; dann von den persönlichen Voraussetzungen und dem sozialen Umfeld, während der ökonomische Druck hier keine Rolle spielt.

Diese Differenzierung korreliert sehr hoch mit der Verteilung entlang der gesellschaftlichen Bereiche. So verlaufen in diesem Themenfeld die Graphen von Wissenschaft und Medien nahezu synchron, die institutionelle Einschätzung mit der der Bildung und der Grenzgang mit den sozialtheoretischen Überzeugungen. Insofern der institutionelle Part von vielen Lehrenden dominiert wird, verläuft diese Synchronität nicht überraschend.

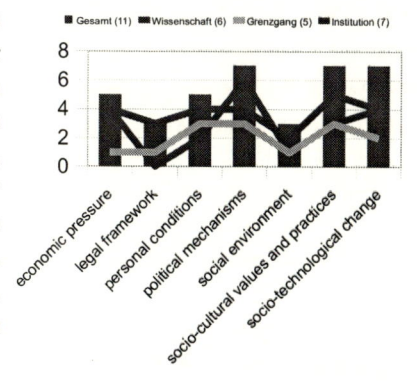

Abbildung 63: Hemmfaktoren im Vergleich zu gesellschaftlichen Bereichen (These C)

Hinsichtlich der regionalen Verteilung der Aussagen lassen sich keine wesentlichen Unterschiede registrieren.

4 Bildungspolitische Maßnahmen

Um die identifizierten Hemmfaktoren hinsichtlich eines weiteren quantitativen Ausbaus der Fähigkeit, die eigenen Medienumgebungen entsprechend der persönlichen und kulturellen Bedürfnisse vertrauensvoll zu gestalten, zu lockern, empfehlen die Expertinnen folgende bildungspolitischen Maßnahmen:

Weit führend ist der Ausbau des technologischen Zugangs vor dem Bedeutungszuwachs der Zivilgesellschaft, der Förderung sozialen Lernens und der Verstärkung der globalen Vernetzungen. Ein restrukturiertes Bildungssystem und Chancengleichheit vermögen nach Ansicht der Befragten ebenfalls einen Beitrag leisten. Weniger Einfluss werden der Neuordnung der Regulationsinstanzen zugebilligt. Am wenigsten kann die Ausdehnung der Bildungsausgaben, die Intensivierung der Forschung und die Bereitschaft zum öffentlichen Diskurs in diesem Feld ausrichten.

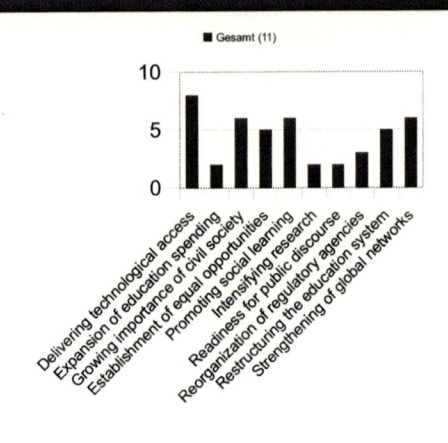

Abbildung 64: Bildungspolitische Maßnahmen für Wirksamkeit von These C

Beim Vergleich der inhaltlichen Expertise fällt auch hier deren Differenzierung auf:

- Im Bildungssektor wird v.a. der Zivilgesellschaft und dem sozialen Lernen die größte bildungspolitische Kraft zugebilligt (vgl. Abbildung 64). Dann folgen technologischer Zugang, ein restrukturiertes Bildungssystem und die globalen Netzwerke vor der Chancengleichheit und allen weiteren Maßnahmen. Am wenigsten Einfluss wird hier den

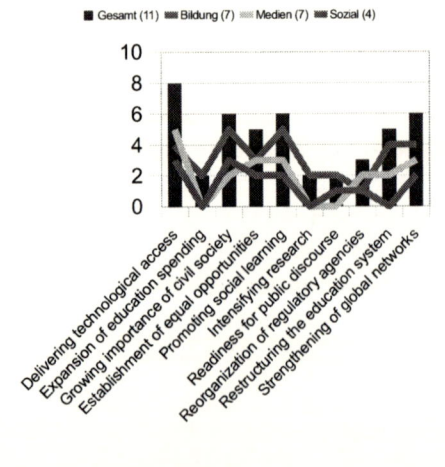

Abbildung 65: Bildungspolitische Maßnahmen im Vergleich der inhaltlichen Expertise (These C)

neu organisierten Regulationsinstanzen eingeräumt.
- Im medientechnologischen Bereich führt der technologische Zugang weit vor der Chancengleichheit, dem sozialen Lernen und den globalen Netzwerken. Zivilgesellschaft, reorganisierte Regulationsinstanzen und ein restrukturiertes Bildungssystem erhalten wenige Stimmen. Überhaupt keinen Einfluss haben für diese Expertinnen-Gruppe weitere Bildungsausgaben, eine Forschungsintensivierung und der öffentliche Diskurs.
- Bei Expertinnen mit sozialtheoretischem Background werden auch der Technologiezugang und die Zivilgesellschaft als entscheidende Maßnahmen eingeschätzt, vor der Chancengleichheit, dem sozialen Lernen und den globalen Netzwerken. Keinen Einfluss werden in diesem Sektor den Bildungsausgaben, der Forschungsintensivierung und der Restrukturierung des Bildungssystems beigemessen.

Im Gegensatz zu den Hemmfaktoren kann hier keine Korrelation der Aussagen zwischen inhaltlicher Expertise und gesellschaftlichen Bereichen hergestellt werden.

- Zwar ähnelt der Graph des Bildungssektors dem des institutionellen Bereichs; dies ist aufgrund der Zuordnung der Lehrenden zu den Institutionen nicht weiter verwunderlich. Im institutionellen Bereich werden dem technologischen Zugang, der Zivilgesellschaft, dem sozialen Lernen und der Restrukturierung des Bildungssystem die größten Prioritäten eingeräumt, vor der Chancengleichheit. Alle anderen Faktoren werden eher nachrangig eingestuft.
- Aber der Graph der medientechnologischen Expertinnen verläuft bei den bildungspolitischen Maßnahmen nicht analog zur

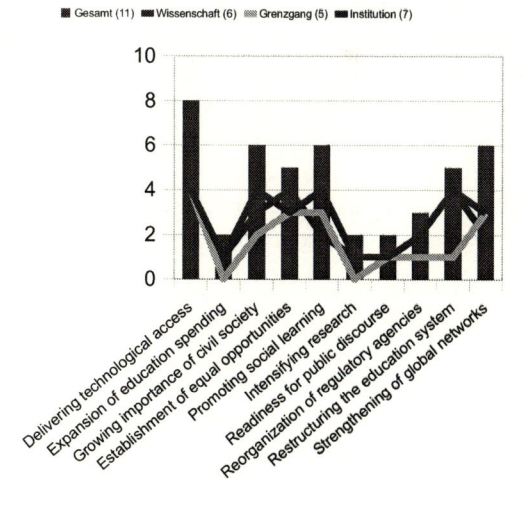

Abbildung 66: Bildungspolitische Maßnahmen im Vergleich der gesellschaftlichen Bereiche (These C)

Wissenschaft (wie bei den Hemmfaktoren), sondern er verläuft nahezu identisch mit denen des Grenzgangs. Auch hier werden technologischer Zugang, Chancengleichheit, soziales Lernen und globale Netzwerke als die wichtigsten bildungspolitischen Maßnahmen eingestuft, während alle anderen Faktoren nachrangig, wenn nicht sogar als irrelevant (Bildungsausgaben und Forschungsintensivierung) gekennzeichnet sind.

- Der Wissenschaftsgraph hingegen weist überhaupt keine Ähnlichkeit mit dem der Sozialtheoretikerinnen auf. Hier wird der Chancengleichheit und der Restrukturierung des Bildungssystems die größte Kraft zugebilligt, knapp gefolgt von der Zivilgesellschaft. Alle weiteren Maßnahmen sind eher nachrangig zu betrachten in diesem Kontext.

5 Internationale Maßnahmen

Die Mehrheit der Expertinnen sehen in diesem Themenfeld ein Einflusspotenzial internationaler Maßnahmen.

Als Begründungen der bejahenden Fraktion werden angeführt, dass vereinte Kräfte immer bessere Resultate erzielen als isolierte Versuche. Zudem müssten ältere Generationen von den jüngeren lernen und dieser Umbruch wäre wahrscheinlich nur durch eine radikale Bildungsreform möglich. Auch hätten sich mobile Technologien als wirksamer in Entwicklungsländern herausgestellt, so dass über diesen Weg soziales Lernen verbessert werden könnte.

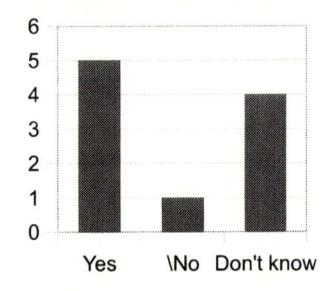

Abbildung 67: Internationale Maßnahmen, um These C zu unterstützen

Als Begründungen der Unentschiedenen werden angeführt, dass zunächst die Nutzung von IKT in den Schulen gefördert werden sollte, damit sich die Lernenden weltweit miteinander verbinden könnten, um gemeinsam Wissen und wechselseitiges Vertrauen aufzubauen. Zudem müssten die Personen geschult werden hinsichtlich der neuen Technologien, die bereits aus den Schulen hinausgewachsen sind. Allerdings sei zu bedenken, dass Vertrauensaufbau vielleicht weniger durch internationale Maßnahmen, als vielmehr in lokalen Zusammenhängen aufgebaut werden könne.

6 Anteil der Menschen im Jahre 2020, auf die die These zutrifft - bei optimal veränderten Rahmenbedingungen

Unter optimal modifizierten Rahmenbedingungen erwarten die Expertinnen bis 2020 eine leichte Verbesserung der globalen Durchdringung hinsichtlich der vorgebrachten These.

Dabei wird die Durchdringung in Asien, Europa, Nordamerika und Ozeanien/Australien vergleichbar hoch eingeschätzt. Und selbst Afrika erhält teilweise hohe Durchdringungsraten.

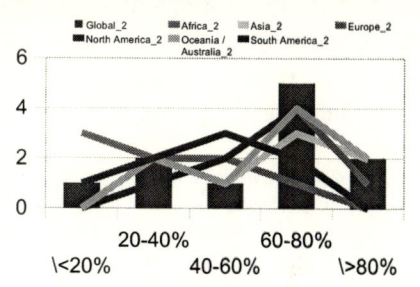

Abbildung 68: Verbreitung von These C bei optimal modifizierten Rahmenbedingungen

Im Vergleich mit der Einschätzung bei unverändert bleibenden Rahmenbedingungen wird eine deutliche Durchdringung der Gesellschaft in diesem Themenfeld erwartet. Dabei wird weltweit im regionalen Vergleich eine ähnliche Verschiebung nach rechts erwartet.

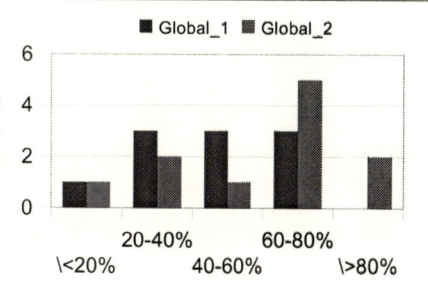

Abbildung 69: Auswirkung auf globale Verbreitung von These C

7 Kommentierung

In den Kommentaren verweisen die Expertinnen darauf, dass die Durchdringung wohl niemals 100% erreichen wird, da es individuelle Unterschiede zwischen den Menschen gäbe hinsichtlich ihrer Bedürfnisse, sich auszudrücken. Gleichwohl gelte es fortzuschreiten, die Möglichkeiten der Technologien für das Lernen zu nutzen, auch wenn es mitunter lange dauere, sich auf neue Umgebungen einzustellen. Zudem sei es für viele Regionen schwierig, Vertrauen aufzubauen, da sie in ihrem Alltagsleben viel Kriminalität, Betrug und Misstrauen erleben. Aber Hoffnung drückt sich aus, da die Menschheit immer weiter voranschreite in ihrem globalen Verständnis.

8.2.8.1.4 Themenblock D: Usability

Angesichts des formulierten Leitbildes für das Jahr 2020 wurde den Expertinnen im Hinblick auf die persönlichen Voraussetzungen, derer es dann bedarf, um die *Usability* an die persönlichen Bedürfnisse anpassen zu können (siehe die Thesen zu „Don't make me think", „Culturability", „Personability" in Kap. 4.2.3.4), folgende szenarische Einführung angezeigt:

> **Szenarische Einführung**
>
> Selbstverantwortung ist erforderlich, um sich die eigene benutzergenerierte Umgebung gebrauchstauglich zu gestalten und immer wieder neu zu sortieren.

Die komplexe These, die es seitens der Expertinnen zu beurteilen galt, lautete:

> **These D**
>
> Im Jahre 2020 sind die Menschen fähig,
> - selbstverantwortlich persönliche Kriterien der Effektivität, Effizienz und Zufriedenheit anzulegen;
> - sich trotz sozio-kultureller Einflussfaktoren den neuen Technologien zuzuwenden;
> - Einfluss zu nehmen auf die Gestaltung der digitalen Schnittstellen.

Die Meinung der Expertinnen:

1 Selbsteinschätzung

Insgesamt beurteilten 14 Expertinnen diese These zur Usability. Auch hier verteilt sich die selbst geschätzte Expertise vor allem auf den mittleren Bereich. Aber auch sehr wenig und sehr hohe Kompetenzen sind hier vertreten.

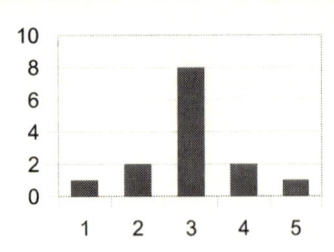

Abbildung 70: Selbsteinschätzung Themenfeld D

2 Anteil der Menschen im Jahre 2020, auf die die These zutrifft - bei gleich bleibenden Rahmenbedingungen

Bereits bei gleich bleibenden Rahmenbedingungen rechnet der Großteil der Expertinnen mit einer recht hohen Durchdringung, sich regelmäßig neue digitale Schnittstellen anzuzeigen und anzupassen an die persönlichen Bedürfnisse.

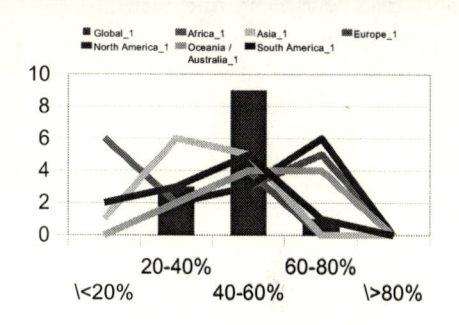

Abbildung 71: Verbreitung von These D bei gleichen Rahmenbedingungen

3 Hemmfaktoren

An Hemmfaktoren, die einer weiteren Durchdringung entgegen stehen, führen die Expertinnen v.a. den ökonomischen Druck an, gefolgt von den sozio-kulturellen Werten und Praktiken und dem sozio-technologischen Wandel. Erst dann folgen die persönlichen Voraussetzungen und die politischen Mechanismen als behindernde Faktoren. Die soziale Umgebung und die rechtlichen Rahmenbedingungen werden dagegen nur sehr selten als Begründung angeführt.

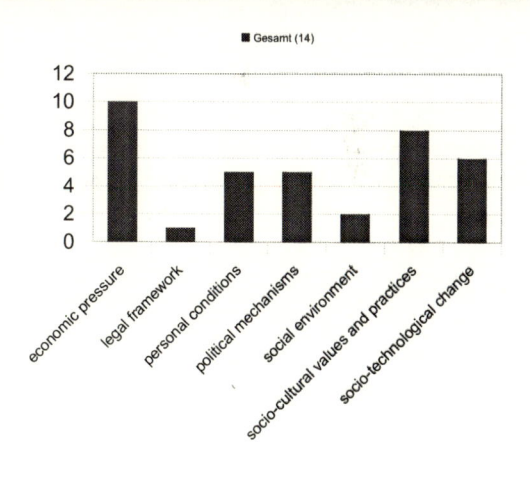

Abbildung 72: Hemmfaktoren für weitere Verbreitung von These D

Im Vergleich der selbst zugeschriebenen Expertise fällt auf, dass Personen, die sich selbst nicht als Expertinnen begreifen, eher den soziokulturellen Mustern eine hemmwirkende Funktion zuschreiben. Personen mit einer hohen Selbstexpertise votierten eher für den ökonomischen Druck und die politischen Mechanismen. Und nur die durchschnittliche Mehrheit sieht im soziotechnologischen Wandel eine sehr große Hürde für die weitere Verbreitung.

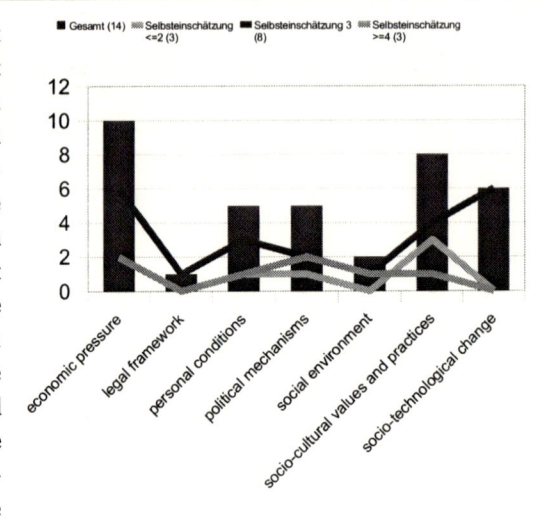

Abbildung 73: Hemmfaktoren im Vergleich zur Selbsteinschätzung (These D)

Hinsichtlich der inhaltlichen Expertise und den gesellschaftlichen Bereichen unterscheiden sich die graphischen Verläufe fast nicht. Lediglich die Bedeutung der persönlichen Voraussetzungen wird im institutionellen Bildungssektor höher eingeschätzt als von den medientechnologischen Grenzgängerinnen.

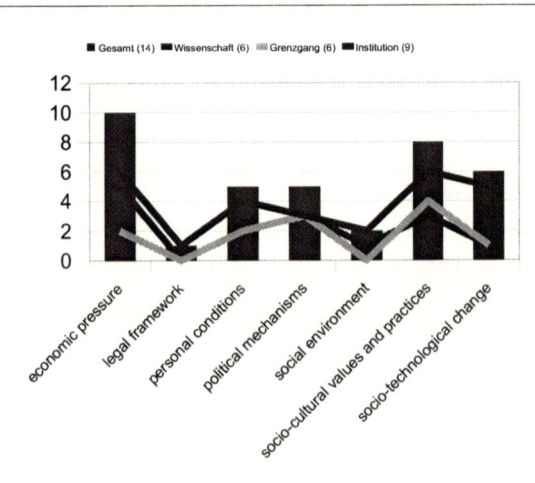

Abbildung 74: Hemmfaktoren im Vergleich zu gesellschaftlichen Bereichen (These D)

Beim kontinentalen Vergleich der Herkunft der Aussagen fallen einige Zuschreibungen ins Auge.

- Im nordamerikanischen Bereich werden ökonomischer Druck, persönliche Voraussetzungen, politische Mechanismen und sozio-kulturelle Werte und Praktiken als gleichberechtigte Hemmfaktoren angeführt. Des Weiteren wird dem sozio-technologischen Wandel ein Mitspracherecht eingeräumt.
- Dagegen verteilt sich beim europäischen Ursprung die Zuordnung der Faktoren relativ gleich auf alle angeführten Punkte - bis auf die soziale Umgebung, die weder in Europa noch in Nordamerika als Widerstand angeführt wird. Allerdings sehen Europäerinnen hier vor allem die Soziokultur am Werk.
- In Asien wiederum führen ökonomischer Druck und sozio-technologischer Wandel vor persönlichen Voraussetzungen und einzelnen anderen Faktoren. Keine Bedeutung werden hier den rechtlichen Rahmenbedingungen und den politischen Mechanismen zugebilligt.
- In Afrika am auffälligsten ist in diesem Zusammenhang, dass dem sozio-technologischen Wandel offenbar keine hemmende Bedeutung zugesprochen wird.

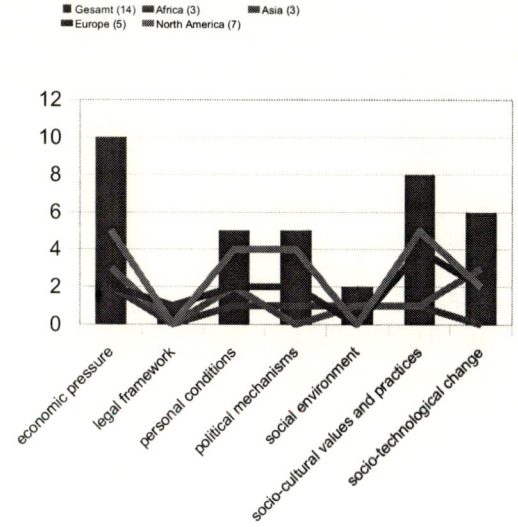

Abbildung 75: Hemmfaktoren im kontinentalen Vergleich (These D)

4 Bildungspolitische Maßnahmen

Um die *Usability*-Befähigung weiterer Personenkreise bildungspolitisch zu fördern, empfehlen die Expertinnen vor allem den weiteren Ausbau des technologischen Zugangs und eine Restrukturierung des Bildungssystems. Zudem kommt der Chancengleichheit und dem sozialen Lernen eine entscheidende Rolle in diesem Feld zu. Alle weiteren Maßnahmen werden von der Mehrheit der Befragten eher nachrangig eingestuft.

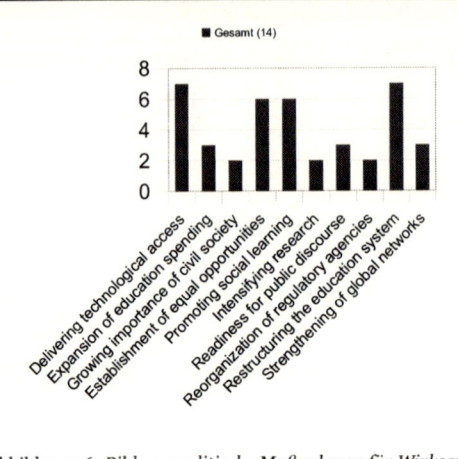

Abbildung 76: Bildungspolitische Maßnahmen für Wirksamkeit von These D

Hinsichtlich der Selbsteinschätzung sind keine großen Abweichungen zur Mehrheitsmeinung auffällig.

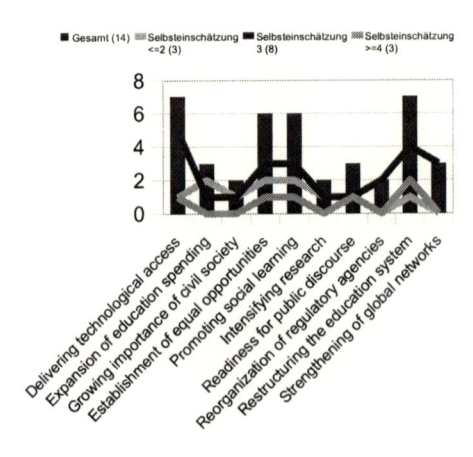

Abbildung 77: Bildungspolitische Maßnahmen im Vergleich der Selbsteinschätzung zu These D

Im Vergleich der inhaltlichen Expertise zur Gesamtaussage zeichnet der Bildungsgraph weitestgehend die Mehrheitsmeinung nach.

Hingegen sind im medientechnologischen Bereich einige Auffälligkeiten zu verzeichnen. So wird in diesem Kontext kein bildungspolitisches Potenzial in einer weiteren Ausdehnung der Bildungsausgaben, der Intensivierung der Forschung und stärkeren globalen Netzwerken gesehen. Kein Potenzial als bildungspolitische Maßnahme sehen die sozialtheoretischen Expertinnen in einer Restrukturierung des Bildungssystems und der Reorganisation der Regulationsinstanzen.

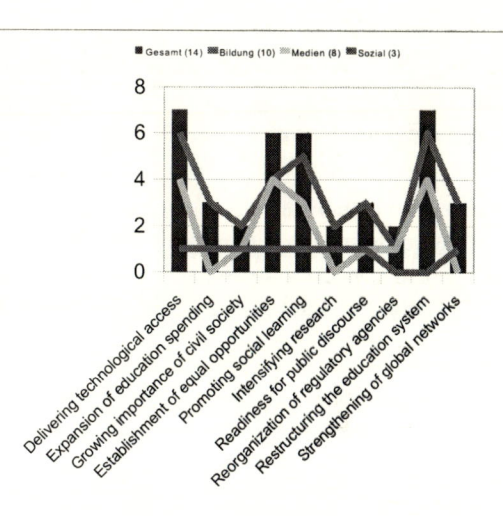

Abbildung 78: Bildungspolitische Maßnahmen im Vergleich der inhaltlichen Expertise (These D)

Es wurde bereits häufiger festgestellt, dass in dieser Untersuchung eine hohe Korrelation zwischen Bildungsexpertinnen und institutionellem Betrieb festzustellen ist. Dieser Gleichklang lässt sich auch im Vergleich der gesellschaftlichen Bereiche hinsichtlich der bildungspolitischen Maßnahmen in diesem Themenfeld identifizieren. Auch hier verläuft der institutionelle Graph sehr ähnlich zur Mehrheitsmeinung. Bis auf die Bedeutung der Chancengleichheit - diese wird bei den Bildungsexpertinnen nicht so hoch eingeschätzt.

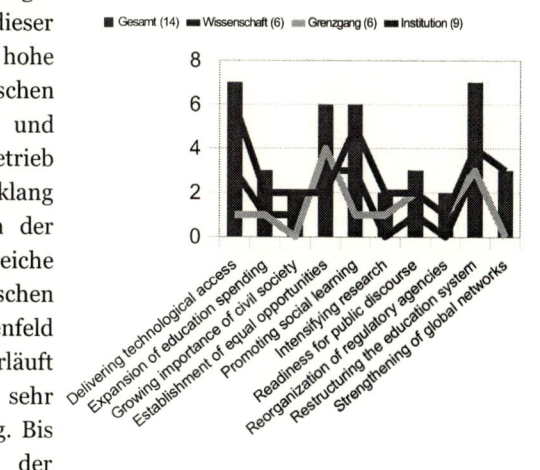

Abbildung 79: Bildungspolitische Maßnahmen im Vergleich der gesellschaftlichen Bereiche (These D)

Auch der Wissenschaftsgraph verläuft tendenziell recht ähnlich zur Mehrheitsmeinung. Auffallend ist allerdings, dass hier einer intensivierten Forschung, der Neuordung der Regulationsinstanzen und den globalen Netzwerken keinerlei bildungspolitische Bedeutung beigemessen wird.

Hingegen betonen die Grenzgängerinnen vor allem die Chancengleichheit und die Restrukturierung des Bildungssystems. Dagegen billigen sie der Zivilgesellschaft und den globalen Netzwerke keinen Einfluss auf die weitere Verbreitung der *Usability*-Fähigkeiten zu - und sehen überraschend wenig Potenzial im technologischen Zugang und dem sozialen Lernen.

Im kontinentalen Vergleich unterscheiden sich die regionalen Hoffnungen hinsichtlich der bildungspolitischen Maßnahmen relativ stark:

So favorisieren die asiatischen Expertinnen das soziale Lernen vor dem technologischen Zugang und der Restrukturierung des Bildungssystems. Die Europäerinnen verteilen ihre Meinung recht breit auf fast alle Maßnahmen (bis auf Neuordnung der Regulationsinstanzen) mit einer leichten Dominanz zugunsten des technologischen Zugangs. Hingegen voten die Nord-Amerikanerinnen v.a. zugunsten eines restrukturierten Bildungssystems und der Chancengleichheit, während Forschung und globalen Netzwerken kein Einfluss zugestanden wird.

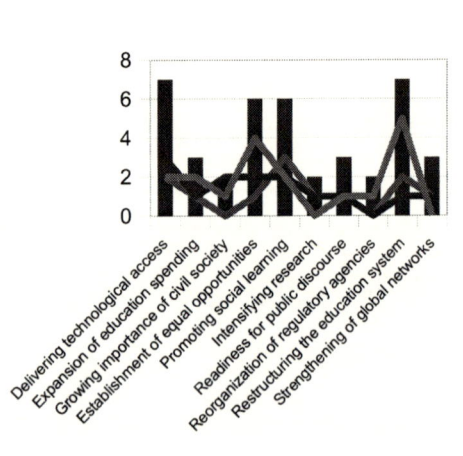

Abbildung 80: Bildungspolitische Maßnahmen im kontinentalen Vergleich (These D)

5 Internationale Maßnahmen

Inwiefern internationale Maßnahmen in diesem Segment eine Verbesserung bringen könnten, wissen die meisten Expertinnen nicht.

Diejenigen, die sich für internationale Maßnahmen aussprechen, fordern internationale Indizes für Bildungslevels. Vor allem die mobilen Technologien müssten weiter gefördert werden, da sie sich aufgrund ihres

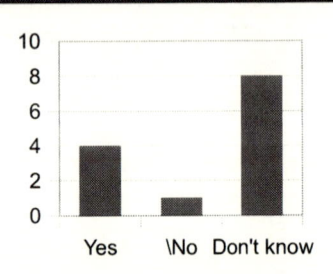

Abbildung 81: Internationale Maßnahmen, um These D zu unterstützen

einfachen Zugangs und der simplen Gebrauchsfähigkeit als extrem effizient erwiesen haben für soziales Networking.

Von Seiten der Unentschiedenen wird angeführt, dass internationale Maßnahmen vielleicht als Anreiz gesehen werden könnten, mehr über *Usability* zu lernen. Gleichwohl hätte sich erwiesen, dass nicht alle nationalen Staaten den internationalen Maßnahmen nachgehen. Politische Systeme und soziale Werte stünden häufig den internationalen Bemühungen entgegen. Allerdings vermag eventuell die mobile Nutzung diese engen Grenzen langsam zu sprengen (v.a. in Asien).

6 Anteil der Menschen im Jahre 2020, auf die die These zutrifft - bei optimal veränderten Rahmenbedingungen

Die Expertinnen blicken recht optimistisch in die Zukunft, sollten die Rahmenbedingungen optimal angepasst werden. Zwar werden lange nicht alle Menschen aller Regionen die erforderlichen Fähigkeiten mitbringen, aber in allen Regionen ist eine Verbesserung der Durchdringung festzustellen.

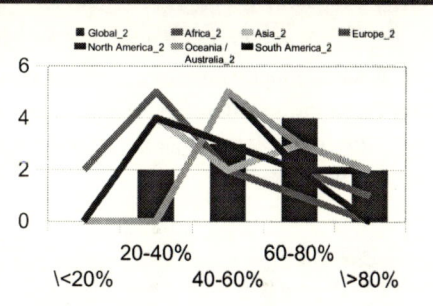

Abbildung 82: Verbreitung von These D bei optimal modifizierten Rahmenbedingungen

Insgesamt wird in einzelnen Regionen die Durchdringung oberhalb von 80% erwartet.

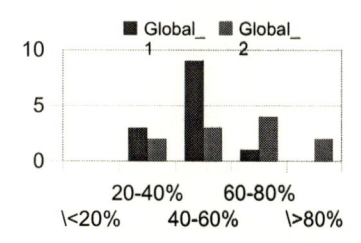

Abbildung 83: Auswirkung auf globale Verbreitung von These D

7 Kommentierung

Es wird bezweifelt, ob Menschen sich alle diese Eigenschaften aneignen möchten. Vielmehr sei davon auszugehen, dass die Menschheit entweder selbst gestalten oder konsumieren möchte. Die Konsument/innen würden jedoch die *Usability*-Fragen lieber von spezialisierten Gestalter/innen sich abnehmen lassen. Auch wenn ein Upgrade der allgemeinen *Usability*-Fähigkeiten für benutzergenerierte Zusammenhänge sinnvoll wäre. Als Begründung für diese generell positivere Einschätzung der Entwicklungsdynamik wird angeführt, dass dieser Aspekt eher individuelle Interessen berühre und weniger große, unbewegliche Gesellschaften.

8.2.8.1.5 Themenblock E: Transparenz

Wegen des formulierten Leitbildes für das Jahr 2020 wurde den Expertinnen im Hinblick auf die persönlichen Voraussetzungen, derer es dann bedarf, um transparente Strukturen zu schaffen (siehe die Thesen zu „Recht auf geistiges Eigentum", „Freie Fahrt für freie BürgerInnen", „Open Source" in Kap. 4.2.3.5), folgende szenarische Einführung angezeigt:

Szenarische Einführung

Benutzergenerierte Umgebungen generieren einen neuen Eigentumsbegriff, den jede Person und jede Institution begreifen und leben können muss, um die kollektive Intelligenz für den gesellschaftlichen Fortschritt auszureizen.

Die komplexe These, die es seitens der Expertinnen zu beurteilen galt, lautete:

These E

Im Jahre 2020 sind die Menschen fähig,
- durch kollaborative Mitarbeit einen Beitrag zum sozialen Eigentumsrecht zu leisten;
- im eigenen Umfeld Offenheit zu praktizieren und Institutionen zu meiden, die *Flow* unterbinden;
- digitale Bits kreativ anzureichern und der Gesellschaft wieder zuzuführen.

Die Meinung der Expertinnen:

1 Selbsteinschätzung

An dieser Befragung beteiligten sich insgesamt 12 Personen, die sich selbst eine mittlere Expertise zubilligten.

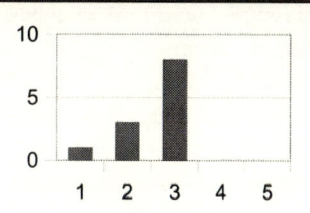

Abbildung 84: Selbsteinschätzung Themenfeld E

2 Anteil der Menschen im Jahre 2020, auf die die These zutrifft - bei gleich bleibenden Rahmenbedingungen

Die meisten Expertinnen erwarten keine überdurchschnittliche Befähigung zur interpersonellen, weltweiten Transparenz. Die Scheidelinie verläuft dabei zwischen den Entwicklungs- und Schwellenländer auf der einen Seite und den klassischen Industriestaaten auf der anderen Seite.

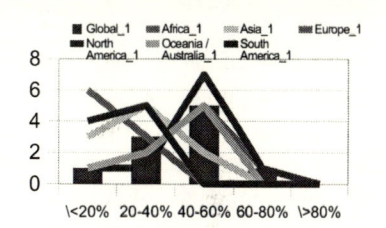

Abbildung 85: Verbreitung von These E bei gleichen Rahmenbedingungen

3 Hemmfaktoren

Gegen eine weitere gesellschaftliche Durchdringung zugunsten einer offenen und transparenten Welt sprechen v.a. die soziokulturellen Werte und Praktiken, gefolgt von den rechtlichen Rahmenbedingungen und den politischen Mechanismen. Einen deutlich geringeren Einfluss spielt der ökonomische Druck, einen noch geringeren das soziale Umfeld und kaum die persönlichen Voraussetzungen und der soziotechnologische Wandel.

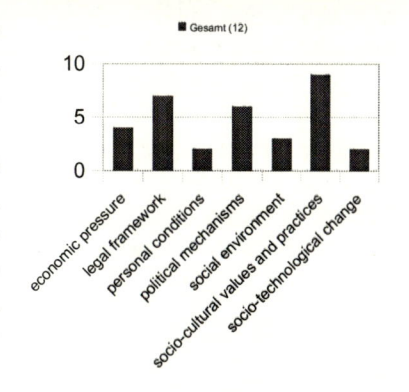

Abbildung 86: Hemmfaktoren für weitere Verbreitung von These E

Beim Vergleich der inhaltlichen Expertise verlaufen die Graphen der Bildungs- und Medienexpertinnen nahezu gleich. Lediglich bei den sozialtheoretisch Interessierten spielen die politischen Mechanismen überhaupt keine Rolle, dafür umso stärker die sozio-kulturellen Werte und Praktiken und das soziale Umfeld.

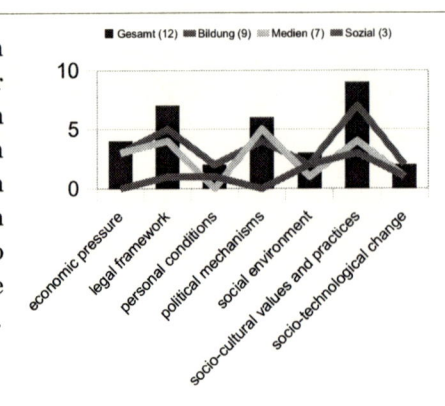

Abbildung 87: Hemmfaktoren im Vergleich zur inhaltlichen Expertise (These E)

Die gesellschaftlichen Bereiche der Wissenschaft und der Institutionen unterscheiden sich im Wesentlichen durch den Einfluss der rechtlichen Rahmenbedingungen. Während die Wissenschaft das Augenmerk stärker auf die politischen Mechanismen, den ökonomischen Druck und die sozio-kulturellen Werte und Praktiken legt, sehen institutionelle Menschen vor allem in den rechtlichen Rahmenbedingungen das Problem, gefolgt von der Soziokultur und der Politik. Die Grenzgängerinnen dagegen sehen in fast allen Faktoren ein verteiltes Problem, mit einer Nuancierung der sozio-kulturellen Werte und Praktiken und keinem Einfluss durch den sozio-technologischen Wandel.

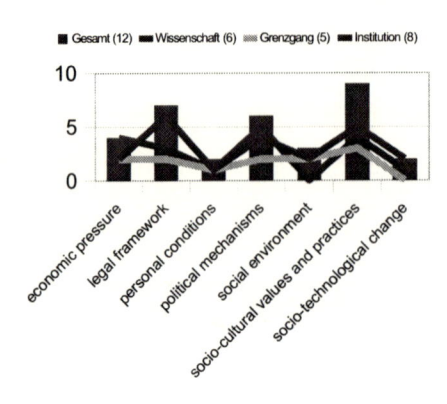

Abbildung 88: Hemmfaktoren im Vergleich zu gesellschaftlichen Bereichen (These E)

Unter regionalen Gesichtspunkten lassen sich bis auf den afrikanischen Graphen keine wesentlichen Abweichungen feststellen. Aber für Afrikanerinnen scheinen die rechtlichen Rahmenbedingungen kein großer Hemmfaktor für eine weitere Verbreitung der Fähigkeit zur Transparenz zu sein.

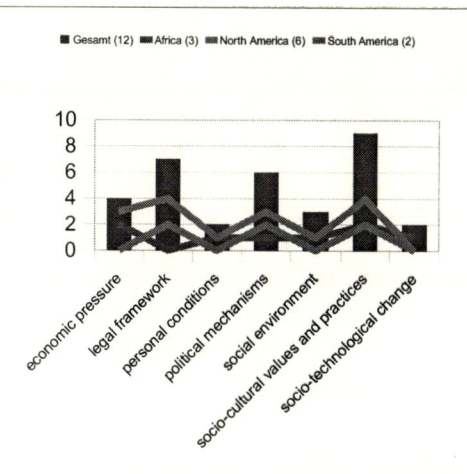

Abbildung 89: Hemmfaktoren im kontinentalen Vergleich

(These E)

4 Bildungspolitische Maßnahmen

An möglichen Maßnahmen, die die hemmenden Faktoren lockern helfen, favorisieren die Expertinnen eindeutig die Zivilgesellschaft. Erst dann folgen sukzessive die Neuordnung der Regulationsinstanzen in Recht, Politik und Verwaltung, die Förderung sozialen Lernens und die Etablierung von Chancengleichheit bzw. die Bereitschaft zum öffentlichen Diskurs. Am wenigsten wird in diesem Kontext den globalen Netzwerken an bildungspolitischer Aktivität zugetraut und überhaupt nichts einer Intensivierung der Forschung.

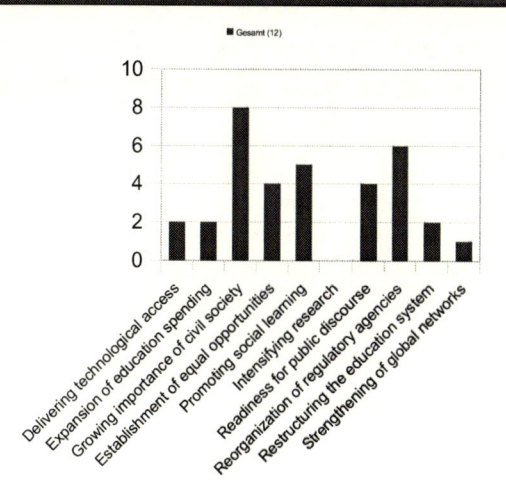

Abbildung 90: Bildungspolitische Maßnahmen für Wirksamkeit von These E

Während hinsichtlich der inhaltlichen Expertise keine wesentlichen Abweichungen festzustellen waren, sticht im Vergleich der gesellschaftlichen Bereiche wieder einmal die Gleichverteilung der Faktoren bei den Grenzgängerinnen ins Auge. Hier wird noch am meisten Wert auf den öffentlichen Diskurs gelegt, hingegen sind in den Augen dieser pragmatischen Expertinnen die Zivilgesell-schaft und Regulationsinstanzen nur eine bildungspolitische Maßnahme unter vielen.

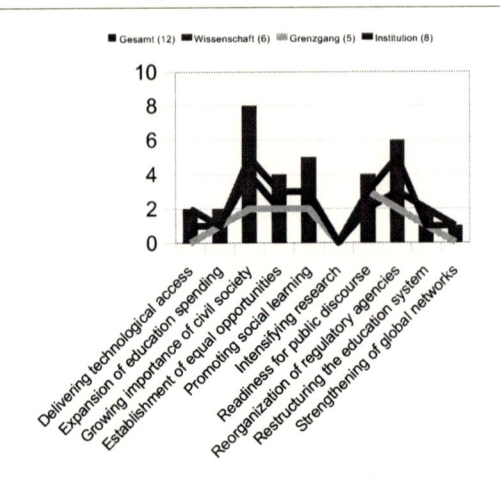

Abbildung 91: Bildungspolitische Maßnahmen im Vergleich der gesellschaftlichen Bereiche (These E)

5 Internationale Maßnahmen

Internationalen bildungspolitischen Maßnahmen steht das Gros sehr positiv gegenüber, um transparentere Strukturen zu generieren. So führen Expertinnen an, dass progressivere Staaten ggf. beispielhaft voranschreiten könnten, damit größere und langsamere Länder durch die Beobachtung von diesen lernen könnten. Indem die internationale Gemeinschaft dasselbe Ziel verfolgt und dieses auch synchronisiert, liesse sich die Transparenz erhöhen.

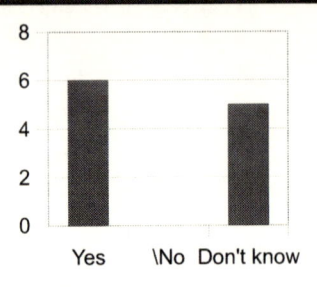

Abbildung 92: Internationale Maßnahmen, um These E zu unterstützen

6 Anteil der Menschen im Jahre 2020, auf die die These zutrifft - bei optimal veränderten Rahmenbedingungen

Sofern sich die Rahmenbedingungen optimal weiterentwickeln, können vereinzelt bis zu 80% der globalen Menschheit die Fähigkeit aufbauen, offenere und transparentere Strukturen vorzuleben. Dabei scheint das Gros der Expertinnen für alle einzelnen Kontinente noch sehr skeptisch zu sein, inwiefern diese Fähigkeit wirklich durchschlagenden Erfolg haben kann.

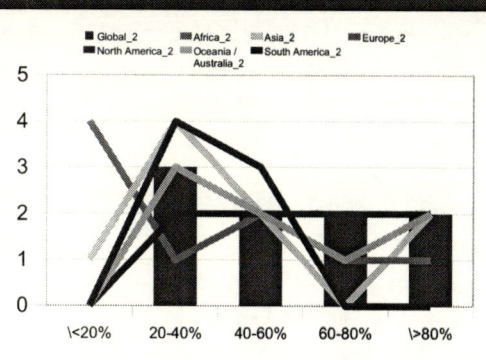

Abbildung 93: Verbreitung von These E bei optimal modifizierten Rahmenbedingungen

Auch in diesem Themenfeld ist demnach eine Verbesserung zu erwarten, sollten die richtigen bildungspolitischen Maßnahmen bis zum Jahre 2020 greifen.

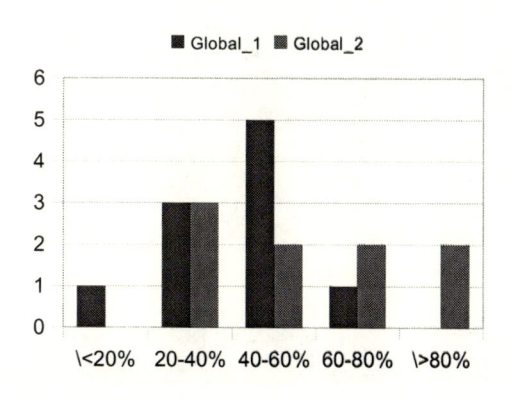

Abbildung 94: Auswirkung auf globale Verbreitung von These E

7 Kommentierung

An ergänzenden Kommentaren führen die Expertinnen den Bedarf nach *Open Source* und *Open Access* an, damit Wissen frei fliessen kann. Gleichzeitig formulieren die Befragten die Skepsis, ob alle globalen Kulturen Transparenz als Ideal ansehen. Überhaupt wird die These als sehr komplex wahrgenommen, um sie begreifen zu können. Und der Zeithorizont sei zu kurz. Zwar würden Eliten diese Fähigkeiten bereits 2020 mitbringen, aber die Frage bleibe offen, wann die Personen nachrücken, die bis dahin keinen Zugang hätten.

8.2.8.1.6 Themenblock F: *Space of Flows*

Vor dem Hintergrund des formulierten Leitbildes für das Jahr 2020 wurde den Expertinnen im Hinblick auf die persönlichen Voraussetzungen, derer es dann bedarf, um die Welt aktiv mitzugestalten (siehe die Thesen zu „Alles im Fluss", „Netzwerkgesellschaft", „Social Web" in Kap. 4.2.3.6), folgende szenarische Einführung angezeigt:

Szenarische Einführung

In der Netzwerkgesellschaft mit benutzergenerierten Umgebungen formen die Menschen die konkrete Ausrichtung der sozio-kulturellen wie sozio-technologischen Welt aktiv mit - sie sind Schöpfer ihrer Umgebung und ihrer eigenen Identitäten.

Die komplexe These, die es seitens der Expertinnen zu beurteilen galt, lautete:

These F

Im Jahre 2020 sind die Menschen fähig,
- die Ausgestaltung des netzbasierten Kulturraumes mitzuformen;
- *Flow* hemmende Faktoren entsprechend der eigenen Zielsetzungen zu transformieren;
- die selbstregulativen Kräfte konstruktiv im Sinne der kollektiven Menschheit zu nutzen.

Die Meinung der Expertinnen:

1 Selbsteinschätzung

An dieser thematischen Befragung beteiligten sich 14 Expertinnen, die sich insgesamt eine leicht überdurchschnittlich hohe Expertise zubilligen.

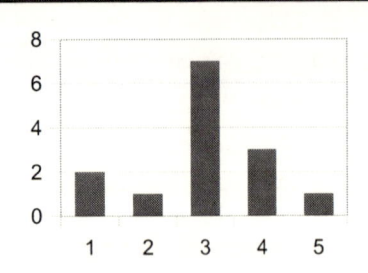

Abbildung 95: Selbsteinschätzung Themenfeld F

2 Anteil der Menschen im Jahre 2020, auf die die These zutrifft - bei gleich bleibenden Rahmenbedingungen

Sofern die Rahmenbedingungen unverändert bleiben, rechnen die Expertinnen mit einer durchschnittlich 50%igen Durchdringung der Weltbevölkerung mit den erforderlichen Fähigkeiten. Die regionale Verteilung unterscheidet sich nicht wesentlich von den bisherigen Themenfeldern. In Nordamerika wird die Durchdringung am fortgeschrittensten sein, gefolgt von Europa, Ozeanien/Australien, Asien, Südamerika und Afrika.

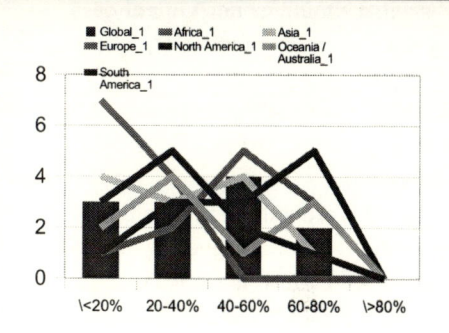

Abbildung 96: Verbreitung von These F bei gleichen Rahmenbedingungen

3 Hemmfaktoren

Maßgebliche Faktoren, die gegen eine weitere Durchdringung sprechen, sind die soziokulturellen Werte und Praktiken, gefolgt von den politischen Mechanismen, dem politischen Druck und dem sozio-technologischen Wandel. Den rechtlichen Rahmenbedingungen und persönlichen Voraussetzungen werden nur marginale hemmende Einflüsse zugeschrieben und noch weniger dem sozialen Umfeld.

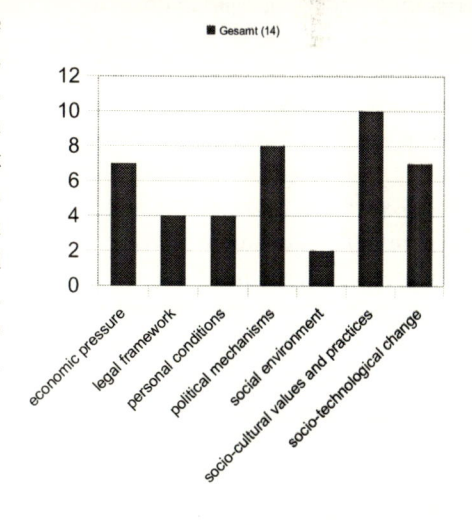

Abbildung 97: Hemmfaktoren für weitere Verbreitung von These F

Auffällig beim Vergleich der inhaltlichen Expertise mit der Mehrheitsmeinung ist der Verlauf des Graphen der medientechnologischen Expertinnen. Sie sehen v.a. die politischen Mechanismen als Hemmfaktor am Werk, vor dem ökonomischen Druck, den sozio-kulturellen Werten und Praktiken und dem sozio-technologischen Wandel. Keinerlei Bedeutung messen sie den rechtlichen Rahmenbedingungen und dem sozialen Umfeld bei. Und die persönlichen Voraussetzungen sehen sie kaum als hemmenden Faktor für eine weitere weltgesellschaftliche Durchdringung.

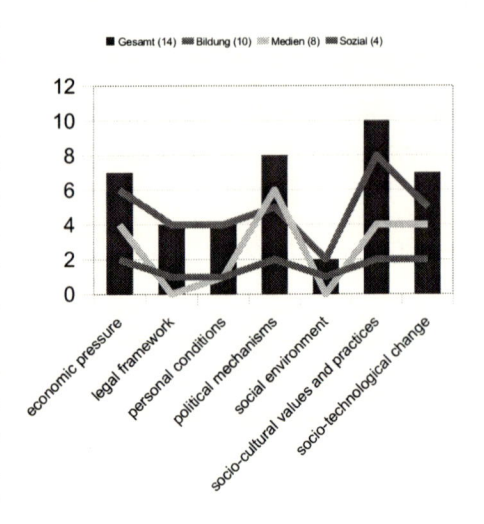

Abbildung 98: Hemmfaktoren im Vergleich zur inhaltlichen Expertise (These F)

Entsprechend setzt sich das Bild beim Vergleich der gesellschaftlichen Bereiche fort. So sehen alle (!) der Wissenschaft zugeordneten Expertinnen die politischen Mechanismen am Werk, fünf von diesen sieben Personen votieren für den ökonomischen Druck und vier von sieben für die Soziokultur. Dagegen sehen acht von neun institutionellen Vertreterinnen die sozio-kulturellen Faktoren als zentrale hemmende Instanz vor der Ökonomie, dem Recht, den Individuen und der Politik. Die Wissenschaft wiederum sieht keinerlei hemmende Funktion in den rechtlichen Rahmenbedingungen und den persönlichen Voraussetzungen. Die Grenzgängerinnen hingegen votierten auffallend synchron zur Mehrheitsmeinung.

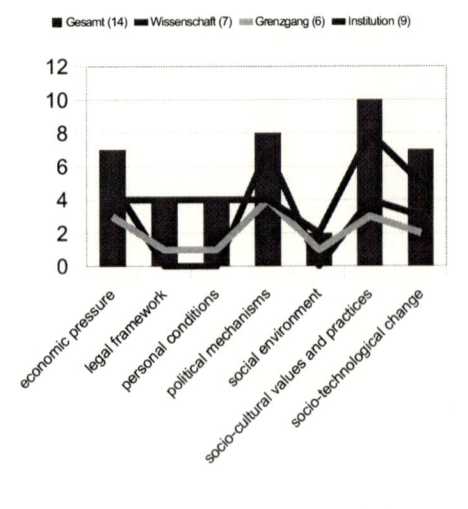

Abbildung 99: Hemmfaktoren im Vergleich zu gesellschaftlichen Bereichen (These F)

Im Vergleich der regionalen Herkunft der Expertinnen können hinsichtlich dieser Einschätzungen keine wesentlichen Abweichungen festgestellt werden. Einzig interessant will erscheinen, dass im asiatischen Raum alle Personen für die sozio-kulturellen Werte und Praktiken und den sozio-technologischen Wandel als Hemmfaktor votierten und zwei von drei Expertinnen die rechtlichen Rahmenbedingungen als problematisch erachten.

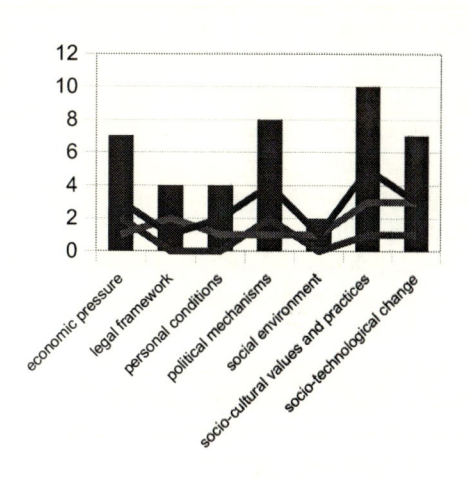

Abbildung 100: Hemmfaktoren im kontinentalen Vergleich (These F)

4 Bildungspolitische Maßnahmen

Nach Einschätzung der Expertinnen können bildungspolitisch in diesem Kontext alle angeführten Maßnahmen wirken. Das größte Potenzial wird der Etablierung von Chancengleichheit eingeräumt, vor dem technologischen Zugang und dem Stärken der globalen Netzwerke. Erst dann folgt der Einfluss der Zivilgesellschaft und die Restrukturierung des Bildungssystems. Am wenigsten Bedeutung kommt nach dieser Einschätzung einer Intensivierung der Forschung zu.

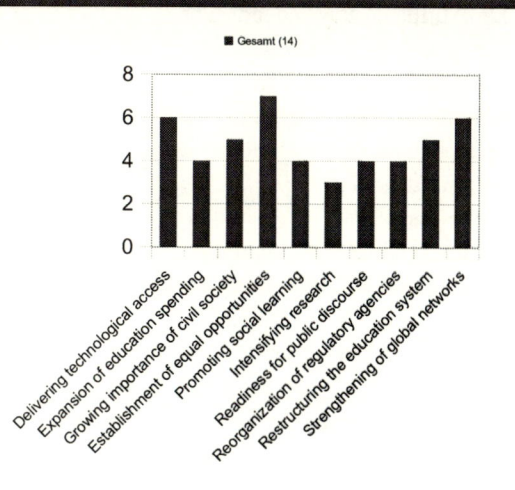

Abbildung 101: Bildungspolitische Maßnahmen für Wirksamkeit von These F

Expertinnen mit einer hohen Selbsteinschätzung votierten mehrheitlich für globale Netzwerke, technologischen Zugang und Chancengleichheit. Hingegen sehen Personen mit einer selbst als schwach eingeschätzten Expertise keinen bildungspolitisches Potenzial hinsichtlich des technologischen Zugangs und favorisieren stattdessen zu 100% die Chancengleichheit und mit zwei von drei Stimmen die Neuordnung der Regulationsinstanzen.

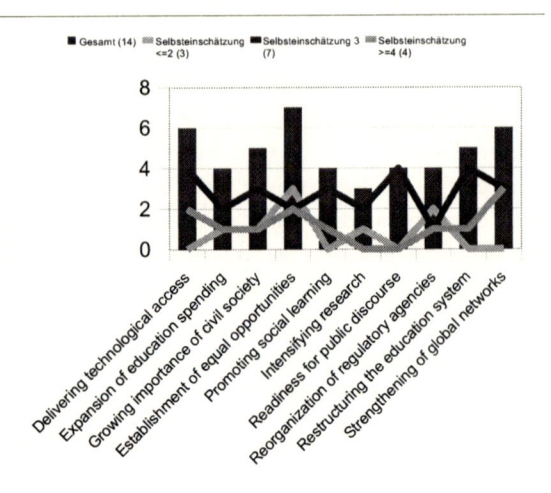

Abbildung 102: Bildungspolitische Maßnahmen im Vergleich der Selbsteinschätzung zu These F

Beim Vergleich der inhaltlichen Expertise votieren wieder einmal die medientechnologischen Expertinnen abweichend von der Mehrheitsmeinung. So favorisieren sie eindeutig den technologischen Zugang, die Chancengleichheit und die Restrukturierung des Bildungssystems als bildungspolitische Maßnahmen, um eine weitere Verbreitung der Fähigkeiten zu ermöglichen. Keinerlei Chance geben sie weiteren Bildungsausgaben und einer intensivierten Forschung. Demgegenüber sehen die sozialtheoretischen Expertinnen keine sinnvolle Maßnahme in der Restrukturierung des Bildungssystems und votieren dagegen deutlich zugunsten verstärkter globaler Netzwerke.

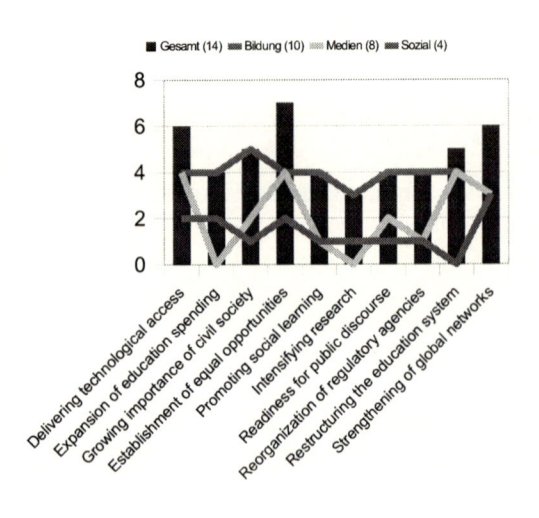

Abbildung 103: Bildungspolitische Maßnahmen im Vergleich der inhaltlichen Expertise (These F)

Die gesellschaftlichen Bereiche der Grenzgängerinnen und der institutionellen Expertinnen verlaufen weitestgehend synchron zur Mehrheitsmeinung. Hingegen votiert die Wissenschaft -ähnlich wie die Medientechnologinnen- mehrheitlich für die Etablierung von Chancengleichheit und gegen die Förderung sozialen Lernens.

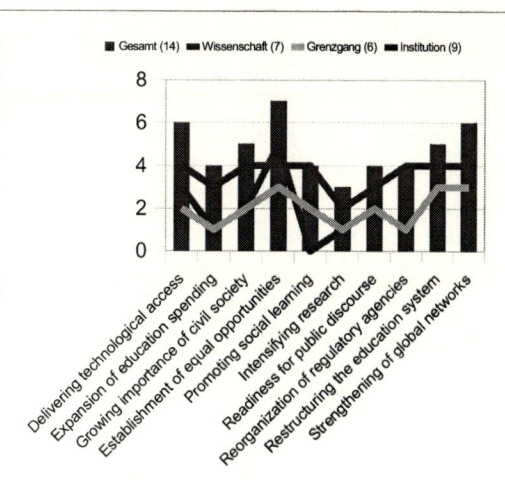

Abbildung 104: Bildungspolitische Maßnahmen im Vergleich der gesellschaftlichen Bereiche (These F)

Hinsichtlich der regionalen Herkunft lassen sich nur geringe Abweichungen identifizieren. So favorisieren Europäerinnen im Gegensatz zu den Amerikanerinnen eher die globalen Netzwerke und den technologischen Zugang - neben der Chancengleichheit, die von allen Regionen als wichtige bildungspolitische Maßnahme angesehen wird. Und Südamerikanerinnen votierten eher für die Neuordnung der Regulationsinstanzen und sehen offenbar in der Restrukturierung des Bildungssystems wenig Potenzial.

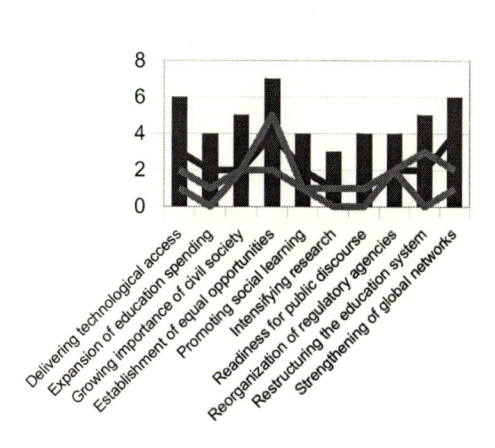

Abbildung 105: Bildungspolitische Maßnahmen im kontinentalen Vergleich (These F)

5 Internationale Maßnahmen

50% der Befragten sehen in internationalen Maßnahmen ein geeignetes bildungspolitisches Mittel, um Menschen Möglichkeiten an die Hand zu geben, sich die individuellen Fähigkeiten zur aktiven Teilhabe und Gestaltung der Netzwerkgesellschaft anzueignen. Die Expertinnen geben an, dass internationale Maßnahmen zwingend erforderlich seien, um einen weltgesellschaftlichen Wandel zu forcieren. An konkreten Maßnahmen sehen sie die Unterstützung des Aufbaus internationaler Netzwerke, *Communities of Practices*, *Open Data* und neue rechtliche Regulationsformen.

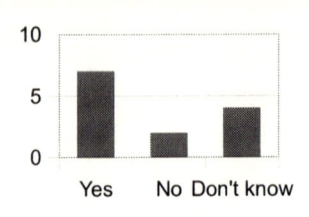

Abbildung 106: Internationale Maßnahmen, um These F zu unterstützen

6 Anteil der Menschen im Jahre 2020, auf die die These zutrifft - bei optimal veränderten Rahmenbedingungen

Alles in allem wird unter optimal modifizierten Rahmenbedingungen die aktive Gestaltung der Netzwerkgesellschaft in allen Weltregionen sukzessive voranschreiten. Bis auf Afrika erwarten einzelne Expertinnen alle Kontinente mit einer hohen Durchdringung der Bevölkerung mit den erforderlichen Fähigkeiten.

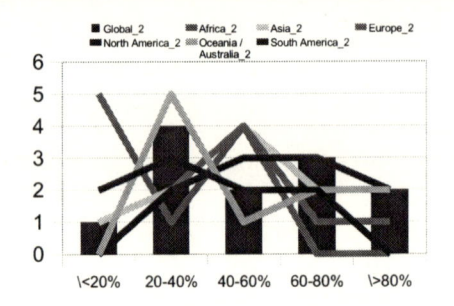

Abbildung 107: Verbreitung von These F bei optimal modifizierten Rahmenbedingungen

Allerdings blicken nicht alle Expertinnen gleichermaßen positiv in die Zukunft. Viele sehen die weltgesellschaftliche Durchdringung sogar eher skeptisch und nur einer kleinen Elite möglich.

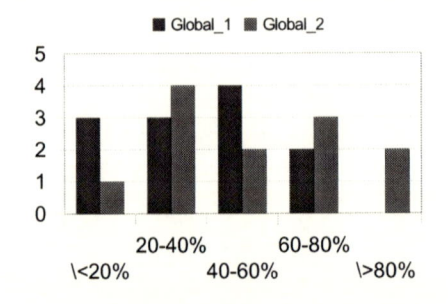

Abbildung 108: Auswirkung auf globale Verbreitung von These F

7 Kommentierung

Als einzigen Kommentar erhielt diese These eine kritische Einschätzung, dass es -so schön es wäre, wenn diese Befähigungen auf globaler Ebene Wirklichkeit würden- eher unwahrscheinlich sei, in absehbarer Zeit hier eine breitere Durchdringung der Netzwerkgesellschaft zu erwarten.

8.2.8.2 Inhaltliche Zusammenfassung der Ergebnisse

Die RTD-Analyse „acwDelphi" untergliederte sich in sechs Themenfelder, die einem potentiellen Leitbild für das Jahr 2020 folgten. In dem Leitbild wird von allen Menschen erwartet, sich in den dann vorherrschenden benutzergenerierten, digitalen Landschaften selbstbestimmt zu bewegen.

Webanzeige des Leitbildes nach Pretest (english)

Imagine the year 2020. In addition to technological access, some personal abilities are required to be part of the network society. Let's assume, user generated environments will dominate the digital landscape. How many persons would be ready for this adventure? And where do we find the political levers to allow as many people as possible enjoying the digital networks and global information and communication flows? These are the questions, I try to get your appraisals in these following short questionnaires. If you like to get more background, please have a look at my Research Design.

Über einen standardisierten Frageblock wurden verschiedene Expertinnen-Meinungen eingeholt, um internationale, bildungspolitische Einflussgrößen zu identifizieren, damit möglichst viele Menschen der Weltbevölkerung sich die dafür notwendigen Fähigkeiten der Menschen aneignen können. Im Folgenden sollen die oben detailliert dargelegten Einzelergebnisse in einem summierten Verfahren über alle Themenfelder zusammengefasst werden.

Die Meinung der Expertinnen:

1 Selbsteinschätzung

Insgesamt wurden über die sechs Themenfelde eingetragen.

Es dominiert eindeutig die mittlere Selbsteinsch

Nur dreimal wurde die eigene Expertise für (zweimal von derselben Person) und sieben Mal in jedem Themenfeld, von derselben Person).

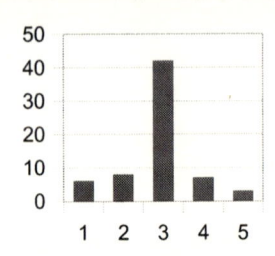

Abbildung 109: Selbsteinschätzung über alle Themenfelder

2 Anteil der Menschen im Jahre 2020, auf die die These zutrifft - bei gleich bleibenden Rahmenbedingungen

Bei gleich bleibenden Rahmenbedingungen erwarten viele Expertinnen für Afrika eine eher niedrige Durchdringung der Bevölkerung hinsichtlich der unter der Prämisse des Leitbildes 2020 formulierten Befähigungen.

Andere Expertinnen blicken dagegen weit positiver in die Zukunft und sehen größere Bevölkerungskreise mit den Fähigkeiten durchdrungen - auch im afrikanischen Kontinent. In Südamerika und kleineren Teilen Ozeaniens/Australiens bringen nach Ansicht des Gros der Expertinnen

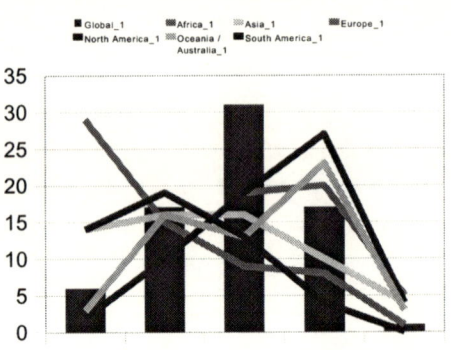

Abbildung 110: Durchschnittliche Verbreitung über alle Thesen bei gleichen Rahmenbedingungen

durchschnittlich 20-40% der dort lebenden Menschen die Fähigkeiten mit. In Asien erwarten die Befragten eine mittlere quantitative Durchdringung. Für Nordamerika, Europa und weite Teile Ozeaniens resp. Australiens sehen einige Expertinnen gar eine deutliche Mehrheit der Bevölkerung mit den entsprechenden *Skills*.

3 Hemmfaktoren

Mehrheitlich sprechen v.a. die soziokulturellen Werte und Praktiken gegen eine weitere Durchdringung der Weltbevölkerung mit den dann erforderlichen Fähigkeiten. Mit wenig Abstand folgen sukzessive der ökonomische Druck, die politischen Mechanismen, der sozio-technologische Wandel und die persönlichen Voraussetzungen.

Die beiden Faktoren, denen der geringste hemmende Einfluss zugebilligt wird, sind -über alle Thesen betrachtet- das soziale Umfeld und die rechtlichen Rahmenbedingungen. Allerdings fallen die Gewichtungen dieser Hemmfaktoren innerhalb der einzelnen Themenfelder recht unterschiedlich aus, so dass vor pauschalen Aussagen gewarnt werden muss. Je nachdem, welche *Flow*-Kategorie gestärkt werden soll, sind je verschiedene hemmende Faktoren am Werk.

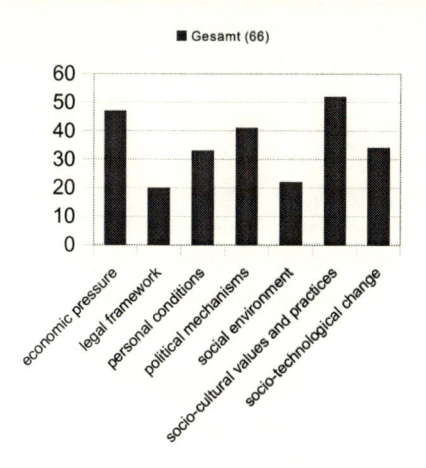

Abbildung 111: Hemmfaktoren, die gegen eine weitere Verbreitung der sechs Thesen sprechen

Im Vergleich der Selbsteinschätzungen zu den durchschnittlichen Hemmfaktoren fällt auf, das Personen mit einer hohen Expertise eher ausgeglichen zugunsten einzelner Faktoren votierten, während Personen mit einer geringen Selbsteinschätzung sich verhältnismäßig häufig zugunsten der sozio-kulturellen Werte und Praktiken und -mit Abstrichen- für den technologischen Zugang entschieden.

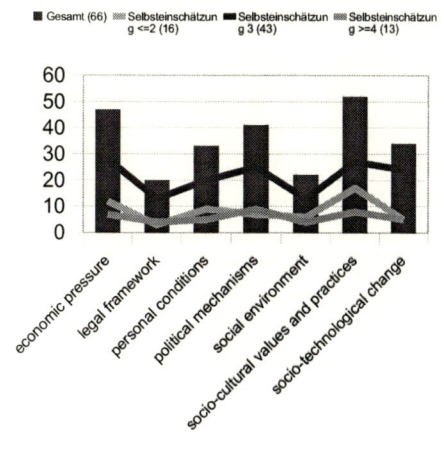

Abbildung 112: Hemmfaktoren im Vergleich der Selbsteinschätzung (Thesen A - F)

Beim Blick auf die verschiedenen inhaltlichen Expertisen zeigt sich eine deutliche Präferenz der medientechnologischen Expertinnen, die politischen Mechanismen vor dem ökonomischen Druck und den soziokulturellen Werten und Praktiken dafür verantwortlich zu machen, warum sich die notwendigen Fähigkeiten nicht bis zum Jahre 2020 weiter durchsetzen. Hingegen sehen die Bildungsexpertinnen vor allem die Soziokultur vor der Ökonomie vor den persönlichen Voraussetzungen und dem soziotechnologischen Wandel am hemmenden Werk, während die sozialtheoretischen Befragten eine verhältnismäßig ausgewogene Beurteilung über alle Faktoren wählten.

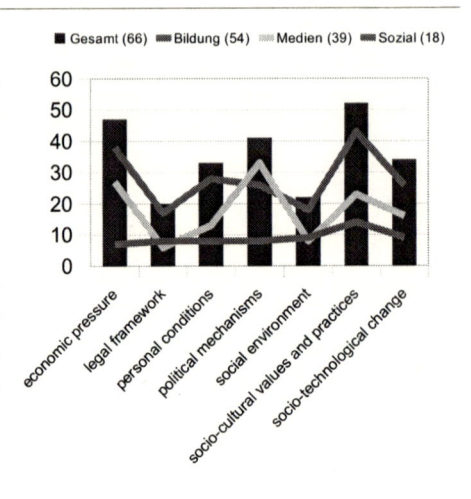

Abbildung 113: Hemmfaktoren im Vergleich zur inhaltlichen Expertise (Thesen A - F)

In dieser Untersuchung herrscht eine hohe Korrelation zwischen Bildungsexpertinnen und institutioneller Verhaftung einerseits und medientechnologischen Personen und Wissenschaft andererseits. Beide Graphen verlaufen im Großen und Ganzen ähnlich wie bei der entsprechenden inhaltlichen Expertise. Im Vergleich zur Mehrheitsmeinung legt die Wissenschaft weniger Gewicht auf die persönlichen Voraussetzungen und die institutionellen Expertinnen geben den politischen Mechanismen verhältnismäßig weniger die Schuld an einer nicht weiter voran geschrittenen Entwicklung.

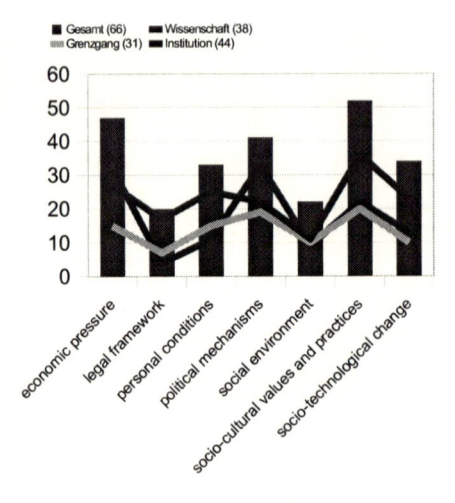

Abbildung 114: Hemmfaktoren im Vergleich zu gesellschaftlichen Bereichen (Thesen A - F)

Beim Vergleich der Aussagen hinsichtlich ihrer regionalen Herkunft lassen sich nur leichte Unterschiede feststellen. In der Gewichtung der drei in der Hitliste am häufigsten genannten Hemmfaktoren lassen sich pro Kontinent anführen:

Appendix 485

- In Afrika führt der ökonomische Druck vor den politischen Mechanismen und den soziokulturellen Werten und Praktiken.
- In Asien dominiert der soziotechnologische Wandel vor dem ökonomischen Druck und der Soziokultur.
- In Europa kommt der Soziokultur die prägende Bedeutung zu, vor den politischen Mechanismen und den persönlichen Voraussetzungen.
- In Nordamerika stellen Ökonomie, Soziokultur und Politik die größten Hemmfaktoren dar.
- In Ozeanien/Australien sind der sozio-technologische Wandel und die sozio-kulturellen Werte führend vor dem ökonomischen Druck und den rechtlichen Rahmenbedingungen.
- In Südamerika wird den politischen Mechanismen vor dem ökonomischen Druck und der Soziokultur die größte Bedeutung beigemessen.

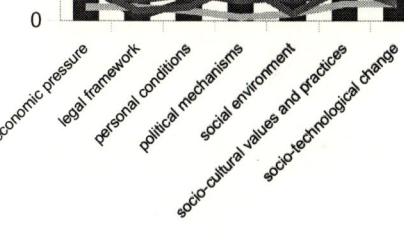

Abbildung 115: Hemmfaktoren im kontinentalen Vergleich (Thesen A - F)

4 Bildungspolitische Maßnahmen

Über alle Thesen und Expertinnen hinweg kann eine eindeutige Präferenzliste der Bedeutung unterschiedlicher bildungspolitischer Maßnahmen identifiziert werden, wobei jede einzelne Maßnahme im Zusammenspiel mit anderen für unterschiedliche Befähigungen geeignet scheint.

1. Ausbau des technologischen Zugangs
2. Bedeutungszuwachs der Zivilgesellschaft
3. Förderung sozialen Lernens

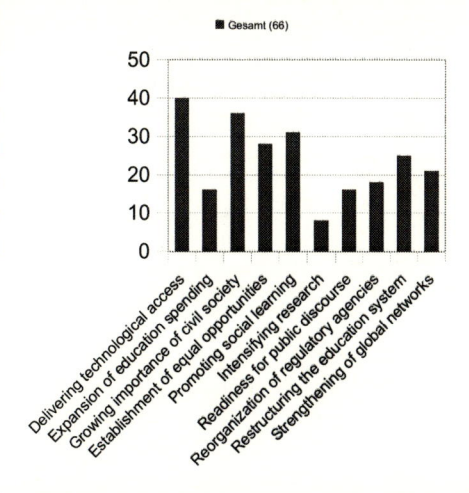

Abbildung 116: Bildungspolitische Maßnahmen für Wirksamkeit der Thesen

4. Etablierung von Chancengleichheit
5. Restrukturierung des Bildungssystems
6. Verstärkung der globalen Vernetzungen
7. Neuordnung der Regulationsinstanzen (Recht, Politik, Verwaltung)
8. A. Bereitschaft zum öffentlichen Diskurs
9. B. Ausdehnung der Bildungsausgaben
10. Intensivierung der Forschung

Die bildungspolitischen Maßnahmen im Vergleich der Selbsteinschätzung weisen wenige Differenzen aus. Lediglich bei den Personen mit wenig Expertise fäll die überproportionale Gewichtung der Bildungsausgaben auf. Alle anderen Positionen zeichnen weitestgehend die Mehrheitsmeinung nach.

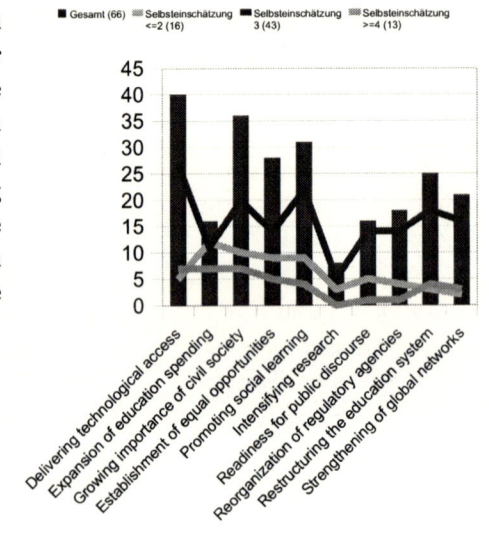

Abbildung 117: Bildungspolitische Maßnahmen im Vergleich der Selbsteinschätzung zu den Thesen A - F

Bei der Einordnung der bildungspolitischen Maßnahmen unter dem Gesichtspunkt der inhaltlichen Expertise verläuft der medientechnologische Graph partiell etwas anders als die Mehrheitsmeinung. So wird hier der Zivilgesellschaft und dem sozialen Lernen etwas weniger Bedeutung beigemessen als der Chancengleichheit und dem technologischen Zugang. Auch der sozialtheoretische Graph gestaltet sich anders als die Mehrheitsmeinung. Hier wird den Bildungsausgaben eine verhältnismäßig höhere Bedeutung beigemessen und gleichzeitig keine geeignete Maßnahme in einem restrukturierten Bildungssystem gesehen.

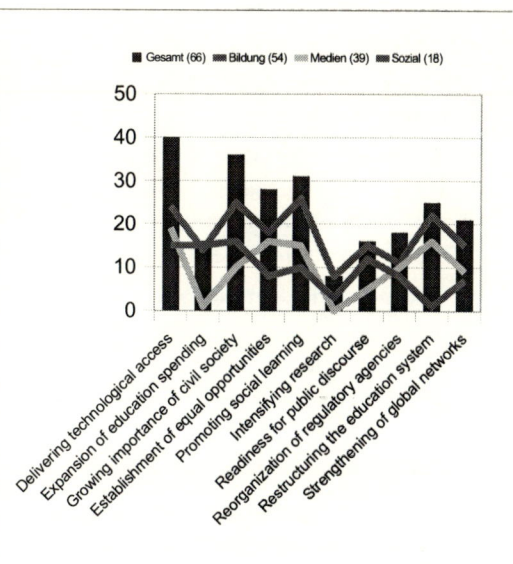

Abbildung 118: Bildungspolitische Maßnahmen im Vergleich der inhaltlichen Expertise (Thesen A - F)

Im Vergleich der gesellschaftlichen Bereiche sind nur wenige unterschiedliche Nuancen auszumachen. Zum einen sieht der Wissenschaftsbetrieb in der Chancengleichheit und einem restrukturierten Bildungssystem zwei verhältnismäßig höher zu bewertende bildungspolitische Maßnahmen, während dem sozialen Lernen eher eine geringere Bedeutung zukommt. Zum anderen favorisieren auch die pragmatischen Grenzgängerinnen die Chancengleichheit und den öffentlichen Diskurs verhältnismäßig stärker als der Durchschnitt; hingegen räumen sie der Zivilgesellschaft weniger bildungspolitische Relevanz ein.

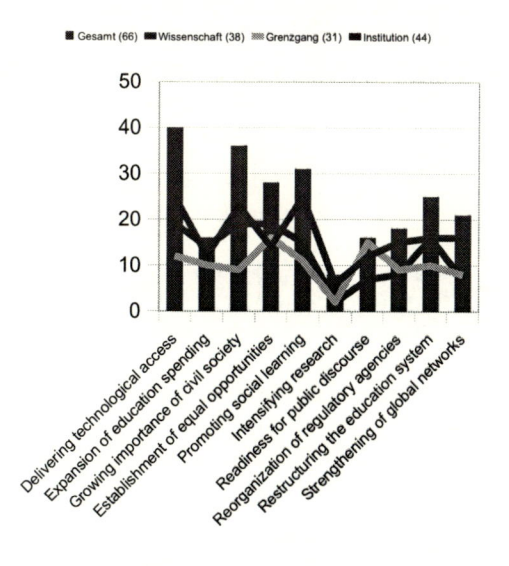

Abbildung 119: Bildungspolitische Maßnahmen im Vergleich der gesellschaftlichen Bereiche (Thesen A - F)

Die regionalen Hitlisten der drei favorisierten bildungspolitischen Maßnahmen lauten:

- In Afrika führt der Ausbau des technologischen Zugangs vor den Bildungsausgaben und der Förderung sozialen Lernens.
- In Asien wird dem sozialen Lernen vor dem technologischen Zugang und den Bildungsausgaben resp. der Zivilgesellschaft größere Bedeutung beigemessen.
- In Europa dominiert der technologische Zugang vor dem Bedeutungszuwachs der Zivilgesellschaft und der Etablierung von Chancengleichheit.

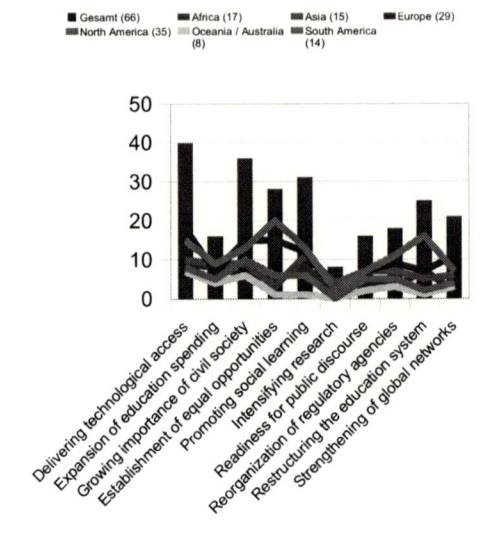

Abbildung 120: Bildungspolitische Maßnahmen im kontinentalen Vergleich (Thesen A - F)

- In Nordamerika kommt der Chancengleichheit ein höherer Stellenwert zu vor der Restrukturierung des Bildungssystems und dem technologischen Zugang.
- In Ozeanien/Australien bilden der technologische Zugang, die Zivilgesellschaft und die Bildungsausgaben die Speerspitze.
- In Südamerika führt deutlich der Bedeutungszuwachs der Zivilgesellschaft vor dem technologischen Zugang und der Chancengleichheit resp. dem sozialen Lernen.

5 Internationale Maßnahmen

Das Verhältnis zwischen eindeutig bejahenden und unsicheren Expertinnen ist im Hinblick auf die Frage, ob internationale Maßnahmen ein geeignetes bildungspolitisches Mittel seien, ausgeglichen.

So wird von einigen Expertinnen die gemeinsame internationale Anstrengung als probates Mittel zum Auf- wie Ausbau notwendiger Fähigkeiten im Jahre 2020 gesehen. Viel Hoffnung wird dabei in die

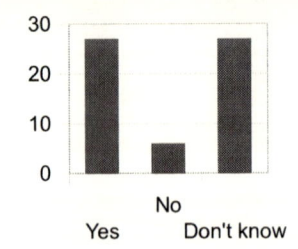

Abbildung 121: Internationale Maßnahmen, um die Thesen A - F zu unterstützen

Aktivitäten internationaler Institutionen wie die der UNO gelegt. Aber auch internationale Netzwerke, vielfältige *Communities of Practices*, *Open Data*-Initiativen und neue rechtliche Regulationsformen tragen dazu bei, auf internationaler Ebene bildungspolitisch zu wirken. Da bereits von vielen Menschen vielfältige Erfahrungen im Freizeitsektor mit der Vernetzung gesammelt werden, können diese Formen eine gute Lerngrundlage bilden, um sich in benutzergenerierten digitalen Umgebungen selbstbestimmt zu bewegen. Ist nämlich ein persönlicher, politischer oder ökonomischer Bedarf gegeben und der Zugang zu entsprechenden Netzwerken vorhanden, können diese Lernmuster wirken.

Unterstützt werden können diese generisch bereits entstehenden Vernetzungsformen, indem ein verstärkter Einsatz von Technologien in den Schulen diese weltweit miteinander verbinden helfen. Vor allem den mobilen Technologien kommt dabei eine große Bedeutung zu, um soziales Lernen zu fördern. Aufgrund der einfachen Handhabbarkeit, guten Zugänglichkeit und schnellen Vernetzungsformen ist hier ein Potenzial entstanden, das noch lange nicht ausgeschöpft ist.

Indem diese neuen Technologien auch verstärkt für den internationalen Austausch genutzt werden, lasse sich über den daraus entstehenden Dialog ggf. interkulturelles Vertrauen aufbauen. Inwiefern dieses Vertrauen aber für transparentere Strukturen sorgen kann, bezweifeln einige Expertinnen, da es für einen generellen Vertrauensaufbau auch entsprechender lokaler Strukturen bedürfe. Angesichts realer nationaler politischer Interessen und lokaler Kulturen sei Skepsis angebracht ob der politischen Durchschlagskraft internationaler Aktionen.

Die gleiche Skepsis schwingt bei einigen Expertinnen mit hinsichtlich der Entstehung einer neuen Lernkultur. Hier könnten internationale Maßnahmen vielleicht einen Anstoss geben, aber sozio-kulturelle Muster seien auch durch lokale Eigenheiten geprägt. Allerdings sei es dringend erforderlich, dass ältere Personen von jüngeren lernen und dieser Systemwechsel sei nur über eine globale Bildungsreform, die auch außerschulische Bereiche abdeckt, zu bewerkstelligen, meinen einige Expertinnen.

Andere Expertinnen schlagen ein globales Mentorenmodell vor, über das weniger dynamischen Kulturen die progressive Nutzung der neuen Netzformate demonstriert werden könne, ohne zwangsläufig über diesen Weg die westliche Dominanz machtpolitisch zu missbrauchen.

6 Anteil der Menschen im Jahre 2020, auf die die These zutrifft - bei optimal veränderten Rahmenbedingungen

Unter optimal modifizierten Rahmenbedingungen blicken die Expertinnen recht unterschiedlich auf die Durchdringung der Weltbevölkerung mit den erforderlichen Fähigkeiten. Sofern die Expertinnen aufgrund ihrer heterogenen Herkunft einen differenzierten Blick auf je unterschiedliche Personengruppen werfen, können eventuell die einzelnen kontinentalen Graphen als Symbol der anteiligen Durchdringung stehen. So lassen sich z.B. einzelne Bevölkerungskreise in den verschiedenen Regionen mit einer tiefen Durchdringung identifizieren, während andere Bevölkerungskreise noch wenige der erforderlichen Fähigkeiten mitbringen.

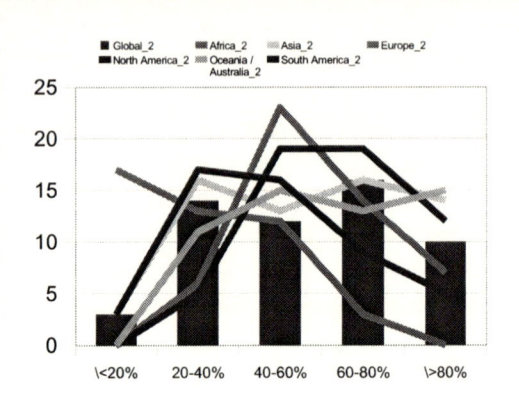

Abbildung 122: Verbreitung der Thesen A - F bei optimal modifizierten Rahmenbedingungen

Im Vergleich der Durchdringung unter gegebenen versus modifizierten Rahmenbedingungen soll ein genauerer Blick auf die verschiedenen Weltregionen geworfen werden.

Im direkten Vergleich der Einschätzungen der Expertinnen, zu welchem Anteil die Weltbevölkerung durchdrungen sei mit den erforderlichen Fähigkeiten zur aktiven Teilhabe in der Netzwerkgesellschaft unter 1) den gegebenen Rahmenbedingungen und 2) optimal modifizierten Rahmenbedingungen ist eine deutliche Verschiebung zu erkennen. Sofern geeignete bildungspolitische Maßnahmen erfolgen, könnten weite Teile der Weltgesellschaft sich die Befähigung aneignen.

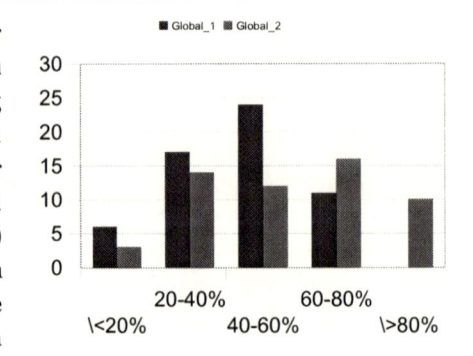

Abbildung 123: Auswirkung auf globale Verbreitung der Thesen A - F

Der Anteil der afrikanischen Bevölkerung mit den geforderten Fähigkeiten könnte sich unter optimal modifizierten Bedingungen leicht verbessern. Einige Expertinnen sehen gar eine Durchdringung >60%, die meisten erwarten allerdings weiterhin <20%.

Sofern die Aussagen der heterogenen Expertinnen als Vorhersage der proportionalen Durchdringung einzelner Bevölkerungsschichten reinterpretiert werden, entsprechen die Aussagen zugunsten >60% nur einem

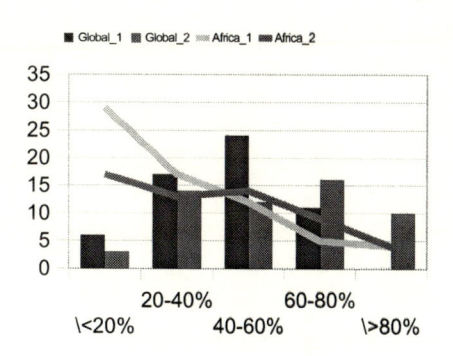

Abbildung 124: Auswirkung auf Verbreitung der Thesen A - F in Afrika

kleineren Bevölkerungsanteil, der diese sehr hohe Durchdringung erfährt. Die weitere afrikanische Bevölkerung lässt sich nach dieser Lesart in drei gleich große Segmente untergliedern, die unterschiedlich stark mit den Fähigkeiten erfüllt sind. So wird es weiterhin große Teile der Bevölkerung ohne Zugang zur Netzwerkgesellschaft geben, aber zunehmend werden weitere Schichten sich als aktive Netzwerkknoten in die Gestaltung der vernetzten Gesellschaft einbringen können.

Für Asien rechnet bei optimal modifizierten Rahmenbedingungen kaum eine Expertin mit einer geringen Durchdringung der Bevölkerung unterhalb von 20 Prozent. Dagegen sehen einige Expertinnen eine überdurchschnittliche Entwicklung in Asien, die gar über 80 Prozent liegen könne.

Bei der anteiligen Durchdringung der digitalen Bevölkerungsschichten scheint das Schichtenmodell im Jahre 2020 relativ ausgeglichen zu sein mit einer breiten Schicht, die sich aktiv

Abbildung 125: Auswirkung auf Verbreitung der Thesen A - F in Asien

und kompetent in der Netzwerkgesellschaft bewegt. Angesichts der immens hohen Bevölkerungszahl wird diese netzaffine Schicht eine gigantische Anzahl an Netz-ArbeiterInnen hervorbringen.

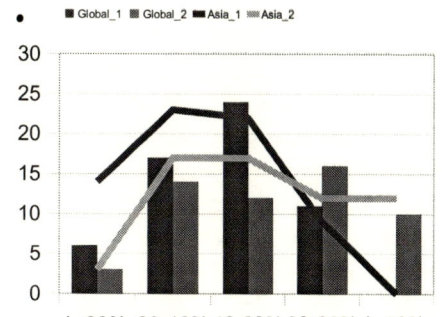

Europa wird sich im Verhältnis zu Asien unter optimal modifizierten Bedingungen nur unwesentlich besser entwickeln. Hier rechnen die meisten Expertinnen mit einer mittleren Durchdringung und vergleichbar wenige sehen eine höhere Netzwerk-Kompetenz oberhalb von 80 Prozent.

Das digitale Schichtenmodell für Europa sieht keine gesellschaftlichen Bereiche mehr außerhalb der digitalen Welt vor. Gleichwohl wird eine kleine Schicht zu weniger als 50 Prozent fähig sein, an der Netzwerkgesellschaft aktiv teilzuhaben. Das Gros der Bevölkerung aber wird mehr als die Hälfte der erforderlichen Fähigkeiten mitbringen, so denn die Rahmenbedingungen geschaffen werden.

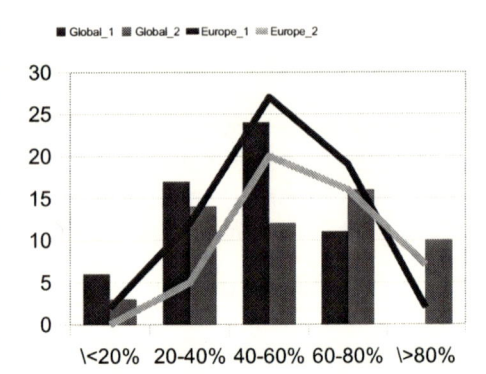

Abbildung 126: Auswirkung auf Verbreitung der Thesen A - F in Europa

In Nordamerika wird die Netzwerk-Kompetenz am weitesten fortgeschritten sein im Jahre 2020. Sofern die Bedingungen optimal modifiziert werden, rechnen die Expertinnen mit einer überwältigenden Mehrheit an Bewohner/innen, die sich aktiv gestaltend einbringen und die Strukturen an ihre Bedürfnisse anpassen können.

Vergleichbar zu den europäischen Verhältnissen wird eine sehr kleine Bevölkerungsschicht nur eine geringe Durchdringung mit den erforderlichen Fähigkeiten aufweisen. Vorhandene Digital Gaps lassen sich dann weniger strukturell als individuell erklären.

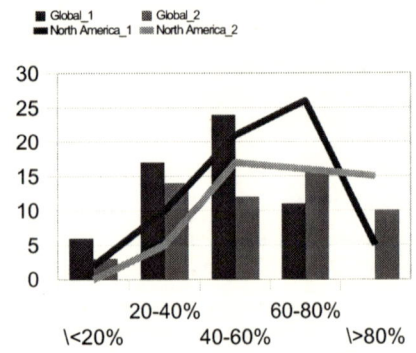

Abbildung 127: Auswirkung auf Verbreitung der Thesen A - F in Nordamerika

Auch für Ozeanien/Australien erwarten die Expertinnen eine durchschnittlich sehr hohe Durchdringung der Bevölkerung mit den für die Teilhabe an der Netzwerkgesellschaft erforderlichen Fähigkeiten. Insgesamt verläuft der modifizierte Graph vergleichbar zum nordamerikanischen, allerdings startend von einem weit schwierigeren Niveau unter den gegebenen Bedingungen.

Insofern ist es nicht verwunderlich, wenn die Bevölkerungsschicht, die nur zu 20-40% mit den digitalen Netzfähigkeiten ausgestattet ist, hier noch etwas breiter anzutreffen sein wird wie in Europa und Nordamerika.

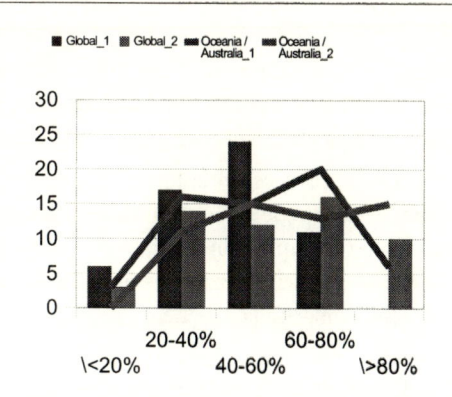

Abbildung 128: Auswirkung auf Verbreitung der Thesen A - F in Ozeanien/Australien

Für Südamerika erwarten die Expertinnen dagegen kaum Veränderungen - auch unter optimal veränderten Rahmenbedingungen. Zwar werden nur noch ganz wenige Menschen keinerlei Kontakt zur Netzwerkgesellschaft aufweisen und die gesellschaftliche Netzwerk-Kompetenz wird insgesamt ansteigen. Aber die Bevölkerungsschicht mit einer sehr hohen Befähigung zur aktiven Gestaltung der Netzwerkgesellschaft wird nur unwesentlich breiter sein als in Afrika.

Abbildung 129: Auswirkung auf Verbreitung der Thesen A - F in Südamerika

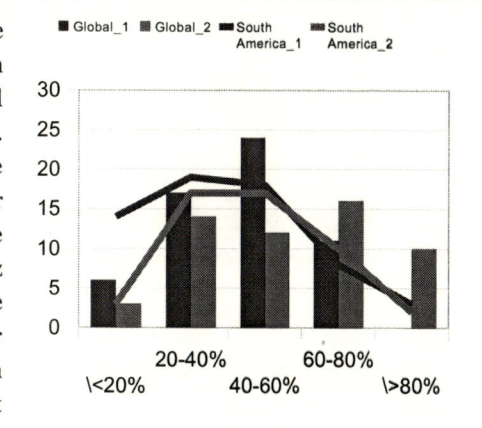

7 Kommentierungen

In den Kommentaren zu den Themenfeldern geben einzelne Expertinnen zu bedenken, inwiefern die sehr auf das Individuum fokussierte Sichtweise im interkulturellen Vergleich wünschenswert sei. Auch seien aufgrund individueller Unterschiede vielleicht niemals 100% der Bevölkerung zu erreichen.

Gleichwohl gelte es, bildungspolitische Bemühungen anzustrengen, indem z.B. die neuen Technologien auch für das vernetzte Lernen vertrauensvoll genutzt werden. Sofern die formulierten Fähigkeiten sich bildungspolitisch unterstützen lassen, sei allerdings ein Zeithorizont bis zum Jahre 2020 sehr ambitioniert, zumal in einigen Weltregionen grundsätzlichere Probleme bewältigt werden müssten.

Insgesamt rechnen einige Expertinnen mit einer Entwicklung in unterschiedlichen Geschwindigkeiten, da erst eine kritische innergesellschaftliche Masse den Turbo einschalten könne. Zudem seien offene Strukturen und ein internationaler freier Fluss der Informationen zwar wünschenswerte Entwicklungen, um die digitale Netz-Kompetenz der Menschen zu fördern, aber diesen stehen machtvolle sozio-politische wie sozio-kulturelle Interessen entgegen. Insofern herrscht viel Skepsis unter den Expertinnen ob der Realisierbarkeit der vorgestellten Thesen.

8.2.9 Hemmfaktoren in der Übersicht

Hemmfaktoren	Gesamtbild	Person	Workflow	Medienumgebung	Usability	Transparenz	*space of flows*
Sozio-kulturelle Werte & Praktiken	1	4	1	1	2	1	1
Ökonomischer Druck	2	1	3	2	1	4	3
Politische Mechanismen	3	2	6	1	4	3	2
Sozio-technologischer Wandel	4	6	4	1	3	6	3
Persönliche Voraussetzungen	5	3	2	2	4	6	4
Soziales Umfeld	6	5	5	3	5	5	5
Rechtliche Rahmenbedingungen	7	7	7	3	6	2	4

Tabelle 14: Reihenfolge der Hemmfaktoren im Vergleich der Flow-Kategorien

Hemmfaktoren	Gesamt-bild	Bildung	Medien-technologie	Sozial-theorie	Wissen-schaft	Grenz-gang	Institution
Sozio-kulturelle Werte & Praktiken	1	1	3	1	3	1	1
Ökonomischer Druck	2	2	2	4	2	3	2
Politische Mechanismen	3	4	1	3	1	2	5
Sozio-technologischer Wandel	4	4	4	2	4	4	4
Persönliche Voraussetzungen	5	3	5	3	5	3	3
Soziales Umfeld	6	5	6	2	6	4	7
Rechtliche Rahmen-bedingungen	7	6	7	3	7	5	6

Tabelle 15: Reihenfolge der Hemmfaktoren im Unterschied der Expertinnen-Cluster

8.2.10 Bildungspolitische Massnahmen in der Übersicht

Bildungspolitische Maßnahmen	Gesamt-bild	Person	Work-flow	Medien-umgebung	Usability	Trans-parenz	*space of flows*
Ausbau des technologischen Zugangs	1	1	1	1	1	4	2
Bedeutungs-zuwachs der Zivilgesellschaft	2	5	2	2	4	1	3
Förderung sozialen Lernens	3	3	1	2	2	3	4
Etablierung von Chancengleichheit	4	2	3	3	2	6	1
Restrukturierung des Bildungssystems	5	3	3	3	1	4	3
Verstärkung der globalen Netzwerke	6	6	4	2	3	5	2
Neuordnung der Regulations-instanzen (Recht, Politik, Verwaltung)	7	8	5	4	4	2	4
Ausdehnung der Bildungsausgaben	8	4	5	5	3	4	4
Bereitschaft zum öffentlichen Diskurs	8	7	5	5	3	3	4
Intensivierung der Forschung	9	-	6	5	4	-	5

Tabelle 16: Reihenfolge der bildungspolitischen Maßnahmen im Vergleich der Flow-Kategorien

Bildungspolitische Maßnahmen	Gesamtbild	Bildung	Medientechnologie	Sozialtheorie	Wissenschaft	Grenzgang	Institution
Ausbau des technologischen Zugangs	1	3	1	2	1	3	1
Bedeutungszuwachs der Zivilgesellschaft	2	2	4	1	1	6	2
Förderung sozialen Lernens	3	1	3	4	3	4	1
Etablierung von Chancengleichheit	4	5	2	5	1	1	5
Restrukturierung des Bildungssystems	5	4	2	3	2	5	3
Verstärkung der globalen Netzwerke	6	6	5	6	6	7	3
Neuordnung der Regulationsinstanzen (Recht, Politik, Verwaltung)	7	8	4	8	5	6	4
Ausdehnung der Bildungsausgaben	8	7	7	2	4	5	6
Bereitschaft zum öffentlichen Diskurs	8	6	6	3	6	2	6
Intensivierung der Forschung	9	9	-	7	7	8	7

Tabelle 17: Reihenfolge der bildungspolitischen Maßnahmen im Unterschied der Expertinnen-Cluster

8.2.11 Übersicht über mögliche bildungspolitische Akteure

Bildungs-politische Maßnahmen	UNO	Staatl. Souverän	(Hoch-) Schulen	Mentoren-programm	Mobile Endgeräte	CoPs	Open-Data-Initiativen	Social Networks
Ausbau des technologischen Zugangs	x	x	x		x			
Bedeutungszuwachs der Zivilgesellschaft	x				x	x	x	x
Förderung sozialen Lernens			x	x	x	x	x	x
Etablierung von Chancengleichheit	x	x	x	x	x		x	
Restrukturierung des Bildungssystems		x	x	x	x	x	x	x
Verstärkung der globalen Netzwerke		x	x		x	x	x	x
Neuordnung der Regulationsinstanzen (Recht, Politik, Verwaltung)	x	x					x	
Ausdehnung der Bildungsausgaben	x	x	x	x				
Bereitschaft zum öffentlichen Diskurs	x	x	x		x	x	x	x
Intensivierung der Forschung		x	x					

Tabelle 18: Übersicht der bildungspolitischen Einflussmöglichkeiten internationaler Akteure

8.2.12 BILDUNGSPOLITISCHE POTENZIALE AUS SICHT DER EXPERTINNEN[148]

In diesem Kapitel soll aus den erzielten Ergebnissen zu den komplexen Thesen der sechs Themenfelder auf die einzelnen, ausführlichen Thesen und die sich daraus ergebenden offenen Fragen rückgeschlossen werden. Mit welchen von den Expertinnen favorisierten bildungspolitischen Maßnahmen lassen sich sozial exkludierte Personen dahingehend unterstützen, die notwendigen Fähigkeiten auszubilden und weiterzuentwickeln? Wie könnten bildungspolitische Szenarien für das Leitbild 2020 lauten, um möglichst vielen Menschen den erforderlichen Kompetenzerwerb zur aktiven Teilhabe an der Netzwerkgesellschaft strukturell zu ermöglichen?

Insofern in der Netzwerkgesellschaft die Personen einerseits bestimmte individuelle Voraussetzungen mitbringen müssen, andererseits sich aber in einer digitalen, sozialen Umwelt bewegen, kommt es bei der Analyse der einzelnen Fähigkeiten auf die Ebene an, auf die fokussiert wird. Indem jede *Flow*-Kategorie eine persönliche, eine sozio-kulturelle und eine sozio-technologische Ebene aufweist, können die Aussagen der Expertinnen ggf. dahingehend differenziert werden, um als spezifizierte Grundlage für die Planung zukünftiger bildungspolitischer Maßnahmen dienen zu können. Vor diesem Hintergrund lassen sich vielleicht alternative Szenarien für politische Interventionen zur Beantwortung der offenen Fragen aufzeigen.

8.2.12.1 FLOW-KATEGORIE PERSON

Flow ist nach Csikszentmihalyi ein universales individuelles Gut. Jeder Mensch in allen Weltregionen kann theoretisch ein ausgewogenes Verhältnis zwischen Herausforderungen und Fähigkeiten finden und über einen geordneten Bewusstseinszustand durch seine Aktivität Vergnügen empfinden.

In benutzergenerierten Umgebungen des Jahres 2020, so die szenarische Einführung in dieses Themenfeld, bedarf es bestimmter Persönlichkeitsmerkmale, um als unabhängiger, aktiver Netzwerkknoten leben und damit *Flow* in vernetzten Kontexten erfahren zu können.

Ausführliche Thesen

1. Autotelische Persönlichkeit: Fähigkeit der Menschen, ihre mediale Informationskompetenz selbstreflexiv an den dynamisch sich wandelnden, sozialen Kontext anzupassen und diesen kontinuierlichen Lernprozess als bereichernd zu empfinden.

---

148 Es handelt sich hier um Vorüberlegungen, die im Hauptteil zusammengefasst wurden.

2. Kultur als Software des Geistes: Fähigkeit der Menschen, sich trotz oder wegen ihrer sozio-kulturellen Rahmenbedingungen selbstbewusst auf die persönlichen Zielsetzungen zu konzentrieren und diese konsequent zu verfolgen.

3. Medium als Botschaft: Fähigkeit der Menschen, sich im wandelnden, medial vernetzten Raum temporär selbst zu verorten und dort eine individuelle Wirklichkeit zu konstruieren - unabhängig von externen Kräften mit vermeintlich gesellschaftlicher Definitionsmacht.

Sofern die aktuell gegebenen Rahmenbedingungen bis zum Jahre 2020 vorhalten, erwarten die Expertinnen ca. 50% der Weltbevölkerung mit den Fähigkeiten, eine autotelische Persönlichkeit auszuprägen, die sich konsequent auf ihre Zielsetzungen konzentriert trotz der sie umgebenden sozio-kulturellen wie sozio-technologischen Beschränkungen und sich im Rahmen dieser Möglichkeiten selbstbewusst verortet. Im nordamerikanisch-europäischen Raum wird dabei ein deutlich höherer Anteil der Bevölkerung diese Fähigkeiten mitbringen als in sonstigen Weltregionen. Vorrangige Gründe, warum nicht weitere Bevölkerungsanteile diese Fähigkeiten im Jahr 2020 mitbringen, sind v.a. der ökonomische Druck, die politischen Mechanismen und die persönlichen Voraussetzungen, wobei letztere eher von europäischen, institutionellen Bildungsexpertinnen und die Politik eher von nordamerikanischen, medientechnologischen Wissenschaftlerinnen angeführt werden.

Konsequenterweise fordern die Expertinnen an bildungspolitischen Maßnahmen zunächst deutlich den technologischen und den sozialen Zugang (Etablierung von Chancengleichheit) und erst dann das soziale Lernen (die Bildungsexpertinnen und die Sozialtheoretikerinnen) zu fördern oder das Bildungssystem zu restrukturieren (die Medientechnologinnen). Über höhere Bildungsausgaben (v.a. die Bildungsexpertinnen) und einen Bedeutungszuwachs der Zivilgesellschaft liessen sich weitere hemmende Faktoren abbauen. Den globalen Netzwerken (ausschließlich Medientechnologinnen und Sozialtheoretikerinnen) und dem öffentlichen Diskurs (ausschließlich Bildungsexpertinnen und Sozialtheoretikerinnen) kommt eine geringere bildungspolitische Bedeutung zu.

Je nach inhaltlicher Expertise wird eine unterschiedliche Reihenfolge der bildungspolitischen Maßnahmen präferiert, wie Tabelle 19 aufzeigt. Im Vergleich zur Zusammenfassung der Maßnahmen über alle *Flow*-Kategorien zeichnen sich vor allem zwei deutliche Unterschiede ab:

- Um die für die *Flow*-Kategorie Person erforderlichen Fähigkeiten auszubilden und weiterzuentwickeln, bedarf es einer besseren Etablierung von Chancengleichheit.
- Die Zivilgesellschaft wird diesen Missstand nicht primär lösen können, vielmehr sollte v.a. in diesem Bereich das Bildungssystem restrukturiert und verstärkte Bildungsausgaben getätigt werden.

Bildungspolitische Maßnahmen	Expertinnen (gesamt)	Bildung	Medien-technologie	Sozial-theorie	Vergleich zu allen Flow-Kategorien
Ausbau des technologischen Zugangs	1	1	1	2	1
Etablierung von Chancengleichheit	2	1	1	1	4
Förderung sozialen Lernens	3	2	3	2	3
Restrukturierung des Bildungssystems	3	-	2	4	5
Ausdehnung der Bildungsausgaben	4	3	3	4	8
Bedeutungszuwachs der Zivilgesellschaft	5	4	3	3	2
Verstärkung der globalen Netzwerke	6	-	3	4	6
Bereitschaft zum öffentlichen Diskurs	7	4	-	3	8
Neuordnung der Regulationsinstanzen	8	-	-	-	7
Intensivierung der Forschung	-	-	-	-	9

Tabelle 19: Reihenfolge der präferierten bildungspolitischen Maßnahmen für Flow-Kategorie Person

Die Möglichkeiten der internationalen Politik werden sehr kritisch eingestuft hinsichtlich ihres Einflusspotenzials auf nationale und kulturelle Wirkmechanismen, da hier -im *space of places*- es machtpolitisch nicht unbedingt erwünscht ist, die persönlichen Stärken zu fördern und die Lernkultur zu ändern. Allerdings müssten internationale Organisationen, allen voran die UNO, dafür Sorge tragen, dass alle Menschen eine (kosten-)freie Grundausbildung erhalten und Zugang zu den Technologien erhalten, sowohl methodisch wie inhaltlich.

Würden hier innerhalb der nächsten Jahre Anstrengungen unternommen, könnten bis zum Jahre 2020 insgesamt 60% der Weltbevölkerung die erforderlichen Fähigkeiten mitbringen. Die Dynamik der Entwicklungen wird dabei in den fortgeschrittenen Weltregionen schneller voranschreiten als in benachteiligten Regionen, in denen nach Ansicht einiger Expertinnen grundsätzlichere Probleme gelöst werden müssten, bevor eine kritische Masse entstehen kann, die die digitale Entwicklung gesellschaftlich vorantreibt. Überhaupt sei fraglich, ob die formulierten Fähigkeiten auf globaler Ebene als erstrebenswert anzusehen seien, da viele Kulturen die gesellschaftliche Interdependenz stärker betonen als die persönliche Unabhängigkeit.

In einer interpretativen Auslegung der befragten Expertinnen vor dem theoretisch erarbeiteten Hintergrund in den Kapiteln 2 und 3 sollen nunmehr Ansätze für mögliche bildungspolitische Maßnahmen zur Beantwortung der offenen Fragen angeführt werden.

1. Autotelische Persönlichkeiten

Wie können autotelische Persönlichkeiten gefördert werden, wenn im familiären Kontext keine idealen Bedingungen herrschen?

Um als Individuum in benutzergenerierten Umgebungen aktiv werden zu können, bedarf es einer regelmäßigen Selbstreflexion, der Identifikation individueller Einflussfaktoren auf eine gegebene Situation und ggf. einer effizienten Informationsverarbeitung. Werden die dafür erforderlichen persönlichen Eigenschaften nicht durch den familiären Kontext induziert, müssen zunächst soziokulturelle Strukturen wirken. So sollte ein Zugang zu den Technologien und Potenzialen der Netzwerkgesellschaft gegeben sein, der als Grundvoraussetzung für soziales Lernen dienen kann.

Ein möglicher Zugang kann über Orte erfolgen, die mit modernen Technologien ausgestattet sind, um als Schnittstelle wirken zu können. In einem schulisch geprägten Zeitfenster liesse sich theoretisch das reflektierte, soziale Lernen mit Technologien erlernen und individuelle Interventionsformen einstudieren, um sich auf die dynamische Netzwelt einzustimmen. Um aber dieses Potenzial seitens der Lehrenden begleiten zu können, bedarf es auf deren Seite einer entsprechend dynamisch sich entfaltenden Netz-Kompetenz. Eine Restrukturierung des Bildungssystems und höhere Bildungsausgaben könnten hier hilfreich sein.

Ein anderer Zugang könnte über globale Netzwerke realisiert werden, sofern der technologische und inhaltliche Zugriff gegeben ist. Diese Option des Aufbaus eines öffentlichen, zivilgesellschaftlichen, sozialen Lernens wird von dem Expertinnen-Panel mehrheitlich als nachrangig eingestuft. Lediglich die Sozialtheoretikerinnen schätzen diese Option höher ein als den Weg über ein besser finanziertes oder restrukturiertes Bildungssystem.

Insofern erzählte Identitäten regelmäßig Ordnung ins Bewusstsein bringen können, bieten narrative *ePortfolios* ggf. eine Möglichkeit, sich mit den äußeren Umständen auseinanderzusetzen. Da klassische Textnarrationen und die individuelle Selbstdarstellung nicht allen Kulturen entsprechen, sollten hier Ansätze gesucht werden, wie sinnstiftende Prozesse initiiert und medial verfestigt werden können.

2. Kultur als Software des Geistes

Verschiedene Kulturen fördern verschiedene Aspekte des *Flow*-Zustandes. Autotelische Persönlichkeiten müssen sich in je unterschiedlicher Form von ihrer umgebenden Soziokultur abgrenzen bzw. diese integrieren. Universale Blaupausen sind offenbar unmöglich. Können interkulturell angepasste Standardrezepte die Ausbildung von autotelischen Persönlichkeiten fördern?

Nicht alle Kulturen sind ideale Brutstätten für autotelische Persönlichkeiten. Zwar können Individuen in allen Kulturen einen negentropischen Bewusstseinszustand erlangen und damit *Flow* erleben, aber nur, wenn sie ihre sozio-kulturelle Umgebung selbstkritisch hinterfragen und sich in deren Rahmen ihre eigene, persönliche Identität schaffen.

Wie können exkludierte Menschen bildungspolitisch dahingehend unterstützt werden?

Internationale Maßnahmen, die per Gießkannen-Prinzip über alle Weltregionen ausgebreitet werden, sind angesichts der sozio-kulturellen Eigenheiten wenig zielführend, exkludierten Menschen eine Basis zu bieten, ihre autotelische Persönlichkeit auszubilden. So ist -bei gleichberechtigtem Zugang zur Netzwerkgesellschaft- zu überlegen, wie die Restrukturierung des Bildungssystems kulturell eingefärbt und gleichzeitig international vernetzt werden kann, so dass soziales Lernen in der globalen Netzkultur gefördert werden kann. Sofern der Ausbildung autotelischer Persönlichkeiten eine globale Berechtigung als universalem Menschenrecht zugebilligt wird, können zudem -bei machtpolitischer Ignoranz- zivilgesellschaftliche Mechanismen über die globalen Netzwerke unterstützt werden - auch wenn die Expertinnen diesen bildungspolitischen Maßnahmen wenig Einfluss auf die Entwicklung der Fähigkeiten zubilligten. Je mehr autotelische Persönlichkeiten eine Kultur ausbildet, desto stärker wird *Flow* als Teil der sozio-kulturellen Historie an zukünftige Generationen weitergereicht.

3. Medium als Botschaft

Welchen Einfluss haben ordnungspolitische Maßnahmen auf das Medium als Botschaft und wie kann sichergestellt werden, dass individuelle Wirklichkeiten nicht von äußeren Zwängen abhängig sind?

Individuelle Wirklichkeit im interaktiven Netz lässt sich mit traditionellen Interpretationsmethoden nicht beschreiben. Das Netz hat sich zur zentralen Infrastruktur der Gesellschaft ausgebreitet - es medialisiert nicht länger Wirklichkeiten, sondern rekonfiguriert sie mit jeder interaktiven Umdrehung. Das Medium Web ist zur zentralen Botschaft, zur sozio-technologischen Metastruktur herangereift - mit eigenen Logiken und eigenen Gesetzmäßigkeiten im *space of flows*. Gleichwohl versuchen Mächte im *space of places*, die auf traditionellen

Herrschaftsstrukturen aufbauen, diese Entfaltung der sie unterlaufenden Dynamiken zu unterbinden. Wenn aber im Jahre 2020 von allen Menschen erwartet wird, sich selbstbestimmt in benutzergenerierten digitalen Umgebungen der Netzwerkgesellschaft zu bewegen, dann bedarf es bildungspolitischer Maßnahmen, um bislang exkludierte Personen mit auf den Weg zu nehmen.

Den technologischen wie sozialen und inhaltlichen Zugang zur Netzwerkgesellschaft vorausgesetzt, wird hier das soziale Lernen in globalen Netzwerken zwingend erforderlich, um nicht den Herrschaftsinteressen eines staatlichen -national oder international dominierten- Gewaltmonopols ausgesetzt zu sein. Der Zivilgesellschaft fällt eine große Bedeutung zu, hier auf eine Restrukturierung des Bildungssystems zu drängen und über einen öffentlichen Diskurs ggf. die Bildungsausgaben in modifizierte Strukturen mit technologischer Anbindung an die Netzwerkgesellschaft zu lenken. Insofern ist aus den Einschätzungen der Expertinnen abzuleiten, auch auf internationale Organisationen einzuwirken und den Lobbyverbänden der herrschenden Interessen etwas entgegenzusetzen. Erst im Rahmen dieser geförderten Vernetzung lassen sich individuelle Fähigkeiten ausbilden und ausleben, die sich dynamisch an den technologischen Wandel anpassen und eine individuelle Verortung unabhängig von externen Kräften ermöglichen.

8.2.12.2 FLOW-KATEGORIE WORKFLOW

Mit *Workflow* ist hier der individuelle Arbeitsablauf umschrieben, der sich in benutzergenerierten Umgebungen aus verschiedenen Kanälen speist und in einer Sinn stiftenden persönlichen Struktur münden sollte.

In benutzergenerierten Umgebungen des Jahres 2020, so die szenarische Einführung in dieses Themenfeld, bedarf es einer stabilen individuellen Identität, die das sich wandelnde Netzwerk über seine Schnittstellen aus dem eigenen Rhythmus heraus aktiv mitgestaltet.

Ausführliche Thesen

4. Sinnvolle Identitäten: Fähigkeit der Menschen, eine stabile, sinnvolle, persönliche Identität aufzubauen, die die eigene Ablauforganisation souverän definiert und sich gleichzeitig im Wechselspiel mit anderen sozialen Netzwerkknoten versteht.

5. Communities of Practice: Fähigkeit der Menschen, sich ein persönliches Netzwerk im Rahmen der gegebenen Möglichkeiten individuell aufzubauen und die gesellschaftlichen Strukturen durch aktive Netzwerkarbeit mit zu gestalten.

6. Networks of Practice: Fähigkeit der Menschen, das sich im globalen webbasierten Diskurs entfaltende kulturelle Werte- und Normensystem in die alltägliche Praxis vor Ort selbstverantwortlich zu überführen.

Welche Verbreitung die benötigten Fähigkeiten unter den aktuell gegebenen Rahmenbedingungen bis zum Jahre 2020 gefunden haben werden, um flexibel im Austausch mit anderen Netzwerkknoten selbstbestimmt agieren zu können und über diese Aktivität die eigene Umgebung mitzuformen, wird regional sehr unterschiedlich eingeschätzt seitens der Expertinnen. Zwar werden weite Teile der Bevölkerung in fortgeschrittenen Ländern diese Fähigkeiten mitbringen, aber in anderen Regionen besteht noch großes Entwicklungspotenzial. An Hemmfaktoren sehen die Befragten vor allem die sozio-kulturellen Werte und Praktiken, die persönlichen Voraussetzungen und den ökonomischen Druck am Werk.

An bildungspolitischen Maßnahmen, diese Hemmfaktoren abzubauen, sehen die Expertinnen vor allem den Ausbau des technologischen Zugangs und die Förderung sozialen Lernens (v.a. die wissenschaftlichen Bildungsexpertinnen und Medientechnologinnen) am Zuge. Zivilgesellschaft (v.a. die institutionellen Bildungsexpertinnen), Chancengleichheit (v.a. die wissenschaftlichen Medientechnologinnen), ein restrukturiertes Bildungssystem und verstärkte globale Netzwerke (v.a. die Bildungsexpertinnen) vermögen bildungspolitisch auch wirken. Bildungsausgaben und öffentlicher Diskurs (v.a. die institutionellen Bildungsexpertinnen) sind am Rande vielleicht hilfreich.

Auch hier können je nach inhaltlicher Expertise und gesellschaftlichem Bereich graduell unterschiedliche Reihenfolgen der bildungspolitischen Maßnahmen im Vergleich zu den zusammengefassten Ergebnissen identifiziert werden, wie Tabelle 20 aufzeigt.

- Die Chancengleichheit wird auch bei dieser *Flow*-Kategorie etwas höher eingeschätzt als in der Gesamtübersicht.
- Wissenschaftlerinnen und pragmatische Grenzgängerinnen räumen der Zivilgesellschaft weniger Einflusspotenzial ein.
- Institutionelle Vertreterinnen gewichten verstärkte globale Netzwerke etwas höher.

Bildungspolitische Maßnahmen	Expertinnen (gesamt)	Wissenschaft	Grenzgang	Institution	Vergleich zu allen *Flow*-Kategorien
Ausbau des technologischen Zugangs	1	1	2	1	1
Förderung sozialen Lernens	1	1	2	1	3

Bildungspolitische Maßnahmen	Expertinnen (gesamt)	Wissen-schaft	Grenz-gang	Institution	Vergleich zu allen *Flow*-Kategorien
Bedeutungszuwachs der Zivilgesellschaft	2	3	4	2	2
Etablierung von Chancengleichheit	3	1	1	4	4
Restrukturierung des Bildungssystems	3	2	3	3	5
Verstärkung der globalen Netzwerke	4	5	3	2	6
Ausdehnung der Bildungsausgaben	5	4	-	5	8
Bereitschaft zum öffentlichen Diskurs	5	5	4	4	8
Neuordnung der Regulationsinstanzen	5	4	3	4	7
Intensivierung der Forschung	6	-	-	5	9

Tabelle 20: *Reihenfolge der präferierten bildungspolitischen Maßnahmen für Flow-Kategorie Workflow (These B)*

Auf internationaler Ebene sehen die Expertinnen den Bedarf, für eine globale, offene Informationsverteilung einzutreten, die v.a. auch den Trend hin zu mobilen Nutzungsszenarien nicht verschläft. Da die Menschen die bereits existenten Netzwerke für ihren persönlichen Bedarf nutzen, schulen sie bereits unbewusst ihre Fähigkeiten, so dass auf dieser Ebene weniger externer Anstoss gegeben werden muss. Allerdings sollten weitere Anlässe geschaffen werden, die Menschen in einen internationalen Dialog zu bringen, damit die Kulturen sich wechselseitig besser verstehen und unterstützen lernen.

Unter optimalen Rahmenbedingungen könnten über diese bildungspolitischen Maßnahmen alle Weltregionen deutlich voranschreiten beim Aufbau und bei der Weiterentwicklung der hier geforderten Fähigkeiten. In manchen fortgeschrittenen Regionen sehen die Expertinnen teilweise größere Bevölkerungsschichten zu mehr als 80% befähigt, auch wenn weite Teile Afrikas und Asiens noch deutlich hinterher hinken.

Welche Ansätze lassen sich unter dem Gesichtspunkt der erarbeiteten theoretischen Überlegungen und den Ergebnissen der RTD-Studie für mögliche bildungspolitische Maßnahmen zur Beantwortung der offenen Fragen anführen, soll nunmehr hermeneutisch dargelegt werden.

4. Sinnvolle Identitäten

Wie lassen sich unabhängige, starke, individuelle Identitäten herausbilden, die sich gleichzeitig als kollektivistische Entitäten verstehen?

Soziales Lernen vor dem Hintergrund einer gewichtigeren Zivilgesellschaft und mit gleichen Chancen ausgestatteten Gesellschaft vermag gleichermaßen starke Netzwerkknoten entstehen lassen, die sich nicht in einem Machtspiel wiederfinden, sondern sich im Interesse des eigenen *Flow*-Empfindens in ihrer Aktivität Sinn stiftend bewegen. Sofern ein restrukturiertes Bildungssystem einen internationalen Austausch fördert, können die globalen Netzwerke darauf aufsetzen und die Kontakte verstetigen. Die nötigen Fähigkeiten werden innerhalb der Netzstruktur informell gelernt - und hier zunehmend über persönliche mobile Technologien, die bislang noch zu wenig Eingang in den bildungspolitischen öffentlichen Diskurs fanden. Hier liessen sich ggf. weitere Bildungsausgaben sinnvoll einsetzen und über neue Regulationsformen die bereits vorhandenen Freizeitaktivitäten im Sinne der globalen Entwicklung zu humanistischeren Werten nutzen.

5. Communities of Practice

Wie konfiguriert sich Gesellschaft, wenn jede Person einem eigenen Zeitrhythmus folgt? Zwar koordiniert jede einzelne Person ihr Time-Management über ihre Netzwerkknoten in verschiedenen Netzwerken, aber welche Auswirkungen hat dieses dynamische Geflecht auf die Gesamtgesellschaft?

Jede Person bewegt sich gleichzeitig in mehreren zeit-räumlichen Kontexten, die es individuell zu koordinieren gilt und die im Zeitalter benutzergenerierter digitaler Umgebungen ggf. auch besser zu steuern sind. Als autotelische Persönlichkeiten vermögen die Menschen sich dem Diktat fremdgesteuerter *Workflows* zu entziehen, sind aber in ihrer konkreten Präferenz des Vernetzungsgrades und der sozialen Einbettung von ihrer kulturellen Umgebung geprägt. Die sozio-kulturellen Werte der individuellen wie kollektiven *Workflows* sind nicht standardisiert und prägen sich entlang der beteiligten Personen und Strukturen aus.

Über die internationale Verflechtung der Netzwerke pulsiert der Echtzeit-*Flow* in den individuellen Timelines, die sich interpersonal unterscheiden. Temporäre Strukturen werden sich quer zu den bislang bekannten sozio-kulturellen Linien auftun, die sich *just-in-time* vernetzen aufgrund eines gemeinsamen Anliegens. Im Zeitalter benutzergenerierter Umgebungen gibt keine zentrale (Unternehmens-)Software den Takt der sequentiellen Bearbeitung vor und regelt den Betrieb. Dynamischere Arbeitsorganisationen (z.B. Scorm) und spontane Commitments zwischen den beteiligten Personen setzen sich durch.

Um diese Entwicklung auch sozial Exkludierten zugänglich zu machen, bedarf es zivilgesellschaftlicher Anstrengungen und dem politischen Streben nach Chancengleichheit, damit ein technologischer Zugang zu möglichst offenen Informationen gewährleistet werden kann - auch und vor allem durch die Integration mobiler Angebote. Ist dieser Zugang gegeben und CoP-Aktivitäten als soziales Lernen bereits in einem restrukturierten Bildungssystem eingeübt, können die Menschen über die Nutzung der globalen Netzwerke ihre Aktivitäten immer weiter ausdehnen.

6. Networks of Practice

Welche Möglichkeiten der Übertragung virtueller Normen und Werte auf das „reale Leben" bestehen? Müssen regulative Instanzen über die Entwicklung wachen? Wie kann man eventuellen Negativspiralen entgegenwirken? Wie organisiert man Politik in diesen Zeiten?

Im *Social Web* der Netzwerkgesellschaft setzt sich eine Kulturform durch, die als globale Schicht sich quer zu den interkulturellen Codes und Praktiken des *space of places* legt. In dieser Schicht manifestieren sich sozio-technologisch bedingte, neue sozio-kulturelle Werte und Normen, die im *space of flows* weitergetragen werden. An den *spaces of places* überträgt sich dieses Handlungsmuster sukzessive in die Handlungspraktiken der physikalischen Welt. Es entstehen Kulturkämpe zwischen der „realisierten Virtualität" (Castells) und den Versuchen alter Herrschaftsinteressen, eine virtualisierte Realität zu schaffen. In den Kulturkämpfen setzt sich der Wettstreit der sozio-kulturellen Realitäten am *space of places* fort und schmiedet vereinzelte Bündnisse mit der Realität der Netzkultur. Aufgrund der sozio-technologischen Eigendynamik und spezifischen Botschaft des konkreten Mediums -und in diesem Fall der absoluten Macht des Netzwerks, sich in alle Lebensbereiche durchzudrücken- sind die entstandenen Zweckbündnisse immer nur temporärer Natur. Indem sich die Virtualität realisiert, entstehen keine uniformen Weltkulturen, wohl aber ähnliche Kulturmuster, die am *space of places* von tradierten Wertemustern flankiert sind.

Wo kann hier Politik gestaltend wirken? Wie kann sie die sozial Exkludierten bildungspolitisch unterstützen, damit diese sich einbringen können in die kollektive Intelligenz der Netzaktiven und ihre Interessen im Rahmen dieser Kulturkämpfe berücksichtigt werden?

Einer Neuordnung der Regulationsinstanzen, die diese Kulturkämpfe austarieren und in gesellschaftliches Recht und in politische Verwaltungsnormen überführen, billigen die Expertinnen wenig bildungspolitisches Potenzial zu, wenn auch mehr als der Intensivierung der Forschung. Lediglich die pragmatischen Grenzgängerinnen sehen hier ein wenig Handlungsbedarf, vielleicht auch realistischen Handlungsspielraum, die Grundlagen neu zu verhandeln und eine moderne Basis zu schaffen, die Werte der Netzwelt mit denen der physikalischen Welt zu verbinden.

Die Fähigkeiten der Menschen, in diesem Kulturkampf ihre eigenen Erfahrungswerte konstruktiv mit einzubringen, sehen Grenzgängerinnen vor allem durch die Etablierung von Chancengleichheit, dann durch den technologischen Zugang und geförderte soziale Lernformen ermöglicht. Diese Notwendigkeiten vermögen durch ein restrukturiertes Bildungssystem, gestärkte globale Netzwerke und neugeordnete Regulationsinstanzen umgesetzt werden, die ggf. von der Zivilgesellschaft und dem öffentlichen Diskurs gestützt werden müssen. Dieser Hoffnung auf eine top-down-Strategie setzen Personen aus den Institutionen eine bottom-up-Strategie entgegen: Die institutionellen Expertinnen sehen -neben dem obligatorischen Technologie- und sozialen Lernzugang- v.a. die Zivilgesellschaft und die globalen Netzwerke gefordert, hier ihre Werte weiterzuentwickeln. So liesse sich vielleicht erst das Bildungssystem restrukturieren und dann Chancengleichheit herstellen bzw. neugeordnete Regularien aufbauen. Mit weiteren Bildungsausgaben und einer intensivierten Forschung sei in diesem Feld jedenfalls wenig gewonnen.

8.2.12.3 FLOW-KATEGORIE MEDIENUMGEBUNG

In Medienumgebungen treten die konkreten Informations- und Kommunikationsflüsse des *space of flows* dem Individuum entgegen, um gesammelt, gefiltert, weiterverarbeitet und wieder eingespeist zu werden und damit den persönlichen *Flow* als vergnügliche Aktivität zu stimulieren.

In benutzergenerierten Umgebungen des Jahres 2020, so die szenarische Einführung in dieses Themenfeld, sind individueller Gestaltungswillen und wechselseitiges Vertrauen wichtige Größen für die digitale weltweite Vernetzung.

Ausführliche Thesen

7. PIM/PKM/PLE: Fähigkeit der Menschen, die persönliche Medienumgebung dynamisch an die eigenen, flexiblen Bedürfnisse anzupassen, so dass jederzeit Zugriff auf die vernetzte Kompetenz gegeben ist.

8. Netzwerk-Kompetenz: Fähigkeit der Menschen, Vertrauen in andere Personen, in Strukturen, in die Flexibilität und Intelligenz selbst generierter Medienumgebungen aufzubauen und in der Praxis zu bestätigen.

9. Social Media Umgebungen: Fähigkeit der Menschen, im offenen, impliziten Wissensstrom mitzuschwimmen und dadurch eine transkulturelle Netzwerk-Kompetenz zu entwickeln, die sich der Wirkung kultureller Indizes - vom Netz zum Ort und vice versa - bewusst ist.

Die aktuell gegebenen Rahmenbedingungen vorausgesetzt, werden größere Anteile der so genannten westlichen Welt im Jahre 2020 die benötigten Fähigkeiten mitbringen, aber auch Asien wird hier schnell voranschreiten. Afrika und Südamerika hingegen werden größtenteils unterdurchschnittlich mit diesen Fähigkeiten ausgestattet sein. Als mögliche Hemmfaktoren identifizierten die Expertinnen größtenteils die politischen Mechanismen (v.a. die wissenschaftlichen Medientechnologinnen, aber auch die institutionellen Bildungsexpertinnen), die sozio-kulturellen Werte und Praktiken (v.a. die institutionellen Bildungsexpertinnen) und den sozio-technologischen Wandel. Erst dann folgen ökonomischer Druck (v.a. die wissenschaftlichen Medientechnologinnen und institutionellen Bildungsexpertinnen) und persönliche Voraussetzungen (v.a. die institutionellen Bildungsexpertinnen) vor den rechtlichen Rahmenbedingungen (v.a. die sozialtheoretischen Grenzgängerinnen) und der sozialen Umgebung (v.a. die institutionellen Bildungsexpertinnen).

An bildungspolitischen Maßnahmen, um diese Hemmfaktoren abzubauen, sehen die Expertinnen den technologischen Zugang vor der Zivilgesellschaft, dem sozialen Lernen und den globalen Netzwerken in der Pflicht. Die Chancengleichheit und eine Restrukturierung vermögen einen weiteren Beitrag leisten. Alle übrigen Faktoren spielen lediglich eine marginale Rolle.

Auch bei dieser *Flow*-Kategorie wird je nach inhaltlicher Expertise eine unterschiedliche Gewichtung der bildungspolitischen Maßnahmen vorgenommen (siehe Tabelle 21). Im wechselseitigen Vergleich springen vor allem ins Auge:

- Die zivilgesellschaftlichen Potenziale werden von den Medientechnologinnen geringer eingestuft als von den anderen Expertinnen.
- Von den Bildungsexpertinnen hingegen werden der Zivilgesellschaft und dem sozialen Lernen weit größere bildungspolitische Möglichkeiten eingeräumt, hingegen dem Technologiezugang und der Chancengleichheit eine etwas geringere, dafür aber eine Restrukturierung des Bildungssystems eher positiv gesehen.

Bildungspolitische Maßnahmen	Expertinnen (gesamt)	Bildung	Medien-technologie	Sozial-theorie	Vergleich zu allen *Flow*-Kategorien
Ausbau des technologischen Zugangs	1	2	1	1	1
Bedeutungszuwachs der Zivilgesellschaft	2	1	3	1	2
Förderung sozialen Lernens	2	1	2	2	3
Verstärkung der globalen Netzwerke	2	2	2	2	6
Etablierung von Chancengleichheit	3	3	2	2	4

Bildungspolitische Maßnahmen	Expertinnen (gesamt)	Bildung	Medientechnologie	Sozialtheorie	Vergleich zu allen Flow-Kategorien
Restrukturierung des Bildungssystems	3	2	2	-	5
Neuordnung der Regulationsinstanzen	4	5	3	3	7
Ausdehnung der Bildungsausgaben	5	4	-	3	8
Intensivierung der Forschung	5	4	-	-	9
Bereitschaft zum öffentlichen Diskurs	5	4	-	3	8

Tabelle 21: Reihenfolge der präferierten bildungspolitischen Maßnahmen für Flow-Kategorie Medienumgebung (These C)

Internationale Maßnahmen können in diesem Segment gut wirken, wenn auch die Durchdringung niemals 100% erreichen wird. Vor allem gelte es, die mobilen Technologien für mobiles Lernen zu fördern. Eine grundlegende Bildungsreform könnte bewirken, dass auch ältere Menschen von jüngeren lernen. Dies setzt nicht nur eine verstärkte IKT-Anbindung in den Schulen voraus, sondern bedarf auch der Integration von Personen, die aus dem Schulzeitalter hinausgewachsen sind. Über globale Netzwerke liessen sich Menschen miteinander verbinden, um Vertrauen aufzubauen, auch wenn dieses sich primär über lokale Bezüge generiert und hier teilweise grosses Misstrauen herrscht aufgrund kritischer Erfahrungen.

Über alle Weltregionen hinweg sind hier deutliche Fortschritte möglich, wenn die Rahmenbedingungen optimal modifiziert würden. Insgesamt könnte ein sehr hoher Durchschnitt der Weltbevölkerung die benötigten Fähigkeiten aufbauen.

Wie könnten mögliche bildungspolitische Szenarien ausschauen unter dem Gesichtspunkt der theoretischen Überlegungen und empirischen Befragungen?

7. PIM/PKM/PLE

Welche Auswirkungen hat es, wenn der Zugang zur Netzwerkgesellschaft nicht optimal gewährt ist oder nicht möglich ist, weil die Menschen nicht unterstützt werden, sich aktiv einzubringen?

An der technologischen Schnittstelle zum *space of flows* entscheidet sich, ob die individuellen Fähigkeiten ausreichend sind, die in Echtzeit einströmenden Informations- und Kommunikationsflüssen zu bündeln und zu organisieren. Mit Schnittstelle ist damit nicht ein einzelnes graphisches *User Interface* gemeint, sondern alle verfügbaren digitalen Schnittstellen, die je nach persönlichem Bedarf und Kontext die Kanäle vorhalten, die zur gegebenen Zeit benötigt werden - nicht als externe Dienstleistung, sondern gesteuert vom jeweiligen Individuum, das die persönliche Umgebung an die eigene Entwicklung jederzeit anpassen kann.

Grundlegende Voraussetzung, um die dafür benötigten Fähigkeiten aufbauen und weiterentwickeln zu können, ist selbstverständlich der technologische Zugang. Sofern die eigenen Schnittstellen auf netzbasierten Kanälen aufsetzen, sind a) die digitalen Geräte und b) die Netzzugänge eine wesentliche Bedingung, um hier Chancengleichheit herzustellen. Hier sehen die Expertinnen vor allem die Zivilgesellschaft in der Pflicht, Druck auszuüben, so dass die Grundlagen hergestellt sind, sich über soziales Lernen in den globalen Netzwerken orientieren und die Schnittstellen an die eigenen Bedürfnisse anpassen zu können. Inwiefern ein restrukturiertes Bildungssystem diese Aspekte mit aufgreifen kann, bleibt abzuwarten. Auf jeden Fall gilt es, hier die Personen mit auf den Weg zu nehmen, die bereits aus dem Schulpflichtalter ausgeschieden sind.

Ist der Zugang nicht gegeben, sind die betroffenen Personen marginalisiert und haben keinerlei Einfluss, ihre Kompetenz in die Netzwerkgesellschaft einzubringen.

8. Netzwerk-Kompetenz

Welche Maßnahmen müssen ergriffen werden, um Vertrauen auf individueller wie kollektiver Ebene aufzubauen? Welchen Einfluss hat Politik auf das je spezifische sozio-kulturelle Muster?

Netzwerk-Kompetenz ist eine Schlüsselkompetenz im Zeitalter der Netzwerkgesellschaft. Sie umfasst die individuelle Netz-Kompetenz und die kollektive, strukturelle Netzwerk-Kompetenz, die sich wechselseitig beeinflussen. Aufgrund tradierter sozio-kultureller Werte und Normen lässt sich keine universale Netz-Kompetenz definieren, die in einem standardisierten Verfahren an die Individuen ausgeliefert wird. Vielmehr bedarf es neben einer Veränderung der Lern- und Arbeitskultur einer Anpassung systemischer Schnittstellen, die als Netzwerkknoten Einfluss auf die individuelle Kompetenz ausüben.

Um auf sozio-kultureller Ebene eine Veränderung herbeizuführen, ist v.a. die Zivilgesellschaft gefordert, im global vernetzten Rahmen soziales Lernen einzustudieren und sich wechselseitig fortzubilden. Indem möglichst viele Personen über den technologischen wie sozialen Zugang eingebunden werden, lernen sie über die globale Vernetzung wechselseitiges Vertrauen aufzubauen und die Netzwerte langsam zu adaptieren. Weitere IKT-Anbindungen in den Schulen, Vernetzung der Schulklassen, Restrukturierung des Bildungssystems und Förderung globaler Netzwerke zur Integration schulfremder Personen sind Maßnahmen, die Vertrauen aufbauen helfen. Über den öffentlichen Diskurs und weitere Bildungsausgaben lassen sich hier offenere Strukturen forcieren, sofern die Regulationsinstanzen diese Entwicklung mitgehen und hier Möglichkeiten der neuen Vernetzung zumindest nicht torpedieren. Hier wäre v.a. die Politik gefordert.

Zwar ist davon auszugehen, dass auch weiterhin sozio-kulturelle Unterschiede bei den individuellen Präferenzen hinsichtlich der digitalen Schnittstellen und Organisation der Medienumgebung vorherrschen. Aufgrund der zunehmenden Globalisierung der Arbeitsbeziehungen werden die Beteiligten sich aber in ihren Konfigurationen zunehmend angleichen.

9. Social Media Umgebungen

Was geschieht, wenn das „System" dicht macht? Welche Folgen hat es, wenn Verwertungsgesellschaften zugunsten ihrer traditionellen, sozio-ökonomischen Interessen wirken und Urheberrechte, Patente, proprietäre Systeme fördern und politisch absichern wollen?

Im *Social Web* herrscht ein reger Austausch von Informationen und medialen Artefakten, die nicht linear ihre Abnehmer/innen finden, sondern in vielfältigen Kontexten global weitergereicht, verfremdet, weiterentwickelt werden. Während des Filterprozesses der einfliessenden Informationen reagieren Menschen zunächst sehr unbewusst auf bestimmte ästhetische Reize, die erst in der interaktiven Aneignung sozio-kulturell interpretiert und erst während des Reflexionsprozesses interkulturell dekodiert werden.

Da Wissen aber nicht länger in expliziten Formen weitergereicht wird, sondern implizit über globale Austauschformate mitschwimmt und sich beständig transformiert, verändern sich auch die interkulturellen Deutungsmuster, da die Wissensformen immer sozio-technologisch im Sinne der Netzkultur gefärbt sind. Die regionale Lernkultur wird abgelöst von einer transkulturellen Netzarbeit, die sich individuell je unterschiedlich ausgestaltet - abhängig von der Timeline in der individuellen Medienumgebung. Gleichzeitig hat jede Interaktion mit einem medialen Artefakt eine sozio-kulturelle Konnotation, deren initiierte Interaktivität in einem anderen regionalen Kontext wiederum kulturell geprägt ist. Hier wirken noch die Herrschaftsinteressen des betreffenden *space of places*, die ihr regionales Machtpotenzial ausspielen.

Gefragt sind in diesem Kontext die Zivilgesellschaft, der öffentliche Diskurs und die Neuordnung der Regulationsinstanzen, auf möglichst internationaler Ebene zu einer Rechtssicherheit beizutragen, die nicht alte Verwertungsinteressen schützt, sondern neue kreative Leistungen unterstützt und den dringend erforderlichen impliziten Wissensstrom im globalen Austausch hält. Über ein restrukturiertes Bildungssystem und der informellen Integration bislang wenig vernetzter Personen in den *space of flows* der Netzkultur, liesse sich vor allem die herrschende Elite weiterbilden, die bislang alte Bestände schützt.

8.2.12.4 FLOW-KATEGORIE USABILITY

Usability ist -grob vereinfacht- der Grad, in dem ein Produkt dem *User* unter Effizienz-, Effektivität- und Zufriedenheitsgesichtspunkten entgegen tritt.

In benutzergenerierten Umgebungen des Jahres 2020, so die szenarische Einführung in dieses Themenfeld, mutieren die *User* selbst zu DesignerInnen, so dass sie ihre Medienumgebungen selbstverantwortlich immer wieder neu organisieren müssen.

Ausführliche Thesen

10. Don't make me think: Fähigkeit der Menschen, selbstverantwortlich persönliche Kriterien der Effektivität, Effizienz und Zufriedenheit anzulegen und regelmäßige Aktualisierungen der digitalen Schnittstellen vorzunehmen, um dort Vergnügen empfinden zu können.

11. Culturability: Fähigkeit der Menschen, sich trotz sozio-kultureller Einflussfaktoren auf die individuelle Autonomie den neuen Technologien zuzuwenden und einen gebrauchstauglichen Zugang zur Netzkultur zu verschaffen.

12. Personability: Fähigkeit der Menschen, individuell Einfluss zu nehmen auf die sozio-technologische Gestaltung der digitalen Schnittstellen und sich das erforderliche Knowhow regelmäßig anzueignen.

Die Expertinnen sind sich bei dieser *Flow*-Kategorie einig, dass im Jahre 2020 insgesamt die Hälfte der Weltbevölkerung fähig sein wird, die neuen digitalen Schnittstellen aktiv entsprechend ihrer persönlichen *Usability* zu gestalten, wenn die Rahmenbedingungen so verbleiben, wie sie derzeit gegeben sind. In fortgeschritteneren Weltregionen wird ein höherer Anteil dazu befähigt sein, aber auch Entwicklungs- und Schwellenländer können hier bereits erste Erfolge feiern.

An möglichen Hemmfaktoren, warum nicht mehr Personen bis 2020 diese Fähigkeiten mitbringen, werden vor allem der ökonomische Druck und die sozio-kulturellen Praktiken genannt, vor dem sozio-technologischen Wandel. Erst dann folgen gleichermaßen die persönlichen Voraussetzungen und die politischen Mechanismen. Dem sozialen Umfeld und den rechtlichen Rahmenbedingungen werden eher nachrangige Bedeutung zugewiesen. Interessanterweise wird von den Afrikanerinnen der technologische Wandel nicht als zentraler Hemmfaktor wahrgenommen, wohl aber von allen anderen Kulturkreisen. Hingegen sehen die Asiatinnen kein Problem in den politischen Mechanismen. Europäerinnen identifizieren weniger einzelne Positionen als problematisch, sondern argumentieren eher breitbandig. Insofern sind sie auch die Einzigen, die rechtliche Rahmenbedingungen als ein Problem ansehen.

An bildungspolitischen Maßnahmen wird vor allem der Ausbau des technologischen Zugangs und ein restrukturiertes Bildungssystem (vor allem in Nordamerika) gefordert, schnell gefolgt von einer größeren Chancengleichheit (vor allem in Nordamerika) und dem geförderten sozialen Lernen (vor allem in Europa und Asien). Die übrigen Maßnahmen folgen eher nachrangig und können höchstens unterstützend wirken.

Auch hier kann je nach inhaltlicher Expertise eine unterschiedliche Reihenfolge der bildungspolitischen Maßnahmen festgestellt werden, wie Tabelle 22 aufzeigt. Im Vergleich zur Zusammenfassung der Maßnahmen über alle *Flow*-Kategorien sind die zentralen Unterschiede:

- Ein restrukturiertes Bildungssystem mit mehr Geld und einem breiteren öffentlichen Diskurs ist für den Aufbau der hier erforderlichen Fähigkeiten wesentlich wichtiger als der Bedeutungszuwachs der Zivilgesellschaft, so die Ansicht der Mehrheit der Expertinnen.
- Innerhalb des Expertinnen-Panels liegen die Präferenzen weit verteilt. Während Grenzgängerinnen mit den Wissenschaftlerinnen übereinstimmend die Chancengleichheit als wesentlichen Punkt ansehen, können institutionelle Vertreterinnen hier nur eine nachrangige Position sehen. Sie gehen vielmehr mit den Wissenschaftlerinnen konform, das soziale Lernen stärker zu fördern.

Bildungspolitische Maßnahmen	Expertinnen (gesamt)	Wissenschaft	Grenzgang	Institution	Vergleich zu allen *Flow*-Kategorien
Ausbau des technologischen Zugangs	1	1	4	1	1
Restrukturierung des Bildungssystems	1	1	2	3	5
Etablierung von Chancengleichheit	2	1	1	5	4
Förderung sozialen Lernens	2	1	4	2	3
Ausdehnung der Bildungsausgaben	3	2	4	5	8
Bereitschaft zum öffentlichen Diskurs	3	2	3	5	8
Verstärkung der globalen Netzwerke	3	-	-	4	6

Bildungspolitische Maßnahmen	Expertinnen (gesamt)	Wissenschaft	Grenzgang	Institution	Vergleich zu allen *Flow*-Kategorien
Bedeutungszuwachs der Zivilgesellschaft	4	2	-	5	2
Intensivierung der Forschung	4	-	4	5	9
Neuordnung der Regulationsinstanzen	4	-	4	6	7

Tabelle 22: Reihenfolge der präferierten bildungspolitischen Maßnahmen für Flow-Kategorie Usability (These D)

Inwiefern bei diesen eher individuellen *Flow*-Interessen internationale Maßnahmen hilfreich sein können, bleibt unklar. Zwar muss nach Ansicht der Expertinnen verstärkt in die mobilen Technologien investiert werden, da diese sich als sehr gebrauchstauglich bewährt hätten. Es bleibe aber fraglich, inwieweit hier internationale Anreize national umsetzbar sind. Eher liesse sich auf eine bottom-up-Strategie setzen, die über die mobile Nutzung sich zunehmend global vernetzt.

Sofern diese bildungspolitischen Maßnahmen umgesetzt werden, könnte weltweit eine stärkere Durchdringung erfolgen - in manchen Bevölkerungsschichten gar über 80 Prozent. Ob allerdings alle Menschen diese Fähigkeiten wirklich wünschen, wird bezweifelt. Gerne sei der Mensch auch Konsument/in und würde sich solche Umgebungen lieber schlüsselfertig von professionellen Menschen zusammenstellen lassen. Inwiefern diese klassische Vorstellung den aktuellen Entwicklungen im Social Web und im mobilen Sektor entspricht, wie im theoretischen Teil dargelegt, bleibt abzuwarten.

In einer interpretativen Auslegung der befragten Expertinnen vor dem theoretisch erarbeiteten Hintergrund in den Kapiteln 2 und 3 sollen nunmehr Ansätze für mögliche bildungspolitische Maßnahmen zur Beantwortung der offenen Fragen angeführt werden.

10. Don't make me think

Wie kann die digitale Kompetenz unterstützt werden, wenn gängige Software- und Hardware-Produkte im alten Denken verhaftet sind?

Vielfach sind sie beschrieben worden, die *Prosumer* oder *Produser*, die sich zunehmend aktiv einbringen in den *Social Media*-Strom. Die Vielzahl an *Blogs*, Videos, Facebook-*Accounts* und kollaborativen *Tools* fordern die Nutzer/innen heraus, selbst kreativ zu werden, sich zu vernetzen und sich ihre persönliche digitale Umgebung zu schaffen. Um diese Umgebung im Sinne der *Usability* sich selbst gestalten zu können, bedarf es einiger individueller Fähigkeiten, die ein Verständnis der Aktivität als kreativen Akt, die Selbsterkenntnis der verschiedenen sozialen Rollen und deren Erfordernisse, die regelmäßige Reorganisation der Umgebung und die Reflexion des individuellen Schaffens umfassen.

Um diese Fähigkeiten optimal im Sinne des eigenen *Flows* ausspielen zu können, bedarf es entsprechend leichtgewichtiger Systeme, die sich modular an die persönlichen Bedürfnisse anpassen lassen. Systemisch inhärente Ansätze, den *User* möglichst umfassend und autark zu betreuen, ihn möglichst nicht als Nutzer/in an andere Teilsysteme zu verlieren, machen es dem Einzelnen schwer, sich individuell zu organisieren. Hier ein Umdenken zu bewirken, wird nach Ansicht der Wissenschaftlerinnen der Zivilgesellschaft und dem öffentlichen Diskurs geschuldet sein.

Zudem ist eine Unterstützung alternativer Angebote wünschenswert. Um diese allerdings nutzen zu können, braucht es des gleichberechtigten technologischen und sozialen Zugangs und entsprechender individueller Fähigkeiten, die man sich über soziales Lernen in einem restrukturierten Bildungssystem aufbauen liessen. Ob hier höhere Bildungsausgaben zielführend sind, wird seitens der pragmatischen Grenzgängerinnen und den institutionellen Vertreterinnen bezweifelt. Auch den globalen Netzwerken billigen sowohl die Wissenschaftlerinnen als auch die Grenzgängerinnen wenig bildungspolitisches Potenzial zu. Von einer Intensivierung der Forschung und der Neuordnung der Regulationsinstanzen erwartet sich fast keine Expertin einen bildungspolitischen Impuls.

11. Culturability

Es besteht die Gefahr, die nicht am Netzwerk beteiligten Personen aufgrund des *Digital Divide* abzukoppeln von der gesamtgesellschaftlichen Entwicklung. Hier kann ein guter Resonanzboden für tradierte Werte und Codes entstehen, die von Machtbeziehungen am *space of places* definiert werden. Wie nimmt man möglichst alle Menschen mit auf den digitalen Weg?

Je nach sozio-kultureller Tradition treten die Menschen innovativen Produkten oder neuen Umgebungen eher zurückhaltend oder eher forsch entgegen. Das kommt vielerorts der herrschenden Machtpolitik entgegen, so dass der Zugang zu neuen Angeboten eher erschwert und mit negativen Konnotationen bzw. Konsequenzen belegt wird. Hier eine Sehnsucht nach neuen Organisationsformen zu entwickeln, um die persönliche Kreativität und individuellen Interessen mit einbringen zu können, bedarf zunächst eines Zugangs. Sowohl physikalisch, aber auch individuell auf der Basis von persönlichen Fähigkeiten. Wie könnten möglichst viele Menschen infiziert werden mit diesem digitalen Vernetzungsvirus? Wo könnten internationale Maßnahmen wirken?

Auch hier ist zunächst der technologische Zugang entscheidend. Insofern sich mobile

Endgeräte als äußerst kostengünstige und gebrauchstaugliche Technologie erwiesen haben, sind hier Anstrengungen zu vollziehen, einen maximal breiten Zugang zu ermöglichen. So bedarf es u.a. der Unterstützung zivilgesellschaftlicher Aktivitäten, die technologischen Grenzen zu unterlaufen, als auch des Ausbaus von breitbandigen Netzabdeckungen. Ist es dann einer breiteren Bevölkerungsschicht möglich, auf die Vernetzungspotenziale gleichberechtigt zuzugreifen, liessen sich alternative Bildungsmodelle entwickeln, die über die nationalen Grenzen hinausgehen. Soziales Lernen ist hier sehr hilfreich, muss aber sowohl seitens des bildungspolitischen Systems als auch auf der individuellen Seite gelernt werden. Hier können ggf. höhere Bildungsausgaben helfen, sofern sie den digital Abgehängten zugute kommen. Bildungsausgaben als Standortpolitik wird hier wenig hilfreich sein. Hier bedarf es eines breiten öffentlichen Diskurses ob der Zielsetzungen.

12. Personability

Welcher Rahmenbedingungen bedarf es, um Menschen die Sicherheit zu geben, sich beständig neu zu orientieren? Welche Arbeitsorganisationsformen existieren, um diesen LLL-Prozess qualitativ zu unterstützen?

An den technologischen Schnittstellen erweist sich, ob die persönlich definierte, kontinuierlich erweiterte oder modifizierte, mediale Umgebung dem eigenen *Flow* entspricht, ob die Herausforderungen neue Fähigkeiten hervorlocken und ob das System lernfähig angepasst werden kann. Technologien sind insofern so zu gestalten, dass sie eine Vielzahl an *conceptual maps* seitens der Nutzerinnen generieren helfen - je nach persönlicher, kreativer Notwendigkeit. Ist es dem Individuum möglich, sich je nach sozialer Rolle und frei gewählter technologischer Schnittstellen möglichst ohne Medienbruch zu orientieren, die Informations- und Kommunikationskanäle jederzeit an jedem Ort verfügbar sind, dann kann *Flow* entstehen.

Allerdings wechseln die attraktiven Geräte als Zugangsform, die medialen Aggregatszustände der Artefakte und die interpersonalen Konstellationen beständig. Hier Schritt zu halten und sich kontinuierlich weiterzuentwickeln, braucht nicht nur einer regelmäßigen Anpassung des weltweiten sozialen Warenkorbs, sondern auch ein Arbeitszeitmodell, das eine Weiterbildung entsprechend der persönlichen Interessen ermöglicht - als integraler Bestandteil der Arbeit, nicht als individuelles Add-on, um die eigene Weiterbeschäftigung zu sichern. LLL ist kein individueller Faktor, sondern ein gesellschaftlicher und betrieblicher Faktor - für dieses Verständnis bedarf es eines öffentlichen Diskurses und positiver Exempel durch die Zivilgesellschaft. Über soziales Lernen in einem restrukturierten Bildungssektor liesse sich dieses Verständnis dann umsetzen, sofern Chancengleichheit gegeben ist.

8.2.12.5 FLOW-KATEGORIE TRANSPARENZ

Offene, frei fliessende Informationen sind Grundvoraussetzung für eine positive *User Experience* in benutzergenerierten, digitalen Umgebungen, da Zugang zu Wissen erforderlich ist, um dieses produktiv einzusetzen, zu verändern und weiterzuentwickeln.

In benutzergenerierten Umgebungen des Jahres 2020, so die szenarische Einführung in dieses Themenfeld, bedarf es eines neuen Eigentumsbegriffs, der möglichst breit akzeptiert werden sollte, damit die kollektive Intelligenz arbeiten kann.

Ausführliche Thesen

13. Recht auf geistiges Eigentum: Fähigkeit der Menschen, sich kollaborativ einzubringen und ihren Beitrag zum offenen, transparenten, sozialen Eigentumsrecht zu leisten.

14. Freien Fahrt für freie BürgerInnen: Fähigkeit der Menschen, im eigenen beruflichen Umfeld Offenheit und Transparenz zu praktizieren und die Institutionen zu meiden, die ihren *Flow* unterbinden.

15. Open Source: Fähigkeit der Menschen, mit digitalen Bits zu arbeiten und diese mit eigenem kreativen Potenzial anzureichern und der Gesellschaft wieder zuzuführen.

Hinsichtlich der transparenten Befähigung der Weltbevölkerung blickt das Panel recht kritisch in die Zukunft angesichts der aktuellen Rahmenbedingungen. Vor allem in Entwicklungs- und Schwellenländern schlägt die transparente Kultur eher negativ zu Buche. In fortgeschrittenen Gesellschaften dagegen wird immerhin ein mittlerer Anteil der Bevölkerung diese Fähigkeiten mitbringen. Hinderlich in diesem Kontext sind vor allem die sozio-kulturellen Werte und Praktiken, die rechtlichen Rahmenbedingungen (weniger häufig von Wissenschaftlerinnen und/oder Afrikanerinnen angeführt) und die politischen Mechanismen. Alle anderen möglichen Faktoren sind eher von nachrangiger Bedeutung - am wenigsten Einfluss haben hier die persönlichen Voraussetzungen und der sozio-technologische Wandel.

Den größten bildungspolitischen Einfluss sehen die Bildungsexpertinnen in diesem Bereich beim Bedeutungszuwachs der Zivilgesellschaft. Die Neuordnung der Regulationsinstanzen und das soziale Lernen vermögen auch einen bildungspolitischen Impuls auszuüben, ebenso die Etablierung von Chancengleichheit und die Bereitschaft zum öffentlichen Diskurs. Alle weiteren potentiellen Maßnahmen scheinen weniger entscheidend zu sein - von einer intensivierten Forschung erwartet sich keine Expertin weitere Fortschritte.

Die inhaltliche Expertise offenbart nur eine geringfügig unterschiedliche Reihenfolge der bildungspolitischen Maßnahmen, wie Tabelle 23 aufzeigt. Allerdings lassen sich einige wesentliche Abweichungen im Vergleich zur Zusammenfassung der Maßnahmen über alle *Flow*-Kategorien feststellen:

- So kommt in diesem Kontext der Neuordnung der Regulationsinstanzen in Recht, Politik und Verwaltung und dem öffentlichen Diskurs eine wesentliche Rolle zu.
- Überhaupt sind nach Ansicht der Expertinnen bei dieser *Flow*-Kategorie die sozialen Maßnahmen wesentlich bedeutsamer als das eigentliche Bildungssystem. Über soziales Lernen vermag die einzelne Person ggf. Einfluss nehmen auf die Entwicklung, indem diese Person zum Teil der aktiven Zivilgesellschaft heranreift und auf eine Neuordnung der Regulationsinstanzen drängt.

Bildungspolitische Maßnahmen	Expertinnen (gesamt)	Wissenschaft	Grenzgang	Institution	Vergleich zu allen *Flow*-Kategorien
Bedeutungszuwachs der Zivilgesellschaft	1	1	2	1	2
Neuordnung der Regulationsinstanzen (Recht, Politik, Verwaltung)	2	2	2	1	7
Förderung sozialen Lernens	3	3	2	2	3
Etablierung von Chancengleichheit	4	3	2	2	4
Bereitschaft zum öffentlichen Diskurs	4	3	1	2	8
Ausbau des technologischen Zugangs	5	4	-	3	1
Ausdehnung der Bildungsausgaben	5	4	3	4	8
Restrukturierung des Bildungssystems	5	3	3	4	5
Verstärkung der globalen Netzwerke	6	4	-	4	6
Intensivierung der Forschung	-	-	-	-	9

Tabelle 23: Reihenfolge der präferierten bildungspolitischen Maßnahmen für Flow-Kategorie Transparenz (These E)

Bei dieser primär gesellschaftlich wahrgenommenen *Flow*-Kategorie stehen die Expertinnen den Möglichkeiten der internationalen Politikebene sehr positiv gegenüber. So könnten durch positive Vorführeffekte auch Menschen in wenig transparenten Regionen den Vorteil sehen, den eine offene Gesellschaft und Rotation der Daten mit sich bringt. Eine gemeinsame internationale Anstrengung als beispielhafte Anwendung könnte zudem Anlass bieten, innerhalb einer Zivilgesellschaft einen öffentlichen Diskurs anzustrengen.

Eher skeptisch schätzen die Expertinnen weiterhin die Möglichkeiten ein, auch bei optimal veränderten Bedingungen die Fähigkeit zur Transparenz zu erhöhen. Zwar könnten alle Weltregionen durchlässiger werden und auch die individuellen Befähigungen steigern, aber diese Entwicklung schreitet wohl eher zögerlich voran.

In der Interpretation dieser Ergebnisse vor dem theoretisch erarbeiteten Hintergrund in den Kapiteln 2 und 3 sollen nunmehr Ansätze für mögliche bildungspolitische Maßnahmen zur Beantwortung der offenen Fragen angeführt werden.

13. Recht auf geistiges Eigentum

Ist Transparenz ein ästhetisches Gut, das auf viszeraler Ebene einen schnelleren Zugang zum Individuum findet als geschlossene Systeme? Und wie können kollektive Eigentumsrechte gefördert werden, wenn auf sozio-ökonomischer Basis das Recht auf individuellem Eigentum vorherrschend ist?

Die kreative Weiterentwicklung vorhandener expliziter Wissensformen und die Fähigkeit, am impliziten Wissen der Kommunikationsströme teilzuhaben, setzt eine Fähigkeit voraus, sich als Teil einer sozialen Maschinerie zu verstehen, in der alle Beteiligten einen Mehrwert erfahren, wenn die kreativen Artefakte frei florieren bzw. es kein individuelles Besitztum an kollektiv erarbeiteten Wissensbeständen geben kann. Indem frei verfügbare Bits und Atome zirkulieren, zum Mash-Up auffordern und den Austausch suchen, wird die Reproduktion dieses freien Datenverkehrs zunehmend eine andere Umlaufgeschwindigkeit erfahren als die Entwicklung rechtlich geschützter Segmente aus eng geschlossenen Zirkeln.

Hier gilt es, die neuen Potenziale eines sozialen Eigentumsbegriffs aufzuzeigen und nicht aufgrund eines veralteten Rechtsverständnisses zu kriminalisieren, sondern das bestehende Regulationsinstrumentarium konstruktiv weiterzuentwickeln. Recht, Politik und Verwaltung können aufgrund zivilgesellschaftlicher Aktivitäten und einem breiten öffentlichen Diskurs mit den Problemlagen konfrontiert werden. Vor allem gilt es, positive Entwicklungen aus anderen Weltregionen aufzuzeigen, um das Potenzial eines offeneren Umgangs zu verdeutlichen. Gleichzeitig bedarf es der Förderung gleichberechtigten, sozialen Lernens, um *Flow*-hemmende Instanzen zu umgehen und den zivilgesellschaftlichen Druck zu erhöhen. Das Bildungssystem selbst wird hier wenig ausrichten können, aber auch im verstärkten Austausch über die globalen

Netzwerke sehen die Expertinnen wenig bildungspolitisches Einflusspotenzial.

14. Freie Fahrt für freie BürgerInnen

Am *Flow* interessierte Personen meiden Institutionen, die ihren *Flow* unterbinden. Institutionen, die eher Ordnung im Bewusstsein hervorrufen, bestimmen die Richtung der sozio-kulturellen Evolution. Welche Institutionen sind dies in der aktuellen Zeit?

Der persönliche Umgang mit frei rotierenden Daten und Informationen ist sozio-kulturell geprägt. Im Machtindex eines Landes spiegelt sich die Unbefangenheit, mit der die Bevölkerung ihre persönlichen Daten offenlegt und sich am freien Wissenskarussell beteiligt.

Dabei wird die staatliche Macht repräsentiert von Institutionen, die die Rechtsordnung als Gewaltmonopol umsetzen. Unterscheidet sich die soziale Kultur des Gewaltmonopols nicht von der der Bevölkerung, herrscht kein Problem hinsichtlich des *Flow*-Empfindens der Einzelnen. Differenziert sich aber z.B. das grundlegende Verständnis des Eigentums als Grundlage eines Rechtssystems, können Institutionen den *Flow* rotierender Netz-Arbeiter/innen behindern.

Denn Ordnung im Bewusstsein rufen vor allem Institutionen hervor, die nicht Partei ergreifen für alte machtpolitische Herrschaftsinteressen, sondern sich als überparteiliche Organe eines den staatlichen Wesenskern reflektierenden Weltbildes verstehen. Zwar sind auch diese Organe Teil der sozio-kulturellen Historie, aber mit zivilgesellschaftlichen Mitteln lassen sich die Potenziale einer offenen Kultur demonstrieren, die als Beispiel dienen können auf regionaler und überregionaler Basis und damit in den sozio-kulturellen *Flow* Eingang finden. Insofern unterliegen auch die persönlichen Deutungsmuster der überparteilichen Institutionen dem sozio-kulturellen Wandel. Über diesen Weg ändern sich die Verfassungsgrundlagen einer Gesellschaft.

Sollten diese herrschenden Instanzen sich nicht schnell genug den aktuellen Entwicklungen anpassen, werden neue Institutionen entstehen, die sich dem sozialen Lernen verpflichtet fühlen und das gesellschaftliche Leben qualitativ bereichern (z.B. *Creative Commons*). Je mehr Personen deren Angebote nutzen, desto weitere Kreise zieht der transparente Umgang mit Wissen und Daten. Bringen sich hier immer mehr Menschen ein, wächst die kritische Masse desto schneller, auf die prägenden Institutionen einzuwirken und eine Veränderung der sozio-kulturellen Werte und Praktiken zu bewirken. Hier auf Chancengleichheit der beteiligten Interessensgruppen zu achten, wird wichtig sein, um eine ausgeglichene kulturelle Hegemonie herzustellen.

15. Open Source

Offene Standards und Daten sind Voraussetzung, um Innovation auf Basis der Bits zu forcieren. Wie kann man diesen Prozess auf politischer Bühne fördern?

Sozio-technologisch wurde durch zivilgesellschaftliche Anstrengungen, den kommerziellen Machtansprüchen von Softwareentwicklungen einen offenen Standard entgegen zu setzen, das Potenzial kollektiv gestalteter Qualitätssoftware aufgezeigt. Die Übertragung des *Open-Source*-Ansatzes auf Wissensmodelle (z.b. Wikipedia), Businessmodelle (z.B. Google), wissenschaftliche Publikationen (*Open Access*), freie Lernbausteine (*Open Educational Resources* z.B. über YouTube) etc. liess die Produktivität in vielen Bereichen explodieren. In Verbindung mit einem neuen Rechtsverständnis (in Form der *Creative Commons*) und den sich daraus ergebenden viralen Effekten entstand eine kritische Öffentlichkeit, die mit der Verbreitung von Breitbandverbindungen korreliert und hier eine neue, globale, virtuelle Realität entstehen lässt. Diese speist sich aus einem Delta an feingliedrigen Informations- und Kommunikationskanälen und bündelt sich in der Medienumgebung der Individuen - für jede/n unterschiedlich, je nach persönlichem Bedarf.

Die Fähigkeit, diese offenen Technologien zu nutzen und als aktiver Netzwerkknoten zu agieren, entspricht einer oftmals als Medienkompetenz gekennzeichneten Fähigkeit, geht aber über die physikalische Nutzung und reflexive Interpretation des Mediums hinaus. Es bedarf daneben einer sozialen Komponente, den zirkulären Fluss der medialen Artefakte zu verstehen. Technologien qualitativ nutzen zu lernen, kann Bestandteil des Bildungssystems sein - die Expertinnen scheinen aber hinsichtlich dieser *Flow*-Kategorie wenig Hoffnung in die Institutionen zu legen. Vielmehr gelte es, als Zivilgesellschaft das soziale Lernen vorzuleben und über einen öffentlichen Diskurs zur Mitarbeit zu animieren. Zwar sind ein technologischer Zugang und globale Netzwerke sehr wichtig, um überhaupt als Netzwerkknoten andocken zu können, aber für die *Flow*-Kategorie Transparenz sind die gesellschaftlichen Aspekte weit entscheidender.

8.2.12.6 FLOW-KATEGORIE SPACE OF FLOWS

Für die weltgesellschaftliche Weiterentwicklung ist es entscheidend, den kreativen *Input* möglichst vieler Personen mitzunehmen, um eine maximal breite kollektive Intelligenz wirken lassen zu können. Um individuell die Möglichkeiten aktiv nutzen zu können, die vernetzte Informations- und Kommunikationsflüsse im *space of flows* bieten, sind diverse Fähigkeiten erforderlich, die sich bildungspolitisch unterstützen lassen, wie in den vorherigen fünf Kapiteln aufgezeigt. Die einzelnen *Flow*-Zustände interagieren miteinander und bedingen sich wechselseitig. Im *space of flows* vernetzen sich die individuellen, sozio-kulturellen und sozio-technologischen Ebenen der anderen *Flow*-Kategorien und generieren die Netzwerkgesellschaft als Ergebnis der aktiven Beteiligungen.

In der szenarischen Einführung zum Fragenblock wird als Anforderung für das Jahr 2020 formuliert, dass Menschen ihre sozio-kulturelle wie sozio-technologische Welt aktiv mitformen müssen, um selbstbestimmt ihre Identitäten definieren zu können.

Ausführliche Thesen

16. Alles im Fluss: Fähigkeit der Menschen, in allen *Flow*-Zuständen mitzufliessen und die konkrete Ausgestaltung des netzbasierten Kulturraumes mitzuformen.

17. Netzwerkgesellschaft: Fähigkeit der Menschen, die *Flow*-hemmenden sozio-kulturellen Faktoren zu umgehen und den weiteren Verlauf entsprechend der eigenen Zielsetzungen zu transformieren.

18. Social Web: Fähigkeit der Menschen, die selbstregulativen Kräfte bei der Durchdringung aller gesellschaftlichen Subsysteme mit netzbasierten Prinzipien konstruktiv im Sinne der kollektiven Menschheit zu nutzen.

Unter aktuell gegebenen Rahmenbedingungen sind sich die Expertinnen hinsichtlich der Durchdringung der Weltbevölkerung mit den erforderlichen Fähigkeiten uneinig. So rechnen viele mit einem überdurchschnittlichem Anteil in Nordamerika, mit einem durchschnittlichen in Asien und Europa und mit einem unterdurchschnittlichen in Südamerika und Afrika. Für Ozeanien/Australien sind die Expertinnen sehr unentschieden: Hier rechnen einige mit unterdurchschnittlichen, andere mit überdurchschnittlichen Werten. An Faktoren, die eine weitere Durchdringung gegenwärtig verhindern, werden vor allem die sozio-kulturellen Werte und Praktiken (v.a. die institutionellen Expertinnen und alle Asiatinnen) angeführt, vor den politischen Mechanismen (v.a. die Wissenschaft) und dem ökonomischen Druck und dem sozio-technologischen Wandel. Erst dann folgen die rechtlichen Rahmenbedingungen und die persönlichen Voraussetzungen. Dem sozialen Umfeld wird am wenigsten Einfluss zugestanden.

Bildungspolitisch können auffallend viele Maßnahmen in diesem Segment wirken. Vor allem der Chancengleichheit, dem technologischen Zugang und den globalen Netzwerken kommt eine große Bedeutung zu, gefolgt von der Zivilgesellschaft und einem restrukturierten Bildungssystem. Höheren Bildungsausgaben, sozialem Lernen, dem öffentlichen Diskurs und einer Neuordnung der Regulationsinstanzen kommt auch eine wichtige Bedeutung zu - allerdings unterschiedlich gewichtet seitens einzelner Expertinnen-Gruppen. Einer intensivierten Forschung wird am wenigsten bildungspolitische Kraft zugebilligt.

Im Vergleich zur Zusammenfassung der Maßnahmen über alle *Flow*-Kategorien können folgende Unterschiede festgestellt werden:

- Der Chancengleichheit, den globalen Netzwerken und dem restrukturierten Bildungssystem kommt in diesem Feld eine vergleichsweise sehr hohe Bedeutung zu.
- Das soziale Lernen ist für diese *Flow*-Kategorie weit weniger bedeutsam als in der Gesamtansicht über alle *Flow*-Kategorien.

Bildungspolitische Maßnahmen	Expertinnen (gesamt)	Bildung	Medientechnologie	Sozialtheorie	Vergleich zu allen *Flow*-Kategorien
Etablierung von Chancengleichheit	1	2	1	2	4
Ausbau des technologischen Zugangs	2	2	1	2	1
Verstärkung der globalen Netzwerke	2	3	2	1	6
Bedeutungszuwachs der Zivilgesellschaft	3	1	3	3	2
Restrukturierung des Bildungssystems	3	2	1	-	5
Ausdehnung der Bildungsausgaben	4	2	-	2	8
Förderung sozialen Lernens	4	2	4	3	3
Bereitschaft zum öffentlichen Diskurs	4	2	3	3	8
Neuordnung der Regulationsinstanzen (Recht, Politik, Verwaltung)	4	2	4	3	7
Intensivierung der Forschung	5	3	-	3	9

Tabelle 24: *Reihenfolge der präferierten bildungspolitischen Maßnahmen für Flow-Kategorie space of flows (These F)*

Auf internationaler Ebene können in dieser Hinsicht vor allem die Unterstützung globaler Netzwerke, *Communities of Practice*, *Open Data*-Initiativen und neue rechtliche Regulationsformen wirken. Hier sehen die Expertinnen große Einflusspotenziale auf die Weltregionen.

Unter optimal modifizierten Bedingungen wird die Durchdringung in allen Kontinenten fortschreiten. Teilweise werden einzelne Bevölkerungsschichten in den fortgeschrittenen Gesellschaften bereits über 80 Prozent aufweisen. Und selbst in Afrika werden große Bevölkerungsanteile mit einer 50%igen Durchdringung hinsichtlich der für den *space of flows* erforderlichen Fähigkeiten aufwarten können.

In einer interpretativen Auslegung der befragten Expertinnen vor dem theoretisch erarbeiteten Hintergrund in den Kapiteln 2 und 3 sollen nunmehr Ansätze für mögliche bildungspolitische Maßnahmen zur Beantwortung der offenen Fragen angeführt werden.

16. Alles im Fluss

Wie lassen sich Netzwerk-Inseln vermeiden, die den *space of flows* in ihre Richtung lenken und wenige Anknüpfungspunkte suchen?

Auf individueller Ebene lässt sich der *space of flows* von autotelischen Persönlichkeiten mitgestalten, wenn diese über individuell angepasste *Workflows* sinnvolle Identitäten generieren, die über eine flexible, usable Medienumgebung sich in den zirkulären Medienfluss einbringen und soziales Eigentum mit kreiern. Glücken einer Person all diese Detail-*Flows*, schwimmt sie in dem sich dynamisch wandelnden Informations- und Kommunikationsdelta mit, formt den Verlauf der Ströme im Austausch mit anderen Netzwerkknoten und befindet sich im *Flow*.

Wie oben beschrieben, sehen die Expertinnen vor allem soziale und politische, ökonomische und technologische Faktoren am Werk, eine weitere Durchdringung der Bevölkerung mit den erforderlichen Fähigkeiten zu verhindern. Unter anderem aufgrund eines Generationenproblems und herrschender Machtinteressen existieren weiterhin Inseln, die hinter hohen Mauern verteidigt werden und sich einer transparenten, vernetzten Digitalisierung entgegen stellen. Wie können diese Mauern eingerissen werden? Je nachdem, welche ExpertInnen-Meinung präferiert wird, kommt es hier zu komplett unterschiedlichen bildungspolitischen Strategien:

- Die Bildungsexpertinnen sehen v.a. die Zivilgesellschaft gefordert, die von allen anderen vorgeschlagenen Maßnahmen gleichermaßen unterstützt werden sollten. Allerdings kommt den globalen Netzwerken und einer intensivierten Forschung hier wenig Bedeutung zu.
- Die Medientechnologinnen sehen neben der Chancengleichheit und dem technologischen Zugang vor allem das restrukturierte Bildungssystem und dann die globalen Netzwerke am Zuge. Alle anderen Maßnahmen folgen nachrangig. Der Förderung sozialen Lernens und der Neuordnung der Regulationsinstanzen fällt sehr wenig Gewicht zu, der intensivierten Forschung überhaupt keines.
- Die Sozialtheoretikerinnen präferieren die globalen Netzwerke vor dem gleichberechtigten Zugang und weiteren Bildungsausgaben. Alle anderen

Maßnahmen folgen dann und eine Restrukturierung des Bildungssystems bringt in deren Augen gar nichts.

17. Netzwerkgesellschaft

Im Zeitalter der Netzwerkgesellschaft können netzaktive Menschen die tradierten *Flow*-generierenden Muster nicht mehr in ihren persönlichen *Flow* integrieren. Die sozio-historische Weitergabe wird dadurch behindert. So ergeht es heute u.a. dem Bildungssystem - es wird als *Flow*-hemmend wahrgenommen. Kann öffentliche Bildungsarbeit noch *Flow*-generierend wirken?

Sozio-kulturelle Aspekte beeinflussen die individuellen Handlungen in konservativer Hinsicht - sie wirken bestandswahrend, indem sie alle Entwicklungen in eine sozio-historische Tradition einbinden. Um den *space of flows* individuell mitgestalten zu können, müssen die sozio-kulturellen Grenzen mitunter überschritten werden. An individuellen Fähigkeiten braucht es dafür

- einer Erkenntnis, die eigene Kultur als Software des Geistes zu verstehen,
- der aktiven Mitarbeit an flexiblen Strukturen in *Communities of Practice* mit ihren strong ties,
- einem vielfältigen Vertrauensaufbau als Grundlage einer individuellen Netz- wie kollektiven Netzwerk-Kompetenz,
- einem unbefangenen Verhältnis zu neuen Technologien und neuen sozialen Interaktionsformen und
- dem freien Zugang zu Informationen und Daten.

Es ist offensichtlich, dass die größten Hemmfaktoren auf gesellschaftlicher Ebene zu suchen sind. Hier müssen -neben der Gewährleistung eines gleichberechtigten Zugangs- vereinte Kräfte aus der Zivilgesellschaft, aus den globalen Netzwerken und innerhalb eines restrukturierten Bildungssystems wirken, um verkrustete Strukturen aufzubrechen. Alle anderen Faktoren sind ggf. auch bildungspolitisch wirksam, allerdings nachgeordnet zu den oben angeführten Positionen.

18. Social Web

Die netzbasierten Medien haben unseren Alltag erreicht - nicht als Ausnahme, sondern als Standard für fast alle Menschen. Die Frage wird sein: Wie reagieren die schwarzen Löcher? Kann man davon ausgehen, dass selbstregulative Kräfte wirken, wenn der technologische Zugang geschaffen ist?

Im Gegensatz zu den bestandswahrenden sozio-kulturellen Aspekten entfalten die sozio-technologischen Potenziale der Netzwerkgesellschaft eine emergente Veränderungsdynamik. Um diese Potenziale individuell nutzen zu können, ist ein Verständnis des Web-Mediums als Netzbotschaft zwingend erforderlich. Dabei entstehen in vielfältigen *Networks of Practice* mit schwachen Verbindungen neue Werte- und Normenmuster, die sich an das Individuum heften und nicht länger an einer regionalen Kultur haften. Insofern ist in diesen Kontexten auch die Medienumgebung immer eine persönliche, temporäre, die eine dynamische, transkulturelle Netz-Kompetenz ausdrückt und sich der fluiden Ästhetik der beteiligten Netzwerkknoten anpasst. Zentrale Grundlage des *space of flows* im Webzeitalter sind offene Strukturen, die von den beteiligten Personen qualitativ unterstützt werden müssen.

Um diese Erfordernisse mit Vergnügen interpersonell aufzubauen, bedarf es entsprechender Fähigkeiten in den verschiedenen *Flow*-Kategorien. Da es vielerorts am gleichberechtigten sozialen wie technologischen Zugang zur Netzwerkgesellschaft fehlt, existieren viele blinde Flecken auf der ganzen Welt verteilt, aus denen heraus keine Gestaltungseffekte entstehen können. In diesen unberührten *space of places* regieren alte, bestandswahrende Kräfte, die an der Entwicklungsdynamik der sozio-technologischen Ebene vorbeigehen. Insofern die netzbedingten, neuen Werte und Normen sich erst langsam in das gesamte sozio-kulturelle Gedächtnis einschreiben, entsteht hier eine Transformationsgesellschaft, die dringend Zugang benötigt, um nicht zu im- oder zu explodieren. Sofern es weltgesellschaftlich gewünscht ist, das kreative Potenzial aller Menschen einzubinden im Sinne der kollektiven Intelligenz, wird es dringend erforderlich sein, hier technologische Zugänge für alle interessierten Personen bereitzustellen. Mit sozialen Lernformen ohne Technologiezugang werden die Gesellschaften nicht zu transformieren sein.

8.3 Eidesstattliche Erklärung

Hiermit versichere ich, dass ich die vorliegende Dissertation selbständig und ohne unerlaubte Hilfe angefertigt und andere als die in der Dissertation angegebenen Hilfsmittel nicht benutzt habe. Alle Stellen, die wörtlich oder sinngemäß aus veröffentlichten oder unveröffentlichten Schriften entnommen sind, habe ich als solche kenntlich gemacht. Kein Teil dieser Arbeit ist in einem anderen Promotions- oder Habilitationsverfahren verwendet worden.

Ort, Datum   gez. Anja C. Wagner